农业经济与政策

Agricultural
Economy and
Policies

黄祖辉　编著

Selected Works of
Huang Zuhui

黄祖辉文集

第一卷
Volume 1

ZHEJIANG UNIVERSITY PRESS
浙江大学出版社

黄祖辉文集

Selected Works of
Huang Zuhui

卷首语

　　农业经济既是经济再生产和自然再生产的统一，又是第一产业和第二、第三产业高度关联的经济。研究中国的农业经济问题，既要把握农业产业自身发展的特点和规律，更要重视农业发展与生态环境、农民收入、土地制度以及政府政策的关系和相互作用。

自 序

编写这套四卷本的个人"三农"(农业、农村、农民)研究文集,主要有两个原因。第一,希望对我 40 多年的"三农"研究做一个比较系统的回顾和梳理。第二,我的"三农"研究尽管有自己的重点,但仍然涉及了"三农"的多个方面。而"三农"状况是国家经济社会的基本状况,它的变化及其轨迹,能映射一个国家在不同时期的发展重点与特征,因此,我也期望这套贯穿 40 多年的"三农"研究文集,能从一个研究者的视角,对中国"三农"的发展,尤其是对 1978 年以来中国"三农"的改革与发展,提供一些可供追寻、检讨和思索的历史记载。

我的"三农"履历和"三农"观

我的"三农"履历之所以有些独特性,首先在于我是一个从城市到农村,又从农村到城市,然后整个学业与职业生涯都没有离开过"三农"领域的学者。其次,我的"三农"生涯既有计划经济时期"土插队"的经历,又有改革开放时期"洋插队"的经历;我既在农村当过较长时间(9 年)的农民,又在高校有过不少时间(7 年)的"三农"学历,更在江浙高校从事了很长时间(已有 37 年)的"三农"研究与教学工作。这些角色不一的"三农"履历,加总起来已有 53 年。

我与"三农"的结缘,应该说是始于"文化大革命"期间的"上山下乡"。1969 年的 6 月,仅 17 岁的我,读了不到 1 年时间的初中课程,就被卷入了知识青年"上山下乡"、"接受贫下中农再教育"的浪潮中,从上海这个大城市来到了遥远的黑龙江北安县的引龙河农场,成了一名北国边陲国营农场的"农民工"（与现在从事第二、第三产业的农民这一"农民工"含义不同，我那时是从事农业的农场职工，因而也可称作"农民工"），开始了与城市生活完全不一样、既新鲜又艰辛的 9 年农业劳动和农村生活。9 年的北大荒知青岁月，不仅让我领略了那种在严冬、酷暑，几乎天天要起早贪黑在田间劳动的辛苦和农民的不易，而且也让我感受到了城市与农村的不同，感受到了辽阔中国的南北农村在自然生态、文化习俗和农作物生产等方面的差异性，这恐怕就是我对"三农"的初始感知。也就是从那时起，我与"三农"结下了不解之缘。当了 9 年的知青农民，1977 年下半年，国家恢复了停止 10 年的高考，我幸运地考上了黑龙江八一农垦大学，成为中国恢复高考后的首届大学生。我读的尽管是财务会计专业，但兴趣却是政治经济与农场管理方面的课程。大学的 4 年，可以说是我从农场生活感知"三农"到进入课堂学习，逐渐理解"三农"的 4 年，原先对"三农"的朴素认知，被融入了些专业知识，有了些许提升。其间，我与同班的另外三位知青同学结合各自在农场的经历，经过思考和相互交流，写了一篇《应重视国营农场的经营管理》的文章，并寄给了当时国内颇有名气的于光远先生，想得到他的指教。没想到于先生很是重视，不仅赞同我们的观点，而且推荐此文在《经济研究》1978 年第 12 期上发表。这应该是我从事"三农"研究的处女作，这篇文章没有深入的实证分析，与其说是篇学术文章，毋宁说是一篇带有决策建议性质的文章，但对于当时大学一年级的我来说，却是很大的激励与鞭策。现在回想起来，我对"三农"问题的研究兴趣，应该就是从那时开始起步的，并且开始走上"三农"研究的道路。

1982 年初大学毕业时，由于自己一直想去南方发展，我没有选择留校，而是去了位于江苏扬州的江苏农学院农经系任教，1 年半以后的 1983 年 7 月，我又选择攻读研究生，考上了当时的浙江农业大学农业经济管理专业，并且师从赵明强先生。在浙江的 3 年研究生学习时期，中国正处于改革开放的初期阶段，以家庭联产承包责任制为核心的农村改革，不仅激活了广大农民和农业，而且触发了一系列相关制度与政策的改革，引发了农村工业化的兴起、农村劳动力的流动和非农化浪潮。20世纪 80 年代那段时期，也是国家经济社会环境比较开放、人们思想比较活跃、学术研究氛围相对宽松的时期。我置身于其中，参与了不少调研活动。印象比较深的是,一是参与了浙江省经济发展研究中心组织的"浙江省山区经济发展调查"(1986年)。那时浙江的山区道路交通极其不便,杭州到丽水不通火车,坐汽车差不多要两天才能到,一路上都是崎岖不平的山路,但也看到了山区独特的产业,如丽水景宁曾获得1915年巴拿马万国博览会金奖的惠明茶,这一高山云雾茶的味道极其醇厚,至今留有余味。二是参与了农业部政策法规司司长郭书田牵头的"农村工业化与城镇化发展调查"(1987年),这次调研加深了我对中国城乡二元社会的理解,记得调研成果之一的浙江专题报告,还编入了《失衡的中国》(1990年)一书。

1986年7月,我完成了研究生学业,留校任教,开始了持续至今的农业经济管理和"三农"的教学科研与人才培养工作。其间,1992年底,我获得浙江大学包氏(包玉刚、包兆龙)基金的资助,赴瑞典农业大学经济系开展为期1年的高级访问项目。我戏称这是一次与我人生"三农"履历密切相关的"洋插队"。1年间,我克服了语言障碍,与合作教授奥勒夫·波林(Olof Bolin)和佩特拉·奥烈拉(Petrila Ollila)等建立了良好的合作关系,这些关系还延伸到了美国密歇根州立大学的艾伦·斯密德(Allan Schmid)等教授。其间,我看了很多国际文献,尤其对新制度经济学产生了浓厚的兴趣。我全程听了该校博士生的"新制度经济学"课程,复印了许多与此相关的经典文献,把这些资料分批邮寄和托运回国。我觉得新制度经济学的理论和方法对正在转型的中国,特别是对"三农"研究领域,如土地产权制度改革、土地流转合约制度设计以及不同农业产业组织制度、农业纵向一体化组织形式与制度的选择与安排等,都具有很强的解释力和很高的应用价值。1993年底回国后,我获得的第一个国家自然科学基金项目就与新制度经济学在中国"三农"领域的应用有关。而后,我又组织教师和学生一起翻译了农业制度经济领域的国际著名教授艾伦·斯密德(Allan Schmid)撰写的《财产、权力和公共选择》(*Property,Right and Public Choice*)一书,该书进入当代经济学译库,1999年在上海三联书店出版。可以说,短短1年在海外合作高访的经历,我收获颇多,不仅为后续持续频繁的国际学术交流和深化合作打下了基础,而且更重要的是,通过相关理论的了解和国际前沿文献的研究,我对中国"三农"问题的洞察和研究上了新的台阶。我将"农业产业组织与制度安排"作为自己"三农"研究的重要方向,以及为研究生一直开设"新制度经济学与农业农村发展"这门课,都是得益于这一"洋插队"的经历及其与中国"三农"问题研究的结合。

1998 年是个重要转折年,浙江农业大学的农经学科随着"四校合并",成为浙江大学管理学院的一个系,尽管农经体量规模比原先大大缩小,但合并后的浙江大学呈现了学科门类齐全的综合优势。借助于这样的优势和平台,1999 年底,农业现代化与农村发展研究中心(英文简称 CARD,中文简称"卡特")这个以农经学科为核心,同时组合经济、管理、法学、农学等相关学科力量而组建的教育部人文社会科学首批重点研究基地在浙江大学落户[我从那时起就开始担任"卡特"的主任(1999—2019 年)和研究院院长(2006—2019 年)]。2006 年,在"卡特"的基础上,通过相关力量的进一步充实和制度的完善,学校又组建了浙江大学的中国农村发展研究院(同样简称 CARD 和"卡特")。这一系列的组织机构变革和力量汇聚,使得浙江大学的农经学科和"三农"研究建立在了一个层次更高、力量更强和包容开放的研究平台基础上,"卡特"的发展不仅于我个人,而且对整个农经学科在新时期的发展,都产生了极大的正向效应。在教育部的学科评估中,以"卡特"为平台的浙江大学农经学科连续四轮在国内同类学科的排名中名列或并列第一。打造国家"三农"研究高端平台和智库,面向国家"三农"重大问题和重大战略,组织团队开展攻关研究,也成了 21 世纪以来我研究"三农"问题的新起点、新使命和新目标。

研究"三农",就要接触"三农",这样才能够长期与"三农"打交道。长期与"三农"打交道给我最大的收获,就是不仅能更好感受"三农"、洞察"三农",从而让研究接地气,能理论联系实际,而且还能体悟真实的世界。50 多年来,我去得最多的地方就是农村;看到农村的不断发展,会产生自豪感;看到农村还有不少贫困落后的现象,会产生沉重感;看到国外的一些现代农村,会产生羡慕感。与淳朴的农民坐在板凳上聊聊天,会产生心灵的净化感;漫步在多姿多彩的青山绿水间,会产生美好生活的向往感。如今,我与"三农"已结下了不解情缘,因为"三农"已不仅是我最有兴趣的研究领域,而且也是我修身养性、强身健体、陶冶情操、丰富阅历、开阔视野的重要伴侣。能够经常去见见农民、看看农业、走走乡村,了解乡村的风土人情、品尝乡村的美味菜肴、欣赏乡村的绿水青山,已是我人生的一大偏好与追求。

53年的"三农"履历,尤其是其中44年的"三农"研究经历,使我领悟到:"三农"问题既有普遍性,又有特殊性。对中国而言,"三农"问题既是任何国家在工业化、城市化发展过程中,尤其是二元经济转型过程中所面临的普遍性问题,又是一个被中国特色城乡二元社会结构所叠加的经济与社会双重二元结构下特殊的"三农"问题。中国不仅是一个拥有14亿多人口,其中农民和农村人口一直占据较大比重的大国,是一个经济社会处在不断转型的国家,而且还是一个长期处在城乡二元经济社会结构转型的国家。这表明:中国的"三农"问题极具复杂性。研究中国的"三农"问题不仅要着眼工业化、城市化进程与"三农"问题的关系,而且还要将"三农"问题置于中国"大国小农"、"人多地少"和"城乡二元"不平衡发展体制等中国特色情境中予以认识和把握。

由农业、农村、农民所构成的"三农"问题是一个切切实实与经济、社会、政治、文化、生态紧密关联,"五位一体"的问题。农业、农村、农民同步于人类历史和社会的起源,是历史最悠久,也最具生命力的经济、社会及其群体形态。尽管我们人类经过自身的努力和奋斗,已经从传统的农耕文明时代进入工业文明和城市文明的时代,但是,人类还是离不开"三农",不仅如此,在工业文明和城市文明时代向现代生态文明时代的转变过程中,人类不仅离不开"三农",而且还将深度依靠"三农",因为我们还要分享现代"三农"发展所带来的美好生活和现代生态文明的成果。然而,我们现在离这样的目标还很远:我们的农业还没有现代化,依然是经济发展的重要短板;我们的农村还没有真正成为美好生活向往的所在地;我们的低收入群体依然主要是农民,农民的文化教育和公共保障水平仍然明显低于城市居民。因此,"三农"问题仍然是当前中国经济社会的"重中之重"问题,研究"三农"问题不仅没有过时,而且还需要不断强化,不断创新思路。

应该说,重视中国"三农"问题,并且把"三农"作为具体的研究对象和政策重点是中国改革开放后开始的,但这并不意味着早期没有人研究"三农",恰恰相反,由于农业、农村、农民是人类早期经济社会的主流形态,许多著名的经济学家、社会学家、政治学家都将土地、农民、农业作为研究对象,这可以从 18 世纪以来的许多经典文献中得到印证。无论是亚当·斯密《国富论》(1776 年)中的"重农学说"、李嘉图《政治经济学及赋税原理》(1817 年)中的劳动价值论和比较优势理论、屠能《孤立国》(1826 年)中的农业区位理论、马克思《资本论》(1867—1894 年)中的劳动价值论和地租理论,还是刘易斯《劳动无限供给条件下的经济发展》(1954 年)中提出的二元经济结构理论、莱切尔·卡逊《寂静的春天》(1962 年)中的可持续发展思想、舒尔茨《改造传统农业》(1964 年)中的农业转型理论、速水佑次郎和弗农·拉坦《农业发展的国际分析》(1971年)中提出的诱致性技术创新假说,以及国内早期的著名学者,如晏阳初的《平民教育概论》(1928 年)和《农村运动的使命》(1935 年)、费孝通的《江村经济》(1939 年)和《乡土中国》(1948 年)、张培刚的《农业与工业化》(1949 年)等等,都从不同的学科层面和问题视角,对与"三农"有关的问题做过深入研究。他们所提出的许多理论和观点,不仅在当时产生过重大影响,而且不少论述和对时局的洞察,至今仍被学者们引用和应用,仍具有重要的理论意义与实践价值。

在人类历史的进程中,"三农"问题对于经济社会的发展始终具有重要性,但在不同时期和不同发展阶段,"三农"问题的重点和热点却不尽相同,呈现出明显的时代关联特征和时局问题导向特点,与此相关联,研究"三农"问题的方式方法也不尽相同。从新中国建国近 73 年的发展历史和轨迹看,改革开放前的近 30 年,我国处在传统计划经济主导经济社会运转、国家整体上相对贫穷并且对外封闭、社会主要矛盾从两大阶级矛盾和两条道路矛盾向"先进的社会主义制度同落后的社会生产力之间的矛盾"(1956 年)转变的发展阶段。在这样的发展阶段和制度架构下,很显然,政府部门和学界主流对中国"三农"问题的关注重点与研究热点顺应时局变化,开始转变为农业生产力发展、农业技术进步和城乡居民温饱问题。但是,研究的视野基本上没有跳出"三农"本身;研究所运用的理论,主要是马克思主义政治经济学的范式,如生产关系与生产力的关系学说,并且生产关系决定论依然是主流观点,研究者总体上发声谨慎,鲜有大胆突破制度体系的"三农"研究;研究的方法,主要是规范分析法和统计描述法,鲜有计量模型的分析。

始于 1978 年的改革开放是中国"三农"研究进入新阶段的标志。之所以给出这样的结论,主要是因为中国改革开放所产生的三个方面的变革。一是改革开放激活了"三农"研究。中国改革开放起步于农业农村,尤其是 20 世纪 80 年代的改革,聚焦的重点基本是"三农",如农业经营制度的变革、粮食购销体制的变革、农产品价格制度的改革、农村劳动力的流动、农业产业结构的调整、农村工业化的发展以及农村集体经济制度的改革等,不仅是政府关注的改革重点,而且也是学者研究中国"三农"问题的重点和热点。这些研究既推进了中国改革的进程,又激活和培育了一大批"三农"问题研究者。二是改革开放冲破了思想禁锢。思想禁锢历来是科学研究的大忌。改革开放最大的贡献就是突破旧体制对人们思想的束缚,营造了解放思想、实事求是的制度环境,为"三农"问题研究提供了宽松的环境。如对市场经济和个私经济的认可、农村集体经济与产权制度的改革、粮食购销体制市场化的改革等创新与突破,都是在宽松的环境下实现的。三是改革开放打开了中国国门。打开国门使中国获得了开放的红利,不仅经济走向了全球化,而且技术与人才交流的国际化也得到了空前发展。就"三农"研究而言,开放使我们更好地借鉴了国际农业农村发展的经验与教训,更好地学习和运用了世界前沿的研究理论与先进的分析方法,大大深化了我们对"三农"问题的认识,拓宽了对中国"三农"问题的研究视野,并且结合中国的国情进行不断的创新。

当前的中国,从经济社会发展看,已经进入了中等偏上收入国家行列,正在从消除绝对贫困、总体上实现全面小康社会目标,向共同富裕和现代化发展目标前行。从制度体系看,已经确立了中国特色社会主义的制度框架和治理体系目标(2019 年)。但与此同时,中国的经济社会发展仍然处在转型期,并且还处在世界百年未有之大变局的关键期:中国发展的国际环境趋紧,并且复杂多变;中国渐进式的改革还没有完结,正处在改革的深水区;中国社会的主要矛盾已转化为人民日益增长的美好生活需要和不平衡不充分的发展之间的矛盾(2017 年)。所有这一切均表明,中国这一资源总量丰富多样,但人均拥有水平普遍明显低于世界平均水平的 14 亿多人口大国,在人均 GDP 达到中等偏上收入水平后向现代化国家迈进的进程中,会面临一系列亟待破解的难题和挑战。这涉及中国人均资源不足情况下的国家土地、水、能源等资源的节约利用与安全问题,涉及国际社会能否包容并支持14亿多中国人的现代化进程问题,涉及如何在趋紧的国际环境中妥善处理好开放和自主的关系问题,以及长期不平衡发展而引致的诸多结构性矛盾突发等问题。当我们把中国的进一步发展置于这样的发展背景与环境下,许多与"三农"有关的问题或结构性矛盾将变得极为严峻和棘手,如粮食安全与"双碳"战略以及农民增收关系的平衡问题,高质量发展中的食物健康安全与产业适应问题,产业转型升级中农村大量低学历、低保障、低收入群体面临的风险与化解问题,农村人口老龄化与城市化进程问题,农村教育滞后引致人力资本失衡与后果问题,农民生存权与发展权合一对农民权益充分实现的影响问题,乡村数字化与农民适应等问题。

很显然,研究中国的"三农"问题还任重道远。当前中国所面临的这些"三农"问题已远远超越"三农"本身,是与整个中国经济社会转型发展和现代化发展密切相关的复杂性问题。深入研究中国这样一个既有普遍性,更有特殊性的大国的"三农"问题,不仅对于中国"三农"问题的解决和国家现代化目标的实现意义重大,而且对于相关理论的发展和完善,如现代转型发展理论、制度经济与管理理论、可持续发展理论以及乡村发展与治理等理论的发展和完善,都有非常重要的价值。这表明,研究中国这样一个大国的"三农"问题,尽管极具挑战性,但创新空间很大。同时也意味着,研究中国这样一个大国的"三农"问题,不仅可以从多个学科的视角去探究,而且更需要用多种方法与手段去剖析。对于那些与数字化、生态化、低碳化以及健康营养等相关联的"三农"问题,仅有农业经济与管理的知识背景是不够的,必须要有不同学科知识的交叉和汇聚,必须要有团队的共同努力和联合攻关。

我的"三农"研究和脉络

始于1978年的中国改革开放,至今已近44年,我的"三农"研究如果从我大学本科期间发表在《经济研究》(1978年第12期)的第一篇处女作算起,也已经历了近44年。在这44年中,中国的改革可谓波澜壮阔,举世瞩目。改革从农村到城市,从微观到宏观,从"摸着石头过河"到

"看着方向过河",尽管经历了不少曲折,但始终坚持循序渐进,始终坚持走中国特色道路,并且不懈探索、不断前行。中国改革的进程及其特点,对我观察和研究"三农"问题的重要启示是:"三农"是国家的基础与基石,"三农"发展的状态反映的是国家发展的状态,"三农"问题的根源看起来是源自"三农"本身,但实质上是与国家总体发展战略意志及其制度安排相关联的问题。基于这样的认识,我的"三农"研究主要偏向于用经济学的研究范式,尤其是用发展经济学和新制度经济学的理论与方法,去审视和分析中国的"三农"问题,并且坚持聚焦"三农"、着眼全局和聚焦问题、着眼改革的理念,尽量避免说空话、讲套话,力求有思想、有见解。我的"三农"研究涉猎比较广,其原因一是"三农"本身涉及面比较广,二是我这么多年来指导的研究生比较多,进而必须适应学生多视角的"三农"研究选题。但即便如此,我还是形成了自己在"三农"研究领域的两个重点方向,一是城乡关系与变革,二是产业组织与制度。

伴随着改革开放的进程,"三农"问题研究在中国基本上是问题导向的研究,呈现明显的与时代、与时局相关联的特征,这种研究的优点是能着眼现实重大问题,具有较强的现实针对性,但不足之处是往往难以兼顾相关理论的系统性把握和创新。就我本人而言,是尽可能将这两者有机结合起来,使研究既能解决问题,又具有理论的深度,但总体评价的话,还是偏重问题导向,而不是理论导向。因此,梳理并呈现我 40 多年来的"三农"问题研究,从一定意义上讲,能反映的是中国改革发展,尤其是"三农"改革与发展的历史进程线索和不同时期的重点、热点,而理论与政策贡献主要呈现在相关问题研究的论述和分析应用中。

在 20 世纪的 80 年代,我国的改革处于起步阶段,当时占主导的改革议题和领域集中在"三农"领域,当时的中国"三农"问题研究的热点,主要涉及农村家庭承包经营制度问题、农产品价格放开和农产品购销体制的改革问题、区域粮食生产与发展战略问题、农村劳动力的转移问题、农村工业化与城市化的发展问题、农业产业结构的调整问题等。在这期间,"三农"研究者在国内改革发展研究中具有一定的主导性,并且在研讨活动中都非常富有激情和少有顾虑。20 世纪 80 年代的 10 年间,我觉得自己有两项研究成果较有影响力,至今仍有理论和实践价值。一项是关于区域粮食发展战略的研究。该研究主要围绕 20 世纪 80 年代浙江粮食发展的战略取向争议,提出了浙江粮食战略应从"完全自给"向"基本自给、大进大出"战略转变的观点,由我为主撰写的《关于浙江省粮食发展战略的探讨》一文在《浙江经济研究》1985年第4期上发表,由于该文的观点触击了当时每个省粮食都需"自给自足"的战略思路,引起了不小的争论。当时的我还是在读的研究生,也被看成是"不重视粮食生产"的人物之一,承受了不小的压力。现在看来,这一思路与观点并没有错,浙江事实上后来还成了全国第一个粮食购销体制市场化改革的省份(2001年)。如果说有不足,无非在于提出新观点的时机和条件在当时还不很成熟,但我觉得,这恰恰应该是一个研究者所应该坚持做的事情。

另一项有影响的成果是《农村工业化、城市化与农民市民化》的研究。该项研究成果被发表在1989年第3期的《经济研究》上,同时还被评为"纪念中国农村改革十周年"的优秀论文。当时该文还被选为拟在人民大会堂举行的"纪念中国农村改革十周年"会议论文,遗憾的是会议由于1989年春夏之交的风波而没能举行。该项研究成果的主要贡献是:针对当时我国农村工业(乡镇企业)发展和农业劳动力转移的"三就地"思路占主导的背景,揭示了与"城市病"相对应的"农村病"问题,提出了农村工业化应与城市化协调发展的观点,并且首次提出进城农业劳动力市民化的概念与观点、以及包括户籍制度改革在内的一系列政策建议。这些观点和政策主张对中国农业劳动力的有序转移与进城农民的市民化还是起到了重要作用,并且对二元经济下的"推-拉"理论有所补充。实践表明,到了20世纪90年代后期以及21世纪,随着中央高层关于统筹城乡发展和科学发展观思想的明确提出,尤其是党的十八大以来,加快农业转移人口市民化被写入了党代会的报告,愈来愈为政府所重视,并且成为社会的主流共识。

进入20世纪90年代后,中国改革的重点逐渐由农村转向城市,由微观转向宏观,尤其是1992年邓小平南方谈话后,中国出现了新一轮的改革发展浪潮。90年代"三农"研究的重点和热点主要集中在农业产业化经营与发展问题、土地流转与规模经营问题、农业结构战略性调整问题、农业劳动力转移与农民增收问题、农业综合生产率问题等。在这一时期初,我继续对中国农业劳动力转移问题进行研究,代表性的作品是《我国农业剩余劳动力的转移》,文章发表在《中国社会科学》1992年第4

期上。该文的主要贡献是运用费-拉尼斯关于资本积累和创新对劳动力就业吸纳程度的模式,揭示了中国乡镇企业吸纳大量农业劳动力的机理,即主要是依靠资本外延扩张的吸纳,而不是基于创新的内涵发展的吸纳。这一结论也证明了中国经济高增长的粗放型特点,即主要是依靠要素投入的扩大,而不是创新所产生的内涵式发展。

1993 年底,我从瑞典高访 1 年回国,开始将自己的"三农"研究与新制度经济学的理论和方法相结合,重点对中国农业农村的经营制度、土地制度、产业组织制度等进行新制度经济学视角的研究。其间,先后获得了国家自然科学基金管理学科部"交易费用、组织控制与我国农业组织的创新"(1995 年)和"转型时期农业产业化组织创新与制度安排"(1999 年)两个项目的资助,发表了一系列相关性文章,如:《中国横店集团产权制度构造的启示——兼论乡镇企业产权关系的明晰化》(1995 年)、《家庭农业:有效的农业组织管理结构——关于组织和交易费用的中国实例分析》(1996 年)、《"公司加农户":农业产业化组织的创新——基于新制度经济学层面的分析》(1997 年)、《当前我国农户家庭经营中的交易途径与合约方式——浙江省 173 户水稻生产农户的调查与分析》(1998 年)、《农地产权结构和我国的家庭农业》(1998 年)、《论农户家庭承包制与土地适度规模经营》(1999 年)、《上市公司的股权结构与绩效》(1999 年)、《农民合作:必然性、变革态势与启示》(2000 年),等等。这些研究成果的主要意义与贡献是:运用新制度经济学的理论与方法,分析和揭示中国农村改革后农业经营方式、产业组织形态、市场交易方式、农地产权结构、适度规模经营、企业治理结构等变化的制度特征和意涵,为中国经济改革的深化发展和组织经营制度的创新,提供了相关理论依据、新制度经济学的 SSCP(situation structure conduct performance)分析范式和作为"主体、制度、网络"三维属性的产业组织观察视角。

进入 21 世纪以来,统筹发展、科学发展和城乡一体化发展的思想开始成为中国经济社会发展的主导性基调。与此相适应,"三农"问题的研究出现了一些新的重点与热点,如:加入 WTO 及其对中国农业发展的影响,农村税费制度改革,农民增收与脱贫攻坚,新农村建设和美丽乡村建设,农民专业合作经济组织发展,农产品数量与质量安全,现代农业与新型农业经营主体培育,农业供给侧结构性改革,农村土地"三权分置"

与集体经济制度改革,城乡社保制度以及农民工市民化,乡村振兴战略和共同富裕发展等。在这一时期中,有两件事令我记忆深刻,一是参与农业税费制度的改革。当时我是浙江省的政协委员,在 2002 年的省两会上,我和徐立幼教授、陶勤楠教授等提出了取消农业税的议案。由于税制改革的权限限制,这一提案尽管得到了省里的赞同,但没有获得国家税务总局的同意。为此,浙江省只能实行农业税的暂停征收,然后,浙江省在 2003 年的全国两会上继续提交这一提案,得到了中央高层的赞同,农业税这一千年皇粮国税就此得到终止。二是参与农民合作组织的立法。农民合作组织本是农业家庭经营不可或缺的产业组织,但由于中国农民合作组织发展的历史曲折和异化,改革后社会上一度存在"谈合色变"的舆情,农民合作组织的再发展始终名不正言不顺。为此,在浙江台州市农业局的支持下,由我出面邀请了 8 位来自美国、加拿大、德国、荷兰、瑞典的专家学者,于 2004 年 5 月 12 日在台州举办了"农民合作组织制度建设和立法"国际研讨会,为合作社的立法与法人地位提供依据,并且促成了改革开放后中国第一个省级农民合作社发展法规《浙江省农民专业合作社条例》的发布。为此,我还获得了 2008 年中国合作经济年度人物的称号。

2000 年以来,我还承担了若干"三农"问题的重大科研项目:"解决中国三农问题的理论、思路与对策"(2004 年国家社科基金首批重大项目)、"我国土地制度与社会经济协调发展研究"(2006 年教育部重大攻关项目)、"农业产业组织体系与农民合作社发展"(2014 年国家自然科学基金重点项目)等。其间,我的研究开始愈来愈关注中国农业农村发展中的宏观制度与政策问题。围绕中国农村改革 30 周年、40 周年和党的十八大、十九大这几个重要时间节点,我整理与撰写出版了《转型、发展与制度变革:中国"三农"问题研究》(2008 年)、《我国土地制度与社会经济协调发展研究》(2010 年)、《中国"三农"问题解析:理论评述与研究展望》(2012 年)、《现代农业的产业组织体系及创新研究》(2020 年),并先后撰写或合作发表了一批具有回顾性、宏观性和重要主题针对性的文章,如《30 年农村改革回顾与改革的深化》(2008 年)、《中国特色体制转型道路析论——兼论改革开放三十年中国发展模式》(2008 年)、《中国农民合作组织发展的若干理论与实践问题》(2008 年)、《中国"三农"问题：分析框架、现实研判和解决思路》（2009年）、《推进工业化、城镇化和农业现代化协调发展》（2013年）、《现代农业经营体系建构与制度创新——兼论以农民合作组织为核心的现代农业经营体系与制度建构》（2013年）、《我国农业供给侧结构调整：历史回顾、问题实质与改革重点》（2016年）、《准确把握中国乡村振兴战略》（2018年）、《改革开放四十年：中国农业产业组织的变革与前瞻》（2018年）、《中国农民工的演变轨迹与发展前瞻》（2019年）、《高质量、高效率推进乡村振兴战略》（2019年）、《再论以城市化带动乡村振兴》（2020年）、《新阶段中国"易地搬迁"扶贫战略：新定位与五大关键》（2020年）、《论市场在乡村振兴中的地位与作用》（2021年）、《推进共同富裕：重点、难题与破解》（2021年）、《中国特色反贫困理论的理论品格、时代特质和系统建构》（2022年）、《全面推进乡村振兴的十大重点》（2022年）等。

2000年以来，我比较重要的学术研究进展，一是针对党的十八届三中全会（2013年）以及十九届四中全会（2019年）明确指出"使市场在资源配置中起决定性作用和更好发挥政府作用"的论断，提出"要使市场在资源配置中起决定性作用，必须健全和完善市场经济体系与机制"（2014年），并且认为"'有为政府'是既能克服市场失灵，又能充分发挥市场作用和行业组织功能的政府"，以及"激活市场，关键是转变政府职能和完善市场机制同步。激活主体，关键是赋权赋能和经营制度适配。激活要素，关键是建立要素市场化的制度体系"（2020年）。二是对农村土地产权制度与集体经济制度改革的认识深化，提出破解中国农村集体经济所有权虚置与农民作为市场主体权利仍不充分问题，应对现行集体产权制度进行"混合所有制"的改革（2017年），同时指出"从长期看，如果我们不下决心破解城乡二元社保体制，则集体所有权虚置与农民权利仍不充分，农民生存权和发展权的粘连性问题就难以破解，现行农村集体经济的制度设计和安排的局限性就会不断显现，并且会对我国经济社会的进一步发展产生负向方面的影响"（2021年）。三是针对乡村振兴战略的实施，分别从准确把握内涵、高质量高效率推进、城市化引领带动和市场作用发挥等方面，进行了系列性的论述（2018年、2019年、2020年、2021年）。

1978年以来，我在 *AJAE*、*JOS*、*IFAMR*、*JAPE*、*SSJ*、*SER*、

CER、CAER 等 SSCI、SCI 及其他国外重要检索刊物上发表论文 16 篇,在国内重要刊物发表或全文转载的论文 300 多篇,其中:《经济研究》8 篇,《管理世界》10 篇,《中国社会科学》1 篇,《金融研究》2 篇,《中国农村经济》33 篇,《农业经济问题》32 篇,《浙江大学学报(人文社会科学版)(含英文版)》23 篇,《学术月刊》3 篇,《经济理论与经济管理》5 篇,《经济学家》3 篇,《中国人口科学》8 篇,《农业技术经济》12 篇,《中国农村观察》4 篇,《浙江社会科学》21 篇,《浙江学刊》12 篇;被《新华文摘》转载 4 篇,《中国社会科学文摘》转载 4 篇,《中国人民大学期刊复印资料》转载 46 篇。此外,在《人民日报》、《光明日报》、《经济日报》以及《浙江日报》上发表文章 16 篇。2005 年,在中国人民大学期刊复印资料《农业经济导刊》转载文献引用个人排行榜上,位列以第一作者全文转载文献引用频次的个人排行榜第一。2008 年,在《农业经济学科》高被引作者名单中,本人被引用文章数为 16 篇,总被引频次为 72 次,排名第一(根据科学技术文献出版社出版的《中国期刊高被引指数(2009 年版)》一书中的统计)。2018 年,在《经济学家》学者影响力总被引频次前五十人中,位居第七名。2019 年,在《农业经济问题》创刊 40 年(1980—2019 年)高被引频次作者中,排名第一(被引频次 1450),H 指数为 69。另据 CNKI 检索,1985—2020 年,本人发表的 361 篇论文中,按被引频次排序,有 72 篇论文被引用了 50 次以上,H 指数达 54,在国内同行学者中排名第二。2021 年,与学生孙永祥合作的论文《上市公司的股权结构与绩效》(1999 年),被评为《经济研究》自 1955 年创刊以来最具影响力的 10 篇文章(排位第八)。该文在知网引用量达到 4116,下载量达到 20313;Google Scholar 引用量达 1148。2022 年 2 月,在《中国农村经济》1985 年创刊以来最具影响力的 10 篇文章和近 10 年发表的 20 篇高引用论文榜单中,《农民专业合作组织发展的影响因素分析——对浙江省农民专业合作组织发展现状的探讨》(2002 年第 3 期,知网引用量为 1082,下载量为 5373)和《准确把握中国乡村振兴战略》(2018 年第 4 期,知网引用量为 480,下载量为 21616),分别位列这两个排行榜的第一。

此外,我还先后主持国家社科基金项目 3 项(其中:重大 1 项,重点 1 项);国家自然科学基金项目 11 项(其中:重点 1 项,地区国际合作 4 项);教育部基金项目 12 项(其中:重大攻关 1 项,重大 2 项)。研究成果获得省部级以上各类科研成果奖 26 项。其中,我与顾益康、徐加共同署名撰写的《农村工业化、城市化与农民市民化》(《经济研究》,1989 年),在 2007 年浙江省第十四届哲学社会科学成果奖的评选中,被评为突出学术贡献奖。我与汪晖合作撰写的《城市化发展中的土地制度研究》(中国社会科学出版社,2002 年)获得首届"中国农村发展研究奖(专著类)"(2004 年)。

　　1992 年以来,我先后以访问学者和合作教授的身份在瑞典农业科学大学,芬兰赫尔辛基大学,加拿大圭尔夫大学,美国的爱荷华州立大学、密歇根州立大学、明尼苏达大学、康奈尔大学、加利福尼亚大学戴维斯分校、内华达州立大学,德国基尔大学,荷兰伊拉斯姆斯大学,日本筑波大学,澳大利亚国立大学,巴西圣保罗大学,英国诺丁汉大学,新加坡国立大学和台湾大学等大学,以及联合国总部、国际食物政策研究所、联合国粮农组织、美国农业部、加拿大国际开发署等国际研究机构,开展中短期的项目合作、讲学等学术交流活动。先后担任了中农办、农业农村部乡村振兴咨询委员会委员,农业部软科学委员会委员,中国农业经济学会副会长,中国农村合作经济管理研究会副理事长,国家社会科学基金学科规划评审组专家,国家自然科学基金管理学科部评审组专家,《中国农村经济》、《农业经济问题》、《浙江大学学报(人文社会科学版)》等刊物编委,浙江省省政府咨询委员会委员,浙江省农业经济学学会会长、名誉会长以及浙江大学的学术委员会委员等。1989 年以来,我总共指导和培养了博士后 28 人,博士 111 人,硕士 17 人,专业学位硕士 130 人(MBA32 人,MPA12 人,EMBA38 人,MAE13 人,ME5 人,QM30 人),接收国内外访问学者 30 人,总计 316 人次。其中,学生郭红东和刘西川的博士论文分别获得 2008 年、2010 年国家优秀博士论文的提名奖。截至 2022 年,已有 10 位毕业学生先后获得国家社科基金重大项目,43 人晋升为教授。我本人则荣幸地获得全国优秀教师荣誉称号(2009 年),同时被聘为浙江大学求是特聘教授(2006 年)和一级教授(2018 年)并获得浙江大学"竺可桢奖"(2022 年)。

文集编排与致谢

编写自己的文集是近年来的念想,原因一是想梳理下自己这么多年来的"三农"研究,二是自己已虚长到 70 岁,也该做个总结。编写过程中,我感觉最大的难点是如何使文集既能体现"三农"改革与发展的历史轨迹,又能体现"三农"研究领域的内容结构。考虑再三,还是选择了以突出内容结构为主,同时兼顾文章历史顺序的编排思路。结合我"三农"研究的几个重点领域,整个文集由四卷本组成。卷名分别为:农业经济与政策(第一卷)、产业组织与制度(第二卷)、城乡关系与变革(第三卷)、决策咨询与资政(第四卷)。前三卷分别内含四篇,每篇编入的文章则基本上以时间顺序编排。第一卷农业经济与政策的篇名分别为:农业产业与经营、农民收入与脱贫、土地制度与改革、政策解读与趋势。第二卷产业组织与制度的篇名分别为:农业组织制度与变迁、农民合作组织与制度、农业纵向体系与制度、多种类型主体与治理。第三卷城乡关系与变革的篇名分别为:中国"三农"问题与改革、人口流动与农民工、城乡关系与城镇化、农村工业与区域发展。第四卷决策咨询与资政的编排,则完全以时间顺序展开,分为不同的时间阶段,即 1978—2000 年、2001—2010 年、2011—2022 年这三个时间阶段。

44 年的"三农"研究,我差不多积累了 446 篇相关学术论文和 120 多篇决策咨询类的报告、文章。这次所编纂的四卷本文集总共收录了其中的 139 篇学术文章和 89 篇决策咨询类报告。这些文章和报告大部分是出自我本人的执笔,但也有部分是与学生和合作者共同撰写的。其中绝大部分的文章是在报刊上公开发表的,一部分(尤其是决策咨询报告)是未公开发表或在内部刊物上刊发的。考虑到文集编写体例等方面的要求和时间的跨度,在编辑过程中,按照不改变原文思想、研究观点和结论的原则,对某些选用论文的个别措辞和标题做了技术性的处理。此外,由于不同时期以及不同刊物对是否要给出论文摘要的要求并不一致,加之对文集总篇幅的考虑,文集对收录论文的摘要做了不予体现的处理。对于参考文献,则根据文章的具体内容,予以了保留。

浙江是中国改革开放以来国内发展比较快的一个省份,浙江还是习近平曾经主政过 5 年的省份,浙江的改革与发展历程在一定程度上是中国改革与发展的一个缩影。浙江的区域面积并不大,陆地仅 10.55 万平方公里,常住人口却已达 6000 多万人。浙江的自然资源也称不上丰裕,是"七山、一水、二分田",但浙江的改革发展却一直比较活跃。2021 年,浙江还成了国家高质量发展建设共同富裕示范区。浙江可以说是一个研究中国改革、转型发展和"三农"问题的富矿。我有幸长期生活和工作在浙江,因而有机会比较多地参与和见证浙江的改革开放与发展历程,自然地,研究浙江的农业、农村和农民问题也成了本文集的一大特色。文集中有不少文章是以浙江作为研究背景和对象的,因此,我很希望这本文集不仅能反映中国改革开放以来与"三农"改革发展有关的历史进程,也能为有兴趣的读者了解浙江的改革与发展提供一些启示,能够为热心于浙江发展研究的学者提供一些线索。

如果说我这么多年来在研究中国"三农"问题方面有所体悟和微薄贡献的话,那么首先需要感谢的是我们所处的这个时代,因为这是一个世界上人口最多的国家在经历改革开放和发展的时代。是这个国家在持续不断地探索自身特色现代化道路的时代。有幸处在这样的时代,不仅你的思想和心灵将受到时代变革的激荡,而且还会激发你关注这一时代的变革,并且投身其中。这么一个变革的时代,促使我对中国"三农"问题的观察与研究,经历了不同的视角转换,也就是从就"三农"看"三农",到跳出"三农"看"三农",再到从"三农"看"三农"外的视角转换。我深刻体会到,研究中国的"三农"问题往往需要多视角观察,这有助于打开研究思路和把握问题要害,进而取得实质性的研究进展。其次,要感谢浙江大学以及浙大 CARD("卡特")这个教育部人文社科重点研究基地对我长期从事"三农"问题研究所提供的各种支持,包括对本文集出版的支持。感谢 CARD("卡特")研究同仁以及我的学生们。在本文集不少选录文章的注脚中,他们的姓名及其贡献已被相应提及。事实上,我的不少"三农"研究成果都是集体努力的结果,是集体智慧的结晶,是思想交锋与火花碰撞的产物,我应该对各位合作者表示衷心的感谢。此外,我要由衷地感谢长期以来一直支持关心与指导我和"卡特"发展的中农办原主任段应碧、陈锡文和原农业部的老司长郭书田,浙江省"三农"

方面的老领导许行贯、周国富、章猛进以及顾益康等。还要感谢国家社科基金、国家自然科学基金、教育部人文社会科学研究基金以及浙江省社科基金等对我研究的项目资助。感谢教育部、浙江省和浙江大学相关人才项目、学科建设项目以及管理学院、公共管理学院、经济学院等的长期支持和帮助。感谢浙江大学出版社对本文集出版的支持,出版社诸多编辑,尤其是陈思佳编辑仔细认真的工作和精心编辑。还要感谢CARD("卡特")的胡伟斌、刘炎周、刘桢、宋文豪、钱泽森、叶海键、崔柳等学生对本文集出版的贡献。他们帮助我做了大量的文集整理工作,不少收录文集的文章发表于20世纪80年代和90年代初,没有相应的电子文本,是他们认真帮助检索并编辑转化为电子文档。最后,要感谢我的夫人谢莉莎,感谢她长期以来对我工作的全力支持和付出。

以上是我为我的四卷本"三农"研究文集写的自序。由于四卷本的文集体量较大,编辑工作量也大,难免会出现个别文字和语句的表达错误及欠达意,对于这些问题和不足,责任在我,还请读者们谅解和不吝赐教。

2022 年 5 月 18 日
于杭州华家池

目　录

第三篇　土地制度与改革

第四篇 政策解读与趋势

第一篇
农业产业与经营

浙江省粮食发展战略探讨①

根据 1985 年中央一号文件中关于"粮食、棉花取消统购,改为合同订购"的决定,浙江省应制定什么样的粮食发展战略? 我们认为浙江省的粮食战略在目前商品生产日益发展的条件下,应进一步由基本自给型向完全开放型转移。

首先,浙江省粮食自给的条件不充分。从历史上看,浙江省曾是缺粮省份,1949 年全省人均粮食占有量只有 206.5 斤。三十多年来,全省粮食产量和人均占有水平不断提高(除特大灾害外),去年全省粮食产量突破 145 亿公斤,人均占有量达 438 公斤左右,做到基本自给。但在商品生产条件下,今后粮食是否必须自给,值得研究。

从上地资源条件看,近几年,全省平均每年要减少耕地 10 万亩左右,而人口每年平均要增加 45 万人。到 20 世纪末,浙江省人均耕地约为 0.54 亩,这对粮食自给是一个很大的限制。到 2000 年,浙江省人口如控制在 4500 万人,粮田面积保证在 2000 万亩,则人均占有粮田只有0.44 亩;即使粮田的复种指数达到 240%,每亩播种面积产粮达到 375公斤(即粮田亩产 900 公斤),粮食人均占有量也只有 400 公斤。

从粮食生产水平看,浙江省平均粮田亩产量已达到 600 公斤左右。今后如果没有技术上的重大突破,大幅度增产的可能性不大。从上海经济区四省一市 1978 年以来的粮田亩产量(按播种面积计算)来看(见表 1),显然,除上海市粮田亩产量下降外,浙江省的粮田亩产量增长速度是四省中最慢的。

---

①　本文作者为黄祖辉、徐加、叶晓云。本文内容发表于《浙江经济研究》1985 年第 4 期。

表 1　上海经济区四省一市粮田亩产量

省份	1978 年 /公斤	1979 年 /公斤	1980 年 /公斤	1981 年 /公斤	1982 年 /公斤	1983 年 /公斤	六年平均亩产比 1978 年增长/%
上海市	653	675	502	556	641	577	−10.0
浙江省	566	624	561	561	664	607	＋7.0
江苏省	480	524	493	524	596	629	＋15.3
安徽省	320	341	322	396	427	440	＋20.4
江西省	366	450	438	450	502	524	＋29.2

资料来源:《农业经济资料(1949—1983 年)》(农牧渔业部计划司编)。

其次,浙江省实行粮食基本自给的机会成本太高。这就是说,把有限的耕地仅用于种粮食,代价太大,经济上不合算。

一方面,单位耕地面积上创造的粮食产值低。从 1982 年(丰收年)浙江省种植业的产值结构来看,占总耕地 83％的粮田创造的产值只占种植业产值的 68％,大致每万亩粮田产值 229 万元,每万亩非粮田产值 519 万元。按照上述的比例关系,假定劳动生产率不变,则每增加 1 万亩粮田面积要减少种植业产值 290 万元。

另一方面,粮食生产的经济效益低。由于价格不合理和随着粮田亩产量提高而产生的土地报酬递减律的作用,粮食生产的经济效益要比其他行业低得多。从粮食专业户和其他专业户人均净收入比较(见表2),我们可以看出:粮食生产的经营收入很低;这部分收入占农户家庭总收入的比重却较高,农民难以靠粮致富。

表 2　粮食专业户和其他专业户人均净收入比较

专业项目	粮食	蔬菜	养蜂	养鱼	家具加工	食用菌	养禽
平均专业劳力净收入/元	375	663	467	1342	1400	1169	3015
专业净收入占家庭总净收入/%	91	82	70	98	81	79	92

粮食生产机会成本高,意味着浙江省的粮食生产在宏观经济中,并不具有经济上的优势;如果把主要的粮田、劳力、资金用于实现粮食自给,是得不偿失的。

最后,粮食基本自给不利于全省经济的更快发展。现代商品经济的发展表明,一个地区、一个省的经济优势是多方面的。要使自己的经济发展更快,就要从全局出发,用系统论的方法来考虑自己的战略。粮食问题固然重要,但就浙江省来说,实行基本自给不见得有利于浙江省经济的更快发展。其一,粮食要自给,产量就必须保持持续的增长。如果技术上不能保证粮食产量的持续增长,那么就得有一定的粮田面积做保证。这意味着今后还要增加粮田面积。而浙江省资源具有多宜性,土地资源除适宜种粮食外,也适用于经济效益比较高的蚕桑、茶叶、淡水鱼、麻类、柑橘以及多种经济作物的发展。如果大部分土地都种粮食,具有经济优势的作物的发展,就会受到限制。其二,粮食实行自给将从土地上限制交通运输业、旅游业、工矿企业和小城镇的发展,这对于浙江省经济结构的调整,特别是农村产业结构的调整是不利的。其三,浙江省地处沿海地区,有条件利用自己的资源扩大各种农副产品或加工产品的出口,而如果我们实行粮食基本自给的战略,就会束缚自己的手脚,使我们的出口优势得不到发挥。

因此,我们认为在商品生产条件下,浙江省的粮食战略应是建立"大进大出"的开放型粮食供需系统。

一方面,放开第二粮食(主要指饲料用粮、工业用粮和行业用粮)。目前由国家统一控制的饲料粮约为7亿斤,加上部分工业用粮,总计在13亿斤左右,约占全部统销粮的26%,可以由市场来调节,国家主要通过指导性计划来进行宏观控制。第二粮食放开后,可以促使部分粮农根据市场变化来制定自己的生产计划,国家亦可减少部分财政支出。对于用粮企业,则可根据全国的粮食形势,自由从省外调进原料粮或用市场价格收购省内农民生产的粮食。这样,可逐渐为粮食扩大市场调节数量和范围打下基础。

另一方面,对城乡居民的第一粮食(口粮)实行国家定购。对城镇居民的口粮可实行合同订购。浙江省城镇居民人均口粮的需求量由于食物消费结构的改善会逐步减少,但是,如果城镇人口的增长率大于食物消费结构中口粮的下降率,其绝对需求量仍会增加。根据浙江省现有城镇人口变动情况和居民消费结构的变动趋势,我们建立了以1983年为基期的全省第一粮食序时需求预测模式,估计浙江省今后若干年内城镇居民对口粮的需求总量约为15亿公斤,详见公式和表3:

$$Q = 2896 \times 10^7 \times 1.0069^n$$

式中，Q 表示城镇居民第一粮食需求总量，n 表示时期数。

表 3　浙江省城镇居民口粮需求总量预测

	1985 年	1986 年	1990 年	1995 年	2000 年
序号(n)	2	3	7	12	17
需求总量/亿公斤	14.68	14.79	15.20	15.74	16.29

这 15 亿公斤粮食可由粮食专业户提供。如果按每一粮食专业户提供商品粮 1 万斤计算，则全省有 30 万户就可解决城镇居民口粮问题。为此，我们现在应有意识地扶持粮食专业户的发展。

至于农民的口粮，原则上由各地自行解决，重灾区和边远山区县可由国家调拨或补助，其余地区均由地方自行与省内外协作解决。

为了保证浙江省建立"大进大出"的开放型粮食供需系统转变，需要解决下面几个问题。

第一，积极调整农村产业结构，开拓新的食物来源。可以考虑把浙江省现有的粮田面积逐步压缩到 1500 万亩，腾出 700 多万亩粮田。这腾出来的粮田主要用于建设城市水果蔬菜基地、淡水鱼基地和农副产品出口基地。这样，如按每万亩非粮食耕地比粮食生产多创造产值 290 万元计算，可使浙江省农业产值增加 20 多亿元。调整的范围首先考虑大中城市郊区和杭嘉湖地区。在粮田面积中，要把饲料粮、工业用粮和口粮分开，有计划地扩大优质稻和二棱大麦的种植面积。

调整种植业结构，还应大力发展多种食物的开拓性产业，特别像食用菌、饲料资源的开发利用。发展这些产业可改善农村产业结构，广辟食源，减轻供粮压力，并促进农村生态系统的良性循环和农副产品的综合利用。

第二，以配合饲料生产和畜牧业生产技术两大方面为突破口，实行饲料进口、畜产品出口战略，使浙江省畜牧业和养殖业得以超前发展。浙江省有多种优良畜禽品种，有舟山渔场可提供大量蛋白饲料，在饲料加工和畜禽饲养上也有较好的基础，如果我们能在配合饲料和饲养技术上进行科学攻关，使浙江省的畜禽产品的饲料报酬有较大幅度的提高，就能利用畜禽产品质优价廉的优势，大量吸收其他省份的饲料，加快畜牧业发展。

第三,及时了解国内外粮食生产和需求的变化,及时根据市场行情制定各种具体对策。可以考虑建立合资经营的粮食加工企业,同时要积极争取与兄弟省份粮食产地搞经济联合,利用浙江省在粮食生产上的先进技术和销售市场,与其他省份的土地、劳力进行粮食生产的联合开发和经营,实行专业化分工,通过交换,满足各自的需求。这样,开放型的粮食供需系统就有了物质基础。

第四,改革粮食经营管理体制。一是政企要真正分开。国家取消粮食统购后,粮食主管部门主要负责:制定指导性的合同订购粮食计划和有关政策;按合同价格敞开收购农民的粮食;解决特殊地区(如灾区、边远贫困山区)的粮食缺口问题;对粮食专业户进行必要的扶持;等等。其他粮食经营权力应下放给粮食经营企业,使目前的各种粮油购销公司、饲料公司、粮食加工企业独立核算,自负盈亏,成为真正的经济实体。另外,要在城市和农村增设粮食贸易市场,允许农民进城经营粮食。

二是改革粮食的计划和价格管理体制。一般不下达指令性计划。指导性计划要符合实际情况。签订订购合同时,要尊重农民意愿,不要强求;必要时,可以先付给定金。在价格管理上,定销粮部分,在工资制度未改革之前,仍可实行价格倒挂。粮价,主要采用浮动价,由生产者自行定价。

三是在粮食价格补贴上,要从目前补贴商业为主转向补贴生产者和消费者为主,现有的粮食补贴和奖励应逐步把重点放到粮食专业户上来。城市经济改革有成效时,取消对粮食商业部门的补贴,粮食销售价格全部放开,由市场来调节。

第五,大力发展交通运输业。要实行公助民建、谁投资谁得益的办法,建造铁路、高速公路,拓宽狭窄路面,疏通城乡水路,还可同兄弟省份在水陆运输上实行联合营运,提高货运效率。

从总体考虑,浙江省的粮食战略可以分两步走:第一步,用一两年的时间做准备,以调整为主,利用当前粮食生产的好时机,进行小范围试验;第二步,等条件成熟后,全面放开。

粮食产后处理系统的考察与思考

——技术进步的环境约束和出路①

一、产后处理：一个不容忽视的领域

作为生产后续系统的粮食产后处理，按照一般的划分，主要包括收获、脱粒、干燥、储藏、加工、运输、销售这些环节。在我国，由于实行部分粮食国家收购的制度，粮食的产后处理是在国家和农民（或农民企业）分别负责的双轨体系下进行的。主要的特点是：国家在正常年景下，一般只负责由粮食部门收购的粮食的储藏、加工、运输、销售这几个环节，其他环节以及国家收购任务以外的粮食产后处理，均由农民来完成。农民对粮食的产后处理水平，是具有决定性作用的。

在我国，粮食问题是受到重视的。但是，就其产前、产中、产后的三个环节来看，对产后环节，特别是农民的粮食产后处理环节，无论是政府部门还是农民本身，都不够重视。原因主要有三个。

第一，非商品性的粮食观念和基本自给的粮食生产方式以及低水平的粮食消费，使粮食产后处理的社会经济意义和作用在现实中难以体现。

第二，粮食形势的好坏主要反映在粮食产量能否增加上。但是，粮食产量的确定是以收获时期对粮食产量的测定和调整为依据的，有关部

① 本文作者为黄祖辉、徐加。本文内容发表在《农业经济问题》1987年第6期。本文的研究得到加拿大国际发展署（CIDA）项目的支持。

门和领导不需要也很难把产后因素都考虑进去。

第三,粮食产后处理的宏观管理薄弱。目前的管理体制是:农业部门管粮食的生产,粮食部门管粮食的购销、加工、储运、调拨,但是仅仅局限于国家收购的合同粮。至于农民这一头的粮食产后处理,在部门管理上基本是空白。

事实上,粮食的产后处理至关重要。在粮食产后一系列环节处理中尽可能地减少损失,意味着粮食产量的增加。世界粮食的产后损失仅从储藏环节看,就有 $8\% \sim 10\%$(联合国粮农组织测定数)。从我们国家看,粮食储藏的损失主要在农民储粮这一头,其中鼠食和霉变造成的损失较为严重。以浙江省为例,全省约有 1 亿只鼠,以每只鼠一年食粮 9 公斤计,一年就要吃掉 9 亿公斤粮食。如果按全省 160 亿公斤的粮食总产量水平计算,损失率就达 5.6%。这些粮食的损失,相当于一年减少 120 万亩亩产 750 公斤粮的高产田。按人均 400 公斤的粮食年消费水平计算,这些粮食可供大约 112 万人口规模的城市消费两年。至于霉变的粮食,不仅会降低粮食品质,造成经济上的损失,而且人畜食用后会引起疾病。如果我们把其他粮食产后处理环节的损失都考虑进去,产生的社会、经济的影响就更为惊人了。从全国看,如果我们能减少粮食产后损失 5%,按全国 4000 亿公斤总产量水平计算,就是 200 亿公斤,这比浙江省一年的粮食产量还多。

粮食产后处理得当,可以使粮食资源得到充分利用,使其多次增值以及带来生态效益的事实,在世界上已不属新闻。以稻谷副产品为例,据试验,对稻壳进行综合利用后,其价值比原先用作燃料可提高 100 多倍。一座日产 50 吨大米的加工厂,如用稻壳来发电,每年可为国家节省柴油 $3300 \sim 4100$ 桶或标准煤 $570 \sim 710$ 吨。上海、江西等地的试验证明,大约 1 吨稻壳可生产 1 立方米人造板材,能获利 120 元,为稻壳本身价格的 10 余倍。

米糠进行综合利用后,可得到食用和工业用的米糠油,榨油后的米糠饼可用于混(配)合饲料或继续提取植酸钙进而提取肌醇。此外,米胚芽和碎米通过再加工,又可以转化为广大消费者喜欢的营养食品。

我国拥有占世界 1/3 以上的稻谷产量,按照 1984 年 1600 亿公斤的水平算,加工后可得谷壳近 350 亿公斤,米糠近 100 亿公斤,米胚芽约 16

亿公斤以及相当数量的碎米。这些副产品经过再加工和综合利用,身价可以大大提高,而我们现在却将其绝大部分直接用作饲料、肥料和燃料。

粮食的产后处理有如此诱人的潜力,为何未引起我们对其应有的重视?

二、环境约束:粮食产后处理技术进步的障碍

我们认为,仅就自然和技术两方面的影响因素而言,我国目前的粮食产后处理比起产中处理,在更大程度上依赖于技术的进步。但是,技术进步能否为农民所接受,能否转化为现实的生产力和社会经济效益,则要取决于技术应用的环境条件。

诚然,在粮食的产后处理中,我们还存在着不少工艺本身不过关或者落后于国外的技术瓶颈。这些由技术本身所产生的约束,迫切需要通过技术攻关来突破。

问题是,现实中更为棘手的并不是技术本身的约束,而是技术推广运用的环境约束。这种由社会经济条件等因素所构成的环境约束,在当前农民的粮食产后处理中尤为明显。主要表现是:农民对粮食的产后处理技术,特别是对商品技术缺乏有效需求;产后处理技术的更新、普及推广困难;技术在粮食产后处理的一些环节中有倒退的迹象。

浙江省目前的粮食产后处理状况是:粮食收获基本由人力收割来完成,即使在一些国营农场中,机械收割也较少看见,不少收割机处于终年闲置的状态,脱粒也大多依靠人力;烘干机的滞销、积压状况则已持续了几年。就粮食的仓储技术而言,全省差不多有一半县(市)的粮食进出仓、搬倒、称重、清理工作,仍主要依靠"晒粮靠天,搬运靠肩"的繁重体力劳动,而由农户储存的 100 多亿公斤口粮与种子粮中,90％的粮食仍是采用传统的缸、桶、盆、罐、坛、袋等盛器来储存。政府的粮仓绝大部分是 20 世纪 50 年代兴建的房式仓,无法适应低温、气调储藏等新技术的推广运用。至于粮食的进一步加工,乡村一级的粮食加工企业普遍面临着设备陈旧、性能差、不配套等问题。以上种种,如果从技术角度讲,可以看出并非技术本身的约束,而是技术运用的环境约束。这种环境约束的

主要表现有以下四点。

(一)粮食生产经营规模狭小且分散,在客观上对产后处理技术,尤其是机械运用产生约束力

以分散的独立经营为基本特征的农村家庭经营承包责任制激发了农民从事商品生产的劳动积极性,但是与此同时也对产后处理技术,特别是对机械运用带来了新问题。以浙江省主要产粮区嘉兴市为例,全市共有水田面积 290 万亩,种粮农户达 60 万户,户均面积不到 5 亩,其中最大的粮食专业户也只承包 42 亩地,承包 10 亩粮田以上的"大户"为数也不多。显然,由于家家种粮,粮食生产经营规模变小,那些在"吃大锅饭"时期单纯依靠行政手段进行大面积推广运用的"吃香"技术,必然要受到冷遇。

(二)农村劳动力的充裕及其价格的相对低廉,对粮食产后处理技术的替代产生排斥力

农村经济改革后,生产要素的商品化特征日趋明显。农村劳动力不断向非粮产业转移,使粮田劳动力的机会成本逐渐提高。但是总的看来,农村劳动力价格还是低廉的,加上目前农村劳动力转移大多带有"离粮不离田"、"离土不离乡"的性质,自行支配余地很大。同时,政府部门和农村企业都在农忙季节实行农村职工的支农返农政策,农民对粮食的产后处理,基本上可以通过"见缝插针"或者"突击会战"的劳动形式来完成。

(三)主要由价格因素决定的粮食生产低效益使农民对粮食产后处理技术的采用缺乏兴趣

应该看到,目前我国的粮食生产主要是靠政府的约束,即各种形式的种粮收入补贴,以及农民粮食自给的本能来维持的。农民从事粮食生产经营的积极性并不高,其原因在于粮食生产的经济效益不高。虽然粮食价格几经提高,但是由于粮价没有放开,农民种粮比起从事其他生产仍然有悬殊的收入差别,这就大大减弱了农民对粮食生产进行投资的兴

趣。加上粮价反应迟钝,不能充分体现产后处理的优质优价原则,粮食产后处理的投资环境就显得更为不利。在这种环境下,即使产后处理的技术替代有利,但是如果存在跨行业的更为有利的投资选择机会,农民(或企业)将仍然保持原有的产后处理方式。

(四)自然经济的思想对粮食产后处理技术的推广运用构成障碍

虽然农村商品经济的发展浪潮在不断冲击着自然经济的堤坝,但是经历了几千年的自然经济思想,如小农经济的观念、封建迷信的意识、因循守旧的生产消费习惯等等,在农村中还是普遍存在的。当新的技术在推广运用中触及这些领域时,势必会受到怀疑和抵制,使得不少具有社会、经济和生态效益的技术只能滞留在试点范围,难以推广。

除此之外,诸如体制紊乱、仓储和加工企业布局不合理、资金匮乏、技术项目不配套等,也都是粮食产后处理技术运用的环境约束因素。

总之,粮食产后处理技术进步不明显的状况从一个侧面说明:那种不讲究社会经济效益,单纯依靠行政手段来推广运用农业技术的做法,以及虽有社会经济效益,但在运用时要触动人们传统旧观念的农业技术,在实践中受到了严峻的挑战。这种挑战来自农村商品经济的发展环境和自然经济的滞后环境相交织的社会经济环境的约束。从某种程度上讲,这种环境约束比改革前的农村更为复杂和顽强。农民形象地说:这几年的农业生产发展,一是靠政策,二是靠老天,三是靠吃老本,四是靠拼老命。言下之意,科学技术的威力并不显著,这是值得我们深思的。

需要提出的是,对于全民所有制的粮食部门和企业来说,由于旧体制的作用,其产后处理技术运用的环境约束,比较集中地反映在政府的投资不足和企业的力量有限上,这不同于农民对产后处理技术的需求不足。农民的技术需求主要受价值规律的影响,而全民所有制企业对技术需求的不足则受政府和主管部门对其重视程度的影响要大些。这是我国目前的二元经营体制下,不同所有制结构中技术运用的环境约束的重要差异点。

三、出路何在:从供需双方入手, 弱化技术运用的环境约束

弱化农业技术运用的环境约束,不是要使农村商品经济的发展退回到自然经济为基础的集体经济模式中去,而是要通过观念变革和体制改革,加快农村商品经济的进一步发展,逐渐强化农民对商品技术的需求,增强农业技术的供给能力,达到弱化技术环境约束的目的。

从需求方面看,建立农民对粮食产后处理技术需求的动力机制是关键。

首先,应解决农民从事粮食生产积极性不高的问题。看来,行政命令或变相形式的行政手段都是无济于事的。只有打破地区封锁,放开粮价或者政府规定较大范围的粮价浮动,建立国内统一的粮食供需市场,使粮食生产真正商品化,才是出路。但走这条路子,难度较大,有一定风险性,需要周密考虑才行。

其次,应鼓励粮食生产向种田能手集中,粮食产后处理向专业化、社会化转变。在一些商品经济发达的农村,这方面的要求已显得迫切,应抓住时机,因势利导,促其转变。

再次,应结合农村精神文明的建设,依靠舆论和典型示范,向农民和干部注入现代农业的思想,刺激和引导农民对科学技术的需求。

最后,变粮食生产的收入补贴为技术项目的投资补贴、政府增加对粮食产后处理基础设施的投资、产后处理系统布局的合理化等也是可以考虑的措施。

从供给方面看,建立强有力的农业技术供给系统是保证。主要的思路有以下几点。

第一,建立科技推销、服务机构,提高农业技术推销、服务人员的地位与待遇。

第二,在农业应用技术成果的评定过程中,一定要把推广应用的社会、经济、生态效果作为一个重要指标。

第三,建立能纵横协调的农业科研管理体制和农业技术供需信息传

递中心。

第四,农业技术推广路线要以适度为主,坚持机械技术和生物技术相结合,传统技术和现代技术相结合。对农民运用的产后处理"土"技术,应加以认真总结、优化和推广。

第五,按照地区、经营方式、产品品种和用途以及环境变化趋势,粮食产后处理技术研究和推广的重点应先放在主要商品粮产区的粮食专业户方面,侧重解决当家品种和口粮饲料粮的产后处理技术。

第六,粮食产后处理技术的研究既要考虑和粮食流通经营体制的改革相配套,又要考虑和其他产后处理环节的技术相配套,如农业收割技术与干燥技术相配套,干燥技术与治虫技术相配套,治虫技术与产后生理生化技术相配套,等等。

第七,改变科技部门单纯依靠国家经费,以行政命令做科研与推广的局面,要开辟科研单位的资金来源渠道,沟通科研单位与生产单位和消费单位间的经济关系,实行科研项目管理的承包合同制。

农户粮田规模经营行为与启示①

在我国,推行粮田适度规模经营需要一系列条件,其中农户的意愿和行为不容忽视。基于此,我们对位于沿海经济相对发达地区的浙江省的农户做了专题调查,现将调查结果分析如下。

一、被调查农户的基本情况

本次调查时间为 1995 年 6 月至 7 月,调查对象为与从事粮食生产有关的农户,调查范围为浙江省有关县(市)。样本采取随机抽样法产生,调查方式为逐户问卷采访。被调查农户有 177 户,分布在 33 个县(市),具有一定代表性。统计结果表明,被调查农户 1994 年底的有关经济指标为:家庭平均人口 4.25 人,平均劳动力 2.58 人,其中,常年务农劳动力 1.28 人,占 49.6%;户均承包耕地 6.35 亩,其中,粮田面积 5.61 亩,户均粮食年产量 3704.9 公斤;户均年纯收入 14510.76 元,其中,农业纯收入 3638.00 元,占 25.07%,粮食生产纯收入 2362.60 元,占 16.28%。被调查农户中,接受粮田转入(转包)的农户(47 户)占 26.6%,有粮田转出的农户(18 户)占 10.2%,没有发生粮田流转的农户占 63.3%。

按有关标志分组,被调查农户分组情况如表 1 所示。被调查农户分

①　本文作者为黄祖辉、徐加、张忠根、倪爱娟。本文内容发表在《中国农村经济》1996 年第 6 期。本文的研究得到国家社科基金项目"沿海地区农户粮田规模经营与对策思路"的资助。顾益康、蒋文华等参加了问卷调查表的设计与讨论,浙江农业大学经济贸易学院 92 级的同学参加了农户问卷调查。

组情况表明：被调查农户绝大部分（占 93.2%）为非粮田规模经营户；家庭收入以非农产业收入为主的占 72.5%；家庭人均年收入 1500 元及以上的占 68.4%，但家庭劳动力结构中并没有显示出非农劳动力占多数的特点；被调查者主要是中青年，其文化程度以初中及以下者占多数（占 87.4%）；农户的区域分布基本反映浙江省地域特点。

表 1　被调查农户分组情况

按地区分组	浙东北	浙西南	温台地区
	31.6%	44.0%	24.4%
按人均年收入分组	低于 1500 元	1500～2500 元	高于 2500 元
	31.6%	25.4%	43.0%
按文化程度分组	小学及以下	初中	高中及以上
	47.7%	39.7%	12.6%
按年龄分组	1956 年以后出生	1949—1956 年出生	1949 年以前出生
	38.1%	48.9%	13.0%
按粮田经营面积分组	10 亩以下		10 亩或 10 亩以上
	93.2%（165 户）		6.8%（12 户）
按收入结构分组	非农收入低于农业收入的农户		非农收入高于农业收入的农户
	27.5%		72.5%
按劳动力结构分组	非农劳动力少于农业劳动力的农户		非农劳动力多于农业劳动力的农户
	59.5%		40.5%

二、粮田规模经营：农户的心态与选择

问卷涵盖了 18 个与粮田规模经营有关的问题，经过统计处理与分析归纳，我们从以下八个方面予以具体分析。

(一)农户对土地经营规模的看法

调查结果表明,农户对土地经营规模还没有达成共识。仅有近 1/3 的农户认为自己目前经营的土地规模太小,有 29.0% 的农户认为已达到了适合的规模,有 11.9% 的农户认为经营规模过大,还有 26.6% 的农户则不清楚自己经营的土地规模是否合适。认为土地经营规模太小的农户一般是收入水平相对较高、被调查者的年龄相对较小(以中青年为主)的农户。从地区分布看,个体经济相对活跃的温州、台州地区的被调查农户中,认为自己的土地经营规模太小的农户比重较高(占 46.5%)。这表明,农户对土地经营规模的认识与其所处地区的经济环境、家庭收入水平以及经营者的年龄层次有一定联系。

(二)愿意扩大粮田经营规模农户的动机

被调查农户中有 34.5% 的农户(61 户)愿意扩大土地经营规模,其中,有 47 户近年来已接受了粮田转包,绝大部分农户接受的转包面积为 3~4 亩。愿意扩大粮田经营规模的农户其主要动机是"没别的收入来源,多种田可多收入"和"亲朋好友外出,委托代种",分别占 32.4% 和 26.9%。有 16.2% 的被调查农户认为"搞粮田规模经营可以致富",7.4% 认为"扩大土地耕种面积可以得到扶持与补贴"。这表明,农户开展粮田规模经营或多种田的动机基本上是服从于利益驱动原则和出于农村社区亲缘关系的考虑。在就"您认为推广粮田规模经营的好处是什么?"这一问题的回答中:较多的农户(特别是收入水平较高的农户)选择了"能提高劳动生产率,增加收入"和"可以实行机械化,降低生产成本"这两项答案,分别占 30.8% 和 22.7%;认为"可以得到政府或集体各项扶持"的农户占 18.7%(33 户);认为"可以稳定粮食生产,稳定农业基础"的农户则不多,只占 6.5%。这说明农民和政府在对稳定粮食生产的途径的认识上还存在一定差异。因为从各级政府角度看,实行粮田规模经营是稳定粮食生产的一条重要途径。

(三)农户心目中的土地规模经营条件

土地规模经营的条件可以从两个角度来考察:一是农户自身所考虑的条件;二是农村社区所应具备的条件。对于前者,我们给出"您愿意在什么条件下继续扩大土地经营规模?"的提问和八项选择答案,对于后者则从"您认为所在村普遍推行粮田规模经营首先应具备哪些条件?"这一问题出发,并相应给出九项选择答案。

从农户自身的角度来看,"土地能连片集中"的选择处于首位,占20.1%。其次是"政府或集体有优惠的扶持政策",占15.7%。再次是"扩大土地经营规模比搞其他经营合算"和"可以划出一部分地搞多种经营",分别占13.1%和10.9%。这表明农户在考虑是否扩大土地经营规模时,比较注重田块布局和经济上是否合算,以及是否有利可图,而购销政策和土地承包制度以及社会化服务体系是否稳定配套,则还没有被作为重要条件。

从农村社区角度来看,调查结果进一步证实了当前人们所认同的土地规模经营的条件,即农业劳动力大量转向非农产业;有一系列优惠的扶持措施;农机具配套且价格合理;土地承包权可以自由转让土地经营权;等等。这些条件均得到了农户较大程度的认同。值得指出的是,完善的社会化服务体系作为土地规模经营的重要条件,只得到了较少农户(7.6%)的认同,并且没有反映出经营规模扩大与对社会化服务体系要求的相关性。甚至一些实行规模经营的农户对社区服务体系也没有强烈的要求,他们主要期望能有一系列优惠的扶持措施,包括价格保护。实际上,优惠的扶持措施与政策本身属于社会化服务体系的内容和范畴。因此,这一方面表明现行的农业社会化服务体系还不完善,其功能还没有为广大农民所真正认识;另一方面反映了农民对集体的服务还存有疑虑,信任度不高。调查中发现,不少农户对粮食生产过程中的有关服务,如良种供应、肥料供应、农机具服务以及粮食购销等不很满意,怨言甚多。农户对社区服务体系的期望值较高,注重实惠和看得见的好处。

（四）粮田规模经营农民最担忧什么？

要实行粮田适度规模经营,除了要积极创造条件外,还应消除经营者的顾虑,这是两个相互联系的问题。在我们对该问题所给出的九项选择答案中,农民最担忧的是"农药化肥乱涨价,生产成本控制不住"(有118户农户提到了这一问题,占被调查农户的66.7%),其次是担忧"自然灾害"(有42户农户提到了此问题,占被调查农户的23.7%),其他比较担忧的分别是"家庭劳动力不够"、"土地不连片"和"国家扶持政策不到位"等。对"土地长期承包政策是否会改变"的忧虑则没有得到明显反映,只有15户农户提到了这一顾虑,为备选答案中担忧程度最弱的一项。这表明土地承包政策在广大农民心目中已成为一项长期稳定的政策。而农业生产资料价格问题在被调查农户中反响如此强烈,既说明了近几年来农业生产资料价格上涨过快对农民的伤害程度,又表明现行农业流通体制已不适应农业进一步发展的需要,成了伤害农民利益、阻碍粮食生产发展的主要因素。

（五）土地对农民意味着什么？

土地不仅是农业生产最基本的生产资料,而且还是农村经济关系的焦点。在现行土地承包政策条件下推行土地适度规模经营,关键是承包农户愿不愿意(或在什么条件下愿意)放弃土地承包权。在对"您愿意在什么条件下完全放弃土地承包权?"的回答中:有60.4%的被调查农户分别提到了"有较高的非农收入"和"有稳定的非农就业门路";有36.0%和22.6%的农户提到了"年纪大时有劳保福利"和"能迁入城镇定居";有16.0%的农户则提到"政府或集体对承包权的放弃给予经济补偿",特别是人均收入偏低的农户比较多地考虑年老后的劳保福利与经济补偿问题。农户的回答不仅反映了土地规模经营的条件(即要有非农产业的发展和稳定的非农收入来源),而且也表明土地对广大农民来说仍占有举足轻重的分量,是农民利益和安全的重要体现。这一结论也可以从农民"为什么不愿意放弃土地承包权"的问题中得到进一步证实。按照农户的选择,主要理由是:①非农就业不稳定,怕失业后没退路;

②怕粮食供应一旦紧张,有钱买不到粮食;③种地还是有利可图;④放弃土地承包权没补偿;⑤集体分的土地,不要白不要;⑥土地会越来越值钱,放弃承包权损失太大;⑦除了种地,不会干其他工作。

土地能给农民带来利益和安全感应该说是不言而喻的,但其含义在不断深化,特别是在商品经济比较发达、交通条件相对便利的地区,农民已将土地视作能不断增值的资产。农民的土地资源观念向资产观念的转化,固然是一种进步,但对土地规模经营的推行未必是件好事。尽管土地与农民的利益和安全感休戚相关,但农业土地的所有权是属于集体的,因此,从理论上讲,集体有权调整土地配置方式,但农民对此持何态度? 基于此,我们进一步询问:"如果集体统一要求您上交除口粮田以外的责任田,您如何考虑?"回答的结果是:31.4%的被调查农户认为"如果劳动力有其他出路,愿意上交";22.7%的被调查农户认为"如果集体给予利益补偿,愿意上交";20.9%的被调查农户表示"服从集体安排";14.5%的被调查农户表示"心里不愿意,但不得不上交责任田";6.4%的被调查农户则表示"不愿意上交责任田"。这表明愿意有条件上交责任田的被调查农户占了半数以上(54.1%),愿意无条件和被动上交责任田的被调查农户占了35.4%,不愿意上交责任田的被调查农户还是少数,但这并不意味着集体可以任意调整农户土地经营规模,因为大多数农户对于土地承包权的放弃或转让,附有一定的条件。所有权和承包权的相互对立在此时得到了充分的展示。

(六)土地使用权的流转与形式选择

在被调查的177户农户中,有47户不同程度地接受了粮田的转包,有18户不同程度地转让出了承包粮田,绝大部分土地使用权流转,均是农户私下完成的。转出(或部分转出)承包田的主要原因:一是家庭劳动力不足,种不了;二是种粮效益低,不如外出打工。此外,也有一部分农户认为"家庭收入已较高,种田太辛苦"以及"土地(使用权)转让出去可得一部分收益,比自己种合算"。仅有极个别农户认为"不种田抛荒要上交较多的土地占用费"。归结起来,农户转让土地使用权主要是出于经济效益的考虑,而家庭劳动力不足在很大程度上也是劳动力转向非农产业的结果。从总体看,土地使用权的转让在农村还不很普遍,转让的量也不很多,并且地区分布不均衡,在非农产业相对发达,特别是农民商品意识相对较强的地区,如温台地区的部分县(市、区)比较普遍。

对于当前流行的几种土地流转与集中形式,农民最赞成的是"农户之间自由转让"(占34.6％),其次是"口粮田按人口承包,商品粮田招标承包"(占28.6％),再次是"自愿把耕地退包给集体"(占13.5％),以及"承包土地入股,股份合作经营"(占12.4％)和"由集体反租倒包"(占9.2％)等。农户土地流转方式的意愿在一定程度上反映了浙江省农户土地使用权的流转现状,即"农民私下转让"和"两田制"模式比较普遍;同时,也反映出农民有较强的自主意识和竞争意识,"农户间自由转让"和具有竞争机制的"两田制"有较高的支持率正说明了这一点。而土地流转中的集体介入,如土地入股、反租倒包、自愿退包等流转形式的支持率相对不高。由此看来,如何在推行土地规模经营过程中处理好土地所有者(集体)与土地经营者(农户)的关系,将是一个棘手与值得重视的问题。

(七)粮田规模经营与劳动力的问题

推行土地规模经营,有可能引起农户家庭劳动力不足。对于这一问题,农民存在复杂的心态。首先,在询问农户"是否愿意通过雇佣外来劳动力来实现土地经营规模的扩大"这一问题时,50.3％的农户表示不愿意,29.7％的农户打算"视生产环节性质确定是否雇佣劳动力",只有20.0％的农户持肯定态度,表明绝大部分农户不愿意或不很愿意通过雇佣劳动力的方式来实现土地经营规模的扩大。然而在询问"假定粮田规模扩大后,您家庭劳动力不够用,打算选择哪条途径来解决"这一问题时,"通过雇佣劳动力来解决"却成了首选途径,有36.3％的农户选择了这一方案;有18.7％的农户打算"自行购置农机具,以节省劳动力";有12.9％的农户希望"通过亲朋好友的帮助"来解决;打算"合伙购置农机具,以节省劳动力"以及通过"休闲一部分土地或降低复种指数"的途径来缓解劳动力不足矛盾的农户,分别占8.8％;而想"依靠集体组织的有偿服务"和"依靠其他专业服务组织的服务"来解决自身劳动力不足矛盾的农户却不多,分别占5.3％和4.1％。

上述选择,一方面,体现了农户对劳动力投入的经济性考虑,即尽可能依靠家庭本身的劳动力来扩大经营规模,家庭劳动力实在不足或劳动力机会成本较高时,再考虑季节性或少量雇佣外来劳动力;另一方面,隐含了对社区合作和现行社区服务组织的低热情,即比较倾向于通过雇佣劳动力、自行购置农机具或者依靠亲朋好友的帮助来解决劳动力不足问题,而不是倾向于依靠集体或专业服务组织的帮助或通过合伙购置农机具的途径来缓解劳动力不足的矛盾。看来,在推行农户粮田规模经营的过程中,如何建立和完善农户信赖的社会服务体系,还需进一步探究。

(八)农户对土地合约方式的再选择

"交足国家和集体的,留下的归自己",这是我国农村家庭联产承包责任制中农户与国家、集体合约关系的通俗表述,它实际上属于固定分成制的范畴。实践中,土地合约方式并不局限于这一种,除了固定分成制外,还可以有固定比例分成制、变动比例分成制以及固定工资制等。推行粮田规模经营,涉及土地关系的调整和合约方式的选择,农民对此倾向如何? 为此,我们做了专题询问,即"假定允许您与集体重新签订承包合同,您愿意选择哪一种合约关系"。调查结果是:40.9%的被调查农户选择"事先确定上交粮食实物基数,剩余归己,风险自担"的合约形式;33.9%的被调查农户选择"事先确定上交承包款,剩余归己,风险自担"的合约形式;19.3%的被调查农户选择"按年终收入(或产量)事先确定分割比例,利益与风险双方共担"的合约形式;5.9%的被调查农户选择"产量全部上交集体,集体按完成任务好坏支付劳动报酬,风险由集体承担"的合约形式。这表明现行农村土地承包合约形式,特别是固定上交实物量或货币量的分成制,由于其激励机制较明显,仍然受到广大农户的偏爱,支持率高达 74.8%(40.9%＋33.9%),其中,人均家庭收入相对较高的农户占了较大比重,表明农户的风险承受能力随其收入水平的提高在不断增强。从调查情况看,固定比例分成制合约也有一定的支付率,这些农户对农业经营风险看来是持中性态度的。而在集体统一经营农业时普遍流行的合约形式(类似于工资制或工分制),尽管农户在这种合约关系下几乎无须承担任何风险,却没有多少响应者。

三、结论与启示

在对浙江省 177 户农户进行有关粮田规模经营问题的调查与分析后,我们得出以下几点结论与启示。

(一)在人多地少和经济相对发达的地区,推行粮田适度规模经营是稳定和发展该地区粮食生产、实现农业现代化的重要途径

至少,实行粮田规模经营可以避免这些地区的一些农户因缺乏种粮积极性而将粮田抛荒或只顾口粮生产而忽视商品粮生产。调查结果表明,177 个样本农户户均粮田为 5.61 亩,但户均粮食播种面积只有 6.01 亩,尽管这并不必然意味着严重的粮田季节性抛荒(农民有可能在粮田上种植非粮食作物),却反映了粮食播种指数下降和农民种粮积极性不高。由于平均粮食播种指数不高,全部样本户的粮食年平均亩产量为 616.5 公斤,而其中 12 户粮田面积在 10 亩以上的大户却达 908.3 公斤,高出 47.3%。可见,粮田规模经营农户有明显较高的粮食产出率,这对于粮食生产不很景气的沿海发达地区无疑具有十分重要的意义。因此,这些地区的政府应努力创造条件,积极引导和鼓励农民发展粮田规模经营,使粮田资源的利用率不断提高。

(二)尽管农户对粮田规模经营的认识有所提高,但与政府或集体对粮田规模经营的认识相比,仍存在明显的差异

政府或集体更多考虑的是粮食生产的稳定发展和定购任务的完成,以及粮食生产的政治与社会效益,而农户更多考虑的是实行粮田规模经营能否给自己带来经济上的利益。因此,在推行粮田规模经营过程中,应把既能实现粮食生产的稳定发展,又能确保农民的利益不受损失,作为地方政府或乡村集体经济组织的双重目标和任务。

（三）推行粮田规模经营需要具备一系列条件，其中农业剩余劳动力向非农产业的有效转移是前提条件，而农业土地的合理流转和集中则是关键因素

农业剩余劳动力向非农产业的有效转移取决于非农产业的发展和农业劳动力的转移方式，农业土地的合理流转和集中取决于农业土地承包政策与土地流转、集中这两者关系的协调和把握，取决于我国农村土地制度的进一步改革。从人多地少、经济相对发达的沿海地区来看，当前推行土地规模经营的核心或难点，恐怕不在于农业劳动力的出路，而在于农户承包土地的合理流转与集中。

调查结果表明，尽管农村土地归集体所有在法律上已没有疑义，但在实践操作中，似乎并非那么理直气壮和顺理成章。由于土地承包长期不变的政策已扎根于广大农民心中，绝大部分农户不愿意轻易放弃土地承包权和经营权。不少农民存在土地形式上是归集体所有，实际上是承包者所有的认识，而一些地方村级集体经济组织的虚弱和名存实亡，则更强化了农民的上述意识。不少村级集体经济组织存在顾虑，担心积极推动土地流转与集中，会与土地承包长期不变政策相违背。由此，一方面是农户土地承包权的刚性，另一方面是土地集体所有权的虚置，在这样的情况下，即使具备了其他条件，土地所有者也难以对土地资源的优化配置起主导作用。当然，现实中也存在另一种极端的现象，即集体经济组织忽视农民的利益与意愿，采用行政手段推动农户承包土地的流转与集中，以实现土地的规模经营，农民对此极为不满。如何建立既有利于我国农业进一步发展，又适合我国国情的土地流转与集中的机制，已成为沿海经济发达地区推进土地规模经营和农业现代化进程的关键性问题。

从我国现实国情看，实行土地私有制或回到传统的土地集体所有制模式上去，均不是明智之举；与此同时，农村改革以来所实行的土地所有权与承包权两权相分离的土地制度，由于较难兼顾土地长期承包同土地合理流转与集中的关系，也存在着不适应性。为此，有必要在"三权分离"上做文章，即明确所有权，稳定承包权，搞活经营权（或使用权），以建立具有中国特色的激励与约束相容的农业土地制度。土地的"三权分

离"在实践中已有不少成功的先例,但还不尽完善。当前关键是要对这三权的内涵与边界赋予实质性的内容和清晰的划分,并以法律法规形式予以确立。现实中,"三权分离"的难点是集体所有权和不直接从事经营的承包权的科学分离,若两者关系处理不好,则要么集体所有权形同虚设,要么农户的土地承包权会被剥夺。因此,要从权属范围、利益分割、制衡关系等方面入手,制定法规条例,处理好土地"三权分离"状态下的所有权与承包权的关系。

(四)农民在土地流转和合约方式的选择中,呈现出较强的自主意识和竞争意识

土地自由转让和具有一定竞争性的"两田制"以及固定分成制合约方式具有较高的支持率,不同程度地反映了农民的上述意识,它符合独立商品生产者的行为准则。问题在于,我国农业实行的是统分结合的双层经营体制,农户在这一经营体制中只是一个相对独立的经营主体,其行为选择能否实现或在多大程度上实现,不仅要受到市场环境与政府政策的影响,而且还要受制于农业双层经营体制中作为土地所有者代表的集体经济组织的行为约束。现实当中,集体经济薄弱或对农户干预、控制较少的农村,农户的自由度和自主性也相对充分;反之,农户的自由度和自主性会相对不足。我们不宜对此做简单的优或劣的评价,这里存在价值的判断和效率的评判。但有一点很清楚,个体的自主性和自由度总是具有相对性,个体的发展取决于其所在的社区和社会的制度安排,作为个体行为指南与规则的制度安排则是一个与经济、文化、道德、政治相联系的动态过程。从农村实际情况看,当前首先应进一步完善双层经营体制,特别是土地的"三权分离"制度,以使土地使用权在农户之间的自由转让有规可循,使"两田制"和其他土地流转方式更符合农民的意愿,使集体与农户、农户与农户间的土地合约关系更具法律规范,更具激励性。

(五)营造良好的粮田规模经营条件已是农户的迫切要求

调查结果表明,推行粮田规模经营,不仅要有非农产业的充分发展、

农业过剩劳动力的有效转移、土地制度的进一步改革,而且要有适合的社会化服务体系和流通体制以及相关的政策相配套。农民对集体的服务评价不高,进而需求不强,从一个侧面反映了农业社会化服务体系的不健全和不完善,农民没有尝到社会化服务体系的甜头,必然对其兴趣不大,甚至担心被服务后自身利益受损。现实中,农业社会化服务体系的建立与完善面临着一个难题:一方面是农业服务体系由于农户经营规模小,缺乏服务需求而难以发展;另一方面是农业服务体系发展滞后,农户经营规模难以扩大,这反过来又制约了农业服务体系的发展。解决这一难题的思路是集体或政府在发展初期注入起动变量,如补贴规模经营农户,以诱使服务体系发展,或者是补贴服务组织,以诱使农户经营规模扩大,待条件成熟后逐步取消这种补贴。此外,积极发展农民专业服务组织,拓展社区服务组织功能,使其相关配套盈亏互补,也是值得考虑的路径。农产品购销价格不稳定、农业生产资料价格失控和质量低劣,以及扶农政策时而不到位是规模经营农户最感担忧、最为不满的问题,其增大了农户经营环境的不确定性和风险,进而不仅会提高农民的生产成本,而且也增加了农户生产经营活动中的交易费用。此外,农产品购销、农业生产资料供应和农业扶持政策的提供,都属于农业服务体系的范畴,因此,这方面问题的存在也导致了农户对集体服务组织的不信任感,并且使集体和政府的形象受损。这方面问题的解决,既取决于农业社会化服务体系的不断健全与完善,同时也取决于整个农业市场体制,特别是农产品和农业生产资料流通体制的改革。改革的总体思路应是:政府加强对价格调控和质量监控,建立基金和实物储备,以协调供求关系;政策性经营与商业性经营彻底分开;发展农民流通组织,增强流通领域竞争;完善市场运行规则,强化合同的约束力。

(六)农户家庭收入、劳动力结构、经营规模、年龄与文化等方面的差异会对其偏好、行为方式和有关问题的选择产生一定的影响

从本次调查结果来看,人均收入较高的农户或者非农收入较高的农户,具有相对较强的粮田规模经营意识。中青年农民比中老年农民更注重规模经营后的经济利益,而中老年农民比较注重日后的劳保福利是否落实,并以此作为其放弃土地承包权的重要条件。在雇佣劳动力方面,高收入农户比低收入农户沿海地区农户比其他地区农户,粮田面积相对大的农户比面积较小的农户有相对强的意愿,但基本上是倾向于季节性雇工。在土地流转方式的选择上,经营规模较大的农户,如浙东北地区的农户,对土地使用权在农民间的自由转让和"两田制"模式具有更强的倾向。此外,人均收入水平较高的农户对风险自负的固定分成制合约形式具有更明显的偏好。处于经济相对发达、交通位置便利地区,有一定文化程度的农户,对土地的资产意识和增值意识比较强。上述农户行为的差异,尽管与农户所在社区的文化习俗、经济水平、组织程度等方面的特点和差别也有相关性,但在一定程度上反映了农户之间的差异与其行为差异有一定相关性。政府或集体经济组织在推行粮田规模经营和政策制定过程中,应注意这种差异及其变化趋势,避免简单化和一刀切。

(七)粮田规模经营能提高劳动生产率,但能否提高土地生产率和收益率,需做具体分析

从实践来看,绝大多数农户开展粮田规模经营后,不仅劳动生产率大大提高,而且土地生产率和收益率也有不同程度的提高,特别是农民种粮积极性不高、投入精力不足的农田或处于抛荒和季节性抛荒的农田,通过流转与集中,实现规模经营,这种效果十分明显。但对于那些土地生产率原本不低,只是由于承包者缺乏种粮积极性而转让出来的粮田,实行规模经营能否提高土地生产率和收益率,则取决于多方面的因素。在技术相对不变的情况下,规模的适合度、农户的投入以及政府和集体的扶持与服务,对规模经营农户的土地生产率提高有重要的影响,而此时土地收益率的提高,还取决于要素价格与产品价格的变动,以及效益相对高的非粮食作物种植的可能性。

我们在条件具备的地区推行粮田规模经营,不仅是为了提高劳动生产率和农民收入,而且也是为了稳定与发展粮食生产,增加粮食的总供给,并且逐步使农业走向现代化。因此,在推行粮田规模经营的过程中,一是要讲究适度原则,规模不是越大越好。经营规模的适度性既与耕作制度有关,又与技术装备,特别是与机械装备有关。从我国现实情况看,北方与南方的农户粮田经营规模的适合度就大不相同,即使是浙江省,

不同地区和条件下的粮田经营规模适合度也存在差别。从实际出发来确定农户经营规模的适合度,应成为地方政府或集体经济组织推行粮田规模经营的一个重要原则。二是要注重土地生产力和收益率的提高。这里存在两种可能:第一种可能是土地生产力的提高同时也带来土地收益率的提高,从而农户的收益也得到提高,这是一种比较理想的情况。第二种可能是土地生产力的提高不能带来土地收益率的提高,从而导致农民收益的下降。要素价格变化与产品价格波动往往会导致这种情况,这会影响农户的生产积极性,进而影响土地生产力。在这种情况下,必要的补贴或允许农户在粮田上种植一部分效益相对高的非粮食作物是可行的措施。当前值得注意的另一种倾向是,一些地方为了追求规模经营的进度,单纯依靠扶持和过度的补贴来营造规模经营的典型。这种典型可以存在,但缺乏普遍的推广价值,其副作用是导致农户在开展规模经营时,过分依赖政府和集体以及对经营收益期望过高,自身内在动力减弱。这种偏差应该给予纠正。

农户粮田规模经营效率①

——实证分析与若干结论

在农户家庭承包责任制基础上实行土地的适度规模经营,是我国农业发展和改革的新探索。在实践中,人们对农户粮田规模经营的效率问题存在不同的看法。如何科学分析与评判它的效率,对于正确认识和引导农户粮田规模经营的健康发展,有着重要的意义。农户粮田规模经营的效率可以从多个方面来考察,本文主要侧重于微观层面的分析,即通过实践案例的调查,着眼于农户粮田经营规模变动对劳动生产率、农民收入、商品率、农户投入、土地生产率、成本以及要素投入和替代关系等方面影响的分析,在此基础上,得出若干结论与启示。

一、效率显示:劳动生产率、
农民收入、商品率和农户投入提高明显

不少沿海地区粮田规模经营的实践表明,尽管地区间自然经济条件有差异,土地流转与集中的机制也不尽相同,但是凡是不同程度实行了粮田规模经营(以户均承包 10 亩以上责任田为标准)的农户,均在以下几个方面获得了明显的效率。

① 本文作者为黄祖辉、陈欣欣。本文内容发表在《农业经济问题》1998 年第 11 期。本文的研究得到国家社科基金项目"沿海地区农户粮田规模经营和政策思路"资助。

(一)劳动生产率明显提高

如浙江省1987年搞的16个试点,当年劳均产粮8157.0公斤,比全省平均劳动生产率高5倍多(许行贯,1995)。据对无锡县103个规模经营单位的调查,劳均产粮2.1万公斤,比所在村农户平均水平高出20倍以上(李炳坤等,1995)。另有江苏省33个试验示范村规模经营单位连续6年监测反映:1988年,劳均产粮11547.1公斤,1993年增加到22733.6公斤。6年增长近1倍,年递增15%。劳均农业产值由1988年的5897元增加到1993年的27600元,比预测目标(8000元)高出2倍多(江苏省农业现代化试验区领导小组,1994)。关于土地规模经营与劳动生产率的关系,一个流行的判断是:这项指标基本上是与劳均耕地面积的扩大同步上升,多数规模经营单位的这项指标甚至还高于劳均耕地的增长率。但需要指出的是,这种劳动生产率的测定是以经营农户的家庭劳动力为基础单位的,它既忽略了家庭劳动力实际投入的差异,又没有将雇工因素考虑进去。事实上,即使大规模经营户(如50亩以上)与小规模经营户(如10亩以下)在粮田生产中的家庭用工差异不很显著,但在雇工方面却存在明显差异。因此,如果在计算劳动生产率的时候把实际用工作为计量单位的话,则规模经营农户的劳动生产率未必与劳均耕地面积的扩大同步上升,但即使如此测定,大规模经营的劳动生产率依然会高于小规模经营的劳动生产率,这里既有大规模经营的劳动力利用比小规模经营更充分的因素,更有规模经营过程中新技术的采用以及机械对劳动的替代所带来的劳动生产率提高的因素,对于大规模经营的农户来说尤为如此。据1997年6—7月对浙江省一些县(市、区)规模经营农户的实地调查情况分析,一些经营规模在50亩以上的大户,由于采用了抛秧等轻型栽培技术和机械化收割,粮田用工大大降低,每亩用工由过去的10~12个降低至5个左右,单位面积上的劳动生产率就提高了约1倍,而仍然以传统插秧技术和手工收割为主的种粮大户(一般规模在10~30亩),按实际用工计算的劳动生产率的提高幅度,可能要小于其劳均耕地面积扩大的幅度。但不管怎么计算,实行粮田规模经营后,劳动生产率得到明显提高的结论是成立的。

(二)农民收入增加明显

很显然,劳动生产率的提高必然带来种粮农民收入不同程度的提高。据江苏省对 74 个规模经营单位的统计,1993 年全年经营粮食生产劳均纯收入(不含兼业收入)为 7152.2 元,是当地兼业农民劳均收入的 2.9 倍,是务工人员劳均收入的 2.4 倍,大大超过了劳均收入 2000 元的预测目标(江苏省农业现代化试验区领导小组,1994)。浙江省乐清市对 22 个大规模经营户的追踪调查显示:1995 年劳均净收入 36186.0 元,比全市当年农村务工经商的劳均净收入高出 3.1 倍;户均净收入 10.9 万元,比全市农村户均净收入高出 4.9 倍(浙江省农办,1996)。1997 年对浙江省余姚、嘉善的 20 多户种粮大户(面积 30～100 亩不等)的专题调查表明,尽管 1996 年市场粮价下跌,低于国家收购价,但绝大部分种粮大户收入仍不低,人均收入基本上都高于当地农民人均收入。

撇开农户粮食生产以外的收入(不少大户具有兼业性收入),30～50 亩的种粮大户,一般亩净收入能达 500 元,100 亩左右的种粮大户,亩净收入 400 元左右,户均种粮净收入(未扣除家庭自用工费用)在 2 万至 4 万元。亩净收入呈递减趋势的主要原因是大规模经营农户雇工费用相对高。规模略小的种粮大户,尽管总的粮食净收益略低,但他们中不少的农户还有兼业性收入,因此加总起来的收入往往不低于那些纯粹种粮的大户。总之,实行粮田规模经营,大大提高了农民种粮的比较利益,明显增加了从事粮食生产的总收益,这是农民愿意种粮的一个基本动因。反之,如果 1 户只经营 4～5 亩粮田,即使精心耕种,尽可能不雇工,亩净收益达到 600 元,但这种收入在经济发达地区仍不足以激励其努力种粮。至于同是种粮大户却收益不同的原因,我们将在影响粮田规模经营效率的因素分析中进一步讨论。

(三)粮食商品率大大提高

商品率与自给率相对应,农户粮食生产的商品率与其经营的规模呈正相关。粮田规模经营改变了农户小规模经营下粮食商品率不高的局面。那些只种口粮田的农户,商品率进一步降低,而那些 10 亩以上的规模经营户的商品率则大幅度上升。

1996年底,浙江省农调队对全省20个农产量调查县(市、区)120户有一定代表性的种粮大户(其中:承包100亩以上的为36户,占30.00%;承包50~100亩的为34户,占28.33%;承包50亩以下的为50户,占41.67%)的调查显示,粮食商品率一般都达90%以上(纪希平,1997)。乐清市对22户种粮规模经营大户的追踪调查显示,商品率为93.9%,比一般户高出5倍(浙江省农办,1996)。江苏省33户试验示范村的粮田规模经营单位1993年的情况是,商品率达95.1%,比当地兼业农户高出75个百分点(江苏省农业现代化试验区领导小组,1994)。种粮大户如此之高的商品率为国家粮食定购提供了有效保障。如浙江省鄞县,国家粮食定购任务的86.0%已由规模经营农户来承担。又如嘉善县洪溪镇1997年的5000亩早稻计划,原来要由千家万户承担,现落实到300个大户共承担了4735.2亩,占总任务的94.7%。该镇总的国家定购任务为377.7万公斤,落实了383.0万公斤,完成承担任务的101.4%。从1997年浙江省的情况看,全省10亩以上的种粮大户已达10.5万户,规模经营的粮田面积达266万亩,若按全年粮食亩产700公斤算,这些大户的粮食生产量为18.62亿公斤,接近于全省19亿公斤(含农业税现粮)合同订购的粮食,如果按每亩平均提供合同订购任务500公斤计算,这些规模经营农户已提供了全省粮食合同订购任务的2/3。粮食合同订购任务由原来的千家万户承担,转变为由相对少的规模经营户承担,将为我国粮食购销体制的进一步改革和宏观调控提供有利条件,对于我国粮食总量的稳定供给具有重要作用。

(四)农户投入意识增强,农业机械化水平显著提高

粮食生产投入不足问题一直是影响农业发展的一个重要因素。小规模农户的粮食生产经营以手工劳动为主,因而农民主要的投入是劳动,其他资产性投入很少。而实行粮田规模经营以后,这种局面得到很大的改变,尤其是农业机械投入大大增加。

以农业机械与配套设施投入为例,1987年浙江省16个规模经营试点单位在这方面的投入(大多为政府和集体的扶持)达147万多元,新增工厂化育秧设备9套,机动插秧机28台,联合收割机30台,各类拖拉机

22 台等(诸大益,1995)。而 1996 年,撇开其他农机投入不论,全省用于购买联合收割机的投入资金就高达 1.4 亿元,比上年翻了一番还多。全省新增联合收割机 2357 台,是上年新增数的 2.3 倍,累计拥有联合收割机达到 4914 台,增幅高达 92.2%。全省机割面积达到 210 万亩,比上年的 127 万亩增加 65.4%(浙江省农办,1997)。如果按照"三个一"的政策(指浙江省对农机投入的扶持政策,即凡大户购置大型农机具,农户出 1/3,乡镇出 1/3,省市财政出 1/3)测算,则 1996 年农户自己对联合收割机的投入资金就达 4666.0 万元,平均每户(10 亩以上)441.0 元。我们在调查中发现,新一轮承包合同签订后,不少大户不仅购置了联合收割机,而且对仓库、晒场的修建,甚至于对机耕路和地下暗管等农田基础设施进行投资,呈现出一派农业投资热。

目前,浙江省粮食的耕作、排灌、脱粒、运输、开沟等主要生产环节已基本实现了机械化,收割和插秧机械也越来越多地出现在种粮大户的田头。粮田规模经营户对农业投入,特别是农机投入积极性这么高的原因是多方面的,除了政府和集体的扶持政策与有关管理措施外,以下两个因素不能忽视:首先是投资农业机械对于经营规模相对大的农户(一般在 50 亩以上)在经济上合算。就浙江省整体情况而言,农忙时,农时紧,劳力紧张,雇工费用较高,一般每工要 60 元左右,或者是割 1 亩地 60 元,甚至更高些,而机械收割费用也仅为每亩 60 元左右。与此同时,机械收割的工效差不多是手工收割的 20 倍。因此雇人割不如雇机械割,或者自己买机械割,不少自己购置联合收割机的农户,不仅抢到了农时,节省了工本和雇工监督成本,而且有的还为其他农户提供有偿服务,两三年内就能收回投资。其次是合理的产权制度安排对农户投资也起到了激励作用。一是农地承包制度的稳定。二是一些地方建立的农业固定资产流转机制,扫除了农户投资农业,特别是投资农田基础设施的后顾之忧。

尽管粮田规模经营产生了明显的经济效益和社会效益,但这并不意味着粮食生产的社会效益和经济效益已经完全统一了,只能说是通过规模经营,两者关系比过去协调了,但仍然存在一些冲突。比如,就农民自身经济利益而言,粮食并不是生产越多越好,尤其是在粮价下跌情况下,增产意味着减收。在不影响定购任务完成的前提下,调减部分粮田面积,改种其他效益更好的作物会有利于农户收益的提高,但国家从整个社会粮食稳定供给、粮食安全的角度考虑,则可能仍然要求农户多种些粮食。按照经济学的观点,经济效益与社会效益之间总会存在一定的矛盾,上述经济效益与社会效益矛盾的消除,既取决于农业技术的进步,更取决于农业调控机制的完善。

二、粮田经营规模与土地生产率:效率显示不一

粮田规模经营对土地生产率,如土地产出和单位成本是否有明显的效率,是一个颇有争议的问题,它甚至关系到土地生产是否存在规模经济性的问题。在实践中,既存在支持的论据,又存在否定的论据。比如:浙江省农调队对全省 20 个调查县(市、区)120 户种粮大户的调查结果显示,1995 年晚稻和 1996 年早稻播种面积占耕地的比重分别为87.5%、62.5%,均比全省平均水平高 9 个百分点,亩产分别为 418 公斤和 398 公斤,分别比全省平均高 1.2%和 10.2%(纪希平,1997)。又如,据浙江省鄞县观察点资料,种粮大户一般常年亩产 850 公斤左右,比普通水平高出 50~100 公斤(国务院研究室课题组,1995)。还有,据江苏省武进市物价局的调查,1994 年,3 户种粮大户晚稻亩产 535.5 公斤,比另外 3 户一般农户的晚稻亩产 603.5 公斤,低 68 公斤。种田大户每亩投入物质费用 366.47 元,比一般农户高出 201.90 元。种田大户每 50公斤晚稻生产成本为 37.16 元,比一般农户的 20.32 元高出 16.84 元(路南、韩永逊,1996)。最近,我们对浙江省的一些种粮大户进行调查了解,不少农户认为:从横向上看,小户(2~3 亩)的单产要比大户高。但从纵向上看,大户的田一般都比较差,以前没人种,现在有人种,产量比过去明显提高。至于农产品成本,不少大户认为,采用机械化作业和抛秧技术后,人工费用明显降低,每亩成本可节省 100 元左右。

粮田经营规模对土地生产率和单位成本究竟会产生什么影响,需要结合具体情况来分析评判。它至少要涉及粮田条件、技术变化、经营规模、复种指数、成本计算以及经营者素质这些因素。具体说来,有以下几种情况需要在分析时予以考虑。

第一，原来的地块条件比较差，如果不规模化经营，可能无人愿意耕种。这种土地实行规模经营后的单产往往比一般农户小规模经营的单产要低，但与过去无人愿意耕种或对付着耕种的状况比，单产是提高的，因而可以看成是提高了土地生产率。

第二，扩大经营规模引起了技术变化，如：规模经营有助于轻型栽培技术和农业机械的应用，与采用常规技术的小规模经营相比，可能既带来了单产的提高，又推动了单位成本的降低（这已为一些地区的实践所证明）。

第三，与技术配备相适应的经营规模不仅对农户收益有重要影响，而且对土地产出率影响很大。从规模来看已出现分化趋势，一方面是10～20亩的规模经营农户仍占多数，另一方面是50亩以上，甚至于百亩以上的农户在不断增加。这两类规模经营农户在技术装备上的差异很大，前者机械化程度低，甚至不雇工，后者则机械化程度较高，雇工也较多。由此，从农民角度看的规模适合度也很悬殊，前者往往认为40～50亩较合适，后者则认为100亩左右较合适。可以想象，随着社会化服务程度与技术、机械化水平的变化，农户经营规模的适合度还会发生变化。但是需要注意的是，这种适度规模未必是政府或乡镇集体所认为的适合度，也未必是土地生产率最佳的适合度，而只能是一定技术条件下的农户收益理想化的适合度。

第四，在相同经营规模情况下，土地利用率（复种指数）与农户收益并不一定同步，因而对土地产出和成本的影响也较大，对于那些种植两季或三季都比较适合的地区尤为如此。浙江省嘉善县洪溪镇种粮大户娄志杰经过对比试验，得出的结论是三季不如两季。在实际中，不少规模在50亩以上的大户的复种指数并不很高，尤其是早稻的种植面积偏小，但是按一季测算的单产却可能高于那些复种指数比较高、经营规模比较小的农户的产量。从这一意义上讲，粮田经营规模又是一个立体的概念，其效益不仅与其经营的土地面积有关，而且与其一年的复种指数有关，在一定情况下，土地利用率越高并不意味着农户的经济效益越好，这是经济学中土地边际报酬递减性的一种表现。

第五，粮食生产成本的计算困难常常是不同经营规模农户生产成本难以客观反映的一个原因。比如，农户常常不把家庭自用工算作成本，往往形成小规模经营不雇工、成本低,扩大经营规模要雇工、成本高的错觉。现实中,即使在成本中考虑所有用工因素,仍然存在用工价格标准选择与计算的问题。又如,生产过程中的机械使用成本常常会因使用机制的不同而不同,由他人代为服务的,可以按服务内容和数额计价,如联合收割机割 1 亩地 60 元,但这一价格中包含了人工费用;机械自行购买、自我服务的,有的只计算能源费,有的按一定的折旧率分摊,但折旧标准往往不统一。再如,不同经营规模的农户享用的外在经济差异往往导致他们之间的成本差异,甚至产出差异。一般来说,规模经营的农户总是比一般农户更能得到良好的社会化服务和不断改善的农田基础设施条件,而这些外部环境为大户所带来的经济性,常常是优惠提供或无须付费的,因而无形中是对其成本支出的节省。这种"差别待遇"所导致的不同经营规模的农户的成本变异,不应作为粮田规模经营农户的效率反映,但在实际测算中却很难精确剔除。

第六,经营者的能力素质,如经营管理水平、技术能力以及是否全身心投入粮食生产等,对土地产出率高低也有影响。现实中,地块条件相同,技术相同,但由于经营者素质不同而导致单产悬殊的事例并不少见。

三、统计验证

为了进一步论证粮田规模经营的效率,我们在调查研究的基础上,对浙江省宁波、嘉兴、诸暨、乐清、萧山的 28 个不同粮田经营规模农户的样本资料进行了统计上的分析,其结果有以下四方面。

第一,农户粮田经营规模变动与劳动生产率(每个家庭劳动力的粮食产量)、人均粮食纯收益存在明显的正相关性,相关系数分别为 0.95 和 0.79,其回归方程和参数均达到极显著水平,说明农户粮田经营规模的扩大对于提高劳动生产率和人均粮食生产收入有明显的作用。

第二,农户粮田经营规模变动与单位面积劳动投入或单位成本中人工费用比重(含家庭自用工)呈明显负相关性,与单位机械费用投入呈正相关性,相关系数分别为 -0.84 和 0.78。这既是劳动生产率提高的一个标志,又是规模扩大过程中机械代替劳动的反映(见表 1)。

表 1　规模差异与亩用工和亩机械费用的关系

面积/亩	亩用工/工日	亩机械费用/元
0～10	9.74	67.83
10～20	9.63	75.07
20～50	7.68	78.98
50～100	7.61	100.00
100 以上	6.91	175.54

注:表中数据根据样本资料计算而得。

第三,农户粮田经营规模变动与土地生产率(单产)和亩成本(含家庭自用工)的相关性并不显著。这表明,从总体情况看,粮田规模差异还不是产量和成本高低的主要原因,经营规模偏大或偏小都有可能导致产量的降低或平均成本的上升。

第四,农户兼业程度(这里特指农户从事粮食生产以外经济活动的能力)与粮食经营规模基本上是呈反向关系。粮田经营规模越大,其兼业的可能性越小,但与过去相比,兼业农户的粮田经营规模水平在上升。这就是说,不仅小规模粮田经营户具有兼业的能力,而且一些经营规模为 10～50 亩的农户也呈现兼业化的态势。因此,从农户总收益来看,那些具有稳定兼业收入、粮田经营规模不很大(如 30 亩左右)的农户收入并不一定比专门从事粮食生产的大户要低。

四、结论与启示

第一,沿海地区粮田规模经营的实践已取得了显著的成效,尤其体现在农户效益提高、农业生产条件改善和粮食生产回升等方面。规模经营农户的粮食商品率、劳动生产率和人均粮食生产净收入显著提高这一事实表明,农民从规模经营中得到了利益,粮食生产比较效益低的状况在他们身上似乎已不存在,而农户劳动生产率的大幅度提高则既是经营者收入提高的原因,又是农业技术进步,尤其是机械技术不断应用的结果,它大大降低了农业劳动的强度,这是我国农业发展史上的历史性进步,是传统农业向现代农业的实质性转变,其效益和意义不可估量。与此同时,粮田的规模经营既提高了农户收入,调动了农民种粮的积极性,又在一定程度上改变了土地配置过于分散、管理困难、土地利用率较低的局面,尤其是使那些原来地块条件差、处于抛荒状态的粮田产出率得到了提高,这对于一些地方扭转粮食生产滑坡态势和稳定发展粮食生产起到了积极的作用。

第二,粮田规模经营所带来的农业机械热,加快了资本对劳动的替代进程。这种替代尽管与政府、社区组织的扶持政策有关,其价格优势尽管还不具有普遍性,但是在一些劳动力价格比较高的地区,其价格的优势以及对生产成本的节省已经明显。这预示着经济发达地区的农村劳动力结构还将发生演变,劳动力结构与产业结构的差异将进一步缩小,整个经济的就业矛盾会加剧,非农产业,尤其是第三产业和小城镇的发展将更具紧迫性,处理好农业中资本对劳动力的替代与就业之间的矛盾,极为重要。

第三,农户粮田规模经营中的兼业化现象表明了农户兼业能力的增强和规模经营类型的多样化,但兼业程度仍与土地经营规模成反比。因此,在评价农户粮田规模经营效率时,既要考察其粮田经营的效率,又要对其兼业收益进行分析。为了使粮田规模经营健康地发展,在现阶段也应注意和纠正在少数规模经营农户中出现的名为兼业,实际上仍把农业作为副业的现象。

第四,尽管实践中存在规模经营的土地产出量(或者平均成本)要比一般规模高(或低)的例证,但是,决定土地生产率和平均成本的似乎不是粮田的经营规模,而主要是技术配备、要素价格、外部条件差异和经营者本身的素质。虽然这些因素与经营的规模有一定的联系,如规模化经营更有助于机械的使用,有助于从社区组织和政府中获得优惠或免费服务,但这些因素的作用往往要受制于社区经济条件、生产要素的相对价格和农户行为的差异以及技术应用的有效性范围,也就是说,这些因素的效率并不完全与土地经营规模呈同步关系。土地生产率和平均成本与土地经营规模的这种相对无关性,对粮食生产是否存在经济学意义上的大规模生产的经济性提出了质疑。从一定意义上讲,与其说是土地生产具有规模经济性,不如说是大型农业机械的应用具有规模经济性。

　　第五，土地经营规模与土地生产率、平均成本的上述关系，为适度规模经营的重要性提供了依据。它表明，土地的适度规模不是固定不变的，它因条件变化而变化，因条件不同而不同。这种适度的规模也不一定是土地生产率最高或者平均成本最低时的规模，而是一定的技术、经济、自然、人文等因素相互作用的均衡所决定的规模，这些因素的组合差异与均衡变化决定了适度规模的变化。这就是当今世界不同地区，甚至于同一社区内农户粮田适度经营规模不相同的原因。

　　第六，要不断提高粮田规模经营的效率，关键在于从实际出发来选择适合的经营规模。这种选择无疑应尊重经营者的意愿，并且主要应由经营者来做出。但是经营者的选择并非都能实现经济效益与社会效益的统一、经营规模与土地利用率的统一以及土地生产率与环境效益的统一。当上述关系存在明显冲突的时候，通过体制、政策、规则等的合理安排以及环境条件的改变，营造一种更为理想的适度经营规模的环境，应该是政府和社区组织在这方面的责任与作用所在。

　　第七，在粮田规模经营中应特别注意处理好土地利用效率与规模经营扩大的关系。合理经营规模的确定，一定要建立在土地充分利用的基础上，以避免经营规模扩大，经营者收入增加，但土地生产率（单产）下降的"广种薄收"现象。同时，在提高土地利用率方面，应着重处理好复种指数与土地肥力培育的关系，以及土地收益率与粮食生产的关系。

论粮田规模经营中
社会化服务体系的构造[①]

已有的研究和实践表明,在粮食由农户家庭经营的背景下,实现粮田的适度规模经营需要一系列的条件,如:农业剩余劳动力的有效转移;农业机械的合理配置;经营土地的流转与集中;社会化服务体系的建立与完善;等等。本文仅就其中粮食生产的社会化服务体系构造问题进行分析并提出对策建议。

一、粮田规模经营与社会化服务体系

粮食由农户家庭来生产经营是当今世界的普遍现象,在这样的经营格局下,要使粮食生产者保持生产积极性,其合理的经营规模是一个重要条件。这种合理的经营规模包括两方面的含义:一方面,纯粹从技术的角度看,在生产技术、要素价格、家庭劳动力一定的条件下,农户经营的粮田规模是处在规模报酬不变或递减前的状态。这就是说,若农户的粮田经营规模是处在报酬不变或报酬递减的状态,均不是一种合理的经营规模。由于生产技术、要素价格以及家庭劳动力状况经常是变动的,因此,农户的合理经营规模并不是一成不变的,通常,它随着农业技术的进步和机械化程度的提高有不断扩大的趋势。另一方面,从比较利益的

① 本文作者为黄祖辉、张忠根。本文内容发表于《浙江社会科学》1997年第3期。本文为国家社科基金项目"沿海地区农户粮田规模经营与对策思路(1995—1997)"的一个专题研究成果。

角度考虑。所谓比较利益,是指劳动者从事某一产业的平均机会成本。我们说粮食生产比较利益低,实际上是指在现行条件下,大多数农民从事粮食生产难以获得从事其他行业或其他产品生产所能获得的收入,因而缺乏种粮的积极性。农民从事粮食生产比较利益低的原因是多方面的,其中经营面积太小是一个方面的原因,因此,扩大农户土地经营规模,提高劳动生产率,将有助于粮农获得比较利益。从这一意义上讲,合理的农户粮田经营规模可以用其经营的粮田面积能获得比较利益来衡量。当然,规模经营是农户获取比较利益的一条途径,价格支持、价外补贴或者以工补农等政策措施也是确保农民获得比较利益的途径。比较利益是一个动态的概念,加之获取它多渠道性,因此,从比较利益角度来看的农户粮田合理经营规模也是可变的。从浙江省的现实情况看,无论是从纯技术的角度来考察,还是从比较利益的角度来考察,户均经营4~5亩的粮田面积称不上是合理的规模,至少需扩大到户均经营1公顷左右。

从社会化服务体系和农户粮田经营规模的关系来看,很显然,社会化服务体系愈是完备,则愈是有助于户均经营规模的扩大。一些经济发达且农业实现了现代化的国家,如美国、加拿大、法国、瑞典等,粮食生产以家庭经营为主,并且规模普遍很大(在100公顷左右),其原因除了这些国家人均土地资源相对丰富,种植指数低,机械化程度高之外,系统完备的粮食生产社会化服务体系是一个不可忽视的原因。这就是说,在其他条件不变的情况下,社会化服务体系的功能与农户的经营规模是正相关的,这是专业化分工的必然结果。但是,这并不必然意味着社会化服务会促使农户经营规模的任意扩大,即使土地供给是无限的,社会化服务体系是健全的,农户也会选择他认为比较适合的经营规模,因为存在农户家庭经营能力的局限,存在粮食生产的市场与自然风险,存在接受社会化服务的成本,这种成本不仅包括服务的付费,而且也包括与各种服务组织打交道的成本,即交易成本。交易成本是专业化分工的产物,在万事不求人的状态下,如粮食生产经营活动由家庭自身来完成,则农户仅存在生产成本而不存在交易成本,或这种成本几乎可以忽略不计,但与此同时,农户恐怕也难以获得专业化分工的利益和规模经营的效应。专业化分工能克服"万事不求人"的弱点,但却会产生交易成本。降低交易成本的途径不是回到"万事不求人"的状态,而是通过制度的合理安排(如法律、法规的建立,产权制度的构造,组织形式的选择,意识形态以及风俗、文化、习惯等的运用,等等)来实现。因此,农户在选择土地经营规模时,不仅要考虑生产成本的因素,而且也要考虑与服务组织打交道的成本以及扩大经营规模所能带来的各种利益。只有收益大于生产成本和交易成本之和,并且这种净收益与其比较利益是相当的,农户扩大粮田经营规模才会成为可能,这实际上是对粮食生产的社会化服务体系提出了严格的要求。

在实践中,社会化服务体系与农户粮田经营规模还存在互为制约与相互促进的关系。一方面,如前所述,社会化服务体系愈健全,愈能有助于农户粮田经营规模的扩大。但另一方面,社会化服务体系的形成与发展,又依赖于服务对象——农户的经营规模。如果农户经营规模很小,就会对外界提供的服务缺乏需求,这样,农业服务体系就会因服务需求的不足而得不到发展,而服务体系的不充分,又会制约农户经营规模的扩大,由此会形成一种非良性的循环。在这种情况下,注入政策推力,使社会化服务的供给与需求双方转入互为促进的轨道是极为关键的。

二、浙江省粮食生产和社会化服务体系的现状与问题

浙江省粮食生产以水稻为主,一年可种植两季水稻,一季为春粮。由于人多地少,全省人均耕地面积仅在 0.5 亩左右,远远小于全国人均耕地面积。改革后,粮食生产由原来的集体统一经营变为农户家庭的承包经营,但农户经营规模普遍较小,户均 4 亩左右。随着农村非农产业的发展,大量农业劳动力在非农产业就业,农民收入也大大增加。与此同时,农户从事小规模粮食生产的比较利益却在不断下降,导致农民种粮积极性不断减弱,出现种"应付田",甚至于将耕地抛荒的现象。在经济相对发达的地区,小规模的粮食生产格局已不能适应农业进一步发展的需要,实行规模化经营已是这些地区未来农业与粮食生产走出困境的现实选择。近几年,浙江省经营 10 亩以上粮田的农户在逐步增加,1995年底已达 8 万多户,经营面积达 200 多万亩,预计"九五"期间规模经营

农户数量与经营面积还将呈扩大趋势。

从总体上看,浙江省还没有建立起与粮食规模经营相适应的社会化服务体系。完备的粮食生产社会化服务体系应该体现在多个方面。从服务的过程看,应包括产前、产中和产后的全程服务;从服务的性质看,包括有偿服务、无偿服务或优惠服务;从服务的组织体系看,包括政府部门、社区集体经济组织和其他各类专业组织提供的服务;从服务的具体内容看,包括生产资料,如种子、农药、化肥等供给的服务,产品购销的服务,农用公共设施和生产技术的服务,信贷与保险方面的服务,各类信息如技术信息、价格信息、政策信息等方面的咨询服务,人员培训方面的服务,等等。

在集体生产队直接经营农业的年代,粮食生产也被纳入了计划经济,粮食是国家统购统销的物资。基于此,政府涉农部门无条件地承担了主要的服务工作,此外,集体生产队通过生产任务的统一安排,自身也消化了不少服务工作。因此,统一性和无偿性是当时粮食生产服务体系的两大主要特点。这种粮食生产服务关系实际上是一种计划合约关系,它尽管激励性不足,但合约各方面的利益冲突也不明显,其优点是具有行政约束性,因此,还是能够适合计划经济体制下的粮食生产格局。然而,农村经济体制的改革使农业经营体制发生了根本性的变化。农户家庭的承包经营取代了集体的直接经营,形成了不很完善的双层经营体制,与此同时,市场机制也逐步引入农业,并愈来愈左右着农民和各类经济组织,甚至于政府部门的行为。利益关系与冲突开始显露,原来的行政性服务约束关系开始减弱,甚至于名存实亡。尽管在粮食生产经营,特别是购销体制方面仍然保留了相当多的计划与行政控制成分,但由于这种控制时紧时松,其约束力和效率已大打折扣。市场机制所带来的利益驱动和旧的行政管理体制所形成的利益分割,导致了农民、集体、政府部门之间的利益冲突加剧,使得传统体制下形成的无偿性、统一性农业生产服务体系和计划合约关系难以为继。为了适应农户家庭经营和市场经营的需要,近些年农村中出现了多种形式的服务组织和渠道,概括起来有四大类:一是政府部门的各种专业经济技术服务;二是社区合作经济组织的综合服务;三是公司、企业、集团为农户提供的综合服务;四是农民协会或农民自组织为农户提供的服务。

多渠道、多形式的农业社会化服务是目前我省农村经济的一个特点,但其发展和覆盖面并不平衡。其一是农民自身建立的服务组织发展相对缓慢;其二是服务对象不平衡。那些已经市场化、效益较好的农产品,如水产、蔬菜、家禽等的服务体系发展迅速,而那些效益不好或没有完全放开的农产品的服务体系则发展缓慢。粮食生产的服务体系就属于后一种类型。最近一次对我省近 200 户种粮农户的调查表明,由于大多数农户粮田经营面积比较小,一般依靠家庭自身劳动力或者亲朋好友的帮助就能够完成粮食生产的各项经营活动,因而对社会化服务没有很强的需求。此外,由于粮食附加值低,在经营规模不大的情况下,农户的成本约束很明显,因此,即使农民对某些服务有需求,也是条件"苛刻"的,如最好是无偿或者低价、优质、高效的服务。而现实的服务状况却与农民的要求不很吻合,除了一些扶持种粮农户的优惠政策,如粮肥挂钩、价外补贴等较受种粮农户欢迎外,大多数农户对粮食生产的服务工作不甚满意,特别是对种子、农药、化肥等供应的价格与质量存有余悸,对这方面服务的信任度不高。此外,他们对粮食购销中的行政干预与过度垄断也颇有微词。这些都对粮食生产的社会化服务体系的构造提出了挑战。从理论上讲,既然粮食是一种特殊的商品,不能完全放开由市场去调节供求,那么与此相配套的社会化服务就也应非市场化。但现实的情况却是另一种景象,那种近乎无偿的服务,如粮食生产技术方面的服务,由于缺乏政府或集体经济强有力的经济支撑,已到了难以生存下去的境地,这几年农技队伍和推广体系的"线断网破"现象是这方面的明证。而那些有利可图的服务环节,如农资供应等,由于一度放开经营或承包经营,不仅市场化倾向严重,而且缺乏制约,忽略了为粮食生产这一特殊产业服务的宗旨,屡屡出现坑农、损农的事件,使种粮农不堪忍受。

从政府的涉农部门看,目前似乎还缺乏一个能综合协调、完全代表农民利益的部门。与粮食生产有关的部门名目繁多,有农业、水利、农机、供销、土管、粮食、金融、气象等常设机构,由于这些部门自成体系,各有各的利益,同时又都带有明显的行政管理色彩,因此难以形成一个有机的社会化服务体系,综合协调能力薄弱。如化肥生产归口于化工部门,农资供应归口于供销社,资金掌握在信用社,水利服务归口于水利部门,生产服务归口于农业局,粮食购销归口于粮食部门,政策制定和管理服务归口于农经委,等等。至于作为农村双层经营体制一方的社区集体经济组织,则发展不很平衡,不少是名存实亡,即使有一定经济实力,也难以全面承担起为种粮农户提供各项服务的任务。此外,市场规则的不完善、服务合约的不规范提高了服务双方的交易成本,进而也阻碍了粮食生产社会化服务体系的形成。

总之,粮食生产社会化服务体系发展缓慢的原因,一方面是农户粮田经营规模普遍过小,生产的自给性强,市场导向不明显以及粮食附加值低,成本约束强,这些使得农户缺乏对社会化服务的有效需求,进而使得粮食生产的社会化服务体系由于缺乏需求方面的拉力而发展滞缓。另一方面是经济体制转换过程中,粮食生产经营管理体制的改革目标不清,时紧时松。管理部门既行使行政管理责权,又受市场行为左右;既想放开,又想控制;既想独立经营,又想依托政府——以至于职责不清,关系不顺,服务动力不足。

三、加强我省粮食生产社会化服务体系建设的思路与对策措施

构建我省粮食生产的社会化服务体系,首先需明确以下思路。

第一,服务体系的建立与发展要有助于农户家庭经营制度的巩固,而不是削弱或取代这一基本的农业经营制度。第二,服务体系的建立与发展要有助于我省农户粮田规模经营的发展和粮食产量的稳定增长,而不是使其走向反面。第三,由于粮食在我国依然是一种特殊的商品,构造粮食生产的社会化服务体系应从这一实际出发,不宜简单照搬其他已经市场化了的农产品社会化服务体系的模式。第四,建立完善的粮食生产社会化服务体系会触及方方面面的关系,其本质是利益关系的调整与重组,根本出路是不断深化粮食生产管理体制,因此,要以改革为突破口,系统配套,逐步推进,不断完善,不宜操之过急,企望一步到位。从以上思路出发,我们提出如下对策措施。

(一)创造条件,推进农户粮田规模经营,引导农户对服务的需求

农户粮田经营规模与社会化服务体系的相互关系表明,农户普遍偏小的粮田经营规模已是粮食生产社会化服务体系发展迟缓的一个原因,因此,应积极创造条件,特别是在非农产业和乡村集体经济比较发达、农业劳动力转移比较充分的地区,大胆探索土地"三权分离"的实现形式,丰富和完善土地的家庭承包制度,建立合理的土地流转制度和使用权转让市场,处理好土地所有者、承包者和经营者的利益关系,使土地要素与种粮能手相结合,实现粮田的适度规模经营,进而引发经营者对社会化服务的需求。

(二)明确职责,理顺涉农部门关系,加强综合服务和协调能力

在现行体制下,各类涉农部门既是各级政府管理农业的行政部门,又是服务农业的业务部门,但两种职能在现实中往往混淆在一起,一些涉农部门常常以行政命令代替服务,以服务为名,行营利之实,而一些从行政部门分离出来的服务实体,又常常与原单位藕断丝连,官办色彩严重。基于此,应考虑对目前的涉农部门管理体制实施进一步的改革,不仅要将行政管理与服务经营彻底分离,而且要从粮食生产的特殊性出发,将政策性服务与商业性服务分离开来。政府的涉农部门应把主要精力放在制定政策法规、维护经济秩序、提供公共性或政策性服务以及协调利益关系等方面。此外,针对目前涉农部门林立而缺乏综合协调能力的现状,应考虑在管理职能分离的基础上,对一些管理业务相近或联系紧密的涉农机构实行合并,也可考虑建立具有权威的农业综合管理部门,以协调各涉农部门的关系和适应粮食生产综合服务的需要。

(三)总结经验,完善农业双层经营体制,增强社区服务功能

我国粮食生产尽管由农户家庭承包经营,但土地这一农业生产的基本生产资料都是归乡、村社区集体所有。乡、村社区合作经济组织作为土地所有者的代表,不仅要与承包户发生土地合约方面的关系,而且还承担着社区经济发展的任务。这种农业双层经营体制为粮食生产社会化服务体系的建立提供了一种基本框架，既充分发挥乡、村两级社区合作经济组织的独特功能，又把粮食生产的社会化服务体系的立脚点落实到乡、村两级，这既是完善农业双层经营体制的需要，也是构建粮食生产社会化服务体系的理想途径。乡、村两级社会化服务体系的建立，要以村为基础，以村级集体经济为后盾，并充分发挥土地所有权、各种涉农部门的扶持政策、农业发展基金、农技人员以及农业基础设施、设备的作用，开展粮食产前、产中、产后的系统服务。乡、村两级服务体系应是一个有机的整体，但应有一定分工。村一级应主要承担与粮农直接相关的服务工作，如：协助供应农药、化肥和种子；开展治虫、施肥、排灌等常规性的技术服务；从事必要农机服务以及为农户提供产后的干燥、储藏、运输等方面的服务。乡一级可在村一级基础上建立服务总公司，除了指导协助村一级开展有关服务工作外，要侧重开展村一级服务组织承担不了，或者承担了也缺乏效率的服务，如：良种引进与培育；新技术推广；各类信息咨询；人员培训；较大型农田基本建设的组织；重要农资的采购与质量监测；经营风险的管理与服务；信贷支持；等等。当前重点是加强农资供应中的质量把关，粮田规模经营农户的田块连片、机耕与排灌设施的配套，粮食产后处理的服务以及扶持政策的及时到位。

（四）培育组织，扶持农技服务组织，发展农民服务自组织

要重视粮食生产技术服务组织的建设。目前不少地方基层农技组织力量薄弱，不少农技人员"跳槽"或"身在曹营心在汉"，主要原因是工作辛苦却待遇低，而且地位不高。因此，应采取有力措施改善基层农技人员的待遇。在对农户的粮食生产技术服务还不能实现完全经济意义上的技术商品化和有偿服务的情况下，粮食生产技术服务的费用和服务人员酬金应主要由各级政府纳入预算开支，此外，乡、村两级社区集体经济组织也要建立这方面的专项基金，并将农技人员纳入管理人员编制。农技组织则应与粮农，特别是种粮大户签订技术服务方面的合同，使技术服务落到实处，便于检查与考核。对于农民自发形成的服务组织，应给予支持。不同的服务组织在一定时期内存在竞争是正常的现象。从长远看，农民自己建立的服务组织与农户关系密切，能真正代表农民的

利益,只要得到政府的支持,并且坚持"民办、民管、民受益"的原则,完全有可能成为粮食生产社会化服务体系的主力军。

(五)加强联合,促使服务组织产业化、多种服务一体化

一旦粮食生产普遍实行了规模化经营,生产者对社会化服务的需求将会大大增加,此时,单一的、互相分割的服务内容和组织形式就会满足不了需要,服务组织的联合和服务内容的一体化将是必然的选择。在其他农产品的生产中,我们已看到了这种趋势,因此,只要条件成熟,粮食生产的社会化服务体系也应朝这一方向发展。联合的方式是多样的,如股份合作、合并或者组建集团(公司),其结果是服务业成为与农业密切相关的产业(或称第三产业),这种产业融生产、加工、销售(贸易)为一体,融农、科、教为一体,不仅能为粮农,而且也能为其他农产品经营者提供产前、产中、产后的一体化服务。当然,加强服务组织的联合是有条件的,不宜搞硬性归并,而应创造条件,积极引导,使其"水到渠成,瓜熟蒂落"。

(六)营造环境,注意市场体系建设,强化服务体系的制度保障

在社会化服务体系的建设中降低各方的交易成本,关键是加强制度建设,它包括制度环境的建设与制度的合理安排。为此,一要加强市场体系建设。尽管粮食的生产与流通目前还不能完全市场化,但其他要素的市场规则还是需要的,如劳动力流动市场、农业技术与信息市场、资金市场、土地使用权交易市场等都有必要拓展与规范。由于粮食生产的特殊性,在市场体系的建设中特别应注意政府干预和市场规则的衔接与融合,避免两者间的冲突与抵消。二要加强与粮食生产服务体系有关的制度建设。也就是说,通过合约、规章、制度、法律以及严格的监控来规范农户与服务组织的行为,明确政府、服务组织与农户的关系,以减少服务质量的不确定性和责任不清的情况,降低服务双方的交易费用。当前,特别要对种子、农药、化肥等农资供应中屡屡出现的假冒伪劣现象采取有力措施。如对农资经营单位必须严格审批,经销农贸的单位(或人员)除了要有良好的职业道德外,还应具备相应的专业知识。一旦发现坑农

事件,除了赔偿损失、吊销执照外,还要追究有关人员的刑事责任。当然,整治农贸经销单位的同时要注意保护适当的竞争,以避免农资的独家垄断经营。

　　以上对策措施中,(二)、(三)和(六)的措施具有普遍的适用性,(一)、(四)和(五)的措施则有一定的条件性,因从当地的实际情况出发,有针对性地、有选择地实施,但从建立完备的粮食生产社会化服务体系的要求来看,上述对策措施的实施都是必要的。

效益农业:农业现代化的基本要求①

一、效益农业的内涵与基本特征

效益农业是一个可以从不同角度去认识和定义的概念。从微观主体——农民的角度看,效益农业是能够给经营者带来满意收入或利润最大化的农业。从宏观主体——政府的角度看,效益农业应该是体现经济、社会、环境有机协调,可持续发展的农业。从经济学的角度看,效益农业是农业资源比较优势充分发挥,农业要素投入机会成本最低,并且其边际投入与边际收益均等时的农业。农民和政府对效益农业内涵认识上的差异,主要源于农业这一产业有鲜明的外部性,即农业的基础地位性质和自然再生产性质要求农业生产不仅要讲求经济效益,而且也要讲求社会效益和环境效益,而农业的社会效益和环境效益并非总是与农业的经济效益相统一,并且常常具有社会共享的性质,难以完全用市场机制来配置。因此,对经营主体——农民而言,常常缺乏从事这两种效益农业的激励,并且在农业的社会效益与环境效益同农民的经济效益发生冲突时,往往存在牺牲社会效益和环境效益的激励,进而导致对社会和环境的负外部性影响。政府作为公共产品供给的主体和解决经济社会活动中外部性问题的主导力量,无疑应从经济、社会、环境相互协调的角度去认识效益农业,并致力于这一目标的实现。简言之,发展效益农

---

① 本文作者为黄祖辉。本文内容发表在《浙江日报》1999 年 7 月 19 日。时任浙江省委书记张德江同志曾经对本文给予了肯定性批示。

业,从宏观层面讲,是要构建一种能将农民经济利益与农业社会效益、环境效益有机统一的制度框架和调控机制;从微观层面讲,是要在这种制度框架下,最大限度地调动农民的积极性,实现其效益的最大化。政府在这两个层面都可有所作为,但着力的重点应在宏观层面。

效益农业还是一个动态的概念,在不同时期和不同条件下,具有不同的特征。在农产品供应不足、以解决消费者温饱问题为主的时期,效益农业的主要特征是增加农产品供给,并且这种供给的增加,呈数量扩大和资源粗放利用的特征,发展效益农业在这一时期的主要制约因素不是市场与技术,而是资源禀赋条件。与此同时,由于这一时期人们的需求重点是基本必需品的满足,对环境的要求或需求还没有提升到重要的位置,加之环境效应具有累积性和潜伏性的特征,农业经济效益与环境效益的冲突在这一时期并不明显,主要的冲突或矛盾往往体现在农业的社会效益与农民的经济效益上,即居民对农产品价格的有限承受力与小规模经营农户为获得满意收入而对供给价格的最低期望之间的偏差,这种偏差和矛盾在粮食供求问题上较为明显。为了缓和这种矛盾,政府多年来一直把粮食视作特殊商品,比较重视其对社会的安全性和稳定性功能,在协调两者关系时注入了相当可观的财政贴补。

在居民温饱问题已经解决并且进入小康生活的时期,效益农业的主要特征是增加农产品的有效供给。所谓有效供给,是指能通过市场交换而实现的供给,是有消费者需求支撑的供给,这种供给的增加并不仅仅以数量的扩大为标志,而是更注重质量的提高。由于农产品供给过剩在这一时期具有普遍性,发展效益农业在这一时期的主要制约因素就不仅仅是资源禀赋条件,而且还包括市场竞争和技术进步,并且后者常常起着决定性的作用。与此同时,由于环境受损的累积效应以及居民环境意识和需求的增强,农业环境效益与农民经济效益之间的冲突在这一时期开始显露,农业可持续发展问题越来越为人们,尤其是宏观决策部门所重视。至于农业的社会效益与农民的经济效益的矛盾,在这一时期将趋于缓和。以粮食供求问题为例,其矛盾焦点将不再是源于居民的价格承受力,而是源于粮食问题的两难选择,也就是说:若按现行的粮食计划控制体制运行,粮食的自给水平与总量供给也许可以达到较为理想的社会安全水平,但小规模农户从事粮食生产的比较效益仍可能偏低,因而农民难以获得满意的经济效益;若放开粮食价格,实施粮食的市场化运作,则农民的经济效益有可能通过资源和生产要素的重新配置而得到改善,但市场运作可能产生的粮食总量供给和粮食自给水平的波动,有可能对我国这一人口大国的粮食安全带来风险或不确定性,进而影响社会与经济的稳定发展。

在上述分析基础上,我们将现阶段效益农业的基本特征或比较直观的判断,概括为三个层面。

第一,从微观层面看,主要体现在农业的市场竞争力上。其基本特征是"人无我有,人有我优"。这里的"优"字含义可以体现在多个方面,如品质、品牌、售后服务以及对价格变动的反应弹性等。

第二,从中观层面看,主要体现在农业的组织化程度上。其基本特征是"分工专业化、服务社会化、管理企业化、产销一体化"。需要特别指出的是,尽管农户(家庭)依然是最基本的经营单位,但形式多样、功能齐全的中介组织或农业龙头企业将千家万户与千变万化的市场有效地连为一体,是现阶段效益农业的组织特征。

第三,从宏观层面看,主要体现在农业的可持续发展上。其基本特征是农业的环境效益、社会效益与农民的经济利益比较协调,农业结构与整个国民经济的结构比较协调。这种协调主要体现在:农业的政府调控与市场调控有机结合;农民的收入增长与农业的外部性比较融洽;农业的供给结构与整个市场的需求结构比较吻合;整个国民经济中从事农业的劳动力份额与农业在 GDP 中的份额比较匹配。

二、现阶段发展效益农业的重要性与紧迫性

根据人均 GDP、人均居民收入、产业结构、消费结构、恩格尔系数等指标测算,浙江经济从总体上讲已进入小康和工业化中期阶段,整个经济运行机制已呈现出以市场导向为主的格局。这表明,浙江经济正进入一个新的发展阶段,需要在原有发展基础上,针对新情况、新问题和新特点,确定新思路、新战略和新措施。就农业而言,浙江面临的新情况与新问题反映在以下几个方面。

第一，农产品市场竞争激烈，价格疲软，过剩现象普遍。表现最为突出的是一些传统的大宗农产品，如粮食、棉花、生猪、柑橘、茶叶、禽蛋、水产等，近年来普遍供大于求，价格低迷，以致农民增产不增收，经济效益下降。考虑到中国加入 WTO 的进程和世界经济一体化的态势，农产品市场竞争会日趋激烈。

第二，与周边省份相比，浙江农业竞争力并不强。浙江农业发展水平在 20 世纪 80 年代仅次于上海，位列第二，但近几年已退居第七，位于上海、北京、天津、江苏、山东和福建之后。究其主要原因：一是农民平均经营规模偏小，缺乏规模效应或劳动生产力方面的优势；二是农民收入水平较高，在其他条件相同情况下，缺乏成本优势，对价格波动的承受能力不强；三是浙江的农业技术和农业管理体制以及服务体系等并不比周边省份有优势。

第三，浙江的农业结构经过 20 年改革与发展的演变，已形成农、林、牧、渔全面发展，多业并举的格局。这种格局的形成伴随着浙江人民从温饱到小康的转变，符合农业结构的演进规律。但是，随着小康目标的基本实现，城乡居民消费需求会出现新的特点。如果按照中国传统的"吃、穿、住、行"的需求层次排列，重点将转移到"住、行"上，对于"吃"来讲，将更注重"吃"的方便、质量和营养方面，恩格尔系数还将进一步降低。与这种需求趋势和特点相对照，浙江目前的农业结构显得不适应，可从两个方面来看：从农业产业的平面角度看，目前的浙江农业结构门类齐全，但大宗类农产品处在相对过剩的局面，而真正具有浙江特色，同时又有市场优势的名、特、优农产品，却势头不足；从农业产业的立体角度看，浙江目前的农业结构中，加工、储藏、保鲜等纵向环节比较单薄，产业化组织与经营体系发育缓慢，农业结构缺乏立体感，农产品增值率不高。

第四，发展效益农业的环境约束增强。这一方面是由于社会进入小康阶段后，人们的环境意识增强，另一方面是因为经济发展过程中所累积的环境问题已经显露。在中国，经济发展过程中的环境负效应问题主要是工业对环境的污染和农业开发对生态资源的破坏，以及农业化肥、农药的施用不当等所致。如何抑制经济发展对环境的负外部性影响，是发展效益农业的一个关键问题。

第五,从整个经济结构来看,浙江农业在 GDP 中的份额已降至 12%,但农业劳动力占全社会劳动力的比重仍然高达 42%。这意味着,浙江平均每个从事农业的劳动力的生产率,或者说其对 GDP 的贡献额,仅相当于非农劳动力的 1/5。这样的结构关系不仅使农民仍然处在相对不利的地位,而且不利于效益农业的发展。

以上分析表明,浙江农业正面临市场竞争空前激烈和小康后消费需求变化的挑战,而浙江的农业结构,尤其是农业的纵向结构和就业结构,以及农业的组织化程度、资源与环境条件,进而农业的竞争力等,并不能与浙江农业的进一步发展相适应。因此,发展效益农业不仅极为重要,具有紧迫性,而且应有新思路、新办法。

三、浙江发展效益农业的新思路和突破口

发展浙江的效益农业,首先应从浙江农业目前所处的阶段和经济社会的发展趋势出发。因此,要对经济社会发展的阶段、特征、态势及其对农业的影响,进行客观的分析与评判,把效益农业的发展置于经济社会系统中去考虑和把握,摒弃就农业论农业的思路。其次,与发展效益农业相关的农业结构调整思路应跳出 20 世纪 80 年代农业结构的调整思路,即不要仅局限于平面结构或资源利用结构的调整,而要将平面结构调整和纵向结构调整结合起来,以市场为导向,以科技为核心,注重农业结构的纵向延伸、制度匹配和立体发展。最后,要根据现阶段效益农业的内涵和特征,结合当地的实际,确定自身的发展思路和工作重点,避免一种模式、一哄而起。

依笔者之见,浙江发展效益农业的重点和突破口是机制的创新与非农化进程的加快。前者是指在农户(家庭)经营基础上,构建一头连接千家万户的农民,另一头连接千变万化的市场,畅通、高效,并且利益均沾、风险共担、功能齐全的农业中介组织和服务体系。这是浙江农业进一步发展的潜力所在。只有建立了这样一种体系和机制,才能较好地解决当前农产品难卖、新技术引进没门路、结构调整不知调什么等问题,才能降低农民的市场风险和交易成本,增强浙江农业的市场竞争力。后者主要

着眼于效益农业的宏观层面,即在环境优化的同时,通过非农产业的进一步发展,不断转移农业剩余劳动力,降低国民经济中农业劳动力的比重,使其与农业在 GDP 中的份额比较协调,使农业劳动力与非农劳动力的边际效益大体相当。从上述意义上讲,现阶段浙江发展效益农业的重点或突破口,是在"农外",而不是"农内"。

四、浙江发展效益农业的若干对策建议

(一)进一步深化经济体制改革,尽快建立发展效益农业的运行机制

围绕构建社会主义市场经济体制的总目标和效益农业、农业现代化的发展要求,深化改革的重点包括以下几点。

1.加快政府职能转变,改革农业多头管理体制

就涉农政府部门职能转变而言,乡镇一级应是重点,要改变当前不少乡镇一级政府部门面对农产品过剩、农业结构调整和效益农业发展,要么束手无策,无事可做,要么过多陷入农业生产具体事务或者仅局限于用行政命令手段直接管理农业的局面。为此,要弱化政府对农业的微观干预功能,给农民更多按市场要求从事生产经营的自主权,尤其在当前的农业结构调整中,政府不宜要求或者号召农民种什么不种什么,而应强化对农业的宏观调控和服务功能,包括价格、税收、信贷、投资的调控,市场规则的制定和维护,外部性问题的协调,信息系统的建立等。为了增强对农业的宏观调控和服务,有必要在政府机构精简、职能转换与分离的过程中,对涉农管理部门的职责、分工进行一次重新梳理和调整,在此基础上组建农业的综合管理部门,改变目前农业多头管理、政出多门、互相脱节的现象。

2.加快农业科技推广体制改革步伐

目前的农业科技体制,尤其是农业科技成果推广体制仍然不能适应农业市场化和效益农业的发展需要,主要表现为科技成果与农民需要、

市场要求脱节,具体为:单项性技术多,综合性技术少,大宗类产品技术多,特、稀、珍产品技术少;在科技推广人员中,纯技术型人员多,技术与实业结合型人员少。还有的表现为:原有的农业科技推广系统缺乏自我生存与发展的活力,有的已"线断网破";对于具有公共(共享)性的农业科技项目和成果,缺乏研究与推广的动力。针对这些情况,农业科技推广体制的改革应采用市场化与政府支持相结合的模式。也就是说,一方面要制定激励政策,推动农业科技成果产业化、市场化和科技人员"下海",组建自负盈亏的农业科技研究咨询与推广公司(企业),另一方面对那些公共(共享)性强、难以市场化的农业科技成果的推广,仍采取政府全额或部分贴补的办法。但即使如此,也要引入相应的竞争机制和绩效挂钩机制。

3. 深化农村土地制度改革,从所有权分享角度界定农户土地承包权

发展效益农业,土地这一生产要素按效率原则优化配置是关键,而要实现这一目标,从我国目前的农村土地制度实际来看,核心是处理好农户承包权与土地所有权、经营权的关系。由于土地承包权是一种受到政府保护、不得随意剥夺、长期归社区农民拥有的权利,拥有这种权利的农民,既可以行使其经营权,又可以行使其转让权。因此,这种权利已超出了作为所有权与使用权分离意义上的承包权含义。按照产权可分解理论,这种权利实质上是社区农民对社区集体土地所有权的一种分享或分割。这种分割并不意味着土地的私有化,而是我国土地公有制在社会主义市场经济发展中的一种有效实现形式,对农业资源合理利用和效益农业发展有积极意义。从土地所有权分割意义上重新界定农民的承包权利,可以使农村土地产权进一步明晰化,既有助于保护农民的正当权益,又有助于土地要素市场的发育、农业劳动力的进一步流动和土地按效率原则配置。

(二)以产业化经营、市场化导向为思路,发展农业龙头企业、农业中介组织、信息网络和营销系统,实现农业产业结构和组织结构的立体发展

1.强化农业龙头企业功能,增强其对农户的辐射与带动能力

农业龙头企业是农户进入市场、农产品增值的重要载体。按照浙江农业产业化经营的发展规划和当前农产品市场的需求特点,应重点发展水产品、果品的储藏与保鲜,粮食、蔬菜、茶叶、畜禽产品的加工。要增强农户与龙头企业的合同意识,确保合同履行效率。对农业龙头企业的选择与扶持,不仅要看其本身的经营规模和效益,而且要注重其对农户的辐射与带动功能,优先或重点扶持那些既有一定规模,又能与农户长期建立利益共同体的农业龙头企业,鼓励它们不仅在产销环节,而且在技术、资金、信息等方面与生产农户融为一体,使"农户+龙头企业""农户+中介组织+龙头企业"等农业产业化经营组织与社会化服务体系得到实质性的发展。

2.积极发展能使千家万户农户与千变万化市场相衔接的各种非政府组织和市场中介

要研究类似组织在我国发展缓慢的原因,借鉴国外这方面的成功经验,并结合自身特点和实际,寻求浙江农业中介组织、社会化服务体系发展的突破口。按照市场导向原则、分工合作原则、利益均沾原则,采用合作制、股份合作制或者股份制等治理结构,根据具体行业的特性,服务的内容,交易的方式、规模、频率以及社区集体经济的水平和地方文化风俗等因素,发展社区性或行业(专业)性的服务与中介组织。当前,要对那些专门从事初级农产品营销的农民专业营销组织(企业或公司),在税收、交通以及短期收购资金等方面给予必要的支持,促使它们与生产农户建立长期稳定的购销关系。对于那些大宗类的农产品,应在地区性专业协会基础上,组织跨地区的行业协会,以协调市场供给,避免盲目发展和过度竞争现象。对于那些具有正外部性、非营利性或难以赢利的农业服务组织,政府应制定相关条例和法规,给予支持和政策倾斜。

3.建立全面、畅通的农业信息网络

针对目前农业信息普遍滞后,时而失真,并且不成系统的状况,有必要由政府牵头建立集农产品市场、农业技术、农业政策法规、农业生产资料和要素市场、农业服务、投资等信息于一体的信息网络。这些信息可通过计算机网络系统汇集和随时搜索,并通过报刊等其他媒介定期发布。地、市、县、乡镇以及有条件的村可与之联网,并配备一定的力量,建立相应的信息局域网站(点)。

4.在农产品批发与零售市场基础上,不断改进交易方式、交易手段,提升交易效率,提高市场档次,增强市场在信息、交易、流通、服务等方面的综合功能

对于一些大宗类农产品,可开展远期交易活动,可采取团体会员制和拍卖方式等进行交易。此外,要定期在国内外开展优质农产品展销活动,建立名牌产品销售网点和选优汰劣机制。

(三)注重农业平面结构的质量提高和内涵发展

这主要包括三个方面。一是积极引进和推广农业新品种、新技术,实现农业生产标准化和农产品的规格化、优质化。二是继续发展农业适度规模经营或规模化服务,提高农业专业化分工水平和劳动生产率。三是处理好粮食生产和其他农产品生产的关系,建立种植业弹性结构。这种弹性结构的控制参数主要包括:①与耕地总量和复种指数相关的粮食生产能力;②受国家政策保护、必须完成的粮食定购任务。上述两种参数并非始终不变,每年可由省政府确定一次,并分解到地、市、县,但一旦确定,执行期内应具强制性。参数范围以外为弹性领域,政府可对此提供非强制性指导意见,由经营者自行决策与安排。

(四)改善农业生态环境,优化农业就业结构

针对农业生态环境不断恶化和农业就业结构与产业结构不协调,以及从事农业生产的劳动力素质不很高,进而影响效益农业发展的状况,应采取以下措施。

第一,制定城乡企业污染排放标准和处置细则,加强环保投入,对超

标单位要按规定处置,对控污达标或达标有余单位给予相应的奖励。

第二,制定化肥、农药等对人体健康、生态环境有害的产品在农业生产中的施用标准和监测制度,推广科学施肥和除虫技术,鼓励健康产品生产。

第三,加强农民文化素质教育,建立农民科技知识和管理知识的培训网络,对规模经营农户和专业大户逐步推行上岗资格考核制度与经常性的培训制度。

第四,推动城市化进程,发展非农产业,进一步转移农业过剩劳动力,使真正从事农业的劳动力比重与农业在 GDP 中的比重大体相当。争取到 2010 年,农业劳动力的比重不超过 30％,农业在 GDP 中的比重为 10％左右。

现代生物技术及其在农业中的应用：
机遇、挑战与政策框架①

一、现代生物技术革命与农业、农民

当今世界约有 10 亿人生活在绝对贫困状态，其中 70％是农民，大多数居住在热带地区，饱受各种灾害。化肥、农药投入对他们来讲是昂贵的，同时过度使用还会影响家庭健康与生态环境。砍伐森林是他们唯一能多生产食物的途径。成年人转移到城市，但也难以找到理想的工作以养活全家。

生物技术革命以及与此相关联的信息技术正在改变着健康与生活，正在为富裕国家带来财富。这种革命能给贫穷国家带来福音吗？这种新技术革命的机遇、问题与风险是什么？我们如何去适应它？美国和欧盟正在对转基因食物的影响展开争论，很显然，生物技术的利益和风险对于那些食物过剩者的地区与那些担心食物安全者的地区是不相同的。现代生物技术及其相关组成技术包括以下六个方面：①基因技术——所有种群的分子特征揭示；②生物信息技术——从基因分析到获取形式的数据集合与处理；③转移（移植）技术——将具有潜在使用特性的单个基因导入动植物种群；④分子育种技术——借助辅助性标志选择，在育种过程中对理想特性进行鉴别与评价；⑤诊断技术——运用分子特征，对疾病做出更准确、更迅速的诊断；⑥防疫技术——运用现代免疫学，开发

---

① 本文作者为黄祖辉。本文内容发表在《农业技术经济》2001 年第 2 期。

重组的 DNA 疫苗,以对致命的疾病进行控制。

有关报道表明,在全世界的努力下,未来几年内,一种种植作物所需的每一基因的 DNA 排列秩序将被人类揭示。这对作物育种而言将是历史性的突破。接下来,科学家将表达基因结构和每个有机体的方式,这种需要综合大量基因知识的领域称为基因组学(genomics)。一旦某一物种的一种基因被揭示,它的相关功能在另外的物种中也能被发现,这将有助于任何作物的育种。同样,揭示人类和鼠的基因特征,将有助于畜禽品种的培育。

通过把新基因导入作物,可以优化许多种群(包括世界主要作物种群)。尽管对许多种群而言,这一过程的成效还不明显,同时耗费巨大,但是稳定的大豆、玉米、加拿大油菜(canola)、土豆品种目前已广泛应用于大规模的农业生产中。尽管用大量的新基因搞出转基因作物并不容易,但是相对风险而言,利益将激励人们对其进行不懈的研究。

二、现代农业生物技术所展示的机遇

1998 年,全球生物技术产品产值至少已达到 130 亿美元,大约有 80 种产品已经进入市场或间接进入市场,其中大多数与医药有关。经过约 20 年的研究与推广,近几年来,农业生物技术已取得了喜人的成果。1997 年,全世界转基因作物的播种面积为 1100 万公顷,1998 年便增加到 2810 万公顷(其中发展中国家 420 万公顷),增加近 160%。在这些土地上,种植了 40 余种转基因作物,大多数是棉花、玉米、大豆、油菜等新品种。美国是采用转基因技术最多的国家,1998 年,美国 30% 的大豆地、25% 的玉米地和 40% 的棉花地,播上了转基因种子,种植面积达 2000 万公顷,占全球的 71%。大多数与农业有关的生物技术往往表现为新的作物种子或新的动物品种,它们是百多年来人们对传统种植业、养殖业技术选择与改进的继续,不同之处是新的基因技术比传统的种、养育种技术能更快、更准确地揭示其内在属性。现代生物技术能引入基因,进而在控制方面比传统方法更准确,更有效。与网络革命相比,基因领域的革命能从根本上改变人类的命运,基因工程所带来的商业机会将大大超过网络。一条有重要功能的基因,价值在数百万至数千万,甚至上亿美元,如"肥胖基因"的转让费竟高达 1.4 亿美元,可见其利润可观与诱人。现代生物技术是否能为发展中国家的穷人以及国家、地区的政策制定者带来利益,取决于对农业目前面临的问题或已存在问题的分析,需要评价这些问题能否通过现代生物技术与传统的研究、推广相结合的方法来解决。除了分析评价外,发展中国家的穷人要想从基因革命中获得好处,还必须动员研究与开发方面的公共和私人方面的资源。2000 年 8 月 8 日,我国在联合国总部正式签署了《〈生物多样性公约〉的卡塔赫纳生物安全议定书》。这一由 70 个国家和地区签署的议定书已成为管理转基因活生物体越境转移的国际性法规文件。

三、现代生物技术在农业中应用的利益与风险

尽管生物技术在农业中的应用还处在萌芽阶段,但已有的研究成果已使作物对干旱、盐碱、有毒重金属、虫害、疫病的抗性大大提高。通过提高氨基酸、维生素、生物铁的水平,种子具有了更高的营养价值。基因的改变已经降低了水果因过度成熟和产后的损失。在一定的时间和资源条件下,通过上述方法提升所有作物品质的潜力是无穷的。生物技术对食物生产效率提高、食物产后损失减少、食物营养价值提高等方面的作用能改善成千上万贫穷人口的生活状况。

转基因作物本身可能转变成杂草,如果转入的抗性基因逃逸到其他作物上,也会使这些作物的野生近缘种变成杂草;抗虫、抗病和抗除草剂类转基因植物,除对害虫产生毒害而使其死亡外,对环境中的许多有益生物也可能产生直接或间接的影响,甚至使其死亡(如转基因抗虫玉米花粉导致蝴蝶死亡);转基因作物中的病毒基因有可能与侵染该植物的其他病毒进行重组,产生新的病毒或超级病毒;转基因动物具有普通动物不具备的优势特征,但若逃逸到环境,会通过改变物种间的竞争关系,破坏原有自然生态平衡;转基因微生物与其他生物交换遗传物质,可能产生新的有害生物或增强有害生物的危害性,甚至引起疾病的流行;转基因微生物还能取代其他物种,导致生物多样性的破坏;转基因生物作

为食品进入人体,可能使人出现某些毒理作用和过敏反应(已有儿童饮用转基因大豆豆浆发生过敏的报道);转入的生长激素类基因有可能对人体的生长发育产生影响;转基因生物中使用的抗生素标记基因,如果进入人体,可能使人体对很多抗生素产生抗性。有些影响,还需要经过很长时间才能监测出来。

所谓生物技术应用的超技术风险,主要涉及生物技术产品的应用和消费可能产生的经济与社会风险,如:转基因产品使用与扩散有可能产生的伦理和道德风险;生物技术产品进入市场对贸易和原有市场格局的冲击与影响;生物技术的共享与排他使用中的产权安排和知识产权保护问题;生物技术产品交易过程中的信息不对称与规制问题;生物技术产品产业化进程对相关利益者、农业组织,尤其是对农户(家庭)经营体系的冲击;现代生物技术在农业中应用的利益与风险对地区和国家的不同影响,尤其是对世界贫富差别的影响;等等。

目前,人们对这种应用现代生物技术所改进的作物和动物带来的利益与风险,仍存在不同的认识。大多数有关新基因技术利弊的讨论都是以第一代转基因作物为对象的,然而,我们需要超越这些对象,从战略、长期的角度来看待生物技术在农业中应用的问题。相关科学技术及其认识的发展,以及满足需求的基因的不断获得(发现),将使这一切发生新的变化。

四、现代农业生物技术应用中的知识产权管理问题

知识产权保护是促使现代生物技术在农业中运用,以及重构相关制度的最重要途径。知识产权问题对于发展中国家如何从生物技术的安全使用中获得利益至关重要。

(一)保护的形式

从 1980 年开始,美国,紧接着欧洲,开始将一般专利权涵盖植物。1998 年,美国确认的与水稻和生物技术有关的专利已超过 400 项(1988 年仅 12 项)。美国对作物品种赋予专利权,主要目的是阻止农民或第三

者无偿地再使用,以及再培育具有专利权的品种。虽然不少发展中国家仍然对采取这样的知识产权保护持犹豫态度,但作为乌拉圭回合谈判成果的一部分,即《与贸易有关的知识产权协定》(TRIPS)已要求对所有的技术领域实行专利制度,所有成员必须提供一个有效的法律体系用于植物品种的保护。显然,工业化国家保护生物技术产品的行动已导致发展中国家设法保护这些产品的基因资源。一些发展中国家在 1992 年已达成协议,要建立法律并禁止基因资源出口,除非这种出口能从进口国得到相应的财政收益。

(二)保护的意义

知识产权保护的趋势已经产生了多方面的重要结果。可能也是最重要的,是私人部门的研究获得了迅速的增长,这种增长的动力部分是来自知识产权保护所带来的获利性。此外,私人部门(企业)已愈来愈集中化,以前曾经是分散的小企业,如育种企业,发挥重要作用的情况,现在已变成少数全球性支柱企业寡头控制的局面。这种格局的形成,一定程度上也与知识产权的立法有关。尽管这种发展趋势还需进一步证实,但知识产权对国际贸易的影响将毋庸置疑。某些品种和作物在受到作物品种保护条例保护的同时,已经获得消费者的认可。

(三)对政策制定者而言的问题与选择

上述趋势对政策制定者提出了一系列问题,这些问题既直接涉及农业研究,又涉及政府方面的运作。有关公共性农业研究资助的决策者首先必须考虑是否修改研究目标与内容,以弥补私人部门所做工作的不足。在中等收入国家中,私人部门对于推动中等收入的农民种植新的作物品种,如玉米、小麦和水稻,可能会做得更好。私人部门对于那些出口到发达国家去的作物的研究,可能也有积极性。但是,私人部门往往忽略最贫穷农民的需要,同时,它们也往往不会像公共部门那样,对环境影响给予关注。因此,公共部门在补充私人部门活动中应发挥重要的作用。此外,如果私人部门之间的合并导致竞争的削弱,那么,公共部门就应该确保良好的公共品种能与私人品种竞争,以使农民面对合理的选择。即使公共部门的活动导致私人部门的利润增加,提供农民这样的选择仍然有必要。由于私人部门会拥有许多先进的技术,公共部门资助的农业研究团体也必须开拓有效的途径,与私人部门在研究和产品开发方面进行合作。国家或许应该通过获得新品种的知识产权,通过赋予私人企业许可权来分配新的品种资源。由于公共预算的萎缩,公共部门可以从技术专利的出让获取收入,但从这些途径来的收入并不会很多,最终,当地农民和消费者将支付使用费。尽管如此,公共部门仍应获得受保护的知识产权,以便获得谈判筹码,进而在分配自己的研究产品给农民时有足够的余地或自由度,而私人部门可能不会有现成的技术提供给贫穷者。

国际的政治压力有可能迫使政府努力服从(执行)TRIPS,但这种努力绝不意味着仅仅在本国通过与 TRIPS 相关的法律。制定具体的、用于执行的法律与条款,有可能使整个国家的农业受益。例如,专利的赋予步伐是否应该同欧、美一样慢?什么时候赋予产品专利才能与加工产品专利相适应?哪些类型的转基因物质的试验性使用应该受到保护?政府也必须在全球谈判中代表自己国家的利益,这种谈判会影响国际法律的组织,这种谈判有可能在新一轮国际贸易谈判中开始。从现实看,TRIPS 的基本准则和谈判余地是不可能改变的,实际的可能性是反垄断方面的条款可以谈判,这几乎肯定对发展中国家有利。不应该允许目前这种农业生物技术产业的集中,它应该受制于全球机制。面对这种集中的趋势,应该强调竞争的必要性,要对知识产权的运用做一定的限制,以鼓励(允许)新企业进入。在新一轮的贸易或其他的谈判框架下,发展中国家应探索利用知识产权的途径,以鼓励它们所需要的研究。美国已通过立法,对某些药品的研究与开发赋予一些特权,包括市场保护,以鼓励私人部门对那种因患者不多而缺乏投资吸引力的疾病进行研究。发达国家难道会对有利于发展中国家的产品做出同样的安排?要实现这些目标,发展中国家必须调动它们在法律和科学方面的资源。在制定国家政策、代表国家利益与跨国企业谈判时,在帮助国家处理与发达国家的市场障碍时,在与国际贸易、农业、知识产权领域的谈判中,发展中国家需要既细心又有能力的人。这些人将面临科学问题与知识产权、竞争法律、国际贸易相结合的政策问题,他们的成功对于发展中国家农业的成功将是不可缺少的。

五、政府的作用与政策框架

尽管现代生物技术并不能解决所有的食物不安全和贫困问题,但是如果发挥政府作用,建立适当的政策框架,则现代生物技术能对问题的解决提供关键性的途径。

政府在现代农业生物技术研究、开发、应用方面的作用主要包括:①增加对 R&D 的公共投资,包括现代生物技术;②建立规制,以使公众了解信息,避免修正的元素基因(GMOS)所带来的风险,确保生物安全和食品安全的规模;③保护知识产权(IP),包括专利、植物品种保护、种子认证、生物多样性获取等,以鼓励私人部门的投资;④加强对私人部门和农业研究部门的调控,以保护小农和低收入消费者的利益。

主要的政策框架应该包括:①加强研究与开发,增加对现代生物技术的公共投资。②注重生物安全性问题。应建立有效的规制体系,使生物产品能满足国际的标准,在公众中享有很高的信誉度。要对生产者进行培训,使其具有良好的公德意识,掌握必要的生产与工艺技能。要完善商品商标制度,使消费者能获得充分的信息。③加强知识产权管理。要对私人的种子和农业研究部门进行必要的规制,以保护小农和消费者的利益。同时,也要通过专利制度,防止农民侵犯知识产权,以保护科技工作者和技术开发与成果转让企业或部门的积极性。④鼓励私人部门参与。⑤构建科学的法律体系与政策框架。确定优先研究与开发对象,对生物技术产品的市场准入和竞争影响及其相关风险和利益格局进行评估。建立有利于穷人、有助于消除超技术风险的政策体系。通过投资、规制、知识产权的保护和良好的监控,建立起一种有助于生物技术安全使用的环境。

粮食市场化改革中的几个问题^①

一、粮改后的农业结构调整问题

实行粮食市场化改革（简称粮改）的一个重要目的是进一步调整农业结构，优化资源配置，以期通过效益农业的发展，增加农民收入。但实践中也出现了一些问题。

一方面，农民在农业结构调整中困难不少，特别是在一些传统的产粮区，农业结构调整的难度不小。尽管过去农民种粮的效益不很高，但由于国家保证收购，农民对种粮的预期收入比较稳定。现在国家取消粮食定购任务，转向按市场需要发展种养业生产，无论是在信息、技术，还是资金上，农户都遇到较大困难。从信息体系看，现在国家没有一个权威的农产品信息发布部门，农民接收信息的渠道不是很畅通和及时，大多数到农村的信息不是滞后就是不准。加上农户本身生产规模小，掌握的资源少，很难对来自多方面的信息进行准确判断。今年（2001 年）上半年浙江省农调队对省内 350 户种粮大户的问卷调查显示，有 52％的农户认为现在农业结构调整最缺的是信息。从技术服务方面看，无论是种植业还是养殖业，专业性都比较强，对专门技术的掌握在短期内往往做不到，一旦技术掌握不准确，生产效率大打折扣，进而对农民的收入产生负面影响。从资金供给看，无论是盖大棚、购买新农机，还是搞新的农

---

①　本文作者为黄祖辉、王健。本文内容发表在《经济学消息报》2001 年 12 月 7 日。

田基础设施,均需投入一定的资金,要原先种粮的农民一次性拿出比较多的资金有困难,而要从农村金融部门寻找信贷支持,也是相当不容易,这些都实实在在地为农民的农业结构调整带来了困难。另外,部分想进行农业结构调整的农户还存在一种担心政策会变的思想,即认为:粮改在前几年已搞过,如1992年,省委、省政府决定全面放开粮食购销的价格,取消粮食定购任务和指令性计划等,但"放开"政策实施不久,粮食就紧张,1994年全省上下重新恢复粮食定购任务,大打"粮食翻身战",结果农民还得种粮食,因此,还不如等等看。

另一方面,一些地方对粮改后的农业结构调整缺乏规划与指导,出现了改变良田用途、破坏农田植被或基础设施的现象。不少基层干部对粮改及农业结构调整存在两种偏向。一种是放任不管,认为既然粮食已"放开",就没有必要再去管理和干预,以致农民粮改后的农业结构调整缺乏必要的引导;另一种是过度干预,如对农业结构调整下达硬性任务和指标,导致农民经营自主权难以实现。此外,由于缺乏对市场的把握,不少调整后的农产品市场价格出现大幅下滑,对农民的增收产生了负面效应,使一些农民感觉不到农业结构调整的好处。

上述现象表明,粮改是一项系统工程,粮改能否成功,不仅取决于粮食市场购销体系的建立和粮食生产区域分工与贸易格局的形成,而且取决于粮食"放开"后农民对传统农业结构,特别是对粮田结构的调整及其效果,取决于农民的组织化程度,取决于地方政府、基层干部对新形势的适应能力、对农民行为的正确引导。

二、粮食的市场价格信号问题

价格是市场经济机制中最重要的调节机制,是协调国家、生产者、经营者和消费者之间利益的重要杠杆。建立健全合理、配套的粮食价格体系,是粮改的核心。

粮改的一项重要内容是放开粮食购销价格,实行随行就市。这意味着,农民可以根据市场供求和产品价格来决定自己的生产与供给。然而问题在于,现实中农民难以获得有效的、可供其做出正确决策的价格信号。经验证明,在粮食"放开"后,我国农民的粮食生产和供给决策主要是依据当期的市场价格来做出的,而千家万户和小规模经营的粮食生产特点,使得粮食生产的潜在波动性很大,粮食市场的供求波动容易呈现典型的"蛛网效应"。造成这种现象的重要原因在于,目前粮食市场对农户发出的信号是农产品价格的过期信息或当期的市场价格,而不是市场的预期价格。不仅如此,国家制定的粮食保护价所依据的也是过期的和当期的粮食市场的价格。这样就形成了以上年的价格调节当年的生产,又以当年的价格调节明年的生产这么一种机制,结果是粮食价格对生产和供给的调节总是慢半拍或一拍,呈现明显的滞后效应。造成这种滞后的重要原因之一是,我国粮食市场的价格发现主要是由现货批发市场来完成的,而发达的市场经济国家则是由期货市场的"预期价格"来完成的,因而农户和农业企业主要是根据期货市场的远期价格来决定现在种什么、种多少以及卖多少等,这就在很大程度上既缓和了价格的过度波动,又减少了农民的经营风险。而我国的粮食期货市场由于交易品种少,规模小,难以作为准确反映未来粮食供求关系的工具,因此,有必要积极发展粮食期货市场,并将其作为粮改的重要内容和目标之一。

三、粮食的市场体系与经营主体问题

这里主要存在两个方面的问题。

第一个问题是粮食市场的自身发育程度低。粮食市场体系按层次分,可分为初级集贸市场、中级批发市场、高级期货市场。集贸市场的局限性、期货市场的严格性和批发市场自身的特点,决定了批发市场将是目前我国粮食市场体系的基本形态。从浙江的实际看,粮食市场建设起步于1992年,但真正进入发展快车道是在近几年。到2001年6月,浙江已建有33家规模较大的粮食批发市场,但这只能说是初步形成了粮食批发市场体系。因为大多数粮食批发市场的基础设施比较落后,市场的主要交易法规并不很健全,市场上进行交易的税费也过重,交易成本很高,因而在一定程度上挫伤了进场交易者的交易积极性,影响了交易市场规模的扩大和对周边地区的辐射。

第二个问题是市场主体发育滞后,并且不同主体处于不平等的竞争地位。粮食市场中各种主体的形成和竞争是粮食市场机制发挥作用的关键:没有市场主体的多元化,就不会有市场的竞争;没有市场竞争,市场机制就不会发生作用。从实践看,进入粮食市场进行交易的主体大致有以下几类:第一类是国有及国家控股的粮食企业,包括国有粮食购销企业、国有粮食附营企业(如饲料、食品企业)、农业产业化龙头企业;第二类是个体和私营粮商;第三类是粮食生产者——农民。在上述各类主体中,国有粮食企业还没有完全建立起自主经营、自负盈亏的现代企业制度,还处于"半官商"的地位,受政府调控的影响很大,它们的市场行为经常会扭曲市场信息,因而称不上是真正意义上的市场主体。个体和私营粮商,相对于大型的国有粮食企业,无论是从资本量和社会关系看,还是从运作能力看,两者的力量都不很对称,因而在信贷、仓储、运销等方面,两者的竞争地位也极不平等。除了机制外,个体私商很难在短期内成长为能与国有粮食企业相竞争的大型粮食企业。至于粮食生产者——农民,这类市场主体由于普遍经营规模小,居住相对分散,加上组织化程度低,在市场竞争中经常处在弱势地位。总之,粮食市场交易主体的不健全、交易双方地位的不平等,将使粮食市场的竞争缺乏规范性,不利于粮食市场化体系的形成。因此,在粮改中,不仅要完善与规范市场交易规则,而且要积极培育市场交易主体,这应是粮食市场化改革的基本内容。

四、国有粮食购销企业的改革问题

国有粮食购销企业的改革是粮食市场化改革的重要内容。目前,浙江已有90%的国有粮食企业进行了"资产与身份"的双重置换,取得了明显的成效,但在转制中仍存在不少问题。

首先,国有粮食企业资产质量普遍较差。这类企业本身在建立时资金就不多,而在这几年市场化取向改革的大背景下,由于粮食管理体制的特殊性,国有粮食企业没能像其他国有企业那样真正推向市场,始终处于"半官半商"的状态。在粮价连年下跌的情况下,大部分企业还亏损累累,企业的生存很大程度上依赖于财政补贴,企业人员的包袱普遍较重,这使得企业的转制不很容易。

其次,国有粮食企业的遗留问题较多,一是截至 1998 年 5 月 31 日的亏损挂账,已经全国粮食财务审计确认,作为政策性财务挂账,享受停息政策,但在挂账本金归还责任上,一些地方的企业与财政意见存有分歧。二是 1998 年 5 月 31 日至今,粮食难以顺价销售,销售后的价差及相关费用未能及时补贴到位,使一些企业发生了新的亏损挂账,这些亏损挂账的责任目前尚未完全落实。三是一些企业的财政累计欠拨补贴数额较大,影响企业资金正常周转。四是企业库存周转粮存在潜亏,一些企业存有的周转粮大部分已陈化,但成本价则大大高于市价,导致企业潜亏数额较大。

最后,国有粮食企业的融资渠道不畅。虽然国务院指示,对浙江粮食购销企业自主经营粮食所需的收购和调销资金,由农业发展银行按照"以销定贷,以效定贷"的原则掌握和发放贷款,但由于农发银行尚未出台具体的贷款操作办法,"以销定贷,以效定贷"只是一个"花瓶",并不能"充饥"。企业若转向商业银行筹资,又受农发银行资金专户管理、封闭运行的政策限制。与此同时,国有粮食企业的资产状况对商业银行的吸引力也不大,种种限制使得这些企业融资渠道不畅,进而粮食的外购外销难以启动。因此,应继续深化国有粮食企业的改革,使其适应粮食市场化与国际化的需要。

五、粮改后的区域粮食安全问题

浙江人多地少,是比较典型的粮食销区。近几年来,浙江的粮食产需缺口一直在 35 亿～40 亿公斤,随着粮改的进一步推开和农业结构调整的加快,浙江的粮食产需缺口还将扩大,因此,粮食安全问题将日益突出,需要利用国际与国内两个市场来满足省内的粮食需求。从当前看,应主要以国内主产区的粮源调节为主,这就需要浙江与国内粮食主产区建立起良好、稳定的粮食购销关系。目前的主要做法是由粮食购销企业同省外主产区的粮食购销企业或农民签订供需合同,这对于发展外省粮食生产和保障我省粮食安全都有益处。但是,在这种"订单农业"模式的运行过程中,签约的企业承担着比较大的经营风险。这就是说,一旦签订了合同,即使收获季节粮食市场价格下跌,企业也只能按照合同规定的价格收购农民的粮食,进而被动地承受市场价格变动带来的巨大风险,反之,就是不愿或因无力承担风险而不履行合约,这又导致农民的利益受损。而一旦粮价上涨,由于国内多种法律制度的不规范和执行的不力,粮食主产区的企业或农民也有可能要求提价或者拒不履约,这同样会给主销区的合约企业带来损失,进而危及主销区的粮食安全。这表明,从制度设计与安排上做文章,构建跨省份的粮食供需市场与管理机制,是粮改成功的关键。

试论现阶段我国粮食保护政策及其改革①

在实现工业化之后,一些市场经济国家(地区)开始实行粮食保护政策。目前,粮食保护政策已经发展出一系列成龙配套的政策措施,包括粮食边境保护、粮食价格保护、粮食生产领域保护、粮食流通领域保护、粮食消费领域补贴、粮食信贷保护、粮食风险保护、粮农收入补贴等。自20世纪90年代开始,我国采取了一些粮食保护政策措施,以保护粮食生产者的利益,促进粮食生产。在即将成为世贸组织成员之际,我国如何选择既与世贸组织的基本原则相符合,又结合我国国情的粮食保护措施?经济政策的制定和实施实际上是一个选择问题,即深入分析现实条件,根据经济合理性做出理性判断,选择适合本国国情的政策措施。

一、目前我国的粮食保护政策措施

在计划体制向市场经济转型的过程中,我国逐步推出、实施了一些粮食保护措施,具体有以下几个方面。

第一,粮食保护政策的核心是粮食价格保护制度。我国规定实施价格保护的粮食品种有稻米、小麦、玉米等,粮食保护价由各级政府在粮食收购前根据当年粮食生产成本加上社会平均利润率确定,国有粮食收储企业是具体的执行部门,承担粮食收购任务。当市场粮价低于保护价时,国有粮食企业按照保护价敞开收购,政府对收储业务中发生的政策

---

① 本文作者为吴坚、黄祖辉。本文内容发表于《管理世界》2000年第4期。

性亏损给予财政补贴。

第二,粮食流通补贴是指在实施粮食价格保护措施时产生的政策性补贴。主要包括两个部分,一部分是政府对国有粮食收储企业的价格补贴,另一部分是对储存费用的政策性补贴。我国粮食价格保护政策运行的特点是,国家并不按保护价买断农民的粮食,而只是对粮食收储企业按保护价收购上来的粮食给予补贴。因此,粮食价格保护与粮食流通领域的补贴合在一起。与此同时,由于国有粮食收储企业按保护价收购大量的粮食,导致库存积压,并产生高额的储存和损耗费用,这部分费用也由国家财政补贴。两项补贴相加,目前我国对粮食流通领域的补贴相当高。

第三,粮食信贷保护是对粮食生产经营者提供政策性的信贷帮助。目前,我国的粮食信贷保护主要集中在收购业务,粮食生产环节几乎没有信贷保护。1994年4月,我国政府组建了中国农业发展银行,承担国家规定的农业政策性金融业务。1998年,根据国务院决定将扶贫、农业综合开发等专项贷款业务划转出去后,中国农业发展银行的信贷业务更集中于粮食等重要农产品的收储。

第四,对粮食进出口业务实行严格的管制措施。在进口方面,对主要口粮,如小麦、大米等实行了进口配额制度,粮食市场内外分割,从根本上限制国际市场廉价粮对国内市场的冲击。在出口方面,国家也制定了一些粮食出口补贴政策,如从1999年开始我国对玉米实行出口补贴。

第五,从总量来看,我国在粮食生产领域的保护很不够。1998年,地方财政支援农业生产支出为206亿元,农业事业费为270亿元,农业综合开发支出为81亿元,三项合计仅占地方财政支出的7.2%。1997年,全国共有乡镇农业技术推广机构16.6万多个,已定员51万多人,仅占农业劳动力的0.085%,即每1万名农业劳动力中只有8~9名农技推广人员。

第六,粮农收入补贴是指国家财政通过转移支付的方式来提高粮农收入。目前,我国还没有足够的财力对农业生产者进行大规模的转移支付,只是在不发达地区开展扶贫帮困工作。1998年,国家财政支持不发达地区支出计111亿元,转移支付的金额和比例还很低。

第七,粮食风险保护政策是指国家对粮食生产提供政策性保险业务。目前,我国没有出台这方面的措施。

从以上分析我们可以看到,目前我国的粮食保护措施侧重对粮食流通领域的保护,不很重视对粮食生产的直接保护,重视运用价格和收入政策,不很重视农业发展政策和区域结构的政策调整。

二、我国粮食保护政策要达到的目标

选择合理的粮食保护政策措施,必须对粮食保护政策所要达到的目标有一个正确的认识。一般来说,粮食保护政策的基本目标包括四个方面:保持粮食价格的稳定,提高农民收入,保证粮食安全和稳定供应,保证消费者的利益。

(一)关于保持粮食价格的稳定

在计划经济条件下,价格完全由政府决定,不存在粮价波动问题,粮食价格往往几年不变。而在市场经济条件下,粮食市场价格波动是一种常态,这是由粮食这一特殊商品的内在属性决定的。1992年以前,我国一直对粮食实行统购统销政策,粮食市场和粮食价格由政府控制,只有很小部分是自由贸易粮,对粮食价格的影响较小。随着经济体制改革的深化和市场经济体制的逐步引入,粮食价格波动问题也出现了,而且日益突出。20世纪90年代以来,粮食生产和供应方面的波动导致强烈的粮食价格波动。1993年、1994年农副产品收购价格分别比上一年上涨13.4%、39.9%,粮食价格大幅上涨被认为是造成当时通货膨胀的重要原因。稳定粮食市场价格是1994年政府推出粮食价格保护政策的最重要的目标。实行保护价政策以后,粮食市场价格的波动就大大减缓了。

(二)关于提高农民收入

在我国,农民的收入问题是政府决策层首要考虑的问题,特别是20世纪90年代以来,城乡居民收入差距日益加大,比值一直在2.5左右。农民收入问题不仅是一个经济问题,而且是一个社会和政治问题。现阶段,我国经济处于结构调整、通货紧缩阶段,农民收入增长缓慢,提高农民收入成为粮食保护政策的首要目标。直接提高农民收入的政策措施主要有两种:一种是实行粮食价格保护政策,即采取价格保护政策,把粮食价格支持到市场均衡价格以上,从而使国内粮食价格在高价位区运行。另一种是直接的转移支付,即政府将财政收入的一部分支付给粮食生产者。目前我国采取的是前一种,即通过提高粮食收购价格来增加农民收入。

(三)关于保证粮食安全和稳定供应

粮食安全是各国(地区)政府都非常关注的问题。在世贸组织的贸易谈判中,粮食进口国(地区),如欧盟、日本等要求提高域内粮食价格保护的水平,保证或提高粮食自给率;而粮食出口国(地区),如美国、加拿大、澳大利亚等则据国际贸易自由化原则,提出要大幅度削减粮食保护措施。双方各执一词,争执不下,这也是乌拉圭回合农产品贸易谈判旷日持久的重要原因。粮食是人类生存的最基本的需要。自然灾害、粮食歉收都可能导致粮食价格大幅度上升,引发政治动乱和危机,这使得各国(地区)政府都深刻地认识到,粮食的稳定供给与政局的稳定息息相关。另外,从政治关系的角度看,粮食经常是一国(地区)从经济上制裁另一国(地区)的手段。据不完全统计,1950—1984 年发生的国(地区)与国(地区)之间粮食禁运多达 10 次(卢锋,1998)。因此,各国(地区)政府都采取保护措施,促进粮食生产,提高粮食自给率,防止国(地区)内粮食危机的发生,保证国家(地区)在全球市场上的政治独立性。在意识形态和社会制度方面,我国与西方发达国家(地区)存在较大的差异。因此,粮食安全与主权是现阶段我国粮食保护的一个极为重要的政策目标。我国不会把粮食问题交给国际市场,完全有能力实现粮食增产,达到一个政治上可接受的粮食自给水平,维护国家的粮食和食品安全。1996 年,我国政府发表的《中国的粮食问题》白皮书明确指出,我国粮食的自给率目标是 95%。实现粮食安全目标主要有两个途径:一是粮食价格保护,即通过高粮价来刺激农民的种粮积极性,增加粮食产量和供应量。二是直接支持粮食生产的保护措施,如直接增加农业投入、农业科技投入,为粮食生产提供信贷保护等措施。后者是达到这一目标最直接、最有效的政策选择。

(四)关于保证消费者的利益

在工业化初期,保护城镇消费者的利益是我国粮食政策的首要目标。1994 年以后,粮食政策发生重大转折,政府取消了对消费者的粮食补贴。现行粮食价格保护政策的实质是维持国内的高粮价,但把实施这项政策的部分成本转嫁给了消费者。从这项政策的实行效果看,城市居民对粮食和食品价格上涨的承受力有了很大的提高。但是,我国居民的恩格尔系数较高,也就是食品支出占总支出的比例较高,当粮食和食品价格提高幅度较大时,会导致消费者的不满,进而不利于社会稳定。从现阶段我国经济的发展水平和政局稳定的角度看,保护粮食消费者的政策目标已失去原有的重要性。在经济发展水平不同的阶段,就会有不同的粮食政策目标。根据现阶段我国国情,维护粮食安全、提高农民收入这两个政策目标已经成为粮食政策的主要目标。我们应根据粮食政策目标的变化,适时调整粮食保护措施。

三、我国实行粮食价格保护政策的条件成熟了吗?

通过实施粮食价格保护政策来实现粮食价格政策目标是有约束条件的。约束因素一是国内的经济结构能否满足粮食价格保护的条件,特别是农业就业份额有没有下降到较低的比例;约束因素二是国家财政能不能承担巨额的粮食价格补贴。只有满足了这两个约束因素,粮食价格保护政策才能顺利实施。

从一些发达国家(地区)实施农业保护政策的历史经验看,发达国家(地区)尽管实施农业保护的时间不同,但在人均国民生产总值、农业就业份额、产业结构等几个指标上都大体相似,比如人均国民生产总值(GNP)为 800~1000 美元,农业就业份额在 30% 左右,农业产值在国民经济中的份额低于 20% 等(见表 1)。这些大体相似的指标表明,要实行粮食价格保护政策,就需要基本符合这些条件。

表 1　发达国家（地区）农业保护开始年份及相关经济指标

国家 （地区）	农业保护 开始年份	保护率 /%	人均国民生 产总值 /（美元/人）	农业就业 份额/%	产业结构/%		
					农业	工业	服务业
美国	1933	2	1126	22	11	41	48
法国	1950	22	909	29	15	48	37
日本	1955	24	1850	33	20	35	45
韩国	1974	75	964	42	24	29	45
中国台湾	1975	17	803	30	15	38	45

注：根据［日］速水佑次郎《日本农业保护政策》第8页资料计算。

再来看一下我国的基本国情（见表2）。1997年，我国的人均国内生产总值（GDP）是6079元/人，人民币与美元的比价按8.3∶1计算，计723美元/人，考虑到GDP与GNP存在一定的差别，达到实施粮食价格保护政策时的人均国内生产总值仍低于发达国家和我国台湾的水平。关键性的差异主要表现在农业就业份额上，1994年我国的农业就业人口比重高达53.3%，远大于发达国家（地区）实施农业保护政策时的比重。结果是，我国实施粮食价格保护政策以后，粮食价格提高了，农业总收入的确增加，但由于分享农业收入的人口太多，提高农民人均收入的预期目标却没有达到。

表 2　我国近几年的有关经济指标

年份	人均国内 生产总值/ （元/人）	乡村人口 比重/%	农业就业 份额/%	产业结构/%		
				农业	工业	服务业
1993	2939	77.1	56.0	19.9	47.4	32.7
1994	3923	76.4	53.3	22.0	47.9	31.9
1995	4854	75.7	52.2	20.5	48.8	30.7
1996	5576	75.1	50.5	20.4	49.5	30.1
1997	6053	74.0	49.9	19.1	50.0	30.9
1998	6392	73.7	48.8	18.4	48.7	32.9

资料来源：农业部发布的《1998中国农业发展报告》、国家统计局公布的1994—1998年的《中国统计年鉴》。

实现提高农民收入的政策目标,需要其他的配套措施,即调整产业结构实现人力资源的优化配置、农村人口向城市转移、农业劳动力向第二、第三产业转移。只有农业人口基数减下来了,农民的收入才会提高。提高粮食价格的措施可以暂时增加农民收入,但也常常使更多的生产率低的家庭农场仍然保持经营,从而放慢农业人口向非农产业转移的速度。从长期来讲,这对提高农民收入是不利的。

因此,从实施粮食价格保护政策的条件来看,绝大多数发达国家(地区)在完成了工业化以后才开始实行粮食价格保护,而我国目前处于工业化的中期阶段,就对粮食价格进行全面的保护,而且把粮食保护价定在较高的水平,的确超出了现实的经济发展水平。目前,我国农业人口的比例还相当高,即使从非农产业中拿出 10%～20% 的 GDP 来补贴农业,也不能实现收入的均等,的确补不起。国家财政实力的强弱是粮食保护程度高低的重要约束条件。粮食保护价定得越高,国家财政开支就越大。从国家财政承受能力看,我国是一个发展中国家,国家财力有限,不能把粮食保护价定得太高。

实施粮食价格保护政策以后,农民的种粮积极性有了很大的提高,对粮食生产产生直接的、影响深远的刺激作用。我国的粮食供应状况发生转折,从粮食相对不足到粮食过剩,在短短几年的时间内,粮食实现了自给自足,完成了粮食安全目标的要求。但是,不容忽视的是粮食价格保护政策实行以后,粮食价格补贴大量增加,财政负担加重。1992—1997 年,国有粮食部门共产生 2140 亿元的亏损。1997 年,国家财政用于价格补贴的支出达 329 亿元,占财政总支出的 5.0%,已经成为国家财政用于农业的支出中最大的一个单项。1998 年,中央和地方财政对粮食的各项补贴又比上年增加 26.4%,其中中央财政支出比上年增加 29.1%。粮食生产连年丰收,粮食库存积压严重。至 1998 粮食年度末,国有粮食企业总库存达到丰产年总产量的一半。与 1995 年 3 月末相比,增加了 1.5 倍,平均每年增加 700 亿斤,粮食库存增加又导致国家对粮食储存费用补贴的增加。目前国内粮食价格高于国际市场价格,在国际市场缺乏竞争力,利用国际市场消化国内库存、调节国内粮食供求关系的余地也很小。过高的粮食保护价的结果是,粮食安全目标实现了,但国家的财政风险加大了。目前我国粮食价格的上调空间几乎为零,无法通过持续提高粮食保护价来实现提高农民收入的政策目标。

简言之,粮食价格保护政策必须充分考虑现实的约束因素,不能急于求成。超越本国的经济发展水平而采取过高的价格保护水平会产生许多负面的结果,过高的粮食保护价会导致资源配置扭曲。我国人多地少,粮食生产没有比较优势,国内粮价高于国际市场价格,就会导致国内经济资源向粮食生产过度倾斜,这将不利于非农产业的发展,放慢农业劳动力向非农产业转移的进程。所以,要根据不同的经济发展水平,选择合适的粮食保护政策。

四、现阶段我国粮食保护政策的选择

我国即将加入世贸组织,我国的粮食保护措施应在其框架下重新进行审视。世贸组织的基本原则并不排斥粮食保护措施,那些不会导致粮食市场价格扭曲的保护措施仍然是允许的。我们应在对我国国情有一个正确、全面认识的基础上,结合我国即将加入世贸组织的现实,选择那些既能与世贸组织的基本原则相符合,又能实现我国现阶段主要目标的粮食保护政策。因此,我国的粮食保护政策必须从价格保护转向非价格保护,从强调粮食流通领域的保护转向对粮食生产领域的保护。这是粮食保护政策的一项重大改革,需要我们在思想上有一个根本性的转变。

(一)增加财政对粮食生产的直接支持与补贴,加大农业投入的比重

一方面,要加强农业基础设施建设,改善粮食生产条件。多年来,国家对农业投入的总量虽然有所增加,但投资比重下降。国家固定资产用于农业的比重由"六五"时期的 5.0%、"七五"时期的 3.3%,下降到"八五"时期的 2.2%。由于投入不足,粮食生产基础设施老化失修情况相当严重、生产装备水平不高、抗灾能力不强等问题相当突出。国家财政农业基本建设支出主要用于大江大河治理、成片中低产粮田改造等农业基础设施的建设和粮食生产条件的改善,是农户投资和其他社会资金所无法替代的。通过国家长期资金投入改善粮食生产条件,可以有效地提

高粮农短期资金投入的边际产出,带动更多的资金投入,形成粮食生产资金投入的良性循环,其社会效益巨大。

另一方面,国家财政应加大对农业科技开发的支持力度,稳定农业科技推广队伍。科教兴国是当前我国正在实施的一项基本国策,在粮食生产的保护政策上也要体现科教兴国的战略。我国每年大约有6000多项农业科技成果问世,但普及推广率只有1/3,大多停留在研究室和试验田。因此,加快农业科技进步,必须重视农业实用技术的推广工作,稳定农业科技推广队伍成为当务之急。农业科研和技术推广工作有其自身的规律,很难按照市场化、商品化机制去运作,必须依靠政府的财政投入来保护和支持。

世贸组织的绿箱政策鼓励发展中国家(地区)采用国家财政资助的方式支持农业基础设施建设和农业科研、推广体系建设。这一政策措施能够促进粮食生产,提高粮食产量,维护国家的粮食安全。这是政府保护和支持粮食生产的一项重要政策措施,应成为当前我国粮食保护措施的首选。因此,我国应增加财政支农资金,改善粮食生产条件,健全农业科研、技术推广体系。

(二)切实转变支农信贷资金的投向,加大对粮食生产的信贷保护和风险保护

我国政策性的农业信贷主要集中在粮棉油等农产品的收购业务上,而不是对粮食生产提供信贷保护。现行的粮食信贷政策说明我国的粮食保护侧重于粮食流通领域的保护,而对粮食生产领域的保护较少。目前我国农民收入低,粮食生产所需的资金捉襟见肘,对粮食生产再投资的困难很多,迫切需要政策性信贷来扶持。因此,政策性信贷资金的投入方向应当有一个根本性的转变,应该对粮食生产实施信贷保护政策,为粮农,特别是一些种粮大户提供生产性信贷,让粮食再生产能顺利开展。要执行这一政策,需要农业政策性银行转变观念,深入到千家万户,切实为农民提供信贷支持。生产性信贷政策能保护农民的种粮积极性,能持续促进粮食生产,是今后应大力加强的一项保护措施。

由于粮食生产的高风险性,农民非常需要政策性的风险保护措施。粮食生产的不确定性很大,商业保险机构很难为粮食生产者提供全面的

风险保护,因而只能采取政策性手段来达到减少自然灾害对粮食生产的不利影响。减少粮食生产的不确定性有利于稳定粮食生产,为逐步放开粮食市场打下基础。

(三)适应世贸组织的规则体系,逐步减少粮食进出口方面的保护措施

国际贸易规则要求各国(地区)消除非关税壁垒,削减关税,减少出口补贴。在世贸组织的贸易规则下,进口配额制度属于非关税贸易壁垒,要逐步取消。与此相适应,我国应改革现有的进出口措施。充分利用国际粮食市场,通过粮食进出口贸易来调节国内粮食供求,是稳定国内粮食市场的重要手段。目前我国在粮食进口方面的保护措施比较多,有些保护措施,如小麦进口配额制度等,与世贸组织的基本规则相冲突。当前国内粮食库存充足,我们可以利用这一有利时机,调整、改革粮食进出口政策,有进有出,优化库存结构。我国政府承诺立足国内解决粮食问题,并不等于不要利用国际市场,遵循国际贸易的比较优势原则,适当开放国内粮食市场,有利于国内外经济资源的优化配置。减少粮食进口保护,适度开放国内粮食市场,并不与粮食安全目标矛盾。的确,国际粮食供给还存在政治风险,但是世贸组织的规则和双边贸易谈判都在寻找确保粮食供应安全的途径。如果我国适度开放粮食市场,同时又能向国际市场出口那些劳动密集型的农产品,如蔬菜、花卉、畜产品等,并建立起长期的国际分工合作关系,这样,我国的粮食安全就有了保障,劳动密集型产品的比较优势又能得到发挥,这是我国农产品贸易政策的最优选择。

(四)坚持粮食市场化改革的方向,逐步完善粮食价格保护政策

从前文的分析可以看出,现行的粮食价格保护政策与我国的综合国力不相适应。但是,在已经实施了粮食价格保护政策的情况下,取消这一政策就要慎重,不可急躁。在不同的经济水平下,粮食保护的品种、范围和程度是不同的。应根据现实条件,逐步减小粮食价格保护的范围和

数量,改革粮食价格保护政策的运作机制。

第一,逐步缩小粮食价格保护的范围。1999 年政府出台新的粮食价格保护政策,一些品质不好的粮食品种,如北方春小麦、南方早籼米、高水分玉米等都退出了保护,这是粮食价格保护政策的重大调整,是逐步走向市场化的重要举措。目前出于粮食安全的目的,还需要对部分口粮,如优质大米和小麦,进行价格保护,而玉米作为一种饲料粮,应尽快退出保护。

第二,合理调整定购价格,使之逐渐接近市场价,合同定购价格应按粮食生产成本加上社会平均利润率确定。按合同定购价格收购部分粮食,符合国家的总体利益,能够保证国家控制部分粮源,实现对粮食市场的宏观调控。合同定购又能有限度地保护农民的利益,与我国现阶段的发展水平相适应。对农民来说,定购部分的收入是有保障的,而超过部分可以进入粮食市场,价格由市场形成,农民有售粮自主权,容易接受。合同定购的最大好处是减轻了国家财政负担。由于按定购合同收购的价格和数量是确定的,这部分粮食主要用于供应军队和城镇低收入人口,去向也是确定的,国家的财政支出是可控的,粮食库存压力将减轻。因此,与目前按保护价敞开收购余粮的措施相比,这一新措施将大大减轻国家财政负担。

第三,适应现实的经济发展水平,降低粮食价格保护的程度。现在的粮食保护价是按粮食生产成本加上社会平均利润率确定的,这种定价方式很容易定价过高。我们建议,最低保护价以合同定购价格为基准,下浮 20%,这样确定的保护价基本与成本价等同。具体的运作方式是,合同定购以外的粮食进入市场,价格由市场供求关系决定,让市场机制发挥作用。当市场价格下跌到定购价的 80% 时,粮食价格保护政策发挥作用,由政府按保护价收购。市场机制与政府功能有效地结合起来。在目前粮食库存充裕的条件下,改革现行的粮食价格保护政策是必要的,也是可行的,我们要抓住这个时机。

粮食价格保护的范围缩小,保护程度降低以后,粮农的收入会有一定程度的下降。但是,提高粮食保护价并不是解决农民收入问题的唯一措施。应该抓住机遇,调整农业产业结构,发展具有比较优势的农产品,实现从以粮为主到多元化的农业生产格局。另一个重要措施是实现农业就业人口向非农产业的转移,以及农村人口向城市人口的转移。这两条措施落实了,农民的收入会有一个大的提高。

(五)完善粮食储备调节机制,抑制粮食价格的过度波动

我国政府于 1990 年开始建立粮食专项储备制度,目前,已初步建立起中央与省级粮食专项储备和粮食风险基金制度。当市场粮价高于政策价格上限时,向市场抛售储备粮,当市场粮价低于政策价格下限时,从市场购买粮食。该制度通过专储粮的吞吐,起到平抑市场粮价的作用。粮食专项储备制度在平抑 1994 年全国粮价大幅度上涨、1995 年南方玉米价格大幅上涨中发挥了一定的作用。但是,自 1996 年以来,粮食保护价格一直高于粮食市场价格,专储粮只是起到储粮的作用,不能有效发挥吞吐调节作用。因此,必须对现行的粮食专项储备制度进行改革。第一,根据适度保护的原则,调低粮食保护价,减少市场粮价触及保护价的机会,充分发挥专储粮的吞吐调节作用。第二,要改革原来的专储粮由国有粮食企业收购、国家对超购的超储粮进行补贴的做法,建立由国家粮食储备局及其直属单位承担政府职能的新机制,把国有粮食企业的政策性业务分离出来,减少中间环节,提高粮食储备的运作效率。第三,应该从立法的层面来完善粮食储备调节机制,建立起一个决策程序化、运作灵活的储备粮吞吐机制。目前,国家粮食储备的购销还沿用计划的模式,环节多,程序复杂,反应迟缓,往往影响粮食市场宏观调控的时效性。在粮改中,专储粮的调节作用将越来越重要,其决策、运行必须紧跟市场的变化。

总之,制定粮食保护政策,是一项复杂的系统工程,需考虑政策运行的机制和效果,从中选择最优方案。党的十五届三中全会的决定明确指出:要深化粮食流通体制改革,主要由市场形成价格,在国家宏观调控下充分发挥市场对资源配置的基础性作用。加强和改善国家对粮食这一特殊商品的宏观调控,保护农民积极性,保证供给和价格基本稳定。这一纲领性文件是我们选择粮食保护具体方案的指针。市场的作用是基础性的,粮食价格主要由市场形成。作为政府宏观调控的主要手段,粮食保护政策的选择必须与现阶段粮改的总要求相适应。只有坚持粮改,结合我国的具体国情,才能选择合理的、科学的粮食保护具体方案,促进

粮食生产、粮食经济的发展。

参考文献

[1]柯炳生,《粮食流通体制改革与市场建设》,《中国农村经济》,1998年第 12 期。

[2]卢锋,《粮食禁运风险与粮食贸易政策调整》,《中国社会科学》,1998 年第 2 期。

[3]农业部,《1999 中国农业发展报告》,中国农业出版社,1999 年。

[4]农业部软科学委员会编,《中国粮食及农业:前景与政策》,经济管理出版社,1997 年。

从一次现代化到二次现代化

——高效生态现代农业的理论、农户影响与政策①

　　现代化建设已成为世界农业发展的潮流与趋势,也是新时期中国新农村建设的首要任务与重要基础。2006 年底,中央农村工作会议明确提出:"要下大力气转变农业增长方式,建设现代农业,促进农业又好又快发展。"本文从快速发展变革的浙江现代农业建设实践出发,试图通过基于循环经济的现代农业发展理论及其机理的研究,建立起一个相对完整的高效生态现代农业的基本理论与分析框架,使其能够合理解释、科学指导新时期我国沿海发达地区乃至全国相关地区的现代农业发展。

一、从一次农业现代化到二次农业现代化

(一)农业现代化理论的提出与内涵

　　两次世界大战,尤其是第二次世界大战结束后,特别是随着 20 世纪 50 年代农用工业的快速发展、60 年代以"绿色革命"为标志的品种改良及随后出现的生物工程等现代农业技术的巨大变革,对于何为"现代农业"及何为"农业现代化"等问题,国内外的专家学者们给出了各种各样

　　① 本文作者为黄祖辉、邓启明。本文内容编入《求索中国特色现代农业之路》(黄祖辉、张冬平、潘伟光主编,浙江大学出版社,2008 年)。本文为国家社科基金重大项目"解决中国'三农'问题的理论、思路与对策研究"(04ZD012)的一个专题研究成果。

的理解。① 目前,一种较普遍的说法是:现代化泛指近代工业经济兴起以来的社会,以之区分传统农业社会,现代化也就成了由传统农业社会向现代工业社会的一种转变;与此相适应,农业现代化主要是指用现代工业装备农业、用现代科学技术改造农业、用现代管理方法管理农业、用现代服务体系服务农业、用现代科学文化知识提高农民素质的过程。

显然,发展现代农业意味着给农业发展注入更多现代理念和生产方式。对此,郑有贵等(1997,pp. 13-16)曾较系统地对传统农业、现代农业及农业现代化等基本概念进行了深入研究,认为:农业现代化是一个动态的历史过程,各国农业现代化具有某些共同特征,但不同国家又应具有不同特征;且从传统农业向现代农业转变的过程,不仅是一个现代生产要素的引入或技术进步的过程,同时还是一个要素优化配置(或制度创新)的过程,即通过工农关系和城乡关系调整,使农业成为一个具有较强竞争力的现代产业,使农民成为一个享有平等经济和社会地位的利益集团。以美国和荷兰为例,李大胜等(2005,pp. 3-16)的研究认为,现代农业是高生产率与高度社会化的农业。2006 年底的中央农村工作会议明确提出:今后,我国将更多地用现代物质条件装备农业、用现代科学技术改造农业、用现代产业体系提升农业、用现代经营形式推进农业、用现代发展理念引领农业、用培养新型农民发展农业,提高农业水利化、机械化和信息化水平,提高土地产出率、资源利用率和农业劳动生产率,提高农业素质、效率和竞争力。

笔者曾将农业现代化的内涵、目标及其实现途径明确概括为:通过科学技术的渗透、工业部门的介入、现代要素的投入、市场机制的引入和服务体系的建立,用现代工业装备农业、现代科技改造农业、现代管理方法管理农业、健全的社会化服务体系服务农业,使农业在形态上成为具有当今世界先进水平的现代农业;其基本目标是提高综合生产力,提高农民收入,进而实现农民富裕,缩小工农差别和城乡差别,并营造一

---

① 中国也在 20 世纪的七八十年代提出了农业现代化建设问题。与农业发达国家一样,随着时间的推移,中国农业现代化的主要内容、基本特征及其表现形式等,也发生了很大的变化。对此,我国著名学者朱道华、卢良恕等都有过比较深入、系统的专门研究,值得关注。

个良好的生态环境以实现农业的可持续发展(黄祖辉等,2003,pp. 4-7)。在2006年全国中青年农业经济学者年会上,有学者(柯炳生,2006)用高度概括的语言指出,现代农业是指"高投入、高产出"的农业形态,认为现代农业建设是社会主义新农村建设的首要任务和重要基础,并将推进现代农业建设高度概括为"四大目标、四大指标、四大条件和四大领域"[①]。

近期相关的研究文献已越来越多,这里不做更多的评述。需要强调指出的是,农业现代化的内涵、标准与发展层次等是不断发展演变的,不同国家、不同历史时期也是不尽相同的。总之,社会在不断发展,人们对农业现代化的认识也在不断深化。

(二)世界农业现代化进程及其演变

1. 发达国家(地区)现代农业建设的成效

关于世界主要农业发达国家(地区)现代农业建设的成效与经验,近年来杨万江等(2001,pp. 205-268)、张忠根等(2002,pp.78-124)、黄祖辉等(2003,pp. 4-7)、孙浩然(2006)、宣杏云(2006)等,都有比较深入的分析与总结。为便于进一步分析比较,本文仅将美、法、日、韩等国及中国台湾地区现代农业建设的成功实践,包括其起始时间、利弊条件、主要措施、发展阶段、农民组织化和社会化服务、路径特点与综合指标等,以表格的形式进行归纳总结(见表1)。

表1　世界主要发达国家(地区)农业现代化的实践

项目	美国	法国	荷兰	以色列	日本	韩国	中国台湾
起始时间	20世纪30年代	20世纪50年代	20世纪50年代	20世纪50年代	20世纪40年代	20世纪50年代	20世纪50年代

---

① 其中,四大目标是指:保障农产品供给的数量、保证农产品供给的质量、促进农民收入增加、促进生态环境保护和可持续发展。四大指标是指:资源产出率高,包括土地单产、饲料转化率、水资源产出效率等;产品质量高;劳动生产率高;资源利用率高。四大条件是指:设施装备发达、生产技术先进、组织经营高效、服务体系完善。四大领域是指:现代种植业、现代养殖业、现代加工流通业和现代观光休闲农业。

续表

项目	美国	法国	荷兰	以色列	日本	韩国	中国台湾
利弊条件	资源丰富，气候适宜；专业化农业带，市场体系健全；工业发达，经济实力强；劳动力不足	土地相对不足，农场经营规模小且分散；工业发达，欧共体共同政策与市场保障	土地资源稀缺，受洪水威胁，光热条件差	人少地少，沙漠化，水资源极缺；地中海式气候，温光丰富	四季温和，雨水充沛；人多山多，农地少且分散、资源贫乏；农户小规模经营；岛国	山多地少，人口密度居世界前列；小规模家庭经营；自然资源贫乏	人多地少，土地分散；小规模家庭经营；自然灾害频繁
主要措施	农业资源保护政策、农产品价格补贴政策、农业信贷及风险保障政策、社会化服务体系健全、扩大对外贸易等	土地适度集中以及机械化、专业化、社会化服务政策；倾斜性财政和金融政策；健全农业教育、科研与推广体系	基础设施、合作社和协会、农地制度与农场规模、倾斜政策及创新体系、国际化战略	注重环境保护与资源配置、科技创新与产业结构调整，政府支持，产业体系高效	政府全面干预和宏观调控，尤其重视立法指导、财政及信贷支持、价格补贴以及完善的农业科技体系和农协	制定计划，健全管理机构、金融与投资政策、价格政策、多种经营政策，开放农政	土地改革、资金和技术支持、农业科技推广；加大农业开放力度
发展阶段	农业机械化、化学化、良种化、管理革命、环境革命	食品农业、结构农业、环境农业	恢复、起飞、注重自然与环境	大起步大发展、科技革命产业化	复兴时期、高速增长期、注重农业可持续发展	农业开发、新村运动和多种经营、开放农政和综合开发	第二次土地改革、发展精致农业、富丽农村计划
农民组织化和社会化服务	大规模家庭农场、强大的销售合作社、完善的社会化服务体系	中等规模家庭农场、以合作社为主体的社会化服务体系	中等规模私有制家庭农场、多样的农业合作组织类型	以集体农庄和合作组织为主，区域合作组织负责产后工作	小规模家庭经营、农业协同组织	农业协同组合	小规模家庭经营、农会

续表

项目	美国	法国	荷兰	以色列	日本	韩国	中国台湾
路径特点	资源优势型,畜牧业发达;先搞机械技术,再搞生物技术,同时推进市场化	农业机械与生物技术并举,注重生产专业化和一体化,服务合作化,工业化推动	设施农业、生物技术、计算机一体化,集约化、高度专业化	注重温室和灌溉技术,强化生态环境建设	先生、物化、水利化、化学化,再机械化,兼业化现象明显	与农村发展相结合,重视科学技术,实施综合性农业振兴政策	小农制,农会指导与服务,科技带动
综合指标	农业占GDP 2.0%,从业人员占比小于2.0%	农业占GDP 4.0%,从业人员占比为2.2%	从业人员占比小于4.2%	2005年农业占GDP 6.0%,从业人员占比为4.0%	农业占GDP 4.0%,从业人员占比为6.0%	从业人员占比小于5.0%	2004年,农业占GDP 1.7%,从业人口占比为7.3%

2. 不同国家(地区)现代农业演变趋势

由于农业现代化具有明显的动态性、区域性和时代性,随着可持续发展战略的提出与普遍推广,特别是随着知识经济、信息经济和循环经济时代的到来,农业现代化的内涵、标准及其表现形式也在不断发展演变,许多国家(地区)都在积极探索、实践新型现代农业发展模式。

美国

由于片面追求产量和经济效益,美国曾出现过农业环境污染严重、生物多样性减少等问题。尤其是为适应不同地区气候和土质等方面要求,美国自20世纪七八十年代培育出了许多优良杂交品种,并开始利用遗传生物工程方法、核辐射技术和航天工程技术改良物种,使农产品产量与品质大幅度提高。然而,那种以"高度专业化、高度集约化、高度化学化"和"高成本、高产量、高污染"为主要特征的现代"石油农业"很快就遇到了前所未有的挑战。

为建立一个能减少污染、维持地力、控制病虫害和抵抗自然灾害的农业系统,美国先后推出了生物农业、有机农业、再生农业、绿色农业等发展模式,以期从某一个侧面入手来解决农业发展与资源环境间的尖锐矛盾,但终因收效不大以及难以实施而无法推广,而后又推出了替代上述模式的低投入可持续农业模式——围绕农业自然生产特性,利用和管理农业内部资源,尽可能减少化肥、农药等外部合成品的投入,保护和改善生态环境,降低成本,以求获得理想的收益(黄冠华,2006,pp. 65-73)。随着信息技术和生物技术的应用,美国还相继出现了精准农业和基因农业等,一些特大农场还出现了计算机集成自适应生产,农业生产更趋工厂化、自动化、信息化,继续走在了世界的前列。美国还将生态工业发展战略成功地应用于乡村和都市农业,如:用废热来运作大棚和水产业,以及那些围绕都市农业主题而发展起来的河岸生态园;在丘陵地块为社区和商业农场开展一些大的堆肥项目(毗邻市中心地区)。此外,密西西比正在考虑将农产品附加值作为生态工业园的一部分(周宏春等,2005,p. 137)。

日本

面对大量使用石油制品所造成的一连串问题,日本很快通过降低化肥、农药、机械等外部物质投入以及提高系统内部效率及其与资源系统间的协调等途径,逐步走出了一条独特的环保型农业可持续发展之路。随着循环经济理念的提出与实施,日本又开始建设以有机资源循环为目标的地区有机农业(中关村国际环保产业促进中心,2005,p. 235)。如:自1998年开始,茨城县筑波地区就将当地超级市场等的有机废弃物制成堆肥,推动当地有机农业发展,并在地区内流通、推销当地生产的野菜等,形成"地产地销"的地区内资源循环系统;宫崎县菱镇则是日本较早发展循环型农业的地区之一(王军等,2005)。1988年7月,该镇首次发起并通过了"发展自然农业条例"——禁止农药、化肥和其他所有非有机肥料的使用,有效阻断毒素向粮食传播的途径;所有的有机农产品销售前都要根据"发展自然农业条例"划分等级。此外,菱镇还对厨房垃圾进行统一收集、处理,并将其制成有机肥,镇民花100日元可以买10公斤有机肥,或者交付1吨有机肥可得到3000日元。近年来,日本循环农家肥中心还开发利用现代技术,把家畜粪便、稻壳和发酵菌类混合在一起,并配上除臭装置,用制成的农家肥取代化肥(Kawashima,2006)。废弃物的高度资源化、无害化和有机农业的发展,为当地居民提供了新鲜、安全的食品,既提高了环境效率,又减少了运输等能源消耗。

欧盟

在西欧,针对现代石油农业造成的土壤重金属污染、农产品品质下降以及生产过剩、自然资源和劳动力资源浪费等问题,人们提出了综合型持续农业发展模式——能够满足人民生活需要而又不破坏自然环境的农业经营方式(黄冠华,2006,pp. 65-73)。目前,德国政府已制定一系列法律法规以及相关制度和政策措施。① 作为发展循环经济较早、水平较高的国家,德国还要求农业生产:不使用化学合成的除虫剂、除草剂,使用有益天敌或机械的除草方法;不使用易溶的化学肥料,而使用有机肥或长效肥;利用腐殖质保持土壤肥力;采用轮作或间作等方式种植;不使用化学合成的植物生长调节剂;控制牧场载畜量;动物饲养采用天然饲料;不使用抗生素、不使用转基因技术(Dauncey,1996)。

法国

继 20 世纪 70 年实现农业机械化后,80 年代已基本实现农业现代化。如今,不仅农业机械向智能化、高效率和大型化方向发展,而且整个农业继续朝向有利于环境保护、可持续发展的"合理发展"新阶段推进。特别是 1999 年,政府通过制定农业发展方向法,加强了环境方面的要求。前不久,法国又提出了未来 10 年理性农业的标准,即在保障农民收入的前提下,不断提高农产品质量,注重保护生物的多样性,注重农业与自然和谐发展(杜朝晖,2006)。

荷兰

尽管人多地少、农业资源相对贫乏,但其现代农业的起步却可以追溯到 19 世纪末(厉为民等,2003a,p. 39),真正起飞则是在 20 世纪后半期,并取得了举世瞩目的成绩,走出了一条劳动与技术密集型结合为特点的现代农业发展道路,在畜牧业、花卉和农产品加工等方面优势更为明显。其中,畜禽养殖业(尤其是集约化养牛与养猪业)与自然和环境和

---

① 主要有:固定和非固定设备安装规定、废弃物排除规定、污泥用作肥料规定、防止化肥过量规定、资源保护规定、化肥销售规定、环境污染刑事处罚规定,以及农牧结合、轮作方式、少耕免耕、再生资源开发和自然优势实验奖励,等等。

谐发展方面的经验①最值得研究借鉴。此外,专业化形成的激励、追求技术进步的动力以及技术扩散的速度和"疫苗效应"的产生等多种因素的共同作用,促成了荷兰农业绿色竞争力的形成(厉为民,2003b,pp. 131-139)。事实上,早在 1970 年,荷兰就建立了生物农业方法研究委员会等新的农业研究机构,并得到政府和公众越来越多的支持。

中国台湾

在台湾地区经济发展中,农业扮演着极为重要的角色,尤其是政府部门有计划地推动各阶段农业建设、技术开发以及相关配套措施的投入,在地少人多、农业资源缺乏、自然灾害频繁等不利条件下,依靠科技进步发展高附加价值农业、生态农业和休闲农业②,在小规模耕作的基础上实现了农业现代化(黄宗煌,2006),成功走出了一条依靠科技进步、兼顾"生产、生活、生态"的农业现代化之路。为确保现代农业永续发展,20 世纪 80 年代以来,台湾当局积极调整农业发展方向,逐步推行"工业反哺农业"政策,先后出台了"精致农业"、"富丽农村"以及"跨世纪农业建设方案"等系列政策措施;面对中国台北单独关税区加入 WTO 后更加激烈的竞争,2006 年又进一步启动了"新农业运动",宣示"台湾农业亮起来"的美好愿景。目前,台湾地区农业占 GDP 比重虽降至 2.0% 以下,但其稳定粮食安全、经济发展以及在生态与生活中所扮演的多功能角色,将是未来台湾现代农业可持续发展的领航方向。未来,台湾地区农业将以差异化和高价值为竞争策略,结合现代科技知识、文化知识以及企业经营知识,继续朝向"优质、安全、休闲、生态"内涵的现代可持续农业转型升级,均衡发展三生(生产、生活、生态)、三力(创力、活力、魅力)之可持续农业,不断提高农业资源的利用效率及劳动生产率,提供品质更好的产品、更贴心的服务以及更具口碑和竞争力的品牌,提升农村

①　为了处理畜禽排泄物,荷兰的办法:一是用封闭式大型储存罐进行堆沤,在无害化处理后集中利用甲烷等可燃物质;二是将堆沤过的液态厩肥抽取到安装有特殊的管状施肥器的大罐车(可以切入进行深施)中,送到大田或草地施入土壤;三是将比较干燥的鸡粪进行烘干,压制成颗粒状肥料(厉为民,2003b,p. 39;Helming,2005)。

②　尤其是创造了诸如莲雾、香蕉与蝴蝶兰的组织培养,高接梨、冬季葡萄以及热带水果的产期调节,白毛鸭、三品种杂交猪的培育,鱼虾类的人工繁殖以及近海箱网养殖等先进、高效技术。

生活环境与品质。

(三)二次现代化:现代农业发展新趋势

综观世界农业现代化的进程及其基本成效,可将其划分为以下三个时期:一是传统农业与现代工业、现代科技相结合基础上的常规现代农业(强调现代生产力的决定性作用);二是农业生产与社会发展和自然生态环境保护有机融合的现代持续农业(强调农业与农村的可持续发展);三是随着知识经济、信息经济与循环经济时代的到来,表现出的一些新趋势与内涵。为了更好地分析、把握当前农业现代化建设的科学内涵及其动态性、层次性,根据中国科学院何传启研究员提出的第二次现代化理论①,笔者将农业现代化简单划分成"常规现代农业"与"现代持续农业"两个层次(即从一次现代化到二次现代化),同时将常规现代农业、现代持续农业两者及其与传统农业间的主要区别、联系等,以表格的形式进行归纳总结(见表 2)。这也是世界农业"从一次现代化到二次现代化"的发展演变规律及其科学内涵和主要特征所在。

---

① 继德国学者提出生态现代化理论、再现代化理论等现代化理论之后,我国著名学者中科院研究员何传启提出了"第二次现代化理论"。该理论认为:从 18 世纪到 21 世纪末的世界现代化进程,包括第一次和第二次现代化两大阶段。第一次现代化指从农业时代向工业时代、农业经济向工业经济、农业社会向工业社会、农业文明向工业文明的转变过程极其深刻变化;第二次现代化指从工业时代向知识时代、工业经济向知识经济、工业社会向知识社会、工业文明向知识文明的转变过程极其深刻变化。在第一次现代化进程中,经济发展是第一位的,物质生产扩大物质生活空间,满足人类物质追求和经济安全;社会发展具有工业化趋同的倾向。如果说第一次现代化的特点是工业化、城市化、福利化、民主化、世俗化等,第二次现代化的特点就是知识化、分散化、网络化、全球化、创新化、个性化、生态化、信息化等。两次现代化是紧密相关的。在同一个国家和地区,第一次现代化奠定了第二次现代化的物质和社会基础;第二次现代化在许多方面是对第一次现代化的消除和"反向",在某些方面是继承和发展,也有些方面是新发生的。两次现代化的协调发展是综合现代化。

表 2 两次农业现代化及其与传统农业间的区别

项目	农业发展阶段		
	传统农业	常规现代农业（一次现代化）	现代持续农业（二次现代化）
基本生产要素	土地资源	土地,但出现资本替代土地和劳动的趋势	土地,现代科技、金融资本与人力资本逐步替代土地和传统劳动
主要生产经营单位与方式	以家庭为基本经营单位,个体劳动	以家庭经营为主,有分工协作的集体劳动和基本的社会化服务体系	家庭农场和农业企业,专业化生产和健全的社会化服务体系
主要生产环节	局限于产中环节	产中为主,产前、产后环节快速发展	产前、产后环节高度发展,现代化产业
主要特征	传统工具,手工劳动	机械化、化学化、电气化、水利化	生产标准化、信息化、生物化、设施化,生产者知识化、专业化,管理现代化,产品商品化
主要生产目的	解决基本生存与发展问题	提高土地生产率和劳动生产率,满足农产品数量需求,提高农民收入	提高生产和生态效益,满足农产品种类和质量需求,进一步提高农民收入
基本经济形态	自给自足的自然经济	从自然生产向半商品(或商品)生产转变,从自然经济走向物质(商品)经济	从半商品或商品生产走向专业化、社会化大生产,从物质经济走向知识经济和服务经济
资源配置与经济运行方式	国家权力	市场机制起主导作用,粗放型增长,单纯追求当前经济增长	市场机制与宏观调控相结合,集约经营、可持续利用,经济、社会与生态效益协调和高度统一
与自然环境的关系	低层次的和谐	矛盾逐步加剧	逐步协调,走向和谐,具有多功能性

从表 2 可以看出,经济社会在不断发展,农业现代化的内涵、标准与发展层次也在不断深化。在技术上,已由早期的农业机械化、化学化、电气化、水利化向生产标准化、信息化、生物化、设施化和与之配套的管理现代化、产品商品化以及生产者知识化、专业化转变;在观念上,已由原来单纯追求当前经济增长到注重经济、社会与生态效益的协调发展和高

度统一,并向社会发展和社会公正延伸。显然,如果我们仍将过去工业化层次的现代常规农业等同于农业现代化,那我们将永远不可能实现真正意义上的农业现代化。换句话说,作为一个动态的发展过程,农业现代化已基本实现的国家和地区,还应继续利用最新科学技术努力寻求有利于资源节约与环境保护、实现可持续发展的新型现代持续农业发展模式;广大发展中国家,则应在推进农业现代化建设进程中,注意"统筹农业与自然的和谐发展",推进现代农业又好又快发展,实现二次现代化。

事实上,近年来全球有机农业、生态农业、循环型农业发展迅速,已成为农业现代化进程的新方向。随着知识经济、信息经济和循环经济的不断发展,面对建设资源节约型、环境友好型社会以及社会主义新农村建设等党和国家的一系列重大战略部署,21 世纪,中国,尤其是我国沿海发达地区农业与农村的现代化建设,应当不失时机地加上信息化、生态化、公平化、知识化等新的内涵与指标。

二、高效生态现代农业与农户影响

(一)高效生态现代农业的提出与内涵

高效生态现代农业是我国一些地区近年来丰富多彩的现代农业建设实践中,逐步创新发展出来的一种农业生产方式与经济形态,它既是农业经济学、区域经济学、生态经济学与循环经济学等学科必须研究探索的一个新领域,也是现代农业发展到一个新的阶段必然要涉足的重要趋势与方向。

以浙江为例,自 20 世纪 80 年代以来,生态农业已从户、村、乡发展到生态农业县(市、区),甚至生态农业省。[①] 特别是通过生态农业技术

---

① 浙江有计划、有组织、有步骤、有重点地进行生态农业示范、推广始于 1988 年;1999 年 12 月 2 日,国家环保总局批准丽水地区为全国第四个地级生态示范区;2000 年 3 月 11 日,龙泉市百万亩生态公益林暨全市生态示范区创建启动仪式,拉开了丽水市生态示范区建设的序幕。

的探索和配套应用,各地把传统农业精华与现代生态农业思想相结合,创建出了多种生态模式,显示出综合效益好、生产成本低、环境污染少、应用范围广的优势。全省出现了 400 多个生态农业乡(镇)、村(场)和 5 万多个生态农业户①,同时涌现出了众多以此致富的科技示范户、生产能手和优秀农业企业家。针对农产品"卖难"问题、大宗农产品生产效益下降、农民增收减缓的困境,1998 年浙江省委省政府又提出了大力发展效益农业、加快基本实现农业现代化的决策。先后召开了工商企业投资发展效益农业、外向型农业、农产品安全与竞争力、发展农产品加工业、农业科学技术、农业"走出去"等一系列专题座谈会和工作会议,浙江农业发展开始了从"增产战略"向"增效战略"的转变(张仁寿等,2006,pp. 78-85)。显然,以区域化布局和专业化生产的特色种养业为基础、以农产品加工业为主导的效益农业发展,充分调动了全省上下的积极性和创造性,是浙江农业向高效生态现代农业迈进的一个良好开端。

对于何为高效生态现代农业、如何建设高效生态现代农业等,目前还没有比较明确、统一的认识。浙江的高效生态现代农业是指以绿色消费为导向,以农业工业化和经济生态化理念为指导,以提高市场竞争能力和可持续发展能力为核心,依靠科技、人才、体制和资金四大支撑,切实转变农业增长方式,让农业成为适应市场激烈竞争、资源可持续利用和持续致富农民的现代产业(浙江省农业厅课题组,2006)。对此,笔者认为:作为现代农业转型升级的重要趋势与方向,高效生态现代农业并不简单地等同于生态农业或效益农业,而是一种以更大经济效益、更少资源消耗、更低环境污染和更多劳动力就业为目标的现代农业发展模式,既是对"高物耗、高能耗、高污染、不协调、难循环、低效率"现代常规农业粗放增长方式的根本性变革,又是生态农业和效益农业的有机统一与进一步发展,是效益农业和生态农业在农业现代化发展方向上的对接——既是效益农业导入循环经济与生态学理念引发的发展形态变革,也是生态农业按照现代化大生产的目标和产业竞争的指向实现的转型升级;既具有现代农业的一般特征,又充分体现和满足了人多地少、资源

---

① 其中萧山县山一村、鄞县上李家村、奉化市滕头村获联合国环境规划署授予生态保护的"全球 500 佳"。

相对紧缺、经济较发达地区现代农业发展的必然要求及其特殊性,使农业现代化真正建立在技术上可行、经济上合理、社会可接受、环境更友好的基础之上,具有更强的可操作性和现实指导性。

高效生态现代农业必须以循环经济"减量化、再利用、资源化"为基本原则,以资源高效利用和循环利用为核心,通过延长产业链实现物质的多级循环使用和产业活动对环境的有害因子零(最小)排放或零(最小)干扰,横向上实行土地、资金、技术、人才等要素的合理流动与集约经营,纵向上实现产加销、贸工农一体化管理,以减少资源、物质的投入量和减少废物产生与排放量,逐步建立起一个高产、优质、高效、低耗、安全和多功能的现代产业体系,实现区域化、专业化、适度规模和集约化、商品化、社会化的大生产,努力提高有限资源的利用效率和农业综合生产能力与市场竞争力,最终走出一条科技含量高、经济效益好、资源消耗低、环境污染少、人力资源得到充分发挥的人与自然持久和谐的现代农业可持续发展之路。

(二)农户发展高效生态现代农业的影响因素

农户们采用高效生态农业发展模式,是农户个体在利益驱动及政府宣传发动下,根据自身禀赋和既定的自然、经济与社会环境条件所进行的一项生产性投资和技术选择活动。为此,2006 年 6—8 月,我们以访谈和问卷调查相结合的方式,对浙江高效生态现代农业的发展现状、趋势及其面临的问题等,进行了实地调查,并用 Logistic 回归模型对影响农户参与高效生态现代农业的种种因素及其决策机制进行了分析。

调查对象以浙江 30 个高效生态农业示范县的参与者为主,调查内容涉及农户生产经营的多个方面。主要包括:①户主基本特征,如年龄、性别、受教育程度、是否有外出务工经历以及是否参加过涉农技术培训;②家庭特征,如家庭劳动力数量、土地面积以及农业收入水平;③环境特征,如是否地处城镇郊区;④政府扶持引导,如当地是否开通农民信箱以及农户是否获得过贷款、是否参加过高效生态现代农业的宣传与技术培训;⑤社会化服务,如是否参加农民专业合作经济组织或农业龙头企业;⑥质量安全及生态意识,如是否听说过循环经济等等(在本文的研究中,农户采用高效生态现代农业发展模式时用 0 表示,反之用 1 表示)。

本次调查共发放问卷 400 份,回收有效问卷 317 份。运用 SPSS 12.0 统计软件,对调查数据进行了模型估计(由于 35 份调查数据存在信息缺失,进入模型的样本为 282 份)。在数据处理过程中,我们采用了向后筛选法(卢纹贷,2006,pp.316-326):首先将所有的解释变量引入回归方程,进行模拟计量,得到估计模型 1;然后将 Wald 值最小的解释变量剔除,再进行回归,直到所有的解释变量均达到显著水平为止。一共得到了 12 个计量估计结果。计量分析以模型 12 为主,其显著水平 $p = 0.000$,说明假设模型整体检验十分显著,预测整体准确率达 85.5%。

根据模型估计结果,农户是否选择采用高效生态现代农业发展模式的主要影响因素及其显著性和影响程度归纳如表 3 所示。

表 3　农户采用高效生态现代农业发展模式的模型估计结果

模型解释变量		模型 1			模型 12		
		系数(β)	Wald 值	显著性	系数(β)	Wald 值	显著性
常数		−20.505	00.000	0.995	−2.416	9.616	0.002
户主特征变量	年龄	0.035	0.592	0.442			
	性别	0.260	0.086	0.770			
	受教育程度	0.036	0.102	0.749			
	外出务工经历	0.009	0.000	0.987			
	涉农技术培训	0.229	0.122	0.727			
家庭特征变量	家庭劳动力人口数	0.380	1.366	0.242			
	土地面积	0.023	3.674	0.055	0.018	2.718	0.099
	农业收入水平	−1.309	20.442	0.000	−1.279	23.483	0.000
环境特征变量	是否地处城镇郊区	−0.662	1.299	0.254			
政府扶持引导变量	农民信箱	−1.233	2.574	0.109			
	宣传与技术培训	0.132	0.034	0.854			
	是否获得过贷款	1.590	6.162	0.013	1.155	4.998	0.025

续表

模型解释变量		模型1			模型12		
		系数(β)	Wald 值	显著性	系数(β)	Wald 值	显著性
社会化服务变量	是否参加农民专业合作经济组织	3.342	17.321	0.000	3.077	20.863	0.000
	是否参加龙头企业	16.845	0.000	0.996			
质量安全及生态意识变量	是否听说过循环经济	0.871	2.179	0.140			
预测准确率		92.6			92.9		
对数似然值		102.076			111.850		
Cox & Snell R^2		0.373			0.351		
Nagelkerke R^2		0.662			0.623		

注:模型12中,农业收入水平、土地面积、是否参加农民专业合作经济组织及是否获得过贷款各变量的Exp(B)分别为:0.278、1.018、21.690和3.173。

第一,农户土地面积大小与农业收入水平高低对农户是否选择高效生态现代农业发展模式有十分重要的影响。模型12估计结果表明,土地面积系数值为正(0.018)。说明农户家庭耕地面积越大,在其他条件不变的情况下,农户越倾向于不采用高效生态现代农业发展模式,而且土地面积增加1个单位的变化将导致发生比变化1.018倍。需要强调指出的是,该变量的显著性水平为10%,因此,我们也可以从5%的显著性水平接受该系数为零的假设。也就是说,我们可以在5%显著性水平下认为土地面积对农户是否采用高效生态现代农业发展模式是没有影响的。但家庭农业收入水平高低对农户是否采用高效生态现代农业发展模式的影响系数值为负(−1.279),且达到1%的显著水平。说明在其他条件不变的情况下,农业收入水平越高,农户越倾向于采用高效生态现代农业发展模式。

第二,政府的扶持,尤其是金融与保险服务等,是农户是否选择高效生态现代农业发展模式的重要促进因素。模型12的估计结果表明,农户是否获得过贷款在2.5%水平上显著,且系数为正(1.155),获得过信贷支持的农户采用高效生态现代农业发展模式的发生比是未获得过农户的 3.173 倍。这说明当前情况下,获得信贷是农户选择采用高效生态现代农业发展模式的重要促进因素,政府应该给予高效生态现代农业农户以更多的金融支持,这也是国际上农业的政府支持与保护的共同之处,值得研究借鉴。

第三,农民专业合作经济组织与相关社会化服务体系的建立有助于农户采用高效生态现代农业发展模式。模型 12 的估计结果表明,农户是否参加农民专业合作经济组织这一变量在 1% 水平上显著,系数为正(3.077),且与农民专业合作经济组织有密切联系的农户采用高效生态农业发展模式的发生比是未参加农户的 21.690 倍。这就清楚地说明,在其他条件不变的情况下,农户与农民专业合作经济组织等社会化服务体系的联系越密切,农户越倾向于采用高效生态现代农业发展模式。

第四,户主特征变量、环境特征变量以及质量安全与生态意识变量,对农户是否采用高效生态现代农业发展模式的影响不显著。即使是人们研究和关注比较多的有关户主年龄、性别、受教育程度,以及是否有外出务工经历或者参加过涉农技术培训等特征变量,影响也不显著。这说明农户是否采用高效生态现代农业发展模式受这些变量的影响很小,其具体的原因有待进一步深入研究。

三、高效生态现代农业的政府扶持与体系建构

(一)政府扶持农业的必要性

一方面,作为生态、经济和社会效益多赢的农业发展模式,高效生态现代农业综合体现了科学发展观和循环经济理念在现代农业发展中的基本要求与主要趋势,是浙江现代农业和新农村建设的重要内容。但另一方面,在市场经济条件下,农业又是一个具有高度自然风险和市场风险的弱质产业,因此,如果没有政府对农业的支持,没有政策的激励和法律的保障,高效生态现代农业就难以得到真正的普及和发展。

事实上,在笔者就"政府在高效生态现代农业建设中的关键作用"与农户进行当面访谈与问卷调查时,约有 80% 的受访者选择了技术服务,

紧接着是政策引导(74.9%)、资金扶持(61.7%)和宣传发动(50.2%)。这就清楚地表明,除了技术服务外,政府的扶持、引导与规范管理等方面的作用是不可或缺的。

(二)政府扶持的重点与体系构建

从浙江的实践看,高效生态现代农业建设应该按照"统筹规划、分步实施、整体推进"的发展思路,点、线、面结合,分阶段、分区域、分产业依托建设和稳步推进。从发展过程看,可考虑将高效生态现代农业发展划分为规划动员、组织实施和深化完善三个阶段;从区域布局看,以区位优势和资源优势为导向的分区建设,可以突出特色,缓解雷同建设带来的过度竞争和资源浪费,有利于整合区域资源,推进高效生态现代农业向规模化和专业化方向发展;从产业依托看,必须坚持市场导向,因地制宜,依托当地特色农业,调整优化产业结构与产业布局,推进"高效生态现代农业产业带"的建设。

至于政府扶持的重点,可以考虑从以下几个方面展开:一是重点产品,对不同类型的农产品,采取不同的引导与保护方式;二是重点产业,通过建立新型生产及生态保育系统技术规范、环境与产品质量监控体系,加强区域及宏观调控管理,构筑起完善的生态产业发展框架;三是重点区域,结合各地农业发展水平及资源环境禀赋的区域性差异,政府对高效生态现代农业的扶持重点地区应该是粮食主产区、西部欠发达地区和外向型农业主产区,重点人群是从事重要农产品生产的农民(特别是种粮农民)、中低收入农民和外向型农业主产区农民与生态型农产品出口龙头企业;四是重点项目,包括重点基础设施建设与管理、关键共性技术研发与推广、示范园区和生产基地建设以及信息网络及市场体系建设。事实上,依托产业进行政府扶持与建设,有利于各区依托的产业之间生态链的构建与资源高效转换模式的完善,是推进高效生态现代农业建设的关键性机制之一。

从发展策略选择与政府扶持体系构建相结合角度考虑,当前政府扶持体系构建可从以下方面着手:①制定科学发展规划,强化农业扶持制度保障;②加强基础设施建设,改善农业生产生态环境;③强化技术支撑体系,构筑农业科技促进机制;④完善社会服务体系,健全农业服务保障机制;⑤拓宽农业投资渠道,建立长效支农投入机制;⑥保护农业生态环境,建立健全生态补偿机制等。为保障高效生态农业又好又快发展,还应在组织与制度(政策)方面进行创新。一是要培育核心农户,建立健全生产经营者进入退出机制;二是要加强人力资源开发,消除农业劳动者的结构性矛盾;三是要加强农业专业合作,提高组织化程度与市场竞争力;四是要深化农地制度,尤其是农地流转与使用制度改革,为现代农业适度规模经营提供制度保障。

参考文献

[1] Dauncey, G.. Germany moves to circular economy[J]. Tue,1996(3):12-18.

[2] Helming, J. F. M.. A model of Dutch agriculture based on positive mathematical programming with regional and environmental applications[D]. PhD thesis, Wageningen University, 2005.

[3] Kawashima, W.. Circulation of Japan Economy[EB/OL]. (2006-10-11). www.ne.jp/asahi/cat/fub.

[4] 杜朝晖.法国农业现代化的经验与启示[J].宏观经济管理,2006(5):71-74.

[5] 顾永祥,唐才刚.对农业循环经济的认识和实践[J].上海农村经济,2005(3):23-25.

[6] 黄冠华,刘凤琴.发达国家与地区农业发展模式比较[D].北京:中国农业大学.

[7] 黄宗煌,王雅鹏.两岸农业合作之问题与对策[J].财团法人国家政策研究基金会国政研究报告,2006(11):20-23.

[8] 黄祖辉,林坚,张冬平,等.农业现代化:理论、进程与途径[M].北京:中国农业出版社,2003:6-7.

[9] 李大胜,牛宝俊,等.技术、投资与现代农业发展——基于广东现代农业发展的研究[M].北京:中国经济出版社,2005:3-16,54.

[10] 厉为民.荷兰农业的奇迹——一个中国经济学家眼中的荷兰农业[M].北京:中国农业科学技术出版社,2003:131-139.

[11] 卢纹贷.SPSS 统计分析[M].北京:电子工业出版社,2006:316-326.

[12] 孙浩然.国外建设现代农业的主要模式及其启示[J].社会学家,2006(2):61-64.

[13] 无锡市人民政府.社会主义新农村建设与现代农业发展[M].北京:中国农业出版社,2006:65-73.

[14] 宣杏云.国外农业现代化的模式及其借鉴[J].江苏农村经济,2006(5):16-17.

[15] 衣保中,闫德文.日本农业现代化过程中的环境问题及其对策[J].日本学论坛,2006(2):18-23.

[16] 张仁寿,盛世豪,蓝蔚青,等.透析"浙江现象"[M].杭州:浙江人民出版社,2006:78-85.

[17] 浙江省农业厅课题组.浙江省高效生态农业发展战略研究[J].浙江现代农业,2006(2):4-9.

[18] 郑有贵,李成贵.中国传统农业向现代农业转变的研究[M].北京:经济科学出版社,1997:13-16.

[19] 中关村国际环保产业促进中心.循环经济国际趋势与中国实践[M].北京:人民出版社,2005:235.

[20] 周宏春,刘燕华.循环经济学[M].北京:中国发展出版社,2005:1-8,11-19,137.

我国东南沿海地区
现代农业道路选择与思路创新①

一、引言

当前,从国际上看,我国正处在经济全球化和市场化的加快时期,从国内看,我国正处在经济转型的关键时期和经济社会发展的新阶段,在这么一个重要发展时期,将现代农业发展提到重要战略议程,不仅是我国经济转型和发展新阶段的要求,而且对于加快新农村建设、建立和谐社会、提高农业竞争力、解决好"三农"问题、探索多种类型的现代农业发展模式和政策,都具有极为重要的理论和现实意义。

我国地域广阔,自然条件、人地关系以及经济社会发展水平不尽相同,我国的现代农业发展既要遵循现代农业发展的一般规律,又要从我国不同地区的实际出发,选择和探索适合我国不同地区现代农业发展的道路与模式。我国东南沿海地区,如浙江、广东、福建、江苏等省份具有自然资源多样性、多宜性,人均土地资源相对紧缺,经济总体上相对发达等特点,这些地区的农业曾经也有过不错的发展历史,改革开放以来,又经历了经营体制的变革、产业结构的调整、产业化经营和外向型农业的发展。从总体上看,这些地区的农业正在从传统农业向现代农业转变,

---

①　本文作者为黄祖辉。本文内容编入《求索中国特色现代农业之路》(黄祖辉、张冬平、潘伟光主编,浙江大学出版社,2008年)。本文为国家社科基金重大项目"解决中国'三农'问题的理论、思路与对策研究"(04ZD012)的专题研究成果。

发展现代农业的条件已经基本具备。但从现代农业的发展要求看,与这些地区工业化的进程相比,农业在这些地区乃至全国的地位在下降。比较而言,农业现代化的进程相对缓慢,不能完全适应市场化和全球化的要求,离现代农业的要求还有较大距离。主要表现在农业经营规模偏小、农业经营主体偏弱、农业贡献偏低、农产品品质品牌不突出、农业技术进步不显著、农业产业组织不健全、农业政策体制不完善、农业竞争优势不明显等方面。

现代农业在当今世界存在着多种模式和不同的特点,具有代表性的一种是以美国、加拿大、澳大利亚等为代表的土地与技术密集型为主要特征的现代农业,另一种是以荷兰、日本、韩国等为代表的技术与劳动密集型为主要特征的现代农业。从技术层面看,现代农业的发展一般都会经历从农业的机械化、电气化、化学化和水利化为主要特征的发展过程,到以农业的信息化、生物化、设施化和管理现代化为主要特征的发展过程。这两个过程可以称为两次农业现代化的过程。但是,由于各国或地区的自然禀赋和生产要素的结构存在差异性,两次农业现代化的过程在不同国家或地区的不同时期有可能表现出不同的技术特征,对于那些人多地少的国家或地区,在一次农业现代化未完成的情况下,二次农业现代化的技术特征的出现与应用,不仅有可能,而且具有必然性。

二、借鉴荷兰农业发展经验

针对我国东南沿海一些人多地少的地区与省份的情况,发展这些地区的现代农业,有必要借鉴荷兰经验,走荷兰式的现代农业道路。荷兰是一个典型的人多地少、农业资源相对贫乏的欧洲小国,其人口密度与我国沿海一些地区的情况比较相似。荷兰是欧洲人口密度最大的国家,但是荷兰农业却取得了举世瞩目的成绩,荷兰的农产品出口位居世界前列,尤其在畜牧业、花卉和农产品加工等方面,优势更为明显。我国沿海一些省份的人地关系与荷兰比较相似,从总体条件看,这些地区的现代农业不能走北美式的土地与技术密集型的道路,而应该结合自身的特点,走荷兰式的劳动与技术密集型的现代农业道路。

荷兰发展现代农业的经验主要体现在以下四个方面。

一是充分运用集约高效的农业科技。荷兰在农业生产中高度重视农业科研和采用先进科学技术。荷兰农业的集约化具体表现在高效益的产业结构、高科技的农业投入、高生产力水平及高附加值的农副产品生产上。为了节省耕地，荷兰大力推行温室农业，利用温室进行农业工厂化生产，蔬菜、花卉、水果等大部分农产品采用温室栽培。温室采用无土栽培方法，室内温度、湿度、光照、施肥、用水、病虫害防治等都用计算机监控，作物产量很高。荷兰还采用温室养鱼，不仅产量高，而且节省了大量水面。荷兰农业部门特别注重对遗传工程的投资，采取优选本国或适合于本国环境的世界各地的家畜家禽、农作物良种，依靠遗传工程进行改良，生物防病和遗传防病并举，替代对人体有害的各种化学药剂的使用，这不仅取得了显著的经济效益，而且有效地保护了自然生态环境，实现了高效生态的现代农业发展。

二是建立高效运行的农技创新体系。荷兰的农业科研、教育和推广系统相当发达，被誉为荷兰农业现代农业的三个支柱。政府对农业科研、教育和推广非常重视，把促进其发展作为政府的重要职责。以农民为核心，建立全国性的农业科技创新体系和网络，是荷兰农业取得巨大成就的一条基本经验。在荷兰农业科技创新体系和网络中，研究由各种研究机构进行，这些机构包括国家与地区研究中心、实验农场以及农业经济研究所在内的8家单位，它属于公共服务的一部分。这些研究机构对创新思想进行试验，对新技术进行尝试和展示。荷兰政府还在11个省设立推广咨询理事会，每个省设有2至7个地区咨询中心。在这些部门中有一批学科专家和专业推广人员从事相关科研、推广服务。另外，还有私人机构参与农业推广，它们通常从事农业生产资料供应，包括农业生产工具和投入品，如杀虫剂、复合肥料、兽医服务等。在这个创新体系中，荷兰的农业教育体系在农业生产和产业化中的作用越来越重大。大力开发农业人力资源，造就世界一流农民，始终是荷兰农业政策的出发点。它的农业教育体系完备，包括各种级别的课程，从初等的职业教育到正规的大学教育。荷兰的职业教育直接面对农民，这使农民尽快了解各种技术的最新进展和市场需求，具有很高的科学素质和商业能力，大多数农民都能讲流利的英语，能够跟上世界农业科技发展的步伐，这或许是荷兰农业具有很强竞争力的核心原因。

三是建立合作共赢的农业合作制度。荷兰的农业以家庭农场（即家庭）为经营基础，但是，农户与农户已形成利益共同体，而不是竞争对手，使他们成为利益共同体的载体是农业合作社及其联盟。合作社覆盖农业生产、供销、农机、加工、保险、金融等领域，为农户的农业生产提供各种周到的社会化服务，既解决了农户进入市场的问题，又保护了农民的利益，提高了农业的国际竞争力。合作社下连千家万户农民，上为议会、政府制定农业政策提供建议，是连通政府和农户之间的桥梁。

四是提供因势利导的农业支持政策。荷兰的农业如此发达，还得益于政府特有的农业政策。荷兰农业政策的基本目标是建立人与自然的协调发展、可持续发展和具有国际竞争力的农业，并以此为中心制定政策措施。主要体现为结构政策和环境政策两部分。

就结构政策而言，为使有限土地得到高效利用，荷兰政府采取了一系列符合国家气候特点和国情的农业发展战略及政策，如鼓励农民避开需要大量光照和生产销售价位低的禾谷类作物的生产，充分利用地势平坦、牧草资源丰富的优势，大力发展畜牧业、奶业和高附加值的园艺作物。不仅如此，政府通过提供补贴、政策引导，扶植了一批私人公司，这些公司包括一些专业化的咨询公司、生产资料公司、技术服务公司等。在市场体系下，这些组织的作用日益明显，在促进技术推广、信息流通和社会化服务等方面起到了重要的补充作用。此外，政府还常常根据市场情况变化及时调整政策。

就环境政策而言，根据欧盟环境立法要求，荷兰加强了对农用地肥料用量、农药用量的控制，通过立法、政府计划和税收等手段，强化对环境的保护。农业方面的重点是：控制农用化学品的使用，防止水体和土壤污染；加强厩肥的无害处理，控制氨、磷的释放量；等等。国家还实行了相应的税收政策和财政政策，以未来的企业为发展目标，鼓励发展可持续的生产体系、动物福利和从事"绿色"的经济活动。由于环境政策已经成为农业生产的一个准绳，生产者及产销各环节都要在市场上通过环境质量认定来显示自己的特色，以提高其产品的身价。

借鉴荷兰发展现代农业的经验，同时从我国沿海一些地区和省份的资源、区位、经济条件与农业发展进程看，发展现代农业的主攻方向，应该是发展以劳动与技术密集型为特点、高效生态的现代农业。高效生态的现代农业的内涵与核心可以概括为：符合生态环境和质量安全要求，具有市场竞争能力，能够给经营者，尤其是农民，带来等于或大于比较利益收益的农业。从荷兰的基本经验看，这种现代农业的特点是：土地利用高效；生态环境良好；技术支撑有力；流通体系发达；组织体系健全；政策体系完善；主体素质较高；产品优势突出；经营收入丰厚；农产品高产，高质，高附加值，具有国际竞争力。

三、我国东南沿海地区现代农业发展的新思路与突破

要实现以劳动与技术密集型为特点、高效生态的现代农业的发展，我国东南沿海地区的农业发展必须在现有基础上有新的思路，这种思路将体现在实现六个方面的转型。一是农业增长方式转型：从资源消耗型和数量增长型农业向高效生态型和质量增长型农业转变。二是农业经济功能转型：从追求农业的单一功能向追求多功能农业转型。三是农业技术应用转型：从以一次农业现代化的技术特征为主向以二次农业现代化的技术特征为主转型。四是农业组织形式转型：从分散化的农业组织形式向产业化的农业组织形式转型。五是农业竞争战略转型：从以价格竞争战略为主向以差别化竞争战略为主转型。六是农业发展空间转型：从仅仅立足于本地区、本省份资源发展农业向充分利用地区外、省份外甚至于国外资源发展农业转型。

围绕以劳动与技术密集型为特点、高效生态的现代农业特点和上述六个方面的农业转型，这些地区的现代农业发展还需要实现以下十个方面的创新和突破。

1. 推进农作制度创新

以浙江为例，近些年来，浙江农业在农作制度上正发生着重大的变革，全省出现了不少新的农作模式。这种新的农作制度的内容十分丰富，大体分为五大类：种养结合类；粮经结合类；粮、饲、牧结合类；水产混养、套养、轮养类；"五园"养殖类。这一新的农作制度通过种植业和养殖业的直接结合，以及水、旱作物的合理轮作，大力发展优质高产、节本增

收、生态安全的农作模式及其配套技术,对土地的时空进行科学配置,形成耕地的复合生态生产系统,实现能量的最佳转换,提升生产的广度和深度,让一亩农田当两亩、三亩用,既使有限的耕地生产出更多的优质农产品,又实现了农业的高产高效、良性循环和持续增收。这种农作制度的创新,不仅体现了科学发展观,而且符合人多地少地区的实际,是一种具有很好发展前景的以劳动与技术密集型为特点、高效生态的现代农业,值得不断总结与完善,并且予以推广和政策支持。

2. 拓展农业发展功能

沿海不少省份土地相对紧缺,但又地处经济发达地带,消费需求水平较高,因此,不仅需要高效集约利用土地资源,提供优质、高产农产品,而且应该拓展农业发展功能,如休闲观光、生态保护和文化传承等功能,使有限的农地最大限度地满足消费者的多种需求。为此,需要将旅游、环保、文化、景观等概念引入农业,通过科学的规划和引导,将农业和这些相关产业有机结合,发展富有创意的、具有效益的休闲农业、生态农业、文化农业、景观农业等。

3. 强化农业科技支撑

针对沿海大多数地区农业的特点和资源条件,应强化现代生物技术、信息技术、设施技术、节能技术在高效生态农业的应用。同时,要进一步创新农业科技推广体制,注重农业科技与其他相关技术的集成与应用。鼓励组建由教育、科研、推广机构和行业协会等多方参与的区域性专业性科技服务组织。建立和完善首席专家、推广教授、科技特派员、责任农技员制度,引导涉农企业开展技术创新活动,构建农科教、产学研一体化的新型农技推广体系。涉农高校应进一步完善科研体制和教师考核办法,要为科研人员服务"三农"、推广科教成果提供更多的激励。

4. 培育现代农业主体

针对当前农业经营主体普遍年龄偏大、文化程度偏低、经营能力偏弱的现象,迫切需要创新农业家庭承包经营制度。要通过三个方面的改革突破,建立农业经营者的"进入与退出"机制:通过社保体制的改革,代替土地对农民的保障功能;通过土地制度的改革,建立土地使用权(经营权、承包权)充分流转的交易市场;通过教育体制的改革,培育现代新型农民。要加大对农民职业培训与农业中高等教育的支持力度,加快农业生产经营型人才的培养。此外,还要鼓励农业创业,为农业创业活动提供信贷等方面的支持。

5.建立现代农业组织

分散的农业家庭经营组织难以适应激烈的市场竞争,必须构建相应的产业组织体系。根据国际的经验,这种与市场经济和现代农业相适应的农业组织体系是农户家庭、农业合作社和农业行业协会的"三位一体"。但从我国的实际看,农业合作社发展历史不长,农业龙头企业的作用不可忽视,因此,在现代农业的发展过程中,应从产业化经营的角度出发,建立农户家庭、农业合作社、农业龙头企业和农业行业协会"四位一体"的现代农业产业组织体系。从发展趋势看,尤其应重视农业合作社和农业行业协会的发展。此外,现代农业的形成与发展还需要有发达的流通和物流体系相匹配。因此,需要建设集商品流、信息流和资金流于一体、集散和配送、批发和零售高效结合的农产品现代物流体系。要建立特色农产品展示和配送中心,尽快形成联通各省份和国内外的农产品连锁配送体系和电子商务网络。要加快农产品批发与零售市场的改造提升,发展一批大型涉农商贸企业集团。另外,要探索组建以农民专业合作社为基础、以供销合作社为依托、以农村信用合作社为后盾的农业服务体系,构建以政府部门服务和管理为保障、农民合作经济组织参与的集技术、信息、金融、营销等各种服务于一体的现代农业服务平台。

6.调整农业竞争战略

从荷兰的现代农业发展实践和经验看,在土地资源相对紧缺的国家和地区,农业要在激烈竞争的市场中站住脚,不能主要依赖产品的成本和价格的竞争,而是要采用差别化竞争的战略。我国沿海大多数地区土地资源也不宽裕,农业劳动力价格在国内处于较高价位,因此,这些地区的农业要在国内和国际市场具有竞争优势,必须调整竞争战略,从传统的农产品价格竞争战略向以质取胜的差别化战略转变。质量取胜不仅包括产品的品质与安全,而且包括品牌、分级、包装和营销服务等方面的质量。因此,应从市场需求出发,结合地区农业资源与区位条件,重点支持名特优农产品和优势产业的发展,要通过有效的品牌建设、严格的环保制度、优良的营销服务(包括质量追溯、物流与信誉体系建设等),培育地区农业的核心竞争力。

7.扩大农业发展空间

现代农业的一个重要特点是通过比较优势和利益连接机制,形成区域化与专业化的分工。从空间看,这种分工有时会超越一个省份或一个国家,这对于资源相对紧缺的国家和地区尤其如此。因此,在加快现代农业发展的过程中,应该总结各地农业对外开放和"走出去"的战略经验与教训,一方面立足本地优势资源,另一方面突破本地资源局限的瓶颈,通过市场导向、政府牵线、企业运作的办法,充分利用省份外、国外在土地和劳动力等方面的资源优势,在更大空间范围内配置本地农业要素,建立优势互补、弱势互消、利益共享、风险共担、分工合作的跨省份、跨国度的现代农业发展新格局。

8.加快农业劳力转移

从宏观视角看,现代农业必定是建立在合理的经济结构基础上的,其主要的判别指标是部门劳动力对 GDP 的相对贡献率。从我国沿海一些经济相对发达的省份看,农业 GDP 份额在持续下降,大多已降到10％以下,有的已接近发达国家的水平,但是与此不相适应的是,农业就业份额的下降速度却明显慢于农业 GDP 份额的下降速度,大多仍在30％左右。这种态势导致了农业劳动力对 GDP 贡献率的不断下降,其对农业的直接影响是农业相对劳动生产率低下,农民收入水平明显低于社会平均水平,农业缺乏竞争力。改变这一格局的基本途径是进一步向非农产业转移农业劳动力。当前,进一步转移农业劳动力不仅取决于非农产业的发展,而且还取决于农村土地制度的进一步改革和城市化的健康发展,而城乡二元社会结构的消除是其中的关键。此外,从农业劳动力转移的个人成本和社会成本角度看,合理布局基础上的中小城市发展应该成为我国城市化进程的重点。

9.完善农业支持政策

首先,要建立对农业投入的稳定增长机制。主要是:县级以上政府财政每年对农业总投入的增长幅度大于其财政经常性收入的增长幅度;土地出让收入和建设用地税费提高后,新增收入要主要用于"三农";要创新农村金融体制,加大对农业的信贷支持;要鼓励企业和社会对农业的投入。其次,要在遵循 WTO 规则的前提下,根据地区农业的特点,明确农业支持政策的重点。重点是:农业风险管理支持;农民培训与教育支持;农业基础设施建设支持;农业与农村环境改善支持;农产品质量安全与管理支持;农业合作组织、行业协会和相关中介与公共服务平台支持;基础性与公共性农业技术研究与推广支持;等等。最后,要完善农业支持的方法,提高农业投入的效率。主要是:尽可能减少投入的中间环节;无偿投入与有偿投入(如配套、贴息、低息、奖励、以工代赈等)相结合;完善农业投入绩效的评价体系;加强政府农业投入绩效的考核;等等。

10. 深化农业配套改革

我国正处在经济与体制的转型中,因此,以劳动与技术密集型为特点、高效生态的现代农业的发展,需要一系列的改革推动。从实践看,当前影响我国现代农业发展、急需体制创新和深化改革的主要领域是:农村土地产权与管理制度;农民养老与社保制度;农村金融与保险制度;农民教育与农技推广体制;农业的部门管理与投入体制;农业合作社与行业协会的发展政策与制度;农产品的质量安全管理体制;等等。

我国农业转型发展的制约与关键[①]

我国正处在转型发展的关键时期,转型涉及方方面面。"三农"问题是与我国整个经济社会发展相关联的问题,改革开放三十多年来,我国经济高速增长的一个重要原因是要素的红利贡献,其本质上是"三农"的贡献。主要体现为计划经济体制所形成的城乡二元结构,使农村土地、劳动力等要素以扭曲的低价甚至无偿地进入工业化,促成了我国低成本的劳动密集型加工制造业在国际市场的竞争力和高速的经济增长。但这种低成本且粗放的经济高速增长,还带来了资源环境的高昂代价和人力资本的结构水平低下。因此,在转型关键时期,我们要全面贯彻科学发展观,实现经济社会全面协调和可持续发展。我国已是全球经济第二大体,国际地位举足轻重,我国的转型发展不仅对国内,而且对全球经济的发展,都会产生重要的影响。

一、我国农业转型发展的制约因素

在计划经济时期,我国农产品长期短缺,凭票配额供应,始终不能解决全社会老百姓的温饱问题,改革开放三十多年来,我国农业取得了迅速发展,现在是农产品市场总体上供大于求,但却面临着农业增产农民不增收、食品质量安全不达标等诸多问题。究其原因,我国农业转型发展受到了以下四个方面因素的制约。

---

① 本文作者为黄祖辉,为本人 2010 年 9 月 22 日给浙江大学现代农业经济管理村官辅修班、2010 级本科生的专题讲座整理稿。

(一)结构失衡制约

农业产品门类很多,不仅包括谷物类的大宗农产品,还包括种植业的蔬菜、水果、花卉、茶叶等和养殖业的畜禽养殖、水产业等。大宗农产品是土地密集型的产品,以规模化、机械化取胜,其他农产品大多是劳动密集型产品,产业附加值较高。我国农业劳动力价格低廉,在劳动密集型农业上还是具备价格竞争优势的。然而,我国农业在国际上普遍缺乏竞争力,其中大宗农产品在价格上没有竞争力,而有价格竞争力的劳动密集型农产品则往往存在质量不高的问题。我国农业与工业,特别是与劳动密集型的加工制造业相比,竞争力不足的根本性原因,一是农业劳动生产率太低,二是农产品的质量过不了关,而导致这些问题的基本原因,与三个方面的结构失衡的制约有关。走中国特色的农业现代化道路,建设现代农业,提升我国农业的国际竞争力,就要打破这些失衡的结构。

1.劳动力规模与经营规模的失衡

我国劳动密集型加工制造业发展非常迅速,国际竞争力相当高,因为它是将世界上最便宜的劳动力和最先进的技术结合在一起的。我国农业却缺乏竞争力,正常年份大宗农产品价格都高于世界平均水平。农业是同质性很强的产品,尤其是大宗农产品,竞争力在于低价。西方一些国家,尤其美国、巴西的大宗农产品竞争力很强,现在我国每年消费大豆的产品,如金龙鱼食用油,所使用的大豆50％以上都是从美国进口的,原因是美国大豆质优价廉。农业竞争力不仅取决于劳动力成本,还取决于劳动生产率。劳动生产率较低是我国当前农产品,特别是大宗农产品没有竞争力的主要原因,因为大宗农产品的竞争力取决于规模经济和劳动生产率。美国尽管农业劳动力工资高,但他们利用规模经济,技术先进,一个农户通常至少可以经营400公顷的土地,劳动生产率非常高,像大豆、玉米、小麦的单位农产品劳动力成本比我们的都要低。而我国由于农业劳动力多,农户农业经营规模普遍太小,户均经营规模在1公顷左右,所以竞争力与世界上不少国家不可相提并论。

我国农户农业经营规模扩大受制于很多因素。第一,也是最主要的因素是农业劳动力转移问题。改革开放三十多年来,我国尽管已有2亿多农村劳动力转移进城,但农村中仍然还有1亿多的农业劳动力剩余。而从城市看,城市自身人口,包括大学生,在城市就业已经面临较大压力,继续为农民进城提供各种就业机会也面临许多困难。第二,土地市场化改革与土地社保功能之间存在矛盾。很多进城务工的农民都不愿意或者不敢完全放弃承包的土地,使得农地流转难以满足土地规模经营的要求。我国存在城乡二元社会结构,农民进城不能与市民享受同等的社保待遇。很多农民认为,万一经济不行,企业倒闭,家里有承包地就还可以回家,有地就可以保障生存。因此,土地在我国承担着农民的社会保障、生存保障的功能。但如果农民每家每户都留着自己的承包土地,加总起来却是很大的土地面积,就会严重制约着我国土地的规模化经营和农业现代化的实现。国外的社保体系是覆盖全体公民的,在工业化、城市化进程中,农业劳动力转移就比较彻底。比如,2008年金融危机下美国失业率达10%以上,所有失业人口每个月都能领五六百美元的救济金、失业金,就够过日子了,社会没有出现大问题。现在我国如果出现严重经济困难,农民只能回到农村去,所以农民认为土地是不可以放弃的。在国外,土地是资产,是生产要素,而我国土地还要承担农民社保功能,就不能顺畅流转,也就不能由市场供求来形成合理的要素价格。如果不坚决破除城乡二元结构,土地制度改革绝不可能有大突破,土地作为生产要素的市场化问题也就免谈!

2.产业结构与就业结构的失衡

改革开放以来,随着城市化与工业化的加快发展,我国农业占GDP的比重不断下降,从过去占1/3左右,降到现在1/10左右,第一产业农业占GDP比重的不断下降符合经济社会发展的规律,也顺应世界上现代化国家发展的趋势。农业占GDP比重的下降并不意味着农业总产值越来越小了,而是农业的增长速度会慢于第二、第三产业的增长速度。以美国为例,其农业占GDP比重不足3%,但却是世界上农业最强、最有竞争力的国家。又如浙江农业占浙江GDP比重约5%,但浙江经济在全国却相对发达。问题不在于农业占GDP比重的下降,而在于农业占GDP比重与农业劳动力比重能否相协同。美国农业占GDP比重不足GDP的3%,但美国农业劳动力也占全社会劳动力3%左右;韩国农业占 GDP 的 8％到 10％,其农业劳动力占全社会劳动力也大体为 8％到 10％。它们劳动力就业结构与产业结构的关系是比较协调的。而我国的情况是,农业占 GDP 的 10％,农业劳动力占全社会劳动力比重却仍然高达 30％左右。就浙江而言,农业劳动力的比重也超过了农业占 GDP 的比重。这表明,尽管我国改革开放以来已转移了大量的农业劳动力,但相对于农业占 GDP 比重的下降,目前从事农业的劳动力仍然太多,意味着农业在 GDP 中的比重下降速度要大大快于农业劳动力占全社会劳动力比重下降的速度,两者变动速度很不均衡,也就是农业就业结构的演进明显滞后于农业产业结构的演进。

产业结构与就业结构的失衡首先会导致收入分配方面的失衡。我国目前的情况是 30％的农业劳动力贡献了 10％的国民财富,70％的非农劳动力贡献了 90％的国民财富,这就会导致国民收入初次分配中人均收入的差距,这种差距是我国城乡居民收入差距悬殊的重要根源。而在大多数发达国家,三次产业劳动生产率大体相当,产业就业比重和产业结构比重大体相当,它们在国民收入中的人均初次分配收入基本是均等的。其次,产业结构与就业结构的失衡还导致了我国农业劳动力的生产低效率。美国 3％的农业 GDP 只需要 3％的农业劳动力就可以完成,而我国 10％的农业 GDP 却要用 30％的农业劳动力来完成,可见美国和我国农业生产效率差距很大。部门人均 GDP 就是部门劳动力生产率!差距这么大,我们的农业怎么能有竞争力?另外,我国城市化水平也滞后于三次产业就业结构的演进。我国非农劳动力已达 70％左右,而城镇化率只有 46.59％(2009 年),说明我国有很多的非农劳动力并不在城里面,还是在农村。

3. 区域结构与区域市场的失衡

比较优势理论告诉我们,每个地区生产自己最有比较优势的产品,然后进行交换是最好的,通过区域间的分工、交易来满足各种需求。如学校食堂排队买饭,排队的人很多,桌子不够多,如果两个人分工,一个排队买饭,一个占桌子,买好了饭也有桌子坐下来吃,就是分工带来的好处。我国幅员辽阔,资源禀赋差异大,各地有各地的比较优势,如果各地区进行区域化分工,发挥比较优势,协调好各地区间利益,就能获得非常高的收益。但目前,我国农业没有形成有序的区域化分工,国内市场不能实现一体化,是源于农业区域化分工与地区利益冲突的矛盾。

国家两会期间总能听到不同地区有不同的呼声,西部地区说它们对国家贡献最大,能源、粮食都是它们供应,中央拿走得太多,要求对它们增加扶持。它们往往要说:"东部地区不种粮食,我们的粮食这么低的价格卖给它们,它们搞工业赚大钱,我们反正自己供应粮食没问题,我们不必多种粮食。"现在中央就要求东部地区自己也要种粮食了,理由是粮食安全不仅仅是主产区的责任,主销区也要承担责任。所以,这些年浙江也开始强调粮食生产了,在"十二五"期间提出了农业的"两区"建设:一是现代农业园区建设;二是粮食生产功能区建设。实际上,这种做法并不利于发挥各地区的比较优势。长期来,浙江一直与黑龙江进行粮食战略合作,浙江需要黑龙江的粮食,但存在黑龙江要多占用自身土地和资金、增加粮食生产成本的问题。如果提高粮价,消费者有意见,市场也会受到冲击,感觉多生产粮食好处不多。浙江为了保障自身粮食的供给,愿意出钱帮黑龙江建粮库,但考虑如果建在黑龙江,路途太远,一旦粮食紧张时恐怕运输来不及,就提出能否将粮库建在浙江,但黑龙江似乎不接受这种建议,在黑龙江看来,如果把粮食都运出去了,自身的粮食安全会存在风险。这说明各地区都有自身的利益,相互间矛盾很大,如果不能妥善处理好地区之间的利益关系,发挥各地区比较优势的分工就不可能形成。

国际上国与国之间都能形成联盟,如欧佩克,欧盟货币都能统一,东盟已建立自由贸易区,而中国一个国家国内市场都不能一体化,农业各地的比较优势一直不能形成,这还是跟体制有关。每个省份都有自己的利益,官员政绩考核和升迁都要依据GDP增长和财政收入,地区行政壁垒必然森严,难以形成市场对资源的有效配置,进而也难以形成比较优势基础上的区域经济。以长三角为例,长三角以上海为中心,江苏、浙江、安徽三个省与它紧密相连,是我国最有增长活力的区域,也是世界上经济发展的区域中心。但如何使长三角区域一体化的综合优势得到发挥,也必须尽可能消除三省一市的行政壁垒,充分发挥市场配置区域资源的作用,形成三省一市优势叠加的长三角综合优势。目前看来,长三角一体化发展仍然是理论上的可能,实践中还有不少难题需要破解,核心是关键性产业与项目在长三角区域的优化配置和区域一体化基础设施与网络平台的建构。

(二)体制机制制约

体制机制对我国农业转型的制约主要体现在市场规制缺失和要素市场化滞后对农业转型发展的制约。

1. 市场规制缺失

我国劳动密集型农产品在国际市场上缺乏竞争力,主要原因是存在产品质量安全问题。这种农产品在出口时往往会受到国际贸易 SPS 系统(一种动植物卫生检测系统)的阻挡。如德国对食品质量安全的要求非常严格,前几年浙江的虾仁出口德国,到德国港口进关时被监测出虾仁含有极其微量的氯霉素,致使质量不合格全部退货,造成经济损失达几亿元。这种贸易方面的损失,既与对方贸易保护有一定关系,更与我国食品质量安全不过关有关。我国食品质量安全问题已引起世界的广泛关注:"三聚氰胺"事件屡禁不止;"毒饺子"事件说是人为投毒,究竟怎么回事很难说;浙江江山乌骨鸡市场"瘦肉精"问题,让多年来积累创下的品牌受到了很大打击,损失惨重;最近龙虾又出现"洗虾粉"问题。为什么我国总是出现食品安全问题?! 我觉得这并不单纯是个技术问题,更大的原因恐怕是市场规制方面的问题。

我国的农业不单纯是规模效应、劳动生产力低下问题,在市场规制、产业组织上都有很大的缺陷,这些问题本质上是与市场相匹配的制度的缺失。现代化的农业,基本都是以农户(家庭)经营为基础的组织化、规模化生产,体现统一技术、统一销售、统一品牌,实行食品质量安全全程追溯和食品标识化。食品标识上都标明此产品的生产者,出了质量问题可以马上找到责任人,最终会涉及相关合作社和行业协会,这些组织对农民有很强的约束力,因此农民往往很遵守质量安全规定。但是我国农业目前还缺乏这样的体系和机制,还是千家万户农民分散的小规模生产,农民管不起来。生产成本已经很高了,如果再实行标识化,代价就显得不能让农民接受,这样的话,食品质量安全上出了问题就一点办法都没有。

大宗农产品没有竞争力的原因之一是劳动生产率低,规模小,但实际上产业组织及其规制滞后也是原因。不少农产品从田头到最终进入市场的过程,存在非常多的环节,整个产业链上各种利益主体都想获得自己的利益,因而在各个环节上对产品实施价格增值,结果农民生产成本与各环节的价格增加,就形成了一个很高的产品市场价格。就以高速公路收费为例。高速公路收费大大增加了运输成本,运输者为了赚钱只好搞超载,结果外部性就出现了,交通事故就出现了,道路的路面被压得一塌糊涂。到煤矿资源丰富的地方,那里的道路大多不堪重压,坑坑洼洼的,谁也修不好路。道路的过度承载还导致恶性循环的交通拥堵,京藏高速公路最近出现的大堵车,也是这个问题。与市场相关的规制以及产业组织体系的滞后,就会导致连锁反应的问题。因此,必须完善市场规制和产业组织体系,比如,如果农产品通过合作社进入市场,就可以节约很多流通成本和交易成本,大大提高农产品的竞争力。

2.要素市场化滞后

我国搞市场经济,产品市场化发展很快,但产品的市场化是建立在要素市场化的滞后基础上的。比较而言,农业的要素市场化尤其滞后。我国市场化比较领先的是中间产品或者最终产品,而投入要素,主要是土地、资本、劳动力这三大要素的市场化非常滞后,甚至是扭曲的。我国土地并没有真正按市场化来交易,政府征用农村土地多用行政手段来操作,而不是遵循市场规制来操作。农民在土地使用权转让流转中的收益之所以不是很高,一是因为农民对土地的产权不很明确,二是因为土地交易并没有真正体现市场供求规律。现在房地产价格这么高,都是因为地价高,但这么高的土地出让价格并没有为农民带来很高的收益,相反,农民从土地出让中获得的收益很少,占土地最后出让价格的10%都不到。土地要素市场化的滞后导致了土地价格的扭曲和土地利益分配的不均,富了政府和开发商,但却没有致富农民。

我国劳动力市场也是滞后的。表面看来我国劳动力市场是开放的、自由的,农民进城务工都是通过广泛存在的劳务市场、劳务中介,但实际上我国的劳动力市场也是扭曲的,农村劳动力的价格往往是被低估的,并没有真正体现劳动力的市场价格。其原因,一是我国劳动力供给方的农民是分散的,组织化程度不高,在市场交易过程中缺乏谈判力。二是我国劳动力供给方的农民是确权的,在市场交易中往往处于不平等的弱势地位。权利与机会平等是市场经济最基本的精髓,市场经济尽管承认人有天赋和能力方面的差异,但市场经济是以主体权利平等为基础的,尤其是初始权利的平等。由于我国城乡二元体制的存在,农民很多权利,如基本公共保障权、房屋财产权等是不完整的,与城镇居民相比,处于不平等的状态,这些权利的不平等,会使农业劳动者在市场上难以与城市交易方展开公平的竞争,进而在自身的交易价格决定上也处于弱势地位。如果权利平等这个问题解决了,那劳动力的价格就能更充分地体现市场供求的关系,这也是经济学的基本原理,那就是要素的充分可流动性和市场的可配置性,但如果这些条件不具备或不充分,那么体现在市场上的供求关系就可能是虚假或扭曲的,在这样的情况下,即使交易发生,总有一方的价值实现是低估的。

以美国职业篮球赛(NBA)的球员工资决定为例,球员的薪水并不是由球员自己能单方面决定的,而是由 NBA 篮球工会出面与各球队老板商议谈判决定的,最优秀的球员就应该得到最高的薪水。这是个劳资博弈的舞台,劳动力市场充满着信息不对称,如果优秀的运动员单纯从自己的角度来考虑,随意降低自己愿意接受的工资水平,那就会引起整个球员工薪市场的连锁反应,而球队如果为了降低自身成本,也顺应这样的逻辑选择球员,那最后必然会导致逆向选择,即最优秀的篮球运动员就打不了球了,那么,整个 NBA 篮球市场就不会像现在那样,是最高水平的球员在那里打篮球的市场。在 NBA,球员工资价格决定是有秩序的,刚进来的球员往往工资比较低,比如火箭队打球的球员工资总和还不如养伤停赛的麦迪和姚明,根本上是 NBA 篮球工会在维持着这个秩序,这在我国是不敢想象的事情。所以说,我国农村劳动力的价格决定是不平等的,是农民组织缺失下的价格决定,以至于我们的农民工的工资这么低,而且没有养老、医疗、失业等社会保障,这完全是扭曲的。我国农民工的低工资成本已让国外认为我们在贸易中实施了制度性倾销,即通过城乡二元制度压低工资,进而压低产品成本的出口倾销战略,进而,不少国家就此不承认我国是市场经济主体国家。

被世界上广泛认可为市场经济主体国家的意义非常深远,这也是我国加入 WTO 后所看重的。但美国、日本、欧盟目前都不承认我国是市场经济主体国家。在这种情况下,当我国出现倾销这样的国际贸易争端时，WTO就要到一个相当的国家，比如巴西、印度，生产同样产品的国家去调查，看它们的工资水平，如果比我们高很多，我们就败诉了。如果承认我们是市场经济主体国家，就会到我们这里来调查，如果没有特意压低工资，那他们就输了。我个人认为，从这个意义上来说，我们确实还没有成为它们所认为的市场经济主体国家，其中关键的问题就是我们许多微观主体的市场权利还没有被完整地赋予，城乡二元结构体制是这一问题的根源，它导致了要素价格的扭曲和要素市场化的滞后。

（三）资源环境制约

我国农业受到资源环境的严重制约，大量的土地、水资源都受到了污染。现在有人说最安全的食品就是农民生产给自己吃的，或不使用化肥、农药的农产品。我们在市场上购买的食品都多多少少受到污染。农业的生产环境，如土壤，受到的污染非常厉害，我国是世界上使用化肥、农药最多的国家，这些化肥、农药，农作物只能吸收 1/3，1/3 蒸发外流掉了，还有 1/3 进入土壤。此外，工业化对土壤的污染也很严重，不少土壤的重金属残留含量五十年都难以自然稀释。水资源也有些污染，如富营养化问题等，治理起来相对容易。土壤质量下降表面上看不出来，但治理起来比一般水资源污染治理还难。另外，因为工业化、城市化的发展，土地资源总量也在不断减少。我有时到欠发达的浙江山区，一直对他们说："你们经济欠发达，但是资源环境是个宝，山区生态恢复得非常好，今后都是非常有价值的，可以生产出最好的东西，千万不要把它搞坏。"对于生态环境问题，地方政府应该说已有认识，但是实践中却往往难以严格控制问题，因为这涉及地方财政收入和 GDP，因此总想要发展工业，甚至是发展污染型的工业，以此带动地方财政收入和 GDP 增长，然而，这么搞下去肯定是非常危险的，整个社会的资源都会被破坏掉。现在谈低碳经济，一谈低碳低排放就谈工业，工业确实是碳排放这方面的主要"贡献者"，但农业也不弱，农业对碳排放的"贡献"也达 1/3，尤其是畜牧养殖。农业，尤其是现代农业中的一些设施农业，都要使用化肥、薄膜、电能等，都是化学产品、化石原料，碳排放是非常厉害的，所以节能减排也要着力减少农业的碳排放，保护农业生态环境。

保护生态环境与发展农业生产，存在着农村资源环境保护与保护激励不足的矛盾。现在,人们认识到环境保护很重要,全球都在强调保护环境,国家也有很多政策和措施,但问题是谁来保护? 保护的积极性在哪里? 农民本来可以利用自然资源搞生产赚钱的,现在因为这种生产方式对环境有负面影响,不允许了,那就应该给予相应的补偿。可是,现在国家像生态公益林补偿这样的环境保护补偿,标准很低,所以农民往往嫌少,缺乏保护的积极性。比如,贯穿整个浙江仙居一直到下游临海和椒江的永安溪水域,就存在保护与发展的矛盾,下游区域工业发展较快,而上游的仙居则相对贫困。可仙居的自然资源生态非常好,按照真正的价值评估是很值钱的,但是为了保护水生态,上游的仙居除了发展旅游业,无法发展一般的工业,进而整个生态价值难以真正实现。当地的领导一度因为经济增长慢,财政收入少,政绩显得不突出。曾几何时,搞了回收废水炼银,造成了环境污染;也搞了对环境有负面影响的工业区,引进了一些污染性企业项目。实践中,这确实是个两难,不发展工业,不仅政府日子难过,而且老百姓的收入也难以提高,而上了那些工业项目,地方经济上去了,但生态环境付出的代价很大,难以持续发展。这些区域的很多老百姓长期以来都是依靠自然资源生存的,因此,最终的还是要能调动民众保护生态环境的积极性,或者是通过绿色发展解决这一矛盾。

20 世纪 80 年代初期,浙江的农民烧柴都是砍树,山上树全被砍光,现在液化气、煤气、天然气来了,山区自然生态资源就保护得很好,到处是"绿水青山"的景象,绿色发展、生态富民应该可以提到重要议事日程了。我国西部不少地区的生态环境还没有得到根本性的恢复,你到云南去,在飞机上往下看,不少的山地植被还是不行,光秃秃的地方不少,说明这些地区的百姓还离不开传统的靠山吃山的生存方式,或者生态恢复还需要一段时间。这些地区百姓的一条出路就是易地搬迁,当然易地搬迁的移民安置同样牵涉一系列补偿和政策配套的问题。总之,农村自然生态的保护与当地老百姓的生存发展密切相关,需要妥善解决,绿色发展或易地搬迁是重要的路径。

（四）人力资本制约

我国农村人力资本便宜是便宜,但与此相关联的是人口老龄化,农村劳动力文化程度普遍比较低。大体上,农业转移劳动力的平均文化程度是初中,农业劳动力的平均文化程度是小学。现在80、90后独生子女要赡养很多老人,年轻劳动力也许是有怨言的,他们不是要不管家里的老人,而是现在年轻人的赡养负担比较重。从全社会的角度看,年轻人的贡献很大部分要贡献给老龄化社会了。但这又是个社会伦理问题,说明我们国家经济增长所获得的社会财富增长,将有更多份额要用于老龄化社会的公共服务安排。换言之,我们现在可以搞高速公路、搞机场、搞地铁,恐怕今后很大一部分钱要用于老年人了,因为要满足老年人的需求,当社会大多数人都是七八十岁的老年人时,他们需要看病、养老,对公共医疗卫生的需求很大,整个社会用于经济发展或基础设施的钱就少了。

现在很多人在谈论人口的老龄化问题,都说主要是城市人口老龄化,比如上海这样的大城市老龄人口已接近20%。但就我的观察,人口老龄化主要是在农村,这主要取决于如何统计人口老龄化,是按户籍人口计算,还是按常住人口计算,我的看法是应该按常住人口计算。其原因是,尽管农村生育政策没有城市严格,独生子女现象没有城市普遍,但现实的情况是,农村的许多年轻人并没有在农村赡养家中的老人,而是在城市务工经商,其中不少是在城市从事家政工作,也就是在从事城市养老产业的工作。这是其一,其二是城市居民有相对完善的公共保障体系和相关业态,而农村却远没有形成这样的体系和业态,因此,农村老龄化问题远比城市要严重。现实中,农村留守老人、留守儿童的普遍性,也正好证明了农村老龄化问题的普遍和严重。

现在很多地方在搞新农村建设,政府投资项目的很多都是基础设施或村庄环境设施的改造项目,由于大多年轻劳动力都外出务工经商了,竟然出现了建设项目没有劳动力来做的囧象。有时候我们到农村里去做农户调查,叫老半天没人应,等了好久先出来条狗,然后就是从角落里慢慢走出来个老头或老太,一些农村就只剩下了老人与狗,只有家里人都回来过年时,农村才会显得热热闹闹,平时的农村就像个"空巢"。农村老人的基本医疗与养老保障都还不健全,农村养老问题已亟须引起相关部门的关注,要想办法尽快予以解决。

我国人力资本对农业转型的制约,除了农村人口老龄化的制约,另一个制约就是农村教育整体水平滞后所导致的农村人力资本水平的不高,核心体现在农村劳动力的文化程度低。农村人口老龄化导致农村缺乏青壮年劳动力,劳动生产率难以提高,而农村劳动力文化程度不高,如劳动力文化程度基本都在初中和小学的水平,则传统农业向现代农业的转型就十分困难。从国际上看,现代农业的从业者都是职业化的农民,文化程度一般都是大学和高等职业,我国农业劳动力与此相比较,差距太大,必须尽快改变农村教育滞后的状况,不仅要重视义务教育,使义务教育能逐步普及到高中水平,而且要高度重视与农业产业技能相关的职业教育,并且要鼓励受过中高等教育的年轻人去从事现代农业。

二、我国农业转型发展的关键问题

尽管我国农业转型发展面临着诸多制约因素,但是我们还是要想方设法突破这些制约,加快推进我国农业的转型发展。

(一)农村土地制度问题

1.赋予农民土地财产权

土地问题一直有很多人在研究,我们国家土地制度改革总体是进步的,通过土地承包赋予农民土地的使用权、经营权,这些权利可以进行市场交易,但土地的用途是有规定的。比如,农地只能农用,粮地不能非粮化使用等,要在农地上造房子、搞工业是不行的。总体来看,国家对农民土地的赋权还不够,还没有完全将土地的财产权赋予农民。当农民不想经营土地,又不想交易土地经营权,想有偿退出土地承包权时,仍缺乏可行和有效的途径。这涉及我国农村土地产权制度的深化改革。目前看来,我国农村土地私有化这条路是走不通的,但客观上农地的价值远大于其使用权或经营权的价值,如何通过改革的深化,既坚持农村土地的集体所有,又赋予农民更多土地权益,是值得进一步思考的重大问题。

2.建立土地产权治权结构

产权结构包括两方面内容,一是赋权结构,二是治权结构。国家依靠法律来赋予农民更多财产权利属于赋权结构范畴,清晰的产权赋权可以明确产权的归属问题。但在实践中,单单解决产权的赋权问题,也未必能确保产权权利的实现,产权还需要通过治权结构得到保护和实现。国家要通过法治手段对侵犯他人产权的行为进行惩罚。产权保护离不开治权结构的作用,它包括国家依靠法律手段、仲裁机构等各种组织与制度对公民权益的保护,我国的治权结构是相对滞后的,经常出现有法不依和执法不严的情况,致使个人的产权经常受到侵害。国家法律都明确规定要保护农民权益,为什么农民权益仍然不断受到侵害? 主要原因是我们的治权体系不健全、不完善。

治权有两种,一是自治,二是他治。自治就是通过自我保护实现权利不受侵害,这是内生的权利治理结构。自治需要自组织的发展,需要有组织的集体行动,否则就会出现"枪打出头鸟",进而谁都不会为集体的利益强出头,怕被打击报复,都想"搭便车",如果每个人都如此,自治维权的目标就难以实现。因此,提高农民组织化程度很重要,要提高他们自我保护的能力和力量,当农民权益受损时可以由农民自组织出面来进行维权,保护自身的权利。他治就是通过外部力量,如通过政府有关职能部门、司法机构、公安部门等的秉公执法,保护个人的财产权利不受侵害。这两种治权都很重要,两者相互作用与补充,保障公民财产权利的享有与实现。对公民财产权利的保护是一种公共行为,这种保护不是针对某个人,而是为全体民众服务的。政府是超经济的机器,提供这种公共服务是政府的重要职责。总之,只有将农村土地对农民的赋权和治权有机结合起来,才能充分保障农民的土地财产权益,才能使土地要素在市场中得到高效配置,才能保证农民财产权益的充分实现。

(二)城市化进程问题

改革开放以来,我国经济的增长一度是靠工业化,尤其是农村工业化的推动而实现的,而目前,我国工业化水平、人均 GDP、收入水平都到了城市化引领、城市化带动的发展阶段,已处在城市化发展的关键阶段。但我国的城市化是有复杂性的,因为存在城乡二元体制。这意味着,我们在相当长的时期内要在城乡二元体制的环境中推进城市化,或者说,在推进人口与产业在空间集聚的过程中,我们要高度重视进城农民的市民化问题。以下三个方面的问题需要我们认真思考并妥善处理。

1. 如何协调城市扩张中人口转移与身份转变关系？

我国现在的城市化发展非常快，尤其是一些大城市，如省会城市、上海等直辖市，城市规模急剧扩大，这些城市不仅摩天大楼林立，地铁、轻轨、高铁等现代基础设施齐备，而且人口规模也急剧扩大，大多达到了千万以上的人口规模。但问题是，在城市空间规模和人口快速扩大的同时，"城市病"也开始显现，核心表现在城市交通的拥堵日趋加剧，城市空气等生态质量的不断下降。

更为严峻的是，大量的进城人口是农民，他们在城市中仅仅实现的是职业的转变，而没能实现身份的转变。这表明，我国农村劳动力转移进城的速度大大快于进城劳动力转变为市民的速度，即转移快于转化。农民转移进城意味着他们转化了职业，从农业劳动者转变为非农劳动者，但他们的农民身份却没有变化，仍然不能平等享受城市居民在公共服务与保障方面的待遇，他们只是城市中的农民工，而不是市民。这种由城乡二元体制所带来的城市化问题，致使进城农民的身份转化滞后于其职业转变；农民转移进城的速度滞后于城市空间的扩大速度；进而，农民的非农化进程又滞后于农村土地的非农化进程。如果不扭转这样的格局，就会带来农村的土地，尤其是农业土地规模缩小的速度，不仅快于农村人口规模的缩小速度，而且还会快于农业劳动力规模的缩小速度，以致农业与农业就业关系的进一步失衡，农业的转型发展举步维艰。

在不存在城乡二元体制的国家，公民的权益无论在城里还是在农村都是平等的，都能享有平等的养老、医疗、失业等社会保障，他们的农民一旦迁移进城，就是市民了，而我们的进城农民则还需要再转化。这个问题如果不解决的话，后果是非常严重的，因为土地因城市化而非农化了，进城农民如果不能市民化，就会产生大量的得不到城市保障的失地农民。与此同时，在城市内也会形成公共保障不平等的二元结构，即进城农民工与城市原居民的二元结构，成为城市社会发展的不稳定因素。另外，如果进城农民工的身份转变问题长期不能解决，还会影响农村劳动力和人口向城市转移的积极性，进而严重滞缓我国的城市化进程。

2. 如何推进城市化进程中的进城农民市民化？

我国的城市化道路是优先发展大城市，还是中、小城市，需要考虑多种因素,其中进城农民市民化的成本考量是一个重要因素。国内有不少学者,包括政府官员主张大城市优先发展,理由是大城市存在规模效应和带动效应,但是大城市在解决进城农民市民化问题上却成本很高,不具备优势。这里一方面是在现行体制下,大城市解决进城农民,尤其是外地进城农民的市民化问题花费高昂,另一方面是进城农民工自身的市民化的成本也很高。进城农民工及其家庭成员要想真正融入大城市,转变为大城市里的市民,不仅需要流入地城市政府的基本公共服务与保障对外来常住人口的全覆盖,而且进城农民自身也要有市民化的能力,如在城市要买得起房子,有充足的日常生活开支的收入支撑等。这对于许多收入不高的农民工是很难的事。因此,城乡二元体制下的我国城市发展,不能只考虑城市发展的规模效应、集聚效应和辐射效应,还需要考虑进城农民如何转变身份,如何共享城市教育、医疗、养老等基本公共保障与服务。此外,即使我们通过改革,建立了城乡一体与平等的公共保障制度,进城农民能否在城市定居,还取决于农民在农村的权益,如土地承包权、宅基地及住房权等农民权益能否成为伴随农民迁移而流动的权益,而从目前的体制来看,农民这些权益能变现的仅仅是使用权或经营权,这就会对农民进城定居产生滞缓力。因此,推进我国的城市化,不仅要改革城市户籍制度,而且也要改革农村集体产权制度。只有城乡联动的改革,才能真正消除农村人口流动的阻力,实现城市化的健康发展。在这些制度制约没能有效化解的情况下,优先发展中小城市,不失为合理的选择。这是因为,一方面,中、小城市对农民、政府而言,市民化的成本要比大城市低得多。另一方面,中小城市优先发展有助于与乡村相衔接,如果以县域经济发展为平台,则可以相对容易地统筹协调农民的权益以及农民就地、就近的非农化和城市化的推进。

3. 如何处理好新农村建设与新型城市化的关系?

新农村建设和城市化战略是我国经济社会发展的两大战略,两者是相互关联和互为促进的关系。但是在实践中,有些人把城市化和新农村建设割裂开来,认为一个是城市发展,另一个是农村发展,难以相互兼顾。有的甚至认为两者是对立的,抓一头必然失去另一头,认为在加快城市化的同时搞新农村建设,不利于农民进城,进而不利于城市化的发展。我认为,城市化和新农村建设并不对立,两者是辩证统一的关系,关键是要科学认识城市化和新农村建设的内涵。新农村建设不是单纯的新村庄建设,而是城市化的组成部分,是城市化向乡村的延伸;城市化不等于城市建设,而是人口和要素在空间的集聚与优化配置的过程。城市化对乡村人口的吸纳和对乡村发展的反哺,实际上是乡村发展的需要,是城乡协调发展和融合发展的必然。因此,我们的新农村建设必须以城乡统筹与全域规划为基础,对村庄进行科学分类,保护有发展潜力的特色村,科学改造城中村和镇中村,消除一些空心村和一方水土养不好一方人口的村,重点建设人口相对集聚的中心村和新社区,使新农村建设与城市化发展有机结合,协同发展。

(三)农民组织化问题

1.农业基本经营制度与农业小规模分散化的矛盾

家庭经营是最适合农业生产的经营制度,也是农业生产长期沿用稳定的基本经营制度。改革开放后,我国改变了农村集体统一经营、统一管理、统一分配的农业经营制度,实行土地集体所有,把经营权承包给农户家庭的"统分结合、双层经营"的制度,充分调动了农民的积极性,改变了农产品长期短缺、供不应求的局面,并且迅速提高了农民的收入。但是,由于我国是个人多地少的国家,在农业家庭经营的制度下,农业生产的小规模、细碎化、分散化现象并没有得到缓解,而是越发明显。农业生产小规模、细碎化、分散化的现象既与人多地少的国情有关,又与家庭承包土地的分配方式有关。由于集体土地存在空间距离不一和区块质量不一的特点,为了体现农户承包土地数量和质量的公平性,集体分配给农户的承包地往往不是连片的切分,而是好坏搭配、远近搭配,一户农户所分到的承包土地往往会分成几块,进而加剧了农业生产的小规模、分散化和细碎化,这种现象在很大程度上又导致了我国农业生产的低效率。要解决这样的问题,不是否定农业的家庭经营制度,不是把农民的土地统一进行重新分配,而是要通过改革的深化,探索新的解决方法。推进土地流转,实现土地适度规模经营是一条路径;在农户家庭经营基础上大力发展农民合作组织,建立多元化服务体系是又一条路径。通过农民组织化、合作化,可以实现"生产小规模、服务规模化","生产在户、服务在社"的农业转型与高效发展,这是已被国际农业发展证明的成功道路,对我国这样的以"大国小农"为重要特点的国家,更是农业转型发展和现代化发展需要选择与坚持的发展道路。

2. 组织化是市场经济不可或缺的要素

组织是一种能替代市场的制度,因而组织也是能弥补市场失灵的制度。政府组织是其中之一,但经济社会活动中,仅有政府组织是不够的,还需要有社会组织和经济组织。目前,我国经济社会的非政府组织的发展是相对滞后的,其中行业组织和农业组织的发展尤为滞后,这些组织发展的滞后,既不利于政府作用的更好发挥,也不利于市场作用的有效发挥。当经济、社会活动中政府和市场同时低效的情况下,社会组织和经济组织的作用是不可或缺的。任何相对成熟的市场经济,都是政府、市场和其他组织并存,并且相互作用与协调的制度和组织体系,但我们现在是政府这一整套行政组织体系非常完整和有力,但社会、经济组织的发展却明显滞后,不少组织不是缺失就是形同虚设,迫切需要政府在转变职能的同时,大力支持与培育行业组织和农民合作组织的发展。

我国的农民组织化尤为滞后。新中国成立以来,我国的农民组织经历了曲折的变化,从 20 世纪 50 年代初的体现农民合作的初级合作社,到集体统一管理与经营的高级合作社,再到以乡镇为单位的人民公社组织,农民的组织化不是在强化,而是在弱化。改革开放以后,我们把农业生产的经营权交给了农民,农民的积极性得到了充分的调动,但农民组织化水平并没有明显提高,仍然是以原来的村集体组织代表。随着农产品的市场供求从卖方主导转向买方主导,农业的组织化问题再次被提到重要议事日程。一直到 2007 年,我国两会颁发了《农民专业合作社登记管理条例》,与村集体这一社区合作不同的农民专业合作组织在我国又得到了迅速的发展。在政府的支持下,这一组织的发展对团结农民、服务农民和提高农民进入市场能力和市场竞争力等方面起到了积极的作用。但是任何组织发展到一定程度以后,除了经济的诉求外,都会有政治诉求。因为人类社会是个政治经济社会,没有一个组织是没有政治诉求的,所以就会面临经济与政治方面的一些矛盾。很多人担心:农民组织化、强大了以后,会不会在政治上给我国的政治体制构成强大的压力?目前我国农民仍占总人口的 40%,如果按户籍口径来计算,农民还要多许多,把这么多农民组织起来,也许会给政府的管理甚至执政带来很大挑战。但如果农民不组织化,还让农民像现在这样处于一盘散沙的状态,管理方面的压力也许会少一些,但如果阻碍了市场经济的发展,并且长期影响农产品竞争力和农民收入的提高,同样会带来发展的压力,因此,还是应鼓励农民组织化,然后通过完善政府对组织的管理制度来解决组织发展可能带来的政治压力问题。

(四)农业经营主体问题

经营主体状态决定产业发展水平与效率。当前我国农业经营者状态不够理想,表现为农业劳动力趋于老龄化,农民文化程度普遍不高,文化程度基本上是初中、小学,亟须培育新型的农业经营主体。需要强调的是,新型农业经营主体并不是要取代农业的家庭经营制度,不是要由公司来经营农业,而是仍要坚持农业的家庭经营制度,要在农业家庭经营的基础上,完善农业家庭经营制度,提高农业家庭经营者水平。从我国目前的情况看,需要培育新型的农业经营主体,同时建立一个较完善的农业经营者的进入退出机制。现在的大学毕业生,有的是愿意从事农业的,但很难找到合适的进入渠道。发达国家的农场主大多是大学生,与非农产业的从业劳动者相比,现代农业对从业者的要求更高,其必须具备一定的科学文化知识和素养,这是因为农业生产不仅是经济活动,而且也是生命再生产的活动,对知识与能力要求都很高。我国农业要想实现向现代农业的转型升级,必须走与国情相适应的规模化、信息化、设施化、机械化的道路,必须提高农业劳动者的文化水平,必须为大学生投身农业创造机会。前段时间我给杭州市"大学生村官"培训,课后不少学生跟我谈出路问题,真正当书记、村主任的很少,大多数人想考公务员,还有一部分想自主创业,从事与农业有关的产业,如创办农民合作社等。

有位同学发现浙江萧山的花卉苗木是个非常好的产业,农民依靠苗木取得了一定收益。问题是从事各种花卉苗木生产的农民是个体的,他们的组织化程度不高,大量的钱被中间商、采购商赚去了,他想组织花农创办一个合作社。我很支持他,但是我说,你现在的情况下,还必须得到更多的支持,其中政府扶持尤为重要,做得好,没几年你就是个大老板!而且到一定程度还可以做大,可以做成像荷兰这样的,做成控股分销公司的合作社,把产业链一直延伸到下游去。你们别嫌做农业的名声不好听,现在农业发生变化了,合作社里缺少人才,大学生们组织合作社,再去合作社里当经理,比去办个企业可能还有前途,因为一棵很好的苗木有时值几万块钱啊! 你也可以当老总,是农业合作社的老总! 总之,培育新型农业经营主体的问题很值得研究,它涉及农业经营者进入退出机制的问题、土地承包关系的问题和政府扶持与管理等方面的问题。

新型农业经营主体的发展还与金融是否支持,与自身财产权利是否充分有关。当前我国农业经营者,绝大多数是农民,他们在农业经营中总遇到信贷难和融资难的问题,这使他们难以在市场上与他人平等竞争,经常处于弱势地位。这里主要存在两个问题。一是农村金融体系不完备问题。我国金融体系很庞大,门类也很多,但就是缺少合作金融,或者农村的合作金融始终没有真正进入国家金融体系,这在世界上是很少见的。农业合作在世界上是普遍的组织,农业合作内含了多种功能,不仅仅是生产的合作,还应该包含营销合作和金融合作,否则,农业合作就是不完整的。二是农民财产权利不完整问题。如果没有合作金融,农业的信贷就要走商业金融的路子,这就要求农业经营主体具备市场主体的进入信贷市场的基本条件,即经营者在信贷融资时要有抵押能力。而实践中,我国绝大多数从事农业的农民有房屋和土地这些资产,但由于这些资产对农民而言,产权并不完整,只有经营权和使用权可以进入市场,所有权不属于农民,进而这些资产就缺乏抵押性,这就导致农业经营者既不能通过合作金融途径获得信贷,又难以从商业金融渠道获得信贷。因此,培育新型农业经营主体,不仅要提高农业经营者的各方面素质和能力,而且也要建立适合农业经营者发展的制度体系,同时要对农业经营主者赋权,使其真正成为市场的主体。

(五)农业竞争与开放问题

中国对外贸易整体是顺差,近期人民币又面临汇率升值的压力,美国一直将国内高失业率归因于中国对美国的贸易顺差,现在没有反恐任务,美国从伊拉克撤军了,国内也比较安全了,就集中精力来制造人民币升值的压力。美国认为,中美贸易顺差太厉害,在全球金融危机下,中国的对外贸易出口还是这么强劲,太不正常了。美国认为平衡国际顺差的方法有两个：一是要求中国也开放市场，因为国际贸易应该是互惠的、均衡的。美国所要求的开放市场就是要求中国多从外国进口。开放市场带来的必然是竞争，谁都想把自己生产出来的东西卖到外面去赚钱，我国农业产业竞争力普遍很低，进口的国外产品将替代国内农产品，就会带来农民就业的问题。如果真要开放，我们能开放什么市场呢？有哪几个产业能真正承受国际市场的冲击呢？现在我们虽然开放汽车、零售行业，但是都是有限制条件的开放，不是完全的开放。面对外国要求我们开放的巨大压力，对于金融市场、农产品市场这样的事关国计民生的领域，以及其他缺乏竞争力的弱小产业，我们是持谨慎态度的，因为如果真开放的话，比如农业，就不仅会带来粮食安全的问题，也会带来农民就业的巨大压力。这对有 13 亿多人口、小农仍占大比例的国家来说，是需要慎重决策的大事。从这一意义上讲，我国农业必须加快转型，必须通过非农化、城市化的途径减少小农，提高农业效率和国际竞争力。

美国要求平衡国际贸易顺差的第二个方法就是要求人民币汇率升值。汇率升值就会致使我国出口产品价格上升，如在美国就是用美元表示的价格上升，我们的东西在外国变贵了，竞争力就会下降，出口就会受到影响。9 月 21 日，美元对人民币汇率突破 6.7 大关，创下两年来的最高，且升值态势仍未止步。国家领导人多次对外发表声明，说逼迫人民币汇率升值是不会改变中美贸易顺差现状的，因为我们出口美国的大多是劳动密集型、低附加值的消费品，是美国国内早就不生产的了东西，所以美国国内的高失业率不能归结于中国的出口。但是从贸易理论上说，这符合客观规律，这如同贸易交换一样，是以货币充当交易媒介的买卖关系，一国汇率高，价格就高，就会影响出口。人民币汇率升值的影响很深远，不仅影响出口，而且还会使我们的外汇储备贬值。我们拥有几万亿以美元为主的外汇储备，人民币升值，美元就贬值，存了美国人的钱就不值钱了，等于以前这么多的贸易出口是白送给美国人的。

如前所述，开放国内市场，特别是开放农业市场对我国来说很难，特别是大宗农产品，我们缺乏国际竞争力，一开放就可能导致农民破产失业。我国历来是"农民稳则天下安"，大量农民失业就会出问题！所以要保护国内农业，但那样就会面临很大的国际压力。当前，在我国通过海关限制直接农产品进口的情况下，又出现了新的问题。像美国的杜邦、孟山都等种子公司很厉害,你不进口小麦、玉米没关系,我跟你搞合作。就是把非常优质的品种放到我国来搞"试验",我们一些科研机构很喜欢跟美国搞合作,它们的品种在我国"试验"成功,尤其是转基因的品种,成功率很高,我国就有人会去种。但是,这些种子是不孕的种子,以后我们要种还必须向它们买种。这比起产品直接进来,看起来影响会小一点,因为我国的农民在这种情况下还是能从事农业,但问题是,知识产权在它们手中,也就是关键技术控制在人家手里,我们的农业就被人家控制住了,不买它们的品种就不行了。也有人认为:我国开放农业,农民短期会痛苦,但是长期来说是从农村里出来了;不开放的话,实行贸易保护,尽管农民还有就业,但永远安于现状,留在农村,农业转型就没动力,也不是好事。长痛不如短痛,他们主张放开农产品国际贸易。有人认为,我国巨大的变革需要外部强大的推力,实行农村劳动力转移恰恰需要像美国这样的国家给我们以强大的推力,逼迫我们朝这个方向去改革。但民族主义者坚持认为,我们不能受美国人的控制。这构成了我国农产品开放问题的两难选择,即农业对外开放与国内保护的矛盾,也敲醒了我们必须加快农业转型、建设中国特色现代农业的警钟。

(六)粮食安全与政策问题

与农业开放和保护密切相关的问题是我国粮食的安全与政策问题。土地的价值在于提高土地利用效率,就农业土地而言,也就是要用有限的农地资源生产最有价值的东西。像浙江这样的沿海地区,农业资源也比较丰富,但要素价格很高,相对而言,在劳动生产率不高的情况下,生产粮食对于浙江这个"七山一水两分田"的省份来说,并不是理想的选择。但是,由于我国人口多,国家出于保障粮食安全的考虑,还是会要求各地重视粮食生产,尽可能提高粮食自给率。长期以来,我国粮食安全问题一直是中央高度重视的一个战略性问题,认为如果各地如果都按比较优势原则布局农业生产,国家粮食安全就没有保障,就会产生很大的市场风险。很显然,如果我国13亿多人口的粮食问题不能够自己解决,而是要依靠国际市场,那就会对国际粮食供给和价格带来很大的压力,在自然条件不好的情况下,甚至还会带来很大的恐慌和价格波动。此外,我国不愿意把粮食安全问题放在国际市场解决,还因为粮食问题在一定条件下还会演变为国际冲突的砝码。我国粮食安全如果受制于国际，那相当于粮食会成为人家的战略性武器，一到关键时候，就会被人家利用和要挟，这显然不利于我国的发展。

但是就粮食生产本身而言，在我国沿海人多地少的地区，粮食生产并不能发挥规模效应，劳动生产率低，进而效益不高。如在浙江，每户农民种水稻的规模往往都不大，一季水稻赚个千把块钱算多的了。而在黑龙江，农户种植水稻的规模就较大，劳动生产率就高，一家能种 100 亩地，一年一季水稻下来会有五六万元的收入，农民的农业收入比起国内其他地区也许是高的，所以这些地区成了国家粮食的主产区。这些年来，浙江政府与吉林、黑龙江的政府都签订了粮食战略合作协议，以确保浙江的粮食安全，但实际上，在正常年份，浙江从东北运粮食还不如从澳大利亚进口粮食来得快，而且国外价格还便宜，但是国家从粮食安全角度考虑，并不支持地方这么做。因为如果浙江不买东北的粮食，东北的粮食就会供过于求，来年就会减少生产，于是整个国家的粮食就会出现缺口，就会影响国家粮食安全。如何处理好粮食主产区和粮食非主产区在国家粮食安全上的责任、利益方面的关系，是我国农业转型发展中需要深入研究与解决的一个问题，理想的目标是既能确保国家粮食安全，又能充分体现、发挥区域粮食生产的比较优势，同时让种粮农民获得比较利益。

我国粮食自给率从 95％降低到 85％行不行？我个人认为应该问题不大，我国能源的国际依赖度都超过 50％了，也没有很担心国家的能源安全。实际上，国际粮食生产的潜力还是有的，比如，美国的粮食生产是根据市场需求制定生产计划，然后按计划进行生产的，不会过量生产，因为存在粮价下跌的担忧。如果我们有这方面的稳定需求，在正常情况下美国是能够为我们扩大生产提供粮食的。又比如巴西，拥有极其肥沃的亚马孙河平原，耕地资源占世界的 18％，目前只开发使用了其中的50％。我国的粮食如果能有稳定的进口需求，国际市场还是能够满足相应的供给，而如果我国适当降低粮食自给率，增加进口，既能在贸易平衡上缓和与相关国家的冲突，又能减轻粮食自给对国内资源环境的压力，因为进口粮食就是等于进口土地和水，这对我国这个人均土地和水资源短缺的国家来说，无疑是极为有利的选择。

(七)农业市场化与政府干预的矛盾

1.农产品价格与城市居民承受力的矛盾

前段时间,大蒜、绿豆、生姜等农产品的价格大幅度上涨,同时引发了炒作风,国家对此进行了打击。最近CPI(消费者物价指数)上涨又快了点,就有人认为这与农产品价格上涨过快有关。同时,由于CPI高于银行利率,社会上又出现了加息的呼声。CPI里面包括了农产品,农产品价格提高了,CPI确实会上涨。但这意味着农民收入的提高,如果农民收入一直都很低的话,市场需求哪里来? 但是农产品价格上涨过快,城市居民生活压力就会加大,我们的城市居民实际上也很分化,大量离退休、下岗居民收入比较低,他们每天进出菜市场,对农产品市场波动的敏感性很强,平时每个月也就几百块钱用于食物开支,农产品价格一涨他们马上就会有所反应。所以,这是个两难。在一般情况下,政府往往比较在意城市居民的意见,因而偏向采取措施压低农产品市场价格。这种干预是稳住了城市群体,但并不一定有利于农民,农民的收入如果不增长,会影响农民生产的积极性,到头来供给减少了,同样会影响到消费者的生活。

农业是个很特殊的产业,它不仅体现经济再生产,而且也是自然与生命再生产的产业,以致农业生产与经营的不确定性非常大,面临着自然和市场的双重风险,因此,对农业的政府干预是世界上的普遍现象。但问题是,我国农业市场还没有完全发育,很多市场要素的发展还很滞后,应该进一步推进市场化。美国的农业市场化已经很充分了,政府再调控一下,效果就比较好。我国的农业还处在传统农业向现代农业的转变过程中,土地、劳动、资本这些要素的市场化还很滞后,还应该加快市场化进程。但现实却是政府对农业干预过多,政府强势是我国的制度特性。从农业补贴就可以看出,现在农业充满着各种各样的补贴,补贴是政府干预的一种手段,但是过多的补贴就会扭曲市场对资源的配置。很多情况下,补贴下去以后,成本都算不清,经营者的行为就会扭曲,市场的供求关系就会失真。政府干预经济活动在特殊时期,如金融危机时,是必要的,但如果把干预作为一种常态则是不行的。政府过多的干预会不利于市场机制发挥资源配置的基础性作用,会导致政府脱不了身,比如政府补贴一旦停止,那些并没有市场需求,仅靠政府补贴维持的农业部门或经营主体就会被市场所淘汰,这对社会资源来说是种浪费。政府如何介入经济活动实际上是如何处理好经济发展中政府与市场关系的问题,需要深入研究。

2.技术进步与推广中政府、市场、中介如何发挥作用的问题

目前我国农业技术进步与推广问题也没有真正解决好,核心是政府、市场、中介在农业生产中没有进行合理化的分工。农业技术的推广不能完全市场化,也不能完全由政府包办,而是应该相互结合起来。这涉及对农业技术的属性及其变化的判定,一般而言,可排他的私人性技术是可以市场化的。以种子技术为例,现在的种子技术研发与推广就可以不需要政府管了,像美国孟山都、杜邦这么大的公司,现在进行种子技术研发推广积极性很高,可以不需要政府介入,原因是生物技术的革命使得育种技术可以通过转基因技术,成为只能使用一次的不育的种子,也就是不能留种后再使用的种子,这种种子的使用就具有排他性,你不付费就不能获得种子,进而就可以通过市场来实现种子的交易和推广。如果是具有公共属性的技术,就难以通过市场化的途径来实现技术的推广,就需要依靠政府路径,如政府直接主导这一技术的推广,或者政府通过补贴,由第三方实施这一技术的推广。传统育种技术就是具有公共属性的技术,因为它具备多次使用的属性,农民只要花钱买一次种子,第二年就可以通过留种后再使用,也就是可以不再买种子了,很显然,这样的技术推广,市场是失灵的,只能通过政府来解决技术推广问题。

那么技术推广、传播、转化究竟怎么搞?过去我们基本上都是由政府包办,主要通过省市县和乡镇农业技术部门体系来实施农业技术向农民的推广服务,改革开放后,我国农业技术推广体系一度受到市场化改革和乡镇中心工作负荷重的影响,政府农业技术推广人员流失厉害,农业技术体系呈现"线断、网破、人亡"状况。与此同时,其他类型农业技术推广与服务等中介组织发展滞后,致使农业技术推广普遍存在"最后一公里"问题。这种状况大大降低了我国农业技术的贡献率,发达国家农业科技贡献率一般要达 $70\%\sim80\%$,而我们最多只有 $50\%\sim60\%$。要解决这一问题,就必须重构我国农业技术进步与推广体系,为此,既要发

挥政府和市场在农业技术进步与推广中的作用,明确各自分工,又要重视中间组织的作用,强化其服务功能。当前特别要重视农民合作这一中介组织的作用,充分发挥其一头连接农户,另一头连接政府和市场的桥梁纽带功能。

(八)农村社会转型问题

农业转型发展是现代农业发展和农业市场竞争的要求,农业转型发展的关键是农业经营者能否适应或者引领农业的转型,而这又涉及农村社会的转型问题。也就是说,农业转型发展既要与现代农业发展和农业市场竞争相适应,又要建立在农业经营者和农村社会转型的基础上。

1.从生存型农村社会向发展型农村社会转型

经济的转型发展必然会带动社会的转型发展。农村尽管历史比城市悠久,但农村社会发展与转型往往比城市要滞后,其原因是城市经济发展和公共服务体系发展往往要快于农村。但即使如此,农村的转型已经开始,从百姓生活状态看,已经从温饱型的社会向小康型的社会转变,或者说,已经从生存型社会向发展型社会转变。发展型社会与生存型社会的最大区别在于百姓需求的不同,在发展型社会中,百姓不仅仅需要满足基本的衣食住行需求,而且对精神、文化、休闲以及个人的权利具有更高的要求。相应地,生存型社会的管理、组织、治理模式就不能适应发展型社会的需要。我国农村目前正处在从基本小康社会向全面小康社会迈进的过程中,农村经济发展与转型正在加快,如果农村社会转型不能相应地跟上的话,农村经济的转型将会受到很大制约。我的基本判断是,我国现在农村社会的转型大大滞后于经济转型,因此,我们应该加快农村社会从生存型社会向发展型社会的转型。

2.从管制型农村社会向治理型农村社会转型

生存型农村社会向发展型农村社会转型的重要转变是社会管理方式的转变。生存型农村社会的管理通常以自上而下、由外而内的管制型模式为主,而发展型农村社会的管理应该以上下结合、内外相融的治理型模式为主。如何实现管制型农村社会向治理型农村社会的转型?首先要认识管制与治理的区别。管制一定意义上讲是主要依靠政府力量的垂直化管理,而治理则是政府管理与社会参与相结合、外在管理与自我管理相交融的管理。管制型管理尽管见效较快,但被管制的对象往往难以自觉,并且管制的成本还比较高。实践中,由于社会转型相对滞后,我们维持社会稳定的代价就比较大。有些"上访专业户"每到国家有重大事情时就会有所表示,如世博会、奥运会,为了保持社会稳定和维护国际形象,政府就会花费很大代价稳住这些人。浙江衢州地处赣浙边界,上次我去调研,正值上海举办世博会期间,当地领导都在为世博会的安全忙碌,尤其是车辆来往盘查很严,生怕出现问题。因此,发展型社会必须引入治理手段,既要发挥政府对社会的管制作用,又要发挥社会组织自主和群众参与的作用,以既节约乡村社会管理成本,又实现乡村社会能持续和谐稳定。

农户家庭的劳动配置演变：
人口、土地和工资^①[①]

一、导言

中国农村改革发展已历经 30 多年。从 20 世纪中期严格的户籍制度限制到 90 年代初户籍制度的松动，农民开始大量进入城市寻找非农就业机会。随着农村本地经济的发展和乡镇企业的崛起，本地非农就业发展也迅速增加（赵耀辉，1997；Zhang et al.，2001）。近年来，沿海地区先后涌现了"民工潮"和"民工荒"现象（简新华，2005；宋晶，2005），俨然为世界提供了一幅丰富生动的中国农民行为变迁画卷。在农民可以进行不同的劳动选择时，随着时间的推移，农户家庭的劳动配置结构在发生怎样的变迁？这种变迁背后又是哪些因素在产生影响？

在已有的文献中，研究农户家庭的劳动配置主要集中于研究农户家庭如何在农业和非农就业之间进行选择，而将农业生产、本地非农就业和外出打工三者进行区分的研究较少，常常将本地非农就业和外出打工两种不同的劳动时间配置方式用"非农就业"代替（Huffman，1980；Zhang et al.，2002；De Brauw et al.，2002；曹阳和李庆华，2005；Takahashi et al.，2009）。但实际上，本地非农就业与外出打工是两种截然不同的非农就业途径，尤其当外出打工存在诸多限制时——例如中国

---

① 本文作者为黄祖辉、杨进、彭超、陈志刚。本文内容发表在《中国人口科学》2012 年第 6 期。

20世纪七八十年代严格的户籍制度造成的劳动力流动性约束——本地非农就业对农民而言将显得更为重要。除了在经济层面,本地非农就业和外出打工都是农民在农业之外的重要劳动配置方式,在社会层面,非农就业相对于外出打工也扮演着不同的作用。假设农户家庭有年迈的老人,而社会缺乏完全的养老保障体系时,只能由家庭来负担老人的养老,那么选择本地非农就业不仅能在本地获得农业生产之外的工资收入,还可以更方便地照顾老人。① 因此,若要把握农户行为选择的变迁,详细区分农民的本地非农就业选择,其重要性不言而喻。

　　基于以上的考虑,本文利用中国 2004—2008 年五个省份的农户调查数据研究农户家庭的劳动配置变迁。② 在区分农民行为的农业生产、本地非农就业和外出打工三种选择的基础上,研究农户家庭的劳动配置结构变迁的机理。本文研究所运用的经验证据,不仅包括了中国南方地区的湖南省、江西省和四川省,还有北方的山东和黑龙江两省,其中详细记录了农户家庭每个劳动力从事农业生产、本村非农就业和外出打工的劳动时间。该数据库包含中国南方和北方的五个种粮大省,超过 1 万的样本容量为我们从宏观视角研究中国农户家庭劳动配置演变提供了良好的素材。至今为止,在学术界罕见利用如此大的样本来整体研究中国农户劳动力配置的文献。文章内容将主要从经济层面来探讨家庭人口数量、土地面积和工资水平对农户家庭劳动配置的影响。

　　本文结构安排如下:第一部分为导言;第二部分描述中国农户家庭的劳动配置变迁过程,并比较不同地区之间的差异;第三部分是文献回顾和理论构建,先梳理已有的关于农户家庭劳动配置的研究,然后从理论上采取局部均衡的方法分析人口结构、土地面积和工资水平如何对农

---

① 此外,赵耀辉(1997)还从其他三个方面论述了本地非农就业和外出打工的差异,具体参考《中国农村劳动力流动及教育在其中的作用——以四川省为基础的研究》。

② 该数据是全国农村固定观察点调查数据(RCRE),该数据调查起源于 1986 年,在各个省份选取富裕、中等和低三种不同收入水平的县,逐年进行农户跟踪调查,详细记录了农户的生产和消费情况。随着经济结构的变化,1986 年以来该调查多次更改了问卷的内容,直到 2003 年才有关于农户家庭每个劳动力的详细劳动时间分配,而在 2009 年,家庭劳动力配置指标又发生了改变。为了保持调查指标的一致性和研究的可靠性,我们选取 2004—2008 年的时间跨度。

户家庭劳动配置产生作用;第四部分采取计量实证分析,研究到底是什么因素在决定着农户家庭的劳动配置,从统计学的角度给予证据;第五部分为结论。

二、中国农户家庭的劳动配置变迁

表 1 反映了农户家庭平均每个劳动力的劳动时间配置情况。可以看到,本村非农就业的劳动时间在家庭劳动时间配置中占有很大的比例,比如 2004 年农户家庭平均每个劳动力的本地非农就业时间为 41.67 天,而外出打工的劳动时间也只有 61.22 天,其数量几乎占了整个家庭劳动时间的五分之一。尤其是湖南在 2004 年,其本村非农就业的劳动时间为 60.44 天,还超过了外出打工的劳动时间 53.58 天。这也突显了在分析农户家庭劳动时间配置研究中,本地非农就业的研究无疑是非常重要的一个方面。

表 1 农户家庭平均每个劳动力的劳动时间分配

单位:天/年

就业途径	省份	2004 年	2005 年	2006 年	2007 年	2008 年
农业生产	黑龙江	150.16	137.09	124.66	112.77	108.21
	江西	76.37	79.99	77.90	72.12	65.70
	山东	109.68	113.65	107.78	94.76	78.58
	湖南	92.83	82.58	82.52	92.61	90.28
	四川	128.18	139.90	131.74	115.01	107.96
	总体	111.45	110.64	104.92	97.45	90.15
本村非农	黑龙江	21.60	26.50	27.39	48.98	42.55
	江西	33.88	29.43	29.39	26.82	15.93
	山东	69.24	65.01	53.38	51.31	51.42
	湖南	60.44	32.87	48.86	36.56	26.49
	四川	23.17	26.44	24.39	23.97	16.87
	总体	41.67	36.05	36.68	37.53	30.65

续表

就业途径	省份	2004 年	2005 年	2006 年	2007 年	2008 年
外出打工	黑龙江	17.55	17.23	16.03	20.71	22.62
	江西	95.72	98.58	109.27	113.83	120.07
	山东	44.48	44.27	63.39	70.73	78.74
	湖南	53.58	55.61	60.30	71.76	87.16
	四川	94.78	87.08	100.91	109.81	101.54
	总体	61.22	60.55	69.98	77.37	82.03

数据来源:作者计算。

从趋势演变看,平均每个劳动力的农业生产劳动时间在不断减少,从 2004 年的 111.45 天减少到 2008 年的 90.15 天。本村非农就业劳动时间也从 41.67 天减少到 30.65 天。而平均每个劳动力外出打工的劳动时间在逐年增加,从 61.22 天增加到 82.03 天。这反映了农户家庭越来越多地将劳动时间投入到外出打工,而减少了农业生产和本村非农就业的时间投入。这种趋势与 Zhang et al. (2011)发现中国西部甘肃农村地区在 2003 年以后农民外出打工数量快速增加的现象相吻合。

进一步地,我们从表中各省的情况看,趋势演变也存在一些差异。比如黑龙江、江西、山东和四川的农业劳动时间都有所减少,尤其黑龙江的农业劳动时间减少幅度巨大,从 150.16 天减少到 108.21 天,而湖南的农业生产时间却相对稳定,一直徘徊在每年 90 天左右。不同地区之间本村非农的劳动时间也相差较大,虽然总体上在不断减少,但样本中黑龙江的本村非农劳动时间反而在增加,从 2004 年的 21.60 天增加到 2008 年的 42.55 天。外出打工的劳动时间,五个省都在上涨。

横向比较,我们可以看到不同地区之间的差异。比如黑龙江农业生产一直都是农户的主要劳动投入对象,相对而言,其本村非农就业和外出打工的劳动时间要少很多。一直到 2008 年,黑龙江的农户家庭劳动时间配置结构依然如此。山东的农户家庭劳动时间配置也是这种结构。在中国,黑龙江是最重要粮食产区之一,其人均耕地经营面积 2010 年达到 11.68 亩①,因此,其土地能够承载的劳动力更多。而山东是我国粮食主产区,又是农业产业化经营发展水平最高的地区之一,其多样化的园地作物和圈养畜牧业也能够承载更多的劳动力。江西、湖南和四川都是南方地区,其人均耕地面积较小,尤其是江西和四川都是劳动力移出大省,其农村居民外出打工的劳动时间相对较多。

表 2 进一步将所有的农户家庭分为四种类型,分别是只从事农业生产的家庭、从事农业生产和本村非农就业的家庭、从事农业生产和外出打工的家庭,以及既从事农业生产,又从事本村非农就业和外出打工的家庭。2004—2008 年,只从事农业生产的家庭比例总体上变化不大,都是 18% 左右。既从事农业生产,又从事本村非农就业的农户家庭比例从 25% 下降到 16%。而既从事农业生产,又从事外出打工的农户家庭比例从 30% 上升到 37%。既从事农业生产、本村非农就业和外出打工的农户家庭比例稳定地保持在 19% 左右。从农户家庭的类型也可以看到与表 1 大致相同的趋势:随时间的演进,农户家庭更多的劳动时间分配给了外出打工,而本村非农就业的劳动时间逐步减少。从地区来看,不同省份也如表 1 一般呈现着不同的情况,比如明显可见的黑龙江的农户家庭单纯从事农业生产的最多。山东的农户家庭从事农业生产和本村非农就业的居多,而江西、四川的农户家庭以从事农业生产和外出打工居多。

表 2 农户家庭时间分配类型

项目	省份	2004 年	2005 年	2006 年	2007 年	2008 年
只从事农业生产的家庭比例	黑龙江	0.41	0.37	0.44	0.34	0.36
	江西	0.11	0.13	0.10	0.12	0.15
	山东	0.13	0.21	0.18	0.17	0.11
	湖南	0.15	0.14	0.14	0.12	0.12
	四川	0.12	0.15	0.09	0.09	0.12
	总体	0.18	0.20	0.19	0.17	0.17

---

① 数据源自《中国统计年鉴 2011》。

续表

项目	省份	2004 年	2005 年	2006 年	2007 年	2008 年
从事农业生产和本村非农就业的家庭比例	黑龙江	0.27	0.31	0.31	0.35	0.29
	江西	0.14	0.15	0.14	0.11	0.05
	山东	0.42	0.34	0.25	0.25	0.22
	湖南	0.27	0.17	0.17	0.20	0.16
	四川	0.17	0.18	0.15	0.13	0.09
	总体	0.25	0.23	0.20	0.21	0.16
从事农业生产和外出打工的家庭比例	黑龙江	0.11	0.08	0.06	0.09	0.12
	江西	0.41	0.44	0.40	0.43	0.46
	山东	0.23	0.22	0.31	0.34	0.40
	湖南	0.29	0.31	0.29	0.35	0.39
	四川	0.46	0.39	0.43	0.48	0.50
	总体	0.30	0.29	0.30	0.34	0.37
既从事农生产业、本村非农就业和外出打工的家庭比例	黑龙江	0.18	0.22	0.17	0.17	0.17
	江西	0.26	0.21	0.26	0.22	0.18
	山东	0.18	0.19	0.19	0.20	0.22
	湖南	0.18	0.17	0.18	0.22	0.21
	四川	0.17	0.18	0.23	0.20	0.17
	总体	0.19	0.19	0.21	0.20	0.19

数据来源：作者计算。

综合表 1、表 2 所反映的家庭劳动投入时间和家庭类型来看，整体上随时间变迁，农户家庭倾向于减少农业生产和本村非农就业的劳动投入，而增加外出打工的劳动投入。但是，地区之间在结构上也存在着明显的差异，尤其是粮食主产区和非粮食主产区之间的家庭选择差异较大。

三、文献回顾和理论构建

在构建本文的理论框架之前,我们先回顾一下关于对农户家庭劳动配置的以往研究。从已有文献看,农村地区农户家庭劳动分配问题的研究主要集中于发展中国家,主要是因为发展中国家大多处于社会转型阶段,农业部门在整个国民经济中所占的比例非常大,为研究者们提供了良好的现实数据。研究方法主要是农户模型,该方法起源于贝克尔的家庭生产函数(Becker,1965),后来经过 Nakajima(1986)以及 Singh et al.(1986)发展形成了较为完善的农户家庭模型,广泛地应用于研究农户和农民的一系列行为。

Wang et al.(2007)利用中国浙江 1995—2002 年农户数据,主要研究了农户家庭的劳动配置问题,研究结果表明当雇工工资提高时,农户家庭的雇工需求会减少。非农就业的工资对家庭的劳动配置会造成不同的影响,主要依赖于家庭在劳动市场的参与情况。同时,土地对农户家庭的劳动时间分配并没有显著的影响。Bagamba et al.(2007)利用 2003 年和 2004 年乌干达农村调查数据,研究了农户的劳动配置决定因素,研究结果发现农户家庭对影子工资水平的上升有显著的正向影响,表明农户家庭对经济刺激十分敏感。工资水平的上升会减少农户家庭的雇工数量。但是农户家庭的人口特征对雇工需求却没有影响,所以他们认为农户家庭的雇工需求主要取决于工资水平,而不是家庭人口特征。

此外,Huffman(1980)从人力资本的角度研究了农民在农业和非农就业之间的选择;Benjamin(1992)分析了农村内部是否存在完全出清的劳动力市场,并研究了人口结构对农户的劳动配置影响;Lopez(1984)发现除了经济因素会影响农民的劳动配置外,农民自身的偏好也决定着农民的行为,如有的农民更偏好于从事农业生产,而不愿意外出打工。

总而言之,上述文献实际上都是对于家庭的劳动决策的某一个方面进行分析(比如雇工),而没有完全地呈现给读者一幅综合的图景——农户家庭劳动配置的变迁过程到底是什么样的。而且,这些研究都仅仅着眼于农户家庭参与农业生产和就业两者的抉择,而没有考虑外出打工和本地非农就业的区别。

在进入实证研究之前,我们先通过理论模型来阐述本文的核心思想。结合消费者行为模型和新古典经济学的农户模型,我们构造关于农户消费商品 c 和休闲时间 l 的严格凹性效用函数[①]:

$$\max U = U(c, l; H) \tag{1}$$

$$\text{s.t.} \quad c = y + F(l_f; A) + w \cdot l_{out} + w \cdot l_{non} \tag{2}$$

$$T = l + l_f + l_{out} + l_{non} \tag{3}$$

$$F(l_f; A) = f(l_f; A) - w \cdot l_{hire} \tag{4}$$

其中:H 是农户的家庭特征;农户家庭的时间约束 T 等于休闲时间 l、农业劳动时间 l_f、本地非农工作时间 l_{non} 和外出打工时间 l_{out} 之和;w 表示工资水平;$F(L; A)$ 是从事农业生产的净收入,假设农业生产中只有劳动力一种可变投入函数,并且整个生产函数服从 $f(l; A)$ 的形式,l 为投入的劳动,A 为农业生产的固定投入,实际上可以视为土地和附着于土地上的投入,$f(l; A)$ 关于 l 和 A 都是递增的;y 是其他外生性收入,比如亲友的馈赠或者继承等。

把时间的约束条件带到消费的约束条件中,可以得到:

$$c + w \cdot l = y + \rho(w; A) + w \cdot T \tag{5}$$

方程(5)左边是农民的商品 c 消费和休闲时间 l 消费,在方程的右边是农民的收入约束;$\rho(w; A) = F(L; A) - w \cdot l_f$ 是从事农业收入的利润函数;$w \cdot T$ 是农民花费所有时间能够获得的工资收入。这样就很好地体现了农民的消费者角色和生产者角色,为研究提供了更好的分析视角。

方程(2)假设了本地非农工资、外出打工工资和雇工工资相等:$w_{non} = w_{out} = w_{hire} = w$。那么,消费函数将变成:

---

① 参考:哈尔、瓦里安:《微观经济学》,经济科学出版社,2004 年;Benjamin D., 1992,"Household Composition, Labor Markets, and Labor Demand: Testing for Separation in Agricultural Household Models", *Econometrica*, Vol. 60. No. 2, pp. 287-322。

$$c = y + F(L; w_{hire}, A) + w_{out} \cdot l_{out} + w_{non} \cdot l_{non} \,。$$

家庭的人口结构在短期较难发生显著的变化。所以在短期内,家庭人口结构特征可以被认为是外生的。土地如果是被分配的,且没有形成完全流转的土地市场,也可以被认为是外生的。① 关于工资的研究,本文主要集中在农民外出打工的工资水平和农村内部劳动力市场的雇工工资水平研究。对于单个农民来说,无论外出打工还是成为本地雇工,他们对当前的工资水平都是价格接受者,所以外出打工工资水平和农村内部劳动力市场的工资水平也被视为外生。以下理论分析将利用局部均衡的方法分别讨论家庭人口、土地、外出打工工资水平和农村内部劳动力市场的雇工工资水平对农户家庭劳动时间分配的影响机理。

1. 人口数量对农户家庭劳动时间分配的影响

假设农民外出打工或本地非农都是进入完全竞争市场,是工资水平的接受者,即市场工资等于其边际收益。② 用局部均衡理论分析,农民为达到效用最大化,会选择 $slope = \dfrac{\partial F(l_f, w_{hire}, A)}{\partial l_f} = w$,即使农业生产的劳动边际收益等于外出打工或本地非农的劳动边际收益。

从图 1 中可以看到,由于农业生产的劳动需求取决于土地面积、农业技术和劳动力市场,假设:2 个家庭面临相同的土地面积、农业技术和劳动力市场约束,则它们需要相同的农业劳动时间 $l_f^* = l_{f_1} = l_{f_2}$;如果家庭 2 的劳动力人数大于家庭 1 的劳动力人数($L_2^S > L_1^S$),则 $L_2^S - l_{f_2} > L_1^S - l_{f_1}$,即家庭 2 从事农业生产之外的非农劳动时间和外出打工的劳动时间将多于家庭 1。可见,家庭总劳动力数量将会对家庭劳动时间的分配构成影响。

对于整个家庭来说,总劳动力数量越多的家庭,能够用于本地非农就业和外出打工的时间就越多。至于是选择本村非农就业,或者选择外出打工,从局部均衡理论来看,这将取决于本地非农工资和外出打工工

---

① 实际上,2003 年《农村土地承包法》实施之后,"增人不增地,减人不减地"成为农村土地分配的原则,除了城市化导致耕地减少之外,耕地的变化基本不大(Deininger and Jin, 2009)。

② 为简化分析,以下均假设 $w_{non} = w_{out} = w$。

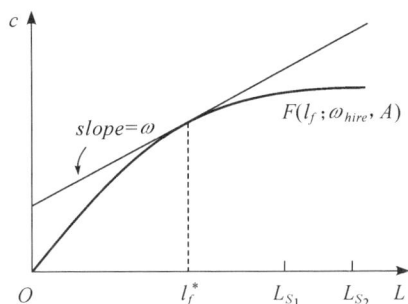

图 1 人口数量对家庭劳动时间分配的影响

资的水平,农民将使从事农业生产、本地非农就业和外出打工的劳动边际收益相等。而对于家庭中平均每个劳动力的时间配置来说,由于家庭农业生产劳动需求一定,那么家庭总劳动力数量增加,平均每个劳动力需要花费的农业生产时间就会减少,而平均每个劳动力能够用于本地非农就业和外出打工的时间就会增加。

2. 土地面积对农户家庭劳动时间分配的影响

如图 2 所示:如果 $A_1 > A_2$,则 $\dfrac{\partial F(l_f; w_{hire}, A_1)}{\partial l_f} > \dfrac{\partial F(l_f; w_{hire}, A_2)}{\partial l_f}$;

若 $slope = \dfrac{\partial F(l_{f_2}; w_{hire}, A_2)}{\partial l_{f_2}} = w$,$l_{f_2} = l_f$,则 $\dfrac{\partial F(l_f; w_{hire}, A_1)}{\partial l_f} >$

$\dfrac{\partial F(l_f; w_{hire}, A_2)}{\partial l_f} = w$。

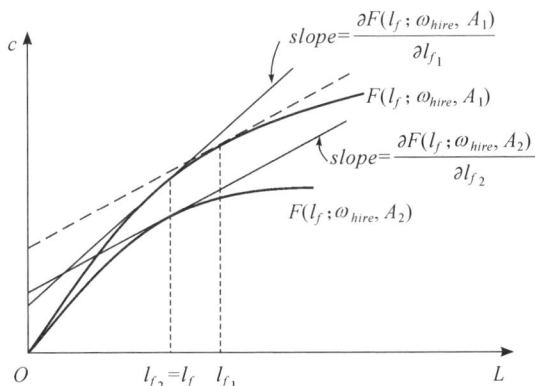

图 2 土地面积对家庭劳动时间分配的影响

因此,土地多的农户会选择分配更多的时间给农业生产,直到
$\dfrac{\partial F(l_{f_1};w_{hire},A_1)}{\partial l_{f_1}}=\dfrac{\partial F(l_{f_2};w_{hire},A_2)}{\partial l_{f_2}}=w$,此时分配的农业时间为 l_{f_1}
$>l_{f_2}$,即

$$\frac{\partial l_f}{\partial A}>0,\frac{\partial l_{non}}{\partial A}<0,\frac{\partial l_{out}}{\partial A}<0。$$

3.外出打工工资水平对农户家庭劳动时间分配的影响

假设外出打工的工资 $w_2>w_1$,从图 3 可以看到:处于均衡状态时,当外出打工工资水平为 w_1 时,农户家庭最优的劳动数量是 l_{f_1};当外出打工工资为 w_2 时,农户家庭最优的劳动数量是 l_{f_2}。显然 $l_{f_1}>l_{f_2}$,即 $L^S-l_{f_1}<L^S-l_{f_2}$。 可见,外出打工工资提高,农民将减少从事农业生产的劳动时间,而用更多的时间外出打工。同样,随着外出打工的工资提高,农民也将减少本地非农就业时间,而用更多的时间外出打工,即

$$\frac{\partial l_{out}}{\partial w_{out}}>0,\frac{\partial l_f}{\partial w_{out}}<0,\frac{\partial l_{non}}{\partial w_{out}}<0。$$

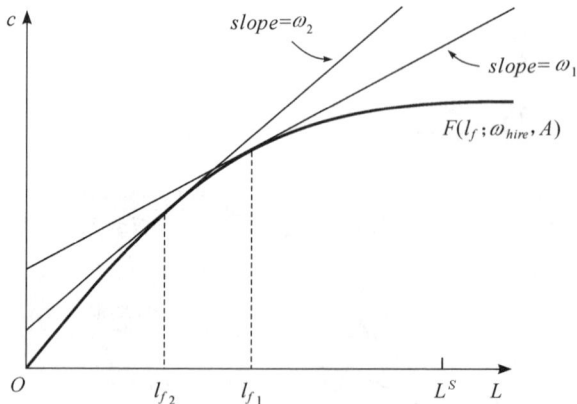

图 3　外出打工工资对家庭劳动时间分配的影响

4.雇工工资水平对农户家庭劳动时间分配的影响

如图 4 所示:初始状态当农村内部雇工工资等于 w_{hire_1} 时,农户的选

择达到局部均衡,即 $\dfrac{\partial F(l_f ; w_{hire_1}, A_2)}{\partial l_{f_1}} = w$,均衡点的农业生产劳动投

入等于 $l_{f_1}^*$;假设雇工工资上升到 w_{hire_2},在其他条件不变的情况下,雇工工资的上涨直接导致农业生产成本上升,即农业生产净收益曲线从 $F(l_f ; w_{hire_1}, A)$ 下降到 $F(l_f ; w_{hire_2}, A)$。此刻,如果农业生产劳动投入

依然等于 $l_{f_1}^*$,则在 B 点的边际收益为 $\dfrac{\partial F(l_f ; w_{hire_2}, A_2)}{\partial l_{f_1}^*} < w$,农户从效

益最大化出发,会选择减少农业生产的劳动投入,直到 C 点重新达到均

衡状态,即 $\dfrac{\partial F(l_f ; w_{hire_2}, A_2)}{\partial l_{f_2}^*} = w$。

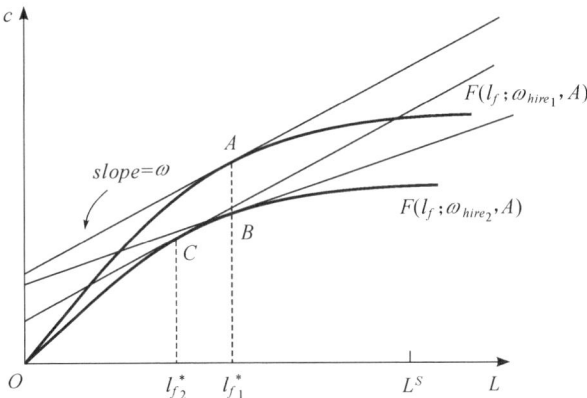

图 4　雇工工资对家庭劳动时间分配影响

可见,随着农村内部劳动力市场雇工工资的上涨,农户会减少农业生产的劳动投入,而增加本村非农就业和外出务工的劳动投入,即

$$\frac{\partial l_f}{\partial w_{hire}} < 0, \frac{\partial l_{non}}{\partial w_{hire}} > 0, \frac{\partial l_{out}}{\partial w_{hire}} > 0。$$

5. 社会层面的影响

尽管大量的文献都是从经济层面去讨论农民的行为,但是我们认为社会层面同样会影响农民的行为。当农户家庭有年迈老人时,如果国家缺乏相应的社会保障体系,只能由家庭来负责赡养老人,这时候家庭的劳动时间分配将不再仅受经济层面的影响,农户家庭就必须分配更多的

时间来照顾老人,就会相应地减少从事农业生产、本村非农就业和外出打工的时间,即

$$\frac{\partial l_f}{\partial D} < 0, \frac{\partial l_{non}}{\partial D} < 0, \frac{\partial l_{out}}{\partial D} < 0 。$$

四、中国农户家庭劳动配置的实证分析

根据上面的理论分析,我们构建了以下的计量模型:

$$l_{it} = \beta_0 + \beta_1 H_{it} + \beta_2 A_{it} + \beta_3 w_{out_{it}} + \beta_4 w_{hire_{it}} + \beta_5 D_{it} + \varepsilon_{it} 。$$

上式中,i 表示横截面单位,t 表示时期。l_{it} 为因变量,表示农户家庭分配给农业生产、非农就业和外出打工的劳动时间。H_{it} 表示随时间变化的家庭特征变量,我们选择了户主的年龄、性别和教育水平、家庭总劳动力数量、年轻人比例。人力资源理论认为教育是对人的行为影响很重要的解释因素(舒尔茨,1999),而户主常常在家庭的决策中有非常重要的影响,因此我们选择户主的教育水平来反映教育对农户家庭的影响。家庭总劳动力数量、年轻人比例将主要反映家庭的人口结构特征。年轻人比例的定义是家庭中大于 18 岁、小于 25 岁的人口比例。

A_{it} 代表农户家庭的土地拥有面积。中国的土地制度是家庭承包责任制,中国人多地少,每个农户家庭获得的由国家统一按人数分配的土地极少。由于农村缺乏社会保障体系,比如完善的养老保险、医疗保险,人们在很大程度上依靠完全属于自己的土地①来满足这些社会保障和日常生活需要。在中国农村,尽管家庭承包责任制度实行了 30 多年,农村的土地依然没有实现大规模的流转,绝大部分的农户依然牢牢地抓住自己的几亩薄田。所以当样本量足够大时,农户家庭的土地拥有量可以被视为外生变量。这个变量将主要用于检验理论分析中的假设:农户家庭拥有更多的土地后,就会分配更多的时间从事农业生产,而不是选择

---

① 实际上在中国,土地也不是完全属于农民,国家规定土地属于集体,农民只有承包经营权。但是完全拥有承包经营权的期限较长,所以农民对土地有稳定的预期,在未来相当长的时间内将完全归自己拥有。

本村非农就业和外出打工。当然这是相对而言,并不是说土地多的农户不选择本村非农就业和外出打工,只是其劳动时间相对较少。

$w_{out_{it}}$ 表示每个村的平均外出打工工资。我们首先算出每个家庭中劳动力外出打工的工资(单位:元/天),然后取该村所有劳动力外出打工的工资均值。实际上在中国,农民外出到一个城市打工,由于技术和知识的缺乏,常常从事简单的体力活,而体力活的工资水平则完全是由该城市的经济发展水平决定的,所以对单个外出打工的农民来说,将其假设为外生变量。

$w_{hire_{it}}$ 表示每个村的平均雇工工资。首先,计算出每个家庭从事农业生产时雇工的工资水平(单位:元/天),然后取该村的雇工工资平均值。同样一个地区内,或者一个村内的雇工工资往往也是由该村的劳动力供给和需求,以及村内农户家庭的平均收入水平决定,所以对单个家庭来说,将其假设为外生变量。

D_{it} 为虚拟变量。$D_{it}=1$,表示家庭中有年龄超过 75 岁的老人;$D_{it}=0$,则反之。该变量用于反映社会层面因素对家庭劳动时间分配的影响。尽管中国有些地区的城市养老体系已经发展得较好,但是中国农村的养老保障体系尚未建立起来,农村的养老依然由家庭承担,老年人都需要家庭的其他劳动力来负责照顾和赡养。为什么要选取 75 岁以上的老人呢?因为在中国农村,大多数地方 60—75 岁的老人一般还身体较为健康,可以承担农户家庭的部分劳动。所以,为了获取需要照顾老人的信息,我们选取了农户家庭中是否有 75 岁以上的老人。

表 3 描述了 2004—2008 年家庭的基本特征情况和工资变化。家庭的基本特征几乎没有太大的变化。工资方面有较大幅度的上涨,外出打工工资水平从 2004 年每天的 27.45 元上升到 2008 年的 38.37 元,本村内雇工工资从每天的 26.00 元上升到 49.35 元。

表 3　家庭基本情况描述

单位:元/天

变量	2004 年	2005 年	2006 年	2007 年	2008 年
户主教育程度	6.74	6.83	6.91	6.80	6.80
家庭平均年龄	41.77	42.30	42.64	43.13	43.71
家庭年轻人比例	0.14	0.14	0.14	0.14	0.14
家庭土地数量	11.99	11.94	13.08	13.08	13.60
家庭总劳动力数量	2.91	2.92	2.91	2.96	2.97
外出打工工资	27.45	28.01	30.68	34.47	38.37
本村内雇工工资	26.00	30.09	38.21	44.59	49.35

数据来源:作者计算。

在进行农户家庭劳动时间配置的回归分析时,我们的实证策略是:第一步采用最小二乘法(OLS)对农户家庭平均每个劳动力的农业生产、本村非农就业和外出打工的劳动时间进行估计,见表 4 中的前 3 列(R1、R2、R3)数据。在描述部分,可以看到,不同地区有很大的结构性差异,于是我们控制了省级固定效应。

为了保证计量回归结构的稳健性,第二步采用面板数据估计方法进行估计,它与一般的 OLS 估计方法的区别主要体现在对于不随时间变化的非观测效应变量的处理。相对于 OLS 而言,这种方法能够使估计结果更好地保持一致性(伍德里奇,2010)。我们先利用这种方法估计了方程的随机效应(RE),再估计了固定效应(FE),然后利用 Hausman 检验进行比较,检验结果拒绝了两种方法得到的变量系数矩阵相等的原假设。由于 FE 模型比 RE 模型更符合一致性的要求,于是我们选择了 FE 的系数估计矩阵,对农户家庭平均每个劳动的农业生产、本村非农就业和外出打工劳动时间的估计结果见表 4 的后 3 列(R4、R5、R6)数据。

尽管用面板固定效应方法可以改善最小二乘法的估计效果,但还忽略了一个方面:农户在做劳动配置时,农业生产、本村非农就业和外出打工的劳动配置决策,三者之间是相互联系的。为解决这个问题,第三步我们采用似不相关回归估计方法(SUR),将这三个方程进行联合估计,从而提高估计效率(表 5)。

表 4　农户家庭平均每个劳动力的时间配置

变量	OLS				FE	
	R1	R2	R3	R4	R5	R6
户主年龄>30&≤40	-4.465 (4.81)	10.786*** (4.02)	7.235* (4.37)	5.919 (5.02)	3.410 (4.81)	-4.097 (5.09)
户主年龄>40&≤50	7.024 (4.99)	14.097*** (4.17)	9.176** (4.53)	-0.228 (5.31)	4.751 (5.08)	8.044 (5.38)
户主年龄>50	5.895 (5.32)	14.952*** (4.44)	9.812** (4.83)	-5.194 (5.58)	4.603 (5.35)	13.443** (5.66)
户主性别(男=0;女=1)	33.780*** (4.31)	-12.324*** (3.60)	-7.565* (3.91)	13.009** (6.61)	7.677 (6.34)	7.358 (6.71)
户主教育水平	-3.773*** (1.21)	-0.101 (1.01)	8.520*** (1.10)	9.790*** (2.07)	4.460** (1.99)	5.301** (2.10)
户主教育水平平方	-0.044 (0.09)	0.204*** (0.07)	-0.612*** (0.08)	-1.121*** (0.15)	-0.436*** (0.14)	-0.405*** (0.15)
家庭劳动力平均年龄	-1.869** (0.78)	4.020*** (0.65)	0.655 (0.71)	6.078*** (1.01)	1.264 (0.97)	1.376 (1.03)
家庭劳动力平均年龄平方	0.017** (0.01)	-0.051*** (0.01)	-0.034*** (0.01)	-0.073*** (0.01)	-0.019* (0.01)	-0.035** (0.01)
家庭年轻人比例(18~25岁)	-20.697*** (5.10)	-5.221 (4.25)	6.508 (4.63)	-2.039 (5.35)	-2.397 (5.13)	12.364** (5.43)
log_家庭劳动力总数	-52.183*** (2.71)	-19.520*** (2.26)	18.699*** (2.46)	-63.161*** (3.68)	-19.434*** (3.53)	17.579*** (3.73)

续表

变量	OLS			FE		
	R1	R2	R3	R4	R5	R6
log_家庭土地经营面积	28.628*** (0.99)	-5.061*** (0.83)	-15.684*** (0.90)	12.256*** (1.60)	-3.199** (1.53)	-8.502*** (1.62)
log_外出打工工资	-9.369*** (2.45)	-19.845*** (2.04)	22.968*** (2.22)	-21.936*** (2.06)	-9.022*** (1.97)	13.166*** (2.08)
log_本村内雇工工资	-21.301*** (1.65)	0.032 (1.38)	7.210*** (1.50)	-6.392*** (1.33)	7.161*** (1.27)	6.440*** (1.35)
家庭是否有老人（$D=1$)	-8.366*** (2.25)	2.843 (1.88)	-0.215 (2.04)	-2.525 (2.60)	3.872 (2.49)	-2.816 (2.64)
省级固定效应	Yes	Yes	Yes			
N	11271	11271	11271	11271	11271	11271
F	149.09	45.47	299.92	67.346	7.677	33.893
R^2	0.193	0.068	0.324	0.109	0.014	0.058

注：* 表示 $p<0.1$，** 表示 $p<0.05$，*** 表示 $p<0.01$。括号内为 t 值。

表 5　农户家庭平均每个劳动力的时间配置(SUR)

变量	农业生产	本村非农就业	外出打工
40≥户主年龄>30	−1.907 (−0.386)	7.745* (1.900)	11.670*** (2.600)
50≥户主年龄>40	8.683* (1.690)	11.458*** (2.710)	12.802*** (2.740)
户主年龄>50	8.317 (1.520)	11.763*** (2.620)	13.723*** (2.770)
户主性别(男=0;女=1)	31.514*** (7.170)	−10.441*** (−2.888)	−8.707** (−2.179)
户主教育水平	−4.421*** (−3.583)	0.804 (0.790)	6.213*** (5.540)
户主教育水平平方	0.041 (0.460)	0.180** (2.490)	−0.525*** (−6.582)
家庭劳动力平均年龄	−0.634 (−0.797)	4.329*** (6.620)	1.275* (1.760)
家庭劳动力平均年龄平方	0.003 (0.380)	−0.053*** (−7.748)	−0.043*** (−5.723)
家庭年轻人比例(18—25 岁)	−19.597*** (−3.755)	−2.786 (−0.649)	9.167* (1.930)
log_家庭劳动力总数	−52.570*** (−18.947)	−21.454*** (−9.400)	23.267*** (9.220)
log_家庭土地经营面积	17.907*** (29.320)	−1.293** (−2.573)	−27.577*** (−49.669)
log_外出打工工资	−12.350*** (−4.926)	−20.915*** (−10.142)	24.852*** (10.900)
log_本村内雇工工资	−26.376*** (−15.727)	2.750** (1.990)	2.827* (1.850)
家庭是否有老人(D=1)	−6.260*** (−2.719)	1.641 (0.870)	1.847 (0.880)
N	11272		
R^2	0.1470	0.0417	0.2830
χ^2	1935.4	490.7	4457.6

注:* 表示 $p<0.1$,** 表示 $p<0.05$,*** 表示 $p<0.01$。括号内为 t 值。

从表 4 和表 5 的三种方法估计的结果来看,户主的特征以及家庭平均年龄和家庭年轻人比例所产生的影响,不是太稳健。用 OLS 估计和面板估计方法(FE)与似不相关回归估计方法得到的结果有较大的差异。由于这些变量的估计结果不稳健,我们不对其做过多的解释。但是在理论部分核心关注的四个变量,家庭劳动力总数、家庭土地经营面积、外出打工工资和农村内部雇工工资,对农户家庭劳动分配的影响,从 OLS 估计和面板固定效应估计都得到非常一致且稳健的结果。

关于家庭劳动力总数对家庭劳动配置的影响,从系数来看,这三种方法估计的结果表明,家庭劳动力数量对农业生产、本村非农就业和外出打工的劳动时间的影响都在 1% 的统计水平上高度显著,分别对农业生产和本村非农就业产生负的影响,而对外出打工产生正的影响。这与我们上一部分的理论分析完全吻合,表明了家庭劳动力总数越多,越会促进农户家庭分配更多的时间到外出打工中,而减少农业生产和本村非农就业劳动时间。

家庭土地经营面积与家庭的农业生产、本村非农就业和外出打工劳动时间的两种方法估计结构,同样都构成了 1% 统计水平上高度显著的相关关系。其对家庭的农业生产劳动时间是正的影响,对本村非农就业和外出打工的劳动时间是负的影响。这与前面的理论分析也完全一致,表明了家庭的土地越多,家庭会分配越多的时间去从事农业生产,而减少本村非农就业和外出打工的劳动时间以达到家庭的局部均衡状态。

三种方法估计的外出打工工资对农户家庭劳动时间配置的影响在 1% 的水平上高度显著,对农业生产和本村非农就业的劳动时间是负的影响,对外出打工的劳动时间是正的影响。这佐证了前面的理论分析,表明了农民对工资的反应十分强烈,即农民对经济层面的影响十分敏感。外出打工的工资越高,农民越愿意放弃农业生产和本村非农就业,而选择外出获得更高的工资收入。

用 OLS 估计的本村内雇工工资对农户家庭分配给农业生产和外出打工的劳动时间的影响也在 1% 的水平上高度显著,但是对本村非农就业的劳动时间影响不显著。面板固定效应估计(FE)和似不相关回归估计(SUR)的结果表明,本村内雇工工资对三者的影响都在 1% 的水平上显著。我们在理论部分论述了雇工工资对农民的选择存在不同的影响路径,从这里的实证结果看,雇工工资的上涨对农户家庭的农业生产和本村非农就业劳动时间产生负的影响,而对外出打工劳动时间产生正的影响。这表明农民会更加考虑从事农业生产的成本问题,当雇工工资升高时,农民就会减少从事农业生产和本村非农就业的劳动时间,而选择获取外出打工的工资。

用家庭中是否有老人来观察农户家庭人口结构因素对家庭劳动时间配置的影响,利用最小二乘法和似不相关估计法得到的结果是,如果农户家庭中有老人,其会对农业生产造成负的影响,但是对本村非农就业和外出打工影响都不显著,利用面板固定效应估计得到的结果都不显著。这表明社会层面的因素对农户家庭的劳动时间配置的影响可能并不稳健。但是由于我们只选取了家庭中是否有老人这个变量,还存在其他的家庭人口结构因素和社会结构因素(比如社会学研究强调的社区关系网络结构)对农户家庭的劳动配置也会产生影响。因此,在家庭人口结构和社会结构对农户家庭的劳动时间配置的影响方面,还有待更为深入地研究其他人口结构因素和社会结构因素对农户家庭劳动时间配置的影响。

五、结论

改革开放以来,中国历经了30多年经济与社会的快速发展,日益成为世界最重要的经济体之一。在这个过程背后,农民做出了巨大的贡献,不仅在计划经济时期为工业化的起步积累了大量的资本,在当前国家工业化发展的中期阶段,又为国家提供了丰富的劳动力(林毅夫、蔡昉、李周,1999)。在这个过程中,农民从过去完全从事农业生产,演变为现在既可以从事农业生产,也可以从事本地非农就业和外出打工。在这样的背景下,本文着眼于研究农户家庭在农业生产、本地非农就业和外出打工三者之间劳动时间配置。

我们发现,总体上,中国农户家庭随时间变化会减少农业生产和本村非农就业的劳动时间,而增加外出打工的劳动时间。但是不同地区之间人口土地密度存在较大的差异,黑龙江和山东两省的农户家庭拥有更多的土地,它们倾向于花费更多的时间于农业生产,而劳动力外流大省湖南、江西和四川三省的农户家庭更倾向于本地非农就业和外出打工。

计量回归的实证结果表明,家庭劳动力数量、土地经营面积、外出打工工资和本村雇工工资对农户家庭的劳动时间配置产生重要影响,并且在统计水平上高度显著。具体而言,家庭劳动力数量对农业生产和本村非农就业的劳动时间构成负的影响,对外出打工的劳动时间构成正的影响,而对家庭总的农业生产、本村非农就业和外出打工的劳动时间都会有正的影响。土地经营面积也是影响家庭劳动时间配置的重要因素,土地多,会增加家庭农业生产的劳动时间分配,而减少本村非农就业和外出打工的劳动时间。工资对农户家庭的劳动时间配置的影响也是高度显著的,外出打工工资越高,农民越倾向于外出打工,而农业生产和本村非农就业的劳动时间就越少。本村内部雇工工资升高,农民会考虑农业生产的成本问题,而减少农业生产的劳动时间,增加本村非农就业和外出打工的劳动时间。

除此之外,我们利用家庭中是否有老人的指标来观察家庭人口结构的因素对农户家庭劳动时间配置的影响,实证估计结果在统计水平上并不显著。这说明在中国农户家庭的劳动配置变迁过程中,农户家庭中老人需要被照顾可能并不是影响农户家庭选择的主要因素。但是,这方面的研究还有待更深入的探究,因为可能还有更重要的家庭人口结构因素和其他社会结构因素(比如社会学研究强调的社会网络关系结构)也在影响着农户家庭的劳动时间配置。所以,这将是我们未来需要进一步研究和探索的方向。

参考文献

[1]Bagamba F. , Burger K. , Kuyvenhoven A. , 2007, "Determinants of Smallholder Farmer Labour Allocation Decisions in Uganda", 106th Seminar, European Association of Agricultural Economists, Montpellier.

[2]Becker G. S. , 1965, "A Theory of the Allocation of Time", *The Economic Journal*, Vol. 75. No. 299, pp. 493-517.

[3]Benjamin D. , 1992, "Household Composition, Labor Markets, and Labor Demand: Testing for Separation in Agricultural Household Models", *Econometrica*, Vol. 60. No. 2, pp. 287-322.

[4]Deininger K. and Jin S., 2009, "Securing Property Rights in Transition: Lessons from Implementation of China's Rural Land Contracting Law", *Journal of Economic Behavior & Organization*, Vol. 70. No. 1-2, pp. 22-38.

[5]Huffman W. E., 1980, "Farm and Off-farm Work Decisions: The Role of Human Capital", *The Review of Economics and Statistics*, Vol. 62. No. 1, pp. 14-23.

[6]Nakajima C., 1986, Subjective Equilibrium Theory of the Farm Household. Amsterdam; New York: Elsevier.

[7]Ramon E. L., 1984, "Estimating Labor Supply and Production Decisions of Self-employed Farm Producers", *European Economic Review*, Vol. 24. No. 1, pp. 61-82.

[8]Singh I., Squire L., Strauss J., 1986, "A Survey of Agricultural Household Models: Recent Findings and Policy Implications ", *The World Bank Economic Review*, Vol. 1. No. 1, pp. 149-179.

[9]Takahashi K., Otsuka K., 2009, "The Increasing Importance of Nonfarm Income and the Changing Use of Labor and Capital in Rice Farming: The Case of Central Luzon, 1979-2003 ", *Agricultural Economics*, Vol. 40. No. 2, pp. 231-242.

[10]Temple J., 1999, "The New Growth Evidence", *Journal of Economic Literature*, Vol. 37. No. 1, pp. 112-156.

[11]Wang X., Herzfeld T., Glauben T., 2007, "Labor Allocation in Transition: Evidence from Chinese Rural Households", *China Economic Review*, Vol. 18. No. 3, pp. 287-308.

[12] Zhang L., Huang J., Rozelle S., 2002, "Employment, Emerging Labor Markets, and the Role of Education in Rural China", *China Economic Review*, Vol. 13. No. 2-3, pp. 313-328.

[13]Zhang L., Rozelle S., Huang J., 2001, "Off-farm Jobs and On-farm Work in Periods of Boom and Bust in Rural China", *Journal of Comparative Economics*, Vol. 29. No. 3, pp. 505-526.

[14]Zhang X., Yang J., Wang S., "China Has Reached the Lewis Turning Point", *China Economic Review*, Vol. 22. No. 4, pp. 542-554.

[15]曹阳、李庆华:《我国农户劳动力配置决策模型及其应用》,《华中师范大学学报(人文社会科学版)》,2005年第1期。

[16]哈尔·R.范瓦里安:《微观经济学》,北京:经济科学出版社,2004年。

[17]简新华:《从"民工潮"到"民工荒"——农村剩余劳动力有效转移的制度分析》,《人口研究》,2005年第2期。

[18]林毅夫、蔡昉、李周:《中国的奇迹:发展战略与经济改革》,上海:上海人民出版社,1999年。

[19]舒尔茨·西奥多·W.:《改造传统农业》,北京:商务出版社,1999年。

[20]宋晶:《从民工潮到民工荒:基于劳动力市场管制视角的分析》,《财经问题研究》,2005年第10期。

[21]伍德里奇·杰弗里·M.:《计量经济学导论》,北京:中国人民大学出版社,2010年。

[22]赵耀辉:《中国农村劳动力流动及教育在其中的作用》,《经济研究》,1997年第2期。

新型农业经营体系的内涵与建构①

　　在中国农村改革深化和农业发展方式的转型过程中,重视新型农业经营体系建构,把握其科学内涵和组织制度安排,突出多类型农业规模经营体系和多元化农业服务体系建构,深化农村土地制度和集体经济制度改革,将农业的家庭经营制度、合作经营制度、公司经营制度和行业协调制度有效结合,形成集约化、组织化、专业化的农业经营主体与产业化、规模化、多元化的农业服务体系的互促共进,具有极为重要的意义。

一、把握新型农业经营体系建构的科学内涵

　　党的十八大提出要"构建集约化、专业化、组织化、社会化相结合的新型农业经营体系"。尔后,党的十八届三中全会以及 2013 年、2014年、2015 年的中央一号文件等,都强调要加快新型农业经营体系构建。对于新型农业经营体系的构建,我们必须从多维度、多层次的角度把握其科学内涵。新型农业经营体系实质上是一种适应农业转型发展和现代市场竞争的农业经营体系,是一种具有多维度视角、多层次特征、多功能属性的系统集成。构建新型农业经营体系的重要目的,是实现现代农业经营主体与现代农业支撑体系的有机结合和融合发展,以促使新型农业经营主体健康成长、多元化农业服务体系尽快形成、多类型农业规模

---

　　①　本文作者为黄祖辉、傅琳琳。本文内容发表在《学术月刊》2015 年第 7 期。本文为国家自然科学基金农林经济管理学科群重点项目"农业产业组织体系与农民合作社发展:以农民合作组织发展为中心的农业产业组织体系创新与优化研究"(71333011)的阶段性成果。

经营有效发展、多种农业经营机制与产业组织模式有机耦合、农业产业化经营水平和市场竞争力不断提升。

新型农业经营体系可以从三个维度进行观察。一是纵向维度,它体现为农业经营主体与农业全产业链的契合关系。二是横向维度,它一方面体现为某类农产品经营体系中的单位主体或组织的规模,另一方面体现为关联性农产品经营体系的相互联系度。三是区域维度,它体现为农业经营体系在区域空间的跨度。新型农业经营体系具有三个层次的特征:一是产业体系特征,主要体现为区域化布局、集约化生产、规模化经营、组织化分工、多元化服务和市场化运营的"六位一体"与相互协同。二是组织体系特征,新型农业经营体系的组织特征是以合作组织为核心的农业产业组织体系,是农户组织、合作社组织、公司(企业)组织和行业组织的"四位一体"与有机衔接。三是制度体系特征,集中体现为家庭经营制度、合作经营制度、公司经营制度、产业化经营制度和行业协调制度的"五位一体"与优势互补。产业组织与组织制度的选择和安排是农业转型发展、新型农业经营体系建构的关键。因为组织具有多重属性和功能,它的功用发挥,直接关系到新型农业经营体系的活力与效率。组织首先是主体,主体状态与行为决定组织效率。作为主体的组织,是新型农业经营体系的灵魂,新型农业经营体系中的组织就是经营主体与主体关系的集合。组织更是制度,制度是主体行为的指南。作为制度的组织,新型农业经营体系中的组织就是决定主体行为的产业组织制度与相关产权制度的集合。在信息化和互联网时代,组织还是网络,网络世界正在从时空的界面推动农业资源、产品、要素的流动和组合方式产生革命性的变化。作为网络的组织,新型农业经营体系中的组织就是网络结构中的桥梁、纽带和载体。

由此可见,新型农业经营体系实际上是现代农业产业体系、组织(主体)体系、制度体系和网络体系的集合体。科学把握新型农业经营体系的内涵,构建这样一种体系,对于中国农业的转型发展和现代化进程,是至关重要的。

二、重视新型农业经营体系建构中的组织制度安排

在建构作为主体、制度与网络的农业组织体系中,重视组织形式的合理选择与制度安排极为关键。当前,迫切需要重视以下三个方面的问题。

(一)合理运用农业股份合作制和土地股份合作制

1.要合理运用农业的股份合作制

股份合作制是农业特有的制度,其原因在于合作制是农业特有的制度。工业产业没有合作制,工业产业占主导的组织制度是公司制。尽管改革开放初期中国曾出现过所谓的股份合作制的乡镇企业,但实际上在当时是戴个"红帽子",因为当时股份制还没有被政府所完全接受,但随着改革开放的深入和思想的不断解放,这种戴着股份合作制帽子的乡镇企业很快脱下这顶帽子,还其股份制企业的原貌。农业为什么要搞合作制?原因在于家庭经营在农业中的普遍性,人类社会迄今为止,家庭经营制度依然是农业领域内最基本、最有效的组织制度,家庭农业不仅能适应传统农业,而且也能适应现代农业,这已为当今世界的农业实践所证实。但是,农业的家庭经营也存在一定的局限性,其局限性主要体现在两个方面的能力局限。一是对家庭经营规模扩大的能力局限,二是在买方市场竞争中的能力局限。如果要寻找一种既能保持其制度优势,又能克服其局限的组织制度与其相匹配,那就是合作制。这就是合作制在农业领域这么普遍的原因,如果什么时候农业不需要家庭经营了,那么合作制也就失去了其在农业存在的理由。从这一意义上讲,合作制与农业的家庭经营制度是一对孪生体。合作制与农业家庭经营的关系给我们的政策启示是:不要轻易否定农业的家庭经营,不要搞没有农业家庭经营的农业合作社。

然而,为什么又要在农业合作制中引入股份制,进而形成农业的股份合作制?在国外,这一制度被称作新一代的合作制,其主要原因是在

市场竞争环境下,为了控制和占领市场以及获得产后增值收益,农业合作社具有向农业产业下游延伸、实现纵向一体化发展的动力和需要。合作社在向农业下游延伸的过程中,必然会进入农业的加工和贸易领域,这实际是农业合作社进入第二、第三产业领域,而第二、第三产业,尤其是第二产业的工业领域,适宜的组织制度并不是合作制,而是以股份制为特征的现代企业制度,如果想要既发挥合作制在农业中的优势,又发挥股份制的优势,股份制与合作制相融合的股份制便是一种理想的制度安排。这进一步表明,如果一个农业组织能处理好股份制与合作制的关系,能合理安排合作制和股份制,那就表明它能同时发挥家庭经营制度、合作经营制度和股份制制度的优势,使公平、民主和效率在农业经营活动中融为一体,而这恰恰是新型农业经营体系建构和中国农业转型发展所需要重点解决的问题。

2. 要重视土地股份合作制的应用价值

土地股份合作制应该是具有中国特色的土地产权制度。换句话说,尽管股份合作制在世界各国的农业中很普遍,但土地股份合作制却在中国较为流行,这是中国特有的农村土地制度使然。中国农村土地实行的是农村社区集体所有、社区农户长久承包经营和承包土地经营权可流转、可抵押这样一种独特的土地三权分置的制度,而国外的农村土地制度大多要么是私有,要么是国有,通常农业合作社无须在农业经营中或向农业下游延伸中引入土地股份制,而是引入作为股份的技术或货币资本就可以。但在中国现行的农村土地制度框架下,尤其是在农户土地承包权市场化交易受限、土地承包者向非农产业和城市转移就业的情况下,为了使土地所有者——村集体,以及土地长久承包者——农户,能够更好地实现各自的土地权益,土地股份合作制将是一种比较理想的制度选择。

目前,中国农户长久拥有的土地承包经营权,由于仅有其中的经营权被允许市场化地流转和交易,因而还不是完全的产权,其利益至少还需要与土地所有权的代表——村集体共同分享,这实际上是一种典型的混合产权,而土地的股份合作制在现阶段可以成为中国特色土地产权制度有效实现的制度安排选项。这一制度的重要性,不仅在于农民可以通过长久不变的土地承包权或经营权的入股获得相应的收益,不仅在于可使农业的土地资源得到优化利用,而且还有助于村集体经济通过土地的股份合作制安排,使集体土地的所有权在经济上得到实现,进而增强村集体经济的实力与活力。简言之,中国农村土地的股份合作制如果搞得好,将既有助于农民实现财产权利,又有助于村集体焕发活力,并且走出一条独特的农村土地集体所有制度的有效实现的路子。

(二)处理好农业家庭经营和企业经营的关系

始于 20 世纪 80 年代的中国农业的家庭承包经营制度,虽然赋予了农民比较稳定和长久的土地承包经营权,调动了农民的生产积极性与创造性,促进了农业与农村经济的迅速发展,但也呈现出农业经营主体老化、经营规模偏小、服务体系滞后、组织化程度和产业化经营水平不高、国际竞争力不强等问题。然而,中国农业家庭经营所面临的这些问题,并不意味着建立与现代农业发展和现代市场竞争相适应的新型农业经营体系,就要抛弃农业的家庭经营制度,相反,是要在农业家庭经营的基础上,对农业的家庭经营制度进行完善,是要建立既能发挥农业家庭经营制度优势,又能克服其局限的现代农业经营体系。

值得注意的是,这些年来,尽管中国有不少工商企业投资农业和经营农业,推动了农业的规模化、品牌化、市场化,但不少企业却处理不好农业家庭经营与企业经营的关系。比如,不少企业在流转农民土地后,虽然对农业要素进行了整合,采用了规模化的布局、现代化的技术和统一化的营销,但却常常放弃上游农业的家庭经营,而是用企业化的雇工经营方式取代农业的家庭经营,即通过一定的专业化分工,雇请农民为其打工,结果不仅用工成本不菲,而且田间劳动控制成本很高,生产效率降低,陷入发展困境。而有的投资或经营农业的工商企业却将企业经营和家庭经营有机结合,将流转整理后的土地以"反租倒包"或"再承包"的形式再让农户承包经营,同时按照现代农业的要求,对"再承包"农户建立相应的激励约束机制,效果就很不错。这表明,单纯按企业的雇佣制管理模式来经营农业,尤其是农业的上游,并非最合理的选择,还是要以家庭经营制度为基础,同时引入合作制、股份合作制或公司制,以实现农业的家庭经营、合作经营、公司经营的优势互补和有机结合。简言之,工商企业应进入其适宜的农业领域,如农产品深加工、现代储运与物流、品牌打造与统一营销等农户家庭或农业合作组织不具优势的领域,尤其应与农民、农民合作社形成共赢关系,资本可以替代劳动,提高劳动生产率,但不应替代或取代农业的家庭经营制度或合作经营制度。

(三)防止新型农业主体培育中的主体异化

近些年来,中国农业出现了不少名目繁多的新型农业主体和组织,如家庭农场、股份合作农场、股份合作社、土地股份合作社、合作社的联合社等,其中不少是新型农业主体或组织制度的创新,但也有不少是农业主体和组织制度的异化,值得引起高度关注。为什么有的农业主体和组织会被异化?恐怕政府有一定的责任。在计划经济时期,我们曾有过农业经营主体和组织制度被异化的历史教训,如把农业生产合作社演变为统一产权、统一经营、统一分配、低效率的村集体经济组织,把农民举办的信用合作社演变为非合作的商业银行,把农民举办的供销合作社演变为准国有性质的供销企业。这些组织尽管挂着合作社的牌子,但其实质内涵早已被异化,异化的原因主要可以归结为当时的意识形态影响。

现阶段,中国农业不少主体和组织被异化的原因则与政府相关政策的导向性有关,并且这种异化过程还往往不为我们的政府部门所觉察。比如,这些年政府在构建新型农业经营体系和培育新型农业经营主体过程中,出台了不少鼓励和支持农民专业合作社、家庭农场或者股份合作社(农场)发展的政策,不少地方还将其纳入政绩考核目标。为获得支持或完成上级考核任务,各种类型的合作社、家庭农场以及股份合作社便应运而生,但深入考察的话,不少新兴的农业组织都存在异化现象。比如,不少家庭农场并不是家庭的自我经营,而主要是雇工经营。不少股份合作社和合作社实际上并不存在合作制的元素,而是"挂羊头,卖狗肉",可我们的不少政府部门却往往不能予以科学甄别,依然对其进行奖励、补贴与宣传。如果这种现象不能引起足够的重视,不能及时予以纠偏,则不仅会使中国的农业经营体系建构误入歧途,并且引发农业产业组织与组织之间的矛盾,而且会加剧农业组织制度的异化,扭曲经营主体的行为,导致政府农业政策的失效。

判断一个农业合作社或股份制合作社是否被异化,关键看两个方面。一是看合作社社员是不是相对独立的农业经营者,二是看合作社社员是不是合作社的所有者和使用者。如果具备这两个特性,则说明该组织的基本性质没有变,反之,就不能称其为真正意义上的农业合作社或股份合作社。至于家庭农场,家庭自我经营应该是其本质属性,现代家庭农场无非是传统农业家庭经营的升级版,如果家庭农场主要劳动者已不是家庭成员,而是受雇的劳动者,则其经营基础就已非家庭经营,而是雇工经营了,如果是这样的话,这个家庭农场实际上就是被异化的家庭农场。要防止新型农业经营体系建构中的主体与组织制度的异化,关键是提高政府对多种类型农业组织制度的认知度和甄别力,克服对农业发展考核的形式主义和官僚主义,增强政府农业支持政策及其导向的科学性和精准性,同时,制定农业产业组织法,修改和完善农民专业合作社法,规范农业合作社与家庭农场的发展。

三、推进多类型规模经营与多元化服务体系的相互协调

(一)着力构建多类型农业规模经营体系

农业的规模化经营与农业的服务体系是相辅相成的,没有农业的规模经营,农业的服务体系将失去服务对象,反之,没有农业的服务体系,农业的规模经营将失去服务支撑。两者的相互协调既是中国农业转型发展的内在要求,又是新型农业经营体系建构的重要内容。

农业的规模经营必须讲究规模适度,比较利益是农业经营规模是否适度的基本参照。所谓比较利益,就是从事一定经营规模的农业主体的机会成本。比较利益是个动态的概念,因此,农业的适度经营规模也是动态的,随着农民收入水平的不断提高,农业的适度经营规模会不断地扩大。

农业的规模经营还必须强调多种类型,不能仅以土地规模经营为唯一标准。多种类型农业规模经营的必要性在于农产品的多类型特性和农业的多形态特性。就农产品的多类型特性而言,农产品大体上可以分为三大类型:①偏向土地密集型的产品,以粮食等大宗农产品为主;②偏

向资本密集型的产品,以加工农产品和设施农产品为主;③偏向劳动密集型的产品,以蔬菜、水果、茶叶和养殖类产品为主。从一定意义上讲,在这三种类型的农产品中:土地密集型农产品的规模经营主要取决于土地与资本的匹配关系;资本密集型农产品的规模经营主要取决于不变成本和变动成本的匹配关系;劳动密集型农产品的规模经营主要取决于劳动和资本的匹配关系。因此,除了大宗农产品外,土地经营规模并非农业规模经营的决定因素。从农业的多形态特性看,农业规模经营不仅可以体现为土地的规模经营,而且还可以体现为其他多种形式。比如,可以通过农业专业化服务体系的建立,形成生产小规模、服务规模化的农业规模经营;又如,可以通过农作制度的创新,形成粮经结合、种养结合等复合型、立体型的农业规模经营;再如,可以通过农业的产业融合和产业化经营,形成纵向一体的农业规模经营。总之,推进农业规模经营,既要从比较利益原则出发,把握规模经营的适度性,又要从农产品特性和农业特性出发,注重农业规模经营的多样性,实现农业规模经营适度性和多样性的统一。

由农产品特性所决定的农业规模经营的多类型特点,也要求新型农业经营体系的建构要针对农产品及其经营方式的特点,突出相关重点。对于土地密集型农产品的经营体系建构,应重视资本(机械)对劳动的替代和服务体系的建构;对于资本密集型农产品的经营体系建构,应重视固定投资品和变动投资品的合理匹配,重视上下游经营方式的合理匹配;对于劳动密集型农产品的经营体系建构,应重视家庭经营、合作经营和公司经营的有效结合,重视劳动激励与约束的制度安排。

(二)加快建立多元化农业服务体系

新型农业经营体系的一个基本特征是集约化、组织化、专业化的农业经营主体与产业化、规模化、多元化的农业服务体系的互动融合和双层经营。其中,建立多元化的农业服务体系,不仅是稳定和完善农业家庭经营制度的需要,而且是提高农业服务体系效率的需要。现代农业服务体系的效率既取决于农业专业化分工的深度(即分工的种类)与广度(即分工的规模),进而服务主体与受体的相互依赖度,又取决于服务双方交易的方式与制度安排。与工业产业不同,农业具有自然再生产和经济再生产的双重属性,具有经济、生态和社会的三重功能,农业的这些属性和功能决定了不同的农产品与农业的服务品会具有私人品、公共品和俱乐部品(社区公共品)等特性,与此相适应,农业的服务体系和服务品供给就应该呈现多元化的特性。这种多元化服务体系的特性,主要体现在两个层面,一是服务主体与制度导向的多元性,主要包括政府主导型、市场主导型、合作主导型、行业主导型、社会主导型以及不同类型的结合等。二是服务形式的多元性,主要体现为服务的外包化(如公共服务的外包化和私人服务的外包化)、服务的内部化(如合作社为其社员提供的服务)、服务外包化与内部化的结合(如社会组织和行业组织为农民或农业企业提供的服务)这三种类型。

从实践来看,中国多元化的农业服务体系正在逐步形成之中,具体表现为:政府主导的农业服务已从过去的政府统包统揽的单一服务方式,逐步转变为政府直接提供服务、政府购买公共服务、政府退出由市场提供服务等多种方式。市场(即市场机制)主导的农业服务在服务产品和服务领域方面已不断增加,社会组织(如高校、科研机构和社会公益组织)主导的农业服务在服务体制和方式上取得了积极的进展。尤为突出的是,随着农业合作化与组织化程度的不断提高,农业合作主导和农业行业组织主导的服务正在显示着强劲的发展势头。

当前,中国多元化农业服务体系的建构还需要把握三个重点。一是把握新型农业经营主体培育与新型农业服务体系建构的互促共进关系。其目的是建立农业服务需求与服务供给的均衡关系,避免两者的不匹配现象。二是把握农业服务外包化与内部化的关系。也就是说,要处理好市场化服务和非市场化服务的关系。为此,一方面,要通过政府机构的改革和职能的转换,加快农业行业组织的发展,增强行业的内部化服务功能;另一方面,要通过相关体制改革和制度创新,促进合作社的规范发展、联合发展,并且着手建立多层次的,集生产合作、供销合作、信用合作于一体的农民合作社联合社(简称农合联)体系和农业综合服务平台,以增强农民自组织的内部化服务功能,拓展农业服务的深度与广度。三是把握政府农业公共性服务的公平与效率的关系。提供具有公共性的农业服务是政府的重要职责,因此,无论政府的农业公共服务是以直接的方式提供,还是以购买的方式提供,都应体现对服务对象的公平性和普惠性,而不应具有歧视性,但与此同时,也应注重农业公共服务的效率。为此,一方面,要清晰界定农业公共服务品的概念和受益对象,另一方面,要建立和完善农业公共服务的运行体系与评价体系,高度重视广大农民群众对农业公共服务质量的反映,让农民参与各类农业公共服务的绩效考核,不断提高政府农业公共服务的时效性、针对性和稳定性。

四、深化农村土地产权制度与集体经济制度改革

随着工业化和城市化的推进,中国农村土地的"三权分置",即所有权、承包权、经营权(或称使用权)的"三权分置"已成为现实,然而,与此相适应的权益交易与市场体系建设却极为滞后,主要是土地承包权的交易没有得到很好体现,这并不是农民不愿意交易承包权,而是除了国家征地交易外,中国目前并不存在真正意义上的土地承包权的交易市场或有效退出的机制,这就大大降低了农民土地权益的实现程度。农村土地的"三权分置"和交易问题与土地产权制度密切相关,而产权制度问题又与产权理论有关。现代产权理论和实践的发展表明,产权是个权利束,公有产权和私有产权仅仅是产权的一种分类方式,单纯从意识形态来判别产权制度的好坏具有片面性。产权更多的是一种影响人类行为的制度安排,从一定意义上讲具有技术性,产权形式的选择是一种制度安排,合理的产权制度安排往往是利益的均衡和效率的体现。此外,产权的物化性和非物化性的分离很有意义。产权的非物化性,如产权的资本化或股份化,将为中国的农地产权制度改革和集体产权制度的效率实现提供可能。现实中,中国农村土地,尤其是农地的所有权、承包权、经营权的"三权分离"现象,社会已有共识,也就是说,农村土地的所有权归村集体,土地的承包经营权归所在村的农户,如果土地不流转,则土地的承包权和经营权是一体的,但如果土地承包者从事非农产业,无暇经营农业,同时又不肯放弃土地承包权,则会出现土地承包权与经营权的分离情况,即自己拥有土地承包权,而把土地经营权转让给他人。

毫无疑问,土地经营权的流转和交易对于土地的优化配置、农业的规模经营与农民的土地权益实现,均有正向的作用。然而,从产权的属

性要求和城市化的发展要求看,在农村土地"三权分置"情况下,如果仅有农民土地经营权的流转和交易,而没有农民土地承包权的流转和交易,或者说,只有土地经营权或使用权的交易,而没有土地承包权的交易,则不仅意味着农民的土地权益没能得到充分的实现,而且还会对农业劳动力的彻底转移、农业转移人口的市民化以及农地经营权流转合约的稳定性、农业的长期投资带来不利和隐患。这是因为,即使农民不种地,在城市务工经商,如果其土地承包关系不能得到很好处理,在现行法律和政策环境下,他就不可能放弃其土地承包权,进而也不可能彻底退出农村。因此,即使城市不断改革其户籍制度,也不可能从根本上解决进城农民的市民化和完全融入城市的问题。因为城市户籍制度的改革只能解决农业转移人口的公共权益平等问题,而中国的城乡二元结构实际上是存在两个不平等,一是公共权益的城乡二元,二是财产权益的城乡二元。仅解决基本公共权益的城乡二元问题是不够的,还必须同时解决城乡二元的财产权益问题,而这必须通过农村的产权制度改革来解决。

改革开放以来,中国农民土地承包权利已从原来的"长期不变"转变为十七届三中全会所提出的"长久不变",表明农民的土地承包权已是一种不能随意被剥夺或收回的权利。这一权利名为土地"承包权",实为土地"占有权",它事实上已具有两种权利的含义:一是经营权(使用权);二是所有权,但这种所有权还不是完整意义上的所有权,而是农村土地集体所有权在农户和集体之间的一种分割。由于是一种分割,因而其具有集体和农户混合所有的性质,农村土地的混合所有应该成为现阶段中国农村土地集体所有制的有效实现形式。

要建立农户土地承包权的有偿退出机制与交易通道,迫切需要在对土地确权(这涉及对土地是否确权确地,或者确权不确地、确权确股,并且股权固化与活化等问题)和颁证(这涉及所有权证、承包权证、经营权证、股权证等四种权证的颁发)的基础上,建立与土地"三权分置"相适应的土地三权交易体系与市场。就土地承包权交易体系与市场而言,除了国家征地交易制度需进一步完善外,还可考虑其他两条途径:一是土地承包权的股份化和可交易化。这既能保障和实现农民的土地权益,又能使农民土地权益实现实物化与非实物化的分离,进而不影响土地这一生产要素在空间的优化配置。二是建立非股份化的农民土地承包权的市场直接交易机制。

当前,要建立中国农民土地承包权的有偿退出和市场交易机制,还存在一些难点和制约因素。一是城乡社保体系的不完善,这会为农村土地制度的改革带来一定的社会风险。二是农村集体经济制度的社区封闭性,这会为农民土地承包权的有偿退出和市场交易带来制约,因为农民拥有的土地承包权的一个重要特点,在于它是农村社区(村)农民所拥有的土地承包权,因而是一种集体经济成员的身份权,在现行中国农村集体经济制度下,这种权利的转让和交易只能局限于本村集体经济组织范围内。也就是说,在现行农村土地制度下,非本村集体经济成员通过交易所能获得的至多是该集体经济农民承包土地的经营权或使用权,不可能获得土地的承包权。因此,如何在城乡人口不断流动的背景下,既保障农民作为农村社区集体成员的权益,又将这种成员身份权与其特定身份相分离,实现农民的土地承包权益、宅基地住房权益和集体经济权益从其身份依附到非身份(契约)依附的转换,进而降低农民土地权益、房屋权益以及集体经济其他权益的交易门槛,扩大农民土地与财产交易的市场空间,是中国农村改革深化、新型农业经营体系建构和工业化、信息化、城市化与农业现代化"四化"协调发展中必须解决的问题,而要解决这一问题,除了加快构建城乡一体的社会保障体系,还必须对现行农村社区性集体经济制度进行同步改革。可供选择的改革思路与方向是:通过改革深化,使农村社区性集体经济制度逐步从政社不分向政社分离转变;从单一所有向混合所有转变;从封闭性运行向开放性运行转变;农民在集体经济中的权益从使用权、经营权的拥有向财产权的拥有延伸;从实物化拥有向非实物性的资产化和股份化拥有转变;从成员身份依附拥有向市场契约依附拥有转变。同时,在改革中注重从目前中国农村形态的多样化和多类型特点出发,坚持因地制宜、因村制宜、分类指导、村民自主、多种模式、有序推进。

不同政策对农户
农药施用行为的影响^①

改革开放以来,我国农产品的供应能力大幅度提高,与以往相比,目前我国农产品供需矛盾面临着最为深刻的变化:一方面,随着人口持续增长,对农产品数量的需求日益旺盛与耕地不足之间存在矛盾;另一方面,随着人们生活水平提高,对农产品质量安全的要求逐渐提高与农产品安全堪忧的现实之间也存在矛盾。

我国是一个人口众多、耕地紧张的国家,粮食增产和农民增收始终是农业生产的主要目标,而使用农药控制病虫草害从而保证粮食产量是必要的技术措施。因此,在现实条件下,保障农产品数量供应仍然是我国农业生产最主要的目标之一,依赖农药仍然是农产品增产增收的重要路径。然而大量农药流失,进入大气、水体、土壤及农产品之中,难降解的农药在土壤中的残留逐年增加,造成的污染日益加剧,对农产品安全造成了极大的隐患。可以预计的是,虽然目前我国农产品的供需矛盾主要体现在量和质两个方面,但在将来,农产品品质的供应不足的问题将更为突出并逐渐成为主要矛盾。[1]农产品的生产过程相当复杂,影响农产品质量安全的因素贯穿于"从农田到餐桌"的整个产业链之中,其中,"农田"环节,即生产环节是控制农产品质量的源头,而农户作为农产品的"第一"生产者,其农药施用行为是决定农产品质量安全的关键。[1]为

---

① 本文作者为黄祖辉、钟颖琦、王晓莉。本文内容发表于《中国人口资源与环境》2016 年第 8 期。基金项目:国家自然科学基金农林经济管理学科群重点项目"农业产业组织体系与农民合作社发展:以农民合作组织发展为中心的农业产业组织体系创新与优化研究"(71333011)、国家社科基金重大招标项目"食品安全风险社会共治"(14ZDA069)。

规范农户的农药施用行为,1997年国务院颁布了《农药管理条例》,此后,农业部又相继颁布了《农药管理条例实施办法》《农药限制使用管理规定》,2010年,农业部种植管理司发布了《关于打击违法制售禁限用高毒农药规范农药使用行为的通知》,进一步规范农户的施药行为。然而,由于我国农业生产存在规模小、分散化的特点,政府相关政策的实施效果并不理想,农户为追求个体利益最大化,往往违背社会最优选择,过量施用农药。具有不同个体特征的农户对不同的政策反应不同,政府相关政策的实施效果也不尽相同。由此,何种规范农户农药施用行为的政策最为有效? 政府如何改善、监管农户的施药行为? 这是我国农业生产关键转型时期必须正视并努力解决的问题。这就构成了本文研究的主题。

一、文献梳理与评述

农户在农药施用过程中存在诸多不规范的行为,致使对农产品安全和生态环境造成重大的负面影响。近年来,学者们对影响农户施药行为的因素进行了大量研究,主要可以归纳为外部因素和内部因素两个方面。外部因素包括自然环境、市场环境以及政策环境等,而内部因素则从农户的自身特征出发进行分析,其中,作为行为主体的农户的个体特征因素是学者们研究的重点。

Morris和Doss研究了非洲加纳的农户对农业技术的接受程度,发现性别影响农户对土地、延伸服务等资源的获得,从而影响其农用化学品的施用行为。[2] Isin和Yildirim通过对土耳其苹果种植户的调查发现,农户的年龄、受教育程度以及种植经验等因素显著影响其农药的施用行为。[3] 农户的受教育程度影响其对农药的认知水平,从而对其农药施用行为产生重要影响。[4] 由于农户的文化水平不高,过量施用相同的农药、不合理配比混合农药等现象时常出现。[5] 国内学者还研究了家庭种植面积对农户施药行为的影响。周峰和徐翔调查了南京无公害蔬菜生产者的农药施用行为,结果发现生产者的耕地面积和经济来源是影响其施药行为的主要因素。[6] 赵建欣和张忠根对山东蔬菜生产者的调查也发现,生产规模以及生产模式显著影响蔬菜生产者的农药施用行为。[7]

此外,农业生产者家庭农业收入占家庭总收入的比例也是影响农户对农药新技术采用的重要因素,家庭农业收入占比较大的农业生产者,其经营规模较大,在生产过程中积累了丰富的经验,从而更倾向于规范使用农药。[8]

农户的施药行为同样受外部环境的影响。农业专业合作组织以及相关企业、行业协会的建立可以起到规范农业生产者施药行为的效果,而通过政府的政策干预以减少农药污染更是发达国家的主要举措。政府政策是影响农户农药施用行为的关键因素,对此,Hruska 进行了详细的研究,其总结了 1985—1989 年尼加拉瓜政府农药政策的演化,指出政府通过采取禁止使用高毒农药、控制农药进口、开展农药培训以及发放生物农药补贴等措施来规范农户的农药施用行为,对农户的施药行为具有重要影响。[9]Lutz 和 Young 研究了污染者付费政策、财政政策、法律法规等农业政策的调整对资源和环境的影响,指出农业政策对农户农产品生产结构的调整和农药施用行为影响较大。[10]

从政府的角度考察相关政策的实施效果是当前国内外研究农药治理的主要方法。国外学者通过量化使农户减少农药施用、降低负外部性等政策的实施效率,评估了各类公共政策的有效性。例如,Goodhue 等研究了美国加利福尼亚教育项目对果农农药施用行为的影响,结果表明教育可以显著地减少果农的农药施用量。[11]Jacquet 等对法国农药使用量减少潜力的模拟研究表明,政府通过培训和宣传教育的政策可使农药使用量减少 10%~20%,然而要实现更大的减少量则需配合其他激励政策,如税收和补贴政策或其他更为有力的监管政策。[12]Shumway 和 Chesser 通过对美国德克萨斯州农户的种植行为的研究表明,对农药征收从价税可以大幅降低农药用量。[13]而 Therdoros 等对荷兰经济作物的研究则表明,补贴和税收政策并不能有效降低农户使用高毒农药的频率,但农药配额政策对削减高毒农药施用量具有显著作用。[14]国内学者也就政府政策对农户施药行为的影响进行了研究。代云云和徐翔的研究发现,政府的检测力度、宣传力度以及农技员的指导频率对蔬菜种植户安全生产的影响最为显著,政府的检测力度越强,蔬菜种植农户过量施用农药的行为越少。[15]

回顾以往的研究发现,国内外学者对影响农户施药行为的个体因素进行了全面而深入的研究,得出的结论主要集中于农户的受教育程度、对农药的认知水平是影响其施药行为的主要因素,据此提出要增加农药使用技能培训、加大农药安全施用宣传力度的政策建议。然而,上述研究仅止步于得出相关的政策建议且较为空泛,并未深入研究这些政策建议对农户的施药行为的规范效果究竟如何,何种政策对农户施药行为的影响最为显著。本文基于实际调查,运用有序 Logistic 模型,回归分析了不同的政府政策对农户施药行为的影响程度,为政府规范农户的施药行为提出具有针对性的政策建议。

二、模型构建

(一)理论框架

根据传统的经济学理论,生产者是追求自身利益最大化的理性经济人,依据成本和收益的比较分析进行生产决策。基于成本收益分析的基本理论,假定农户施用农药行为的数学表达式为:

$$D(R) = P\{(U - C) > R\} \tag{1}$$

其中,U 为农户施用农药的预期收益,例如使用农药增产所得的收益。C 为预期成本,包括购买农药的成本和政府对过量施用农药进行处罚的成本。R 为当前收益,$D(R)$ 为农户农药施用行为的决策函数。当预期净收益大于当前收益时,农户会选择施用农药,预期净收益越高,过量施用农药的可能性越大,对农产品质量安全的影响越大,从而施用农药所对应的风险也越大。由于个体特征以及对所处环境感知的差异,农户对使用农药预期净收益的判断并不相同,令第 i 个农户农药施用行为的预期净收益为:

$$U_i = \sum_{k=1}^{K} \beta_k X_{ik} + \varepsilon_i = Z_i + \varepsilon_i \tag{2}$$

其中,X_{ik} 表示对于第 i 个农户而言,影响其使用农药预期净收益的第 k 个因素。β_k 是相应解释变量的未知系数,如果 $\beta_k > 0$,对某个特定的个

人第 k 个因素取值的增加会导致风险水平的提高，反之 $\beta_k < 0$，会导致风险水平的下降。ε_i 是独立同分布的随机扰动项，表示未包含在方程中的或者测量并不准确的因素。

为研究影响农户施药行为的主要因素，本文构建有序 Logistic 模型，对农户农药施用行为的风险水平进行定量评价。以 Y_i 表示农户农药施用行为的风险水平，取值为 $[1, n]$，取值越大表明风险越大。假设 Y_i 的取值与 U_i 存在以下的对应关系：

$$
\begin{cases}
Y_i = 1, & U_i \leqslant \mu_1 \\
Y_i = 2, & \mu_1 < U_i \leqslant \mu_2 \\
\vdots & \\
Y_i = n, & \mu_n < U_i
\end{cases}
\tag{3}
$$

式（3）中，临界点 μ_i 将 U_i 划分为 n 个互不重叠的区间，且满足 $\mu_1 < \mu_2 < \cdots < \mu_n$。于是可以得到被解释变量 Y_i 取各个选择值的概率：

$$
\begin{cases}
\Pr(Y_i = 1) = \Pr(Z_i + \varepsilon_i \leqslant \mu_1) = \Pr(\varepsilon_i \leqslant \mu_1 - Z_i) \\
\Pr(Y_i = 2) = \Pr(\mu_1 \leqslant Z_i + \varepsilon_i \leqslant \mu_2) \\
\qquad\qquad = \Pr(\mu_1 - Z_i \leqslant \varepsilon_i \leqslant \mu_2 - Z_i) \\
\vdots \\
\Pr(Y_i = n) = \Pr(Z_i + \varepsilon_i \geqslant \mu_1) = \Pr(\varepsilon_i \geqslant \mu_1 - Z_i)
\end{cases}
\tag{4}
$$

一般而言，假设 ε_i 的分布函数为 $F(x)$，且 $Z_i = \beta_k X_{ik}$，于是有：

$$
\begin{cases}
\Pr(Y_i = 1) = F(\mu_1 - \beta_k X_{ik}) \\
\Pr(Y_i = 2) = F(\mu_2 - \beta_k X_{ik}) - F(\mu_1 - \beta_k X_{ik}) \\
\vdots \\
\Pr(Y_i = n) = 1 - F(\mu_n - \beta_k X_{ik})
\end{cases}
\tag{5}
$$

由于 ε_i 服从 Logistic 分布，则：

$$
\begin{aligned}
\Pr(Y_i > 0) &= F(U_i - \mu_1 > 0) = F(\varepsilon_i > \mu_1 - \beta_k X_{ik}) \\
&= 1 - F(\varepsilon_i < \mu_1 - \beta_k X_{ik}) \\
&= \frac{\exp(\beta_k X_{ik} - \mu_1)}{1 + \exp(\beta_k X_{ik} - \mu_1)}
\end{aligned}
\tag{6}
$$

（二）变量选择

根据前文构建的模型,本文考察农户农药施用行为,农户农药施用行为主要分为农药使用量的选择、施用过程中是否按规定操作以及农药残留物的处理问题[16],本文选取"是否会过量施用农药"、"施药前是否阅读标签上的施用说明"以及"是否遵守安全间隔期"作为因变量,将其赋值为 1、2、3、4、5,按照农户的行为可能带来的风险划分等级,得分越高,表明可能带来的风险越大。本文着重分析政府政策对农户农药施用行为的影响程度,因此,选取的自变量主要是政府为规范农户行为所实施的相关政策,表 1 为变量的定义与得分。

表 1 变量的定义与得分

	变量	定义	均值	标准差
因变量	在生产中会不会过量使用农药来防病虫害(y_1)	完全不会＝1,通常不会＝2,中立＝3,通常会＝4,一定会＝5	2.782	0.962
	施用农药前阅不阅读标签上的施用说明(y_2)	完全不阅读＝1,一般不阅读＝2,中立＝3,通常会阅读＝4,每次都阅读＝5	4.198	0.822
	在生产中遵不遵守农药的安全间隔期(y_3)	完全不遵守＝1,一般不遵守＝2,中立＝3,一般会遵守＝4,每次都遵守＝5	3.648	1.134
个人特征	性别（GEND）	虚拟变量,女＝0,男＝1	0.603	0.490
	45 岁以下（LAGE）	虚拟变量,否＝0,是＝1	0.439	0.497
	46—60 岁（MAGE）	虚拟变量,否＝0,是＝1	0.422	0.493
	60 岁以上（HAGE）	虚拟变量,否＝0,是＝1	0.138	0.350
	初中及以下（LEDU）	虚拟变量,否＝0,是＝1	0.791	0.408
	高中及大专（MEDU）	虚拟变量,否＝0,是＝1	0.183	0.386
	研究生及以上学历（HEDU）	虚拟变量,否＝0,是＝1	0.029	0.169

续表

变量		定义	均值	标准差
政府政策	当地政府是否有提供过农药施用技术培训（TRAI）	虚拟变量,否＝0,是＝1	0.292	0.455
	当地政府是否对收购的农产品进行检测（INSP）	虚拟变量,否＝0,是＝1	0.547	0.498
	当地政府是否开展过农产品安全生产的宣传教育（PROM）	虚拟变量,否＝0,是＝1	0.472	0.499
	当地政府对违反农产品安全生产的情况是否进行处罚（PUNI）	虚拟变量,否＝0,是＝1	0.420	0.494
	当地政府是否有提供生物农药补贴（SUBS）	虚拟变量,否＝0,是＝1	0.401	0.489
	政府部门是否有强制性地禁止高毒农药（BAN）	虚拟变量,否＝0,是＝1	0.763	0.429
	政府是否有制定安全农产品的生产种植标准（STD）	虚拟变量,否＝0,是＝1	0.368	0.483
	政府是否有出台保证农产品安全的监管政策（POLC）	虚拟变量,否＝0,是＝1	0.392	0.487

（三）调查设计

为全面考察农户的农药施用行为,本文在全国范围内展开了实地调查,采用分层抽样和随机抽样相结合的方法,按照各省份代表农作物的不同,分别选取了以大豆为代表农作物的黑龙江、以蔬菜为代表农作物的山东、以小麦为代表农作物的河南、以水稻为代表农作物的江苏和以油菜为代表农作物的浙江等五个农业生产省份,每个省份抽取 20 个行政村,并在每个行政村随机抽取 10 个农业生产者,共计发放问卷 1000 份。考虑到面对面的调查方式能有效避免接受调查的农户(以下简称受访者)对调查问题的理解偏误且问卷反馈率较高[17],本文的调查由经过训练的调查员通过面对面直接访谈的方式完成。共计获得有效问卷 986 份,问卷有效率为 98.6%。

三、样本的描述性统计

(一)受访者的基本特征

由表 2 可知:受访者中,男性占 59.84%,大于女性所占的比例;年龄在 45 岁以下的占 44.02%,以青壮年为主;受访者的受教育水平普遍较低,初中及以下的占绝大多数。

表 2 受访者的基本特征

基本特征	类别	频数	频率	均值	标准差
年龄	45 岁及以下	434	44.02%	3.607	0.855
	46—60 岁	410	41.58%		
	61 岁及以上	141	14.40%		
性别	男	590	59.84%	1.401	0.490
	女	396	40.16%		
教育水平	初中及以下	778	78.90%	2.003	0.908
	高中及大专	179	18.15%		
	本科及以上	29	2.95%		

(二)受访者的生产特征

由表 3 可知受访者的家庭年收入以 3.0 万元以下为主,大于一半的家庭农业生产收入占其家庭总收入不到 40%;约 70% 的受访者有打工经历,纯农户经营所占的比例不足 50%;生产的土地规模较小,以 6 亩以下为主。可见,农业生产存在规模小、分散化、农业生产经营方式多样化的特点。

表3 受访者的生产特征

基本特征	类别	频数	频率	均值	标准差
家庭年收入	3.0万元及以下	451	45.74%	2.627	0.942
	3.1万~5.0万元	338	34.28%		
	5.1万~10.0万元	195	19.78%		
	10.0万元以上	2	0.20%		
农业生产收入占家庭总收入的比重	20%及以下	371	37.63%	2.832	1.895
	21%~40%	278	28.19%		
	41%~60%	168	17.04%		
	60%以上	169	17.14%		
土地规模	2.0亩以下	203	20.59%	2.588	1.073
	2.1~3.0亩	251	25.46%		
	3.1~6.0亩	286	29.01%		
	6.0亩以上	246	24.94%		
是否有打工经历	是	691	70.08%	1.711	0.473
	否	295	29.92%		
是否属纯农户经营	是	491	49.80%	1.508	0.504

(三)受访者的农药施用行为

表4显示,农户不规范的施药行为主要体现在过量使用农药、施药前不阅读标签说明以及不遵守用药的间隔期,由此可能产生的风险等级可分为无风险、低风险、中等风险和高风险。据统计,15.1%的农户在施药前不阅读标签说明、不遵守用药的间隔期,且存在过量使用农药的情况,从而可能产生较高的风险。产生中等风险和低风险的样本比例为21.6%、39.4%,说明大部分的农户的施药行为还是较为规范的。

表4 受访者的农药施用行为与产生的风险组合

风险等级	农户行为	过量使用农药	施药前不阅读标签说明	不遵守用药的间隔期	合计及占比
无风险	完全不会	89	379	239	707(23.9%)
低风险	通常不会	299	484	383	1166(39.4%)
中等风险	中立	367	77	195	639(21.6%)
高风险	通常会	206	33	113	352(11.9%)
	一定会	25	13	56	94(3.2%)

四、模型的估计与结果分析

(一)模型估计

根据前文构建的模型,运用STATA11.0对所得的样本数据进行有序 Logistic 回归。回归结果见表5。

表5 农户农药施用行为有序 Logistic 回归结果

变量	过量使用农药 y_1		不遵守用药的间隔期 y_2		施药前不阅读标签说明 y_3	
	系数	显著性检验	系数	显著性检验	系数	显著性检验
GEND	0.2978*	0.0131	0.2920*	0.0152	0.2108	0.0968
MAGE	0.4079**	0.0018	0.2714*	0.0391	0.2389	0.0849
HAGE	0.6808***	0.0000	0.4564*	0.0138	0.6123**	0.0018
MEDU	−0.0889	0.5739	−0.0478	0.7617	−0.0642	0.7021
HEDU	0.1204	0.7337	−1.0066**	0.0039	−0.9108*	0.0176
TRAI	−0.2818	0.0893	−0.3618*	0.0297	−0.3975**	0.0094
INSP	−0.2690*	0.0312	−0.6549***	0.0000	−0.1630	0.1462
PROM	0.0018	0.9896	−0.1024	0.4582	−0.2080*	0.0471
PUNI	−0.2660*	0.0349	−0.4614**	0.0009	0.0569	0.6984

变量	过量使用农药 y_1		不遵守用药的间隔期 y_2		施药前不阅读标签说明 y_3	
	系数	显著性检验	系数	显著性检验	系数	显著性检验
SUBS	−0.3131*	0.0168	−0.3508**	0.0068	−0.2911*	0.0413
BAN	−0.6480***	0.0000	−0.8676***	0.0000	−0.1771	0.0727
STD	−0.1182	0.4673	−0.1714	0.2917	−0.0263	0.8786
POLC	−0.2146	0.1842	−0.1127	0.4894	−0.5514**	0.0011
CUT1	−3.6787	—	−2.7182	—	−0.5387	—
CUT2	−1.6881	—	−0.8952	—	1.9707	—
CUT3	0.1054	—	0.2316	—	3.0557	—
CUT4	2.6798	—	1.5544	—	4.3568	—
N	986	986	986			
LRchi2(13)	120.53	132.32	45.53			
Prob>chi2	0.0000	0.0000	0.0000			

注:* 表示 $p<0.05$,** 表示 $p<0.01$,*** 表示 $p<0.001$。

表 5 的估计结果显示,对 y_1 和 y_2 的估计,GEND、MAGE 和 HAGE 均通过了显著性水平为 5% 的检验,表明农户的性别和年龄对其施药行为具有显著的正向影响。具体而言,男性更倾向于过量使用农药和不遵守用药的间隔期;相对于年轻的农户,农户的年龄越大,采取高风险施药行为的可能性越高,60 岁以上的农户普遍倾向于过量使用农药、不遵守用药的间隔期和在施药前不阅读标签说明。对 y_2 和 y_3 的估计,HEDU 在 5% 的水平上通过了显著性检验,表明农户受教育水平的高低对其是否遵守用药的间隔期以及是否在施药前阅读标签说明有显著的负向影响,受教育水平较高的农户更易遵守用药的间隔期,在施药之前也更关注标签的说明,然而受教育水平的高低对农户是否过量使用农药的影响并不显著。

表 5 还显示,政府政策对农户施药的行为均产生负向影响,表明政府干预或多或少都降低了农户施药行为的风险性,但不同的政策对农户施药行为影响效果的显著性不同。具体分析,政府的干预政策主要可分为命令控制政策、宣传培训政策和激励政策。[16]其中,命令控制政策包

括强令禁止高毒农药（BAN）、对违反农产品安全生产进行处罚（PUNI）、对收购的农产品进行检测（INSP），宣传培训政策则包括组织农药施用技术培训（TRAI）和农产品安全生产宣传教育（PROM），而提供生物农药补贴的政策（SUBS）则属于激励政策。由回归结果可知：政府的命令控制政策（BAN、PUNI、INSP）能有效减少农户过量使用农药的行为，并促使农户遵守用药的间隔期，但对农户在施药前阅读标签说明的影响并不显著；宣传培训政策，如农药施用技术培训（TRAI）能有效规范农户遵守用药的间隔期以及促使农户在施药前阅读标签说明，但对于减少农户过量使用农药的行为影响甚微，政府出台"保证农产品安全的监管政策"（POLC）以及组织农产品安全生产宣传教育（PROM）能促使农户在施药前阅读标签说明，但对减少农户过量使用农药和促使其遵守用药间隔期的影响效果不大；而激励政策，即提供生物农药补贴的政策（SUBS）将显著改变农户的施药行为，不仅能有效减少农户过量使用农药的行为，而且对农户遵守间隔期和阅读标签说明也能起到很好的规范效果。

（二）结果分析

有序 Logistic 回归的结果表明，命令控制政策，如强令禁止高毒农药和对违反安全生产的行为进行处罚等政策对农户过量使用农药的行为能起到较好的规范效果，但对于农户的施药前阅读标签说明的行为以及施药过程中是否遵守间隔期的控制效果却并不显著，这与 Downing 和 Hanf 的结论类似。这是因为对农户而言，阅读标签说明的行为属于事前行为，强令禁止高毒农药、对违反安全生产的行为进行处罚以及对农产品进行检测等命令控制政策则属于规范行为结果的政策，这种结果导向的政策对事前行为并不具有太大的约束力，这可以解释为何传统的命令式管理政策对规范农户整个生产过程行为的效果不佳。而农药施用的技术培训以及安全生产宣传教育等宣传培训政策则可以改变农户对农药的认知，对农户在施药前的行为以及整个施药过程的行为起到一定的规范作用，从而在事前防范农户不规范的施药行为所带来的风险，这与 Goodhue、Jacquet 等的研究结论类似。

五、主要结论和政策建议

（一）主要结论

农户的农药施用行为是影响农产品质量安全的关键因素，为规范农户农药的施用行为，近年来政府推行了一系列的政策，但收效甚微，农产品质量安全引发的食品安全事件仍频繁发生。我国的农业生产存在规模小、分散化、农户生产经营方式多样化等特点，规范农户施药行为的政策在一定程度上存在监管成本高、实施难度大的困难，因此，研究不同政策对农户不同施药行为的规范效果就具有很强的现实意义。

本文基于对全国 986 个农户的实证调查，运用有序 Logistic 模型分析了不同政府政策对农户施药行为的影响程度。结果显示，3.2% 的农户在施药前从不阅读标签说明，从不遵守用药的间隔期，并且存在过量使用农药的行为，11.9% 的农户通常存在此类不规范的行为，从而可能产生较大的风险；产生中等风险和低风险的比例分别为 21.6% 和 39.4%。由此可见，在本文调查的区域，大部分农户的施药行为相对较为规范。

有序 Logistic 回归结果表明，农户的性别和年龄对其施药行为具有显著的正向影响，年龄在 60 岁以上的男性农户倾向于过量使用农药、不遵守用药的间隔期和在施药前不阅读标签说明。政府政策对农户的施药行为具有显著的负向影响，由此表明政府干预在一定程度上降低了农户施药行为的风险性，但不同政策的影响效果存在较大差异。命令控制政策［强令禁止高毒农药（BAN）、对违反农产品安全生产进行处罚（PUNI）、对收购的农产品进行检测（INSP）］对农户过量使用农药的行为具有较强的规范效应，但对阅读标签说明等事前行为的规范效果不佳。宣传培训政策［农药施用技术培训（TRAI）、农产品安全生产宣传教育（PROM）］能有效促使农户在施药前阅读标签说明，但对农户是否过量使用农药的影响不大。以市场为基础的激励政策［提供生物农药补贴（SUBS）］对农户过量使用农药、在施药前阅读标签说明以及遵守用药的间隔期均有显著的规范效果。

(二)政策建议

中国目前正处于激烈的转型之中,农产品的供需矛盾也逐步由以量和质为主的矛盾转化为由农产品品质供应不足问题引发的矛盾。农产品质量安全作为食品安全的源头和保障,关乎社会稳定和经济发展,而农户的施药行为则是决定农产品质量安全的关键因素,本文分析了不同政府政策对农户施药行为的影响程度,依据本文的研究结论,提出如下政策建议。

第一,对于政府而言,命令控制政策能从结果上有效减少农户过量使用农药的现象,但不能有效地规范农户整个生产过程的行为。Downing 和 Hanf 认为,传统的命令式管理政策面临高昂的实施成本和监督困难,从而影响政策实施的效果,因此,对于政府而言,配合相应的安全教育宣传和技能培训政策,能更有效地达到规制效果。[18] 由此,在实施强令禁止高毒农药等政策的同时,应加强对农产品安全知识的宣传力度,定期为农户提供农药施用技术培训,提高农户对农药施用方式、农药施用间隔期等知识的掌握程度,理解不同的农药施用行为可能对农产品质量安全造成的风险,增强农户的安全生产意识,促使其科学用药。

第二,以市场为基础的激励政策能有效弥补命令控制政策的监管漏洞,从而更有效地规范农户的施药行为。Power 等也认为,集体奖励与惩罚基础上的税收-补贴政策能有效克服监管困难[19],并且税收-补贴政策比集体惩罚政策更能够实现效率效果[20]。因此,应当建立相应的惩罚-激励机制,对使用高污染高毒农药等行为进行征税,对使用生物农药、施用有机肥等具有正外部性的投入行为进行补贴,使农户能够因规范用药而获得收益,从而在源头上降低农户施药行为的随意性,引导农业生产者规范用药。

第三,中国农业生产存在规模小、分散化的特征,给政府的监管和政策的实施带来一定的困难,农户为追求个体利益最大化,往往存在不规范的施药行为,因此,要不断完善农业社会化服务体系,保证农产品市场信息的对称性,防止农户出于利益最大化目的而采取不规范施用农药的投机行为。

参考文献

[1]阳检.农药施用行为和农户特征研究:基于农产品质的安全供给视角[D].无锡:江南大学,2010.

[2] Morris M L, Doss C R. How Does Gender Affect the Adoption of Agricultural Innovations? The Case of Improved Maize Technology in Ghana[C]. Annual Meeting of the American Agricultural Economics Association, Nashville, August 8-11, 1999.

[3] Isin S, Yildirim I. Fruit Growers' Perceptions on the Harmful Effects of Pesticides and Their Reflection on Practices: The Case of Kemalpasa, Turkey[J]. Crop Protection, 2007(7): 917-922.

[4] Kumari L P, Reddy K G. Knowledge and Practices of Safety Use of Pesticides among Farm Workers[J]. IOSR Journal of Agriculture and Veterinary Science, 2013(2): 1-8.

[5] Abhilash P C, Nandita S. Pesticide Use and Application: An Indian Scenario[J]. Journal of Hazardous Materials, 2009(165): 1-12.

[6]周峰,徐翔.无公害蔬菜生产者农药使用行为研究:以南京为例[J].经济问题,2008(1):94-96.

[7]赵建欣,张忠根.对农户种植安全蔬菜的影响因素分析:基于对山东、河北两省菜农的调查[J].国际商务,2008(2):52-57.

[8]王建华,马玉婷,李俏.农业生产者农药施用行为选择与农产品安全[J].公共管理学报,2015(1):117-126.

[9] Hruska A J. Government Pesticide Policy in Nicaragua 1985—1989 [J]. Global Pesticide Monitor,1990 (1):3-5.

[10] Lutz E, Young M. Integration of Environmental Concerns into Agricultural Policies of Industrial and Developing Countries[J]. World Development, 1992(2): 241-253.

[11] Goodhue R E, Klonsky K, Mohapatra S. Can an Education Program Be a Substitute for a Regulatory Program That Bans Pesticides? Evidence from a Panel Selection Model [J]. American Journal of Agricultural Economics, 2010(4): 956-971.

[12] Jacquet F, Butault J P, Guichard L. An Economic Analysis of

the Possibility of Reducing Pesticides in French Field Crops [J]. Ecological Economics，2011(9)：1638-1648.

[13] Shumway C R，Chesser R R. Pesticide Tax，Cropping Patterns and Water Quality in South Central Texas[J]. Journal of Agricultural and Applied Economics，1994(1)：224-240.

[14] Theodoros S，Stefanou S E，Oude L A. Can Economic Incentives Encourage Actual Reductions in Pesticide Use and Environmental Spillovers [J]. Agricultural Economics，2012 (3)：267-276.

[15] 代云云,徐翔. 农户蔬菜质量安全控制行为及其影响因素实证研究：基于农户对政府、市场及组织质量安全监管影响认知的视角[J]. 南京农业大学学报：社会科学版,2012(3)：48-53.

[16] 王常伟,顾海英. 市场 VS 政府,什么力量影响了我国菜农农药用量的选择？[J]. 管理世界,2013(11)：50-66.

[17] Boccaletti S，Nardella M. Consumer Willingness to Pay for Pesticide-free Fresh Fruit and Vegetables in Italy[J]. The International Food and Agribusiness Management Review，2000(3)：297-310.

[18] Downing P B，Hanf K. International Comparisons in Implementing Pollution Laws[M]. Boston：Kluwer-Nijhoff，1983.

[19]Power M E，Brozovic N，Bode C，et al. Spatially Explicit Tools for Understanding and Sustaining Inland Water Ecosystems[J]. Frontiers in Ecology and the Environment，2005(1)：47-55.

[20] Spraggon J. Exogenous Targeting Instruments as a Solution to Group Moral Hazards [J]. Journal of Public Economics，2002 (3)：427-456.

第二篇
农民收入与脱贫

农民收入问题：
基于结构和制度层面的探析[①]

近年来，农民收入问题已成为全社会关注的焦点。农民收入问题的基本症状可以概括为：农民收入增长缓慢，相当部分农民收入水平下降；城乡居民收入差距不断扩大，农民相对收入水平下降；不同地区之间，甚至于同一地区之间的农民收入差异趋于悬殊。我国农民收入问题已成为制约我国经济社会持续发展的重要瓶颈。

对农民收入问题，无论是政府，还是学界，都予以了高度关注。不少学者从农民收入变动、收入结构、农民负担以及产权角度等出发，对农民收入问题和成因做了不少研究，提出了不少对策建议。如：张晓山（2000）从农业剩余劳动力大量滞留在农业领域导致农业劳动效率低下从而农民收入难以增加的角度，从现行倾向于城市和国有工业的国民收入分配体系的角度，分析了农民收入低迷的原因。郭建军（2001）、盛来运（2001）等也做了类似的工作。周其仁（2001）则从产权的角度对农民收入问题进行解释，分析了导致农民收入增长停滞的农民承包地产权残缺、现有粮食保护政策下政府对农产品流通市场的垄断、城市化过程中农村土地产权受到侵害并被廉价征用、农村金融、区域市场的垄断等一系列问题。孙立刚（2001）也从产权的角度做了相关的分析。史清华（2001）通过对我国东中西三个地区农民的实地调查，通过翔实的数据对三个地区农民收入结构的变化进行了实证与比较分析。为了对农民收

①　本文作者为黄祖辉、王敏。本文内容发表在《中国人口科学》2002年第4期。本文研究得到国家社科基金项目"扭转工农之间、城乡之间、地区之间差别扩大趋势问题研究——着眼于收入不平等角度的分析与研究"（03BJL028）资助。

入问题及其解决思路有个更为准确的认识与把握,本文从产业结构与制度角度对这一问题做如下分析。

一、分析农民收入问题的一个视角:
不同部门劳动力对 GDP 的贡献系数

农民收入问题不仅仅是农业和农村本身的问题,它与整个国民经济的结构与制度安排关联密切。仅从农业或农民收入数据看农民收入问题不足以洞察问题的实质,应把农民收入问题置于经济社会这个大系统中去分析、认识与把握。因此,不仅应分析农民的人均收入及其变动数据,而且应将其与其他的关联性指标结合起来进行分析,这些关联性的指标或数据至少包括:人均 GDP、农业 GDP 比重、农业劳动力占全社会劳动力比重、社会不同部门(农业与非农部门)劳动力对 GDP 的贡献及其差异、城乡居民收入差异与差异程度(基尼系数)、国民收入的再分配关系,等等。

在表 1 中,我们分别列举了浙江、湖南、贵州三省和全国在 1984 年和 2000 年的有关指标与分析数据。浙江、湖南、贵州三省在空间上分处我国东、中、西地区,2000 年 GDP 分别列全国第 4、12、26 位,应该说有较强的地区代表性。表中的 A 值为农业 GDP 占总 GDP 的比重,B 值为农业劳动力占社会总劳动力的比重。这里,我们将 A/B 值定义为平均每个单位农业劳动力对 GDP 的贡献系数(或单位农业劳动产出的相对效率),$(1-A)/(1-B)$ 为平均每个单位非农部门劳动力对 GDP 的贡献系数(或单位非农部门劳动产出的相对效率),$[(1-A)/(1-B)]/(A/B)$ 为非农部门劳动力与农业部门劳动力对 GDP 的贡献系数之比。从表 1 的有关分析数据中,至少可以得到以下判断与结论。

表1　若干省份和全国的相关分析数据

变量	浙江		湖南		贵州		全国	
	1984 年	2000 年	1984 年	2000 年	1984 年	2000 年	1984 年	2000 年
GDP(亿元)	322	6036	287	3692	108	994	7171	89403
人均 GDP(元)	807	13461	519	5639	371	2662	695	7078
农业 GDP(亿元)	104	664	128	785	46	271	2295	14212
农业 GDP 比重(%)(A)	32.4	11.0	44.7	21.3	42.2	27.3	32.0	15.9
农业劳动力比重(%)(B)	55.7	37.8	73.8	60.8	80.7	67.3	64.0	50.0
农业劳动力贡献系数(A/B)	0.58	0.29	0.61	0.35	0.52	0.41	0.5	0.32
非农部门劳动力贡献系数[(1−A)/(1−B)]	1.53	1.43	2.11	2.01	2.99	2.22	1.89	1.68
非农与农业劳动力贡献系数之比{[(1−A)/(1−B)]/(A/B)}	2.63	4.93	3.46	5.74	5.76	5.42	3.78	5.26
城市居民人均收入(元)(C)	669	9279	645	6219	558	5122	651	6283
农民人均纯收入(元)(D)	446.0	4253.7	348.2	2197.2	262.8	1374.2	355.3	2253.0
城乡居民收入比(C/D)	1.5	2.2	1.9	2.8	2.1	3.7	1.8	2.8

注:表内有关数据来自相关年份的《中国统计年鉴》及其基础上的整理。

第一,从 A/B 的含义来看,如果 A/B 等于 1,那么农业部门与非农部门单位劳动力对 GDP 的贡献系数(或相对劳动产出效率)是相等的,也就是说,单位农业劳动力与单位非农部门劳动力所创造的 GDP(或者说两大部门劳动要素的边际贡献率)是均等的。如果是这样的话,应该说不会存在所谓的农民收入问题。但是在表 1 中,无论从三个省的数据,还是从全国的平均水平看,A/B 都远小于 1,并且 2000 年的 A/B 明显小于 1984 年的值。浙江、湖南、贵州、全国的 A/B 从 1984 年到 2000 年分别下降了 50%、43%、21%、36%。这表明,相对于非农部门以及整个国民经济的快速进步,农业劳动的相对效率是在降低,而不是提高。农业劳动的产出效率远低于非农部门劳动的产出效率,农民从事农业劳动所创造的社会财富要远低于社会平均水平。因此,尽管农业的 GDP 在不断增大,但由于农业 GDP 占整个 GDP 的份额在不断下降,同时农业劳动力占全社会劳动力比重的下降速度慢于农业 GDP 份额的下降速度,农业劳动力对 GDP 的贡献系数不仅没有提高,反而是降低了。

第二,鉴于非农劳动力占全社会劳动力的比重有明显的提高,2000年非农部门劳动力对 GDP 的贡献系数与 1984 年相比,也有一定的下降,但降幅不是很大。表 1 中浙江、湖南、贵州、全国的 $(1-A)/(1-B)$ 从 1984 年到 2000 年分别下降了 6.5%、4.7%、25.7% 和 11.0%。但是,除了贵州以外,由于农业劳动力对 GDP 的贡献系数的下降幅度大,非农部门劳动力与农业劳动力对 GDP 的贡献系数之比 $[(1-A)/(1-B)]/(A/B)$,仍呈扩大趋势。浙江、湖南和全国分别扩大了 87.45%、65.89% 和 39.15%,仅贵州降低了 5.90%。

第三,改革以来我国农民收入水平有了较大幅度的提高,根据表 1 的数据计算,2000 年,浙江、湖南、贵州三省以及全国的农民收入分别比 1984 年增长了 8.54 倍、5.31 倍、4.23 倍和 5.34 倍。但是,城乡居民的收入差距并没有因此而缩小,反而是扩大了。从表 1 可见,无论是农民收入连续 16 年处于全国第一的浙江,还是湖南、贵州,城乡居民的收入差距从 1984 年到 2000 年分别扩大了 47%、47%、76%,全国的城乡居民收入差距也由 1.8∶1 扩大到 2.8∶1,扩大了 56%。笔者认为,改革以来城乡居民收入差距扩大,既与不同部门劳动力对 GDP 的贡献系数差异有关,又与国民收入的初次分配和再分配制度相关。

第四,我国农业劳动力与非农部门劳动力对 GDP 贡献系数的悬殊差异,与其说是农业部门与非农部门的生产效率差异所致,毋宁说是生产要素,尤其是劳动力要素在国民经济各部门配置的制度障碍所致。城乡之间有形或无形的隔离,以及广大农民不能获得应有的国民待遇,是这种制度障碍的集中体现。在这种制度约束下,一种扭曲的均衡得以形成,即全国 50% 的农业劳动力与 15.9% 的 GDP 相对应,50% 的非农部门劳动力与 84.1% 的 GDP 相对应。很显然,在这样的格局下,如果没有强有力的再分配手段,不仅农民的收入水平很难提高,而且广大农民在收入分配中也不会成为强势群体。

第五,从上述分析与判断中可以引出这样的结论:尽管改革以来我国农民的收入水平有较大幅度的提高,但是这期间农业劳动力对 GDP 的贡献系数却不断降低,较多农业劳动力提供较少 GDP 和较少非农劳动力提供较多 GDP 的格局还没有从根本上得到改变。与此同时,城乡居民的收入差距并没有因农民收入的提高而缩小,反而是扩大了,表明农民的相对收入水平在下降。再联系到近年来农民收入增长缓慢和相当部分农民收入下降的状况,可以认为,与 20 世纪 80 年代相比,我国目前的农民收入问题不是在趋于缓和,而是更严峻了。

二、农民收入问题的动态考察:
结构变动、贡献系数与城乡居民的收入差距

表 2 给出的是 1978—2000 年我国相关指标的动态变化。从总体看,呈现如下特征。第一,GDP 和人均 GDP 逐年上升,年均分别增长 15.68％和 14.23％。其间,农业 GDP 年均增长 12.73％,但 1996 年以来增幅趋缓,年均仅为 0.66％,2000 年还略低于 1998 年的水平。第二,农业 GDP 的比重呈明显下降趋势,年平均下降速度为 2.55％,与此同时,农业劳动力的比重也呈下降趋势,但年均下降速度为 1.55％,要慢于农业 GDP 比重的下降速度,尤其是 1996 年以来,农业劳动力的比重几乎没有减少。第三,与此相关联,农业劳动力对 GDP 的贡献系数也呈下降的态势。第四,城乡居民收入水平总体上呈上升趋势,年均分别增长 14.12％ 和 13.70％(1996 年以来增速明显下降,年均分别增长 6.74％和 3.99％),但城乡居民的收入差距却由改革初期的逐步缩小(1978—1984 年),转而逐步扩大。不仅如此,2000 年和 2001 年的城乡居民收入差距甚至比 1978 年时的还要大。

表 2 中的有关数据变化情况表明,非农与农业劳动力贡献系数比和城乡居民收入比基本上走势相同,即在 1984—1992 年和 1996—2000 年的区间内上升,在 1978—1984 年和 1992—1996 年的区间内下降。而农业劳动力贡献系数的走势则刚好与此相反。这表明,这种波动正好与我国 1978 年以来的农业波动周期的经验事实相吻合:1978—1984 年,由

于家庭联产承包制改革、化肥投入的增加、农产品提价等因素的同时作用,农业迎来了高速增长,而此时城市改革还未开始,因此,农业劳动力贡献系数升高,非农与农业劳动力贡献系数比和城乡居民收入比降低;而1984—1992年则由于制度贡献释放、农业劳动力外流、收购政策变动等因素,农业的增长速度放慢,此时,城市改革启动,非农产业迅速发展,因此,农业劳动力贡献系数下降,非农与农业劳动力贡献系数比和城乡居民收入比升高;1992—1996年的情况有点复杂。其中,1992—1994年的非农产业,先是1989—1990年的增速变缓,但邓小平南方谈话后又转而快速增长;1995—1996年农业丰收,粮食产量创历史新高,因此,图中曲线显示出略微的不一致。而1996—2000年由于农业的连续丰收,出现了农产品供大于求,农产品市场由"卖方市场"进入"买方市场"的局面,这导致农民收入增长速度持续下降,农业劳动力贡献系数下降,非农与农业劳动力贡献系数比和城乡居民收入比升高,农民收入问题进一步突显。

以上分析可以得出一个基本结论:如果不实行经济的战略性结构调整,不改变劳动力在国民经济各部门的配置结构,我国的农民收入问题就难以解决。也就是说,在产业结构不断演进和农产品过剩的情况下,如果过多的社会劳动力配置于农业部门,不仅会导致劳动力资源的低效率利用,而且会导致这部分社会劳动力的收入问题,即农民的收入问题。

表2　1978—2000年我国相关指标的动态变化

变量	1978年	1980年	1982年	1984年	1986年	1988年	1990年	1992年	1994年	1996年	1998年	2000年
GDP(亿元)	3624	4518	5395	7171	10202	14928	18548	26638	46759	67885	78345	89403
人均GDP(元)	379	460	526	695	956	1355	1634	2287	3923	5576	6307	7078
农业GDP(亿元)	1018	1359	1762	2296	2764	3831	5017	5800	9457	13844	14522	14212
农业GDP比重(%)(A)	28.10	30.09	32.65	32.01	27.09	25.66	27.05	21.77	20.23	20.39	18.54	15.90
农业劳动力比重(%)(B)	70.5	68.7	68.1	64.0	60.9	59.3	60.1	58.5	54.3	50.5	49.8	50.0
农业劳动力贡献系数(A/B)	0.40	0.44	0.48	0.50	0.44	0.43	0.45	0.37	0.37	0.40	0.37	0.32
非农部门劳动力相对系数[(1−A)/(1−B)]	2.44	2.23	2.11	1.89	1.86	1.83	1.83	1.88	1.75	1.61	1.62	1.68
非农与农业劳动力贡献系数比{[(1−A)/(1−B)]/(A/B)}	6.11	5.10	4.40	3.78	4.19	4.22	4.06	5.06	4.69	3.98	4.36	5.29
城镇居民人均收入(元)(C)	343.4	477.6	500.0	651.2	899.6	1181.4	1510.2	2026.6	3496.2	4838.9	5425.1	6283.0
农民人均纯收入(元)(D)	133.6	191.3	270.0	355.3	423.8	544.9	686.3	784.0	1221.0	1926.1	2162.0	2253.0
城乡居民收入比(C/D)	2.57	2.50	1.85	1.83	2.12	2.17	2.20	2.58	2.86	2.51	2.51	2.79

注:表内有关数据来自相关年份的《中国统计年鉴》及其基础上的整理。

三、农民收入问题的进一步分析：
我国与若干其他国家的比较

为了进一步分析我国的农民收入问题，我们选择若干发达国家和发展中国家的相关统计数据做一比较分析。根据表3的有关数据，可以得出以下基本认识。

表3　人均GDP、农业劳动力贡献系数和基尼系数的国际比较

变量	中国	日本	韩国	美国	法国	德国	印度	巴西
人均GDP(美元)	782	34459	8682	33846	26050	25508	446	3697
农业GDP比重（%）(A)	18	2	6	2	2	2	25	8
农业劳动力比重(%)(B)	49.8	5.2	11.7	2.7	4.2	2.9	60.1	26.4
农业劳动力贡献系数(A/B)	0.36	0.38	0.51	0.74	0.48	0.69	0.41	0.30
非农部门劳动力贡献系数[(1−A)/(1−B)]	1.63	1.03	1.06	1.01	1.02	1.01	1.88	1.25
非农与农业劳动力贡献系数比{[(1−A)/(1−B)]/(A/B)}	4.53	2.71	2.08	1.36	2.12	1.46	4.58	4.17
基尼系数	0.403 (1998年)	0.249 (1993年)	0.316 (1993年)	0.408 (1997年)	0.327 (1995年)	0.300 (1994年)	0.378 (1997年)	0.600 (1996年)

注：数据来分别自国际货币基金组织（IMD）的《2000世界竞争力年鉴》和世界银行的《2000/2001年世界发展报告》。表中人均GDP为1999年数据，按现行价格、汇率计算。农业占GDP比重为1998年数据。农业劳动力比重为1999年数据。

首先，农业GDP比重以及农业劳动力比重与人均GDP存在明显的负相关性（见图1、图2）。从表3可见，那些人均GDP很高的发达国家，如美国、日本、法国、德国以及韩国，农业GDP的比重和农业劳动力比重都很低，而中国、印度和巴西这些发展中国家，人均GDP较低，但农业GDP比重和农业劳动力比重却很高。由于人均GDP与居民收入存在

正的相关性,很显然,要提高城乡居民,尤其是农民的收入,减少农民进而降低农业劳动力比重是一条重要途径。

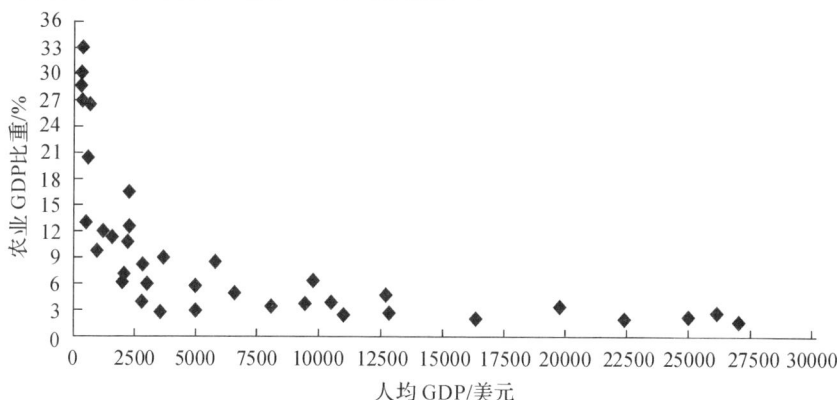

图 1　农业占 GDP 比重与人均 GDP

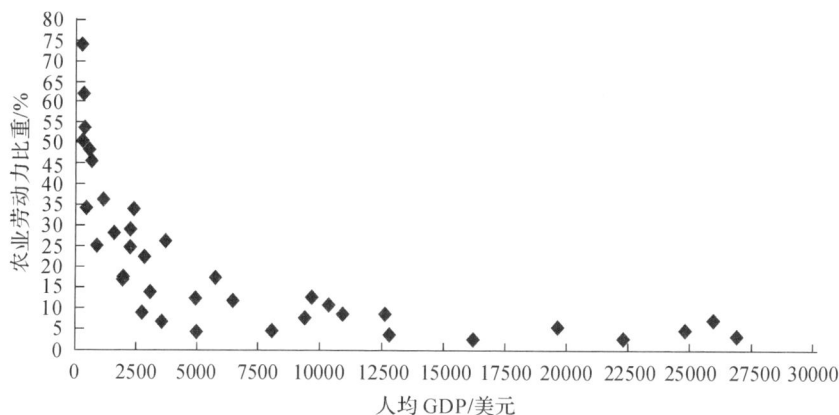

图 2　农业劳动力比重与人均 GDP

　　其次,从表3还可以发现,尽管发达国家的农业 GDP 比重很低,都在 10％以下,但由于从事农业的劳动力比重也不高,因而农业劳动力对GDP 的贡献系数(A/B)也不低,基本上都要高于发展中国家。相反,发达国家非农部门劳动力对 GDP 的贡献系数[(1－A)/(1－B)]却普遍低于发展中国家,但这并不意味着发达国家的非农部门劳动生产率要低于发展中国家,只能说明发达国家农业部门和非农部门劳动力的比较效率差异要比发展中国家小,这恰恰是发达国家劳动力要素在部门间优化配置的表现。这一点可以从$[(1-A)/(1-B)]/(A/B)$，即非农部门劳动力与农业劳动力对 GDP 贡献系数的比例关系得到印证。从表 3 可见，发达国家的$[(1-A)/(1-B)]/(A/B)$要明显小于发展中国家，这既表明发达国家的经济结构要优于发展中国家，又进一步揭示了我国农民收入问题的实质，即较高份额的社会劳动力从事份额不高的农业 GDP 生产，导致了相对低的贡献系数（或产出效率），进而导致相对低的收入水平。

最后，从图 3 的各国人均 GDP 和非农劳动力贡献系数的关系图来看，非农劳动力贡献系数随着人均 GDP 的增长而下降，而且最终停留在 1 附近。这正好表明，与发展中国家相比，发达国家的非农部门和农业部门的单位劳动产出的差距不大，劳动力要素配置和经济结构更为合理。

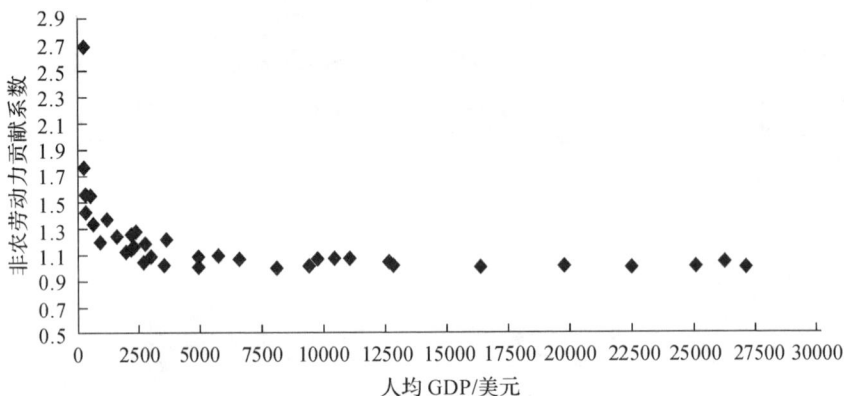

图 3　非农劳动力贡献系数与人均 GDP

值得注意的是，表 3 中反映居民收入差异性的基尼系数在我国已不低，1998 年达到了 0.403，与 1997 年美国的 0.408 不相上下，远高于日本、韩国、法国和德国。按照一般判别标准，基尼系数在 0.3～0.4 之间表明居民收入差距比较合理，处于 0.4～0.5 之间则表明居民收入差距较大，超过 0.5 被认为是社会贫富差距悬殊。0.4 以上的基尼系数意味着我国居民之间的收入差距较大，已超过了基尼系数为 0.4 的国际警戒线，而农民收入偏低则是原因之一。

四、从国民收入再分配看农民收入问题：关于城乡居民转移性收入的例证

从严格的意义上讲，城乡居民的转移性收入是国民收入再分配的范畴，是一种制度性的收入，而不是要素本身的收入。在我国，居民的转移性收入主要包括在外人口寄回或带回的收入、救济款、救灾款、退休金、抚恤金、社保金、土地征用补偿金等其他转移性收入。因此，撇开在外人口寄回或带回的转移性收入，其余转移性收入的多少和对象的差异，很大程度上与政府的偏好和社会再分配的制度有关。

表4给出的是1993年至2000年我国城乡居民人均年转移性收入和该收入占其可支配收入或纯收入的比重。很显然，无论是绝对额还是相对额，城市居民所获得的转移性收入和相对份额，都要大大高于农村居民。不仅如此，两者的差距还呈现进一步的扩大趋势，这可以从表4的相关数据和图4的两条曲线走势得到证实。城市居民的人均转移性收入大大高于农村居民，并且差距不断扩大的事实，表明农民在社会基本保障等方面，还不能享受与城市居民相同的国民待遇，表明现行社会再分配制度仍然存在明显的城市偏向，这种转移支付制度不利于广大农村居民，特别是低收入农民的利益保障和收入提高。

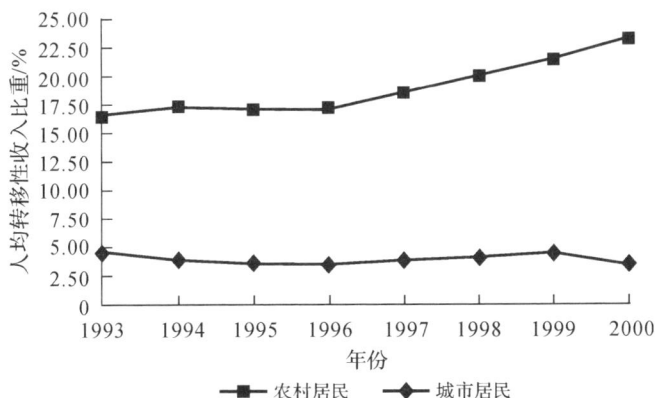

图4　城乡居民转移性收入差异

表 4　我国城乡居民的人均转移性收入

变量	1993 年	1994 年	1995 年	1996 年	1997 年	1998 年	1999 年	2000 年
农村居民人均转移性纯收入（a）	41.61	47.59	57.27	70.19	79.25	92.03	100.17	78.81
农村居民人均纯收入（b）	921.6	1221.0	1577.7	1926.1	2090.1	2162.0	2210.3	2253.0
农村居民人均转移性收入比重（a/b）	4.51%	3.90%	3.63%	3.64%	3.79%	4.26%	4.53%	3.50%
城镇居民人均转移性收入（c）	428.7	606.1	734.8	825.9	947.8	1083.0	1257.2	1461.8
城镇居民人均可支配收入（d）	2577.4	3496.2	4283.0	4838.9	5160.3	5425.1	5854.0	6283.0
城镇居民人均转移性收入比重（c/d）	16.63%	17.34%	17.16%	17.07%	18.37%	19.96%	21.48%	23.27%

资料来源：1994—2000 年的《中国统计年鉴》。

五、结构变革与制度创新：
解决农民收入问题的基本思路与途径

　　解决农民收入问题要从多方入手，其中，加快结构变革和制度创新是根本途径。

　　首先，要把农民真正视同社会劳动者，而不仅仅是农业劳动者，这样，农民增收的途径就会宽广得多。我国是人多地少、人地关系高度紧张的国家，这一国情不仅历史上存在，现在存在，而且将来很长一段时间内还将存在。这就决定了以土地粗放型为主的农业生产方式，在我国不具有现实可行性。而劳动密集型的农业，又往往形不成较高的劳动生产率，因而难以给单位劳动力带来较高的收入。因此，从这一意义上讲，增加农民收入、解决农民收入问题要跳出农业找出路。在浙江、湖南、贵州三省中，浙江的农村居民家庭人均经营耕地是最少的，只有 0.92 亩／人（湖南 1.14 亩／人，贵州 1.08 亩／人），浙江的 A 值（GDP 中农业的比重）在 1984—2000 年也下降得很快。但是，浙江的农民收入却连续 16 年在全国各省份保持第一，其中原因之一是浙江农民的收入主要不是来自农业，而是来自非农产业，其占农民纯收入的比重，近两年已达到 80％左右。这表明，要提高农民收入，就要让农民走出传统农业生产的圈子，将剩余农业劳动力从传统的农业生产中解放出来，流向劳动产出率较高的部门，以使社会不同部门的劳动产出率，或者对 GDP 的贡献趋于均等。这些部门既包括与农业不相关的第二、第三产业，又包括与农业密切相关的第二、第三产业，农业的产业化经营为农民就业和增收领域的拓展提供了现实途径。事实上，不少发达国家的农业劳动力比重尽管很低，但与农业密切相关的农业产后加工、储运、保险与服务领域却容纳了相当多的就业岗位，两者加起来的劳动力通常要占社会总劳动力的 20％～25％。

　　其次，农民增收不能仅局限于劳动要素本身的收入，而应将其他要素的收入也纳入农民增收的视野。农民的货币资本、土地权益（承包权与使用权）、技术以及投资的不动产等，都应该成为农民收入的重要源泉。值得一提的是,浙江农民的收入之所以比较高,原因不仅在于来自非农产业的劳动收入比重高,而且还在于相当多的浙江农民是个体私营业主,他们收入中的很大部分是来自投资性收益,而这种收入在市场经济条件下往往要比劳动收入高得多。

最后,增加农民收入,从根本上解决农民收入问题,关键还在于深化改革和创新制度,彻底消除农民增收的制度性障碍。主要涉及以下方面。

第一,创新农村土地制度,培育农村要素市场。要在进一步明确农村土地产权关系的基础上,在法律上赋予农民永久性的土地承包权,并使这一权力物权化。与此同时,要培育和发展农村的要素市场,包括:建立农村土地承包权和使用权的转让市场;调整国家对农村土地的征用机制和利益分配关系;发展农民房产和其他资产的租赁、转让、拍卖等交易市场。

第二,彻底消除城乡壁垒。不仅要消除城乡户籍身份制度的差异,而且要消除城市在就业、教育、居住、医疗等方面对农民的差别政策和"技术"壁垒,以增强城市对农民的亲和力和吸引力。在城市化进程中,要充分考虑农民的利益,防止新的城市偏向。我国城市化的重要标志不是城市的扩张,而是农民的减少,因此,有必要把中小城市的发展放在优先地位,并且同步考虑农民,特别是失地农民的利益补偿、迁移进城与再就业等问题。

第三,继续推进农村税费制度改革。要在取消各种不合理的农民负担的同时,推进相关制度的配套改革,尤其应加快乡镇机构的改革、人员的精简、政府职能的转变和村级民主制度的建设。同时,要积极支持和发展农民的专业合作经济组织与农业行业协会,提高农民的组织化程度,增强农民的自我保护意识。

第四,完善收入分配调节机制。要调整国民收入再分配的结构,加大政府对农村居民的转移支付力度,建立城乡一体化的居民最低生活保障制度和九年义务教育制度,使农民在教育、医疗、就业和社会保障等方面能享受与城市居民相同的国民待遇。与此同时,要完善税收体系和征管制度,重点加强对高收入者的税收征管力度,防止社会不同阶层,特别是城乡居民收入差距的进一步扩大。

参考文献

[1]张晓山:《农民收入与农村剩余劳动力问题》,《农业经济问题》,2000 年第 6 期。

[2]张晓山等:《关键是调整国民收入分配格局——农民增收问题之我见》,《农业经济问题》,2001 年第 6 期。

[3]郭建军:《现阶段中国农民收入增长特征、面临的矛盾和对策》,《中国农村经济》,2001 年第 6 期。

[4]盛来运:《对当前及今后一个时期农民收人增长问题的思考》,《统计研究》,2001 年第 1 期。

[5]周其仁:《关于三农问题的参考》,"中国制度经济学理论研讨会"论文(未刊稿),2001 年 9 月。

[6]孙立刚:《资源、产权与农民收人问题》,《农业经济问题》,2001 年第 12 期。

[7]史清华等:《中国农户经济收入增长、结构变化及根源》,《河北学刊》,2001 年第 5 期。

我国居民收入不平等问题：
基于转移性收入角度的分析[①]

一、前言

20 世纪 80 年代以前，我国经济的一个重要特征是分配的平均主义，并一直被国内外学者称为收入分配高度平均主义的经济。而随着以效率优先为导向的农村改革（80 年代初期）和城市改革（80 年代中期）的启动，我国经济开始转型，我国的收入不平等问题也开始发生演化，并在改革的不同阶段表现出不同的特征（李实，1998）。

国内学者对我国居民收入不平等问题的研究主要开始于 20 世纪 80 年代后期，并大致分为两个阶段：80 年代后期到 90 年代初期为第一阶段，其中最具代表性的工作是基于库兹涅斯曲线的"公有制经济收入差异倒 U 形曲线"假说及其"阶梯形变异"论的提出，从而开始了国内学者对收入不平等问题的广泛研究。第二阶段是 90 年代初到现在，在这个阶段，随着我国经济改革实践中收入不平等问题的加剧，学者们越来越关注不平等问题的研究，并出现了大量的研究文献。从研究的视角看，大致可以分为以下几个方面：①这一期间较为主要的研究是由赵人伟、李实、Riskin 等中外学者组成的"中国居民收入分配课题组"，在两次

① 本文作者为黄祖辉、王敏、万广华。本文内容发表在《管理世界》2003 年第 3 期。本文研究得到国家社科基金项目"扭转工农之间、城乡之间、地区之间差别扩大趋势问题研究——着眼于收入不平等角度的分析与研究"（03BJL028）资助。

对居民住户进行抽样调查的基础上,采用统计分析方法对我国收入不平等的状况及其变化和主要影响因素进行了多个侧面的实证分析,并提出了相应的经济解释(赵人伟等,1994、1999);②基于库兹涅斯"倒U形曲线"理论对我国当前收入不平等问题的研究(李子奈,1995;郭熙保,2002);③从收入来源的角度分析各分项收入对收入不平等的影响(陈宗胜,1997;曾国安,2000);④分析在体制转轨时期,各种寻租活动所导致的非正常收入对城乡居民收入差别的影响程度(陈宗胜,2001);⑤政府对城市居民收入不平等的影响(汪丽华,1995;王诚,1999);等等。

此外,对收入不平等问题研究的时序基本上集中在1995年以前。但是在1995年以后,我国经济进入了新一轮经济周期的调整,居民收入不平等问题出现了新的变化。因此,有必要对其做进一步的分析研究。另外,在现有的研究文献中,虽然有从收入来源角度分析各分项收入对收入不平等的影响的研究,但是这种分析基本上没有涉及转移性收入对收入不平等的影响。基于此,本文将转移性收入纳入分析框架,选取了1993—2001年的各省份相关数据,并运用GE(generalized entropy,广义熵)指数进行相应的分解,以分析转移性收入对我国居民收入不平等问题的影响。

二、关于转移性收入的含义

由于本文的数据主要是来源于《中国统计年鉴》,因此,我们对转移性收入的理解,也将依照年鉴中对此的界定。从《中国统计年鉴1993》上的统计数据来看,城镇居民转移性收入主要由以下几部分组成:"离退休金"、"价格补贴"、"赡养收入"、"赠送收入"、"亲友搭伙费"、"记账补贴"、"出售财物收入"、"其他"。

其中,"离退休金"、"价格补贴"和"其他"(其中的"抚恤和社会福利救济"部分)可视为属于政府转移性的支付。①"离退休金"是居民转移性收入中的主要组成部分,从若干年份的年鉴来看,其所占份额为60%～70%。但由于支付对象的不同,"离退休金"又可分为"行政事业单位离退休金"和"国有、集体企业离退休金"两部分,其中,"行政事业单位离退休金"由国家财政对国家行政事业单位离退休人员进行支出,"国有、集体企业离退休金"由国有、集体企业对企业内部离退休职工进行转移性支付。如果考虑到国有、集体企业与政府财政的关系,"国有、集体企业离退休金"可视为间接性的政府转移性支出。事实上,在国家财政中尚有一部分支出用于补助国有、集体企业由于效益滑坡而无法支付其企业职工的离退休金。②"价格补贴",从年鉴上的数据来看,主要是来自国家财政的"政策性补贴"中对城市居民的"肉食品价格补贴"部分,但是随着近几年相关农产品的价格下跌,基本上每年呈下降的趋势:1993年,中央财政中用于"肉食品价格补贴"的金额达 29.86 亿元,2000 年则只有 19.39 亿元。③国家财政用于"抚恤和社会福利救济"主要包括:"抚恤支出"、"离退休费"、"社会救济福利费"、"救灾支出"。

除了上述的属于政府转移性支付的部分,剩余的"赡养收入"、"赠送收入"、"亲友搭伙费"、"记账补贴"基本上是发生在居民家庭内部的收入转移。这样,年鉴中的转移性收入概念与我们通常所理解的政府进行收入再分配的转移性收入概念有出入,但是,从年鉴上的人均转移性收入数据来看,政府转移支付部分仍占主导地位,因而并不影响我们对此的分析。

三、研究方法及数据说明

(一)研究方法

本文对转移性收入的分析主要分为两部分,一是按区域分解的不平等分析,二是按收入来源分解的不平等分析。

1. GE 指数计算

考虑到区域分解的分析需要,我们采用 GE 指数(Shorrocks,1980、1984)对收入不平等程度进行衡量。GE 指数的表达式如下:

$$I(y) = \begin{cases} \sum_{i=1}^{n} f(y_i)\{(y_i/u)^c - 1\} & c \neq 0,1 \\ \sum_{i=1}^{n} f(y_i)(y_i/u)\log(y_i/u) & c = 1 \\ \sum_{i=1}^{n} f(y_i)\log(u/y_i) & c = 0 \end{cases} \tag{1}$$

在式(1)中，y_i 是第 i 个样本的收入，u 是总样本的平均收入，$f(y_i)$ 是第 i 个样本人口占总样本人口的比重。

至于参数 c，其取任何值，GE 指数都是可区域分解的。当 $c = 1$ 时，GE 指数便是 Theil 指数。无论 $c = 1$ 还是 $c = 0$，两种不平等指数的计算结果基本上是相同的，因此，为了简单处理，在本文的分析中，我们只取 $c = 0$。

2. 区域分解方法

Zhang and Kanbur(1999、2000)根据 GE 指数，在对样本进行分组的基础上，将 GE 指数分解成组内不平等和组与组之间不平等。其表达式如下：

$$I(y) = \sum_{g}^{k} W_g I_g + I(u_1 e_1, \cdots, u_k e_k) \tag{2}$$

$$W_g = \begin{cases} f_g (u_g/u)^c & c \neq 0,1 \\ f_g (u_g/u) & c = 1 \\ f_g & c = 0 \end{cases}$$

其中，k 是外生给定的组数，用 g 标明。I_g 表示为第 g 组的不平等指数(GE 指数)，u_g 是第 g 组的平均值，e_g 是长度 n_g 的一个向量，n_g 是第 g 组的人口数。如果 n 表示所有组的总人口数，那么 $f_g = (n_g/n)$。在式(2)中，$W_g I_g$ 表示组内不平等程度，$[W_g I_g / I(y)] \times 100\%$ 表示第 g 组的不平等程度对总体不平等程度的贡献率。$I(u_1 e_1, \cdots, u_k e_k)$ 表示总不平等程度的组间不平等部分，$[I(u_1 e_1, \cdots, u_k e_k) / I(y)] \times 100\%$ 表示组间不平等程度对总体不平等程度的贡献率。

3. 分项收入分解方法

只要不平等指数能设计成按分项收入进行加权相加的形式，该指数便能按收入来源进行不平等分解,比如 Gini 指数、Theil 指数等等 (Shorrocks,1982)。Shorrocks(1982)同时也提出了基本的不平等指数——用方差形式设计的不平等指数,并提出了以该指数进行分项收入不平等分解的方法(其计算结果与 Theil 指数的分解结果近似)。为了计算的简便,我们在本文的分析中将采用该分解方法。在该方法中,各分项收入贡献率的计算公式如下:

$$S(Y^K,Y)=[\text{COV}(Y^K,Y)/\sigma^2(Y)]\times100\%　　　　　(3)$$

式(3)中:Y^K 表示第 K 项收入,Y 表示总收入;$\text{COV}(Y^K,Y)$ 为各样本的第 K 项收入与总收入的协方差值,$\sigma^2(Y)$ 是总收入的样本方差值,$S(Y^K,Y)$ 是第 K 项收入不平等对总收入不平等的贡献率。

(二)有关数据说明

从 1993 年以后,《中国统计年鉴》开始对农村居民和城市居民的"人均转移性收入"项进行统计。因此,我们分析的样本数据年份是 1993—2001 年。

就每一年份而言,我们的样本数据包括每一个省份的农村居民和城市居民的人均纯收入与各分项收入。农村居民的样本数据为:"人均纯收入"、"人均工资性收入"、"人均家庭经营收入"、"人均转移性收入"和"人均财产性收入"。城市居民的样本数据为"人均可支配收入"、"人均工资性收入"、"人均转移性收入"、"人均财产性收入"(只限于 1997—2001 年)和"人均其他收入"。

由于缺乏数据的一致性,西藏并不被包括在样本集中。另外,由于重庆被列为直辖市,年鉴中重庆的数据从 1997 年开始单独统计,不再列入四川。考虑到前后数据的一致性,我们通过依人口比重进行加权平均处理,将 1997 年以后重庆的各项数据与四川的各项数据归并,列入到四川。这样,在我们的样本集中共有 29 个省份,每一年总共有 290 个样本数据。

四、转移性收入对居民收入不平等的影响

本文从两方面分析转移性收入对居民收入不平等的影响。一方面，采用 GE 指数区域分解的方法，分别考察包含转移性收入的居民人均纯收入和不包含转移性收入的居民人均纯收入两个样本数据集，比较两者在总区域不平等（全国居民收入不平等）、农村区域内不平等（农村居民收入不平等）、城市区域内不平等（城市居民收入不平等）以及农村-城市区域间不平等（城乡居民收入不平等）的差别，从而分析转移性收入对居民收入不平等的影响。另一方面，采用 GE 指数收入来源分解方法，分析在总区域内各分项收入不平等对总收入不平等的贡献率，然后通过转移性收入和其他分项收入的比较，分析转移性收入对收入不平等的影响。

（一）从区域分解角度的分析

根据区域分解的方法，可将样本数据分为农村和城市两组，由此，总区域不平等可分解为农村区域内的不平等、城市区域内的不平等以及农村-城市区域间的不平等（Zhang and Kanbur，1999、2000）。

运用 GE 指数的计算方法及区域分解的方法［式（1）和式（2）］，我们得到两组数据：包含转移性收入条件下居民人均纯收入的不平等（GE 指数）和不包含转移性收入条件下居民人均纯收入的不平等（GE 指数），分别列于表 1 和表 2，而图 1 和图 2 是相应的曲线图。比较上述两组数据，可以得到如下结论。

表 1　包含转移性收入的 GE 指数

年份	总区域	农村区域内	城市区域内	农村-城市区域间
1993	0.06958	0.02285	0.01492	0.04851
1994	0.07334	0.02298	0.01653	0.05186

续表

年份	总区域	农村区域内	城市区域内	农村-城市区域间
1995	0.06792	0.02361	0.01498	0.04637
1996	0.06116	0.02169	0.01318	0.04171
1997	0.05577	0.02017	0.01317	0.03733
1998	0.05494	0.01887	0.01345	0.03743
1999	0.06062	0.01947	0.01404	0.04254
2000	0.06674	0.02042	0.01432	0.04792
2001	0.07188	0.02112	0.01442	0.05255

表 2   不包含转移性收入的 GE 指数

年份	总区域	农村区域内	城市区域内	农村-城市区域间
1993	0.05702	0.02254	0.01430	0.03633
1994	0.05942	0.02308	0.01667	0.03783
1995	0.05466	0.02362	0.01498	0.03310
1996	0.04902	0.02190	0.01350	0.02933
1997	0.04380	0.02037	0.01407	0.02499
1998	0.04205	0.01913	0.01428	0.02414
1999	0.04526	0.01932	0.01492	0.02706
2000	0.04765	0.01994	0.01595	0.02875
2001	0.05041	0.02085	0.01487	0.03116

第一,从图形上来看,无论是考虑转移性收入因素,还是不考虑转移性收入因素对收入分配不平等的影响,我国居民收入不平等(总区域不平等)最明显的是体现在农村-城市区域间,再次是农村区域内,然后是城市区域内。这一点也可用区域贡献率进行数字说明:根据式(2)中的贡献率计算方法,在包含转移性收入条件下,农村-城市区域间不平等、农村区域内不平等、城市区域内不平等对总区域不平等的贡献率分别(平均)为 69.67%、24.78%、5.54%(各年的平均值);在不包含转移性收入条件下,相应的区域贡献率平均值则分别为 60.47%、

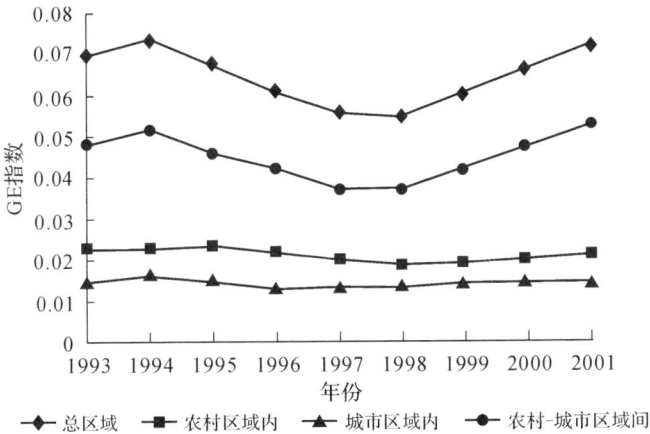

图 1　包含转移性收入的 GE 指数

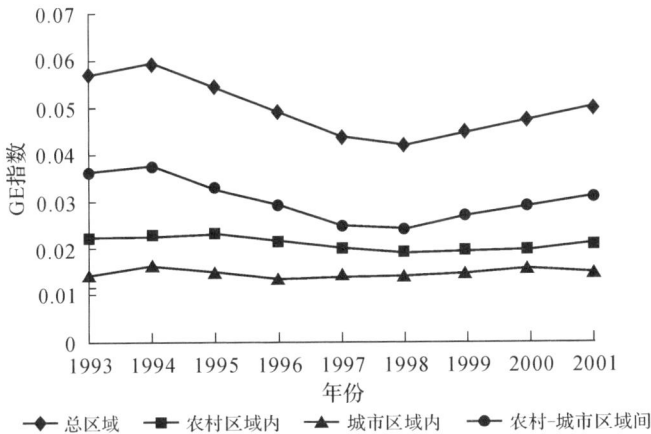

图 2　不包含转移性收入的 GE 指数

32.03%、15.38%。

　　第二,在两组数据中,各区域的不平等曲线的变动轨迹以及变动的幅度基本上相同,这表明转移性收入并未能改善收入的不平等曲线,尤其是总区域的不平等曲线和农村-城市区域间的不平等曲线,说明政府的转移性支付没能起到缓和收入分配不平等的作用。

　　第三,从农村区域内和城市区域内的不平等程度看,两种条件下的 GE 指数比较相近,差异不大,但是总区域和农村-城市区域间的两种条件下的 GE 指数却相差较大。通过简单平均计算可以发现,在包含转移性收入的条件下,农村区域内、城市区域内、农村-城市区域间以及总区域的不平等程度(GE 指数),要比不包含转移性收入条件下的收入不平等程度(GE 指数)分别高出 0.22%、−3.39%、48.97%、29.53%。这就是说,这种转移性收入尽管在一定程度上降低了城市居民的收入不平等程度(降低的程度很有限,仅为 3.39%),但却使农村区域内、总区域和农村-城市区域间的不平等程度提高,尤其是明显提高了总区域和农村-城市区域间的收入不平等程度,分别提高了 29.53%和 48.97%。

第四,从图 1 的曲线走势看,1998—2001 年,总区域和农村-城市区域间的 GE 指数出现加速上升,分别上升了 30.83%和 40.40%,农村区域内和城市区域内的 GE 指数上升则相对较少,分别上升了 11.92%和 7.21%。另外,由计算可得 1998—2001 年各区域贡献率的变化情况:1998 年,农村-城市区域间不平等、农村区域内不平等和城市区域内不平等对总区域不平等的贡献率分别为 68.13%、25.73%、6.14%;2001 年,则分别为 73.11%、21.53%、5.36%。在这四年中,农村-城市区域间不平等对总区域不平等的贡献率逐年上升,农村区域贡献率、城市区域贡献率则是逐年下降。可见,农村-城市区域间的收入不平等不但构成了影响总区域不平等的主要因素,而且是 1998—2001 年总区域不平等程度出现明显上升趋势的主要因素。

以上分析首先表明,我国居民收入不平等程度从不同区域角度考察的结果差异较大。其次,1997 年以后,我国居民的收入不平等问题出现了新的变化,无论是总区域、农村区域内、城市区域内、还是农村-城市区域间的 GE 指数都呈上升态势,其中,农村-城市区域间不平等程度的上升成为我国居民收入不平等程度上升的主导因素。最后,我国的转移性收入不仅没有使收入的不平等程度得到降低,相反是升高了农村-城市区域间和总区域间的收入不平等程度,也就是说,是加剧了城乡之间和全国居民的收入不平等。

(二)从收入来源分解角度的分析

在上文的分析中,我们可以看到,转移性收入在各区域对总收入不平等的影响主要表现在对农村-城市区域间的影响,进而影响了总区域的总收入不平等。因此,根据式(3),接下来的部分,我们采用按收入来源进行分解的方法,分析 1993—2000 年影响总区域收入不平等的收入因素,尤其是转移性收入部分。

为了使城市和农村数据具有同一性与可比性,我们将样本中的收入来源分为:劳动收入、转移性收入和其他收入。其中,在城市样本中,劳动收入只指工资性收入,其他收入则包括财产性收入和其他(年鉴中)未计收入;在农村样本中,劳动收入则包括工资性收入和家庭经营收入两部分,其他收入只指财产性收入。这样,样本集中总共有 174 个样本。

表 3 和图 3 分别列出了上述 3 项分项收入对总区域不平等的贡献率。根据相关数据和曲线,可以得出:①从贡献率比重来看,在 1993—2000 年整个时间段中,劳动收入构成了总区域收入不平等的主要影响因素,而转移性收入和其他收入对收入不平等的贡献率则相对较低;②但是从贡献率的变动趋势看,结论却不同。这一期间的劳动收入贡献率呈单调下降趋势,而转移性收入和其他收入的贡献率却呈上升态势,转移性收入的上升态势尤其显著。转移性收入的贡献率从 1993 年的 21.10%,增长到 2001 年的 32.27%,增幅近 52.94%,而与工资性收入的贡献率差距则从 1993 年的 3.2∶1,缩小到 1.6∶1。尤其是 1997 年以后,转移性收入贡献率的上升速度明显加快,这段时间恰好与农村-城市区域间的收入不平等和总区域间的收入不平等出现新的上升趋势的时间段相吻合(见图 1)。这表明,1997 年以后我国农村-城市区域间收入不平等加剧,进而导致的总区域收入不平等程度的提高,与转移性收入的不平等程度上升密切相关。

表 3 各项分收入对总区域不平等的贡献率

年份	劳动收入	转移性收入	其他收入
1993	67.01%	21.10%	10.16%
1994	66.55%	22.04%	9.69%
1995	65.31%	22.31%	10.66%
1996	64.15%	22.66%	11.46%
1997	60.99%	24.72%	12.57%
1998	57.81%	27.06%	13.4%
1999	56.16%	28.94%	13.18%
2000	53.84%	30.42%	14.02%
2001	52.27%	32.27%	13.73%

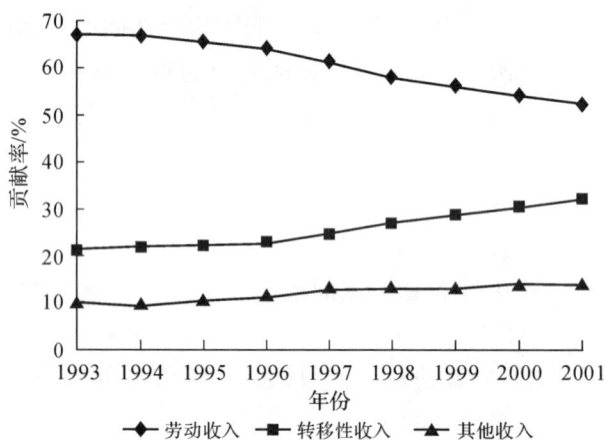

图 3 各项分收入对总区域不平等的贡献率

五、进一步的分析和政策启示

首先,转移性收入之所以没能起到降低城镇区域内收入不平等程度和农村区域内收入不平等程度的作用,一定程度上与各地区的转移性收入取决于地方的财政状况有关。由于不同地区的经济发展水平不同,地方财政的差距也比较大,因此,经济较发达的地区,地方财政相对充裕,居民人均转移性收入就比较高,反之则相反。以 2001 年的样本数据为例,在农村居民人均转移性收入中,最高的是福建,人均为 270.07 元,最低的是新疆,人均 21.22 元,两者相差近 11.7 倍。在城市居民的人均转移性收入中,最高的是上海,人均达 4791.53 元,最低的是山东,人均为 918.25 元,两者相差近 4.2 倍。

其次,转移性收入之所以加剧农村-城市区域间的收入不平等,进而导致总区域的收入不平等,其原因除了各省份的财政状况差异所造成的转移支付差异外,根本原因在于城乡分割的,或者说歧视性的收入再分配制度。实践表明,由于长期存在的城乡分割局面,城市居民与农村居民在政府转移性支付的分享方面存在着较大的差别。农村居民往往享受不到城市居民在就业、教育、住房、医疗等方面的待遇。农村居民收入中一部分来自国家财政的转移收入,仅仅是极少数在全民或集体单位就业的职工享有由国家支付的一部分抚恤金、困难补助和救济金等(国家统计局农调总队课题组,1995)。这种将户籍身份和所有制特征作为能否获得政府转移性支付的制度,是加剧城乡居民收入不平等的重要制度障碍。在整个农村-城市样本范围内,2001 年,人均转移性收入最高的是上海的城市居民,人均为 4791.53 元,最低的是新疆的农村居民,人均仅为 21.22 元,两者相差近 225 倍,远远超过农村内的 11.7 倍、城市内的 4.2 倍。

最后,从收入来源分解的分析中,我们揭示了转移性收入对不平等贡献率的变化,它是 20 世纪 90 年代后期我国城乡居民收入不平等程度加剧的重要原因。实际上,分项收入对收入不平等贡献率的变化在很大程度上要受居民收入结构变化的影响。表 4、图 4 分别描述了农村居民和城市居民人均转移性收入占人均纯收入的比重的变化。城市居民人均转移性收入占人均纯收入的比重从 1996 年开始显著上升,由 1996 年的 16.71% 上升到 2001 年的 23.57%,增幅达 41.05%。这表明政府对城市居民转移支付力度的加大,有效地改变了城市居民的收入结构。而农村居民的人均转移性收入比重基本上未随时间变动而变动。因此,城市居民人均转移性收入比重与农村居民转移性收入比重的差距由 1996

年的 4.5 倍增加到 2001 年的 6.5 倍,这导致了人均转移性收入对农村-城市区域间居民收入不平等贡献率的上升,从而导致对总区域范围内居民收入不平等贡献率的上升。

表 4　农村、城市居民人均转移性收入比重的变动

年份	农村居民转移性收入比重	城市居民转移性收入比重
1993	4.59%	16.39%
1994	3.99%	17.16%
1995	3.70%	16.95%
1996	3.72%	16.71%
1997	3.90%	17.89%
1998	4.31%	19.22%
1999	4.50%	20.65%
2000	3.40%	22.50%
2001	3.65%	23.57%

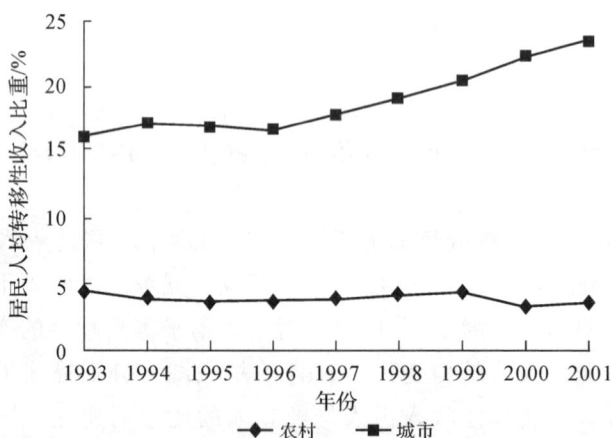

图 4　农村、城市居民人均转移性收入比重比较

　　概括起来,转移性收入对我国居民收入不平等问题的影响主要是来自两个方面:一是省份之间经济发展水平的差异所导致的转移性收入支付的差异;二是城乡分割的收入再分配制度导致的城乡转移性收入分配

的不平等,即城市居民能享受到较多的政府转移性支付,而广大农民则基本上享受不到政府的转移性支付。

要改变这种状况,一是要加大政府转移支付的力度,尤其是要加大中央财政对经济欠发达地区的转移支付力度,以不断缩小东西部地区的居民收入水平差异;二是要彻底消除城乡分割的收入再分配制度,调整国民收入的再分配结构,加大政府对农村居民的转移支付力度,建立城乡一体化的居民最低生活保障制度,使农村居民能与城市居民一样,享受相同的政府转移支付待遇。

参考文献

[1] Carl Riskin，*China's Political Economy*，Oxford University Press，1987.

[2] Ravi Kanbur，Xiaobo Zhan，Which Regional Inequality? The Evolution of Rural-Urban and Inland-Coastal Inequality in China. *Journal of Comparative Economics* 27：686-701，1999.

[3] Shorrocks，Anthony F，The Class of Additively Decomposable Inequality Measures. *Econometrica* 48，3：613-625，1980.

[4] Shorrocks，Anthony F，Inequality Decomposition by Population Subgroups. *Econometrica* 52，6：1369-1385，1984.

[5] Xiaobo Zhang，Ravi Kanbur，What differences do polarization measures make? An application to China. *The Journal of Development Studies* 37，3：85-98，2001.

[6] 陈宗胜.《经济发展中的收入分配》,上海三联书店,上海人民出版社,1991.

[7] 陈宗胜.中国城市居民收入分配差别现状、趋势及影响因素——以天津市为案例,《经济研究》,1997,3.

[8] 陈宗胜,周云波.非法非正常收入对居民收入差别的影响及其经济学解释,《经济研究》,2001,4.

[9] 国家统计局农调总队课题组.城乡居民收入差距及其决定因素研究,《中国农村经济》,1995,1.

[10] 郭熙保.从发展经济学观点看待库兹涅茨假说——兼论中国收入不平等扩大的原因,《管理世界》,2002,3.

[11]黄祖辉,王敏.农民收入问题:基于制度与结构角度的透视,《中国人口科学》,2002,4.

[12]李实,赵人伟,张平.中国经济改革中的收入分配变动,《管理世界》,1998,1.

[13]刘磊.中国居民总体收入差别研究概述,《经济学家》,2000,4.

[14]万广华.中国农村区域间居民收入差异及其变化的实证分析,《经济研究》,1998,5.

[15]王诚.收入分配及转型经济中的政府影响,《改革》,1999,4.

[16]曾国安.论市场经济中政府调节居民收入差距的必要性,《经济评论》,2000,2.

[17]赵人伟等主编.《中国居民收入分配研究》,中国社会科学出版社,1994.

[18]赵人伟,李实,Carl Riskin.《中国居民收入分配再研究》,中国财政经济出版社,1999.

农村居民收入差距问题

——基于村庄微观角度的分析框架[①]

一、引言

在过去20多年的改革进程中,中国在获得国民收入快速增长同时,收入分配也从计划经济时代高度的平均主义走向了高度的收入不平等。全国居民收入基尼系数从改革初期1984年的0.275增长到2001年的0.447(世界银行,WDI),增长了62.5%,成为同期收入差距扩大最快的国家之一。其中,中国农村居民收入差距问题突显,尤其是农村区域间收入差距在1981—2002年扩大了2.8倍,远大于城乡收入差距和城市区域间收入差距的扩大速度(黄祖辉,2003)。因此,国内学者从不同角度对中国农村居民收入差距问题做了大量研究,包括朱玲(1992、1999)、张平(1992、1999)、白志礼(1993)、唐平(1995)、魏后凯(1996)、万广华(1998)和李实(1999)等。

以往的研究对农村改革以来中国农村居民收入差距变化趋势的分析和判断都是一致的,即无论是农村总体收入差距、区域间收入差距、还是区域内收入差距都呈现持续扩大的趋势,而且都将问题集中在农村的非农化上,将农村经济结构变迁作为主要的解释变量。应该说,这些研

① 本文作者为黄祖辉、王敏、宋瑜。本文内容发表在《管理世界》2005年第3期,被中国人民大学期刊复印资料《农业经济导刊》2005年第7期全文转载。本文研究得到国家社科基金项目"扭转工农之间、城乡之间、地区之间差别扩大趋势问题研究"(03BJL028)的资助。

究给出了富有洞察力的观察和解释,并大大地丰富了我们对中国农村居民收入差距的认识。但是,其中也存在若干缺陷:①大量研究是基于年鉴数据,从宏观的角度对农村居民的区域间收入差距进行分析,无法涉及区域内部的收入差距,且微观的解释力不够。对于个体而言,收入差距的意义完全在于该个体在其日常社会生活中所能感受到的贫富差距,是与其发生各种社会关系的身边人的收入水平给了他最直接的对收入差距的认识,而不是全国或区域等宏观收入差距。因此,从这个角度来讲,作为农村居民基本生活和社会关系单元的村庄是个更好的研究对象。① ②以往的研究都是基于传统统计口径进行分析的,比如将收入来源划分为家庭经营性收入、财产性收入、转移性收入、工资性收入等。但是这样一个划分不是经济学意义上的严格的要素收入划分,比如家庭经营性收入这一统计指标,如果按照新古典经济学收入分配理论,便包含了劳动、资本、土地和企业家才能四项要素收入。③现有的对收入分配问题的研究还难以提出一个比较完整的收入分配理论体系,而只能通过实证方法对现实生活中所发生的事物进行归纳分析(张平,2003)。

针对以上缺陷,本文试图通过新古典经济学的分配理论建立一个农村居民收入差距的微观分析框架,基于村庄内部和村际的微观角度对农村内部收入差距问题与农村区域间收入差距问题进行分析,并同时提出应用 Shapley Value(Shorrocks,1999)对基尼系数变化进行完全分解的方法。

二、对农村居民收入差距的一个分析框架

在经济学传统中,对收入的理解主要有消费和生产两个角度:前者是基于消费中所实现的效用收入(Fisher,1930),后者关注的是收入的生产。由于消费的刚性和消费支出更取决于长期的稳定预期收入,消费

---

① 当然,对于微观个体——农村居民,一个完整的收入差距的分析除了村庄里的收入差距分析以外,还应该包括其在外地就业所感受到的收入差距分析,即城市居民收入与外来就业的农村居民收入的差距。

收入受短期波动较少,更能反映永久性收入流。因此,在国外有关收入差距的测算中,消费支出被认为是更好的变量。但是,当需要对收入分配的诸多影响因素进行分析的时候,尤其是要对收入差距进行分解时,生产性收入的概念便表现出明显的优势。选择生产的角度,收入便可归结为:个人所有的要素禀赋(q_i)和相应生产要素价格(p_i)乘积的加总[见式(1)]。

$$I = \sum_{i=1}^{n} p_i \times q_i \tag{1}$$

因此,纵使收入差距问题错综复杂,如果基于式(1)的收入概念,那么对收入差距的研究就可以直接从两个变量着手:一是个人拥有的生产资源条件(要素禀赋 q_i)的不同;二是制度、市场和社会力量共同决定的生产要素价格的结构——个人的共同环境(Shorrocks,1987)或外部市场环境。这样,收入分配问题便成了要素市场的分配问题(Frideman,1976)。如果进一步假设充分和完全的自由市场条件,那么在收入差距形成过程中,市场只是起了定价作用——"市场只是决定了每一单位资源的报酬,我们没有任何理由相信市场加剧了收入差距"(Frideman,1976)。因此,在这样一个更加简单化的条件下,可以看到是初始的资源分布(q)差距决定了市场结果的收入差距。

当然,在现实世界中,不可能存在充分并纯粹的自由市场条件。外部要素市场不发达,大量的资源禀赋将由于缺乏收入实现机会而闲置。但是,如果我们把研究的目光放到村庄内部和村庄之间的收入差距时,就会发现严格的理论假设因为研究对象的合适选择而能在现实中得到应用。

第一,就一个村庄而言,其内部居民所面对的外部市场环境基本上是一致的,包括当地的经济水平、地方政策、交通、地理环境等。因此,在外部市场条件一致的条件下,村庄内部的收入差距便基本上可以用 q 来解释,是村庄内部居民的要素禀赋差异决定了村庄内部的收入差距——但这只是在静态水平的分析。

如果从动态角度来看,村庄内部居民所面对的一致性外部市场环境随着时间的推移会发生变化,而这种变化对村庄内部的收入差距是起作用的。就一个村庄而言,当出现有利于某项要素的潜在收入实现的市场机会时,拥有该要素的经济主体会在该要素上普遍地获得更高的收入,该要素收入在总收入中的比重会上升。反之亦然。在下文基尼系数分解公式中,我们可以看到,这样一种收入结构的变化会对总收入的收入差距产生影响。同时,因为是在同一条件下的共同反应,该要素所有者会普遍地增加或减少该要素收入,所以该要素在村庄内部居民中的分布形式将保持稳定。

接下来,我们从历史的角度去看村庄内部收入差距问题,以进一步明晰其演变的过程。在早期人民公社解体以后,农村居民的物质和货币资本基本上为零,再加上家庭联产承包责任制下的土地平均化分配制度,那么在劳动、资本、土地、企业家才能四大要素中,土地和资本对初始的收入差距基本上是没有影响的。因此,中国农村内部的收入差距首先从劳动和企业家才能两个要素在人群中分布的差异开始。而劳动、企业家才能两个要素事实上都是来自同一个主体——人力资本。只不过是由于不同经济个体风险偏好的差异,在市场上表现出不同的行为模型,从而决定了最终要素收入表现形式的差异:风险偏好程度较高的个体选择了基于风险和不确定性的人力资本"剩余定价"方式,从而表现为企业家才能的收入;风险偏好程度较低的行为主体则选择确定性的人力资本报酬作为自身的收入,从而表现为劳动收入。因此,中国村庄内部的收入差距问题,就可以简化为以下的演变过程:①在改革初期,在外部环境一致的条件下,村庄内部居民首先是由于人力资本的差距形成了初始的收入差距。②随着劳动、企业家才能要素在市场中的收入实现,资本要素开始从中生成并逐渐成为影响收入差距的要素之一;作为土地平均化的分配制度的延续,在村庄内部,土地要素依旧对收入差距没有显著影响。③但是,在诸多生产性资源中,人力资本有其特殊性——自我增值,也就是说人力资本的劳动、企业家才能这两个要素每一次在市场中的收入实现的同时,也是人力资本积累的过程,比如获得知识、学习某项技能、培养某种性格等。因此,随着时间的推移,个体人力资本的积累程度差异造就了村庄内部收入差距的进一步变化——如果低收入人群人力资本积累速度快于高收入人群,则收入差距有可能缩小;反之,则收入差距继续扩大。

第二,对于村庄之间,或者说农村区域之间的收入差距问题而言,假设劳动、企业家才能、土地等初始要素在不同村庄具有类似的分布概率的话，那么村际收入差距便主要由外部市场环境的差异所决定。每个经济个体在进入市场交易之前，都具备一定的潜在要素。但是，如果一居民所在村庄拥有发达的外部市场，那么各种潜在要素收入便有可能在不同市场中得到充分实现；如果该经济个体所在村庄外部市场极不发达，那么他那些潜在要素禀赋将因为没有足够的市场机会而闲置，从而相比于那些具有同样资源禀赋但处于市场发达地区的经济个体表现为低收入水平，村庄之间，或者说区域之间的收入差距水平因此而拉开。各个要素在不同村庄均匀分布的假设只适合于收入差距演变的初始状态，从农村改革初期的情况来看，这个假设是可行的。但是，每个要素都有累积功能，比如人力资本能在干中学的过程中得到增长。因此，从收入差距后期的演变来看，村际收入差距便由各个村庄外部市场环境差异和要素禀赋的差异所共同决定。

从动态角度来看，各村外部市场环境的差异会发生变化，而这种变化将改变某要素在不同村庄中的分布状态，并同时会在一定程度上改变该要素在总区域中的收入比重。比如收入最高的村庄获得了有利于某项要素收入实现的外部市场机会，且这个机会不为其他村庄所获得，那么这个高收入村庄则由于该要素收入的增加，进一步拉开了与其他村庄在该要素上的收入差距——该要素在村庄间的分布状态发生变化。同时从总区域的收入结构上来看，高收入村庄在该要素收入上的增加会提高该要素的收入比重。反之亦是如此。同样地，从后文的基尼系数分解公式可以看到，要素在不同村庄中的分布状态以及要素收入比重的变化都会影响村际收入差距的变化。

从以上的分析，我们可以看到农村居民收入差距首先是基于要素禀赋的分布差异，同时外部市场环境的变化会影响要素收入的实现程度。但是，外部市场环境对村庄内部的收入差距影响和对村际收入差距的影响是不一致的。对于前者而言，因为主体面对的是同一的外部市场环境，所以外部市场环境的变化会对所有主体起到同样的效应，从结果上表现出来便是村庄内部收入结构的变动，而各个分项收入的分布形式保持不变。后者则是每个主体面对不同的外部市场环境，所以某一个村庄的外部市场环境的变化只会对其本身产生影响，而不会影响其他村庄，从结果上表现出来便是分项收入的分布形式发生变化,同时收入结构也因此而变化。

下面,本文则尝试应用浙江省固定观察点村庄的数据进行实证分析,以验证上述的理论内容。

三、方法和数据

(一)方法

1.基尼系数

在对基尼系数进行测算时,如果每个样本是一个家庭或一个地区,那么就需要对每个样本的人口进行加权——这一点很重要,否则结果很容易造成误导(万广华,2004)。基于 Silber(1989)的矩阵算法,本文给出了进一步的简便算法:

$$G = \sum_{i=1}^{n} \frac{x_i \times p_i}{\mu} \left(\sum_{j=1}^{i-1} p_j - \sum_{j=i+1}^{n} p_j \right) \tag{2}$$

在基尼系数的计算中,首先要根据收入水平对总样本进行收入由低往高的排序。其中,μ 是总样本的平均收入值,x_i 是(收入由低往高)第 i 个样本的收入值,p_i 或 p_j 是表示(收入由低往高)第 i 个或第 j 个样本人口数占总样本人口数的比重。当 $i=1$ 时,$\sum_{j=1}^{i-1} p_j = 0$;当 $i=n$ 时,$\sum_{j=i+1}^{n} p_j = 0$。

2.基尼系数分解

假设总收入 x 由 k 项收入组成,即 $x = x_1 + x_2 + \cdots + x_k$,那么:

$$G = \sum_k \frac{\mu_k}{\mu} C_K \tag{3}$$

其中,μ_k 是第 k 项收入的平均值,C_K 是第 k 项收入的集中率。C_K 的计算与 G 一样,只不过在计算 C_K 时,收入与人口份额是根据人均总收入由低到高进行排序,而不是根据第 k 项收入进行排序。集中率可以视作分项收入的基尼系数。

各个分项收入对总收入差距的贡献率(R_K)则表示为:

$$R_K = (\frac{\mu_K}{\mu}C_K)/G \times 100\% \tag{4}$$

通过这样一个分解,我们可以看到某分项收入对总收入基尼系数的贡献率主要通过两个变量进行影响:一是该分项收入占总收入的比重,二是该分项收入的集中率。如果某分项收入的集中率大于总收入基尼系数,那么该分项收入是促使总体收入差距扩大的因素;如果某分项收入的集中率小于总收入基尼系数,那么该分项收入是促使总体收入差距缩小的因素。但有一点要注意的是,贡献率 R_K 只是静态地解释某个时点某个分项收入对总收入差距的贡献率,如果要用分项收入来解释某个阶段的总收入差距的变化——基尼系数增大或缩小趋势,则要看集中率和收入比重两个变量分别变化的情况。

3. 基尼系数变化的分解

就收入差距研究的现实意义而言,人们更关心的是收入差距的变化,以及该变化的背后原因。某项收入可能对基尼系数的贡献率较低,但有可能是导致基尼系数变化的重要因素。在现有的国内外研究中,万广华(1998)首先对基尼系数变化的分解进行了尝试,但尚留有残留项。借助于 Shapley Value 分解方法(Shorrocks,1999),本文将尝试对基尼系数变化进行完整的分解。

Shapley Value 方法的基本思路是对统计指标中每一个变量依次进行不同顺序的剔除计算,得到该变量在该剔除顺序中的边际影响,然后平均每个变量所有被剔除顺序的边际影响,其结果便是该变量最终的对该统计指标的影响程度,具体的介绍见 Shorrocks(1999)。但是,在分解过程中,分项收入比重有个问题,因为各分项收入比重是加总 100% 的关系,就是说某项分项收入比重的变化不但影响自身,而且影响其他分项收入比重——某项收入比重上升就意味着其他收入比重下降。比如在其他收入比重不变的条件下,劳动收入比重上升了 10%,资本收入下降了 10%,所计算出的劳动收入比重上升 10% 对基尼系数变化的贡献,不但包含了其自身的贡献,同时也包含了资本收入下降 10% 对基尼系数变化的贡献。而集中率则是独立的变量,彼此之间没有这种关系,而且每个分项收入的收入比重变化和集中率变化对总收入基尼系数变化的总影响是确定的,即 $S_{KT}C_{KT} - S_K C_K$(S_{KT}、C_{KT} 是末期某分项收入的收入比重和集中率)。因此本文首先应用 Shapley Value 方法,把分项集中率变化对基尼系数变化的贡献分解出来,然后计算剩余便是分项收入比重的贡献率。

由于 Shapley Value 方法的计算是随着变量数目的增加呈数列级增长,因此,在具体的计算中,我们将总收入分为待分析的分项收入和剩余收入,这样就可以把变量控制在三个:ΔS_K、ΔC_K、ΔC_R[见式(5)],从而减少计算工作量。

$$
\begin{aligned}
\Delta G &= G_{T+1} - G_T \\
&= [(S_K + \Delta S_K) \times (C_K + \Delta C_K) + (S_R + \Delta S_R) \times (C_R \\
&\quad + \Delta C_R)] - [(S_K \times C_K) + (S_R \times C_R)] \\
&= [(S_K + \Delta S_K) \times (C_K + \Delta C_K) + (S_R - \Delta S_K) \times (C_R \\
&\quad + \Delta C_R)] - [(S_K \times C_K) + (S_R \times C_R)] \quad (5)
\end{aligned}
$$

其中,G_{T+1}、G_T 分别是末期和初期的基尼系数;S_K、C_K、ΔS_K、ΔC_K 分别是待分解收入的基期收入比重、基期收入集中率、收入比重变化、集中率变化,S_R、C_R、ΔS_R、ΔC_R 则分别是剩余收入的基期收入比重、基期收入集中率、收入比重变化、集中率变化。根据式(5)对 ΔS_K、ΔC_K、C_R 三个变量进行所有顺序的剔除计算,每个变量有四种被剔除的顺序。最后得出某项收入集中率变化 ΔC_K 对基尼系数变化的贡献。

分解的结果表明:在基期和末期之间,如果某分项收入比重是增加的,那么该分项收入比重的变化对基尼系数变化的影响效应是正水平的;如果某分项收入集中率是增加的,那么该分项收入集中率的变化对基尼系数变化的影响效应是正水平的;反之则都是负水平的影响效应。

(二)数据

本文采用浙江省农村固定观察点 10 个村庄 1986—2003 年的调查

数据进行实证分析。① 根据新古典经济学的收入分配理论框架,本文首先将收入划分为以下四大要素分项收入、劳动收入、资本收入、企业家才能收入、地租收入,并在此基础上增加农村内部转移性收入。

1. 劳动收入

劳动收入主要表现为家庭经营外的各项工资性收入,以及内含在家庭经营中的自有劳动投入的机会收入。自有劳动投入的数量由每项经营(共 11 项)的"投工量"这一调查指标直接给出,而至于其价格,则参照当地劳动力市场的平均价格——计算当年所有雇工交易的平均每天劳动力价格。

2. 资本收入

来自家庭外经营的资本收入主要包括利息收入、股息收入、固定资产出租收入(包括耕地出租、房屋厂房出租、机器设备出租)。而另外一块资本收入则来自家庭经营中的自有资本投入的机会收入,包括货币资金投入和生产性固定资产投入。以当年一年期银行定期存款利率作为资本价格。

3. 企业家才能收入和地租收入

对企业家才能的定义在经济学传统中有很多分支。基于可量化的处理原则,本文选择 Knight(1921)的定义:企业家才能收入是对未来风险和不确定的报酬。Frideman(1976)在 Knight(1921)的基础上进一步地把企业家才能定义为组织其他要素进行生产的要素,而且每一个企业家都对应一个非齐次生产函数。这样,企业家才能的边际产出完全取决于企业家才能所经营的生产函数的产出单位成本与市场价格的差值——企业家才能是"剩余定价"的(price-determining)。在样本数据中,这部分收入主要体现在家庭经营、企业经营这两部分收入行为中,包括来自农业和非农业的收入。因此作为一项"剩余定价"型收入,企业家才能收入应该是在传统统计口径中的家庭经营和企业经营纯收入中扣除了自有劳动、自有资本、自有土地投入的机会成本后的净剩余。但是,

---

① 1992 年、1994 年和 2002 年未进行调查,该三年份数据缺失。在计算过程中,所有数据经过消费者价格指数调整。

在 10 个村庄中,土地流转发生率较低,无法获得 1986—2003 年所有年份、所有村庄的土地租金价格,因此地租收入无法从中分离出来,故一并纳入到企业家才能的剩余收入中。基于以下两方面的考虑,忽略地租收入是可行的:当前我国家庭联产承包责任制的土地制度事实上是一种"均田制"的要素分配形势,并不会对收入差距产生影响;土地租金较低,即使在 2003 年也就在 100 元/亩左右,占人均纯收入比重不到 0.5%,忽略该项收入并不影响我们的分析。①

4. 农村内部转移性收入

农村内部转移性收入主要来自亲戚间的赠送收入(比如结婚礼金)和在外非常住人口寄回的收入,无政府转移性收入。

其他收入则为除上述各项收入以外的剩余部分,是没有纳入统计口径中的数据,无法了解其经济含义,故在下文的分析中略过。

四、实证分析

下文主要从微观的角度对 10 个村庄的收入差距进行实证分析,并对前文所提出的理论进行验证,主要分两部分内容:一是通过基尼系数的静态分解,对各个要素对村庄内部收入差距、村际收入差距的影响特征进行分析;二是对不同阶段村庄内部基尼系数、村际基尼系数的变化进行动态分解,以论证外部市场环境变化对村庄内部、村际收入差距的不同影响途径。

(一)各个要素对收入差距的影响特征

本文分别对 10 个样本村以及村际基尼系数进行了逐年计算,并根据 5 项分项收入进行分解。其中,在对村际基尼系数进行计算和分解时,将 10 个村当作 10 种不同类型的村庄进行处理,忽略各村样本人口数量差别。但在对村庄内部进行计算时,则要对各个家庭的人口数进行

---

① 临安龙上村有很大一块收入来自林业收入,相对于一般耕地,林地的租金较高,该村的企业家才能收入存在估计过高的可能性。

加权处理。

1.各个要素对村庄内部及村际收入差距的影响特征

基于各年的计算结果,表1分别计算了各村内部以及村际基尼系数、基尼系数分解指标在1986—2003年的平均值。下文则将根据表1分别对各项收入展开讨论。

劳动收入

就村庄内部而言,1986—2003年10村劳动收入对基尼系数贡献率的总平均是39.6%,跟企业家才能收入贡献率相当,两者对各村基尼系数的贡献率总和高达85.4%!村际收入差距的状况亦是如此。可以说两者对农村收入差距起了决定性作用。而劳动、企业家才能两个要素事实上都是来自同一个主体——人力资本。只不过是由于不同经济个体风险偏好的差异,在市场上表现出不同的行为模式,从而决定了最终要素收入表现形式的差异:风险偏好程度较高的个体选择了基于风险和不确定性的人力资本"剩余定价"方式,从而表现为企业家才能的收入;风险偏好程度较低的行为主体则选择确定性的人力资本报酬作为自身的收入,从而表现为劳动收入。因此,从这一点上来说,如果政府希望在缩小农村内部收入差距上有所作为的话,关键的还是在于增加对农村居民人力资本的投资。在我们对样本村的实地调查中发现,经过20多年的改革开放,农村居民中有足够的人力资本,能从低效农业生产转移到高效农业生产、从农业生产转移到非农生产的经济个体已经完成转移。目前农村中的低收入人群在过去20多年中的生产、生活都没有得到显著的改善,那么在今后也不会有改善的可能,而且随着年龄的增大,大多数的农村低收入人群习惯了多年来的生产、生活方式,越发呈现出风险厌恶的倾向,缺乏流动的动力。因此,对农村居民人力资本的投资应该着眼于农村下一代人群,尤其是加大对农村下一代居民的基础教育的投资,改变当前重城市、轻农村,重高等教育、轻初等教育的教育投资格局,改变农村居民集资办教育的格局,首先使下一代农村子女普遍地获得基础的人力资本。收入差距的缩小往往需要一代或几代人的努力,不是短期便能一蹴而就的。

表 1　1986—2003 年各村及村际基尼系数初次分解平均结果

指　标	石板堰	河边	永丰	龙上	余北	鹁鸪	金后	庙堰	新民	西蜀阜	村际
人均纯收入(元)	995	1201	1317	1637	1610	1750	2146	2487	2544	4784	2047
基尼系数	0.26	0.30	0.26	0.29	0.27	0.34	0.33	0.33	0.35	0.42	0.23
劳动收入贡献率(%)	44.80	34.38	35.47	24.95	52.76	49.33	34.17	40.70	35.98	43.43	57.87
劳动收入比重(%)	62.12	67.40	73.63	57.04	73.31	83.07	53.90	68.63	67.19	63.41	64.10
劳动收入集中率	0.19	0.15	0.12	0.13	0.19	0.18	0.20	0.18	0.18	0.22	0.18
企业家才能收入贡献率(%)	46.74	50.48	47.39	45.97	26.73	39.14	55.79	46.57	51.88	47.37	35.37
企业家才能收入比重(%)	27.13	18.55	11.12	26.94	13.26	0.88	36.35	18.70	22.16	28.51	23.89
企业家才能集中率	0.49	1.02	0.72	0.81	0.46	1.61	0.49	1.16	0.61	0.78	0.34
资本收入贡献率(%)	4.12	9.39	8.49	17.51	5.83	2.68	6.13	6.79	3.59	4.52	2.57
资本收入比重(%)	4.90	7.51	9.65	8.32	4.78	7.01	6.21	5.44	4.31	4.25	5.86
资本收入集中率	0.26	0.35	0.21	0.59	0.32	0.17	0.39	0.43	0.31	0.39	0.12
农村内部转移性收入贡献率(%)	2.91	4.07	6.70	10.89	7.85	7.65	3.83	4.53	6.92	3.02	3.02
农村内部转移性收入比重(%)	3.78	4.56	4.41	7.09	4.74	7.67	3.12	5.35	4.92	2.39	4.51
农村内部转移性收入集中率	0.18	0.24	0.35	0.43	0.33	0.31	0.26	0.23	0.43	0.29	0.14

　　另外,从劳动收入的比重和集中率水平来看,村庄内部和村庄之间都表现为高收入比重、低集中率水平的特征。就村庄内部而言,10 村劳动收入比重总平均高达 67.0%,集中率水平总平均是 0.17,远小于 0.32 的平均基尼系数。可见,在村庄内部,劳动是分配比较平均的要素。这一点跟已故的芝加哥大学教授约翰逊(2004)的判断基本一致:"在排除了性别、教育和年龄因素后,农村中的个人在农业和非农业工作所得报酬之间的差距不是很大。"从各村的计算结果来看,劳动收入集中率在整个时间序列中是表现最为平稳、变化最少的一项指标;表 1 中的横向比较也是如此。这样看来,劳动要素对基尼系数的高贡献率主要来自其较高的收入比重。当前较为平均分布的劳动要素是促使村庄内部收入差距收敛的主要因素。

　　但是,村际劳动收入集中率与基尼系数之比高达 0.78,村庄内部只有 0.53。也就是说,虽然劳动收入对村庄之间的收入差距起了收敛作用,但是程度要小于劳动收入对村庄内部的作用。为了进一步探究其背后的原因,本文将劳动收入分为工资性收入、非农经营劳动收入、农业经营劳动收入,分别对村庄内部基尼系数和村际基尼系数进行二次分解。表 2 列出了 1986—2003 年的平均值结果。明显地,在村庄内部,三个分项劳动收入一致性地表现为促使收入差距收敛的特征;但是,在村庄间,工资性收入的集中率远大于基尼系数,且贡献率高达 60%,成为促使村际收入差距扩大的主要影响因素。最终是因为农业劳动收入过低的集中率水平(−0.18)抵消了工资性收入对收入差距的影响,才导致了劳动收入在整体上表现为促使收入差距收敛的特征。从农业经营劳动收入负的集中率可以看到,在当前中国农村,基本上是低收入人群和低收入村庄在从事农业生产。同时,对于村庄内部居民而言,由于外部市场环境的一致性,村民在企业就业机会的差异较少,从而工资性收入表现为促使收入差距收敛的特征;而在区域之间,则由于外部市场机会的差异,低收入村庄获得较少的企业就业机会,高收入村庄则反之,结果便表现为工资性收入的差异促增特征。这跟朱玲(1992)的研究结论一致。

表 2 基于劳动收入的村庄内部和村际基尼系数的二次分解

指标	10 村平均	村际
基尼系数	0.32	0.23
工资性收入贡献率(%)	28.76	59.09
工资性收入比重(%)	35.22	36.68
工资性收入集中率	0.24	0.31
农业经营劳动收入贡献率(%)	1.66	−11.68
农业经营劳动收入比重(%)	18.87	14.89
农业经营劳动收入集中率	−0.01	−0.18
非农经营劳动收入贡献率(%)	9.18	10.46
非农经营劳动收入比重(%)	12.88	12.53
非农经营劳动收入集中率	0.25	0.20

企业家才能收入

企业家才能要素对基尼系数的贡献率在劳动收入部分有所介绍,这里不再展开,主要来看其他两个指标。首先看村庄内部的情况,所有村庄的企业家才能收入集中率都远远大于该村的基尼系数,18 年间 10 村的平均值是 0.82,是基尼系数的 2.6 倍左右,而企业家才能收入比重则比劳动收入比重要低得多,但高于其他各项收入,平均在 20.4%。由这两个指标的分布可以看出,企业家才能对基尼系数较高的贡献率主要来自其自身过高的集中率水平,刚好跟劳动要素相反。可见在当前农村中,企业家才能要素作为一种较为稀缺的生产要素,在农村居民中的分布还是比较少的,且基本上集中在高收入人群中,从而成为促使收入差距扩大的主要因素。

村际企业家才能收入对村际收入差距的影响特征跟村庄内部状况最大的差别是集中率水平较低,事实上这主要是因为其在整个时间序列上大幅度波动,高低值中和的结果,而不像在村庄内部,变化比较平稳。这同时也可能支持了前文的推论——外部市场环境的变化通过改变企业家才能收入的集中率水平来改变村际基尼系数。具体的分析将在下文中进一步展开。

资本收入

从村庄内部的情况来看,资本收入的贡献率、收入比重、集中率都次于企业家才能收入,且集中率高于基尼系数。可见,资本要素对农村内部和村际收入差距的影响扮演了跟企业家才能要素同样的角色——促使收入差距扩大,但是由于其本身过低的收入比重水平,因此对基尼系数的贡献率比较低。但是,在村庄之间,资本收入的集中率则是远远小于基尼系数。

农村内部转移性收入

就村庄内部而言,农村内部转移性收入并没有像我们所希望的那样在所有的村庄中一致地表现出缩小农村收入差距的特征。根据1986—2003年的平均情况,其中永丰、龙上、余北、新民4村的农村内部转移性收入集中率高于基尼系数,其余6村则相反。由于中国政府尚未在农村建立覆盖范围较大的社会保障体系,农村居民的转移性收入主要来自村民之间的人情往来以及家庭内部的赡养费、赠与收入等。在农村,村民所赠送的人情往来费用很大程度上取决于对方的收入水平,对方收入水平越高,送得也越高——这一点在很大程度上决定了4村的高收入人群获得较高的转移性收入。但是,赡养、赠与收入在农村的习惯则与人情收入相反,是向低收入人群转移的,从而缩小收入差距。因此其余6村的内部转移性收入集中率低于基尼系数可能主要是因为这6村的转移性收入作用超过了其余4村。从10村的总平均来看,农村内部转移性收入的集中率是0.31,略小于0.32的平均基尼系数,应该说对基尼系数既没有扩大影响,也没有收敛影响,是一项中性收入。

在村庄间,农村内部转移性收入集中率在整个1986—2003年的时间序列上基本是小于村际基尼系数的,18年的总平均值也只有0.14,远小于基尼系数,是促使村际收入差距收敛的一项收入来源。只是收入比重比较低,因此对村际收入差距的静态贡献水平较低。其中,可能的解释是:在高收入村庄,老年居民有足够的经济能力承担自身晚年的生活费用;而低收入村庄则相反,子女向父母提供赡养费用比较普遍,因此其在村际分布的收入差距水平较低。

(二)农村居民收入差距变化的分解分析

在现实中,收入差距的度量以及其背后的影响因素固然重要,但是更为重要的是分析收入差距的变化,以及分析影响该变化的各种因素。前者是静态的分析,后者是动态的分析。

下文则根据村庄内部收入基尼系数和村际基尼系数在 1986—2003 年的不同演变阶段,基于要素角度,对每个阶段的基尼系数变化进行分解,来分析究竟是哪些要素导致了每个阶段的收入差距变化。因为,每个阶段都保持同样的变化趋势,所以在对基尼系数变化率进行分解的过程中,本文主要是将该阶段的初始年和最后一年作为分析的基期与末期进行分解,而忽略中间年份。

1. 村庄内部收入差距变化的分解分析

本文对各村在 1986—2003 年的基尼系数变化阶段分别进行划分,发现 10 村的基尼系数变化在时间段上存在着一定的一致性,且基本上可以分成三阶段的变化期:1986—1990 年,收入差距水平稳中有升;1990—1996 年,收入差距水平急剧上升;1996—2003 年,收入差距水平稳中有降。[①] 本文分别对 10 村在这三个阶段的基尼系数年均变化按各项收入来源进行分解。表 3 列出了 10 村在各个阶段分解结果的平均值。在第三阶段,10 个村庄内部收入差距整体表现平稳,但是其中有 5 个村在最后一年或两年收入差距水平急剧下降,如西蜀阜在 2003 年出现了十几年来第一次基尼系数下降——这一点引起了我们极大的兴趣。因此,在表 3 最后一行,本文列举了 5 村在 2001—2003 年基尼系数变化分解的平均值。

---

① 这里需要注意的是,1986—1990 年、1990—1996 年、1996—2003 年的划分并不是严格精确的时间划分。有些村庄第一阶段的变化结束于 1989 年或 1991 年的相邻年份,第二阶段结束于 1997 年或 1998 年的相邻年份。但,大体上都表现出很好的一致性,遵循这样一个时间段划分。

表 3 村庄内部不同阶段基尼系数年均变化及其分解结果的平均值

阶段	基尼系数变化	劳动		企业家才能		资本		转移		其他	
		收入比重影响效应	集中率影响效应	收入比重影响效应	集中率影响效应	收入比重影响效应	集中率影响效应	收入比重影响效应	集中率影响效应	收入比重影响效应	集中率影响效应
1986—1990 年	0.004	-0.001	-0.001	0.003	0.002	0.000	0.000	0.001	0.000	0.000	0.000
1990—1996 年	0.011	-0.002	0.001	0.013	-0.004	0.002	0.001	0.000	0.001	0.000	0.000
1996—2003 年	-0.001	0.000	0.004	-0.001	0.001	-0.003	0.000	-0.001	-0.001	0.000	0.000
2001—2003 年	-0.011	0.003	0.004	-0.012	0.004	0.003	-0.002	-0.002	-0.002	-0.002	-0.005

第一阶段(1986—1990 年):收入差距水平稳中有升

这 5 年间,10 村基尼系数年平均增长 0.004,如果以 1986 年的平均基尼系数值为基数,年均增长率只有 1.5%,可以说是非常微弱的变化。各分项收入集中率变化、比重变化对基尼系数变化的年均影响值亦不显著。

这个阶段,浙江农村的集体企业逐渐解体,民营经济开始发展,各种要素也开始自由流动,尤其是企业家才能要素得到自由释放,表现活跃。农村内部由早期较为平均化的集体分配方式向市场化的收入分配方式转变,村庄内部的收入差距水平开始发生向上的变化,10 村中有 8 个村是收入差距水平上升的。但因为是处于初期的发展过程,好的外部市场环境又尚未形成,所以要素都没有足够的机会实现其收入,村庄收入差距水平上升的幅度较小。

第二阶段(1990—1996 年):收入差距水平急剧上升

从各村的情况来看,除了 2 个村基尼系数下降,其余 8 村的基尼系数都是明显上升。表现在 10 村的平均值上,7 年间 10 村的基尼系数年均增长 0.011,是第一阶段的近 3 倍。

从各项分解指标值来看,明显的是企业家才能收入比重的影响效应主导了该阶段收入差距的变化。10 村基尼系数年均增长 0.011,企业家才能收入比重的增长竟然贡献了 0.013,其余指标的影响程度都是在小数点后第三位——影响甚微。该阶段是浙江省民营经济快速发展的时期,外部市场环境不断改善,譬如西蜀阜村附近的柯桥轻纺城市场开始建立,河边村家具制造业兴起,鹁鸪村的海洋捕捞作业开始起飞等,因此,农村居民潜在的企业家才能要素不断地在这些外部市场机会中得到收入实现,其收入比重由此而不断提高。作为促使收入差距扩大的要素收入,企业家才能收入比重的增长直接了导致基尼系数的增长,从而使该阶段成为 1986—2003 年浙江省村庄内部收入差距扩大最多的一个阶段。

这个阶段还有一个值得注意的现象是——资本要素开始对收入差距的变化产生重大影响。在第一阶段,资本收入比重、集中率对基尼系数年均增长贡献水平都是 0,到了这个阶段,则分别增加到 0.002、0.001。改革初期农村居民手头普遍没有货币或物质资本,但是随着人力资本报酬的实现,资本便开始从中生成并积累。到了本阶段,明显地表现出:高收入人群获得更高的资本收入,资本的集中程度提高,资本收入比重升高——从而对收入差距的变化产生影响,成为企业家才能要素以外对收入差距变化影响最大的要素。

第三阶段(1996—2003年):收入差距水平稳中有降

总的来看,第三阶段中各项指标对收入差距的影响跟第一阶段类似,影响程度都较弱。即使是影响程度最高的劳动集中率(0.004),也主要是受鹁鸪村(0.031)的影响,其余各村都不显著。这个阶段刚好是改革开放20多年来,我国经济首次出现紧缩,浙江省的民营经济也度过了20世纪90年代初中期的高速发展阶段。比如西蜀阜村,根据我们的调查,村中在柯桥轻纺城经商的居民大多表示1998年以后的经商利润率大幅度下降。因此各项指标都趋于平稳。

而从2001—2003年5村情况来看,年均基尼系数下降了0.011,观察各项影响因素,发现跟第二阶段的变化影响因素一样,又是企业家才能收入比重变化的影响效应起了决定性的作用。

通过以上的分析,我们可以看到,1990—1996年、2001—2003年这两个阶段是样本村内部收入差距发生剧变的阶段,其中,企业家才能收入比重的变化起了决定性的作用。可见在众多要素中,企业家才能要素对外部市场环境最为敏感。因此,可以断言,外部市场环境的变化主要通过影响企业家才能收入的比重来影响村庄内部的收入差距——1990—1996年好的外部市场环境更有利于企业家才能要素的收入实现,从而促使了村庄内部企业家才能收入比重的增加;2001—2003年的外部市场环境不利于企业家才能要素的收入实现,导致了村庄内部企业家才能收入比重的下降,基尼系数因此而出现下降。而在整个过程中,企业家才能收入集中率变化对基尼系数变化的影响非常微弱。理论分析中关于外部市场环境变化影响收入差距的途径在此得到验证:对外部市场环境敏感的要素在外部环境得到改善时,普遍地获得高于其他要素收入增长速度的增长,从而提高了该要素收入比重并改变村庄内部收入结构;但是,在面对一致的外部环境条件下,各个要素所有者在该要素上的收入实现是表现为普遍的增长或普遍的下降,因此要素禀赋的分布状态保持稳定。

2.村际收入差距变化的分解分析

图 1 显示了这 10 村村际收入差距的变化趋势。从变化阶段来看，10 村村际收入差距水平的变化趋势大致也可分为三个阶段:1987—1991 年、1991—2000 年、2000—2003 年。第一阶段下降,第二阶段持续上升,第三阶段则再次表现为村际收入差距的下降。本文继续对三个阶段村际基尼系数变化进行了要素分解,具体的分解结果见表 4。

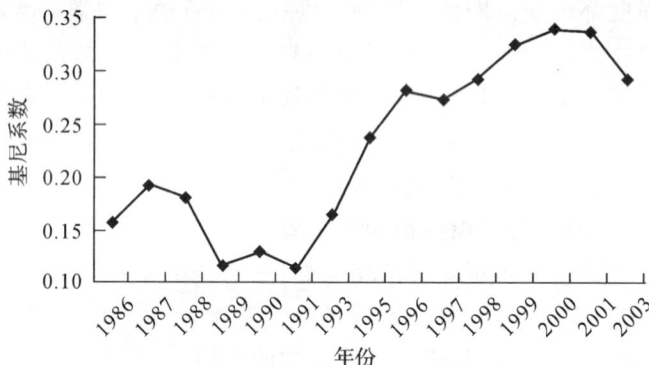

图 1 村际基尼系数变化趋势

从表 4 中基尼系数年均变化的情况来看,村际收入差距的变化比村庄内部收入差距的变化要大得多。每个阶段都是在小数点后第二位水平上对收入差距产生变化。即使在村庄内部收入差距变化最快的阶段 1990—1996 年,其 10 村平均基尼系数变化也只在 0.011 的水平,不但是该时期村际收入差距变化的一半水平(0.023),而且也只相当于村际收入差距变化幅度最小阶段的水平(−0.011)。可见,村际收入差距的变化要大于村庄内部收入差距的变化。同时,这也意味着外部市场环境差异对农村居民收入差距的影响要大于要素禀赋差异的影响。

接下来看各个要素对村际收入差距变化的影响。从基尼系数变化的分解结果来看,有几点跟村庄内部基尼系数变化的分解结果比较类似:①资本收入、农村内部转移性收入、其他收入 3 项依旧对基尼系数变化的影响较少;②随着时间的推移,资本要素对收入差距变化的影响越来越大,该要素的差距积累作用明显;③企业家才能要素依旧主导了村际收入差距的变化;④劳动收入同样是除企业家才能收入以外对收入差距变化影响最大的因素。

表 4　村际收入差距年均变化的要素分解

阶段	基尼系数变化	劳动收入		企业家才能收入		资本收入		转移收入		其他收入	
		收入比重影响效应	集中率影响效应	收入比重影响效应	集中率影响效应	收入比重影响效应	集中率影响效应	收入比重影响效应	集中率影响效应	收入比重影响效应	集中率影响效应
1987—1991 年	−0.020	0.005	−0.004	−0.006	−0.014	0.000	−0.003	0.000	0.001	0.000	0.001
1991—2000 年	0.023	−0.005	0.005	0.007	0.013	0.000	0.001	0.000	0.001	0.000	0.000
2000—2003 年	−0.011	0.002	−0.006	−0.008	−0.006	0.001	0.004	0.000	−0.002	0.001	0.002

但是,村际基尼系数变化的分解相比于村庄内的分解出现了一个显著的差异,就是——影响村际基尼系数变化的主要因素是企业家才能收入集中率,企业家才能收入比重起了与集中率同样的作用,但影响要小得多。第一阶段、第二阶段,企业家才能收入比重对基尼系数变化的影响程度只有其集中率的一半左右,只是到了第三阶段,企业家才能收入集中率对基尼系数变化的影响程度开始下降,达到与其他几个指标相同的水平。也就是说,这三个阶段的收入差距变化基本上可以用企业家才能收入集中率的变化来解释。同时,企业家才能收入比重的变化与集中率的变化方向一致,并且对基尼系数变化影响效应的正负水平与集中率也是一致。这样一个实证结果刚好验证了本文所提出的外部市场环境差异影响区域间收入差距的途径——改变要素在区域间的分配状态,同时改变收入结构,而且两个变量的变化对基尼系数的变化起了同向的影响效应。

在村际基尼系数变化的三个阶段中,唯独第一阶段的变化跟村庄内部的变化相反,基尼系数大幅度下降。这个阶段同时也是我国社会局势出现动荡,外部环境恶化的阶段,尤其在 1988—1990 年,各村平均收入水平出现大幅度下滑。村际企业家才能收入集中率也急剧下降,在 1990 年甚至达到了 -0.16 的水平,高收入村庄的企业家才能收入损失比收入低的村庄要大得多,像金后村、新民村的平均收入水平分别下降了 60%、23%。至于第二阶段,由于浙江省民营经济的快速发展,各村的外部市场环境发生了很大的变化;有些村庄获得了良好的外部市场机会,例如前述的西蜀阜等;而有些村庄则保持不变,比如石板堰村依然是以农业为主的生产,金后村由于家庭编织袋工业起步较早,变化也较少。到了第三阶段,则跟村庄内部收入差距的变化一样,村际收入差距经过 10 来年的持续性上升,外部市场环境开始稳定下来,收入差距也开始趋向于稳定,变化率只有前面两个阶段的一半。

五、结论

本文在对收入差距问题进行简化抽象的基础上,将对农村居民收入差距问题的研究建立在对农村居民的要素禀赋和村庄外部市场环境两个变量分析的基础上,并对这两个变量影响村庄内部和村际收入差距、收入差距变化的途径进行了理论阐述,最后通过村庄内、村际收入差距的实证分析来验证本文所提出的理论假说。经过以上的种种分析,我们基本上可以清楚在过去20多年来,影响浙江省农村村庄内部及村庄之间收入差距的各种要素,以及影响村庄内部及村庄之间的收入差距变化的各种要素。虽然,本文研究的样本仅限于浙江省,但是其背后原因就中国目前的农村而言是具有共性的,从中我们可以总结出一般性的结论和启示。

从改革开放20年多来的收入差距总体变化情况来看,无论是村庄内部的收入差距,还是村际收入差距,都经历了一个较大幅度的增长,前者的增长来自1990—1996年阶段,后者的增长来自1991—2000年阶段,但是两者的影响因素完全不同。

第一,就村庄内部收入差距静态影响因素而言,主要是居民要素禀赋差异起了主导的作用。其中,企业家才能要素、资本要素的集中率水平最高,基本上集中在村庄内部的高收入人群中,是促使村庄内部收入差距扩大的主要因素;劳动收入中的工资性收入和非农经营劳动收入在村庄内部的分布较为平均,集中率小于基尼系数,表现差异促减的特征,而农业经营劳动收入则基本上分布在低收入人群中,从而表现为负的集中率,差异促减的特征尤为明显;农村内部转移性收入对村庄内部收入差距的影响是中性的,集中率跟基尼系数相差不大。在众多收入来源中,企业家才能收入和劳动收入的分布差异解释了绝大部分的村庄内部收入差距——人力资本的分布差异对村庄内部收入差距起了决定性的作用。

第二,村际收入差距则是外部市场环境在区域间分布差异和村庄总体要素禀赋差异共同作用的结果。各个地区外部市场环境的差异导致各个地区农村居民潜在要素的收入实现以及要素积累形成巨大差异,从而导致村际收入差距在1991—2000年的持续大幅度上升,根据本文的测算结果,2000年村际基尼系数是1991年的3倍之多。劳动收入对基尼系数的影响跟村庄内部的情况发生了很大的变化:工资性收入持续地表现为差异促增的特征,农业经营劳动收入则是持续的负集中率水平。

可见,不管是 20 世纪 80 年代中后期,还是 21 世纪初期,低收入的村庄由于外部劳动力市场不发达,其内部居民就业渠道有限,大量的劳动要素投入到了农业经营上。另外,企业家才能收入的集中率则是呈持续上升态势,而不像村庄内部所表现得相对比较平稳。因此,总的来说,相比于低收入村落,高收入村落不断获得更好的外部市场环境,从而获得更快的收入增长,导致村际收入差距的持续扩大。

第三,从收入差距动态变化的影响因素来看,基本上是外部市场环境通过企业家才能要素影响了收入差距的变化。但是其对村庄内部收入差距变化和村际收入差距变化的影响途径完全不同:前者主要是通过改变企业家才能收入比重;后者则主要通过改变企业家才能收入在村庄间的分布状况——集中率,同时也在一定程度上通过企业家才能收入比重进行影响。

参考文献

［1］ Anthony F. Shorrocks, Decomposition procedures for distributional analysis: A unified framework based on the Shapley Value [J]. Working Paper, 1999.

［2］Anthony F. Shorrocks, Inequality between Persons, The New Palgrave: A Dictionary of Economics [M]. The Macmilar Press, 1987.

［3］Frank H. Knight, Risk, Uncertainty, and Profit [M]. Houghton Mifflin Company, 1921.

［4］Iriving. Fisher, The Theory of Interest [M]. The Macmillan Press, 1930.

［5］Jacques Silber, Factor components, population subgroups and the computation of the Gini index of inequality [J]. The Review of Economics and Statistics, 1989(1).

［6］Milton. Frideman, Price Theory [M]. Aldine Publishing Company, 1976.

［7］World Development Indicators Online Database.

［8］白志礼,王青,来国超. 我国地区间农村居民收入差异变动趋势与因素分析 [J].农业经济问题,1993(10).

［9］黄祖辉,王敏. 城乡居民收入不平等问题:基于转移性收入角度的

分析 [J].管理世界,2003(3).

[10]李实、赵人伟等.中国居民收入分配再研究——经济改革和发展中的收入分配 [M].中国财经经济出版社,1999.

[11]唐平.我国农村居民收入水平及差异研析 [J].管理世界,1995(2).

[12]万广华.中国农村区域间居民收入差异及其变化的实证分析 [J].经济研究,1998(5).

[13]万广华,徐凯凯.收入分配的度量与分解:一个对于研究方法的评价 [J].世界经济文汇,2004(1).

[14]魏后凯.中国地区间居民收入差异及其分解 [J].经济研究,1996(11).

[15]约翰逊.经济发展中的农业、农村、农民问题 [M].商务印书馆,2004.

[16]张平.中国农村区域间居民的收入分配 [J].经济研究,1992(2).

[17]张平.中国农村居民区域间收入差距与非农就业 [J].经济研究,1998(8).

[18]张平.增长与分配——居民收入分配理论和实证 [M].社会科学文献出版社,2003.

[19]朱玲.非农产业活动对农户收入分配格局的影响 [J].经济研究,1992(3).

农村居民收入差距问题的一个分析视角

——基于农民企业家报酬的考察[①]

一、前言

从 20 世纪 80 年代开始,至今仍在继续的这场经济改革中,中国在获得巨大的国民收入增长的同时,收入分配从计划经济时代高度的平均主义走向了高度的收入不平均。全国居民收入的基尼系数从改革初期 1984 年的 0.275 增长到 2001 年的 0.447,增长了 62.5%,中国成为同期收入差距扩大最快的国家之一。

收入差距问题可以从多个角度去分析,农村居民收入差距问题是其中一个方面,这方面的研究已形成了不少研究文献(万广华,1998;张平,1992,1998;朱玲,1992;黄祖辉,1995;等等)。在以往的研究中,对 20 世纪 80 年代中国农村改革以来农村居民收入差距发展的趋势分析和判断基本是一致的,即无论是农村总体收入差距、区域间收入差距、还是区域内收入差距,都呈现持续扩大的趋势,但大多将原因归结为农村非农经济的发展快慢,将农村经济结构的变化作为我国农村居民收入差距的主要解释变量。但是,农村非农经济的发展表现在农村居民收入上,一方

① 本文作者为黄祖辉、张晓波、王敏。本文内容发表在《管理世界》2006 年第 1 期,被中国人民大学期刊复印资料《农业经济导刊》2006 年第 7 期全文转载。本文研究得到国家社科基金重大项目"解决中国'三农'问题的理论、思路与对策"(04ZD012)的资助。

面可以表现为农民从事非农经营的工资性收入(即打工收入),另一方面则可以表现为农民从事非农经营的企业家才能报酬。受制于统计数据等方面的原因,以往的研究往往没有把两者分开。但实际上,无论是从理论的角度分析,还是根据直观的判断,这两者的差距是非常悬殊的。因此,从要素收入的视角,考察与分析不同要素报酬对农村居民收入及其差距的影响,不仅对于进一步解释我国农村居民收入差距及其变动态势问题,而且对于转型过程中的我国农民阶层分化的分析,都具有重要的理论意义和政策价值。

本文以浙江省1986—2003年的10个国家农村固定观察点的数据为分析对象(其中1986—1992年为900个样本户,1993—2003年调整为500个样本户)。选择浙江作为这一问题的研究与分析对象是因为浙江经济发展较快,个体私营经济比较活跃。改革开放以来,其经济增长速度始终高于全国平均水平。2004年经济总量位居全国第四,人均GDP接近3000美元,位居全国第一(除北京和上海外),农民人均年纯收入超过6000元,是全国农村居民平均收入的2倍以上,持续18年位居全国省(区)第一位。与此同时,浙江的农村居民收入也很不平衡,40%左右的农村居民收入增长极其缓慢,甚至于是负增长,基尼系数较高。对浙江的分析,既有助于揭示其农村居民收入高,但收入差距较大的成因,又有助于为其他省份的发展提供比较和借鉴意义。

为了分析的需要,我们首先对企业家才能和报酬的概念进行定义;然后运用基尼系数的分解和基尼系数变化的分解对浙江省农村固定观察点1986—2003年的收入数据进行分析,考察农民企业家报酬对农村居民收入差距及其变动的影响;最后进一步讨论了人力资本中技能、培训、教育对企业家才能和报酬的影响。

二、关于企业家才能和报酬的定义

"企业家"这一术语最早由康蒂永于1755年引入经济学理论。随着经济学的发展,其早期等同于资本家的概念也发生了很大的变化,并产生各种不同流派的定义:熊彼特将企业家视为各种创新的供给者;哈耶克和柯兹纳将企业家看作是对市场机会敏感并能从中获利的"市场过程"中的关键因素;奈特则将企业家视为对市场不确定性做出决策的经济个体;卡森认为企业家是做"判断性决策"的人(详见《新帕尔格雷夫经济学大辞典》中的"企业家"词条)。

对企业家收入的概念阐述存在诸多分歧,但是,如果换个角度来看企业家的收入,那么概念的争议就显得不那么重要了。收入是市场的结果,要素的收入是要素所有者在要素市场中进行各种交易活动所获得的报酬。因此,对要素多寡的衡量,比如企业家才能的高低,则完全可以用市场的结果——收入的高低来反映。某个企业家收入高,则表示其企业家才能要素丰富,反之则相反。其他要素亦是如此。因此,从这个意义上来讲,不管对企业家才能本身的概念定义存在怎样的分歧,我们完全可以将企业家活动看作一个黑匣子,而关注企业家才能的市场结果——在市场中所获得的报酬。只有企业家的报酬才能真正反映企业家才能的高低,而不是经济个体具体的经营活动是如何的高明。

对企业家报酬的看法在经济学的理论中却是比较一致的:企业家享有剩余索取权,并获得经济剩余。在劳动、资本、土地、企业家才能四大生产要素中,企业家才能要素与其他三个要素的差别在于市场定价方式的差别。在新古典经济学的分析框架中,前三者服从边际生产率定价原则,即各种生产要素的报酬(或价格)在其边际产出贡献所代表的派生需求曲线和要素供给曲线共同影响下形成。但是,企业家才能作为生产要素却无法纳入到生产函数变量里去,其定价方式与其他要素完全不同(Frideman,1976);企业家才能是组织其他要素进行生产的要素,也就是说,企业家才能构建了一个生产函数,而且每一个企业家才能都对应于一个非齐次的生产函数;由此,企业家才能的边际产出完全取决于企业家才能所经营的生产函数的产出单位成本与市场价格的差值。也就是说,企业家才能是"剩余定价"的,其收入是风险和不确定的报酬。根据这样一个定义,那么在中国农村居民收入中,企业家才能收入主要表现在农村居民自主性或家庭经营性的收入中,这些收入是面向风险和不确定性的经营活动的报酬。①

　　进一步看,在上述四大要素中,劳动、企业家才能两个要素事实上都是来自同一个主体——人力资本(其余两者可归类到物质资本)。只不过是由于不同经济个体风险偏好的差异,在市场上表现出不同的行为模型,并产生不同的定价方式,从而决定了最终要素收入表现形式的差异:风险偏好程度较高的个体选择了基于风险和不确定性的人力资本"剩余定价"方式,从而表现为企业家才能的收入;风险偏好程度较低的行为主体则选择确定性的人力资本报酬作为自身的收入,从而表现为劳动收入。

三、分析方法和数据处理

(一)分析方法

1. 基尼系数

　　在对基尼系数进行测算时,如果每个样本是一个家庭或一个地区,那么就需要对每个样本的人口进行加权——这一点很重要,否则结果很容易造成误导(万广华,2004)。基于 Silber(1989)的矩阵算法,本文给出了进一步的简便算法:

$$G = \sum_{i=1}^{n} \frac{x_i \times p_i}{\mu} \left(\sum_{j=1}^{i-1} p_j - \sum_{j=i+1}^{n} p_j \right) \tag{1}$$

　　在基尼系数的计算中,首先要根据收入水平对总样本进行收入由低往高的排序。其中,μ 是总样本的平均收入值,x_i 是排在第 i 个样本的收入值,p_i 或 p_j 是表示排在第 i 个或第 j 个样本人口数占总样本人口数的

---

　　① 在一般意义的理解上,似乎很难把"面朝地,背朝天"这样一个小农经营的农业生产行为同企业家才能联系起来。但是,面向风险和不确定性进行生产活动这一特性,无论是自给性的农业生产还是商业化的农业生产都是具备的。两者都面临着自然风险和市场风险,只不过在我们的研究中,大量的从事农业生产的企业家才能表现为负值。

比重。当 $i=1$ 时，$\sum\limits_{j=1}^{i-1} p_j=0$；当 $i=n$ 时，$\sum\limits_{j=i+1}^{n} p_j=0$。

2.基尼系数分解

假设总收入 x 由 k 项收入组成，即 $x=x_1+x_2+\cdots+x_k$，那么：

$$G=\sum_k \frac{\mu_k}{\mu}C_K \qquad (2)$$

其中，μ_k 是第 k 项收入的平均值，C_K 是第 k 项收入的集中率。C_K 的计算与 G 一样，只不过在计算 C_K 时收入与人口份额是根据人均总收入由低到高进行排序，而不是根据第 k 项收入进行排序。集中率可以视作分项收入的基尼系数。

各个分项收入对总收入差距的贡献率（R_K）则表示为：

$$R_K=(\frac{\mu_K}{\mu}C_K)/G\times 100\% \qquad (3)$$

各个分项收入对总收入差距变化的贡献率（S_k）则可表示为：

$$S_K=(\frac{\mu_{K\,t+1}}{\mu_{t+1}}C_{K\,t+1}-\frac{\mu_{K\,t}}{\mu_t}C_{Kt})/(G_{t+1}-G_t)\times 100\% \qquad (4)$$

式（4）中，下标 t 表示基期的数据，下标 $t+1$ 表示下一年的数据。

通过这样的分解，我们可以看到某分项收入对总收入基尼系数的贡献率主要通过两个变量进行影响：一是该分项收入占总收入的比重，二是该分项收入的集中率。如果某分项收入的集中率大于总收入基尼系数，那么该分项收入是促使总体收入差距扩大的因素；如果某分项收入的集中率小于总收入基尼系数，那么该分项收入是促使总体收入差距缩小的因素。但有一点要注意的是，贡献率 R_K 只是静态地解释某个时点某个分项收入对总收入差距水平的贡献率，如果要用分项收入来解释某个阶段的总收入差距水平的变化——基尼系数增大或缩小趋势，则要看集中率和收入比重两个变量分别变化的情况。

（二）数据处理

在现行的农村居民收入统计口径中，农户收入来源主要分为家庭经

营性收入、财产性收入、转移性收入、工资性收入等。这样的划分并不是
经济学意义上的要素收入划分,比如家庭经营性收入这一统计指标,如
果按照新古典经济学的收入分配理论,应包含家庭自有劳动投入收入、
自有资金投入收入、自有土地投入收入、企业家才能收入等四项要素收
入。因此,要考察企业家才能收入,就需要将其从家庭经营性收入中分
解出来。我们注意到,浙江省农村固定观察点 1986—2003 年的数据中
包含了农户各项经营活动的劳工投入、资本投入的数据,这些数据可以
满足分解要求。在本文的分析中,基于要素的角度,我们将样本数据划
分为企业家才能收入、劳动收入、资本收入和农村内部转移性收入。

企业家才能收入在这里主要体现在农户家庭经营和非家庭自主经
营这两部分收入中,包括来自农业和非农业的收入。企业家才能收入作
为一项"剩余定价"型收入,应该是在传统统计口径中的家庭经营和非家
庭自主经营纯收入中扣除了自有劳动、自有资本、自有土地投入的报酬
(或机会成本)后的净剩余。在样本村中,土地流转发生率较低,无法获
得从 1986—2003 年所有年份、所有村庄的土地租赁价格,因此,土地租
金无法从中分离出来,故一并纳入到企业家才能的剩余收入中。本文忽
略土地租金主要是基于以下两方面的考虑:一是当前我国家庭联产承包
责任制的土地制度实际上是一种"均田制"的要素分配,对农户人均收入
差距并不产生重要影响。二是土地租赁价格较低,即使在 2003 年也就
在每亩 100 元左右,占人均纯收入比重不到 0.5%,因此,忽略该项收入
并不影响我们的分析。

劳动收入主要表现为家庭经营外的各项工资性收入和内含在家庭
经营中的自有劳动投入的机会收入。自有劳动投入由农户家庭经营的
"投工量"这一调查指标直接给出,其价格可参照当地劳动力市场的平均
价格计算,本文按当年当地所有雇工交易的日均劳动力价格计算。

资本收入涉及两个方面,一是来自家庭外经营的资本收入,主要包
括利息收入、股息收入、固定资产出租收入(包括耕地出租、房屋厂房出
租、机器设备出租等)。二是来自家庭经营中自有资本投入的机会收入,
包括货币资金投入和生产性固定资产投入。本文以当年一年期银行定
期存款利率作为农户家庭自有资本的价格。

农村内部转移性收入主要包括亲戚间的赠送收入(比如结婚礼金)

和在外非常住人口寄回的收入,不包括政府转移性收入。

其他收入则为除上述各项收入以外的剩余部分,是没有纳入到统计口径中的数据,由于无法了解其经济含义,故在本文的分析中予以忽略。

需要说明的是,本文在分析教育、培训和技能对企业家才能的影响时是基于劳动力的统计分析,因此,为了统计口径的前后一致性,本文在基尼系数测算中采用的是劳均收入的数据,而不是人均收入。

四、企业家报酬对农村居民收入差距的影响

表 1 列出了 1986—2003 年样本数据的劳均纯收入、基尼系数以及各要素收入对收入差距的贡献率;表 2 是关于基尼系数分解后各项收入的收入比重和集中率,如前所述,这两个变量反映了该项收入影响收入差距的途径;表 3 给出了初次分解中的各项收入对基尼系数变化的贡献率。综合这三张表中企业家才能收入的数据表现,基本可以看出企业家才能这一要素对浙江农村居民收入差距的重要影响。

表 1　各项收入对基尼系数的贡献率

年份	劳均纯收入	基尼系数	企业家才能收入贡献率(%)	劳动收入贡献率(%)	资本收入贡献率(%)	农村内部转移性收入贡献率(%)	其他收入贡献率(%)
1986	1375	0.30	39.55	52.11	3.92	4.10	0.32
1987	1754	0.33	44.84	47.04	4.37	2.89	0.86
1988	1871	0.35	49.32	37.84	4.79	6.38	1.66
1989	1396	0.32	40.26	47.00	1.56	9.53	1.65
1990	1448	0.30	31.58	53.93	3.63	8.51	2.35
1991	1647	0.33	37.95	52.31	2.16	6.49	1.09
1993	2439	0.34	43.13	44.17	9.75	2.45	0.51
1995	3238	0.41	53.99	36.63	6.71	2.82	−0.14
1996	3389	0.44	47.32	39.17	10.12	3.03	0.38

续表

年份	劳均纯收入	基尼系数	企业家才能收入贡献率(%)	劳动收入贡献率(%)	资本收入贡献率(%)	农村内部转移性收入贡献率(%)	其他收入贡献率(%)
1997	3739	0.46	54.82	31.82	8.20	4.97	0.18
1998	3561	0.47	62.34	26.11	7.69	3.03	0.83
1999	4043	0.51	60.76	28.91	4.53	4.29	1.51
2000	4608	0.51	64.29	23.36	5.23	3.65	3.47
2001	4801	0.52	62.69	26.16	5.73	1.33	4.09
2003	5577	0.49	54.10	30.64	6.89	1.59	6.78
平均	2992	0.40	38.48	49.80	5.69	4.34	1.70

表 2　基尼系数的分解结果

年份	劳动收入比重(%)	劳动收入集中率	企业家才能收入比重(%)	企业家才能收入集中率	资本收入比重(%)	资本收入集中率	农村内部转移性收入比重(%)	农村内部转移性收入集中率	其他收入比重(%)	其他收入集中率
1986	70.89	0.22	20.99	0.56	3.39	0.34	3.76	0.32	0.98	0.10
1987	66.18	0.23	25.64	0.57	3.42	0.42	3.30	0.29	1.45	0.19
1988	63.21	0.21	26.03	0.67	3.50	0.48	5.73	0.39	1.53	0.38
1989	70.53	0.21	14.48	0.89	6.65	0.08	7.03	0.44	1.31	0.40
1990	73.79	0.22	14.28	0.65	4.31	0.25	5.88	0.43	1.74	0.40
1991	79.02	0.22	11.30	1.11	3.38	0.21	4.97	0.43	1.32	0.27
1993	71.32	0.21	17.00	0.87	7.62	0.44	3.19	0.26	0.87	0.20
1995	60.50	0.25	28.01	0.79	8.30	0.33	3.05	0.38	0.14	−0.42
1996	60.53	0.28	24.82	0.83	9.91	0.45	4.00	0.33	0.74	0.22
1997	58.24	0.25	28.04	0.89	3.32	0.45	4.58	0.50	0.82	0.10
1998	61.55	0.20	24.61	1.19	8.29	0.44	4.39	0.33	1.16	0.33
1999	58.73	0.25	29.87	1.03	5.21	0.44	4.85	0.45	1.34	0.57

续表

年份	劳动收入比重（%）	劳动收入集中率	企业家才能收入比重（%）	企业家才能收入集中率	资本收入比重（%）	资本收入集中率	农村内部转移性收入比重(%)	农村内部转移性收入集中率	其他收入比重（%）	其他收入集中率
2000	50.38	0.24	37.87	0.86	4.91	0.54	3.91	0.48	2.93	0.60
2001	54.90	0.25	34.19	0.95	5.25	0.56	2.89	0.24	2.76	0.77
2003	55.17	0.27	31.63	0.84	5.83	0.58	2.48	0.31	4.89	0.68
平均	63.66	0.23	24.58	0.85	5.89	0.40	4.27	0.37	1.60	0.32

表3　各分项收入对基尼系数变化的贡献率

年份	基尼系数变化	劳动收入贡献率	企业家才能收入贡献率	资本收入贡献率	农村内部转移性收入贡献率	其他收入贡献率
1987—1986	0.031	−1.64	95.71	8.73	−8.77	5.97
1988—1987	0.025	−85.01	109.16	10.43	53.02	12.39
1989—1988	−0.032	−54.92	141.08	37.49	−25.44	1.79
1990—1989	−0.025	−34.59	142.53	−22.78	21.49	−6.65
1991—1990	0.033	37.86	94.77	−10.91	−11.54	−10.17
1993—1991	0.015	−137.17	158.33	178.73	−87.44	−12.49
1995—1993	0.066	−2.46	110.32	−9.10	4.75	−3.51
1996—1995	0.026	78.78	−56.83	63.30	6.25	8.50
1997—1996	0.020	−128.69	218.91	−33.61	47.42	−4.01
1998—1997	0.014	−163.19	311.36	−9.20	−61.04	22.07
1999—1998	0.037	64.47	40.78	−35.58	20.20	10.11
2000—1999	0.002	−1729.00	1176.78	227.75	−198.58	623.37
2001—2000	0.008	198.11	−35.71	36.10	−140.76	42.20
2003—2001	−0.028	−1.64	95.71	8.73	−8.77	5.97
平均	0.0137	−143.50	194.18	30.50	−27.39	46.23

(一)从企业家才能对收入差距的影响程度来看

总的来看,1986—2003年,明显的是人力资本对浙江农村收入差距起了决定性的作用,企业家才能要素和劳动要素对收入差距的影响占据了主导地位:两者对收入差距的总贡献率基本上每年都有85%~90%。从这一点上来说,如果政府希望在农村内部收入差距扩大趋势问题上有所作为的话,关键还在于增加对农村居民人力资本的投资,并且应将这种投资的重点放在农村下一代人群,尤其是加大对农村下一代居民的基础教育的投资,改变当前重城市、轻农村,重高等教育、轻初等教育的教育投资格局。收入差距的缩小往往需要一代或几代人的努力,不是短期便能一蹴而就的。

进一步考察人力资本中劳动收入和企业家才能收入对收入差距的贡献,就平均水平而言,前者对收入差距贡献率为49.8%,后者为38.5%。但是从动态角度看,两者对收入差距的影响程度已发生了很大的变化。早期,劳动收入的贡献率要大于企业家才能收入的贡献率,但是1991年以后,受企业家才能收入比重不断上升的影响(见表2),企业家才能对收入差距的贡献率在逐年上升;自1995年超过劳动收入贡献率之后,在2000年达到64.3%这一最高贡献率水平,比劳动收入对收入差距的贡献率足足高出40个百分点。尽管2000年以后劳动收入的贡献率开始有所回升,企业家才能收入的贡献率随之有所下降,但是两者的差距在2003年还是维持在20个百分点左右的水平。可见,企业家才能要素对浙江农村居民的收入差距与变动起了举足轻重的作用。

(二)从企业家才能对样本收入差距的影响途径来看

根据基尼系数的分解公式,我们可以看到某分项收入对总收入基尼系数的影响主要通过两方面的作用:一是该分项收入占总收入的比重,二是该分项收入的集中率。在表2中,我们列出了影响样本收入差距各个要素的收入比重和集中率。不难看出,企业家才能收入的比重并不是特别高,要远远低于劳动收入的比重,但是其集中率水平却是远远高于其他各项,从平均水平来看,分别是劳动收入集中率、资本收入集中率、农村内部转移性收入集中率、其他收入集中率和基尼系数的 3.6、2.1、2.3、1.3、2.1 倍之多,表明企业家才能要素主要是通过其非常高的集中率水平来影响收入差距。进一步观察,在诸多要素收入中,也只有企业家才能收入集中率始终大于基尼系数,体现了促使收入差距增大的特征。资本收入以外的其余各项收入的集中率除了个别年份,基本上都低于基尼系数,即使从劳动收入的二次分解角度看,工资性收入、农业经营劳动收入和非农经营劳动收入的集中率基本上均低于基尼系数,体现了促使收入差距收敛的特征。企业家才能收入所呈现的低收入比重和高集中率水平特征表明:在当前农村,企业家才能是一种较为稀缺的生产要素,因而在农村居民中的分布比较少,且基本上集中在高收入人群中,它已成为促使收入差距扩大的主要因素。

(三)从企业家才能对收入差距变化的影响程度来看

在整个时间序列上,除了 1989 年、1990 年和 2003 年外,浙江农村劳动力的收入差距都是呈扩大态势,基尼系数从 1986 年的 0.3 增长到 2003 年 0.5 左右,目前已经处于非常高的位置。就整个 1986—2003 年看,基尼系数平均每年提高 0.0137。

事实上,从表 1 中企业家才能收入对收入差距的贡献率不断增长的情况便可以看出,企业家才能收入对收入差距的变化也同样是起了决定性的作用。在表 3 中,我们列出了各项收入对基尼系数变化的贡献率,很明显,依然还是劳动收入和企业家才能收入对收入的差距变化起了决定性的作用,但是两者对收入差距变化的影响方向却截然不同:除个别年份外,农村居民收入差距在 1986—2003 年的连续增长基本上是由企业家才能这一要素报酬所导致的,劳动收入的影响方向却是相反。就平均而言,基尼系数年均变化是 0.0137,那么相应地,企业家才能收入的变化,包括其本身收入比重的变化以及集中率的变化,使基尼系数平均每年上升 0.0266,而劳动收入则由于其相对平均化的分配方式,使基尼系数平均每年下降 0.0197。这说明企业家才能收入是决定收入差距变化的主要因素。

在表 3 中,我们同样可以看到,20 世纪 90 年代以来,样本村收入差距主要经历了两个阶段:一是 1991—1999 年阶段,这一阶段中农村居民收入差距迅速拉大,基尼系数平均每年扩大 0.03;二是自 2000 年开始,收入差距扩大趋势开始趋缓,2000 年和 2001 年的基尼系数增长仅在小数点第三位,增量远远小于前一阶段,2003 年甚至出现了下降。同时,企业家才能要素对收入差距的影响程度在逐年降低,从表 2 中可以看到,这样的降低主要来自企业家才能收入比重的下降;而在 2000 年以后,受劳动收入比重不断上升的影响,劳动收入对基尼系数的贡献率却是逐年上升,劳动收入比重的不断上升主要是源于工资性收入比重的不断上升。这意味着经过改革开放 20 多年来的快速发展,那些经商或办企业的农村高收入人群经过早期的快速发展已经步入一个稳定期,反映在现实中就是人们开始抱怨"生意难做了";相反,随着经济的发展,更多的农业剩余劳动力转向非农务工,从而表现为工资性收入比重的不断上升,而工资性收入的集中率水平又表明其对收入差距具有缩小的作用。如果这样的收入比重与集中率变化态势能得以保持的话,那么可以预计,未来浙江农村居民收入差距的扩大态势将趋于平缓,并且有可能转为缩小态势。

以上分析表明,企业家收入对浙江农村居民收入差距的影响很大,它不但影响收入差距水平,而且影响收入差距的变化,是导致收入差距扩大的主要因素。这一结论与经验事实基本符合。在浙江,农村高收入的人群往往是从事非农经营的个体户或农民企业家,他们的主要收入来源往往不是工资,而是由"剩余定价"决定的企业家报酬。

五、教育、培训、技能和企业家报酬

如前所述,企业家才能要素对浙江农村收入差距和差距变化起了决定性的作用,企业家才能要素又隶属于人力资本,只不过是人力资本在市场活动中的定价方式不同而产生了劳动收入和企业家才能收入的差别。接下来,我们将关注人力资本中哪些因素决定企业家才能及其报酬。在样本数据中,反映人力资本的可得数据主要有三个:教育程度、培训、技能特长。这三个变量虽然不能完全反映人力资本(尤其是干中学所积累的人力资本),但却是决定人力资本的主要因素。以下分析中,我们主要通过十等分组的方法来分析这三个变量对企业家才能的影响。在以下各表中,第一等分组是收入最低的 10%,第十等分组是收入最高的 10%。其中:表 4 中各等分组的数据是该组样本中企业家才能收入在 1986—2003 年占总收入的平均比重;表 5 是教育年限的十等分组情况,每组数据反映的是该组平均的受教育年限;表 6 是受培训比例的十等分组情况,每组数据反映的是该组受过培训的劳动力人数占该组劳动力人数的比重;表 7 是技能拥有率的十等分组情况,每组数据反映的是该组拥有技能的劳动力人数占该组劳动力人数的比重,由于 1995 年以后统计口径发生变化,由"有无技术特长的劳动力"的调查转为对"有专业技术职称人数"的调查,因此该表数据主要反映的是 1986—1993 年的情况。

表 4 企业家才能收入比重的十等分组

年份	第一等分组	第二等分组	第三等分组	第四等分组	第五等分组	第六等分组	第七等分组	第八等分组	第九等分组	第十等分组
1986—2003	−27.2	2.3	6.3	10.3	11.2	14.4	15.4	18.4	23.9	40.4

表 5 受教育年限的十等分组

年份	第一等分组	第二等分组	第三等分组	第四等分组	第五等分组	第六等分组	第七等分组	第八等分组	第九等分组	第十等分组
1986	5.0	5.7	5.7	5.5	5.5	5.9	5.6	5.6	5.6	5.6
1987	5.1	5.8	5.8	5.6	6.2	5.8	5.7	5.5	5.8	5.1
1988	5.2	5.6	5.7	5.9	5.9	5.8	6.1	6.1	5.5	5.5
1989	4.7	5.7	6.1	6.1	5.7	5.6	6.0	5.6	6.3	6.2
1990	4.8	5.7	6.1	5.9	6.0	6.2	6.1	6.3	6.4	6.3
1991	4.0	5.7	5.4	6.2	6.3	6.3	6.4	6.1	6.1	6.7
1993	6.2	6.0	7.1	5.9	5.8	6.5	6.5	6.2	6.9	6.9
1995	6.0	6.4	6.1	7.1	6.1	6.3	6.0	6.8	7.1	7.3
1996	6.0	6.4	6.1	6.3	6.0	6.7	6.7	6.6	6.9	7.3
1997	6.2	7.0	6.4	5.9	6.2	6.2	6.4	6.8	6.5	7.3

续表

年份	第一等分组	第二等分组	第三等分组	第四等分组	第五等分组	第六等分组	第七等分组	第八等分组	第九等分组	第十等分组
1998	5.5	6.1	6.5	6.4	6.3	6.5	6.6	7.0	6.9	7.2
1999	6.8	6.1	6.4	6.2	6.8	6.5	6.7	6.9	6.8	7.4
2000	6.3	6.6	6.6	6.0	6.7	6.7	7.0	6.7	7.0	7.1
2001	6.3	6.7	6.3	6.9	6.4	6.8	6.8	7.2	7.5	7.2
2003	5.7	6.2	5.5	5.1	5.8	4.6	5.3	5.4	5.6	5.9
平均	5.6	6.1	6.1	6.1	6.1	6.2	6.3	6.3	6.5	6.6

表 6 受培训比例的十等分组

年份	第一等分组	第二等分组	第三等分组	第四等分组	第五等分组	第六等分组	第七等分组	第八等分组	第九等分组	第十等分组
1986	1.4	1.8	1.8	2.8	2.1	5.0	4.3	5.0	8.2	6.0
1987	4.4	1.7	2.4	3.8	3.4	8.1	6.5	5.1	6.8	3.7
1988	2.7	6.1	4.0	3.7	3.7	6.7	7.0	6.0	7.7	7.0
1989	2.0	6.7	6.7	4.3	4.7	5.4	8.4	7.0	11.7	10.7
1990	4.3	6.3	5.6	4.3	5.6	3.0	7.9	3.3	4.9	10.7
1991	4.1	3.0	2.7	4.7	3.7	5.4	6.8	6.4	9.8	8.4
1993	7.6	1.5	6.1	6.8	4.6	8.4	5.3	7.7	8.3	7.6
1995	7.6	5.3	7.0	9.1	12.3	7.7	7.8	14.4	15.9	11.5
1996	7.6	8.5	7.6	8.4	7.7	9.8	8.5	11.5	13.1	12.3
1997	7.0	8.7	12.6	7.9	7.0	10.3	9.5	15.2	13.3	8.7
1998	7.8	8.6	9.6	7.1	11.3	11.8	7.2	10.2	14.0	9.4
1999	11.0	7.8	11.1	7.1	10.2	9.4	5.5	13.4	8.5	15.0
2000	9.3	5.5	9.5	10.3	10.9	7.1	9.4	8.6	10.2	14.1
2001	6.4	9.6	11.3	8.8	4.0	8.0	4.8	14.4	11.2	13.7
2003	9.5	4.3	9.5	8.5	10.2	12.8	20.5	12.9	16.2	14.4
平均	6.2	5.7	7.2	6.5	6.8	7.9	8.0	9.4	10.7	10.2

首先,从表4的情况看,十等分组的平均结果基本上跟企业家才能收入的高集中率水平吻合:收入越高的组别,企业家才能收入的比重越高;收入越低的组别,企业家才能收入的比重越低,甚至为负(可能是经营农业所带来的负企业家才能收入)。也就是说,高收入人群往往是那些经商、办企业等非农经营活动的劳动力。

接下来,再看看表5、表6和表7的情况。综合这三张表的数据,不难看出:在教育、培训和技能三个因素中,技能拥有率和收入的高低存在着非常强的正相关关系,其次是受培训比例,最后是受教育年限。其中,受教育年限与收入基本上不存在正相关关系。进一步分析,可以得到如下结论。

表 7　技能拥有率的十等分组

年份	第一等分组	第二等分组	第三等分组	第四等分组	第五等分组	第六等分组	第七等分组	第八等分组	第九等分组	第十等分组
1986	11.0	13.2	15.9	13.9	15.9	16.0	21.6	19.2	27.0	32.0
1987	10.2	9.5	9.2	10.2	12.2	18.3	15.4	18.0	23.5	38.8
1988	9.1	13.1	11.0	12.0	9.7	14.0	14.8	19.5	28.2	43.1
1989	19.7	15.4	11.8	17.0	14.8	17.8	14.8	17.4	20.7	28.2
1990	16.1	17.4	16.4	12.8	17.2	11.2	19.7	14.6	17.3	27.9
1991	9.2	15.5	13.8	18.6	14.7	13.5	17.3	20.7	25.3	24.9
1993	9.1	10.7	16.8	22.0	13.7	16.0	15.9	16.2	23.3	26.5
平均	12.1	13.5	13.6	15.2	14.0	15.3	17.1	17.9	23.6	31.6

(一)受教育年限与收入的相关关系较弱

虽然从平均水平上来看,收入越高的组别,受教育年限越长,但是,样本村的最高收入组别和最低收入组别平均受教育年限仅相差1.0年。而这一点如前所述,是与我国现行农村劳动力所受教育的时代背景有关的。在样本数据中,各年度农村劳动力的教育基本上是在农村改革之前便已完成,应该说,那时的农村初等教育还是相当成功的,基本上普及了小学教育,即使在劳动力平均受教育年限最短的1986年,被调查村的劳动力教育水平也基本上达到了小学程度。基于这样一个背景,就意味着在具备了农村基础教育水平的基础上,差别化的技能和培训状况对农村居民的收入差距会产生重要影响;差别化的技能拥有状况使那些较早走出农业的农村劳动力的农民企业家才能得以充分发挥和积累,从而主导了浙江农村居民的收入差距。

另外,虽然从时间序列上来看,各组别的受教育年限都在增加,但是一直到 2001 年(2003 年的数据疑统计有误),整个样本的劳动力受教育年限也只是在 7 年左右。教育是对人力资本最主要的投资,在历来的文献研究中,教育对收入提高的影响向来是至关重要的。虽然样本户的农村劳动力受教育年限,有可能反映的是 30 年前,甚至 40 年前农村教育状况,但从现状来看,我国的农村教育状况不容乐观。

(二)受培训比例不像技能拥有率那样与收入有非常强的正相关关系

从表 6 各年的情况来看,基本上呈现受培训比例越高,收入越高的特征。这表明,在文化教育程度相差不大的情况下,直接以就业为目标的培训对劳动者的收入水平提高起了相当大的作用。事实上,培训是技能的一个重要源泉,现行农村不少劳动力所拥有的技能很大程度上是得益于培训。

(三)技能拥有率对企业家才能的影响最为明显

在表 7 中,除了 1989 年、1990 年以外,其余所有年份都表现出一致的规律:收入水平越高的组别,农村劳动力的技能拥有率越高。从平均情况来看,收入最高组别拥有技能的比例是最低收入组的 2.5 倍之多;而如果不考虑 1989 年和 1990 年,则有 3.4 倍之多。也就是说,那些从事非农经营的企业家才能收入比重较高的高收入人群,往往拥有较高的技能拥有率,进而在很大程度上决定了企业家才能的收入水平。

这一结论的经验解释是:目前农村劳动力所受的教育(尤其是基础教育),基本上是在农村改革前或改革初期完成的,受教育年限差别不是很大。而在改革初期,城市对农村并没有完全开放,一般农民进城不可能获得在城市国有企业就业的机会;就浙江而言,传统的农村集体经济相对薄弱,特别在温州、台州等地区,无法像当时苏南地区,主要依靠乡村集体兴办企业,吸收大量农村劳动力从事非农产业工作。相比而言,浙江农村劳动力能否进入非农产业,技能拥有是一个非常重要的因素。在这样的情况下,拥有某项技能(如"五匠")的农民,往往具有获得非农就业的机会。他们或者一家一户走南闯北做生意,或者留在农村兴办家庭企业。而一旦依靠自己所掌握的技能走出了非农经营的第一步,那么在那个短缺经济的时代,加之较低的进入门槛和不那么激烈的竞争环境,从事非农经营容易获得高额的经营利润。与此同时,由于个体私营经济的发展,他们的企业家才能不断得到积累,企业家才能的收入比重不断提高。应该说,技能的拥有情况对农村改革后第一代农村劳动力的企业家才能的形成和提高,起到了关键性的作用。这在一定程度上也解释了在我国一些地区和一定发展阶段,农村居民的受教育水平与个人收入的相关性不明显的原因。

需要说明的是,在1989年和1990年两个年份中,最低收入组,即第一等分组和第二等分组的技能拥有率比较高,其主要与当时我国治理整顿的宏观环境有关。企业家才能要素是对外部市场机会最为敏感的要素,受当时国家社会局势的影响,大量转移劳力回流农村,个体私营经济发展受阻,导致高收入人群的企业家才能收入大幅度下降。以样本村之一的金后村为例,该村1990年的企业家才能收入比1987年下降了近70%。从表2也可以看到,1987—1990年,整个样本的企业家才能收入比重足足降低了一半左右。这使得原先拥有技能,并以非农经营活动为主的高收入人群成为低收入人群,进而出现了这两个年份中第一等分组和第二等分组的技能拥有率比较高的情况。

六、若干结论和启示

根据以上的观察与分析,我们可以得出以下七点结论与启示。

第一,在浙江的农村居民收入差距与差距变化中,企业家才能这一要素起了最为重要的影响。

第二，基尼系数的分解结果表明，企业家才能收入无论是对收入差距，还是对收入差距的变化都起了决定性的作用。

第三，浙江企业家才能的发展及其收入对浙江农村居民收入差距及其变化的重要影响，在很大程度上与浙江相对短缺的自然资源禀赋、早期不很发达的农村集体经济基础、相对好的个私经济发展环境有关。

第四，在这样的背景下，农村劳动力的技能拥有状况对其从事非农经营活动起到了非常关键的作用。在农村劳动力受教育水平普遍不高，而且受教育程度比较平均的情况下，技能不但给农村劳动力提供了非农就业的渠道和机会，同时也培养了农村劳动力的企业家才能，而后者在市场经济活动中得到不断积累，成了主导浙江农村居民收入差距的主要因素。

第五，不能低估培训的作用，它不仅能直接提高劳动力的就业能力和市场竞争力，而且在很大程度上，培训是劳动者技能和企业家才能的一个重要源泉。

第六，调查样本的劳动力受教育年限或水平与其收入的弱相关关系，并不意味着教育的不重要。这种弱相关性实际上与我国的渐进性转型模式，与农村教育体制以及农民的就业体制有关。从长期看，教育无疑是决定居民收入水平与差距的重要因素。

第七，从短期看，缩小居民收入差距不应通过限制个体私营经济的发展或限制企业家才能这一要素的报酬水平来实现，而应主要通过降低其分布的集中率，即通过进一步培养和扩大企业家才能这一要素的途径来实现。同时，要通过经常性的劳动力培训和稳定的工资增长政策，以及税收制度和再分配制度的不断完善来实现。

参考文献

[1]Jacques Silber，Factor Components，Population Subgroups and the Computation of the Gini Index of Inequality [J]．The Review of Economics and Statistics，1989(1)．

[2] Milton．Frideman，Price Theory [M]．Aldine Publishing Company，1976．

[3]World Development Indicators Online Database．

［4］万广华.中国农村区域间居民收入差异及其变化的实证分析［J］.经济研究,1998(5).

［5］朱玲.非农产业活动对农户收入分配格局的影响［J］.经济研究,1992(3).

［6］张平.中国农村区域间居民的收入分配［J］.经济研究,1992(2).

［7］张平.中国农村居民区域间收入差距与非农就业［J］.经济研究,1998(8).

［8］黄祖辉,王敏,宋瑜.农村居民收入差距问题研究［J］.管理世界,2003(3).

［9］伊特韦尔.新帕尔格雷夫经济学大辞典［M］.经济科学出版社,1996.

［10］万广华,徐凯凯.收入分配的度量与分解:一个对于研究方法的评价［J］.世界经济文汇,2004(1).

技术进步对我国农民收入的影响及对策[①]

一、引言

在市场经济现阶段,农民利益与非农集团利益的同等地位、农民直接经济利益与全局利益的一致性,决定了我国农业发展的直接目标是提高农民收入,由此,农民收入问题成为全社会关注的焦点。近年来,农民收入问题的主要症状可以概括为:农民收入增长幅度缓慢,相当部分的农民收入水平下降。农民收入问题事实上已成为我国社会经济持续发展的制约因素和重要瓶颈。

之前国内对农民收入问题的考察主要从以下几方面展开。

第一,加入WTO后,农业国际化对农民收入产生的影响。诸多学者认为,农业将成为受影响最大的产业之一。随着市场的开放度加大,农业国际化进程加快,进口农产品的竞争压力增大,会对一些大宗农产品的生产及农民产生一定影响,农产品卖难,农民增收的难度加大(巴拉提,2002)。加入WTO在农业经营和非农产业等方面给农民收入带来挑战,对此,一方面应调整农业产业结构,发展规模经济,加快城镇化建设,另一方面要合理设置农业支持与保护体系,切实减轻农民负担(郭占庆,2002)。加入WTO后,在解决农民收入问题上,应当向发达国家学

[①] 本文作者为黄祖辉、钱峰燕。本文内容发表在《中国农村经济》2003年12期,被《经济研究参考》2004年第15期全文转载。

习,大力增加国家投入,同时进行相关配套改革,只有在农民收入水平显著提高的基础上,才能形成国民经济的良性循环和发展(陈阿兴,2002)。

第二,关于劳动力转移及城市化对农民收入的影响。农民文化水平不高,科技素质低,难以找到其他就业机会(王开端,2002)。还有的研究从城乡二元结构、农村投融资制度缺失及农民素质影响的角度来讨论农民收入增长速度下降的原因,提出如果要提高农民收入,必须把重点放在减少农村劳动力上,使流动出来的劳动力在城市非农产业部门能够找到工作。目前,农产品供求格局的根本性变化对农民增收形成了制约,农产品市场在我国人均 GDP 只有 1000 美元的时候就已经饱和,一个非常大的原因就是在长期的城乡二元结构下,城市化水平过低。因此,推进城市化和解决农民收入增长缓慢问题是有内在联系的。应采取发展乡镇企业、减轻农民负担、加大农业投资、提高农业科技含量、提高农民素质等措施,如果不能尽快把农民转移到非农产业中去,农民的收入是无法提高的。所以,要在城乡统筹框架下增加农民收入,而城市化是农民增收的有效途径,是治本之策(陈锡文,2003;林毅夫,2003;韩长斌,2002;慎海雄,2003)。

第三,从农业经营方式、规模上探讨农民收入问题。影响农业收入的主要因素有长期分散、小规模的农业经营方式以及农业经营环境与市场体系的不健全等,对此,应在稳定农民家庭经营的基础上,促使农民分工分业,健全市场体系,调整农产品结构,增加农民收入(刘豆山,2003)。由于农民增收受市场制约增强、农业结构调整滞后、农村家庭经营规模偏小不利于提高劳动生产率、农业组织化程度较低、农业产业化发展较慢及沿海地区和城市经济结构调整影响了农村劳动力的进一步转移等因素的影响,必须重建统分结合的双层经营制,创新农民增收的组织体系,大力发展农村合作经济组织,尤其是农产品加工业,为农民参与市场竞争和增加收入提供良好的组织载体(肖伏芝,2003;潘盛洲,2003)。

第四,从农业支持,农民减负解释其收入问题。过重的农民负担和农村乱收费加剧了农民收入的下降。要增加投入,加大对农业的支持保护力度,稳定土地承包关系,减轻农民负担和推进农村税费改革(范小建,2002;赵瑞华,2002)。为农民增收提供良好法律服务(党双忍,2002)。要调整现有农业结构,把重点放到提高农业的素质和效益上;改革现有的农村财税制度,增加对农业基础设施的投入;由中央、省(市、区)、地方各级财政共同分担义务教育经费。最终从法律上赋予和保障农民的财产权,加快农村政治和社会结构改革,建立健全符合 WTO 规则的政府对农业支持和保护体系,为农民增收创造条件(韩俊,2002)。

本文在相关文献研究的基础上,试图从技术进步的角度,分析农民收入水平下降的原因,并在吸取世界发达国家有关政策经验的前提下,提出一些政策建议,以期更为有效地解决我国农民收入问题。

二、技术进步条件下的农民收入变化

由工业化的起步阶段进入工业化的起飞阶段,国家的农业发展目标会经历由增产向增收的转变,这是世界各国(地区)发展过程中的普遍现象。我国自 20 世纪 80 年代中后期至今,一方面,农业技术有了较大的进步,农民技术应用水平亦有所提高,农业得到了快速发展,另一方面,90 年代中期开始,农民收入增长缓慢的局面一直没有根本改变,农民收入增速明显下滑,年均增长只有 3% 左右。这期间,农民收入的突出特征有三个:一是增速连续 4 年下滑。1997—2000 年,农民收入增速分别为 4.6%、4.3%、3.8% 和 2.1%,比上年分别下降 4.4、0.3、0.5 和 1.7 个百分点。农民收入增速连续 4 年下滑,这是改革开放以来从未有过的。二是来自农业的收入连续 3 年负增长。2000 年,农民人均从农业得到的收入是 1091 元,比上年减少 48 元,下降 4.2%。1998 年和 1999 年从农业得到的收入分别比上年减少了 28 元、53 元,下降 2.3% 和 4.4%,农民从农业得到的收入连续 3 年负增长,而农业收入下降主要是种植业收入大幅度下降引起的,2000 年农民从种植业得到的收入为 784 元,比上年减少 98 元,下降 11.1%。这也是种植业收入连续第 3 年下降,前两年种植业收入分别比上年减少了 16 元和 45 元,减收幅度呈扩大趋势。三是纯农户和以农业为主的兼业户人均纯收入连续 2 年绝对减少。1999—2000 年,纯农户和以农业为主的兼业户人均收入分别比上年减少 13 元、20 元。为便于分析,我们采用 1995 年以后的相关资料,利用"农业总产值年均增长率"和"农民年均农业纯收入增长率"来分析农业生产发展速度与农民收入变化的关系,从图1可见,农民农业纯收入增长速度近年一直呈负增长,而农业增长速度虽有下降,但总体远快于农业纯收入增长。1993年公布的《农业法》虽提出了农村发展的增产和增收目标,但仍是"在增产基础上增收"的政策思路,未把农民增收目标放在首位,导致国内农民的人均纯收入增长缓慢的势头并未减弱,以1978年为基年的农村人均农业纯收入增长率一直呈负增长趋势。

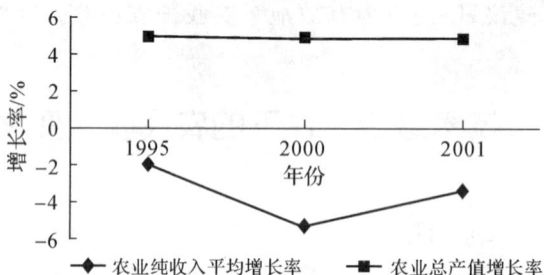

图1 近年我国农业增长与农业收入变化情况

注:根据2001年《中国农村住户调查年鉴》及历年《中国农业年鉴》有关数据整理,农村居民年均农业纯收入增长率、农业总产值年均增长率都以1978=100并按可比价格计算。

20余年的农业改革和发展,农业技术获得了较大的进步,农业机械、农村用电、化肥农药使用量及农用塑料薄膜用量等均有大幅度上升,粮食亩产量得到提高,但农民获得的份额较小,尤其是农业收入在其纯收入中的比重出现了下降的趋势,农业纯收入增长趋势亦趋缓,并慢于国内农民人均纯收入增长,在图形上表现为农业纯收入与农村居民人均纯收入之间的距离越来越大(见图2),这对以农业收入为主要收入来源的农民的影响尤为深远,严重地妨碍了这些地区农民的收入增长。目前,我国仍有3/4的农户是纯农户或以农业为主的兼业户,其收入的主要来源仍然是农业,特别是中西部地区的广大农户,来自农业的收入高达60%以上。根据统计资料计算,2000年与1996年相比,全国农产品收购价格指数和粮食收购价格指数分别下降了25.6%、31.5%。仅粮食价格下降,就使农民人均减收40元,对纯收入增长的贡献为-15%。虽然这期间农业生产资料价格也有所下降,但下降幅度(10.7%)不能抵消农产品价格下降对农业生产效益的负面影响。2000年,由于粮食价格下降,全年农民出售粮食平均价格比上年下降了 15%,导致东北三省、陕西、宁夏和广西等 6 个省份的农民收入减少。

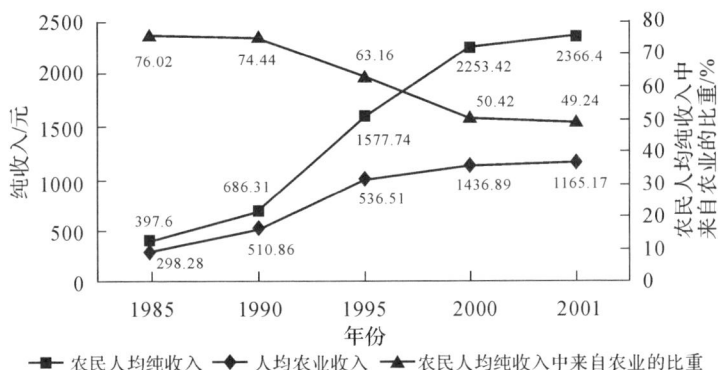

图 2　农民人均收入、农业收入及构成变动

资料来源:根据历年《中国统计年鉴》数据整理,以第一产业纯收入代表农业纯收入。

　　农民收入变化的主要原因是,从 1996 年起,中央就多次强调农业增产和农民增收,把农民收入问题列为"三农"核心,但实际执行效果并不理想。政府在粮改中虽然特别强调以保护价敞开收购农民余粮,从而稳定了农民收入的大头,保护了农民的利益,但由于保护价格水平偏低(1998 年国家调低了粮食收购价格,平均每 50 公斤粮食定购价格比上年同期低 3 元左右,保护价低 5 元左右),加之受地方政府利益和部门利益的影响,农民收入增量中从出售粮食中获得的部分是非常有限的。

三、农业技术进步与农民收入增长的理论分析

　　为什么会出现技术进步条件下农民收入增长缓慢的情况,对此我们可以运用一些理论工具进行分析,以回答上述疑问。

(一)生产函数理论分析

　　关于农业技术对收入的影响,可以利用生产函数理论进行分析。为

讨论方便,这里我们先考察只有两种要素的生产函数。根据希克斯中性技术变化的假定,有:

$$Q = f(K, L, T) \tag{1}$$

其中,K 表示物质资本投入,L 表示劳动力投入,T 是时间的函数,它反映了技术变化。对式(1)求时间的导数,可得:

$$\mathrm{d}Q = \frac{\partial Q}{\partial K} \cdot \mathrm{d}K + \frac{\partial Q}{\partial L} \cdot \mathrm{d}L + \frac{\partial Q}{\partial T} \cdot \mathrm{d}T \tag{2}$$

再对式(2)加以变形,有:

$$\frac{\mathrm{d}Q}{Q} = \frac{\partial Q/Q}{\partial K/K} \cdot \frac{\mathrm{d}K}{K} + \frac{\partial Q/Q}{\partial L/L} \cdot \frac{\mathrm{d}L}{L} + \frac{\partial Q/Q}{\partial T/T} \cdot \frac{\mathrm{d}T}{T} \tag{3}$$

我们设 $\frac{\partial Q/Q}{\partial K/K} = \alpha$,$\frac{\partial Q/Q}{\partial L/L} = \beta$,$\frac{\partial Q/Q}{\partial T/T} \cdot \frac{\mathrm{d}T}{T} = \gamma$,分别表示资本产出弹性、劳动产出弹性和技术进步,那么,式(3)又可以表示为:

$$\frac{\mathrm{d}Q}{Q} = \alpha \cdot \frac{\mathrm{d}K}{K} + \beta \cdot \frac{\mathrm{d}L}{L} + \gamma \tag{4}$$

显然,式(4)表明,农业产出与技术进步有密切的联系,产出变化率等于各要素生产弹性和要素投入变化率的乘积与技术进步率之和。随着时间的推移,技术发生了进步,此时农业产出增加。进一步对式(4)加以推广,得出含有技术进步率的 C-D 生产函数:

$$Q = Ae^{bt} \cdot K^{\alpha} \cdot L^{\beta}$$

其中,Ae^{bt} 代表技术进步因子。

(二)消费理论分析

现在,我们再根据供求关系来分析价格变化与技术进步之间的关系,假设有如下供求函数:

$$Q^S = Q^S(P, T) \tag{5}$$

$$Q^D = Q^D(P) \tag{6}$$

　　为便于分析,我们只考虑价格和技术进步的因素,式(5)是供给函数,表示应变量供给受自变量价格 P 和技术进步 T 的影响;式(6)是需求函数,表示应变量需求受自变量价格 P 的影响。现分别对式(5)、式(6)进行求导,有:

$$dQ^{S} = \frac{\partial Q^{S}}{\partial P} \cdot dP + \frac{\partial Q^{S}}{\partial T} \cdot dT \tag{7}$$

$$dQ^{D} = \frac{\partial Q}{\partial P} \cdot dP \tag{8}$$

进一步对式(7)、式(8)加以推导,得出:

$$\frac{dQ^{S}}{Q^{S}} = \frac{\partial Q^{S}/Q^{S}}{\partial P/P} \cdot \frac{dP}{P} + \frac{\partial Q^{S}/Q^{S}}{\partial T/T} \cdot \frac{dT}{T} \tag{9}$$

$$\frac{dQ^{D}}{Q^{D}} = \frac{\partial Q^{D}/Q^{D}}{\partial P/P} \cdot \frac{dP}{P} \tag{10}$$

设 $\frac{\partial Q^{S}/Q^{S}}{\partial P/P} = \varepsilon^{S}$,$\frac{\partial Q^{S}/Q^{S}}{\partial T/T} \cdot \frac{dT}{T} = \gamma$,$\frac{\partial Q^{D}/Q^{D}}{\partial P/P} = \varepsilon^{D}$,分别为价格供给弹性、技术进步和价格需求弹性,则式(8)、式(9)可表示成:

$$\frac{dQ^{S}}{Q^{S}} = \varepsilon^{S} \cdot \frac{dP}{P} + \gamma \tag{11}$$

$$\frac{dQ^{D}}{Q^{D}} = \varepsilon^{D} \cdot \frac{dP}{P} \tag{12}$$

由于在达到均衡时, $Q^{S} = Q^{D}$,所以,式(11)和式(12)经变形成为:

$$\varepsilon^{D} \cdot \frac{dP}{P} = \varepsilon^{S} \cdot \frac{dP}{P} + \gamma \cdot \frac{dT}{T}, \text{即} \frac{dP}{P} = \frac{1}{\varepsilon^{D} - \varepsilon^{S}} \cdot \gamma \tag{13}$$

　　根据上述推导,我们可以发现价格变化与技术进步有很强的相关关系,农产品供给弹性和需求弹性越小,对价格的负面影响越大。当我们考察在封闭经济条件下(即农业占国民经济份额很大,农产品消费以自给自足为主,贸易份额很小,国内市场价格主要由国内供求关系确定),技术进步导致产量增加,使得国内农产品价格下降,短期内,技术进步所带来的收益逐渐被农产品价格下降所抵消,所以,农业中的技术进步导致的农产品价格下降,会使农业行业劳动者收入下降,并进一步扩大行业间的收入差距,加大要素(尤指农业劳动力)外流的压力,最终导致结构性劳动力失衡。国内农民收入增长缓慢,其原因是农产品商品率低,相当于是封闭经济,所以上述的分析对国内农民收入问题的分析是适用的。

(三)"农业踏车效应"理论分析

1958 年威拉德·科克伦提出的"农业踏车效应"(treadmill-effect)分析了技术进步对农民收入的影响。商品生产中的技术进步会引起成本函数的下移,从而引起供给函数的右移。总的经济福利或经济剩余总是上升。总福利在消费者和生产者之间的分配取决于需求与供给的价格弹性。如果需求曲线是通常假定的向下倾斜的话,那么消费者由于以更低的价格消费了更多的商品,从而增加了其福利。如果生产者能够增加产量并(或)有效地使成本的下降足以抵消产品价格的下降,那它们也能获益。然而,如果需求的价格弹性非常低,产品价格可能急剧地下降以至于产品销售总收益的减少超过了成本的减少,这就会导致生产者的净损失。如果用曲线表示,就如图 3 所示。

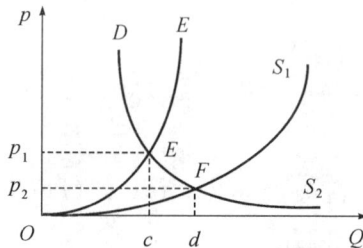

图 3　不同技术条件下农产品产出与需求

S_1、S_2 分别代表技术进步前后的农产品产出曲线,p_1、p_2 分别表示不同技术条件下的农产品价格,c、d 则是相对应的产出,D-E 是不受市场价格影响的农户自身的农产品需求,E-F 是农产品市场需求部分。从图 3 中可以看出:新技术的运用致使供给增加,农产品价格下降,成本降低。在农业生产领域,如果单个农户首先采用新技术,那么该农户的利润增加,但随着新技术的进一步扩散,总供给增加,技术进步带来的超额利润会逐渐减少直至消失,曲线 *E-F* 明显地表示了伴随技术进步,总供给增加导致的价格下降趋势,这说明了技术进步给农民带来的收益是怎样被农产品价格下降所抵消的。在这一过程中,那些不能跟上"踏车"的农民将被挤出农业,进入非农业劳动市场。因此,在市场经济中,农业中的技术进步起着将食物和劳动从农业部门转移到非农业部门的作用。温·欧文将它称为"对农业发展的双重压榨"。

四、技术进步影响农民收入的实证研究

(一)用 C-D 生产函数实证分析农业技术进步率

我们使用的数据包括 1994—2001 年国内农业方面的时间数列,以此代表常规投入、产出和技术进步等方面的变化。之前,中国农业科学院农业经济研究所朱希刚研究员主持的农业部一个重点课题中,就是在第三部分的 C-D 生产函数模型假设下,通过考察农业劳动力人数、农业物质消耗与耕地面积等三种生产要素,用最小二乘法回归(OLS),估计得"七五"(即 1986—1990 年)期间的我国农业广义技术进步率为 1.26%/年。本文根据上述理论,用以可比价格计算的农林牧渔业总产值代表农业产出,而投入要素包括农业劳动力、总播种面积和农业物质消耗,对 1994—2001 年的数据经标准化后进行回归,在排除方程不存在一阶自相关、异方差性,变量间无共线性的前提下,用 OLS 进行参数估计,结果如下:

$$Y = 0.011271 X_1^{0.064259} X_2^{2.752851} X_3^{-0.8351}。$$

其中 X_1、X_2、X_3 分别代表物质消耗、总播种面积和农业劳动力投入,Y 代表农业产出。根据计算结果,可以估计 1994—2001 年我国农业技术进步率为 1.1271%。

(二)农业技术进步率与人均农业纯收入比较

因为至今我国农民的纯收入仍然绝大部分来自农业,例如,1994 年

农业收入在家庭经营中占 83.53%,而家庭经营又占整个农民纯收入的 72.23%,所以农业收入在农民纯收入中占绝对优势,即使到 2001 年,农业收入也在农民纯收入中占有近一半的比例。从以上实际情况出发,我们认为用国内农民来自农业的纯收入(以下简称农业纯收入)表示农民收入具有代表性,以上年=100 对农业纯收入进行标准化后,计算得出农业纯收入的平均增长速度呈负增长,见表 1,在 20 世纪 90 年代中期之前,虽然农业纯收入增长慢于技术进步,但农业收入一直随着农业技术进步而增长,至 90 年代中期开始,随着农产品由短缺到过剩,从追求数量到讲究质量的转变,农业纯收入才在同期技术进步条件下下降,这正好证明了本文第三部分的理论分析,即伴随技术进步,总供给增加导致价格下降,使得技术进步给农民带来的收益被农产品价格下降所抵消,致使农业纯收入呈下降态势。因此,虽然农业技术进步的成果得到推广(农业技术进步率在 1994—2001 年为 1.1271%/年),但农民的收入却未因此得到增长(从表 1 可见,同期的农业纯收入平均增长速度为-3.485%)。

表 1 农业纯收入平均发展与增长速度

年份	农业纯收入指数	农业纯收入平均发展速度(%)	农业纯收入平均增长速度(%)
1994	132.40	—	—
1995	129.85	98.074	-1.926
1996	119.95	95.182	-4.818
1997	106.33	92.951	-7.049
1998	97.74	92.693	-7.307
1999	95.51	93.677	-6.323
2000	95.76	94.743	-5.257
2001	103.29	96.515	-3.485

注:根据 1995—2002 年《中国农业统计年鉴》有关数据计算整理,农业纯收入指数按可比价格计算,农业纯收入平均发展速度的计算以 1994 年为基年,采用公式 $\sqrt[n]{f_n/f_0}$,其中 f_n、f_0 分别表示第 n 年的农业纯收入指数、1994 年的农业纯收入指数,农业纯收入平均增长速度=平均发展速度-100。

受恩格尔定律影响,农产品的需求往往不足,同时,受现代化发展进程中的中间产品需求大于最终产品需求的规律影响,农产品需求价格弹性和收入弹性都很低,所以,当技术进步引发的农产品充裕的结果是农产品价格下降,且价格下降幅度大于因价格下降导致的销售量上升的幅度,农民的总销售金额下降。这就是为何我国近年来,虽然技术进步成果在农业生产中获得了推广,但从 20 世纪 90 年代中期之后农民收入的增长却趋于缓慢甚至为负。

(三)技术进步影响农民收入的原因分析

从技术角度看,上述现象表明尽管在农业生产中技术进步的因素越来越重要,但农民从技术进步中所获得的纯收入增长显然落后于技术进步。换句话说,技术进步导致了农产品边际产出的增加,由此带来总供给增加,从而使农产品市场价格下降,最终引起产品的边际收益下降,在农户的收益获得上就表现为农民收入(主要指农业纯收入)出现增长缓慢乃至负增长的现象。

实际上,农村改革初期,农产品供给绝对短缺,农民增产的农产品都能卖出去,且市场价格也没有因产量的增加而降低,因而增产就能增收,农业增产和农民增收几乎是同时发生的。但在农业发展进入新阶段后,农产品的供求格局从过去的长期短缺转变为总量基本平衡、丰年有余,甚至出现了地区性、结构性相对过剩。农产品供求关系的改变,使农业生产的发展越来越受到市场需求的制约,增产与增收不再是简单的对应关系。生产多少产品不单取决于农民有多大的生产能力,还要取决于市场的需求水平,超越市场需求的增产,将带来增产不增收或增产多、增收少,甚至增产减收的结果。

国家统计局根据有关数据进行测算表明,农民收入增长对农产品产量增长的平均弹性呈明显下降态势,1978—1984 年,农民收入增长对农产品产量增长的平均弹性系数为 2.05,1985—1990 年降为 0.82,1991—1998 年再降为 0.65,20 世纪 90 年代比 80 年代初期下降了 2/3 之多。这就是说,在目前的市场供求状态下,农产品产量每增长 1%,所能带动的农民收入增长要远小于 1%,增产对增收的效应只相当于 80 年代初期的 1/3。所以,1997 年,全国农民人均来自农业的纯收入是 1267.69 元,而 2001 年则仅为 1165.17 元,减少了 8.1%,而我国在农业中就业的劳动力总量,2001 年与 1996 年相比,却不仅没有减少,反而增加了约 200 万人。从收入的角度去看,2001 年城市居民的收入比 1997

年人均增加了 2020 元,5 年之内,用于食品的开支,2001 年人均只比 1997 年增加 109 元,显然非常不成比例,仅粮、油、肉、菜四个大的方面,城市居民 2001 年比 1997 年减少了 131.2 元,统计至 2002 年底的城市人口已经超过了 5 亿人,如果人均减少 130 元的开支的话,就相当于整个开支减少了 650 亿元以上。毫无疑问,城市居民用于农产品的开支减少,必然会导致农民来自农业的收入减少。

另外,由于粮食单产增长大大快于农业收入增长,粮食单产的增加对农民收入(增长)的贡献率越来越低,我们采用历年《中国农村统计年鉴》有关数据,用粮食单产增长率与农业收入增长率之比表示每单位收入中粮食单产的贡献,经计算,1986 年,每单位收入中粮食单产的贡献率为 23.53%,1995 年和 1999 年分别为 15.78%、4.30%,至 2001 年,只有 5.50%。

五、结论与对策

正如本文第二部分所分析的,"技术进步导致农民边际收益下降,使得农民收入增长趋缓",因此,几乎所有的经济学家都认为,自由经济在农业中运转最糟,农业和农村发展领域成为国家干预经济的"传统领域"。即使在众多的 WTO 成员中,也会因技术进步对农民收入造成的影响而在其农业政策中考虑如何保证农民收入。

作为发展中国家,我国所应做的是:借鉴国际成功经验,积极制定相应的措施,更加重视农民收入问题,通过对于具有重大外部正效应的农业基础产业的扶持,消除技术进步而导致的农民边际收益下降的后果,使农民收入向非农产业就业者收入水平靠拢,以保障国民经济协调稳定发展、社会安定,并构建良好的生态环境。因此,可采取的对策是:第一,以城市化推动农产品需求增长,从个人家庭商品率的提高和社会农产品市场的扩大两个层面上部分抵消技术进步引致的农产品价格下降,实现收入的增加。第二,调整政府支持农业的方式,加强对纯农户的收入直接补贴,防止农业资源与农民利益的外流。第三,重视替代劳动型的农业技术进步,加快非农产业发展和农业劳动力转移,扩大农户农业经营规模,通过农业劳动生产率的提高,增加农民收入。第四,加快农业产业化经营和农业的纵向一体化,提高农产品的附加值和农民的直接参与度,使农民能够获得较多的生产者剩余。

参考文献

[1]巴拉提:《新阶段农民增收面临的主要困难与解决的途径》,《农业经济问题》2002 年第 10 期.

[2]陈阿兴:《论增加国家投入与增加农民收入》,《农业经济问题》2002年第 2 期.

[3]陈锡文:《农民增收是扩大内需的关键》,《中国改革论坛》2003 年第3 期.

[4]陈锡文:《在城乡统筹框架下增加农民收入》,中国农村研究网 2003年第 3 期.

[5]党双忍:《农民增收之路探索》,《陕西综合经济》2002 年第 10 期.

[6]樊纲:《市场机制与经济效率》,上海三联书店,1995 年.

[7]范小建:《增加农民收入要有新思路》,《农民日报》2002 年 11 月29 日.

[8]郭占庆:《加入世界贸易组织对我国农民收入的影响及其对策》,《农业经济问题》2002 年第 6 期.

[9]韩长赋:《农民增收的三条出路和一个思路》,《人民论坛》2002 年第 5 期.

[10]韩俊:《增加农民收入的新思路》,中国农村研究网,2002 年 10 月.

[11]黄祖辉:《农业与农村发展的制度透视》,中国农业出版社,2002 年.

[12]科克伦:《农业价格,神话与现实》,明尼苏达大学出版社,1958.

[13]厉以宁:《西方经济学》,高等教育出版社,2000 年.

[14]林毅夫:《解决农村贫困新战略》,《中国改革论坛》2003 年第 4 期.

[15]林毅夫:《现代经济增长与政策选择》,上海三联书店,2000 年.

[16]刘豆山:《农民增收的对策与研究》,中国农业信息网,2003 年3 月.

[17]欧文:"对农业发展的双重压榨",《美国经济评论》1966 年第3 期.

[18]潘盛洲:《农民收入问题:现状、原因及对策研究》,中国农业信息网,2003年2月.

[19]慎海雄:《鼓励农民打工应成为当前解决农民增收重要途径》,新华网,2003年3月.

[20]王开端:《增加农民收入的根本出路》,中国农业信息网,2002年9月.

[21]肖伏芝:《谈新阶段农民增收问题》,农业部信息中心,2003年1月.

[22]杨义群:《数量经济学》,浙江大学出版社,2000年.

[23]赵瑞华:《农业发展新阶段下的农民增收新思路》,中国农村研究网,2002年9月.

城乡收入差距问题

——基于浙江城乡居民收入来源角度的观察①

一、分析对象和方法

中国农民复杂的从业性质和兼业性等特点,使得农民的收入来源日趋多元化。因此,研究农民收入,仅有农民收入总量的分析是不够的,还需要分析农民收入的构成情况,这种构成可以视为农民收入结构。这种结构的变化与总量变化有一定的联系,更可以反映农民收入成长的质量。

本文所运用的样本数据中,农村居民的收入涉及人均纯收入、人均工资性收入、人均家庭经营收入、人均财产性收入 和人均转移性收入。城市居民家庭则以其可支配收入为分析数据。城市居民的可支配收入归纳起来主要有四类:劳动性收入、经营性收入、财产性收入以及从政府得到的转移性收入,这和上述的农村居民纯收入的四种来源在统计口径上基本一致,可以做比较。

本文主要运用以下几种研究方法。

---

①　本文作者为黄祖辉、陆建琴、王敏。本文内容发表于《浙江大学学报(人文社会科学版)》2005 年第 4 期。本文研究受到国家社科基金重大项目"解决中国'三农'问题的理论、思路与对策"(04ZD012)资助。

(一)GE 指数计算

本文利用经济理论比较研究城乡居民收入差距的变化情况,选择广义熵(generalized entropy,简称 GE 指数)(Shorrocks,1980、1984)进行收入差距的测定,并对 GE 指数进行区域分解,以描述 1990 年以来浙江城乡收入差距的发展过程。基本的分解公式[详见 Shorrocks(1982)]是:

$$I(y) = \begin{cases} \sum_{i=1}^{n} f(y_i)\{(y_i/u)^c - 1\} & c \neq 0,1 \\ \sum_{i=1}^{n} f(y_i)(y_i/u)\log(y_i/u) & c = 1 \\ \sum_{i=1}^{n} f(y_i)\log(u/y_i) & c = 0 \end{cases} \quad (1)$$

在式(1)中,y_i 是第 i 个样本的收入,u 是总样本的平均收入值,$f(y_i)$ 是第 i 个样本人口占总样本人口的比重。

至于参数 c,其取任何值,GE 指数都是可区域分解的。当 $c=1$ 时,GE 指数便是 Theil 指数。无论 $c=1$ 还是 $c=0$,两种不平等指数的计算结果基本上都是相同的,因此,为了简单处理,在本文的计算中,只取 $c=0$。

Zhang 和 Kanbur(1999、2000)根据 GE 指数,在对样本进行分组的基础上,将 GE 指数分解成组内不平等和组与组之间不平等。其表达式如下:

$$I(y) = \sum_{g}^{k} W_g I_g + I(u_1 e_1, \cdots, u_k e_k) \quad (2)$$

$$W_g = \begin{cases} f_g(u_g/u)^c & c \neq 0,1 \\ f_g(u_g/u) & c = 1 \\ f_g & c = 0 \end{cases} \quad 。$$

其中,k 是外生给定的组数,用 g 标明。I_g 表示为第 g 组的不平等(GE 指数),u_g 是第 g 组的平均值,e_g 是长度 n_g 的一个向量,n_g 是第 g 组的人口数。如果 n 表示为所有组的总人口数,那么 $f_g = n_g/n$。在式(2)中,$W_g I_g$ 表示组内不平等程度,$[W_g I_g / I(y)] \times 100$ 表示第 g 组的不平等程度对总体不平等程度的贡献率。$I(u_1e_1,\cdots,u_ke_k)$表示总体不平等程度的组间不平等部分，$[I(u_1e_1,\cdots,u_ke_k)/I(y)]\times100$表示组间不平等程度对总体不平等程度的贡献率。

(二)要素分解方法

本文运用 GE 指数测算分析浙江近年来的城乡区域收入差距之后，又有重点地对家庭中各项收入来源对城乡居民收入差距形成的影响做一个具体的测算。依据希克斯(A. F. Shorrocks)1982 年在《计量经济学》(Econometrics)上发表的《从收入来源角度对收入不平等的分解》(Inequality decomposition by factor components)一文中提出的按照收入来源的不同对收入不平等进行分解的原则，收入来源 K 对个人或家庭平均收入不平等的贡献可以被认为有两种。

第一，如果某项收入来源 K 是唯一导致收入不平等的要素，也就是保持 K 项收入不变化，而其他收入项重新均分，公式为：

$$C_K^A=I[Y^K+(u-u_k)e]。$$

这里，I 表示衡量收入不平等的指标，Y^K 表示来自 K 项的收入，$(u-u_k)e$ 表示除 K 项外的其他项收入均值。

第二，如果来自 K 的不平等被消除了，总收入不平等就会发生变化。也就是保持除 K 外的其他收入不变化，但把 K 项收入均等化再分配，公式表示为：

$$C_K^B=I(Y)-I(Y-Y^K+u_ke)$$

这里，$I(Y)$ 表示总不平等指数，$Y-Y_K+u_Ke$ 表示其他项收入加上 K 项的均值，$I(Y-Y^K+u_ke)$ 表示均等化 K 项收入后由其他收入项所导致的不平等指数。

K 项收入对总收入不平等的贡献 $S(Y^K,Y)=(C_K^A+C_K^B)/2$，在希克斯的原文里，最后是以方差作为不平等的指标，表示收入差距 I 来解释说明这种分解方法，公式如下：

$$C_K^A=\sigma^2(Y^K+(u-u_k)e)=\sigma^2(Y^K)，$$
$$C_K^B=\sigma^2(Y)-\sigma^2(Y-Y^K+u_ke)=\sigma^2(Y^K)+2\mathrm{cov}(Y^K,Y-Y^K)。$$

K 项收入的贡献为

$$S(Y^K,Y)=\text{cov}(Y^K,Y)=(C_K^A+C_K^B)/2.$$

本文计算过程中用 GE 指数一般熵指标表示收入差距 I，收入来源的各项分别有工资（劳务）收入、家庭经营收入、转移性收入和财产性收入。由于城乡是两个分区域的不同概念，无法把它们作为一个整体来研究，但借助统计年鉴中有关农村居民人均纯收入和城市居民人均可支配收入的划分项是对应一致的，可以分别就这四项收入来源的整体区域、农村区域、城市区域以及城乡区域差距的 GE 指数贡献进行计算，研究其变化情况并重点分析它们各自对城乡区域收入差距形成的贡献。由于个别市的计算数据未统计或缺失，本文只对浙江各市 1998—2002 年 5 年的时间序列做一个分解计算，但已基本可以说明问题，达到研究目的。

二、各项收入来源对城乡收入差距的贡献

计算所收集的数据包括浙江的杭州、宁波、温州、嘉兴、湖州、绍兴、金华、衢州、舟山、丽水、台州 11 个市的城市居民人均可支配收入、农村居民人均纯收入，以及各市相应的农业人口和非农业人口。由于统计数据有不完整的以及改革以后浙江农村居民的收入状况确实发生了天翻地覆的变化，增收速度和方式也与众不同，所以我们仅选取了 1990 年以来较有代表性的 13 年的相关数据计算了浙江各年度的 GE 指数（见表 1）。

表 1　浙江各区域的 GE 指数（1990—2002 年）

年份	总区域	农村区域内	城市区域内	农村-城市区域间
1990	0.019370	0.011338	0.001753	0.009609
1991	0.018457	0.009579	0.000719	0.010346
1992	0.023529	0.010719	0.001285	0.014408
1993	0.030584	0.009591	0.001204	0.022452
1994	0.034706	0.010077	0.000961	0.026259

续表

年份	总区域	农村区域内	城市区域内	农村-城市区域间
1995	0.028826	0.007182	0.001053	0.022770
1996	0.026211	0.006871	0.001011	0.020446
1997	0.027080	0.007073	0.000897	0.021215
1998	0.027507	0.006303	0.001246	0.022236
1999	0.031269	0.005844	0.002334	0.026169
2000	0.036010	0.006229	0.003007	0.030493
2001	0.039009	0.006542	0.002320	0.033444
2002	0.041483	0.006314	0.002457	0.036102
平均	0.029542	0.007974	0.001557	0.022765

注:计算数据来源于《浙江省统计年鉴》以及各市历年的统计年鉴。

表1的数据表明,近10多年来浙江居民区域收入差距整体上出现了走高的趋势,由20世纪90年代初期的0.019370上升至了2002年的0.041483,增长了1.14倍左右。其中:城市居民的收入差距最小,但是出现的是上升趋势,由1990年的0.001753增长到了2002年的0.002457,增长了近40.2%;农村居民的收入差距其次大,但计算所得的差距是有所缩小的,1990年这个差距指标为0.011338,2002年则减为0.006314,降低了44.3%;差距最大的仍在城乡之间,趋势也是以波动中走高的姿态出现,从1990年的不到0.01到2002年的0.036102,增长了2.76倍,13年的平均值也表明,城乡收入差距几乎等于全省居民总区域收入差距。这里和全国总区域收入差距显著不同的地方就在于浙江的农村内部收入差距绝对值在变小,在1995年之后越加明显,这也符合现阶段浙江城市化不断发展的步伐,农村地区逐步城市化,绝对有钱的一类人可能搬离农村,剩下的是一些收入中等或较低的农户,也就是所谓的对农村的逆向淘汰选择。

本文接下来从收入来源角度对浙江的城乡收入差距的演变做出进一步的计算分析,结果如下。

(一)工资(劳务)收入对城乡收入差距的贡献

工资收入一直是城市居民收入中一个最为主要的组成部分,同样在现在的浙江农村也出现了劳务收入(一般来说农村居民的劳务收入就相当于是城市居民的工资收入)占总收入比重逐年上升的趋势,2000 年超过了家庭经营收入比重,对收入增长的贡献率也显现出非凡的力量,劳务收入将成为未来浙江农村居民收入的重要来源和推动增收的主要动力。

通过计算工资收入对城乡区域收入差距的贡献发现,其对城乡收入差距的拉大作用非常明显,结算结果如表 2,图 1 对照了全省城乡 GE 指数和工资收入 GE 指数。

表 2　城乡工资收入的 GE 指数贡献率

项目	1998 年	1999 年	2000 年	2001 年	2002 年	平均
全省城乡 GE 指数	0.023755	0.027193	0.03128	0.0334	0.037	0.03045
全省城乡工资收入 GE 指数	0.020074	0.022361	0.0226	0.0227	0.023	0.02225
工资收入的 GE 指数贡献率(%)	84.50579	82.22841	72.2556	68.069	64.2	73.0927

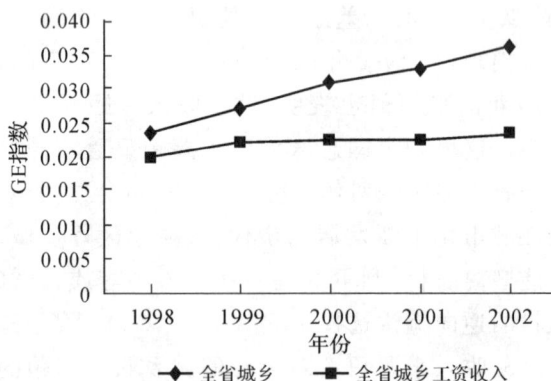

图 1　全省城乡 GE 指数和工资收入 GE 指数

简单平均计算 1998—2002 年工资收入对城乡区域间 GE 指数的贡

献率为 73.09％。通过工资收入对城乡区域收入差距影响的具体分析,可以发现:

第一,工资收入在城乡收入差距中的贡献确实非常重要,全省城乡收入差距中由它来解释的收入差距贡献从 1998 年的 0.020074,占了84.5％,一直到 2002 年的 0.023,仍然占了 64.2％。随着全省城乡收入差距总体不断扩大的趋势,工资收入的城乡 GE 指数贡献也在不断上升,基本上以平均每年 3.5％的幅度在增长。工资收入在城乡收入差距中的突出作用,是在预料之中的。一直以来工资都是城市居民收入的主要来源,而这项收入来源在农村中的出现和增长都要较慢一点,其在两个区域所占收入比重的不同形成了我们所看见的结论,因此努力提高浙江农村居民的这项收入可能是城乡收入差距减小的一个方向。

第二,分析工资收入对城乡收入差距影响的时间序列变化,发现1998—2002 年,工资收入对浙江的城乡区域收入差距的贡献虽然很大,但出现了逐年减小的变化趋势。1998—2002 年,工资收入对城乡收入差距的贡献分别为 84.51％、82.23％、72.26％、68.07％和 64.2％,平均每年下降了 7.1％。这在很大程度上是由于这些年农村居民的这项收入在不断上升,1998—2002 年,农村居民的这项收入从 1584 元上升到2437 元,提高了 53.85％,占农民纯收入的比重也在不断上升,从 1998年的 41％上升到 2002 年的 49％。随着工资收入在农村居民收入中的比重越来越大,预计工资收入所拉大的城乡收入差距会在未来仍继续出现缩小的趋势。这从图 1 的趋势变化也可见一斑,两条曲线分别代表了全省城乡 GE 指数和工资收入 GE 指数,它们之间的喇叭口在不断变大,工资收入 GE 指数的那条曲线的走势越是平坦就越是说明工资收入在城乡收入差距拉大方面的作用趋于稳定和弱化。

(二)家庭经营收入对城乡收入差距的贡献

家庭经营收入和工资收入在城乡居民收入间的意义正好相反,后者是城市居民收入的主要来源,而前者却是以往农村居民的主要收入来源项,甚至在现今的农村中家庭经营收入也仍占据主要的地位。

家庭经营收入是农村居民收入的一个主要来源,它对城乡区域收入差距的缩小力量确实非常有力(见表 3)。1998 年这项收入的城乡 GE

指数贡献率为—0.00516,家庭经营收入使得城乡区域收入差距缩小了21.7％,1999年缩小了17.7％左右,后面几年至少也都有8.5％之多。这主要是因为家庭经营收入在城市和农村居民收入中所占的地位不同,正如工资收入是城市居民的主要收入来源,而还没有成为农村居民的稳定的收入源泉,其对城乡区域收入差距发挥的作用主要是拉大的一样,家庭经营收入在农村居民收入中的地位比在城市居民收入中的地位高,城市居民的家庭经营收入还没有像农村居民一样普遍,其对城乡区域间的收入差距主要发挥的作用就是缩小的。同样,从1998年开始到2002年的这段时间里,家庭经营收入对城乡区域收入差距的缩小贡献是不断在变小的,由1998年的21.7％减小到了2002年的8.6％,图2更是清晰地表明了这一点。这可能既有农村中家庭经营收入比重减少的影响,也同近年来城市居民收入中的家庭经营部分有所升高有关。

表 3　家庭经营收入的 GE 指数贡献率

项目	1998 年	1999 年	2000 年	2001 年	2002 年	平均
全省城乡 GE 指数	0.023755	0.027193	0.031281	0.033403	0.036603	0.030447
全省城乡家庭经营收入 GE 指数	−0.00516	−0.00483	−0.00274	−0.00287	−0.00315	−0.00375
家庭经营收入的 GE 指数贡献率(%)	−21.7318	−17.7433	−8.7506	−8.5864	−8.6157	−12.3141

总之,农村居民收入中的家庭经营收入逐渐被工资收入取代和城市居民收入中的工资收入被家庭经营收入追赶的趋势同时出现,使得家庭经营收入对城乡区域收入差距的缩小作用以及工资收入对城乡区域收入差距拉大作用都在减小。拉大城乡区域收入差异的主要因素仍是工资收入的差异,但家庭经营收入的这些细微变化也说明中国农村传统的家庭经营模式发生了根本的改变。

(三)转移性收入对城乡收入差距的贡献

从年鉴上的人均转移性收入数据来看,政府转移支付部分仍占居主导地位,因此分析这项收入来源对国家和地方的收入分配政策都有着重

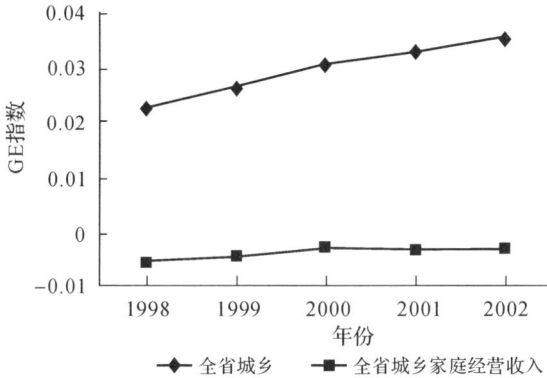

图 2　全省城乡 GE 指数和家庭经营收入 GE 指数贡献

要的指导意义。虽然转移性收入在纯收入中所占的比重一般不是很大，但由于政策上一直以来都是偏向对城市居民的补贴等，它在城市居民和农村居民收入中的地位却是相差很大，转移性收入对城乡居民收入差距的形成也有着深远的影响。

本文关注转移性收入对城乡区域收入差距这一方面的贡献（见表4），并有如下几点发现。

表 4　城乡转移性收入的 GE 指数贡献率

项目	1998 年	1999 年	2000 年	2001 年	2002 年	平均
全省城乡 GE 指数	0.023755	0.027193	0.031281	0.033403	0.036603	0.030447
全省城乡转移性收入 GE 指数	0.008083	0.009108	0.010933	0.013064	0.015870	0.011412
转移性收入的 GE 指数贡献率（%）	34.02523	33.49182	34.95095	39.11049	43.35689	37.47963

第一，转移性收入在整个城乡区域收入差距中的贡献率在1998—2002 年分别为 0.008083、0.009108、0.010933、0.013064、0.01587，虽然绝对数值不是很大，但是一直都处于不断上升的局面，平均也达到了0.011412。在收入来源对收入差距影响作用中我们一直关心的应该涉及两个方面：一是贡献作用本身就很大的，在收入差距中占很显著部分的，如上面分析过的工资收入和家庭经营收入；二就是像转移性收入这样的，虽然比重还不是很大，但是趋势是在不断变大的这种收入差距来

源贡献项。2002 年,转移性收入的 GE 贡献率比 1998 年已经上升了96.3%,几乎翻了一倍之多,上升的速度的确非常显著。

第二,从转移性收入对城乡区域收入差距的贡献率来看,在整个研究阶段,转移性收入所占的比例从 1998 年的 34.0%,一路提高到了2002 年的 43.4%,且基本上出现的都是逐年提高的状态,5 年内平均也达到了 37.5%的比例。根本原因在于城乡分割的转移性收入政策,或者说歧视性的收入再分配制度。实践表明,由于长期存在的城乡分割局面,城市居民与农村居民在政府转移性支付的分享方面存在着较大的差别(见表 5)。农村居民往往享受不到城市居民在就业、教育、住房、医疗等方面的待遇。农村居民收入中一部分来自国家财政的转移支付,仅仅是极少数在全民或集体单位就业的职工所享有的由国家支付的一部分抚恤金、困难补助和救济金等。这种将户籍身份和所有制特征作为能否获得政府转移支付的制度,是消除城乡居民收入不平等的重要制度障碍。在整个浙江的农村-城市样本范围内,2002 年人均转移性收入最高的是绍兴的城市居民,人均为 3990 元,最低的是湖州的农村居民,人均仅为 171 元,两者相差约 22 倍,远远超过农村内 3.04 倍、城市内 1.90倍的最高比例。

表 5　浙江城乡居民的转移性收入份额

年份	农村居民转移性收入份额	城镇居民转移性收入份额
1998	3.54%	17.94%
1999	3.86%	20.62%
2000	3.63%	24.14%
2001	3.99%	24.58%
2002	4.76%	25.11%
平均	3.96%	22.48%

(四)财产性收入对城乡收入差距的贡献

财产性收入是居民出让财产使用权而获得的利息、股息、红利、租金收入及财产增值收益等,是非生产性收入的一个主要组成部分。随着经济的发展,这项收入在居民收入中的比重也在随之变大。尤其是近年来,各种金融市场蓬勃发展,无论是城市居民还是农村居民的投资意识都有了很大的改进,相信这项收入在日后仍将继续增长。浙江人头脑活络,擅长以钱生钱,理财水平也较高。财产性收入仅次于广东和海南,在全国排第三,是上海的 2.1 倍,是江苏的 2.0 倍。观察这项收入在收入差距中发挥的作用,不难理解在以往比重很小的情况下,财产性收入对 GE 指数的贡献基本上不大,这和转移性收入的作用有点类似,且比转移性收入发生的影响还要小。

　　表 6 是近年来财产性收入对 GE 指数贡献率的变化情况,财产性收入对总区域和城乡区域间收入差距的作用大致是一致的,也就是先有着拉大作用,但拉大的力度在慢慢减小,同时财产性收入无论是对农村区域还是对城市区域内收入差距的影响都是很微小的,但在 2002 年有上升的趋势,说明城乡内部的这项收入在拉开差距。

表 6　财产性收入对 GE 指数的贡献率

单位:%

年份	总区域	农村区域内	城市区域内	农村-城市区域间
1998	3.61	5.75	−0.98	3.20
1999	2.28	3.72	2.95	2.02
2000	1.52	1.51	0.58	1.54
2001	1.41	1.45	1.09	1.41
2002	1.41	3.80	3.70	1.06
平均	1.95	3.22	1.68	1.74

　　财产性收入究竟在城乡区域收入差距中会发挥什么样的作用,以及发挥的作用有多大,取决于财产性收入在两个群体收入中的比重以及各自的增长速度。从 1998—2002 年 5 年内浙江城乡区域收入差距的研究分析发现,财产性收入对城乡区域收入差距的影响在变小,由 1998 年对城乡区域 GE 指数贡献为 0.00076,占了约有 3.20% 的比重,降低到 2002 年对城乡区域 GE 指数贡献为 0.00038,所占比重也降低到 1.06%,对收入差距影响的绝对值和相对值方面都在减小。预期,随着浙江农村居民理财意识的增强,这样的趋势会继续发展下去,财产性收

入对城乡收入差距影响力是否会继续减小,能否继续保持并使得它对城乡区域收入差距的有缩小方向的发展态势,还将取决于浙江农村居民收入中的这项收入还可以有多大的增长幅度。

三、结论与思考

本文从收入角度对收入差距进行分解分析,计算得到浙江居民的各项收入来源对城乡区域收入差距的影响,这是一个重要的实证研究尝试,得出了许多有意义的研究结论。

首先,工资收入、家庭经营收入、转移性收入和财产性收入这四项收入在城乡居民收入中所处的地位不同,使它们各自对城乡区域收入差距的贡献也出现了相应的特征。如:工资收入是城市居民的一项主要收入,农村居民的工资收入相对比重小,所以工资收入对城乡区域收入差距的贡献是拉大的,即正向的;家庭经营收入正好与之相反,属于农村居民的一项重要收入来源,所以它对城乡区域收入差距的贡献是缩小的,即负向的;其他如转移性收入的这个特点也很明显,由于歧视性收入再分配制度的存在,转移性收入无疑拉大了城乡区域的收入差距,而财产性收入的比重相对都比较小,所以这一特征不是特别明显,但基本上也是拉大了城乡区域收入差距。

其次,这四项收入对城乡区域收入差距贡献的发展趋势对理解农村居民收入来源及结构变化也较有启示。如:由于工资收入在浙江农村居民收入中的地位在上升,所以工资收入对城乡区域收入差距拉大的贡献率是下降的;又由于家庭经营收入在农村居民收入中的地位有被工资收入追赶以及城市居民的这项收入有所增长,因此家庭经营收入实际上对城乡区域收入差距缩小的贡献率也是逐年下降的;由于城乡分割的转移性收入政策近年来没有得到明显改变,因而转移性收入对城乡区域收入差距的拉大贡献率还是有逐年上升的态势;而财产性收入的贡献率虽小,但下降的趋势却比较明显,可能是由于农村居民理财意识有所增强。

最后,总体分析而言:工资收入可能成为浙江农村居民未来收入中的一个重要组成部分,它在城乡居民收入中地位的趋同趋势越明显,它对城乡区域收入差距的拉大贡献就会越小,这是从减小差距拉大作用方面来考虑的;家庭经营收入缩小了城乡区域收入差距,但这个缩小的趋势有变弱的倾向,并非说明农村居民家庭经营收入自身的减少,而是由于与之相对的工资收入的相对增加,未来依靠这个力量缩小差距的希望可能不大。另一个较为突出的发现就是必须改变长期存在的城乡分割的收入再分配制度,只有这样才可以减小转移性收入拉大的那部分城乡区域收入差距。而针对浙江农村居民理财意识的增强,政府应该保持关注,及时给予制度上的帮助,这些都同样可以有效阻止城乡居民收入差距的扩大趋势。

参考文献

[1] Scott Rozelle. Stagnation without Equity: Pattern of Growth and Inequality in China's Rural Economy. *The China Journal*, 1996,35: 63-92.

[2] Stephen P. Jenkins. Accounting for Inequality Trends: Decomposition Analysis for the UK, 1971-1986. *Econometrics*, 1995, 62 (245):29-63.

[3] Yuk-shing Cheng. A Decomposition Analysis of Income Inequality of Chinese Rural Households. *China Economic Review*, 1996, 7(2):155-167.

[4] 陈艳,王雅鹏,缩小城乡收入差距 关键在于提高农民收入,《农村经济》,2002 年第 8 期。

[5] 陈宗胜,《改革、发展与收入分配》,复旦大学出版社,1999 年。

[6] 陈宗胜,周云波,《再论改革与发展中的收入分配》,经济科学出版社,2002 年。

[6] 丁任重,陈志舟,顾文军,我国居民收入差距的演变与解析,《宏观经济研究》,2003 年第 11 期。

[8] 黄祖辉,王敏,农民收入问题:基于结构角度的分析和制度层面的思考,《中国人口科学》,2002 年第 4 期。

[7] 黄祖辉,王敏,万广华,我国居民收入不平等问题:基于转移性收入角度的分析,《管理世界》,2003 年第 3 期。

[10] 李伟克,劳务收入是农民收入的增长点,《中国农村经济》,1998

年第 5 期。

[11] 林晨光,增加农民收入的思路,《农业经济问题》,1994 年第 6 期。

[12] 杨万江,《论农民增收——兼析浙江农民收入变化》,中国农业出版社,2003 年。

[13] 张建国,关于农民收入问题的调查与思考,《中国农村经济》,2000 年第 4 期。

[14] 张晓辉,中国农村居民收入分配实证描述及变化分析,《经济日报》,2001 年 2 月 7 日。

贫困地区农户正规信贷市场
低参与程度的经验解释[①]

——基于需求可识别双变量 Probit 模型的估计

一、引言

纵观我国农村金融改革的历程,无论是农村正规金融机构的撤并、农村信用合作社(以下简称农信社)产权和治理结构的改革,还是农信社实施的农户小额信用贷款、联保贷款,以及中国人民银行(以下简称人行)推行的"支农再贷款",抑或是人行的小额贷款试点和中国银行业监督管理委员会(以下简称银监会)正在试点的新型农村金融机构,其主线始终围绕着农村正规信贷的供给展开,即增加农村信贷资金供给和提高供给效率。支持该思路的重要依据是农户参与正规信贷市场程度(即正规信贷的覆盖率)偏低,以及确实存在的正规金融对农户贷款需求的信贷约束。

近年来的一些实地调查和研究表明,农信社的内部改革及其自1999 年开始推行的农户小额信用贷款和联保贷款确实提高了农村正规信贷的覆盖率。来自银监会的消息更表明,我国正规金融机构对农户贷款的覆盖率已达 32%,基本能够满足农户对小额贷款和生产性贷款的需求(新华网,2007-11-22)。但是,目前仍存在以下问题:首先,正规贷

① 本文作者为黄祖辉、刘西川、程恩江。本文内容发表于《经济研究》2009 年第 4 期。本文研究得到了浙江大学中国农村发展研究院 985 工程二期项目的资助。

款的覆盖率在地区间的分布不平衡。例如,相关资料表明,有些省份的农户正规信贷市场参与程度仍然较低[①],显然与上面提到"32%"的农户贷款覆盖率存在较大差距。其次,农户仍然受到较为严重的信贷约束,主要表现在贷款数额方面。据何广文在贵州省的调查,农户贷款额度的满足率大约只有20%~30%(财经新闻,2006-02-15)。国务院发展研究中心在2005年组织的一次调查也证实,相当部分的农户(超过样本数50%)受到了正规金融机构小额贷款的信贷规模约束(韩俊等,2007)。最后,在同一地区内部,不同类型农户参与正规信贷的情况也存在较大差异,其参与程度随家庭收入和财产的增加而提高,即收入中等或较低的农户参与农村正规贷款的程度较低(黄祖辉等,2007)。弄清楚以上三个问题对政府今后制定农村金融政策、对农村金融及整个农村经济的进一步改革,以及把支持"三农"落实到实处,都有着重要的意义。

对农户正规信贷市场低参与程度的事实,较为普遍也容易理解的解释是农户尤其是贫困农户受到了严重的正规信贷约束,显然,该解释是从供给方面出发。然而,Kochar(1997)、Pal(2002)等发现,一些农户确实对正规贷款产品没有需求,它们得到贷款少是因为信贷需求不足。这种极富启发性的解释将研究视线引向了信贷需求方面。在此基础上,一个合乎逻辑的问题是:若考虑农户贷款需求,上面仅限于供给方面的解释还成立吗?换言之:农户正规信贷市场参与程度低是否也有信贷需求方面的原因?采用需求可识别双变量Probit模型,本文同时从需求与供给两个方面实证分析我国贫困地区农户正规借贷行为,并试图解释农户正规信贷市场低参与程度的原因。

与已有研究相比,本文的边际贡献主要体现在数据和模型两个方面:一方面,在实地调查中,我们使用特殊设计的意愿调查方法,获得了较高质量的农户正规信贷需求信息;另一方面,在调查数据的支撑下,我们采用需求可识别双变量Probit模型估计样本农户的正规信贷需求与正规信贷供给。与局部可观察双变量Probit模型相比,需求可识别双变量Probit模型利用样本农户正规信贷需求的信息,提高了因变量的

---

① 湖南省农调队和江西省农调队的资料显示,两省2003年从银行和信用社得到贷款的农户分别为218户、120户,分别占被调查农户的5.9%和4.9%(李命志,2004)。

可观察程度,从而提高了计量模型的估计效率。从我们所掌握的文献来看,本文是首次将需求可识别双变量 Probit 模型应用于农户信贷需求与供给的研究,因此对该领域研究方法的创新和发展有重要的意义。本文通过比较需求可识别双变量 Probit 模型与单方程模型的估计结果,证实了后者无法有效分离需求和供给效应的缺陷,揭示了误读估计结果的潜在危险。

本文所使用的数据来自"中国农村微观金融研究课题组"2005 年 8 月在内蒙古自治区的敖汉旗、河南省的南召县和山西省的左权县、临县四个贫困县(旗)所进行的农户调查,样本总数为 820 户。不同于其他同类调查,其在调查中控制住了还款能力、其他贷款渠道等因素对正规信贷需求的影响,从而保证了需求方程因变量信息具有较高的可信度和有效性。

文章其余部分的结构安排如下:第二部分从数据和模型两个方面综述这一领域的文献;第三部分介绍需求可识别双变量 Probit 模型;第四部分是数据与变量,其中详细说明本文对因变量、自变量和识别变量的设置;第五部分采用需求可识别双变量 Probit 模型来估计样本数据,并将其估计结果与单方程进行比较;第六部分是结论及政策含义。

二、文献回顾

针对农户借贷市场的特点——需求和供给的非均衡性,我们从调查数据和使用的估计模型两个方面对已有研究进行讨论。在调查数据方面,侧重于国内调查数据以及相关研究的最新进展。在使用的估计模型方面,侧重于介绍国外研究的最新成果及其对数据提出的要求。

(一)调查数据

目前,国内关于农户信贷市场研究所使用的数据可分为两大类:第一类是统计年鉴中公开的宏观加总数据;第二类是农户微观调查数据。

公开的宏观加总数据主要有两个来源:一为人行统计司所编的《中国金融年鉴》(历年);二为中共中央政策研究室、农业部全国农村固定观察点办公室编的《全国农村社会典型调查数据汇编(1986—1999年)》。前者包含贷款总额、农业贷款和乡镇企业贷款三类信息,其中农业贷款包含农户贷款和农村个体工商户贷款,但后面两个指标并未被单独列出。因此,从该数据中无法得知农户从农业银行和农信社获得贷款的信息。相比之下,后一来源的数据中包含了农户贷款方面的更多信息。总的来说,这两个来源的资料都只涉及贷款交易的次数和金额,因而我们从中无法判断出偏低的交易频率究竟是需求方面的原因,还是供给方面的原因。此外,由于公布出来的数据经过"汇总"处理,我们也就无从得知农户特征与其信贷需求和供给之间的关系。

在第二类数据中,由于大多数研究人员所采用的调查指标与上述两个来源的宏观数据所用指标类似,因此这些数据仍以贷款信息为主,而缺少信贷需求方面的信息。也有少数研究人员[如:何广文和李莉莉(2005);韩俊等(2007)]采用意愿调查法,即直接询问农户"是否有过借款需要",或"是否有借贷需求"来获取需求方面的信息。然而,何广文和李莉莉(2005)仅将因变量设为"当前是否有借贷需求",并未详细说明需求信息的具体获取方式。而韩俊等(2007)尽管在调查中询问了农户"2001—2004年是否有过借款需要"以及"是否实际发生借贷行为",但以此判断农户是否存在信贷需求则显得过于简单,因为他们既未清楚地界定贷款机构,也未控制住还款能力、其他贷款渠道等因素对需求的影响。

(二)使用的估计模型

已有研究所使用的模型可分为单方程与联立方程两类。在单方程中,因变量一般是"是否发生借贷",或者是"贷款数额"。此类模型的最大问题在于其对农户正规信贷需求的假定与现实脱节——实际上,可能有部分未借贷家庭对贷款没有需求(Kochar,1995;Pal,2002),而不是受到了正规信贷配给。除李锐(2007)、朱喜和李子奈(2006)外,国内学者主要采用单方程的Probit模型和Tobit模型估计农户借贷行为。

与国内多数研究不同,国际上越来越多的研究者开始使用联立方程来分析农户借贷行为,如Baydas et al.(1994)、Swain(2002)以及Nguyen(2007)等,其中,最常见的模型是局部可观察双变量Probit模型,该模型最初由 Poirier(1980)提出,随后在许多研究中得到了广泛的应用和完善(Maddala,1983;Meng & Schmidt,1985;Boyes et al.,1989)。

尽管局部可观察双变量 Probit 模型弥补了单方程模型的一些固有缺陷,但在估计效率上仍有较大的改进空间。Meng & Shmidt(1985)的研究表明,与局部可观察双变量 Probit 模型相比,需求可识别双变量 Probit 模型在需求和供给相互作用的四种可能结果中,至少可以识别出"有需求,有供给"和"有需求,无供给"两种,而在前一模型中,除"有需求,有供给"结果可观察外,其余三种结果都是不可观察的。因此,后者具有更高的估计效率。

三、对有关计量模型的讨论和选择

在现实经济中,经济主体会面临许多二元选择的情形(即是与否的选择)。就本文所讨论的农村正规信贷市场而言,农户和农信社各自面临一个二元决策问题,即农户需要决定是否申请贷款,而农信社需要做出是否对该农户发放贷款的决策。

农户和农信社之间的决策的相互作用可能会产生四种结果,即"有需求,有供给"、"有需求,没有供给"、"没有需求,有供给"和"没有需求,没有供给"。如果分别用虚拟变量 y_D 和 y_s 来表示以上两种决策行为,且设定 $y_D=1$ 表示农户有信贷需求,而 $y_D=0$ 表示农户无信贷需求,$y_s=1$ 表示农信社愿意贷款,而 $y_s=0$ 表示农信社不愿意贷款,那么,以上四种可能结果可简单表示为(1,1)、(1,0)、(0,1)和(0,0)。通常,现实中只能观察到(1,1)这种结果,即农户的正规信贷市场参与行为,它可用 P 表示,其中 $P=1$ 表示参与,$P=0$ 表示没有参与,我们称其为信贷市场参与虚拟变量,其余三种情形在现实中无法直接观察到。

我们用 y_D^* 和 y_s^* 分别表示信贷需求和信贷供给的隐藏变量,其表达式如下:

$$y_D^* = X_D\beta_D + \varepsilon_D$$
$$y_s^* = X_s\beta_s + \varepsilon_s$$

(1)

式(1)中，X_D 和 X_S 分别为影响信贷需求、信贷供给的外生变量组成的向量，β_D 和 β_S 是待估计参数向量。假设误差项 ε_D 和 ε_S 服从联合正态分布，记为 $\varepsilon_D, \varepsilon_S \sim BVN(0,0,1,1,\rho)$，其中 ρ 是 ε_D 和 ε_S 的相关系数。

y_D^* 和 y_S^* 是不可观察的，它们与虚拟变量 y_D 和 y_S 的关系由以下规则确立：

$$y_D = \begin{cases} 1, & y_D^* > 0 \\ 0, & y_D^* \leqslant 0 \end{cases} \tag{2}$$

$$y_S = \begin{cases} 1, & y_S^* > 0 \\ 0, & y_S^* \leqslant 0 \end{cases} \tag{3}$$

随后对计量模型的讨论主要围绕 y_D 和 y_S 在多大程度上可观察展开，模型之间的差异体现在对变量可观察程度的假定上。同时我们还将 y_D 和 y_S 的可观察程度与经验研究中的基本假定联系起来。

(一)单变量 Probit 模型

若 y_D 和 y_S 同时完全可观察，则研究者可以观察到需求和供给的具体值以及正规信贷市场的均衡点，即 $y_D = y_S$。然而，实际调查数据提供的信息通常并不充分，研究者既观察不到 y_D，也观察不到 y_S，而只能观察到 P，即信贷市场参与虚拟变量，它是 y_D 和 y_S 相互作用的一个结果，其取值和对应的含义为：

$$\begin{aligned} &P = 1 \quad \text{如果农户参与正规信贷市场} \quad (y_D = 1 \text{ 且 } y_S = 1) \\ &P = 0 \quad \text{如果农户未参与正规信贷市场} \quad (y_D = 0 \text{ 或 } y_S = 0) \end{aligned} \tag{4}$$

早期文献[如 Iqbal(1986)]假定所有农户对正规信贷都存在需求，认为农户参与正规信贷市场的结果只受到正规信贷机构放贷决策的影响。此时，非借贷者被视作受到信贷配给，对需求和供给的分析也就变为只对信贷供给的分析，分析结果可以说明家庭、个体特征在多大程度上影响其正规信贷的可得性。因此，农户信贷市场参与概率可直接采用如下的 Probit 模型进行估计。

$$\Pr(\text{access}) = \Pr(P = 1 \mid X_S) = \Pr(y_S = 1 \mid X_S) \tag{5}$$

(二)双变量 Probit 模型:局部可观察

近年来,越来越多的研究人员开始放松所有农户均具有正规信贷需求的这一"理想"假定,试图采用局部可观察双变量 Probit 模型来分离需求和供给的效应。

如上所述,一般情况下,研究者只能观察到是否参与($P=1$),即$(1,1)$的情形,而无法观察到 y_D 和 y_S 的其余三种组合$[(0,1)、(1,0)$和$(0,0)]$。在这种情形下,Poirier(1980)认为,P 的概率分布可由包括需求者和供给者的双变量联立方程表示,它与 y_D 和 y_S 的可观察水平有关。

$$\Pr(P=1)=\Pr(y_D=1,y_S=1) \tag{6}$$

$$\begin{aligned}
\Pr(P=1)&=\Pr(y_D^*>0,y_S^*>0)\\
&=\Pr(X_D\beta_D+\varepsilon_D>0,X_S\beta_S+\varepsilon_S>0)\\
&=\Pr(-X_D\beta_D<\varepsilon_D,-X_S\beta_S<\varepsilon_S)\\
&=1-F(-X_D\beta_D,-X_S\beta_S)\\
&=F(X_D\beta_D,X_S\beta_S,\rho)
\end{aligned} \tag{7}$$

采用最大似然法进行估计,其对数似然函数为:

$$\begin{aligned}
\ln L(\beta_D,\beta_S;\rho)=\sum_{i=1}^n &P\cdot\ln[F(X_D\beta_D,X_D\beta_D;\rho)]\\
&+(1-P)\cdot\ln[1-F(X_D\beta_D,X_S\beta_S;\rho)]
\end{aligned} \tag{8}$$

式(8)中,$F(\cdot)$ 是二元累积正态分布函数。

(三)双变量 Probit 模型:需求可识别

与局部可观察双变量 Probit 模型不同,需求可识别双变量 Probit 模型中的 y_D 可以通过调查实现可观察,例如,Abowd & Farber(1982)在调查中询问工人是否愿意加入工会组织。

通常,仅只有在 $y_D=1$ 时才能观察到 y_S。这是因为:如果 $y_D=1$,则 $y_S=P$,而 P 是可以观察的;但是,如果 $y_D=0$,则没有关于 y_S 的信息。

除了需求可观察外,需求可识别双变量 Probit 模型在形式上与局部可观察双边量 Probit 模型一致,可表示为:

$$\Pr(y_D=1)=\Pr(y_D^*>0)=\Pr(\varepsilon_D>-X_D\beta_D) \tag{9}$$

$$\Pr(y_S=1\mid y_D=1)=\Pr(y_S>0)=\Pr(\varepsilon_S>-X_S\beta_S) \tag{10}$$

因为需求方程完全可观察,可以单独估计,而对供给方程的估计存在样本选择偏差问题,需要审查数据。我们采用极大似然法对式(9)和式(10)进行联合估计,其对数似然函数表示如下:

$$\begin{aligned}
\ln L(\beta_1,\beta_2,\rho) = \sum_{i=1}^{N} \{ & y_D y_S \ln F(X_D\beta_D, X_S\beta_S;\rho) \\
& + y_D(1-y_S)\ln[\Phi(X_D\beta_D)-F(X_D\beta_D, X_S\beta_S;\rho)] \\
& + (1-y_D)\ln\Phi(-X_D\beta_D)
\end{aligned} \tag{11}$$

需要指出的是,$\Phi(\cdot)$ 是单变量累积正态分布函数。

总之,与单方程模型相比,联立方程模型的优势在于:一方面,前者在解决分离需求和供给效应问题上的适用性较低,而后者较好地解决了这一问题;另一方面,联立方程模型可以估计包括借款者和非借款者在内所有样本的信息,从而避免了有偏估计。当然,联立方程模型的识别问题也不容忽视,在这个问题上仅仅维持两个方程自变量的不同是不够的,有必要增加因变量方面信息。就双变量 Probit 模型而言,在选择(1,1)的样本观察值较少(在本研究中,可观察到的获得贷款的样本农户数只有 74 户,占总样本 820 户的比例小于 10%)的情况下,更需要增加有价值的额外信息。

虽然局部可观察双变量 Probit 模型与需求可识别双变量 Probit 模型都拥有联立方程模型的优点,但与前者相比,后者在估计效率上得到了明显的改进。更重要的是,尽管局部可观察双变量 Probit 模型抛弃了所有样本农户对正规信贷都存在需求的假定,但它只能利用均衡结果所包含的信息进行估计和推断,因此仍无法真正有效识别信贷需求。而在需求可识别双变量 Probit 模型中,需求得以直接识别,从而与只有部分农户存在正规信贷需求的假定保持一致。

四、数据与变量

(一)数据

以下分析所使用的数据来自"中国农村微观金融研究课题组"2005年8月在内蒙古自治区、河南省和山西省的四个贫困县(旗)进行的农户调查。该调查收集了调查地区样本农户2004年家庭基本情况、生产、生活及借贷行为等多个方面的信息。调查采取了随机抽样,以及与农户当面访谈并填写问卷的入户调查方式,最终获取有效农户样本820户。与常规的农户借贷行为调查不同,该调查采用了最早由Feder et al. (1990)和Jappelli(1990)提出的意愿调查法,从而满足了本文所采用的需求可识别双变量Probit模型对数据提出的要求(详细情况可参阅下面对因变量设置的讨论)。

调查数据显示,在820户样本农户中,2004年对正规贷款存在需求的农户为293户,占样本总数的35.7%,而2004年获得正规贷款的农户数为73户,占样本总数的8.9%,这个比例虽然略微高于2003年湖南省和江西省农户从银行、信用社得到贷款的比例——5.9%和4.9%[这两个比例转引自李命志(2004)],但足以反映出一个基本事实——调查地区农户正规信贷市场参与程度低。此外,样本农户所获得的正规贷款均来自农信社(调查中有2户农户获得了非农信社贷款,分别为中国工商银行贷款和妇联扶贫贷款,经过深入调查发现这两项贷款均不属于正常的商业行为,因此,这2户并没有被包括在820个样本中),这一点与农信社是农村地区正规金融的主力军的观点相一致。

在293户有正规信贷需求的农户中,只有73户得到了贷款,占到有正规信贷需求农户数的24.9%。这表明样本农户面临着较为严重的正规信贷约束。这一点与文献上侧重供给角度对农户正规信贷市场低参与程度的传统解释是一致的。

但是,除了供给方面的原因,样本农户正规信贷市场低参与程度是否还存在需求方面的原因?实地调查和对数据的初步分析促使我们将农户正规信贷市场参与程度低的原因与其正规信贷需求联系起来,具体理由如下:①在与调查地区农户交谈的过程中,我们注意到农户普遍反映很难获得农信社贷款,但当问及其是否需要贷款时,大部分农户的回答竟然是不需要;②调查数据还表明,样本农户的工资收入已占到家庭总收入的 43.9%,其中外出务工收入占工资收入的比重接近 90%。显然,与家庭经营活动相比,外出务工一般不需要较大的"生产性"资金投入。此外,虽然家庭经营收入仍占家庭总收入的"大头",但大多数农户从事农业生产的目标是满足家庭的基本食物需要,基本上不愿意在有限土地规模和农业生产回报低的条件下进行投资。在这种情况下,我们猜想,样本农户可能缺乏对主要投向生产领域的农信社贷款的需求。

(二)变量设置

本部分依次讨论本文使用的因变量、自变量和识别变量。其中,在因变量的讨论中,主要介绍需求信息直接识别的思路和过程。在自变量的讨论中,从需求和供给两个方面讨论各个自变量的预期作用方向,并重点介绍本文对反映农户收入能力、还款能力及其家庭消费等特征的重要变量的处理。在识别变量的讨论中,讨论联立方程中识别变量的设置问题。

1. 因变量

本文将农户正规信贷需求界定为农户对特定正规金融机构(本文指农信社)提供的贷款产品的有还款能力的借款意愿。所采用的调查方法可以说是对已有方法(Feder et al., 1990;Jappelli, 1990;Kochar, 1997;Mushinski, 1999;Boucher, 2002)的综合①,它具有以下特点:一是调查设计首先确保样本的完备分类,尤其关注农户没有贷款的不同原因;二是控制住其他贷款渠道的可得性对正规信贷需求的可能影响;三是考虑了还款能力对正规信贷需求的影响。可以说,本文区别于同类研究的一个显著特点就是利用特殊设计的意愿调查直接识别农户的正规

---

① 在直接意愿调查中,已有研究[如 Feder et al.(1990)]基本上将利率水平确定为调查期间的利率水平。就我们的调查而言,在调查期间(2005 年),被调查地区(内蒙古自治区敖汉旗、河南省南召县、山西省左权县和临县)的农信社年利率在 8%左右。

信贷需求。

一般来讲,具有正规信贷需求的农户包括两类:一类是农信社现在的借款者;另一类是未得到贷款但拥有潜在或隐藏贷款需求的农户。后一类又存在两种情况,一种是申请了农信社贷款但遭到拒绝,另一种是对农信社贷款有需求,因主观上认为得不到贷款、交易成本和风险等原因而未申请。

根据上述分类,准确识别农户正规信贷需求的第一步是区分农户是否申请正规贷款,为此,我们在问卷中设计了问题(Ⅰ)"从 2004 年初以来,你是否向信用社申请过贷款?",其中选择"是"的农户肯定存在正规信贷需求,反之则由下一个问题进一步确认。

为了进一步识别出未申请但有需求的农户,我们又设计了问题(Ⅱ)"如果没有申请过贷款,为什么?",从而将未申请者中间存在的具有信贷需求,但基于过去的经验或者对贷款者供给政策的认知,认为其贷款申请肯定被拒绝而未申请的那一部分农户识别出来。最后,为了确认由问题(Ⅱ)识别出来的农户信贷需求是有效的,我们又设计问题(Ⅲ)"申请也得不到,为什么?",从而将其中没有还款能力的农户识别出来。

具体操作中,我们分三个层次来识别农户的正规信贷需求(见表1):第一个层次,对应问题(Ⅰ),如果农户选择①,则认为其存在正规信贷需求;第二个层次,对应问题(Ⅱ),如果农户选择④和⑤,视作存在正规信贷需求,选择②的农户则结合问题(Ⅲ)做进一步的分析和判断,选择其他选项者则视为不存在正规信贷需求;第三个层次,对应问题(Ⅲ),如果农户选择②、③和④则视为存在正规信贷需求,其自我实施了信贷配给(Mushinski,1999)。经过识别,在全部 820 户样本农户中,对正规信贷存在需求的农户共有 295 户。在此基础上确定需求方程的因变量,有正规信贷需求取值 1,反之取值 0。

表1　农户正规信贷需求的直接识别

问题	问题选项	考察重点	文献支持
Ⅰ	①是;②否	区分申请者和未申请者	Jappelli(1990)、Feder et al.(1990)

续表

问题	问题选项	考察重点	文献支持
II	①我不需要贷款；②申请也得不到；③利息太高；④太麻烦，其他贷款成本太高；⑤借了担心还不了；⑥已从小额信贷机构获得贷款；⑦有其他贷款等；⑧其他	挖掘有需求的未申请者	选项②：Mushinski(1999) 选项③、④和⑤：Boucher(2002、2005) 选项⑥和⑦：Kochar(1997)
III	①有信用社的贷款未还；②与信贷员不熟；③信贷员认为我家穷，可能还不了款；④不是信用社社员；⑤其他	排除无效需求的未申请者	

注：只有问题(II)中选择"②申请也得不到"的农户才需要回答问题(III)。

接下来是供给方程因变量的设置，以是否得到贷款作为因变量，得到贷款取值1，反之取值0。

2. 自变量

我们从需求和供给两个方面讨论自变量对因变量（均衡结果）的预期影响。需要指出的是，与大多数文献主要从生产投资的角度讨论农户正规借贷行为不同，本文还考虑到了农户的消费决策行为对农户正规借贷行为的影响。

信贷需求方面，我们通过调查获得了表示农户家庭目前资源禀赋的收入和财产变量、表示未来预期收入的教育和技能变量以及其他人口特征变量，如家庭规模、人口负担率、年家庭消费支出和2004年家中是否发生重大事件等①（见表2）。一般而言，除了与农户预期收益率或预期边际效用相关的变量之外，农户是否需要正规贷款还与农户对农信社贷款产品和贷款程序的认识、交易费用和便利性有关，我们用是否了解农信社贷款的条件和申请程序及是否拥有信用卡两个哑变量来表示其影响。

---

① 2004年家中是否发生重大事件中的重大事件是指婚丧嫁娶、生病、上学等需要支付较大金额的大事。

表 2　主要解释变量

变量名称	描　述
Age	户主年龄(岁):age1(0,30),age2[30,39],age3[40,49],age4[50,59],age5[60,∞)
EDU	户主受教育年限(年)
Skill	户主是否有技能
FS	家庭规模(人)
DR	家庭人口负担率(%)
Assets	截至 2003 年底,农户家庭拥有生产性固定资产值(千元),将样本平均分为三组:低资产组(assets1)、中资产组(assets2)和高资产组(assets3)
Land	土地经营规模(亩/人)
Per-con	2003 年家庭日常消费支出(千元/人)
Wage	2004 年工资收入(千元/人)
NFR	2004 年非农经营收入占总收入比重(%)
Shock	2004 年是否发生重大事件
Odebt	截至 2003 年底,是否拥有其他贷款
Tdebt	截至 2003 年底家庭未还贷款总额(千元)
Default	是否拖欠农信社贷款
Know	是否了解农信社贷款的条件和申请程序
CC	截至 2003 年底是否拥有信用卡
Distance	村庄与乡镇政府所在地的距离(里)
Health	家庭中是否有长期患病者
Region	四个地区:敖汉、南召、左权和临县(以敖汉为参照组)

注:①技能包括开车、缝纫、烹饪、木匠、行医、瓦匠等。②家庭人口负担率＝负担人口/家庭总人数,负担人口的判断标准:男性为小于 16 周岁,或大于 60 周岁;女性为小于 16 周岁,或大于 55 周岁。③长期患病是指长期慢性病、大病和残疾。④为了减少奇异值的干扰,增加数据的敏感性,Assets、Per-Con、WR 和 Tdebt 以千元为单位。

需要特别指出的是,为进一步揭示农户家庭经济活动的变化对农户信贷需求的影响,我们引入工资收入、固定资产和非农经营收入三个变量。调查表明,随着贫困地区外出务工人数的逐渐增多,工资收入已逐渐成为被调查地区农户家庭收入的重要来源,从而对正规贷款需求起到一定的替代作用。而在保持其他情况不变的情形下,固定资产和非农经营收入对贷款需求的影响是不确定的,因为一方面,固定资产和非农经营收入越高的农户投资规模越大,从而对贷款的需求越强;另一方面,固定资产和非农经营收入越高的农户也可能拥有更多的流动资金,从而减弱了对贷款的需求。

从信贷供给方面来看,收入和资产都是贷款者判断农户还款能力的指标,显然,收入和财产水平越高,农户获得贷款的可能性越大。农信社通常会考察农户收入、资产、年龄、受教育程度等因素。一般认为,年龄和受教育程度对信贷供给的影响为正,随着年龄和受教育程度的提高,农户受到正规信贷约束的可能性下降。我们认为,与受教育程度相比,农信社更加看重贷款农户的技能,因此在模型中加入户主是否有技能这一哑变量。此外,本研究还考虑了农户未还贷款总额和是否曾拖欠农信社贷款等历史信息对农信社贷款决策的影响。

需要特别说明的是,无论是需求方面还是供给方面,都存在自变量内生性问题。但已有的一些农户信贷需求和供给研究在这个问题上,不是避而不谈,就是"轻描淡写"地一带而过。甚至有些研究为了"消除"自变量的内生性问题,常常将资产、收入和消费等重要变量排除在模型之外,只留下"易于处理"的家庭和个人特征变量。然而,众所周知,恰恰是资产、收入和消费与农户借贷行为存在着最密切的关系。因此,这种将农户资产、收入和消费等三项重要信息排除在模型之外的做法是极不可取的。接下来重点介绍本文在解决以上三类自变量的内生性问题上所做出的努力。

首先,关于收入。从需求角度来看,一般认为固定资产比收入更能反映农户的资产状况。然而,使用固定资产作为资产状况的指标来分析其对农户信贷需求的影响时,可能会忽视那些从事固定资产要求低甚至不需要固定资产的经济活动(如服务业或零售业)的农户对贷款的需求。因此,本文认为将农户收入及其构成的信息纳入分析更为重要,因为收入信息既可以反映农户经济活动的主要类型及其内部的结构特征,也能反映农户对贷款申请能否得到批准的预期。事实上,正规金融机构更看重收入所反映的还款能力。在需求方程中,本文重点考虑非农经营收入,而不考虑农业收入和工资收入。因为实地调查表明,调查地区大部分农户通常不会因小规模农业生产与外出务工而借贷。但是,如果将非农经营收入直接放入模型,内生性问题不可避免。因此,采用非农经营收入占总收入比重作为代理指标。一般而言,非农经营收入占总收入的比重越高,意味着非农经营收入的水平也越高。

其次,对于固定资产。在当前的农村土地制度框架下,样本农户土地经营规模基本上与正规借贷决策无关,可视作外生变量。相比较而言,生产性固定资产则更好一些,因此最终采用截至 2003 年底农户家庭拥有生产性固定资产值作为代理指标。

最后,消费作为农户家庭重要的经济活动,对农户家庭借贷活动有着不可或缺的影响。而农户消费又可分成非日常消费和日常消费两部分,我们采用 2004 年是否发生重大事件这一哑变量来"代理"包括农户家庭耐用消费品以及医疗、教育支出在内的非日常消费,同时用 2003 年家庭人均日常消费支出指标来反映农户的日常消费水平。

除上述三类自变量以外,信用卡也存在内生性的问题,本文的处理办法是采用截至 2003 年底农户是否拥有信用卡作为代理指标,这在很大程度上避免了农户为得到贷款而选择拥有信用卡的可能。同时,为了避免是否拥有其他贷款与农户正规借贷行为的相关性,选用截至 2003 年底农户是否拥有其他贷款作为代理变量。同时,引入是否拥有其他贷款变量来控制住农户其他贷款渠道的信贷可得性对农户正规借贷行为的可能影响。

3. 识别变量

根据 Rothenberg(1971)提出的一般原则,局部可观察双变量 Probit 模型是可以识别的(Poirier,1980)。本文采用家中是否有长期患病者变量来识别农户因治病产生的对正规贷款的需求,因为相对而言,健康状况对农信社而言是不可观察的,因而在其供给决策中不是很重要。

在已有文献中,一些变量被认为对信贷需求没有影响但对信贷供给有影响,如 Khandker(2005)、Pitt & Khandker(1998)采用的家庭土地拥有规模,以及 Kochar(1997)采用的所考察地区的天气情况①。就中国贫困地区农户正规借贷行为而言,农信社实际上并没有以土地规模作为配给标准,同时,与农业生产活动相关的地区天气信息,一方面难以收集,另一方面对农信社来说也不重要。与上述做法不同,我们采用农户居住村庄至当地乡镇政府所在地的距离来识别供给方程。② 显然,该变量独立于影响信贷需求的因素。可以认为,距离越远,农信社越不愿意贷给居住在该村庄的农户。

五、估计结果及讨论

(一)估计结果

基于第三部分的讨论,我们最终采用需求可识别双变量 Probit 模型进行估计,估计结果见表 3。

表 3 需求可识别双变量 Probit 模型的估计结果

变量	供给方程			需求方程		
	估计系数	标准差	$P>|z|$	估计系数	标准差	$P>|z|$
age2	−0.155	0.296	0.601	−0.117	0.213	0.582
age3	0.031	0.275	0.911	−0.056	0.210	0.791
age4	−0.326	0.330	0.324	0.019	0.231	0.933
age5	−0.141	0.338	0.677	−0.176	0.246	0.475
EDU	−0.027	0.032	0.398	−0.009	0.019	0.653
Skill	−0.132	0.156	0.398	−0.112	0.103	0.277

---

① 其理由是低降雨量水平导致低水平的农业生产活动,因而对投资贷款的需求水平较低。

② 后面的估计结果表明,这两个识别变量都不显著,这要求我们在解释和讨论估计结果时采取谨慎的态度。

续表

变量	供给方程			需求方程		
	估计系数	标准差	$P>\lvert z\rvert$	估计系数	标准差	$P>\lvert z\rvert$
FS	−0.029	0.065	0.659	0.000	0.047	0.999
assets1	0.110	0.166	0.508	−0.034	0.124	0.783
assets2	−0.395	0.186	0.034	−0.257	0.122	0.036
Per-con	−0.003	0.023	0.904	0.010	0.017	0.551
Shock	0.271	0.158	0.086	0.224	0.107	0.036
Know	0.108	0.168	0.521	−0.031	0.110	0.781
Default	−0.427	0.343	0.213	0.098	0.186	0.596
Nanzhao	−0.403	0.230	0.080	−0.107	0.178	0.548
Zuoquan	−0.567	0.238	0.017	0.157	0.177	0.375
Linxian	−1.586	0.362	0.000	0.003	0.174	0.988
Wage	−0.038	0.016	0.014	−0.027	0.012	0.023
NFR	0.010	0.006	0.097	0.008	0.006	0.188
Land	0.034	0.031	0.273	0.020	0.025	0.419
Distance	−0.021	0.084	0.799			
Health				−0.163	0.144	0.257
CC				−0.289	0.190	0.129
DR				0.177	0.193	0.359
Odebt				−0.122	0.093	0.191
Tdebt				−0.004	0.007	0.564
常数项	−0.517	0.419	0.217	−0.116	0.358	0.745
rho	16.746	2.481	0.000			
最大似然函数值	−595.143					
观测值	764					

注：统计上显著的估计参数较少主要是由于样本为截面数据且规模较小。

从需求方程的估计结果来看,2004年是否发生重大事件在5%的显著性水平上正向影响农户的正规贷款需求,说明农户的贷款需求与婚丧嫁娶、治病和上学等消费支出呈正相关关系。我们对此的解释是,婚丧嫁娶、治病和上学等支出对于贫困地区的大部分农户而言不仅数额大,而且多是刚性的,依靠自身资金积累甚至是亲朋好友的帮助难以解决,因此常常需要借贷。此外,相对于高固定资产组农户而言,中固定资产组农户对正规贷款的需求较小。同时,工资收入显著地负向影响农户对正规贷款的需求,证实了我们关于工资收入对正规贷款具有替代作用的假设。

作为供给方程的一个回归元,rho是显著的,表明需求方程显著影响供给方程。在经验上可将其解释为,虽然农信社在贷款决策上仍受到政府政策的影响,但是从追求利润最大化和控制贷款风险的角度来看,其实际贷款决策还是建立在农户对正规贷款有需求的基础之上的。

供给方程的估计结果显示,首先,非农经营收入占总收入比重对正规贷款可得性的影响为正,且在10%水平上显著,而工资收入对农户正规贷款可得性的影响显著为负。这一结果表明,农信社在放款决策中更加看重非农经营收入,而不是工资收入。其次,固定资产对农户正规贷款可得性的影响显著为负,即相对于高固定资产组农户而言,中固定资产组农户获得正规贷款的概率较小。此外,南召、左权和临县哑变量对农户正规贷款可得性的影响显著为负,说明与敖汉相比,南召、左权和临县的农户更难获得贷款。最后,不好解释的是2004年是否发生重大事件。估计结果显示,2004年是否发生重大事件对正规贷款可得性的影响显著为正,这一点与我们的预期相异,因为通常认为农信社不愿发放非生产性贷款,对此还需要做进一步的研究。

(二)进一步的讨论

为了实证检验本文第三部分对有关计量模型的讨论结论,我们比较了单方程 Probit 模型和 Tobit 模型与需求可识别双变量 Probit 模型的估计结果。①

　　单方程 Probit 模型和 Tobit 模型的估计结果见表 4。在 Probit 模型中,是否了解农信社贷款的条件和申请程序、临县哑变量、工资收入、土地经营规模与是否拥有信用卡等变量通过了显著性检验。其中,是否了解农信社贷款的条件和申请程序、土地经营规模和是否拥有信用卡对农户正规信贷市场参与的影响为正,而临县哑变量和工资收入对农户正规信贷市场参与的影响为负。

表 4　单方程 Probit 模型与 Tobit 模型的估计结果

变量	Probit 模型			Tobit 模型		
	估计系数	标准差	$P > \|z\|$	估计系数	标准差	$P > \|z\|$
age2	−0.241	0.301	0.423	−0.801	3.834	0.835
age3	−0.079	0.296	0.790	0.291	3.791	0.939
age4	−0.559	0.376	0.137	−5.395	4.811	0.262
age5	−0.255	0.363	0.482	−2.113	4.581	0.645
EDU	−0.020	0.033	0.544	−0.285	0.410	0.487
Skill	−0.163	0.176	0.355	−1.647	2.175	0.449
FS	−0.047	0.079	0.552	−0.899	0.961	0.350
assets1	0.062	0.205	0.762	0.200	2.562	0.938
assets2	−0.340	0.220	0.122	−3.825	2.732	0.162
shock	0.226	0.178	0.204	2.104	2.216	0.343
Know	0.300	0.174	0.085	3.828	2.187	0.081
Default	−0.433	0.420	0.303	−5.030	5.245	0.338
Nanzhao	−0.049	0.270	0.855	−1.246	3.300	0.706
Zuoquan	−0.007	0.272	0.980	−0.534	3.379	0.875
Linxian	−0.989	0.479	0.039	−6.734	4.780	0.159
Wage	−0.056	0.024	0.019	−0.651	0.311	0.037

---

　　①　这里没有比较局部可观察双变量 Probit 模型和需求可识别双变量 Probit 模型的估计结果的原因是本文的目的不是比较上述两个双变量 Probit 模型的估计效率。

续表

变量	Probit 模型			Tobit 模型		
	估计系数	标准差	$P>|z|$	估计系数	标准差	$P>|z|$
NFR	0.004	0.008	0.609	0.285	0.081	0.000
Land	0.075	0.038	0.050	0.848	0.460	0.066
Distance	−0.131	0.105	0.210	−2.172	1.298	0.095
DR	−0.025	0.352	0.944	0.637	4.363	0.884
Odebt	−0.114	0.169	0.498	−1.039	2.104	0.622
Tdebt	−0.010	0.013	0.459	−0.048	0.125	0.702
Health	0.296	0.247	0.232	6.695	2.902	0.021
CC	1.776	0.215	0.000	18.827	2.984	0.000
Per-con	−0.007	0.035	0.847	−0.091	0.440	0.836
常数项	−0.876	0.585	0.134	−13.745	7.309	0.060
最大似然函数值	−150.296			−354.822		
拟 R^2	0.331			0.164		
观测值数	764			764		

注:单方程 Probit 模型和 Tobit 模型的因变量分别为是否得到贷款与贷款金额。

在 Tobit 模型中,是否了解农信社贷款的条件和申请程序、工资收入、非农经营收入占总收入比重、土地经营规模、家庭中是否有长期患病者、与乡镇政府所在地的距离、是否拥有信用卡通过了显著性检验。其中,是否了解农信社贷款的条件和申请程序、非农经营收入占总收入比重、土地经营规模、家中是否有长期患病者、是否拥有信用卡对获得正规贷款具有正向的影响,而与乡镇政府所在地的距离和工资收入负向影响农户的正规信贷市场参与。

如前所述,在上面这些通过显著性检验的变量中,我们无法判断哪些变量影响需求,哪些变量影响供给。例如,如果确认土地经营规模及非农经营收入占总收入比重显著地正向影响正规市场参与,则极容易得出从事大规模农业生产和非农经营项目的农户对正规贷款的需求更大的结论。又如,对与乡镇政府所在地的距离这一变量而言,究竟是农户认为距离农信社(一般位于乡镇政府所在地)较远而对正规贷款的需求小？还是农信社认为距离远,不容易监督农户而不愿意贷款？这些问题在单方程模型中都无法得到妥善的解决。

通过比较单方程 Probit 模型、Tobit 模型和需求可识别双变量 Probit 模型的估计结果(见表 5),可以得出以下结论:第一,三个模型的估计结果均表明,富裕样本农户获得正规贷款的概率较高,即农信社贷款向固定资产多和非农经营收入占总收入比重大的农户倾斜,这与多数文献的发现相一致。第二,工资收入负向影响农户对正规贷款的需求,这和目前贫困地区经济结构的转变相吻合。在这类地区,大部分农户外出务工,其收入主要来自务工,而务工收入越高,越不可能借债。Pal(2002)在对印度的研究中也发现劳动收入和正规信贷需求之间存在一定替代关系。此外,工资收入不但减少了农户自家的融资需求,而且还通过社会网络以民间借贷的方式流入其他家庭,从而在整体上减少了农户对正规贷款的需求。第三,回归结果显示,农户对信贷的需求与缺乏弹性的消费需要相关(Shock 的估计系数为 0.224)。这进一步支持了目前贫困地区农户正规信贷需求以消费性为主的判断(黄祖辉等,2007)。

表 5 单方程 Probit 模型、Tobit 模型与需求可识别双边量 Probit 模型的估计结果

变 量	Probit 模型	Tobit 模型	需求可识别双变量 Probit 模型	
			供给方程	需求方程
assets2			—	—
Shock			+	+
Know	+	+		
Nanzhao			—	
Zuoquan				
Linxian	—			
Wage	—	—	—	—
NFR		+	+	
Land	+	+		
Health		+		

续表

变 量	Probit 模型	Tobit 模型	需求可识别双变量 Probit 模型	
			供给方程	需求方程
Distance		—		
CC	+	+		

注:"＋"和"－"分别表示正向、负向影响,显著性水平至少在 10％以上。

上述分析表明,只考察单方程模型,很可能会错误解读估计结果,例如,非农经营收入占总收入比重。根据 Tobit 模型的估计结果,可能会得出从事非农经营项目的农户对正规贷款的需求大这样一个错误的结论。而需求可识别双变量 Probit 模型的估计结果表明,非农经营收入占总收入比重高只对正规贷款可得性的影响为正,而对正规贷款需求的影响并不显著。这只能说明非农经营收入越高的农户受到正规信贷约束的概率越小,并不能说明这类农户对正规信贷的需求越大。支持这一判断的还有固定资产变量,相对于固定资产多的农户而言,拥有较小规模固定资产的农户对正规信贷的需求较小。综合来看,就正规信贷可得性而言,较小规模固定资产,以及非农经营收入水平低的农户获得正规贷款的概率较小,而这些农户恰恰就是贫困地区的中低收入群体。必须指出的是,非农经营收入占总收入比重对需求的影响在统计意义上不显著,因此,这一发现只是对非农经营收入高的农户一定存在正规信贷需求的观点提出了怀疑,而不是完全推翻。这些分析再次证明在这一领域研究中使用联立方程,特别是需求可识别双变量 Probit 模型的必要性。

六、结论及政策含义

基于以上分析,本文有以下几点发现:农户正规信贷市场参与程度低既有供给方面的原因,如农信社倾向于贷款给固定资产多和非农经营收入比重较高的农户,也有需求方面的原因,如工资收入较高的家庭对正规贷款的需求更小,原因是这些农户大多外出务工,为生产经营活动融资的可能性较小,同时打工得到的收入可弥补家庭支出的缺口,从而对非生产性贷款的需求也较小。

综合以上供给、需求两方面的分析结果,本文得出一个重要结论:农户主要经济活动从家庭生产经营转向外出务工是目前贫困地区农户正规信贷市场参与程度低的重要原因。此外,考虑到农户,特别是贫困农户,可能缺乏正规信贷需求,贫困地区农户可能受到的正规信贷约束并没有原来想象中的那么严重。

需要强调的是,尽管非农经营收入占总收入比重对农户正规信贷可得性的影响为正,但对农户正规信贷需求的影响不显著。这表明,从事非农经营项目或非农经营收入高的农户参与正规信贷市场程度高,只能说明此类农户获得正规贷款的概率大于其他类型农户,但不能证明此类农户一定存在非农经营信贷需求。因为存在这样的可能——非农经营收入高的家庭自有资金充裕,不需要贷款,或者即使存在正规信贷需求,也很可能是非生产性的。这一发现至少对贫困地区农户正规信贷以生产性,尤其是现阶段以非农生产经营为主的观点提出了质疑和挑战。

基于上述发现,我们认为,在不改变现有正规贷款产品、服务的情况下,单纯通过增加信贷供给来扩大贷款覆盖面的做法是低效的。因为覆盖面的扩大需要以信贷市场参与程度的提高为前提,而市场参与又以农户对正规信贷存在需求为必要条件。但是,农户对目前农信社所提供的贷款产品的需求较少,在我们的调查数据中,只有35.7%的样本农户存在正规信贷需求。反过来,若农信社能够针对农户信贷需求的现实特点,积极改进原有(或开发新的)贷款产品和服务方式,则有可能释放农户对正规信贷的潜在的和隐藏的需求。长远地看,重视、培育和积极挖掘农户的信贷需求才是农村正规金融市场可持续发展的根本出路。

参考文献

[1]Abowd, J. & Farber, H.,1982,"Job Queues and the Union Status of Workers", Industrial and Labour Relation Review,35, 354-367.

[2]Avishay, Braverman & Luis, Guasch J. ,1986,"Rural Credit Markets and Institutions in Developing Countries: Lessons for Policy Analysis from Practice and Modern Theory", World Development,14, 1253-1267.

[3]Baydas, Mayada M. et al.,1994,"Credit Rationing in Small-

Scale Enterprises: Special Micro-enterprise Prgrammes in Ecuador", The Journal of Development Studies, 31, 279-309.

[4] Feder, G., Lau, L. J., Lin, J. Y., Luo, X., 1990, "The Relationship between Credit and Productivity in Chinese Agriculture: A Microeconomic Model of Disequilibrium", American Journal of Agricultural Economics,72, 1151-1157.

[5] Iqbal, F., 1986, "The Demand and Supply of Funds Among Agricultural Households in India", in Agricultural Household Model: Application and Policy, editors Singh, Squire and Strauss. Baltimore: World Bank Publication; London: John Hopkins University Press, 183-205.

[6] Jappelli, Tullio, 1990, "Who is Credit Constrained in the U. S. Economy?", The Quarterly Journal of Economics, 105, 219-234.

[7] Khandker, S., 2005, "Micro-finance and Poverty: Evidence Using Panel Data from Bangladesh", The World Bank Economic Review, 19, 263-286.

[8] Kochar, Anjini, 1997, "An Empirical Investigation of Rationing Constraints in Rural Credit Markets in India", Journal of Development Economics, 53, 339-371.

[9] Maddala, G. S., 1983, Limited-dependents and Qualitative Variables in Econometrics, Cambridge: Cambridge University Press.

[10] Meng, Chun-Lo & Shmidt, Peter., 1985, "On the Cost of Partial Observability in the Bivariate Model", International Economic Review, 26, 71-85.

[11] Nguyen, Cuong H., 2007, "Access to Credit and Borrowing Behavior of Rural Households in A Transition Economy", Working Paper, January.

[12] Pal, Sarmistha, 2002, "Household Sectoral Choice and Effective Demand for Rural Credit in India", Applied Economics, 34,1743 - 1755.

[13] Pitt, M. & Khandker, S.,1998, "The Impact of Group-Based Credit Programs on Poor Households in Bangladesh: Does the Gender of Participants Matter?", Journal of Political Economy, 106, 958-996.

[14]Poirier, Dale J. ,1980,"Partial Observability in Bivariate Probit Models", Journal of Econometrics,12, 209-217.

[15]Rothenberg, T. , 1971, "Identification in Parametric Models", Econometrica, 39, 577-591.

[16]Swain, Ranjula Bali,2002,"Credit Rationing in Rural India", Journal of Economic Development, 27, 1-20.

[17]韩俊等,2007:《中国农村金融调查》,上海远东出版社。

[18]韩俊、罗丹和程郁,2007:《信贷约束下农户借贷行为的实证研究》,《农业经济问题》第 2 期。

[19]何广文、李莉莉,2005:《正规金融机构小额信贷运行机制及其绩效评价》,中国财政经济出版社。

[20]黄祖辉、刘西川和程恩江,2007:《中国农户的信贷需求:生产性抑或消费性——方法比较与实证分析》,《管理世界》第 3 期。

[21]李命志,2004:《从"国退民进"看农村金融的症结与出路》,《武汉理工大学学报(社科版)》第 5 期。

[22]李锐,2007:《中国农村金融问题研究——基于微观计量模型的政策分析》,中国财政经济出版社。

[23]朱喜、李子奈,2006:《我国农村正式金融机构对农户的信贷配给——一个联立离散选择模型的实证分析》,《数量经济与技术经济研究》第 3 期。

居民收入倍增的难点与现实路径①

党的十八大报告提出要实现国内生产总值和城乡居民人均收入比2010年翻一番,确保到2020年实现全面建成小康社会宏伟目标。要实现这一目标,对城乡居民收入趋势做出科学判别、对收入倍增内涵做出清晰界定、对收入倍增难点做出深入剖析,在此基础上明确城乡居民收入倍增战略目标的路径和对策,具有重要的理论和实践意义。

一、我国城乡居民收入状况与问题

对城乡收入状况趋势进行科学判别,以此揭示城乡、行业、区域、阶层收入差距数量和结构特征是选择城乡居民收入倍增发展路径与制定发展对策的基础。

从城乡居民收入差距总体趋势动态变化情况来看,本文根据1978—2010年《中国统计年鉴》统计数据,选取城乡居民收入比、恩格尔系数、基尼系数作为分析指标。表1表明,1978年改革开放至2010年,城乡居民收入绝对值是呈总体提高态势,其中城市人均可支配收入由316.0元提高到19109.4元,同期,农民人均纯收入则由133.6元提高到了5919.0元。不考虑物价上涨因素,30余年中,前者上升59.5倍,后者上升43.3。但非常明显的是,农村居民家庭人均纯收入的增长速

---

① 本文作者为黄祖辉。本文内容发表于《改革》2012年第11期。2012年12月19日,本文被中共中央办公厅调阅。相关决策建议被教育部《专家建议》2013年第23期采纳,本文入选2013年教育部社会科学司优秀专家建议稿。

度远远落后于城市居民家庭人均可支配收入的增长速度,从城乡收入比来看,两者的差距呈现先缩小后扩大的走势,1978—1981年可简要概括为城乡收入比的"2"时代,随后1982—1987年为城乡收入比的"1"时代,而后城乡收入比进入加速分化期,继1988年再次进入"2"时代后,2002—2010年为"3"时代。值得注意的是,与城乡收入比变化规律相同,城乡居民消费比从2002年起几乎稳定在3.7。从图1可以看出,我国城市和农村居民的恩格尔系数都呈下降状态,然而,城市恩格尔系数一直保持在农村恩格尔系数的水平之下,城市居民家庭恩格尔系数从1978年的57.5%下降至2010年的35.7%,农村家庭恩格尔系数从1978年的67.7%下降至2010年的41.4%。根据联合国《中国人类发展报告2007/08》显示,我国的基尼系数2008年为0.469,已高于国际公认的0.4的警戒线,我国已从初次收入分配最均等的国家之一快速转变为收入分配差距较大的国家之一。如果考虑隐性收入、灰色收入、非法收入以及城乡居民在社保等公共服务方面非均等化等因素,彭剑君等(2011)预测,我国实际的基尼系数可能已经超过0.5。

表1　我国城乡居民收入差距变化表(1978—2010年)

年份	城市居民人均可支配收入(元)	城市居民人均可支配收入增长率(%)	农村居民人均纯收入(元)	农村居民人均纯收入增长率(%)	城乡居民收入差(元)	城乡居民收入比
1978	316.0	—	133.6	—	182.4	2.37
1979	372.6	17.91	160.2	19.91	212.4	2.33
1980	439.4	17.93	191.3	19.41	248.1	2.30
1981	458.0	4.23	223.4	16.78	234.6	2.05
1982	494.5	7.97	270.1	20.90	224.4	1.83
1983	525.9	6.35	309.8	14.70	216.1	1.70
1984	607.6	15.54	355.3	14.69	252.3	1.71
1985	685.3	12.79	397.6	11.91	287.7	1.72
1986	827.9	20.81	423.8	6.59	404.1	1.95
1987	915.9	10.63	462.6	9.16	453.3	1.98

续表

年份	城市居民人均可支配收入（元）	城市居民人均可支配收入增长率（%）	农村居民人均纯收入（元）	农村居民人均纯收入增长率（%）	城乡居民收入差（元）	城乡居民收入比
1988	1119.4	22.22	544.9	17.79	574.5	2.05
1989	1260.7	12.62	601.5	10.39	659.2	2.10
1990	1387.3	10.04	686.3	14.10	701.0	2.02
1991	1544.9	11.36	708.6	3.25	836.3	2.18
1992	1826.1	18.20	738.9	4.28	1087.2	2.47
1993	2336.5	27.75	921.6	24.73	1414.9	2.54
1994	3179.2	36.07	1220.9	32.48	1958.3	2.60
1995	3892.9	22.45	1577.7	29.22	2315.2	2.47
1996	4838.9	24.30	1926.1	22.08	2912.8	2.51
1997	5156.0	6.55	2090.1	8.51	3065.9	2.47
1998	5425.1	5.22	2162.0	3.44	3263.1	2.51
1999	5854.0	7.91	2210.3	2.23	3643.7	2.65
2000	6280.0	7.28	2253.4	1.95	4026.6	2.79
2001	6859.6	9.23	2366.4	5.01	4493.2	2.90
2002	7702.8	12.29	2475.6	4.61	5227.2	3.11
2003	8472.2	9.99	2622.2	5.92	5850.0	3.23
2004	9422.0	11.21	2936.4	11.98	6485.6	3.21
2005	10493.0	11.37	3254.9	10.85	7238.1	3.22
2006	11759.0	12.07	3587.0	10.20	8172.0	3.28
2007	13786.0	17.24	4140.0	15.40	9646.0	3.33
2008	15780.8	14.47	4760.6	15.00	11020.2	3.31
2009	17174.6	8.83	5153.2	8.25	12021.4	3.33
2010	19109.4	11.30	5919.0	14.86	13190.4	3.23

注：①数据来源于《中国统计年鉴》(1978—2010 年)相关各期；②各项收入及增长率为名义值，没有扣除价格因素影响，也没有剔除城乡价格不可比的因素。

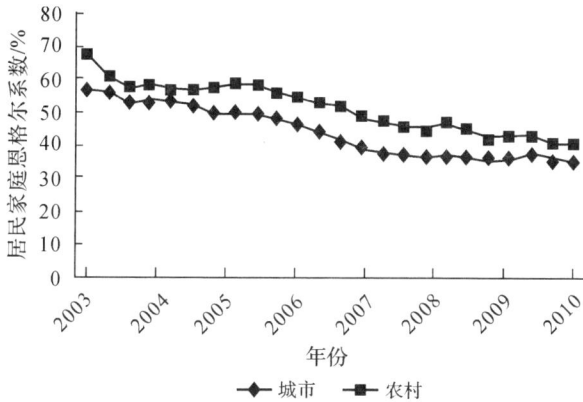

图 1　城乡恩格尔系数变化趋势对比

　　从城乡居民各类收入来源和增长情况来看,城市居民各类收入比重最大的是工薪收入,2003—2010 年 8 年占可支配收入比重均值为73.7%,而财产性收入所占比重最小,平均只占 2.2%。从各类收入增长速度来看,家庭经营收入和财产性收入增长速度明显快于工资收入、转移性收入(见表 2)。农民各类收入所占比重最大的是家庭经营收入,年均占 54.0%,而财产性收入占 2.9%,比重最低。从各类收入增长速度来看,增长速度差异化趋势明显,财产性收入和转移性收入增长速度明显快于工资收入、家庭经营收入(见表 3)。

　　值得注意的是,尽管城乡财产性收入和转移性收入增长速度均呈现较快趋势,但在可支配收入(纯收入)中的比重依然很低,其中农村居民转移性收入占纯收入比重均值仅为 10.2%。王志平(2010)对我国城乡财产性收入构成以及不同阶层收入来源进行了交叉研究,结果表明:城市居民的财产性收入以租金为主,农村居民以租金和土地征用补偿金为主;收入来源四个组成内容中,以上海 2008 年统计数据分析,收入最高的 20% 家庭人均可支配收入是收入最低的 20% 家庭人均可支配收入的4.64 倍,而财产性收入差异最大,达到 9.47 倍。

表 2 我国城市居民可支配收入、各类收入及增长情况（2003—2010 年）

年份	纯收入		工资收入		家庭经营收入		财产性收入		转移性收入	
	绝对值（元）	增长率（%）	绝对值（元）	增长率（%）	绝对值（元）	增长率（%）	绝对值（元）	增长率（%）	绝对值（元）	增长率（%）
2003	8472.2	10.0	6410.22	11.7	403.82	21.6	134.98	32.2	2112.20	5.4
2004	9422.0	11.2	7152.76	11.6	493.87	22.3	161.15	19.4	2320.73	9.9
2005	10493.0	11.4	7797.54	9.0	679.62	37.6	192.91	19.7	2650.70	14.2
2006	11759.0	12.1	8766.96	12.4	809.56	19.1	244.01	26.5	2898.66	9.4
2007	13786.0	17.2	10234.76	16.7	940.72	16.2	348.53	42.8	3383.60	16.7
2008	15780.8	14.5	11298.96	10.4	1453.57	54.5	387.02	11.0	3928.23	16.1
2009	17174.7	8.8	12382.11	9.6	1528.68	5.2	431.84	11.6	4515.45	14.9
2010	19109.4	11.3	13707.68	10.7	1713.51	12.1	520.33	20.5	5091.90	12.8

注：①数据来源于《中国统计年鉴》(1978—2010 年)相关各期；②各项收入及增长率为名义值，没有扣除价格因素影响，也没有剔除城乡价格不可比的因素。

表 3　我国农民人均纯收入、各类收入及增长情况（2003—2010 年）

年份	纯收入		工资收入		家庭经营收入		财产性收入		转移性收入	
	绝对值（元）	增长率（%）	绝对值（元）	增长率（%）	绝对值（元）	增长率（%）	绝对值（元）	增长率（%）	绝对值（元）	增长率（%）
2003	2622.24	5.9	918.38	0.9	1541.28	3.7	65.75	29.7	96.83	-1.4
2004	2936.40	12.0	998.46	8.7	1745.79	13.3	76.61	16.5	115.54	19.3
2005	3254.93	10.8	1174.53	17.6	1844.53	5.7	88.45	15.5	147.42	27.6
2006	3589.04	10.3	1374.80	17.1	1930.96	4.7	100.50	13.6	180.78	22.6
2007	4140.36	15.4	1596.22	16.1	2193.67	13.6	128.22	27.6	222.25	22.9
2008	4760.62	15.0	1853.73	16.1	2435.56	11.0	148.08	15.5	323.24	45.4
2009	5153.17	8.2	2061.25	11.2	2526.78	3.7	167.20	12.9	397.95	23.1
2010	5919.01	14.9	2431.05	17.9	2832.80	12.1	202.25	21.0	452.92	13.8

注：①数据来源于《中国统计年鉴》(1978—2010 年)相关各期；②各项收入及增长率为名义值，没有扣除价格因素影响，也没有剔除城乡价格不可比的因素。

除上述城乡收入差距总体状况和收入来源比较外,从区域城乡差距比较来看,2010 年,我国东部、东北、中部、西部的城乡居民收入比依次为 2.9、2.5、2.9、3.6。从行业平均工资比较来看,2010 年,金融业平均工资最高(70146 元),其次为信息传输、计算机服务和软件业(64436元),再次为电力、燃气及水的生产和供应业(47309 元),平均工资最低的为农林牧渔业(16717 元);金融业平均工资是农林牧渔业的 4.2 倍。从阶层比较来看,2010 年,按收入等级分,城市居民家庭平均每人可支配收入最高收入户是最低收入户的 8.6 倍,按收入五等分农村居民家庭,高收入户平均每人纯收入是最低收入户的 7.5 倍。此外,还应注意到,我国城市中等收入家庭(指统计年鉴中的中等收入户,未包括中等偏下户和中等偏上户)比重仅为 20.05%,没有形成以中等收入家庭为主导的"橄榄型"的收入分配格局。根据世界银行(2007)统计,世界平均居民消费率和储蓄率分别为 61%、22%,中等收入国家分别为 55% 和32%,高收入国家分别为 62% 和 20%,我国则分别为 33% 和 55%。我国储蓄率位居世界第 2 位,仅次于阿尔及利亚的 57% 的水平(寇静和朱晓青,2010)。

综上所述:目前我国城乡居民收入差距体现在城乡、区域、行业、阶层四大方面;居民财产性收入比重低,农村居民尤其低;转移性收入水平较低以及社会保障水平较低现象,既引致居民收入的消费能力不足,又呈现出低收入情况下的高储蓄率现象。

二、城乡居民收入倍增的含义

党的十八大报告提出,到 2020 年,实现国内生产总值和城乡居民人均收入要比 2010 年翻一番。根据报告出台的背景,城乡收入倍增应至少包括如下政策意涵。

首先,收入倍增是指实际收入倍增,而不是名义收入倍增,即应该是扣除物价上涨因素后的城乡居民收入倍增,也就是实际购买力倍增。从绝对数额推算,2010 年我国城市居民人均可支配收入为 1.9 万元,农民人均纯收入为 0.6 万元,加权平均城乡居民年人均收入为 1.25 万元,如果假定 2011—2020 年,我国 GDP 年均增长 7%,消费物价指数年均上涨 3%,则按照 10 年期城乡居民年均收入翻一番的要求,到 2020 年我国城市居民人均年可支配收入预计达 4.48 万元,农民人均年纯收入预计达 1.41 万元。

其次,收入倍增是指初次分配与再分配基础上的"双倍增",即不仅包括收入占 GDP 比重和劳动报酬占总收入比重的倍增,也包括社会保障等转移性收入倍增。谌莹和唐志军(2011)研究表明,自 20 世纪 90 年代以来,我国 GDP 年均增长高达 10% 左右,而同期职工工资收入增长率却低于 7%。劳动收入在国民收入初次分配中的占比不断下降,1983 年全国劳动报酬占 GDP 的比重为 56.3%,到 2007 年仅为 39.7%。而发达国家劳动报酬占 GDP 的比重则高出许多,比如,2006 年美国 GDP 中劳动报酬的份额为 64.1%,同年英国 GDP 中劳动报酬的份额则达到了 64.9%(OECD,2006)。因此,建立最低工资标准,可作为预期收入增长的辅助指标,按照每年至少上调 10%、10 年至少翻一番的要求,以我国省级行政区最低工资标准最高的上海为例,2010 年月薪只有 1120 元,如果 2010—2020 年最低工资标准每年增长 12%,则到 2020 年上海最低工资标准将达到月薪 3500 元,折成年薪为 4.2 万元,这一收入水平并不算高。此外,完善城乡社会保障体系,增加保障性收入,才能真正实现通过扩大消费需求长效机制,释放居民消费潜力的政策目标。

再次,收入倍增不是平均倍增,而是缩小城乡差距基础上的"公平感倍增"。前文现状分析显示我国城乡之间、区域之间、不同行业、不同阶层之间存在收入差别,如果仅强调收入简单数字倍增,上述差距的存在将使收入倍增大打折扣。因此,通过设立中等收入家庭年收入标准,培育强大的中产阶层,形成"橄榄型"收入分配格局(一般中等收入家庭应占人口总数的 60%~70%),同时进一步通过中产收入家庭各类收入来源优化,尤其是财产性收入和转移性收入比重的提高,以及国民收入初次分配、再分配,甚至是三次分配,缩小城乡、区域、行业、社会成员内部的收入差距,从而提高城乡居民公平感,放大收入倍增效应。

最后,收入倍增不是简单收入倍增,而是协同发展基础上的"幸福感倍增"。十八大报告城乡居民收入倍增战略目标意指通过收入倍增提升公众幸福感,但除了简单数字倍增、公平感感观倍增外,随着人民生活水平不断提高,社会治安、公共服务、生态环境、文化传承等社会和生态需求也将随之增加,并将逐渐成为城乡居民基本需求,因此,从生态、社会、经济多目标可持续发展的协同视角出发,多角度、多纬度改善生态环境、优化社会环境、提升人文环境,将辅助提高城乡居民幸福指数,放大收入倍增效应。

三、城乡居民收入倍增的难点

最终实现城乡居民收入倍增目标是一项系统工程,全面推进过程中面对诸多难点、制约因素和不确定性因素,主要有以下几个方面。

一是如何实现低收入群体收入倍增。对低收入群体而言,其收入主要是工资收入、家庭经营收入和财产性收入等,收入的来源门路不广、渠道不多,且多在整体平均工资较低的行业就业,加之劳动技能水平低且固化,使之成为城乡居民收入倍增的"短板"。其中又以城市低收入者、困难家庭户、农村低收入群体增收问题最为突出。

二是如何协调职工收入提高与企业成本压力的矛盾。能否实现城乡居民收入倍增战略目标,在很大程度上取决于工资收入能否有一定幅度的增长。而随着工资水平的提高,企业用工成本势必增加,如果企业"增薪提价",则工资-物价轮番上涨的成本推动型通胀将部分抵消收入增加效应。因此,如何通过提高劳动生产率以及政府和企业间利益调整,在不增加企业用工成本的前提下,还能推进员工工资提高和兼顾产业结构优化,是又一难点所在。

三是如何处理城乡居民收入(消费)提高与投资水平关系。尽管改革开放以来我国居民消费保持了较快增长,但居民消费率(即居民消费占 GDP 比重)却呈不断下降趋势:1978 年居民消费率为 48.8%,20 世纪 80 年代基本在 50% 左右波动,90 年代后逐年下降,2007 年以来一直维持在 35% 左右,而投资率则不断提高,2009 年达到 46.8%。消费和投资增速比例的扩大已经成为居民收入增长缓慢,进而内需不足,尤其是消费需求不足的重要原因。将投资转变为消费,通过城乡收入倍增,提高城乡居民消费率,实现宏观经济"三驾马车",即消费、投资、出口协调拉动,是收入倍增计划的重点和难点。

四是如何突破农村土地、房屋、资源等产权制度。长期以来,城乡二元户籍制度不仅造成城乡居民在众多基本公共权益方面的不平等,而且使农村资源与生产要素价格被严重低估,农村资源与要素所有者或使用者的权益不是被剥夺,就是得不到实现。通过城乡联动的户籍制度改革,进一步理顺和明晰城乡各类资源与要素的产权关系,尤其是对包括征地制度、农用地制度、集体建设用地制度、宅基地制度在内的农村土地制度,农民住房制度以及农村社区集体经济收益分配等制度进行改革,以探索农村集体所有制的有效实现形式,进而实现和提高农民被低估的财产性收入,既是实现农村居民收入倍增的难点,又是突破口。

五是如何既实现居民收入倍增,又缩小城乡、行业、区域、阶层间收入差距。城乡二元户籍制度是城乡一体化发展的体制障碍,是城乡居民收入差距悬殊的主要原因;行业垄断,尤其是行政性垄断,则是我国行业间收入差距的主要原因;区域资源禀赋、基层设施和产业发展基础的差异导致了区域间居民收入的差距,而社会各阶层成员的劳动技能差异和权利不平等等因素,是阶层之间收入差距悬殊的重要原因。破解上述体制性障碍,既是实现城乡居民收入倍增,又是缩小城乡、行业、区域、阶层间收入差距的关键和难点。

四、城乡居民收入倍增的路径

针对我国城乡居民收入现状、问题和收入倍增的内涵界定与难点剖析,有效实现我国城乡居民收入的倍增计划需要采取综合措施,主要的路径包括以下三个方面。

一是初次分配路径。重点是提高城乡居民的就业性收入比重。为此,要加快构建城乡一体的就业援助、就业服务体系,促进劳动者的充分就业。首先,推行重大投资项目就业评估制度,紧贴重点投资项目用工需求,引导居民合理就业;其次,大力加强职业培训,努力提高劳动者的职业素质和就业能力,重点帮扶高校毕业生、农民工、就业困难人员、零就业家庭、退役军人等群体就业;最后,加强和改进就业服务,为劳动者提供更加均等化、个性化和精细化的服务(人民日报,2012),实施面向城市失业人员、农村转移就业劳动者、城市新成长劳动力的补贴性就业技能培训。通过多渠道提高各种劳动技能,改善人力资本状况,实现更高质量就业增收。同时,配合实行最低工资制度和推广工资集体协商及集体劳动合同制度,尤其是将这一制度全面覆盖到农民工,创建更加和谐的分享型劳资关系。

二是再分配路径。重点是提高城乡居民的转移性收入比重。针对我国城乡居民转移性收入比重偏低的情况。首先,建立与经济增长同步的社会保障提升机制,重点增加退休人员、低收入者和困难家庭的保障性收入。其次,加快完善均等化的基本公共服务体系,加快缩小城乡区域间人民生活水平和公共服务差距。再次,加快发展社会救助、社会福利、社会优抚、社会慈善。最后,落实和完善强农惠农政策,增加农民的转移性收入。

三是产权制度改进路径。重点是提高城乡居民的财产性收入比重。要对包括征地制度、农用地制度、集体建设用地制度、宅基地制度在内的农村土地制度、农民住房制度以及农村社区集体经济收益分配等制度进行改革,以探索农村集体所有制的有效实现形式,也就是说,不仅要提高农民在土地增值收益中的分配比例,赋予农民长久不变的土地承包经营权和使用权,而且要通过确权颁证和农民土地权益、住房权益的流转与交易,使农民获得对农村土地、住房和相关资源的财产权利。这将增加农民财产性收入,促进农村居民收入倍增计划的实现(黄祖辉,2012)。同时,要优化居民财产性投资环境,鼓励金融机构发展收益稳定、风险适度、适合普通投资者的理财产品;要积极发展产权交易市场,探索多样化的产权出让主体、产权收购主体、产权品种和产权交易类型;要加快发展专业理财服务,鼓励引导居民逐步从存款保值向投资增值转变。

五、城乡居民收入倍增的对策

全面推进城乡居民收入倍增计划的实现,除了上述三大路径,还应在以下四个方面实现突破。

一是确保劳动者收入增长与劳动生产率提高同步。一般而言,只要劳动生产率与工资同步增长或略快于工资上涨,工资上涨就不会生成通胀或挤压利润空间。统计数据显示,我国工资增长速度远低于劳动生产率上升速度,劳动生产率在 1994—2008 年的年增速达 20.8%,而同期制造业的工资年涨幅为 13.2%,除 2002 年外,2000 年以来的其余 8 年中,人均劳动者报酬增速均慢于劳动生产率增速,从慢 0.4 个百分点到慢 4.8 个百分点不等。因此,可考虑将劳动生产率提高率作为相关行业劳动者薪金增长的基本标准,实现劳动报酬增长和劳动生产率同步增长。劳动工资上涨与劳动效率之间的差距缩小,并不会造成我国经济增速的放缓,相反,劳动工资水平的上升,会提高消费需求水平,会促进人力资本积累和全要素生产率的提高,进而促进经济的可持续增长。

二是确保居民收入增长率与经济总量增长率同步。既要继续做大做强经济总量,进而不断扩大收入倍增的源泉,又要将产业结构转型升级与经济总量倍增结合起来,以技术创新作为推动力,进而不断扩大收入的来源。为此,要加强产业平台和产业创新体系建设,促进企业技术创新能力的提升;要推进劳动密集型产业的内源性、延伸式转型,促进传统产业的转型升级;要加快产业组织结构调整,形成具有规模效应和集成能力的产业集团与产业集群。

三是调整收入分配结构,提高居民在国民收入初次分配与再分配中的比重。一方面,要健全积极的初次收入分配制度。重点是:继续提高最低工资标准,促进建立健全工资集体协商制度和工资支付保障制度;鼓励企业发展多种形式的员工持股、股权激励制度等方式,使劳动者能够参与资本分配,提高收入。同时,在初次分配中加强对高收入行业、群体的调控,特别是加快垄断性行业改革,鼓励民间资本参与垄断行业经营,加大对垄断行业利润控制,对工资水平过高的国有垄断企业和行业,采取控制工资总额、提高上缴利润比例、建立慈善基金等办法,加以限薪。另一方面,要完善收入再分配机制,缩小收入分配差距。继续完善财政转移支付制度,进一步加大向"三农"、贫困地区和城市低收入居民以及社会保障的转移支付力度,适时提高各项社会保障标准,更好保障我国贫困居民和低收入者的基本生活,促进全国范围内的基本公共服务均等化。

四是调整企业与居民的税收政策。要改革个人所得税制度,改进并实施分类征收和综合征收相结合的个人所得税制度,减少税级,降低税率,并逐步提高个人所得税的免征额,降低中低收入群体的税负。同时,配合以家庭为单位的个人所得税征收方式的改革,让更多的工薪阶层得到更多的减免;调整消费税,适时开征遗产税、赠予税、房产税、物业税等税种,强化对高收入行业、群体的税收。要建立健全国有企业经营利润和国有股权转让收入上缴制度以及垄断行业资源占用税等制度。要继续加大对低工资行业特别是劳动密集型中小企业的减免税费力度,扶持其发展并使其有能力给员工加工资。

参考文献

[1]谌莹,唐志军. 什么我国劳动收入占比不断下降——一个基于权力(资源)结构和地方政府竞争的视角[J]. 湖北经济学院学报,2011(1):21-25.

[2]崔新进. 城乡居民收入倍增的制约因素研究[J]. 辽宁行政学院学报,2012(5):88-95.

[3]黄祖辉. 实现居民收入倍增与全面小康社会的关键[N]. 农民日报,2012-11-21.

[4]寇静,朱晓青. 我国应该实施城乡居民收入倍增计划[J]. 经济决策分析,2010(6):21-23.

[5]刘长庚,王迎春. 我国农民收入差距变化趋势及其结构分解的实证研究[J]. 经济学家,2012(11):68-75.

[6]刘宗平. 破解当前我国收入分配改革困境的若干设想——以日本"国民收入倍增计划"为借鉴[J]. 福建行政学院学报,2011(4):41-45.

[7]彭剑君,等. 我国城乡居民收入差距的趋势及影响因素分析[J]. 统计与决策,2011(15):91-93.

[8]谢旭人. 收入倍增 共享幸福让百姓共享发展"蛋糕"[N]. 人民日报,2012-11-11.

[9]徐勇. 推进我国城乡居民收入倍增的对策建议[J]. 宏观经济,2012(7):14-16.

[10]曾国安,胡晶晶. 2000年以来我国城乡居民收入差距形成和扩大的原因:收入来源结构角度的分析[J]. 财贸经济,2008(3):53-58.

资本积累、城乡收入差距与农村家庭教育投资①

一、问题提出

人力资本理论认为,教育是一项能够在未来产生收益的投资,是经济持续增长的重要源泉。20世纪末开始,由于农业部门与城市产业部门间存在明显的收入差,促进了我国农村劳动力大规模向非农行业转移。同时,在收入水平较低且教育资源相对欠缺的农村地区,九年制义务教育政策和公共部门持续的财政资金投入起到了较好的补充作用。1997—2017年,农村地区普通小学和初中的生均公共预算教育事业费支出与全国生均支出水平之比分别从82.40%、79.15%上升至95.78%、91.84%②,为我国改革开放与现代化进程奠定了人力资本基础。但是,在我国经济增长由高速增长向中高速增长的转型期,城乡和区域间的非均衡发展问题不断凸显,收入差距的扩大会对人力资本积累产生消极影响,因为收入影响了农村人力资本积累的另一因素——教育的内在需求,体现为家庭的教育投资。

资本对技能劳动的依赖是城乡收入差距产生的重要原因,但其对农村家庭教育投资的影响并非简单线性关系。一方面,城市工业的资本积累为农村转移劳动力提供就业岗位和更高的教育回报率。收入效应提

---

① 本文作者为黄祖辉、刘桢。本文内容发表于《中国人口科学》2019年第6期。

② 数据来源:各年度《全国教育经费执行情况统计公告》。

高了农村家庭投资教育的能力,农村向城市迁移机会也随个体教育水平的提高而增加,从而形成对子女教育投资的激励。另一方面,由于我国城乡之间劳动力技能水平长期存在差异,资本和技能型劳动之间的"资本-技能互补"通过原有的劳动力分布格局扩大了城乡收入差距,这一差距会对农村家庭的教育投资和长期收入产生消极影响。教育资源的稀缺性和相对较高收入家庭对教育的投资导致教育消费的价格上升,贫穷家庭的收入增长落后于教育价格上升速度(Nakajima & Nakamura,2009)。进一步地,资本积累使得技能型劳动力持续向城市流动,而非技能型劳动力流动性下降(马红旗等,2017),即农村的内卷化,这可能将导致贫穷的"马太效应",农村家庭的人力资本状况因此表现为代际相承,而非代际积累。

在政策层面,国家已将教育放在优先发展的战略地位,城乡和区域教育公平协调发展,加速人力资本积累是主要目标之一。在公共教育投入方面,进一步完善城乡义务教育经费保障机制和优化城乡教育资源配置是两大着力点,包括统一城乡义务教育"两免一补"标准和生均公用经费基准定额、中央向部分地区义务教育教师工资经费实施转移支付、实施农村教师"特岗计划"和城乡教师双向交流制度等。① 在家庭教育投入方面,政策具体体现在拓宽农民增收渠道,针对城乡区域发展差距依然较大的现状继续深化收入分配制度改革,促进农民收入持续增长,并加快家庭教育立法②,以此推动农村家庭的教育投资。

在研究层面,现有文献已指出资本积累是我国城乡收入差距扩大的一个重要原因,收入差距的扩大不利于农村家庭的人力资本积累,但鲜有研究探讨资本积累如何影响农村家庭的教育投资决策,以及这种影响的动态变化。资本积累的过程也伴随着农村居民非农收入的快速增长,城乡收入差距从不断扩大到近年开始出现收敛的趋势,这个过程中资本

---

① 《国务院关于印发国家教育事业发展"十三五"规划的通知》《国务院关于进一步完善城乡义务教育经费保障机制的通知》《中共中央 国务院关于深化教育教学改革全面提高义务教育质量的意见》就此提出了具体要求。

② 《中共中央 国务院关于建立健全城乡融合发展体制机制和政策体系的意见》,以及发展改革委、财政部、人力资源和社会保障部《关于深化收入分配制度改革的若干意见》对此有具体表述。

积累对农村家庭教育投资的影响也将存在差异性,具体量化其影响程度,有助于制定有实际可操作性的政策措施。基于此,本文利用我国1978—2016年省级长面板数据,结合教育投资的两期"成本-收益"分析框架,探究资本积累对农村家庭教育投资的影响机制,理解我国工业化进程给农村带来的深远影响。

二、文献回顾

(一)资本积累与教育的两面性

根据 Griliches(1969)提出的"资本-技能互补"假说,技能型劳动者与物质资本的互补性更强,是技能工资差距和收入不平等的主要来源。我国凭借资本不断深化加速而实现经济发展,这伴随着劳动力无限供给局面的终结。20世纪四五十年代之后全球范围内出现了生产资本的快速积累、信息产业的变革与国际贸易的发展,我国1979—2010年的技术进步明显偏向技能劳动(王林辉等,2014),资本份额越高的地区,实际人均产出也越高(贾男、甘犁,2010)。宋冬林等(2011)利用我国1980—2007年省际时间序列数据发现设备资本和GDP增长率同期相关系数高达80%,资本积累型技术进步年增长率为4.78%,对经济增长的贡献率达10.6%。资本在生产过程中的渗透作用减少了对低技能劳动力的相对需求,推高了技能溢价[①](Krusell et al.,2000;雷钦礼、王阳,2017)。农村家庭教育投资存在一个无法忽视的前提,家庭应该有能力,确切地说是有财力去投资子女教育,否则便是"心有余而力不足"。收入分化趋势会弱化低收入群体的教育投资激励,进而影响我国经济社会可持续发展(林毅夫、李周,1998)。

对于农村家庭来说,接受教育是获得代际的社会流动的重要途径,但高收入家庭也希望通过教育实现社会继承。国家统计局2009—2016

---

① 根据雷钦礼、王阳(2017)的测算,1991—2014年,我国技能溢价平均增长率为2.48%,而这种技能溢价扩大完全取决于"资本-技能"互补效应。

年的年度《农民工监测调查报告》显示,80后农民工群体占比不断提高,得益于义务教育的这一代年轻农民工拉高了农民工群体的整体劳动素质,尽管外出农民工月均收入增长了152％,但收入差距也不断扩大。在此过程中,农村地区出现了"再苦不能苦孩子,再穷不能穷教育"与"大学生就业难,读书无用"两种观点的并存。一方面,教育作为代际流动的中间机制,是个体获得收入增长与社会地位的前提条件,是社会流动的自致因素,这也符合我国传统文化中重视教育的理念。雷万鹏(2005)发现,尽管义务教育政策免除了学杂费,降低了小学和初中阶段接受正规教育的成本,但是我国家庭教育支出仍然呈现迅速增长态势,父母热衷于孩子的课外学业教育。另一方面,教育也是社会优势阶层进行优势地位传递的途径,父代受教育程度和社会经济地位会对子代产生影响,其收入优势可通过多种方式转化为子女的教育优势,从而实现社会继承(Qian & Smyth,2008;李力行、周广肃,2014)。因此在现代社会,教育是一把双刃剑,人力资本与收入不平等可能呈现代际相承性。

(二)收入分化的结果:教育和资本的竞赛

资本积累可以促进农村家庭对子女的教育投资,但收入差距扩大会导致出现家庭教育投资的失灵。马红旗等(2017)基于"资本-技能互补"假说,利用1999—2011年省际面板数据研究发现,物质资本的积累对个体及公共部门产生了较强的"教育激励"效应,但是在收入差距不断扩大的情况下,这种激励效应是否一直存在则有待进一步检验。高收入家庭的父母享受到了资本积累带来的好处,即获得技能溢价,成为收入不平等趋势中获胜的一方。他们有能力、有资本来为下一代进行教育投资,使他们的子女在未来的就业市场中获得竞争优势,且这种投资在时间上是允许的,因为高等教育能够与先进的生产技术及时接轨,具有高学历的劳动者有能力更快地适应工作环境。然而对于部分低收入农村家庭,其人力资本积累水平与收入增长速度未能赶上资本积累和技术进步的速度,教育成本又在节节攀升,这可能下调他们对于子女的受教育预期,导致他们的下一代在这场教育与技术的竞赛①中失去获得更高收入的机会(Autor,2014)。

收入差距扩大和教育不平等会进一步拖慢经济增长。杨俊、黄潇(2010)、Galor & Moav(2004)以及陆铭等(2005)研究教育、收入差距和物质资本投资间相互影响关系已发现,资本投资和教育收益率的提高会带来收入差距的明显拉大,而长期的收入不平等导致教育不平等难以得到改变,贫困地区或者农村的劳动者由于自身人力资本积累不足和难以获得信贷支持,他们的下一代面临更多的教育投资约束。在此情况下,政府将不得不增加对贫困地区的转移支付和公共教育的财政支出,这尽管有利于长期的人力资本积累,但不利于短期的经济增长,这也解释了为什么在大量发展中国家,人力资本积累对经济增长的贡献程度不如预期(Sylwester,2000),表现为富裕国家的收入差距扩大有利于经济增长,而穷国的收入差距则遏制经济增长。

综上,在我国工业化、城市化中资本积累与城乡收入差距将在未来一段时间内继续存在,正确认识资本积累、收入差距和农村家庭教育投资之间的关系,有助于制定具有农村倾向的教育扶持政策,对于促进人力资本的代际积累与实施教育优先战略具有实际政策意义。

三、理论分析与假设

大量文献已探讨了农村家庭教育投资与农村人力资本积累的影响因素,主要归结于二元经济结构下个人所面临的外部教育资源的可获得性差异,但是缺少跨时期的教育投资分析。家庭为了子女在未来的收益,会在当期教育上投入更多。我们考虑一个两期决策模型:第一阶段,父母决定子女接受正规教育或直接工作;第二阶段,所有子女全部进入

---

① 这一有关教育和资本竞赛的比喻最早见于 Tinbergen(1974),后见于 Goldin 和 Katz 关于美国就业收入不平等问题的研究著作 *The Race Between Education and Technology*(Cambridge: Belknap Press,2011),也称之为"教育和技术的竞赛"。他们认为在过去的几十年里,技术进步的速度得以保持,收入差距的扩大主要是由于劳动者受教育程度提高的速度减缓了,进而技能溢价上升。

劳动力市场进行工作。在第一阶段,生产所需技术为 F_i,在第二阶段,技能需求有 p 的概率变为 F_j。

第一阶段

直接工作的劳动者工资收入为 $F_i(a_i)^1$,接受教育的子女在第一阶段的收入为 $-C_0$,即接受教育的直接成本。

第二阶段

假设物质资本积累缓慢或接近停滞,第一阶段就直接工作的劳动者工资变为 $F_i(a_i)^2$[为了更加贴近现实,劳动者工资水平总体呈现上升趋势,即 $F_i(a_i)^2 > F_i(a_i)^1$],而完成继续教育后的劳动者工资为 $F_i(s_j)^2$,$F_i(s_j)^2 = F_i(a_i)^2$,即接受更多教育并未带来更高的收入水平。

假设存在资本积累的情况下(此情况与我国发展现实更为符合),"资本-技能互补"效应明显,第一阶段直接工作的劳动力工资变为 $F_j(a_i)^2$,第一阶段接受教育的劳动者此刻的工资水平为 $F_j(s_j)^2$,且 $F_j(s_j)^2 > F_j(a_i)^2$,技能型劳动者的工资相较于非技能型劳动者的工资提高了。因此第一阶段继续接受教育的条件为:

$$p > \frac{F_i(a_i)^1 + C_0}{F_j(s_j)^2 - F_i(s_j)^2}。$$

也就是说,如果与资本匹配的生产所需技能变革的概率超过了接受教育的成本与收益的比值,就应该选择继续投资于正规教育。对于农村家庭而言,资本积累的速度越快,那么当前投资教育的相对成本就越低,因为他们的子女能够在未来工作时获得技能溢价,这或许解释了为什么在收入差距客观存在的情况下,农村家庭依然会投资于子女教育。我们可以得到假设1:资本积累促进了农村家庭投资教育,因为降低了农村家庭子女接受教育的相对成本。

接下来,我们考虑存在收入差距的家庭教育投资的动态变化。Moav(2002)的模型推导显示,当初始人力资本水平超过某个门槛值,低收入家庭的人力资本积累将能跟上高收入家庭人力资本积累的速度。然而,Nakajima & Nakamura(2009)在此基础上建立包含收入分化的动态模型研究发现,在收入差距不太大的时候,低收入和高收入家庭的人力资本均持续积累,教育资源的价格随整个社会平均人力资本水平的上升而提高,但随着收入差距的扩大和高收入家庭对教育的需求进一步推高教育资源的价格,导致低收入家庭的收入增长速度低于教育价格上升速度,低收入家庭被挤出教育市场。低收入家庭和高收入家庭的人力资本积累差距会进一步加剧收入分化,导致贫穷的代际传递。因此,尽管资本积累促进了农村家庭投资教育,但这种激励效应可能会受到收入差距的抑制。我们可以得到待检验的假设2:资本积累对农村家庭教育投资的激励效应受到收入差距的制约,超过一定程度的收入差距会抑制家庭教育投资。

四、数据、变量与方法

(一)数据与变量

本文所使用数据为中国1978—2016年省级面板数据,包括除西藏和港澳台以外的所有省份,重庆与四川合并计算,整理得1104个观测值。数据主要来源于国泰安CSMAR经济数据库,部分变量部分年份依据《中国农村统计年鉴》、《中国劳动统计年鉴》、《中国人口和资源统计年鉴》和《新中国六十年统计资料汇编》补齐。

1.被解释变量

本文选取"农村居民人均每年文教娱乐消费支出"来表示农村家庭的教育投资。由于统计局公布的农村居民文教娱乐消费支出中并未单独列出教育支出一项,故用文教娱乐消费支出作为教育支出的替代变量。并且严格来说,除教育支出以外,文化和娱乐消费也是人力资本投资的组成部分。

2.解释变量

本文的核心解释变量为人均资本存量和城乡收入差距。资本存量的计算方式参考张军等(2004)和单豪杰(2008),以1979—1983年5年的平均增长速度和名义资本存量反推1978年基年的资本存量,1979年及以后的资本存量按照永续盘存法计算,折旧率参考单豪杰(2008)设定为 10.96%。城乡收入差距的计算方式为城市居民人均可支配收入与农村居民人均纯收入之比。[①] 在实际情况中,不仅需要考虑城乡的收入差距,也需考虑农村内部收入差距,但考虑到当前收入不平等主要体现在城乡收入差距,以及宏观统计数据的可得性问题,本文仅考虑城乡收入差距。

本文还控制了农村家庭消费支出、地区产业结构与经济发展水平、公共教育投入和人口出生率等变量。其中,农村家庭消费支出用农村人均家庭消费金额(元)测度;地区产业结构用第一产业和第二产业分别占比测度;经济发展水平用人均 GDP(元)和人均政府一般预算收入(元)测度;公共教育投入用人均公共教育事业费(元)、普通小学和中学学生教师数量之比测度;人口出生率则用来反映家庭负担,也是公共教育投入决策的重要参考指标。以上所有变量均依据 1978 年不变价格计算。

(二)实证方法

本文关注资本积累和收入差距对农村家庭教育投资的影响,实证方程可设定为:

$$\ln Y_{it} = \alpha_0 + \alpha_1 \ln per\_capital_{it} + \alpha_2 \ln per\_capital_{it}^2$$
$$+ \alpha_3 \ln income\_gap_{it} + \alpha_4 \ln control\_variables_{it} + \varepsilon_{it}。$$

其中,$\ln Y_{it}$ 表示农村家庭的人均教育支出的对数,式子右边 $\ln per\_capital_{it}$ 为人均资本存量对数,这里还包括了其平方项,检验资本积累对家庭教育支出是否存在非线性影响关系。$\ln income\_gap_{it}$ 表示城乡收入差距,此外还包含控制变量($control\_variables_{it}$)。

本文还采用 Hansen(2000)的门限回归方法,以收入差距为门限变量设置转折点的转折点,因此实现"分组检验"。具体而言,收入差距是否存在一个门槛水平 γ,使得 $income\_gap_{it} > \gamma$ 和 $income\_gap_{it} \leqslant \gamma$ 时,

---

① 国家统计局在 2013 年之后调整了对农村住户的调查方法与统计口径,本文依据《国民经济和社会发展统计公报》和各省统计年鉴对 2014—2016 年数据做了相应的计算与调整。

资本积累对家庭教育投资的激励效应会出现显著的差异,引入示性函数 $1(\cdot)$,模型可表示为:

$$\ln Y_{it} = \ln x'_{it}\beta_1 \cdot 1(income\_gap_i \leqslant \gamma)$$
$$+ \ln x'_{it}\beta_2 \cdot 1(income\_gap_i > \gamma) + e_{it}$$

其中,$\ln Y_{it}$ 为被解释变量,$\ln x'_{it}$ 为解释变量向量,γ 为门限变量 $income\_gap$ 的门限值,若括号中表达式为真,则示性函数 $1(\cdot)$ 取值为 1,反之取值为 0。

本文使用数据为长面板数据,为避免"伪回归"问题,需要检验各变量序列是否为稳态。在对各变量取对数后,我们检验发现依然存在单位根问题,然后对所有变量取对数一阶差分后再次检验。取对数差分即所有变量表示为增速指标,估计系数定义不发生改变。根据对单位根形态设定的不同,采用 LLC、IPS 和 ADF Fisher 三种不同方法,检验根据 AIC 信息准则考察序列平稳性。结果所有变量序列拒绝存在单位根的假设,说明各变量取对数差分后均为平稳序列,可以进行下一步模型估计。

五、实证结果与分析

(一)基准结果

考虑到样本的截面异方差、截面相关和序列相关问题,首先使用全面 FGLS 方法估计各变量系数,结果见表 1 第 1 列数据。从全国层面来看,人均资本存量和城乡收入差距均在 1% 水平上显著。在其他因素不变情况下,人均资本存量增速每提高 1 个单位,农村家庭人均教育支出增速提高 0.26,表明资本积累能明显激励家庭教育投资,不拒绝原假设,即假设 1 成立。城乡收入差距的扩大也促进了家庭教育投资,但系数值较小,仅为 0.075,这一结果与现有研究也相符,陆铭等(2005)利用我国 1987—2001 年省级面板数据研究发现,虽然收入差距对教育支出的影响较弱,但累积影响始终为正。另外,也可以发现人均资本存量平方项的系数显著为负,表明资本积累对农村家庭教育投资的影响存在非线性关系,因此后续利用门限模型进行异质性分析是有必要的。

　　本研究还对东部地区和中西部地区(含东北地区)进行分地区考察,结果见表1第2、第3列数据。从东部地区的结果来看,资本积累对教育投资影响的估计系数为0.226但不显著,表明在东部地区,资本积累的激励效应不明显存在。在中西部地区,资本存量对家庭教育投资的激励效应达到0.346,在1%水平上显著并高于全国平均水平,由此可见,在中西部地区的资本积累对农村家庭教育投资的激励作用更大。这一结果揭示了工业化和城市化对农村的深远影响,国家所实施的西部大开发战略和东北振兴计划等政策不仅将在经济上助推发展与资本积累,也促进了农村的人力资本积累,这有利于中西部长期的经济增长和区域间的平衡发展。在分地区的估计结果中,城乡收入差距的估计系数均较小且不显著,这部分表明城乡收入差距对农村家庭教育支出不存在明显直接影响,下文的门限模型将做进一步检验。

表1　实证结果(FGLS)

变量	因变量:D (ln 人均教育支出)		
	全国层面	东部地区	中西部地区
D (ln 人均资本存量)	0.258 ***	0.226	0.346 ***
	(0.048)	(0.167)	(0.101)
D (ln 城乡收入差距)	0.075 ***	0.003	0.034
	(0.018)	(0.074)	(0.036)
D (ln 人均资本存量)^2	−0.038 ***	−0.012	−0.060 ***
	(0.006)	(0.018)	(0.014)
D (ln 人均消费)	0.655 ***	0.786 ***	0.742 ***
	(0.021)	(0.087)	(0.041)
D (ln 人均实际 GDP)	0.062	−0.105	0.003
	(0.039)	(0.158)	(0.072)
D (ln 人均政府一般预算收入)	0.026 ***	0.021	0.036 **
	(0.010)	(0.045)	(0.018)
D (ln 人均公共教育事业费)	−0.269 ***	−0.156 **	−0.181 ***
	(0.017)	(0.076)	(0.035)
D (ln 普通初中生师比)	0.253 ***	0.108	0.273 ***
	(0.030)	(0.103)	(0.066)

变量	因变量:D(ln人均教育支出)		
	全国层面	东部地区	中西部地区
D(ln普通小学生师比)	−0.011**	−0.008	−0.020
	(0.005)	(0.011)	(0.062)
D(ln出生率)	0.153***	−0.008	0.177***
	(0.015)	(0.053)	(0.032)
其他变量	Yes	Yes	Yes
N	1102	380	722

注:本文所用全面 FGLS 模型同时考虑了组间异方差、同期相关及组内自相关。括号内为标准误。*** 表示 $p<0.01$,** 表示 $p<0.05$,* 表示 $p<0.1$。

在公共教育投入对农村家庭教育投入的影响方面,公共教育投入和家庭教育支出之间存在相互补充作用。在其他条件不变情况下,人均公共教育事业费增速每提高 1 个单位,全国层面农村家庭教育支出平均增速则下降 0.27。普通中学生师比增速提高 1 个单位,意味着教师资源的不足,农村家庭教育支出增速则会提高 0.25。分地区来看,公共教育投入和家庭教育投入间的互补程度在中西部地区更高,当人均公共教育事业费增速每提高 1 个单位,中西部地区农村家庭教育支出增速下降 0.18(东部地区为 0.16),普通中学生师比增速每提高 1 个单位,家庭教育支出增速则上升 0.27(东部地区为 0.11),增速变动高于东部地区和全国平均水平。这表明中西部地区的农村家庭的人力资本积累更加依赖于公共财政的教育投入,意味着在实施面向农村教育的扶持政策时,要加大对中西部地区农村的财政和教育资源投入。中西部地区是农民工劳动力的主要来源地,农村劳动力受教育水平的提升对于产业升级和区域间产业转移具有重要意义,政府在面向中西部地区实施财政转移支付与补贴时,也需要注重教育资源的城乡统筹。

(二)资本积累对于农村家庭教育投资影响的门限效应

这部分首先检验模型是否存在非线性的门限效应,本研究采用Hansen(1996、2000)的检验方法,运行自助抽样法 500 次计算 p 值。可以看到,在全国样本层面上,可以在 1% 的显著性水平下拒绝"H₀:不存在门限",城乡收入差距存在两个门限值分别为 1.70 和 2.72。在东部地区省份回归中也可以在 1‰水平下拒绝 H_0,第一个门限值为 1.97,在中西部省份回归中不拒绝原假设,表明在中西部省份层面上不存在明显的门限值。

从表 2 回归结果来看,资本积累对农村家庭教育投资的激励存在明显的门槛效应,受到收入差距的制约。首先看全国层面的结果,当城乡收入之比小于等于 1.70 时,人均资本存量增速每提高 1 单位,家庭教育支出增速提高 1.04,即能带来超过 1 单位农村家庭教育投资增速的提高。这意味着,在收入差距不太大时,人力资本积累的速度能够跟上甚至超过资本积累的速度,在"资本-技能互补"效应下,更多的劳动力拥有与资本相匹配的技能并获得收入增长,将有助于实现城乡和区域间平衡发展。进一步地,可以发现当城乡收入差距超过第一个门限值后,资本积累对教育投资的激励效应减弱,1 单位人均资本存量增速的提高,只带来家庭教育支出增速提高 0.25,收入差距的扩大导致农村人力资本积累乏力,难以持续积累并缩小劳动者间的技能差距。在城乡收入之比超过 2.72 时,系数值下降至 −0.12 且不显著,表明资本积累对家庭教育投资的激励效应消失。这部分结果再次证明了收入差距的扩大不利于相对较低收入群体的人力资本积累,如果不能有效实施收入与社会财富的二次分配,农村低收入群体的人力资本将陷入代际相承的陷阱,农村劳动力的内卷化问题将更加严重。

表 2　门限模型结果(城乡收入差距为门限变量)

变量	因变量:D(ln 人均教育支出)		
	全国层面	东部地区	中西部地区
D(ln 人均资本存量)	1.042***	0.656***	0.508***
	(0.165)	(0.218)	(0.192)
第一个门限值	1.703***	1.969***	2.688
LM 检验 p 值	(0.004)	(0.000)	(0.550)
D(ln 人均资本存量)	0.249*	−0.265	0.185
	(0.141)	(0.242)	(0.219)
第二个门限值	2.722**		
LM 检验 p 值	(0.018)		

续表

变量	因变量:D(ln 人均教育支出)		
	全国层面	东部地区	中西部地区
D(ln 人均资本存量)	−0.116 (0.164)		
其他变量	Yes	Yes	Yes

注:门限检验的结果显示全国层面模型存在两个门限值,东部地区样本结果存在一个门限值,中西部样本模型不存在明显门限值。括号内为标准误。*** 表示 $p<0.01$,** 表示 $p<0.05$,* 表示 $p<0.1$。

表 2 还给出了分地区的门限模型结果。表 1 中针对东部地区的基准结果显示资本积累对家庭教育投资无显著促进作用,但由表 2 第 2 列数据可知,当城乡收入差距小于 1.97 时,资本积累对家庭教育投资的激励效应在东部地区是明显存在的。具体为,当城乡收入差距小于 1.97 时,1 单位人均资本积累增速的提升,将导致家庭教育支出增速提高 0.66,并在 1% 水平上显著,而当城乡收入差距超过这一门限值后,资本积累的激励效应降至−0.27 且不显著。这表明在一定的收入差距范围内,东部地区的资本积累对农村家庭教育投资存在促进作用,与全国层面样本的结果相一致,因此假设 2 成立。对于中西部地区的回归结果表明不存在明显的门限值,表明中西部地区的城乡收入差距对农村家庭教育支出还未出现明显的制约作用,资本积累依然可以激励家庭的教育投资。这一结果表明中西部地区农村依然能够实现人力资本的持续积累。

总体上看,城乡收入差距扩大到一定程度则会抑制资本积累对农村家庭教育投资的激励效应,当城乡收入之比超过临界值以后,资本积累对农村家庭教育投资则不存在激励效应,假设 2 得证。门限模型的结果表明收入差距的扩大使得农村人力资本积累的速度低于资本积累的速度,这不利于农村劳动力素质的提升,所以收入分配制度改革具有重要的现实意义。

(三)分时期估计结果

我国的经济周期往往受到政策周期的影响,每一个"五年计划"都会影响到一个阶段的经济发展与民生状况,表 3 给出了 1981—2010 年六个"五年计划"期间人均资本存量和城乡收入差距对农村家庭教育投资的固定效应模型估计结果。可以发现,"六五"时期资本积累对教育投资的激励效应最大,达到了 1.76。然而在"七五"和"八五"阶段,资本积累对教育投资的作用为负,1991—1995 年时间段内负向显著,本文对此结果给出可能的原因是这一时期我国经历了过高的通货膨胀,如 1994 年 CPI 高达 24.1%,物价的过度波动影响了家庭整体的消费支出结构。1996 年开始,经济整体的企稳增长再次带动资本积累对教育投资的系数值重归正向显著。1996—2010 年,人均资本存量增长带来的农村家庭教育投资估计系数从 0.48 上升至 1.74 再回落至 1.32,均维持着较强的激励效应,这期间正好伴随着城乡就业流动壁垒的打破和农民工外出就业人数的持续新高,制度与发展的红利惠及农村地区的人力资本积累。2008 年后的全球经济危机和收入分化趋势也为农村人力资本的持续积累的进程蒙上阴影,在 2011—2015 年期间,资本积累的估计系数为负但不显著,可见这一时期资本积累对农村家庭教育投资的积极影响在衰退。从"十三五"规划开始,国家关于精准扶贫和致力于缩小城乡收入差距的一系列政策措施开始初显成效,国家统计局数据显示农村居民可支配收入增速逐步超过城市居民可支配收入增速,城乡收入差距已显现收敛趋势,后续进一步的研究可关注这些政策措施对于农村人力资本积累的影响。

表 3　分时期模型结果

变量	因变量:D(ln 人均教育支出)						
	"六五"(1981—1985 年)	"七五"(1986—1990 年)	"八五"(1991—1995 年)	"九五"(1996—2000 年)	"十五"(2001—2005 年)	"十一五"(2006—2010 年)	"十二五"(2011—2015 年)
D(lnper_capita)	1.762*** (0.424)	−0.503 (0.528)	−0.583*** (0.163)	0.476** (0.194)	1.739*** (0.486)	1.316*** (0.327)	−0.162 (0.543)
D(ln$income\_gap$)	0.258 (0.216)	−0.098 (0.171)	0.063 (0.158)	0.109 (0.185)	0.489** (0.198)	−0.307 (0.257)	0.446** (0.191)
其他变量	Yes	Yes	Yes	Yes	Yes	Yes	Yes

　　注:在分时期回归中,因每五年一时间段相对较短,故并未加入人均资本存量取对数差分后的平方项;括号内为稳健标准误。括号内为标准误。*** 表示 $p<0.01$,** 表示 $p<0.05$,* 表示 $p<0.1$。

　　综上所述,理论分析部分的两个假设在实证部分得到证明,即资本积累对于农村家庭教育投资具有激励作用,而城乡收入差距的扩大会抑制这种激励作用。门限模型结果和分组回归结果表明本文的结论是稳健的。

六、结论与建议

本文利用中国 1978—2016 年省级面板数据,基于农村家庭教育投入的两期"成本-收益"理论模型,实证分析了资本积累、收入差距和农村家庭教育投资之间的关系,主要结论有以下两方面:

一方面,在资本积累型技术进步和收入分化的情况下,农村家庭依然愿意投资于子女教育,其原因是资本积累导致当期接受教育的相对成本降低了。只有接受更多的教育,积累人力资本,子女才能在未来的就业市场获得更高的收入,因此他们愿意接受当期的教育投资成本。农村家庭教育投资和公共教育投入间存在相互补充关系,相较于东部地区,中西部地区农村家庭教育支出对公共教育支出变动的敏感度更高,对公共教育投入的依赖性更强。

另一方面,资本积累和收入差距扩大间就好比是一场竞赛,当城乡收入之比超过 1.70(以 1978 年不变价格计)时,资本积累对农村家庭教育投资的激励效应开始减弱,当城乡收入之比超过 2.72 的临界值以后,资本积累对农村家庭教育投资则不存在激励效应。分地区来看,东部地区收入差距的门限值为 1.97,即城乡收入之比达 1.97 后,这一激励效应会消失,中西部地区省份的回归结果显示不明显存在门限值。分时期来看,"六五"(1981—1985 年)和"十五"(2001—2005 年)期间资本积累对农村家庭教育投资的激励效应达到两个峰值,近年有所下降。本文所使用数据为省级宏观层面数据,与微观数据相比,无法识别大量中西部农村劳动力跨省份流动的影响,可能造成对中西部样本估计系数的偏误,未来的进一步研究可从微观层面细化农村家庭的教育投资行为。

人是国家发展的核心要素,之所以教育放在优先发展的战略地位,注重人力资源开发和加速人力资本积累,是为推进"大众创业、万众创新"、实施"中国制造 2025"和"一带一路"建设等战略奠基。国家教育事业发展的"十三五"规划要求统筹完善城乡教育发展,中共中央和国务院对城乡融合发展的指导意见更是提出优先发展农村教育事业。基于上述研究结论,本文提出以下政策建议。

第一,发展是第一要务,资本积累会激励农村家庭投资教育。资本积累可以体现在能为持续不断的农村转移劳动力提供就业岗位,这是农村家庭消费和教育投资能力的基石。东部地区的产业升级和跨地区间的产业转移将有助于推动各地区农村人力资本的持续积累。

第二,建立健全促进农民收入较快增长的长效机制,完善以社会保障和转移支付等为主要手段的再分配调节机制。要坚持就业优先战略和实施更加积极的就业政策,通过创造平等的就业环境、解决户籍(行业)壁垒等就业市场结构性问题、建立面向农民工的免费提供技能培训制度和劳动权益保障体系,来促进就业的机会公平和中低收入农民工工资合理增长。

第三,实施具有农村倾向的教育优先政策,保障欠发达地区农村的公共教育财政资金和教育资源配置,以及提高高中入学率。城乡收入差距的扩大不利于农村的人力资本积累,公共教育需要弥补农村家庭教育投资的不足,尤其是优质教育资源的不足。尽管城乡的生均公共财政教育事业费已不存在明显差别,但农村的教育质量与城市相比仍有较大差距。可以通过制度化的城乡师资流动、各年级各学科的教育资源共享和推动"互联网+教育"发展,降低知识传播门槛,为农村和边远贫困地区学校提供优质学习资源,加快缩小城乡教育差距。另外,要在普及义务教育的基础上提高农村学生的高中入学率。《国家中长期教育改革和发展规划纲要(2010—2020)》中将"加快普及高中阶段教育"和"高中毛入学率达到90%"列为基本实现教育现代化的战略目标,大量接受过高中及以上教育的高素质劳动者是高技术制造业发展的必备条件。与义务教育阶段相比,高中教育使农村家庭面临更大的升学难度和教育支出压力,可以通过增加对农村地区学生的招生配额和减免学费等措施,提高农村学生的高中入学率。

党的十九大报告已提出要重视平衡发展,教育公平是社会公平的重要基础。充分发挥教育的基础性、先导性和全局性作用,实施农村倾向的教育支持政策,让农民对未来更有憧憬,形成代际接力、代际支持的良性循环,有助于推动完成"人的城市化"发展目标,实现劳动力素质的不断提高与城乡经济社会的协调发展。

参考文献

［1］Autor,D. H. (2014),Skills,Education,and the Rise of Earnings Inequality among the "Other 99 Percent". *Science*. 344(6186): 843-851.

［2］Galor,O. ,Moav,O. (2004),From Physical to Human Capital Accumulation:Inequality and the Process of Development. *The Review of Economic Studies*. 71(4):1001-1026.

［3］Griliches,Z. (1969),Capital-Skill Complementarity. *The Review of Economics and Statistics*. 51(4):465-468.

［4］Hansen,E. (1996),Inference When a Nuisance Parameter Is Not Identified under the Null Hypothesis. *Econometrica*. 64(2):413-430.

［5］Hansen,E. (2000),Sample Splitting and Threshold Estimation. *Econometrica*. 68(3):575-603.

［6］Krusell,P. ,Ohanian,L. E. ,Ríos-Rull,J. V. (2000),Capital-skill Complementarity and Inequality:A Macroeconomic Analysis. *Econometrica*. 68(5):1029-1053.

［7］Moav,O. (2002),Income Distribution and Macroeconomics: The Persistence of Inequality in a Convex Technology Framework. *Economics Letters*. 75(2):187-192.

［8］Nakajima,T. ,Nakamura,H. (2009),The Price of Education and Inequality. *Economics Letters*. 105(2):183-185.

［9］Qian,X. ,Smyth,R. (2008),Measuring Regional Inequality of Education in China:Widening Coast-Inland Gap or Widening Rural-Urban Gap? *Journal of International Development*. 20(2):132-144.

［10］Sylwester,K. (2000),Income Inequality,Education Expenditures,and Growth. *Journal of Development Economics*. 63(2): 379-398.

［11］贾男、甘犁(2010):《生产函数异质性与地区差距》,《南开经济研究》,第 1 期。

[12]雷钦礼、王阳(2017):《中国技能溢价、要素替代与效率水平变化的估计与分析》,《统计研究》,第 10 期。

[13]雷万鹏(2005):《高中生教育补习支出:影响因素及政策启示》,《教育与经济》,第 1 期。

[14]李力行、周广肃(2014):《代际传递、社会流动性及其变化趋势——来自收入、职业、教育、政治身份的多角度分析》,《浙江社会科学》,第 5 期。

[15]林毅夫、李周(1998):《中国经济转型时期的地区差距分析》,《经济研究》,第 6 期。

[16]陆铭等(2005):《因患寡,而患不均——中国的收入差距、投资、教育和增长的相互影响》,《经济研究》,第 12 期。

[17]马红旗等(2017):《物质资本的积累对我国城乡收入差距的影响——基于资本-技能互补视角》,《管理世界》,第 4 期。

[18]单豪杰(2008):《中国资本存量 K 的再估算:1952—2006 年》,《数量经济技术经济研究》,第 10 期。

[19]宋冬林等(2011):《资本体现式技术进步及其对经济增长的贡献率(1981—2007)》,《中国社会科学》,第 2 期。

[20]王林辉等(2014):《中国技术进步技能偏向性水平:1979—2010》,《经济学动态》,第 4 期。

[21]杨俊、黄潇(2010):《教育不平等与收入分配差距的内在作用机制——基于中国省级面板数据的分析》,《公共管理学报》,第 3 期。

[22]张军等(2004):《中国省际物质资本存量估算:1952—2000》,《经济研究》,第 10 期。

新阶段我国"易地搬迁"扶贫战略：
新定位与五大关键^①

一、我国正在进入解决相对贫困
和实现持续减贫的新阶段

（一）解决相对贫困问题和实现持续减贫的重大意义

我国脱贫攻坚战已取得了决定性成就，今年是打赢精准脱贫 7000 万的收官战之年，脱贫攻坚的最后堡垒必定会攻克，但这并不意味着我国今后就不再存在贫困问题。按照今年中央一号文件的精神，脱贫攻坚任务完成后，我国贫困状况将发生重大变化，扶贫工作重心将转向解决相对贫困和长效脱贫问题，扶贫工作方式将由集中作战调整为常态推进。这表明，我国扶贫发展已进入新的阶段，研究接续推进减贫工作，建立消除相对贫困的长效机制与体制，推动国家减贫战略和工作体系的平稳转型，将成为新阶段我国扶贫工作的重点。对于人类社会来说，解决相对贫困问题和实现持续减贫，是个长期需要面对的课题。我国是世界上人口最多的发展中国家，尽管经济总量已列世界第二，并且已基本全面建成小康社会，但人均水平并不高，经济社会发展不平衡不充分问题

①　本文作者为黄祖辉。本文内容发表于《学术月刊》2020 年第 9 期。本文研究受到国家自然科学基金国际（地区）合作与交流项目"易地扶贫搬迁的社会经济与环境影响评估"（71861147002）资助。

比较突出，存在不少发展的短板和隐患。在我国进入扶贫发展的新阶段和第二个百年的征程中，要弥补发展短板和消除发展隐患，从根本上讲，就是要阻断贫困根源，解决相对贫困问题和实现持续减贫，这不仅对于解决好当前我国人民日益增长的美好生活需要和不平衡不充分的发展之间的矛盾，实现中华民族复兴之梦有重大意义，而且对于全球人类大家庭的减贫与和谐发展，具有极为重要的意义。

(二)解决相对贫困问题和实现持续减贫的关键所在

解决相对贫困问题和实现持续减贫，重点是要解决经济社会中低收入、低保障人口群体的发展问题，使其不仅能脱贫，而且能从根本上阻断贫困根源，教育、医疗、养老等公共服务达到全面小康生活水准，家庭收入步入中等收入水平。要实现这样的目标，从宏观层面看，关键是要处理好国民收入分配中效率与公平的关系。具体而言，初次分配应重视效率基础上的公平，也就是要在做大国民收入这一"蛋糕"的基础上注重分配的公平性。再次分配则应重视公平基础上的效率。也就是说以政府公共性转移支付的国民收入再次分配，首先应注重分配的公平性，其次还应重视再分配资源配置与营运的效率。从我国国民收入初次分配的现状来看，改革开放四十多年来，随着经济体制的不断改革和要素市场化的逐步推进，国民收入初次分配的效率与计划经济时期相比，已有明显提高，主要表现为生产要素的报酬在国民收入的分配中都得到不同程度的体现，各类要素拥有者和经营者的内生动力被大大激励，但从收入分配率看，即劳动者工资收入占国民收入的比重看，仍然偏低，并且低于世界上大多数国家，因而仍有进一步提升的必要。国民收入初次分配的公平性可以采用居民收入基尼系数来衡量，尽管近些年来我国居民收入基尼系数呈现了持续缓慢下降的趋势，但仍然要高于 0.4，表明我国国民收入初次分配的不公平性仍然很明显，考虑到目前接近于 3 倍的城乡居民收入水平差距，我国低收入群体应该说主要还是在农村。从国民收入再次分配的状况看，由于我国依然存在基本公共保障的城乡二元体制，目前国民收入再次分配对广大农村居民的公平性是明显不够的，同时，由于农村人口，尤其是相对贫困的山区农村人口，普遍居住比较分散，集聚水平很低，使得原本保障水平并不高的农村公共服务，如教育、医疗、养老等的覆盖率和营运效率也不高。因此,从总体上看,我国低收入与低保障的人口群体仍主要在农村,阻断贫困根源,解决相对贫困问题,实现持续减贫的重点对象依然是在农村,尤其是在相对欠发达的贫困农村。

(三)新阶段扶贫战略转换中"易地搬迁"扶贫的新定位

基于我国贫困状况的阶段性变化和解决相对贫困问题、实现持续减贫的关键所在,我国扶贫战略在新阶段有必要在主攻目标、运作手段、工作方式与路径安排上,实现"四位一体"的转换。具体而言,扶贫的主攻目标将从实现精准脱贫向实现持续减贫转换;扶贫的运作手段将从以政策驱动为主向政策驱动与制度保障并重转换;扶贫的工作方式将从以集中力量攻坚作战向常态化推进方式转换;扶贫的路径安排将从以就地扶贫路径为主向就地路径与易地路径并举转换。简而言之,新阶段的我国扶贫战略,不仅要巩固脱贫攻坚成果,而且还将根据贫困状况变化的新特点、新问题,及时调整与优化扶贫战略与工作思路,以建立阻断贫困根源和解决相对贫困、实现持续减贫与长效脱贫的体制机制,探索从扶贫脱贫到脱贫发展的新思路和新路径。本文重点围绕新阶段我国扶贫战略路径安排的转换进一步展开论述,强调在新阶段我国扶贫路径的安排与转换中,对"易地搬迁"扶贫的路径进行再审视和战略新思考,要对"易地搬迁"扶贫的实践与经验进行深入总结,对这一脱贫路径进行战略新定位,使"易地搬迁"扶贫从"十三五"我国扶贫工作的重要补充成为新阶段扶贫发展的重要路径。要将"易地搬迁"与乡村振兴战略有机衔接,并且融入新型城市化的进程,建立"易地搬迁"扶贫阻断贫困根源、衔接乡村振兴战略和融入新型城市化进程的体制机制,使"易地搬迁"扶贫成为新阶段解决相对贫困问题、实现可持续减贫和脱贫发展的重要选项与有效路径。

二、"易地搬迁"扶贫有助于从根本上阻断贫困根源

(一)"易地搬迁"扶贫阻断贫困根源的内在逻辑

一般而言,生存环境的恶劣、就业的不足以及教育、医疗等公共保障和服务的缺失是贫困的根源。因此,要从根本上消除贫困,必须阻断贫困根源,而改善生存环境,有效提供贫困人口就业机会和教育、医疗等公共保障与服务是最基本的途径。需要指出的是,提高公共保障与服务的水平对于减贫和就业能力的提高具有正向作用,但公共保障与服务的水平既与国民收入初次与再次分配的关系有关,又与公共保障与服务的配置结构和覆盖效率有关。公共保障与服务的配置效率主要体现为教育、医疗等具有空间规模效应的公共服务与受众人口空间分布的匹配关系。很显然,相对于城市人口的空间分布,农村人口的空间分布往往是相对离散或集聚度不高的。以我国为例,尽管 2019 年的常住人口城市化率已达 60.6%,但与此同时,我国农村的行政村数量仍有 50 万左右,如果包括自然村或相对独立的村民小组,则我国农村相对集聚的人口分布点至少会有 200 万个,平均每个点的人口规模不会超过 300 人。如果进一步考虑到自然村和行政村的人口数量差异,那么,我国农村大量的人口集聚点规模会在 100 人以下。在这样的农村人口分布状况下,加之农村公共保障的低水平,很难想象教育、医疗等公共服务在农村大多数地区会有很高的效率。而"易地搬迁"扶贫明显具有集聚人口进而提高公共服务效率的功能。因此,从根本上消除贫困,建立持续减贫的体制与机制,一方面应不断优化国民收入分配中效率与公平的关系,尽快建立城乡一体、水平较高的公共保障制度体系,另一方面要在总结我国多种类型"易地搬迁"扶贫经验的基础上,充分发挥"易地搬迁"阻断贫困根源,从根本上消除贫困和持续减贫的功能。

(二)"易地搬迁"扶贫有助于高起点解决贫困问题

实践中,我国的"易地搬迁"扶贫工程主要是针对"一方水土养不起

一方人口"的地区,这些地区人口居住空间分散,产业基础薄弱,教育医疗等公共服务滞后,同时又受生态环境恶劣或基础设施条件脆弱的制约,难以实现就地脱贫和发展。选择"易地搬迁"之路,让这些民众搬迁到新的发展空间,尽管有可能要新起炉灶,许多事情要从头来,但原先人口极度分散、要素配置效率低下、公共服务难以有效覆盖的状况势必有所改变,公共基础设施等环境条件会有明显改善,相关扶持政策也有条件从过去的分散施策,整合效能不高,转变为整合施策,提高政策施行效率。不仅如此,"易地搬迁"还会带来搬迁人口接轨迁入地乡村振兴发展或融入迁入地城市化发展的机遇,并且产生增强迁入地发展能力、发展动力和扩大发展规模的作用。这些政策与要素空间格局的变化和发展环境的改善及其机遇的把握,不仅是消除农村贫困、阻断贫困根源的重要条件,而且还是我国农村现代化发展和城市化发展的必然趋势,有助于跳出贫困陷阱,从新起点和高起点规划地区经济社会发展愿景,高效率解决贫困问题,实现更高水平和可持续的减贫与发展。

(三)"易地搬迁"扶贫有助于高效率配置公共资源

我国农村公共教育与医疗、养老以及基础设施等公共服务水平低下的原因,不仅仅是长期以来这些公共资源在农村地区人均配置的水平比较低,而且还在于我国农村人口空间分布相对分散而带来的公共资源配置和利用的效率低下。以村庄为例,由于我国教育、医疗等公共资源在乡村配置的不足和缺乏服务对象的规模效应,目前全国绝大多数的村庄小学已不复存在,大多已搬迁至乡镇和中心村,可相应的应受教育的人口却没有随着村庄小学的搬迁而搬迁,导致了农村不少学龄儿童的就学难问题和辍学现象,对农村基础义务教育和教育脱贫产生了不利影响。再如,绝大多数的村庄医疗站或医疗服务中心,由于医护人员和医疗设施的配备不足,只能维持很低水平的医疗服务,难以就地解决因病致贫和返贫问题。在贫困地区,这些公共教育与医疗方面的问题和矛盾就更为突出。要解决这些问题,一条途径是增加农村地区尤其是贫困地区教育、医疗公共资源的投入,另一条途径就是提高教育、医疗等公共资源的配置效率。贫困地区、欠发达地区人口的"易地搬迁"和相对集聚,有利于教育、医疗等公共资源对人口的有效匹配,进而优化乡村教育和医疗等公共资源的空间配置结构,提高教育、医疗等公共服务对包括贫困群体在内的乡村人口的服务效率。

(四)"易地搬迁"扶贫有助于高强度转换产业格局

对于贫困人口来说,如果说享有公平并且有效的教育和医疗等公共保障,是从文化与健康层面阻断贫困根源的必要条件,那么,如果能获得产业持续发展基础上充分而稳定的就业机会,则是在经济层面阻断贫困根源,实现脱贫与发展、脱贫与致富的充分必要条件。"易地搬迁"所带来的空间区位的转换与改善和人口的相对集聚,有助于市场供求的激活和多种商贸业态的形成与发展;"易地搬迁"所带来的公共服务和基础设施的改善,有助于投资环境的改善和人才的引入;"易地搬迁"所带来的与迁入地的融合,则有助于有效衔接乡村振兴和城市化,而这一切,都将有助于区域要素和产业的重组,有助于传统产业的转型升级。事实上,成功的"易地搬迁",能够从新起点、高起点规划新区域发展蓝图,拓展产业发展空间,推进传统产业重组和转型发展,高强度转换区域产业发展格局和发展思路,从而为搬迁人口提供更多的就业与创业机会。

概言之,在"后扶贫"阶段推进"易地搬迁"扶贫与发展,不仅是要把贫困人口从一个生存难、上学难、就医难、自然条件恶劣、灾害频发、存在"两不愁三保障"隐患的地方,搬迁到交通相对便捷、从业机会多、教育医疗等公共服务能有效覆盖的地方,实现"挪穷窝"、"换穷业"、"拔穷根"之初衷,而且还要致力于搬迁农户能"搬得出"、"稳得住"、"能致富",从根本上阻断贫困根源,消除"两不愁三保障"隐患。因此,就必须转变新阶段我国"易地搬迁"扶贫的战略定位,要赋予"易地搬迁"多种功能,要通过贫困人口的易地搬迁和空间转换,优化公共资源和生产要素配置,高起点解决贫困问题,高效率配置公共资源,高强度转换产业格局,阻断贫困根源,使搬迁人口从根本上摆脱贫困,走上持续减贫和脱贫发展的康庄大道。

三、我国"易地搬迁"扶贫成效
与新阶段应把握的五大关键

（一）"易地搬迁"扶贫成效与存在的问题

经过长期的实践探索,我国"易地搬迁"扶贫已呈现多种类型和方式。从搬迁类型看,有就地搬迁和易地搬迁、整体搬迁和分散搬迁。从搬迁安置方式看,有城市新社区安置、产业园区安置、旅游服务区安置、农村新社区安置、插花式安置以及投亲靠友等安置方式。"十三五"期间,我国计划对约1000万生活在"一方水土养不起一方人"地区的贫困人口实施易地扶贫搬迁。陆娅楠记者从国家发改委发布的信息获悉,截至2020年3月,我国"十三五"规划的易地扶贫搬迁建设任务已基本完成,目前已有930万贫困人口乔迁新居,走出了大山和自然条件恶劣的地方,其中有920万人通过搬迁实现了脱贫。这充分表明,我国"易地搬迁"扶贫已取得了明显成效,在打赢脱贫攻坚战中发挥了很重要的作用。

但与此同时,我国"易地搬迁"扶贫仍然存在一些需要重视和解决的问题。从搬迁和搬迁后两个阶段看,相对而言,"搬得出"的问题总体上得到了比较好的解决,而搬迁后能否"稳得住"和"能致富"的问题仍不少。主要原因是地方政府在"易地搬迁"扶贫中存在"重搬迁、轻发展"、"重脱贫、轻致富"的思想,使得搬迁安置与搬迁后的发展衔接不够,协同不够,重点表现为"易地搬迁"与脱贫致富和乡村振兴、政策调整和改革跟进、产业培育和就业帮扶、社区融入和管理服务,衔接得还不够,相互脱节现象还比较明显。

（二）新阶段"易地搬迁"扶贫应把握五大关键

我国幅员辽阔,不同地区的经济发展、资源环境、文化传统以及贫困标准均存在一定的差异性。相应地,不同地区"易地搬迁"扶贫与发展的方式、形式、机制以及所面临的问题也不尽相同,但总体上看,仍有不少共性问题值得高度重视。面向我国"后扶贫"阶段扶贫工作的新情况和新要求,"易地搬迁"扶贫需要高度重视和把握好五个方面的关键。

1. 高度重视规划谋划先行

任何发展规划都具有引领性,属于顶层设计范畴,需要在具体行动前就谋划好。新阶段我国"易地搬迁"扶贫的发展规划,应包括战略目标、发展思路、行动计划、体制机制、政策配套等设计;应体现新阶段我国扶贫工作重点从消除绝对贫困到消除相对贫困的转变、从精准脱贫到长效脱贫的转变,同时体现前瞻性和创新性的结合、指导性和操作性的结合。该项规划的内容不仅要涵盖具体的易地搬迁形式和安置方式,而且既要考虑迁出地的资源重组、生态修复、政策调整以及相关制度的安排,更要考虑迁入地的资源利用、产业发展、乡村振兴、城市化进程、公共服务配套、新社区建构等方面的问题解决。此外,两地规划要有机衔接,同步编制,体现"挪穷窝"与"换穷业"并举、扶贫脱贫与发展致富联动,使新阶段的"易地搬迁"工程能真正实现"搬得出、稳得住、能致富"的发展目标。

2. 高度重视利益权益保障

经济社会主体的利益和权益是互为依存的,利益是权益的体现,权益是利益的制度基础。"易地搬迁"扶贫与发展中的利益权益保障的对象主要是搬迁农户,对他们而言,利益不受损、权益有保障是"搬得出"和"稳得住"的关键。在我国农村,社区集体组织集经济功能与社会功能于一身,经济活动与社会事务高度交织,农民的经济人身份和社会人身份难以分离。与此同时,我国农村集体经济组织与产权制度正在改革深化中,还没有完全定型,农民的利益表达和权益保障仍存在一定的不确定性。从"易地搬迁"人口看,他们的利益权益保障,既与权益制度有关,也与政府扶贫与搬迁政策有关。因此,除了相关扶贫政策保持稳定外,如何通过民主与集中的程序,科学精准测度搬迁农户收支与损益变化极为重要。要考虑显性因素和隐性因素的影响,引入市场因素和机会成本概念,让农民能够参与相关政策形成过程,并且清楚明了所以然。同时,也要考虑迁入地原住民的利益不受损,力求达成帕累托改进的搬迁与并居方案。从搬迁户的权益保障角度看,当前关键是在农村土地、宅基地"三权分置"和集体资产与收益股份合作的架构下,进一步完善农村集体经济组织及其产权制度的改革,处理好搬迁农户土地承包经营权、宅基地使用权以及集体经济其他资源产权和经营收益等权益关系。基本思路是在确权颁证和充分可交易的基础上,通过置换、租赁、入股、托管、保留等多种方式和途径,有效保障与实现搬迁农户的权益和利益。

3.高度重视经济社会融入

经济社会融入是"易地搬迁"人口"稳得住"、"能致富"的关键。这种融入总体上与产业发展融入和社区发展融入,也就是经济和社会的融入有关,具体来说,又涉及两个层面的相融性,一是对于整体搬迁的情况,主要涉及搬迁人口中贫困人口和非贫困人口的相融性,这需要通过相关搬迁政策对这两类人口的协调来妥善解决。二是搬迁人口与原住人口的相融性,这涉及经济和社会两个方面的融入。就经济融入而言,重点是做好产业培育和就业扶持,使新迁入的劳动力既有多种就业机会,又有较强就业能力。对于小农和弱能劳动力,要通过产业组织化和服务体系建构,克服其发展局限性,使其有机融入迁入地的产业发展。就社会融入而言,一方面要从迁入者自身调适着手。迁入者大多因为文化、习俗、身份等方面的原因,一开始往往对新环境会不适应,需要通过外界帮助疏导和自身心理、行为调适,逐步融入新环境。另一方面要从新社区制度环境改善着手。重点是着眼于多元文化包容氛围的营造、各种公共服务共享体系与制度的建构,以及新社区组织与治理参与机制的建立。

4.高度重视公共服务效率

公共服务是指具有公共属性的社会服务供给,其中也包括一些虽具排他性,但仍作为公共物品或准公共物品来供给的社会服务。现代社会的公共服务主要指公共教育、公共医疗、公共交通与通信、公共环境等的公共服务的供给。公共服务应重视公平基础上的效率。公平性保障与服务供给是公共服务的基本原则,但与此同时,大多数公共服务都具有服务的规模效应,服务对象规模过大,会导致有限的公共服务过度拥挤,进而服务质量和保障程度会下降,反之,如果服务对象相对于服务能力的规模过小,也会导致公共服务的规模不经济,进而服务效率降低。我国农村公共服务不仅存在城乡不很公平,进而乡村公共服务水平不高的问题,同时也存在乡村人口分布过于分散而导致的公共服务效率低下的问题,甚至服务和保障缺失的现象。从对乡村的实践观察看,贫困地区的搬迁户,其利益诉求大多集中在养老、就业、医疗以及子女教育等保障方面,但对公共服务的效率及其重要性却缺乏认知和关注。而地方政府主观上都很重视农民公共保障问题的解决,但往往是心有余而力不足,至于对公共服务效率的认识和重视度,也显得不够。因此,对于搬迁农户而言,建立与完善养老保险、最低生活保障、新型合作医疗保险、义务教育推进等制度是首位的,但对于政府来说,就不仅应重视公共保障制度的建设与完善,还必须重视公共保障资源的有效配置,以实现公共保障公平性基础上的效率提升。

5. 高度重视因地制宜推进

我国"易地搬迁"类型多,安置方式也多种多样,说明"易地搬迁"涉及的因素多,具有复杂性,不宜追求单一模式,不宜简单照搬他人做法,而应该从当地实际出发,因地制宜推进。"易地搬迁"至少需要满足两个基本条件,一是迁出地是适宜人口迁出的,或者大多数农民是愿意搬迁的。二是迁入地是适宜人口迁入的,或者迁入地民众总体上是欢迎的。适宜人口迁出的地区,从生存条件看,就是"一方水土养不起一方人口"的地区,其具体含义政府文件已有清晰说明,本文不再赘述。适宜人口迁入地区的选择则影响因素较多。从实践来看,主要涉及四个方面的重要考量,一是区位空间的考量。要对搬迁地的区位及其区域发展定位进行充分认证。迁出地如果距离城市较近,应尽可能直接迁入城市,以发挥城市化的带动效应,反之,就近并入行政村或中心村比较适宜。二是产业特性的考量。搬迁区域产业已经或者能够形成规模园区和集群发展的,适宜就近搬迁;而有些地区,如西藏、青海、内蒙古等,以放牧业为主的,人口居住具有天然的分散性,可考虑通过空间规划和基础设施与公共服务的有效配置,就地就近搬迁,形成人口相对集聚的居住点,以既不影响放牧产业的发展,又有利于相关配套性、关联性产业,如休闲、旅游、民宿等服务业的发展和基本公共服务效率提高。三是发展容量的考量。要对迁入地的发展条件进行科学评估,包括产业发展对新增就业的容纳能力、土地资源与生态环境的承载能力和潜力、公共服务的发展水平与潜力等,以避免迁入地发展容量和能力不足导致原住民与新居民在就业、资源利用和公共服务等方面的矛盾与冲突。四是文化传统的考量。我国是一个历史悠久、文化多元和多民族的国家,许多贫困地区是少数民族地区,不少具有自身独特的文化传统、宗教和习俗,对这些地区人口的搬迁及其搬迁地的选择,除了要充分考虑区位空间、产业特性、发展容量等因素外,还需要考虑搬迁对象的宗教文化、传统习俗,甚至生活方式等与迁入地文化和传统的可相融性,以避免不必要的文化冲突和区域社会的不稳定。

参考文献

[1]高强,《重视易地扶贫搬迁的后续发展问题》,《开放导报》,2019 年第 4 期。

[2]刘永富,《有条件有能力如期完成脱贫攻坚目标任务》,《人民日报》,2020-03-16。

[3]陆娅楠,《"十三五"易地扶贫搬迁建设任务基本完成》,《人民日报》,2020-03-07。

[4]《农业农村部关于落实党中央、国务院 2020 年农业农村重点工作部署的实施意见》(2020 年农业农村部一号文件),www. nongjitong. com,2020-02-14。

[5]《中共中央 国务院关于抓好"三农"领域重点工作确保如期实现全面小康的意见》(2020 年中央一号文件),www. china-cer. com. cn,2020-01-03。

[6]王浩、顾仲阳、杜海涛等,《脱贫摘帽是新生活新奋斗的起点——习近平总书记陕西考察重要讲话引发热烈反响》,《人民日报》,2020-04-26。

[7]习近平,《关于全面建成小康社会补短板问题》,《求是》,2020 年第 11 期。

[8]习近平,《在决战决胜脱贫攻坚座谈会上的讲话》,新华网,2020-03-06。

[9]叶兴庆、殷浩栋,从消除绝对贫困到缓解相对贫困:中国减贫历程与 2020 年后的减贫战略,《改革》,2019 年第 12 期。

中国特色反贫困理论的理论品格、
时代特质与系统建构^①

在全国脱贫攻坚总结表彰大会上,习近平发表重要讲话,首次提出"中国特色反贫困理论"这一重要论断,既"揭秘"了中国脱贫攻坚战的制胜法宝,为未来反贫困领域的深化发展提供理论支撑,同时也向世界展示反贫困的"社会主义模式"、"中国模式"。这意味着,中国的反贫困实践从道路自信,上升为理论自信。中国特色反贫困理论是中国共产党成立以来反贫困探索的各种思想、方法的"集大成",特别是党的十八大以来习近平有关打赢脱贫攻坚战重要论述的理论化、系统化、体系化。本文就中国特色反贫困理论的理论品格、时代特质和系统建构三个方面展开论述。

一、开创性:中国特色反贫困理论的理论品格

中国特色反贫困理论所涉及的面极为广泛,纵向维度是持续实践探索、不断检验调整的迭代创新,横向维度是以时代问题为导向、综合外部条件与各种要素的集成创新。其理论品格综合了理论渊源的"高度"、理论创新的"广度",理论建构的"效度"。

---

① 本文作者为黄祖辉、李锋、钱振澜、钱泽森、叶海键。本文内容发表在《华南农业大学学报(人文社科版)》2022年第3期。本文研究得到中宣部、国家社科规划办专项课题"脱贫攻坚精神研究和中国减贫学"(20@ZH005)以及国家高端智库项目"中国减贫的实践经验及创造的精神财富研究"(2020GDZK01)的资助。课题组成员:李锋、顾益康、傅夏仙、胡伟斌、钱振澜、钱泽森、叶海键。

(一)理论自信:理论渊源的"高度"

中国特色反贫困理论是马克思主义反贫困理论中国化的最新成果,是习近平新时代中国特色社会主义思想在反贫困领域的重要成果,充分彰显了中国特色减贫道路的理论自信。党的十九大提出"习近平新时代中国特色社会主义思想,坚持马克思主义立场观点方法,和中国的改革实践相结合,包含着一系列具有开创性意义的新理念新思想新战略,是马克思主义中国化的最新成果"。中国特色反贫困理论是在习近平新时代中国特色社会主义思想的引领和指导下,扎根于中国脱贫攻坚的伟大实践所取得的伟大成就,继承和发展了马克思主义反贫困理论,对贫困问题的现象和本质、解决的方法和途径所做出的时代性、系统性理论建构。[1][2]同时,反贫困实践是新时代中国特色社会主义伟大事业的一个方面、一个领域、一个节点,从属于大局,攸关大局。我们也可以说,中国特色反贫困理论是习近平新时代中国特色社会主义思想指导具体实践领域的一项重要成果[3],充分体现了中国特色反贫困实践的理论自信。

(二)集成性:理论创新的"广度"

中国特色反贫困理论综合了习近平在政治、经济、社会、文化、生态、党的建设等各个领域相关的前沿思想与最新成果,着力解决脱贫攻坚中历史性、复杂性、积累性、结构性的问题,充分彰显了中国特色反贫困理论的集成性。中国的脱贫攻坚面临着一系列历史性、复杂性、积累性、结构性的问题,破解这一难题要进行系统性的谋划、突破,涉及面极为广泛。反贫困实践具有嵌入性的特征,反贫困实践的展开与各个具体领域的改革发展之间有着极强的交互性,要解决贫困问题,就要协同破题、系统破解。党的十八大以来,习近平审时度势,与时俱进,形成了新的治国理念和执政方略,政治、经济、社会、文化、生态和党的建设领域都有相应的改革创新。同时在党的统一领导下,统筹推进"五位一体"总体布局,协调推进"四个全面"战略布局,将全面从严治党的要求贯穿到脱贫攻坚全过程和各环节,构建专项扶贫、行业扶贫、社会扶贫互为补充的大扶贫格局,为脱贫攻坚、系统破解贫困问题提供了重要的战略统领与机制保障。中国特色反贫困理论集成、综合了习近平治国理政全方位的新思想、新探索、新成果,具有集成性、系统性。

(三)有效性:理论建构的"效度"

中国特色反贫困理论是根植于反贫困实践的伟大成就,以问题为导向,开展"破题"攻坚,是中国脱贫攻坚的理论结晶,充分了彰显了中国特色反贫困理论的有效性、可验证性。中国特色反贫困理论的内核是马克思反贫困理论的中国化,"中国化"所指向的是匹配于中国的情境并在中国实践中丰富和发展。"中国化"情境的理论创新,体现了理论逻辑、实践逻辑、历史逻辑的辩证统一。就历史逻辑而言,可以说"一部中国史,就是一部中华民族同贫困做斗争的历史"[4]。中国特色反贫困理论吸纳了"以民为本"、"自强不息"的中华优秀传统文化,继承了马克思主义反贫困理论,融会了党的领导集体在反贫困实践中所形成的思想、方法。[5]作为中国反贫困实践历史进程的亲历者、实践者,习近平在梁家河插队及其在河北、福建、浙江等地方任职时,已经致力于各个层面、各种形式的反贫困探索,卓有成效。[6]习近平的理论创新有其深厚的历史经验及亲身经历为其支撑。就实践逻辑而言,党的十八大以来,改革进入"攻坚期"、"深水区",推动改革要敢于啃硬骨头,敢于涉险滩,回应新的问题,中国的反贫困实践进入了关键时期,党的十八大提出"全面建成小康社会",拉开了新时代脱贫攻坚的序幕,习近平系统谋划战略图、时间表,在不同场合聚焦不同问题就脱贫攻坚发表了一系列重要论述,这系列的重要论述最终汇聚成中国特色反贫困理论[7][8]。中国特色反贫困理论有其历史底蕴,同时理论与实践双向互动、辩证统一,理论指导实践,实践证明理论的有效性、可验证性,充分彰显了马克思主义政党与时俱进的理论品格,为全球反贫困实践提供了可靠的"中国样本"、"中国范例"。

二、全面性:中国特色反贫困理论的时代特质

中国的反贫困实践是与时俱进的,从革命、建设时期的探索及积累,到改革初期提出的"解决温饱问题",再到"建设小康社会",最后到决胜

"全面建设小康社会",在不同的目标任务下,阶段性发展演进。党的十八大提出的"全面建成小康社会",对新时代小康社会建设提出了新的要求。脱贫攻坚是在"全面建成小康社会"的大战略目标下展开的,"全面性"是反贫困实践新阶段的新特征,是中国特色反贫困理论的时代特质。习近平在十八届中共中央政治局第一次集体学习时的讲话中指出:"党的十八大根据国内外形势新变化,顺应我国经济社会新发展和广大人民群众新期待,对全面建设小康社会目标进行了充实和完善,提出了更具明确政策导向、更加针对发展难题、更好顺应人民意愿的新要求。"习近平用三个"更"从三个向度诠释了"全面"的内涵,进一步阐明中国特色反贫困理论时代特质的具体内涵。

(一)全面统筹

从"更具明确政策导向"看,党的十八大以来,治理理念从"摸着石头过河"转向强化"顶层设计",新时代的反贫困实践以党的统一领导全面统筹推进,充分发挥中国特色社会主义举国体制集中力量办大事的优势,以理念突破、理论创新为先导,战略定位、资源导入、协同机制等方面更为"全面"地融入国家治理体系,实现制度供给、政策保障的明确化,开创性地形成了"全面统筹"的大扶贫格局。中国自确立社会主义制度以来,在中国特色社会主义的架构内,积极探索中国的反贫困经验。党的十八大以来,习近平十分重视顶层设计,注重"摸着石头过河"和加强顶层设计的辩证统一,治国理政中以国家治理能力与治理体系现代化为导向,更加强化宏观思考和顶层设计,更加注重改革的系统性、整体性、协同性,在各项改革的协同配合中推进全面改革。[9]中国特色反贫困理论之中,顶层设计、战略定力成为重要的内容。纵向上,全局把握,全面统筹,"五级书记抓扶贫",从中央到地方,深入毛细血管,一竿子通到底;横向上,社会协同,全员参与,整合社会、市场的多种资源导入脱贫攻坚。"全面统筹"的大扶贫格局充分发挥了社会主义制度优越性,是党的十八大以来坚持和加强党的全面领导的重要成果体现。

(二)全面攻坚

从"更加针对发展难题"看,新时代的反贫困领域所面临的改革环境更为复杂,目标任务更为艰巨,要履行党的庄严承诺,亟待解决全面建成小康社会的"最后一公里"问题,在中国共产党的带领下,全国人民凝心聚力,众志成城,聚焦短板弱项,实施精准攻坚,开创性地形成了"精准扶贫"的新方略。十九大报告指出"让贫困人口和贫困地区同全国一道进入全面小康社会是我们党的庄严承诺"。中国的反贫困,是几代领导人一以贯之、接续奋斗下持续推进的,层层递进,步步为营,贫困的界定、标准等随着实践的深化而不断地发展,最难的问题往往留到最后解决。就人群看,最后需要脱贫的人口主要集中于老、弱、病、残人群;就地区而言,贫困人口集中、自然条件差、发展基础薄弱的深度贫困区域,成为脱贫攻坚战短板中的短板。习近平所领导的反贫困实践所处的是"攻坚"阶段,要解决反贫困的"最后一公里"问题,实现脱贫致富"一个都不剩",就要啃硬骨头,这需要全党全国各族人民"拧成一条绳",以问题为导向,解难题、破难题,落深、落细、落到实处,全面精准攻坚,谱写克难攻坚的时代篇章。"全面攻坚"既是中国特色反贫困理论形成的重要时代背景,也是理论本身的时代特质。

(三)全面发展

从"更好顺应人民意愿的新要求"看,新时代社会主要矛盾已经转化为人民日益增长的美好生活需要和不平衡不充分的发展之间的矛盾,从温饱到小康,再到全面小康,新时代的反贫困实践,扶贫的覆盖面更广,标准更高,机制更完善,更为注重人的全面发展,共享改革成果,实现共同富裕,中国特色反贫困理论丰富和发展了"实现人的全面发展和全体人民共同富裕"的反贫困理念。中国共产党领导继承马克思主义反贫困理论,可以说中国革命、建设、改革,其根本目的就是消灭贫困、实现共同富裕。新时代的反贫困要求更高,一方面,要求贫困人口全覆盖,党的十八届五中全会明确"到 2020 年,我国现行标准下农村贫困人口实现脱贫,贫困县全部摘帽,解决区域性整体贫困",要求"全面"脱贫、"全体"达标,另一方面,标准更全面,十九大报告指出"到建党一百年时建成经济更加发展、民主更加健全、科教更加进步、文化更加繁荣、社会更加和谐、人民生活更加殷实的小康社会",社会矛盾发生了重要变化,顺应发展的新阶段、新任务,扶贫的内容更为丰富,出现了文化扶贫、教育扶贫、健康扶贫、精神扶贫等多种形式,反贫困的内容更加"全面",标准更高。中国特色反贫困理论在推动人的全面发展、实现共同富裕的探索上迈出了扎实的一步,大大发展了马克思主义反贫困理论。[10]

三、体系化:中国特色反贫困理论的系统建构

习近平就中国特色反贫困理论提出了七方面的经验和认识。[4]中国特色反贫困理论的核心是坚持党的领导,将马克思主义政党的先进理念、制度优势、创新能力发挥到了极致。本文围绕这七个方面的内容,以"全面反贫困"(comprehensive anti-poverty)的理念为内在统领,结合习近平有关脱贫攻坚重要论述及其开创性的实践探索,将其中经验要素分解为十大经验要素(见表 1),再将其系统化为理念(先进理念)、机制(制度优势)、策略(创新能力)三个层面、七大要素,并深入探究其内在的逻辑关系(见图 1)。

表 1　中国特色反贫困理论

七方面的经验和认识	十大经验要素	七大要素
坚持党的领导,为脱贫攻坚提供坚强政治和组织保证	党的统一领导	党建引领
坚持求真务实、较真碰硬,做到真扶贫、扶真贫、脱真贫	全面从严治党	
坚持以人民为中心的发展思想,坚定不移走共同富裕道路	以人民为中心的发展思想	包容发展
	共同富裕的发展目标	
坚持发挥中国社会主义制度能够集中力量办大事的政治优势,形成脱贫攻坚的共同意志、共同行动	大扶贫格局	全局统筹
	区域协作扶贫	全域协同
坚持弘扬和衷共济、团结互助美德,营造全社会扶危济困的浓厚氛围	社会帮扶格局(文化氛围)	全员参与

续表

七方面的经验和认识	十大经验要素	七大要素
坚持精准扶贫方略，用发展的办法消除贫困根源	精准扶贫机制	精准施策
	用发展的办法消除贫困	内源驱动
坚持调动广大贫困群众积极性、主动性、创造性，激发脱贫内生动力	调动广大贫困群众积极性	

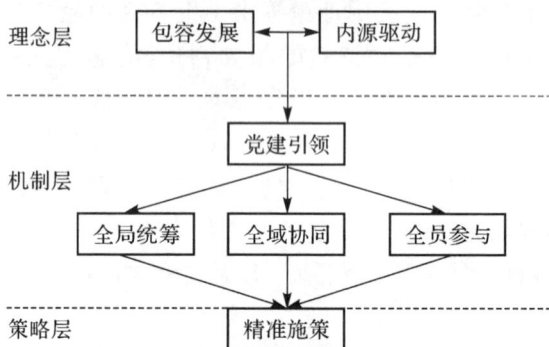

图 1　中国特色反贫困理论的系统建构

（一）中国特色反贫困理论系统建构的三个层面

1.理念层（先进理念）："实现人的全面发展和全体人民共同富裕"的扶贫理念

重点在于始终坚持以人民为中心，坚守马克思主义政党的初心和使命，持续推动人的全面发展和全体人民共同富裕，崇尚"包容发展"，将贫困群众包容到改革发展进程中，共享改革成果，强化"内源驱动"[11]，调动贫困群众的积极性、主动性，激发创新创业活力。

2.机制层（制度优势）："全面统筹"的扶贫发展格局

重点在于在党的统一领导部署下，发挥中国社会主义制度能够集中力量办大事的政治优势[12]，构建起大党建与大扶贫相协同的扶贫发展格局，以"党建引领"，推动"全局统筹"、"全域协同"、"全员参与"，整合全社会的力量投入到脱贫攻坚战之中。[13]

3.策略层(创新能力):全面精准攻坚的扶贫发展方略

中国共产党是与时俱进的政党,精准扶贫方略是中国特色反贫困理论的重要创新。精准扶贫,是在"全面"创新的基础上展开的。狭义的精准扶贫面向困难群众,"对症下药、精准滴灌、靶向治疗",具体化为政策体系、工作体系、制度体系。广义的精准扶贫则是依托于理念、机制(制度)、策略系统创新,以理念层为机制层的前导,以机制层为策略层的保障,环环相扣,层层递进,以全面统筹下的系统创新确保精准施策"一通到底"。精准扶贫属于系统创新的理论成果。[14]

(二)中国特色反贫困理论系统建构的七大要素

1.要素一:"包容发展"的理念

包容发展(inclusive development)是一个国际性的反贫困议题[15],也是中国特色反贫困理论的核心理念。就翻译的角度而言,包容可以翻译为共享,指向将社会弱势群体纳入到发展进程之中,并受益于发展带来的福祉。就过程而言,是"包容";就结果而言,是"共享"。党的十八届五中全会提出创新、协调、绿色、开放、共享五大发展理念,可以说共享(包容)发展是发展伦理的"中国范式"。

始终坚持"以人民为中心"的反贫困理念

党的十八大以来,以习近平同志为核心的党中央坚持以人民为中心的发展思想,提出并深入贯彻新发展理念,着力打赢脱贫攻坚这场硬仗,朝着全面建成小康社会的奋斗目标扎实推进。习近平在2015年减贫与发展高层论坛上说道:"40多年来,我先后在中国县、市、省、中央工作,扶贫始终是我工作的一个重要内容,我花的精力最多。"从知青岁月到地方工作,再到主政中央,都体现了"我将无我、不负人民"的情怀,广大党员干部以习近平的"人民情怀"为榜样,用实际行动诠释"人民至上"、"以人民为中心"的价值理念,将"以人民为中心"的价值理念转化为脱贫攻坚的政治承诺与工作动力。

始终坚持"共同富裕"的反贫困目标

《中共中央国务院关于打赢脱贫攻坚战的决定》指出:"消除贫困、改善民生、逐步实现共同富裕,是社会主义的本质要求,是我们党的重要使命。"中国共产党讲求道义、诚信,言出必行,行则必果,始终将消除贫困、共同富裕、人民幸福视为初心与使命,是几代党和国家领导人孜孜以求的政治目标与政治情怀。共同富裕蕴含着共享发展的深义,中国的反贫困实践是以共同富裕为其旨归的。党的十八大以来,打赢脱贫攻坚战、决胜全面建成小康社会成为推动"共同富裕"的重要目标、方向。

2. 要素二:"内源驱动"的理念

由于全面建成小康社会的最艰巨、最繁重的任务在农村,特别是农村贫困地区,中国的脱贫攻坚,努力积聚和激发农村的内生活力,实现"造血式"扶贫脱贫,从"救济式扶贫"转向"开发式扶贫"[16],从解决"生存型贫困"转向解决"发展型贫困"的"扶贫开发",切实探索反贫困的长效机制,致力于从根底里解决问题,因此内源驱动理念是中国特色反贫困理论的核心理念。

用发展的办法消除贫困

习近平到陕西省延安市延川县梁家河当知青,带领群众打淤泥坝,修梯田,建沼气,办铁业社、缝纫社、小卖部等;在河北省正定县担任县委书记,提出了"半城郊型"经济模式,推动旅游业"转型";在浙江省工作期间,部署实施欠发达乡镇奔小康、百亿帮扶致富建设等扶贫工程,提出"绿水青山就是金山银山"等重要理念,走出了绿色发展、可持续发展的扶贫新路子。党的十八大以来,习近平全面推动城乡统筹,深化推进生态发展,实施乡村振兴战略等新路子、新方法,"用发展的办法消除贫困",为脱贫攻坚赋能。

调动广大人民群众的积极性

习近平 2019 年在河南考察时强调指出:"脱贫攻坚既要扶智也要扶志,既要输血更要造血,建立造血机制,增强致富内生动力,防止返贫。要发扬自力更生、自强不息的精神,不仅要脱贫,而且要致富,继续在致富路上奔跑,走向更加富裕的美好生活。"内源性发展不能一味靠输血型的发展,一定要依托整体经济的发展,形成造血型的持续发展效应,造血必然需要自强不息的精神作为内在的支撑,要以人民群众为主体,充分发挥其主观能动性。

3.要素三:"党建引领"机制

在中国特色社会主义道路上,马克思主义政党始终是总揽全局、协调各方的领导核心,党的正确和坚强领导是实现以乡村为主的贫困地区走向共同富裕的根本保证。[17]因此,顺应时代趋势要求,创新和精心做好党的建设工作,以"党建引领"促进国家及地方的扶贫脱贫工作,是中国特色反贫困理论中特别是机制建构部分的"牛鼻子"。

坚持党的领导

党的建设新的伟大工程,是开展"反贫困"各项工作、推进社会主义建设的重要政治保障。习近平始终高度重视农村基层党组织在"反贫困"工作中的战斗堡垒作用,他在主政福建省宁德地区时就指出:"农村改革越深化,党组织的核心地位越要强化;脱贫越深入,农村第一线党组织的力量越要增强。"[18]脱贫攻坚中,形成了"五级书记抓扶贫、全党动员促攻坚的格局",选优配强基层党组织特别是村级党组织班子成员,充分发挥党员干部的示范带头作用,尤其是注重发挥驻村扶贫工作队特别是选派第一书记"传帮带"作用,真正把基层党组织建设成带领群众脱贫致富的坚强战斗新堡垒。同时,全面落实各级党委政府脱贫攻坚主体责任,围绕"人脱贫、村出列、县摘帽、解决区域性整体贫困"目标任务,严格执行脱贫责任制。

全面从严治党

全党开展的"不忘初心、牢记使命"主题教育,全面推动"从严治党"向基层延伸,确保全体党员干部始终以奋进姿态,成为脱贫攻坚的常新力量。脱贫攻坚锻造形成了"上下同心、尽锐出战、精准务实、开拓创新、攻坚克难、不负人民"的脱贫攻坚精神。脱贫攻坚精神与党的革命精神、改革精神一脉相承,共同构筑起"反贫困"新型斗争战场上的强大精神防线。同时,党的十八大以来,习近平在脱贫攻坚领域,反对形式主义、官僚主义,反对"面子工程"、"形象工程",实行最严格的考核评估,开展扶贫领域腐败和作风问题专项治理,正风肃纪力度,为脱贫攻坚廉洁护航。

4.要素四:"全局统筹"机制

中国的贫困问题是发展不平衡不充分下的结构性贫困,反贫困工作是一项系统性、综合性、社会性的重大工程,因此,对贫困的综合施治、全局统筹、系统部署是中国特色反贫困理论机制层的重要内容。

第一,在国家层面设定统一的政策制度以及系统解决方案,加强了扶贫的系统性、整体性、协同性,党的十八大以来,做好顶层设计、提供系统解决方案一直是反贫困的重要内容,中国脱贫攻坚政策逐步实现从阶段性到长效性的转变,机制设计更加强调反贫困的可持续性与彻底性,从短期纾困向长效赋能逐渐递进。

第二,充分发挥了中国特色社会主义制度的优势,统筹整合政治资源和经济资源,将有限的资源有效使用到重大战略项目中。习近平2015年在贵州召开的部分省区市党委主要负责同志座谈会上,指出:"坚持党的领导,发挥社会主义制度可以集中力量办大事的优势,这是我们的最大政治优势。"[17]社会主义制度为反贫困工作提供了重要制度保障。在中国共产党制定精准扶贫方略的基础上,实行中央统筹、各省总负责、市县抓落实的工作机制,体现了民主与集中的统一,使扶贫责任得到了真正的落实。社会主义制度为反贫困工作提供了资源保障。中央政府能最大限度地调动组织发达地区的人力、经济等资源,同时提升各种资源要素的匹配度,增强资源的匹配效应,并降低资源转移过程中产生的交易成本,最终保障反贫困工作在贫困地区的开展。

第三,对反贫困工作的复杂性,必须在坚持党的领导的基础上,形成政府、社会、市场多类主体协同推进的大扶贫格局,发挥不同主体各自的特色作用。脱贫攻坚中,形成了政府、市场、社会互动的工作机制,坚持专项扶贫、行业扶贫、社会扶贫等多方力量、多种措施有机结合和互为支撑的三位一体扶贫大格局。

5.要素五:"全域协同"机制

区域协同反贫困,特别是东部发达地区和西部贫困县的结对帮扶,是促进各区域经济社会均衡发展的重要途径。党的十八大以来,习近平有关打赢脱贫攻坚战重要论述中,区域协作占据了重要地位。2016年,习近平在银川主持召开东西部扶贫协作座谈会上指出,"东西部扶贫协作和对口支援,是推动区域协调发展、协同发展、共同发展的大战略,是加强区域合作、优化产业布局、拓展对内对外开放新空间的大布局,是实现先富帮后富、最终实现共同富裕目标的大举措"。早在1996年9月,中央确定"闽(福建)宁(宁夏)"对口扶贫协作关系,当时习近平倡导的

"优势互补、互惠互利、长期协作、共同发展"方针是今天"东西协作"的重要理念。2016 年,国家层面推出了《关于进一步加强东西部扶贫协作工作的指导意见》,2017 年出台相关的考核办,将其制度化。中央不断提升东西部扶贫协作在区域协调发展中,以及区域协调发展在精准扶贫等国家重大战略中的地位。党政主导的东西区域协同模式,很好地促进了结对省份之间扶贫资源、项目资源、市场资源、社会资源的有效对接,是大扶贫格局中的重要一环,增强了扶贫的精准性,特别是市场资源的拓展,通过西部的农产品在东部的销售,激发西部贫困群众的主体性,推动了扶贫的长效机制,同时通过东部项目在西部的落地,既解决了东部企业的产业梯度转移,也促进了西部困难群众的就地就业,实现双赢。这所体现的是"看不见的手"和"看得见的手"之间的辩证关系,也是中国特色反贫困理论的一大特色。

6.要素六:"全员参与"机制

全民参与的思想是中国特色反贫困理论的重要实现途径。中国的反贫困实践,秉承了中华民族扶贫济困的优良传统,凝聚了全党、全社会的力量,调动了社会各界参与脱贫攻坚的积极性。

一是形成了以行业组织为主导的行业扶贫体系。改革开放以来,中国东部沿海地区发展势头迅猛,以高新技术、信息通信为代表的行业飞速发展,但这使得东部地区经济腾飞的同时,也加大了中西部地区间的发展差异,促使居民收入差距进一步扩大。就此,习近平对全国脱贫攻坚奖表彰活动所做出重要指示指出,"党政军机关、企事业单位开展定点扶贫,是中国特色扶贫开发事业的重要组成部分,也是中国政治优势和制度优势的重要体现"。他认为,行业组织主导的行业扶贫作为脱贫攻坚的关键一环,是促使贫困群众由输血向造血转变的必经之路。定位上,企业、行业协会为代表的行业组织是政府、产业和贫困群体的搭桥者与基层精准扶贫政策的执行者。功能上,行业组织通过挖掘贫困地区资源禀赋、培育地区特色产业、打造特色乡村旅游、拓展电商渠道等多种方式,为贫困人口提供充足的工作岗位,提高贫困地区群众自我发展及造血能力,实现贫困人口的稳定脱贫。

二是形成了以社会公益组织为代表的社会组织扶贫体系。在中国脱贫攻坚工作推进过程中,政府始终承担着投入主体和主导方向的作用,然而有时对基层的工作开展和具体社会环境,仍然可能存在着认识不足、难以施策的问题。习近平在 2018 年打好精准脱贫攻坚战座谈会上指出,"脱贫攻坚,各方参与是合力。必须坚持充分发挥政府和社会两方面力量作用"。他从总体出发,深刻地预见到了社会组织在扶贫攻坚中的重要作用。一方面,社会组织植根民间,能够更加深入基层,对不同地区、不同人群、不同贫困层的不同问题开展更为具体、更有针对性的扶贫活动。另一方面,公益组织也可凭借直接执行人或中介的身份,协助并监督各级政府贯彻执行有关方针政策,确保真正落实到位。对于一些扶贫工作,在政府依据不足、难以决策的情况下,社会公益组织往往可以尝试推进开展,为政府决策提供依据。在党和政府的带头和动员下,社会各主体扶贫有其自身的优势,通过各种类型的项目扶持、资金注入以及科技扶持,能够更契合贫困地区的实际需求,成为政府精准扶贫的有效补充,从而形成强大的反贫困整体合力。

三是形成了以普通社会成员为代表的社会个人扶贫体系。社会工作专业人才、扶贫志愿者乃至一般社会居民,是脱贫攻坚的中坚力量。然而在发达地区,对于脱贫攻坚工作消极、抱有厌战情绪者不在少数。如何有效调动社会成员的积极性,直接决定了脱贫攻坚的最终成果。为此,习近平强调,"要广泛宣传学习先进典型,激励全党全社会进一步行动起来,激励贫困地区广大干部群众进一步行动起来,形成扶贫开发工作强大合力"。他认为扶贫开发事业的成功经验之一,在于广泛动员全社会力量协同扶贫,这也是中国特色扶贫开发道路的重要特征。

7. 要素七:"精准施策"的策略

由于中国地区差异大,不同贫困人群具体的特征及贫困原因差异显著,扶贫要深入基层,开展精细化扶持,确保扶贫资源以有效的方式传递到微观的扶贫对象,深入贫困地区。中国脱贫攻坚要落实到具体个体,但问题的解决必须要有一个系统化机制作为内在支撑。2012 年,习近平在河北省阜平县考察扶贫开发工作时提出:"做好基层工作,关键是要做到情况明。情况搞清楚了,才能把工作做到家、做到位。大家心里要有一本账,要做明白人。要思考我们这个地方穷在哪里? 为什么穷? 有哪些优势? 哪些自力更生可以完成? 哪些需要依靠上面帮助和支持才能完成? 要搞好规划,扬长避短,不要眉毛胡子一把抓。帮助困难乡亲脱贫致富要有针对性,要一家一户摸情况,张家长、李家短都要做到心中有数。对乡亲们生产生活中的困难和问题,村子里能解决的就尽快解决,不能解决的及时向上级部门和有关方面反映,大家一起来想办法。"其中已经包含了了解群众的实际所需、按需帮助群众的"精准扶贫"思维,同时也指出"不能解决的及时向上级部门和有关方面反映,大家一起来想办法"的帮扶机制,指向精准扶贫的"系统破题"。习近平在 2013 年 11 月于湖南省湘西考察时,首次提出了"精准扶贫",指出"扶贫要实事求是,因地制宜。要精准扶贫,切忌喊口号,也不要定好高骛远的目标"。

此后,中共中央办公厅、国务院办公厅印发《关于创新机制扎实推进农村扶贫开发工作的意见》的通知,国务院机构出台《关于印发〈建立精准扶贫工作机制实施方案〉的通知》、《关于印发〈扶贫开发建档立卡工作方案〉的通知》等一系列的文件,对精准扶贫工作模式的顶层设计、总体布局和工作机制等方面都做了详尽部署。从狭义来说,精准扶贫主要提高扶贫的精准度、满意度,提高扶贫供给的效率及效果,具体内容包括扶贫对象精准、项目安排精准、资金使用精准、措施到户精准、因村派人精准、脱贫成效精准等"六个精准",坚持分类施策、因人因地施策,通过扶持生产和就业发展一批,通过易地搬迁安置一批,通过生态保护脱贫一批,通过教育扶贫脱贫一批,通过低保政策兜底一批,广泛动员全社会力量参与扶贫。从广义而言,精准扶贫还涉及科学扶贫的顶层设计、系统布局,包括内源扶贫的农民主体、内源动力,社会扶贫的社会协同、全员参与,政治扶贫的党建引领、责任机制、投入机制、政策体系、监督评估等方面,特别是十九届四中全会更加清晰地认识到"精准扶贫"是从治理体系、治理能力现代化的角度来谋划扶贫工作,体现了贫困治理的系统性、科学性。中国特色反贫困理论中,精准的实现是以"全面"的规律把握及系统化机制建立作为其内在的保障。

这七方面的理论要素所构成的逻辑关系,说明了中国特色反贫困理论的结构性、系统性特征。

四、结论

中国特色反贫困理论是习近平总书记关于打赢脱贫攻坚战重要论述的"集大成",是脱贫攻坚战的制胜法宝。中国特色反贫困理论有三方面的理论特色:

第一,具有"开创性"的理论品格。就历史与文化向度而言,理论继承融合了优秀传统文化中"大同理想"、革命文化的伟大斗争精神、社会主义先进文化的开拓创新精神等中华文化精神,同时也是马克思主义反贫困理论中国化的最新成果,彰显着文化自信、理论自信,充分体现了理论渊源的"深度";就实践向度而言,一方面,理论建构处在"全面建成小康社会"的特定历史节点上,要解决脱贫攻坚"最后一公里"的问题,啃硬骨头,牵涉面积广,体现了理论创新的广度,另一方面,理论的有效性是以脱贫攻坚战的胜利为具体的经验场景,体现了理论建构的效度。

第二,具有"全面性"的时代特征。相比较新中国成立以来的反贫困实践及理论探索,中国特色反贫困理论,既是站在巨人的肩膀上,又是根植于新时代新使命、新问题而进行的创新性探索。就发展目标而言,新时代更加注重人的全面发展;就破解发展中面临的问题而言,需要在更大范围内整合更多的资源,突破更多的瓶颈而进行全面统筹;就任务而言,打赢脱贫攻坚战,兑现党对人民的庄严承诺,必须在这一时间节点完成,所以需要集中力量,全面攻坚。

第三,基于"体系化"的系统建构。中国的反贫困实践,从"摸着石头过河"慢慢发展到强化顶层设计、强化全面统筹。就其内在发展逻辑而言,是理念、机制、策略的内在统一,以理念创新为先导,以机制创新为保障,而实施具体的脱贫攻坚策略,在这一视域中,精准扶贫的后端是以理念、机制为其保障与支撑,唯有这种结构性、系统化的特征,能够很好地解释、指导中国的反贫困实践。三层结构又以党建引领、包容发展、内源驱动、全局统筹、全域协同、全员参与、精准施策等七大要素组成,"党建引领"贯穿全局,以"包容发展"、"内源驱动"为基本理念,以"全局统筹"、"全域协同"、"全员参与"为核心机制,而以"精准施策"为终端输出,形成逻辑体系。

中国反贫困实践经验尤为丰富,习近平有关打赢脱贫攻坚战重要论述内容丰富,可以进一步地梳理、挖掘。中国特色反贫困理论研究具有较强的开放性,可以不断地深化研究。中国特色反贫困理论的研究,除了进一步推进理论体系的精细化,提高概念体系的严密性,还要继续以时代背景为导向、以问题为导向。一方面,积极探索中国特色反贫困理论的国际表达,在国际反贫困理论的对话中,贡献中国智慧和中国方案;另一方面,则要在后续的实践检验与实践指导中,不断发展。

参考文献

[1] 任东景.马克思主义反贫困理论中国化的进程及基本经验[J].马克思主义研究,2021(2):81-88.

[2] 李猛.马克思主义反贫困理论在中国的传承与创新[J].中共中央党校(国家行政学院)学报,2020(4):22-28.

[3] 杨金海.马克思主义反贫困理论的丰富和发展[J].高校马克思主义理论研究,2020(4):11-14.

[4] 习近平.在全国脱贫攻坚总结表彰大会上的讲话[EB/OL].(2021-02-25)[2021-02-25].http://jhsjk.people.cn/article/32037041.

[5] 黄承伟,刘欣,周晶.鉴往知来 十八世纪以来国际贫困与反贫困理论评述[M].南宁:广西人民出版社,2017:267-275.

[6] 张元如.习近平关于精准扶贫的重要论述研究[D].上海:上海师范大学,2020.

[7] 杨灿明.中国战胜农村贫困的百年实践探索与理论创新[J].管理世界,2021(11):1-15.

[8] 黄承伟.习近平扶贫重要论述与中国特色减贫道路的世界意义[J].当代世界,2021(6):5-10.

[9] 张本刚,牟岱,张岩.习近平新时代中国特色社会主义思想的马克思主义方法论探析[J].社会科学辑刊,2021(4):5-11.

[10] 王杰森.后扶贫时代脱贫内生动力培育的长效机制研究——基于马克思人的全面发展理论[J].内蒙古农业大学学报(社会科学版),2021(4):1-5.

[11] 方化.内源式发展视角下中国农村反贫困研究[D].北京:中共中

央党校,2018.

[12] 张远新,董晓峰.论脱贫攻坚的中国经验及其意义[J].浙江社会科学,2021(2):4-10,155.

[13] 方堃,吴旦魁.习近平对马克思主义反贫困理论的创新[J].中南民族大学学报(人文社会科学版),2019(3):108-111.

[14] 王超,蒋彬.乡村振兴战略背景下农村精准扶贫创新生态系统研究[J].四川师范大学学报(社会科学版),2018(3):5-15.

[15] Boji F. Book review: Combating poverty in europe-active inclusion in a multi-actor context [J]. European Journal of Social Security, 2019(3):1-4.

[16] 林尚立.扶贫要从救济式扶贫转到发展式扶贫[J].中国西部,2013(10):1.

[17] 贺卫,潘锦云.党的全面领导在脱贫攻坚中的作用研究初探——基于党的建设理论视角[J].华北理工大学学报(社会科学版),2020(1):58-62.

[18] 习近平:摆脱贫困[M].福州:福建人民出版社,2014:162.

做好巩固拓展脱贫攻坚成果
同乡村振兴有效衔接^①

2020 年,我国脱贫攻坚战取得全面胜利,绝对贫困消除,我国反贫困工作迈入了治理相对贫困问题的新阶段。党的十九大报告提出乡村振兴战略,将其作为全面建设社会主义现代化国家的指导方针。同时乡村振兴战略也是推进持续性减贫、实现农业农村现代化的重要制度保障。目前,我国正处于"两个一百年"目标历史交汇期和过渡期,2021 年中央一号文件强调要实现巩固拓展脱贫攻坚成果同乡村振兴有效衔接,这种有效衔接是实现长效脱贫减贫,走向共同富裕和现代化的重要路径,因此,在巩固脱贫攻坚成果的基础上,不断进行创新拓展,并与乡村振兴有效衔接,意义十分重大。本文阐述了巩固拓展脱贫攻坚成果同乡村振兴有效衔接的内在逻辑,指出在巩固脱贫攻坚成果同乡村振兴有效衔接过程中要清晰认识三个持续性、两个缺位和两个局限的问题,并进一步提出,巩固拓展脱贫攻坚成果同乡村振兴有效衔接需要"三条路径"协同推进。

一、准确把握有效衔接的内在逻辑

实现巩固拓展脱贫攻坚成果同乡村振兴的有效衔接,必须准确把握

① 本文作者为黄祖辉、钱泽森。本文内容发表在《南京农业大学学报(社会科学版)》2021 年第 6 期。本文研究得到国家自然科学基金国际(地区)合作与交流项目"易地扶贫搬迁的社会经济与环境影响评估"(71861147002)的支持。

脱贫攻坚战略与乡村振兴的内在逻辑关系。本文从前提条件、核心动力和重要保障三个方面,阐述两大战略有效衔接的内在逻辑,分别为战略目标和内容的变动与提升、农户内生动力的培育与内嵌、保障机制的融合与优化。

(一)有效衔接的前提条件:战略目标和内容的变动与提升

首先是从绝对贫困到相对贫困的变动与提升。脱贫攻坚聚焦于绝对贫困的消除,在"两不愁三保障"的要求下,重点关注增收问题。而乡村振兴则关注相对贫困的治理,相对于绝对贫困,相对贫困是更多维、更深层的贫困问题。乡村振兴战略在进一步健全增收机制的同时,也强调产业、人才、文化、生态、组织等方面的全面振兴,多管齐下解决城乡贫困问题,迈向共同富裕。

其次是从特惠政策到普惠政策的变动与提升。脱贫攻坚重点关注现行标准下的特定地区和群体,有针对性地出台一系列特惠政策,以达到快速增收、有效脱贫的目的,而乡村振兴强调整个农村群体的全面振兴,因此,其帮扶对象由特定群体延伸到全体农民,由特定区域扩大到整个乡村,特惠性政策在结合实际、分类处置的基础上,按照"四个一批"的原则,即保留一批、延期一批、整合一批、取消一批[1],向普适性、长期性政策转变。

再次是从短期任务到长期规划的变动与提升。脱贫攻坚的目标任务具有一定的紧迫性和阶段性,要求在 2020 年完成现行标准下的贫困人口全部脱贫、贫困县全部摘帽的任务,并且全面建成小康社会。而乡村振兴则具有长期性和整体性,要求在 2035 年基本实现现代化,并在 2050 年实现乡村全面振兴,建成社会主义现代化强国。目标任务递进为脱贫人口规模性返贫风险的防范、相对贫困的治理以及农业农村现代化的推进,因此需要进行长远谋划,在构建稳定长效机制的基础上,统筹治理相对贫困,促进乡村现代化发展。

最后是从微观施策到顶层设计的变动与提升。以"五个一批"和"六个精准"为代表,脱贫攻坚因地制宜,因人施策,推出了一系列针对性的倾斜政策和帮扶手段,以期通过靶向治疗,快速推动目标人群、目标地区的脱贫致富。而乡村振兴则面向全体农村农民,强调顶层设计、一体推进、协同发展,有计划、有步骤地推进农村经济、政治、生态、文化、社会等各项事业的发展。

(二)有效衔接的核心动力:农户内生动力的培育与内嵌

无论是脱贫攻坚,还是乡村振兴,都以农户为主体。对于贫困农户这一特殊群体,脱贫攻坚战略遵循外部帮扶与内生动力激发相结合的原则,扶贫开发不仅以直接消除绝对贫困为目标,更要在减贫的过程中通过一系列帮扶措施,逐步提高贫困农户的内生发展动力。但在战略实施期间,受攻坚任务紧迫性、阶段性特征的限制,政府及社会组织的外部帮扶逐渐占据了主要地位。特别是在精准扶贫中,扶贫项目的选择、推进和实施,大多由政府主导,在取得减贫和脱贫成效的同时,也出现了一些贫困农户"等靠要"和脱贫动力不足的问题,使得脱贫攻坚战略带有"外嵌"的特点,与激发农户内生发展动力的初衷存在一定的背离。另外,城乡二元体制和农村人口流动也是农民主体性地位缺失的重要原因。一方面,城乡二元体制的长期存在导致了城乡居民各项权利不平等,政府和基层组织往往替代农户行使参与权。另一方面,城市经济的快速发展和城市化的推进,加快了中青年劳动力的外流和农村常住人口结构的失衡,进一步凸显了空心化、老龄化的问题,农民群体的主动性也随之弱化。随着脱贫攻坚战的全面胜利,一方面,绝对贫困现象被消除,农户生计发展水平不断提高,出于个人发展需求,农户开始谋求致富路径,追求生活富裕。另一方面,全面激发农户内生动力、建立致富长效机制、保障农民持续增收也成为推动乡村高质量发展、农业农村现代化的关键因素。这表明,两大战略的有效衔接,核心动力仍在于农户,关键是不断提升农户的主体地位,使其成为乡村建设的"内嵌"环节,内生动力不断激活。

(三)有效衔接的重要保障:保障机制的融合与优化

脱贫攻坚和乡村振兴两大战略的推进,离不开政府的组织和相关体制的保障,而脱贫攻坚进程中,已经采取了一系列行之有效的工作机制和政策体系,形成了从中央到各省份再到各市县成熟的工作机制。另外,脱贫攻坚中构建的专项扶贫、行业扶贫和社会扶贫"三位一体"的扶贫大格局,更是巩固拓展脱贫攻坚成果同乡村振兴有效衔接的制度基础和保障。由此可见,持续多年的脱贫攻坚战已经积累了比较丰富的乡村改革和乡村治理方面的成果与经验,为乡村振兴的进一步开展奠定了良好的基础,对贫困发生机制的明确和脱贫致富路径的认知,也可为后续工作进一步解决乡村治理中的问题和推动"三农"全面发展提供借鉴。总之,乡村振兴需要借鉴和应用这一系列有效的领导体制与工作机制,同时也需要对其进行调整和优化,以不断激发市场、参与主体和生产要素的活力,适应乡村振兴新发展阶段的新需求、新目标的要求。

二、清晰认识有效衔接的关键和局限

在 2020 年脱贫攻坚战取得全面胜利后,不仅我国反贫困事业进入了五年过渡期和常态化发展阶段,而且乡村振兴也进入了全面推进的发展阶段。新时期的乡村振兴立全局,管长远,抓根本,在产业发展与体制机制、基层治理与公共服务、生活质量与生态环境等方面都提出了新的要求。在这样的发展阶段中,必须清晰认识巩固拓展脱贫攻坚成果同乡村振兴有效衔接过程中的三个持续、两个缺位和两个局限。

(一)有效衔接中的三个持续

1.脱贫成果衔接的持续性

虽然绝对贫困已全面消除,但相对贫困问题依然存在,减贫工作仍任重而道远。必须正视部分脱贫成果的脆弱性,将构建持续减贫的长效机制作为巩固拓展脱贫攻坚成果的重点。一方面,在脱贫攻坚战中,部分地区存在数字脱贫、任务脱贫的现象,主要由社会救助、兜底保障来实现政策性脱贫,这种脱贫往往是低水平的脱贫,其收入在现行贫困标准上下浮动,即我们所说的临界贫困。另一方面,实现脱贫目标的贫困人口和贫困地区,尤其是原先的深度贫困地区,受自身客观条件、自然环境、市场波动等因素的影响,仍存在较大的返贫或因不可抗力因素致贫的风险。因此,在推进巩固拓展脱贫攻坚成果同乡村振兴有效衔接的过程中,应重视两者有效衔接的持续性,用好五年过渡期政策,建立长效机制,防范返贫,尤其是防范规模性返贫的风险,实现有效衔接基础上的可持续脱贫。

2.地区战略衔接的持续性

脱贫攻坚战的胜利是覆盖了全社会的胜利,但是在我国由东至西乃至具体的区域内,仍普遍存在梯次性的发展差异与不平衡,脱贫攻坚工作的成效在地区间不尽相同。因此,在推进巩固拓展脱贫攻坚成果同乡村振兴有效衔接的过程中,要考虑各地区脱贫成果的成效与当地经济社会发展状况的衔接性,衔接工作要重视与地区自身发展状况和政策的衔接及其可持续性。要从区域实际出发,因地而异,分类推进,不宜操之过急、简单行事,否则既不利于脱贫攻坚工作的平稳过渡,也不利于脱贫攻坚成果与乡村振兴战略的有效衔接。

3.政策对象衔接的持续性

从脱贫攻坚到乡村振兴,政策对象和范围将发生较大变化,需要关注有效衔接过程中的政策持续性问题。一方面是从个体到全体、从区域到全域的政策持续性问题。脱贫攻坚重点关注贫困地区和建档立卡贫困户,而在脱贫攻坚战后期,脱贫工作迈入深水区,关注对象又进一步聚焦到深度贫困地区和特殊贫困人口。总而言之,脱贫攻坚战略的目标对象是相对锁定的,相关扶贫政策的执行范围和针对人群有严格的界限。而乡村振兴战略则强调全面振兴,聚焦于整个农村,更注重普惠性政策对整个农村群体发展的意义。政策关注目标从建档立卡贫困户扩大到整个农民群体,从特定区域的扶持延伸到整个乡村乃至城乡的融合发展。另一方面是从特惠性到普惠性政策的持续性问题。为打赢脱贫攻坚战,政府采取了一系列特惠性的非常规帮扶举措,比如,贫困户可以享受在指定医院先治疗后缴费的服务,贫困地区可享受"两免一补"的义务教育等。这些特惠性帮扶政策虽然取得了显著的效果,但也存在一些不足,比如,超常规特惠措施容易使部分贫困农户产生"等靠要"心理,缺乏内生发展能力,在扶持措施逐步取消后,农户的持续增收难以保证。又如,超常规特惠措施易引起未享受到类似政策群体的心态失衡,进而产生一定的负面情绪,不利于社会和谐和后续乡村振兴工作的开展。为此,要做好巩固拓展脱贫攻坚成果同乡村振兴的有效衔接,必须注意相关政策变动特点及其衔接的可行性和可持续性,既要关注施策个体、区域的扩大,也要重视施策的常态化,施策力度逐步由特惠向普惠的过渡并保证其持续性。

(二)有效衔接中的两个缺位

1. 长效产业的缺位

在推进脱贫攻坚战的过程中,部分地区由于急于完成贫困退出指标,在制定脱贫攻坚相关政策的过程中,往往缺乏系统思维和长远规划,无法有效且持续地执行已确定的发展目标、道路以及措施,致使长效发展产业缺位。

以产业扶贫为例,在脱贫攻坚进程中,已摸索出规模化和组织化经营主体带动"产业扶贫"的特色路径,在大部分省份,70%的资金被用于产业扶贫,这是"五个一批"中带动脱贫人数最多的路径。[2]产业扶贫一方面基于当地资源禀赋条件,扶持特色产业,另一方面建立新型经营主体与农户之间的联动发展机制,通过农民合作社、龙头企业、社会化服务组织等新型经营主体有效带动当地农户增收。但囿于目标任务的阶段性和紧迫性,不少"产业扶贫"项目没有建好长效发展机制。第一,脱贫攻坚以在2020年底消除绝对贫困为最终目标,各地区在选择扶贫产业时,倾向于选择短期扶贫效果显著的产业,这种带有特定指向性的扶贫产业选择方式,容易忽视当地更具比较优势的产业发展。第二,产业短期扶贫效果显著不一定能保障其长效发展。新产业的形成与发展本身需要大量的要素和资金投入,培育周期较长,而扶贫地区产业发展往往缺乏历史经验,产业结构单一,面临较大的市场风险。这类产业在前期投入较多而后续保障不足的情况下,往往不具备独立面对长期市场竞争的能力。第三,脱贫攻坚更多关注产业的经济功能及其带动农户增收的能力,而忽略其生态、生活以及文化等其他多方面的功能。事实上,随着经济的进一步发展,城市化迈入新阶段,人们的生活水平提高,乡村价值会再现和提升[3],农业中除农产品生产功能以外的其他几大功能的重要性将随之展现,农业产业链的建设和环节的拓展,不能忽视农业的多功能性,要注意融入农村各种生产要素,形成乡村产业体系,以带动乡村的长效发展。

2.小农主体的缺位

目前我国正处于农业转型关键时期,农业经营内容突破了传统的"旧农业"模式[4],正在向参与主体更多、要素更先进、产品附加值更高的"新农业"转化[5],同时,各种形式的规模化新型经营主体正在逐步兴起,极大地提高了农业生产经营的效率和收益。但是在农业转型推进、规模经营扩张的背景下,我国现有农户尤其是小农户的数量依然庞大。第三次农业普查数据显示,全国农户经营户数量为 2.07 亿户,但其中仅有398 万户的农户进行规模化经营。① 这意味着小农户仍然是我国农业生产经营的主体[6],家庭小规模经营的模式将长期存续[7]。但目前小农这一群体却处于尴尬的地位,面临着小农帮扶缺位和小农参与缺位的双重主体地位缺失问题。

在农业生产经营方面,虽然脱贫攻坚针对小农这一特殊群体,已形成了产业扶贫尤其是多样化小农扶贫的模式,但产业发展集中化和标准化的要求与小农户生产资源的多样性、分散性相矛盾,导致产业扶贫的福利覆盖存在盲点,对部分小农难以形成高效帮扶,同时小农也难以有效参与到产业发展建设当中。另外,小规模农户经营与现代农业规模化经营的发展存在矛盾,资本密集型、技术密集型的规模化现代农业也对小农经济产生了排斥。这些年来,政府的农业政策明显倾向于支持农村土地流转和规模经营,在推进三权分置的基础上,实现多种类型的规模经营,加快农业的现代化进程。然而,规模化、资本密集型、技术密集型的经营方式在提高经营者规模效率的同时,也挤压了小农的生存空间,迫使部分小农退出农业生产,变成所谓的"农业剩余劳动力",小农出路成为难以解决的问题。

在乡村发展与建设方面,小农不仅是乡村基层自治组织建设、维系农村社会稳定的重要主体,也是保护乡土文化和生态环境的核心力量。

---

① 国家统计局,2017:《第三次农业普查主要数据公报(第五号)》,(http://www.stats.gov.cntjsjtjgb/nypcgb/)。

但目前我国小农却面临着主体地位缺失的困境。第一,城市化的推进吸引了大量农村青壮年劳动力外流,异地化的生活和工作在降低这批小农与乡村故土的关联度的同时,也导致乡村人际关系疏离,在人际关系基础上建立的公共权威随之失效,阻碍了乡村基层自治组织的建设,进而弱化了乡村基层自治能力。第二,青壮年的劳动力流失,导致农村中留守的主要是受教育程度相对较低、年龄相对较大的农户,这批小农自主参与村庄建设的能力较弱,难以为乡村建设注入新的活力,在新阶段的乡村建设中逐渐边缘化。第三,小农分散化经营的特征决定了小农难以与市场、政府有效对接,这是国家农业生态环境治理中小农缺位的重要原因,一方面,小农无法有效对接市场,导致绿色生态农产品优质高价的市场机制失灵,难以激励小农从事绿色农产品生产。另一方面,小农难以有效对接政府,导致国家绿色生态农业技术和科学种植理念在小农生产中的推广举步维艰。以上这些问题意味着,在小农长期存在的国情下,亟须探索新的小农帮扶和小农发展模式,弥补小农主体的缺位,推进包括脱贫农户在内的小农户和"新农业"的有机衔接。

(三)有效衔接中的两个局限

1. 乡村人口布局的局限

作为"五个一批"工程之一,易地扶贫搬迁是针对生存条件恶劣、资源环境承载力较低的区域采取的一项重要扶贫举措。人口拟搬迁区域通常人口居住分散,生态脆弱、基础设施和公共服务滞后,不具备可持续发展的基本条件,因灾、因病致贫返贫的风险高,阻碍了脱贫工作的开展。而易地搬迁借助整体搬迁的方式,对乡村人口布局进行了调整,通过彻底改善贫困人口生存环境的方式,不仅突破了自然环境条件的外部制约,而且也满足了深度贫困人群追求自我发展的内生需求。但是,脱贫攻坚期间的易地扶贫搬迁具有较强的针对性,主要对象是深度贫困地区的贫困人口,相对较少涉及其他乡村人口。而实际上,我国乡村人口目前仍呈现分散化的布局,其中一个重要特征是村落数量多且分布离散。尽管随着城市化的推进,全国行政村已由原来的 70 多万个减少为目前的 50 万个左右,但如果包括自然村落,全国大约还有 250 万个乡村人口居住的村落。按照我国目前 60% 的常住人口城市化水平测算,平均每个村落的人口是 224 人,而从大多数的自然村落看,每个村落的人口仅在 100 人左右,并且还呈现明显的"留守化"和"空心化"状况。这种分散的人口空间布局既不利于教育、医疗等公共服务的有效覆盖和效率提高,也不利于乡村产业的相对集聚和发展,进而阻碍了巩固拓展脱贫攻坚成果同乡村振兴的有效衔接。为突破这一局限,必须推进乡村人口的相对集聚。事实上,乡村振兴应该是乡村人口相对集聚与分布优化的过程[8],即通过乡村人口在空间上的相对集聚与优化分布,实现公共服务的有效覆盖和效率提高。乡村人口空间分布的相对集聚与优化,既是乡村人口在城乡空间上的优化配置,即城市化对农村剩余劳动力的吸收和产业集聚,也是乡村人口在乡村自身空间中相对集聚的过程。因此,巩固拓展脱贫攻坚成果同乡村振兴的有效衔接,要善用脱贫攻坚中"易地搬迁"的经验和就地就近城市化的路径安排,在充分尊重农民意愿,示范带动和农民利益不受损的同时,赋予脱贫攻坚中易地搬迁以新的内涵和对象,做好搬迁后的后续工作,如就业增进、社保覆盖和社会融入等工作。同时,未来的易地搬迁还要与以县城为主要载体的城市化和就地就近城市化紧密结合,实现与新型城市化和全面乡村振兴的有效衔接。

2. 城乡二元体制的局限

我国脱贫攻坚的一个重要成果就是充分体现了"以城带乡"和全社会参与的力量,在这一过程中,政治动员力和政府推动力发挥了主导性的作用,在短期内聚集了大量资源对贫困地区和人口进行帮扶,取得了"立竿见影"的效果。

脱贫攻坚中城市带动乡村发展的路径可以总结为"流入"和"流出"两个方面。一方面,城市吸纳农村"流出"的劳动力。乡村劳动力进城就业,带动农村劳动力增收。另一方面,城市要素"流入"农村带动乡村发展。先是城市资本、技术、人才等流入农村,助力乡村建设,随后是城市居民进入乡村,通过休闲消费等方式带动乡村的繁荣。但是,在脱贫攻坚进程中,我国城乡二元体制的局限仍然未完全得到破解,这影响了城市化带动下的城乡融合发展的深度。

当前我国城乡二元特征主要表现在基本公共保障和生产要素与居民财产两个方面。一方面,在基本公共保障方面,城乡居民在医疗、教育、养老等基本公共保障方面仍无法享受同等待遇。另一方面,在生产要素和居民财产方面,乡村要素和居民财产的市场化明显滞后于城市。致使农民生产要素和财产,如土地和住房的价格被低估,这又进一步导致了城乡要素配置的失衡和进城农民市民化程度的滞后。因此,为实现巩固拓展脱贫攻坚成果与乡村振兴的有效衔接,需要尽快破解城乡二元体制,建立更为畅通的"以城带乡"模式,实现"城乡互促、融合发展"基础上的乡村振兴。

三、协同推进有效衔接的三条路径

在巩固拓展脱贫攻坚成果同乡村振兴有效衔接中清晰认识三个持续性、两个缺位和两个局限,关键是要在有效衔接中协同推进三条路径。一是推进有效衔接要有"继"有"续",既要巩固脱贫成果,又要保持可延续。二是推进有效衔接要有"旧"有"新",既要汲取既有经验,又要实现新拓展。三是推进有效衔接要有"破"有"立",既要破解固有局限,又要创立新格局。

(一)既要巩固脱贫成果,又要保持可延续

我国脱贫攻坚已取得了举世瞩目的成效,为了在脱贫攻坚的基础上,实现与乡村振兴的有效衔接,必须既巩固脱贫攻坚成果,又保持成果的可延续性。

1.防范返贫致贫风险

在部分已脱贫地区,尤其是原先的深度贫困地区,仍存在较大的返贫或因不可抗力因素致贫的风险。为此,在全面推进乡村振兴战略中,首先要在五年过渡期内持续加强对已脱贫地区及脱贫人口的支持,在"农业农村优先发展"的方针指导下,将关键性资源,如公共资源与组织资源等,下沉到乡村,提高农户对抗风险能力和自我发展主动性,为农民发家致富提供路径和保障,促使脱贫农户迈向"生活富裕"。其次,要加强农村返贫风险动态监测和预警预控体系以及分类分层机制建设。最

后,尽快在教育、医疗、养老等公共保障领域,建立长效减贫的体制机制与防止返贫的制度安排,确保不发生规模性返贫的现象。

2.分区域梯次化衔接

由于我国由东至西乃至具体的区域内普遍存在梯次性发展差异,实现巩固脱贫攻坚成果同乡村振兴的有效衔接不可能一蹴而就,必须注重分区域和梯次化衔接。相对发达的地区应率先做好工作重点、政策设计和减贫目标同乡村振兴的有效衔接。欠发达地区,尤其是刚脱贫的地区,应在过渡期内将工作重点放在巩固脱贫攻坚成果上,同时瞄准区域乡村振兴目标,将工作和政策的重点与地区乡村振兴战略目标相衔接。

3.分政策常态化过渡

巩固拓展脱贫攻坚成果同乡村振兴有效衔接的一个重要制度安排,是推动特惠性政策向普惠性政策转变。一方面要对现行扶贫政策的延续或者脱钩做好研究,区分分类需要取消、接续、完善的政策,既要在短期内保留必要的"救急难"性质的政策,又要接续并完善长远的乡村发展政策。另一方面要协调特惠与普惠的矛盾,因地制宜,结合各地区实际情况,适当保留特惠性社会保障救助政策,积极开发普惠性社会福利政策和公共服务。

(二)既要汲取既有经验,又要实现新拓展

在确保脱贫攻坚成果延续性的同时,要吸取脱贫攻坚所取得的丰富工作经验,并进行新的拓展,以加快实现与乡村振兴"产业兴旺、生态宜居、乡风文明、治理有效、生活富裕"二十字方针和"五大振兴"的有效衔接。

1.长期接替短期,实现成果可拓展

要用乡村振兴的长期目标接替脱贫攻坚的短期目标,实现脱贫攻坚成果可拓展。一是在产业发展上拓展。乡村振兴战略在接续脱贫攻坚"产业扶贫"项目的同时,既要对此类项目进行筛选,通过后续政策扶持等手段,增强此类产业抵抗市场风险的能力,还要因地制宜,结合各地资源禀赋条件、产业发展基础及未来发展潜力,选择当地比较优势产业,并且延伸产业链,提高农业产品附加值,让农户享受更多增值收益,实现产

业长效发展和产业振兴目标相衔接。二是在致富能力上拓展。培育有自主生存与发展能力的"新农民"乃至"职业化农民"尤为重要。通过教育、产权等制度改革,培育有能力、有技术的"新农民",改善农村人力资源质量,缓解当前农业劳动力老龄化、农村建设人才不足的矛盾,优化农户主体结构,增强农户内生发展的能力与可拓展性。

2. 建立衔接通道,实现小农可拓展

在小农长期存在的国情下,营造小农发展环境,实现小农发展可拓展,是做好巩固拓展脱贫攻坚成果同乡村振兴有效衔接的重要关键。一要组织小农进入适宜领域。小农在"乡字号"、"土字号"、休闲农业、民宿产业、农产品加工储运等劳动密集型和农户主导型产业领域具有天然优势,要鼓励和组织小农进入类似产业领域自主就业、受雇就业和合作就业。二要建立小农产业服务体系。核心是通过农业的品牌化、电商化、组织化和政府惠农政策对小农的有效惠及与村集体经济的发展,弥补小农帮扶缺位短板,为小农生产经营提供多元化、全方位的服务,实现品牌提升小农、电商带动小农、组织联合小农、政策扶持小农,进而实现小农与现代农业和乡村振兴的有效衔接。

(三)既要破解固有局限,又要创立新格局

做好巩固拓展脱贫攻坚成果同乡村振兴的有效衔接,还要善于破解固有陈旧发展理念与体制的局限,确立新发展理念,创立发展新格局。

1. 破解乡村人口布局局限,创立乡村集聚发展新格局

一方面,要拓展易地搬迁这一脱贫攻坚的成果,优化乡村人口空间分布,使乡村人口由分散的自然分布向相对集聚的经济社会分布转变。换言之,就是要在继续推进人口城市化和市民化的同时,还要对乡村进行全域与分类规划,实施科学的农村建设计划,创建与乡村振兴相协调的乡村建设新空间。另一方面,要按照保护特色村、改造城(镇)中(郊)村、减少自然村、重点建设中心村和新社区的思路原则,通过多种类型的易地搬迁示范带动,以及公共政策、产业政策和农民权益制度的综合改革与配套,建设一批集生产、生活、生态三功能于一体,公共服务功能齐全,适合居住、旅游、创业的新型乡村群。

2.破解城乡二元体制局限,创立城乡融合发展新格局

要巩固和拓展脱贫攻坚中"以城带乡"这一成果,并且与乡村振兴有效衔接,既要继续发挥中国特色的制度优势,又要在破解城乡二元体制的同时,建立新型工农城乡关系,创立城乡融合发展新格局。一方面,建立城乡一体化的公共保障体系与制度。要让城市居民和乡村居民享有同等数量与质量的医疗、教育、养老等基本公共服务,在基本养老制度、最低生活保障制度、基本医疗卫生制度等制度层面巩固拓展脱贫攻坚成果,并不断提高保障水平,以形成长效脱贫的制度保障。同时,有步骤、有层次地推动各地区城乡贫困标准的趋同化,尽快实现乡村低保标准和扶贫标准的并轨,以及低保制度及其他社会救济制度跨区域的整合和标准化,让农村和城市困难群体享受同待遇的扶持。另一方面,建立城乡融合发展的体制机制。我国城乡关系正在发生显著变化,已经进入城乡融合发展的新阶段。随着乡村价值的多元化和不断提升,乡村已不单纯是生产要素和农产品的输出地,而且也是城市居民美好生活向往的所在地,说明我国城乡融合发展不仅具备了现实可能,而且已具急迫性。为此,要在加快城乡公共保障制度改革的同时,加快城乡要素的市场化改革,城市注重基本公共服务常住人口全覆盖制度的建构,乡村重视集体产权制度改革中农民身份权向契约权的转变,以消除城乡要素双向流动的制度障碍,形成政府和市场协同下的以城带乡、城乡融合、共生共赢的新格局。

参考文献

[1]胡祎.巩固脱贫攻坚成果 衔接乡村振兴战略——《中国农村经济》《中国农村观察》第四届"三农论坛"征文研讨会综述[J].中国农村经济,2020(12):130-138.

[2]豆书龙,叶敬忠.乡村振兴与脱贫攻坚的有机衔接及其机制构建[J].改革,2019(1):19-29.

[3]黄祖辉.高质量、高效率推进乡村振兴战略[J].中共南京市委党校学报,2019(3):1-7.

[4]孙明扬.基层农技服务供给模式的变迁与小农的技术获取困境[J].农业经济问题,2021(3):40-52.

[5]黄宗智.中国的隐性农业革命(1980—2010)——一个历史和比较的视野[J].开放时代,2016(2):5,11-35.

[6]叶敬忠,张明皓.小农户为主体的现代农业发展:理论转向、实践探索与路径构建[J].农业经济问题,2020(1):48-58.

[7]石霞,芦千文.如何理解"实现小农户和现代农业发展有机衔接"[N].学习时报,2018-03-30(001).

[8]黄祖辉,马彦丽.再论以城市化带动乡村振兴[J].农业经济问题,2020(9):9-15.

易地扶贫移民的社会融合

——贵州省黄平县的实证分析①

一、引言

　　易地扶贫是指通过国家政策扶持,将生活在缺乏生存条件地区的贫困人口搬迁安置到其他地区,并通过改善安置区的生产生活条件、调整经济结构和拓展增收渠道,帮助搬迁人口逐步脱贫致富。2015年,国家发改委印发《全国"十三五"易地扶贫搬迁规划》,对我国易地扶贫搬迁工程做出计划与部署,包括基础设施,教育、医疗等公共服务以及产业建设在内,整个工程计划总投入达到9500亿元,并计划在5年内完成22个省份1000万建档立卡贫困户的扶贫搬迁工程。这无疑是自改革开放以来最复杂、紧迫的系统工程和社会工程。

　　与其他扶贫工程相比,易地搬迁工程的脱贫路径是通过直接改变搬迁户的居住环境以改变其生存状况,被视为解决"一方水土养不起一方人"问题的关键对策。但个人能否脱贫致富不仅与之所处外部环境有关,还与其个人能力、社会网络等密切相关。从农村"空降"到新的空间,面对居住环境、人际关系、生计方式的剧烈变革,搬迁户能否真正融入城

　　① 本文作者为黄祖辉、吴沁霞、邝琪。本文内容发表于《贵州大学学报(社会科学版)》2021年第3期。本文研究得到国家自然科学基金国际(地区)合作与交流项目"易地扶贫搬迁的社会经济与环境影响评估"(71861147002)的支持。特别感谢浙江大学学生"三农"协会15届成员、贵州省黄平县旧州镇乐源社区居委会在实地调研中给予的帮助。

市,并实现脱贫致富？如何实现从"搬得出"到"稳得住、能致富"？易地搬迁不仅是个复杂的系统工程,更是关乎千万贫困户能否真正实现脱贫发展的现实问题。

社会融合是一个描述人与社会关系的综合概念。它有助于展现宏观层面的变化如何重构个体的生存结构,以及个体、家庭对这一变化的解读与回应是如何反作用于社会的。因此,本文选择从社会融合的视角切入,选取贵州黄平这一多山多民族的国家级贫困县作为代表案例,研究易地搬迁政策带来的物理空间变化对搬迁户生活的影响,以期探索影响其经济、心理融合的因素,并提出促进易地扶贫移民融合的建议。

二、相关文献综述

社会融合是新的移民或少数群体融入另外一个社会结构过程中发生的一个社会现象。概念源于国外种族或跨国移民的文化融合的研究,同化论、多元文化论、分层融合论等理论流派占据主流(张文宏、雷开春,2008)。不同学者基于各自的研究视角给予了不同的定义,例如同化论的 Park(1928)认为社会融合是移民与当地居民相互渗透、同化文化生活的过程;童星、马西恒(2008)认为社会融合是指移民在居住、就业、价值观念和生活方式等向城市居民转变的过程。而本文易地扶贫背景下的社会融合并非指易地搬迁移民抛弃旧的价值观、生产和生活方式等,与城市完全同化,而更偏向"安居乐业"的概念。普遍来说,学者们都认同社会融合是一个动态的、多维度、结构化且具有主观性的过程(嘎日达、黄匡时,2008)。

概念定义和理论视角的不同选择会直接影响社会融合的测量。社会融合的测量虽未有定论,但均呈现出多维度和多指标的特点。学者梁波将西方社会融合测量模型综合为三类:以弥尔顿(Milton Gordon)为代表的二维模型(结构性和文化性)、杨格-塔斯(J. Junger-Tas)等人为代表的三维模型(结构性融入、社会-文化性融入以及政治合法性融入)、恩泽格尔(H. Entzinger)等人为代表的四维度模型(即社会经济、政治、文化、主体社会的接纳或拒斥)(周皓,2012)。面对本土的流动人口融合议题,国内学者在国外测量模型的基础上进行了修正与重构,如:张文宏、雷开春(2008)从经济、文化、心理和身份四个维度构建社会融合概念;杨菊华(2009)提出了经济、文化、行为、身份四维测量结构,且系统化地提出了具体的测量指标;周皓(2012)则在综合上述指标体系的基础上,提出了以经济融合、文化适应、社会适应、结构融合、身份认同为内容的五维模型。但我们发现,上述测量模型更适合描述长距离、跨文化的人口流动融合问题,且测量指标更强调"同化"程度,而非流动人口"安居乐业"的程度,不能针对性地描述易地扶贫代表的深度贫困人口的乡镇间流动融合状况。

国内对于社会融合的理论研究较少,主要以实证的经验研究为主。区别于国外偏向族群文化融合的研究,国内的研究聚焦于流动人口或外来农民工乡城迁移的过程。根据对以往研究的梳理,我们可以将影响社会融合的因素多集中在制度、人力资本、社会关系因素上。

制度因素

城乡二元户籍制度的制约,以及附加在户籍上的收入差距、基本公共服务差异,不仅降低了流动人口的融合能力,也对移民的身份认同有显著影响(周文等,2017;张光辉,2019;田明等,2019;陈宏胜等,2015)。同时,农民工居于城市时,其收入水平虽有提高,但相对水平仍较低,从而多居于城市边缘等租金水平较低的地方,造成了一定程度的隔离(陈杰、郝前进,2014;周建华、周倩,2014;王子成等,2020)。

人力资本

由于流动人口通常处于人力资本劣势地位,大部分流动人口从事技术或者半技术型工作,这样的工作通常强度大,时间长,环境较为恶劣,收入水平较低,因而阻碍流动人口的社会融合(刘琪,2019;刘涛等,2020)。

社会关系因素

不少研究探讨了社会网络对农民工社会地位提高和城市融入的作用(Tang & Feng,2015;刘琳,2019);同时,由于地理上的迁移,流动人口的社会网络关系也实现了从农村血缘、亲缘、地缘社会圈向陌生城市的社会圈的重构,他们将无可避免地面临着适应障碍,从而对流动人口的社会融合产生消极影响(王桂新、罗恩立,2007;杨菊华,2015;Zheng et al.,2020)。

而关于易地扶贫移民融合的研究,我们发现大多数学者仅从生计可持续的视角(李聪等,2013;汪磊、汪霞,2016;徐锡广、申鹏,2018;夏艳玲,2019),或者单一身份、心理等感知融合层面(史梦薇,2018)来探讨搬迁户的融合水平,缺乏综合性融合的视角。而关于易地扶贫政策对于搬迁户社会融合的分析,质性思考多于定量分析。因此,本文通过实地观察、问卷调查等方式获取数据,考察易地扶贫政策带来的直接变化对搬迁户在经济、文化、心理等方面的综合影响,并分析不同维度间的融合关系。

三、研究设计

(一)理论假说

根据空间理论,我国贫困地区农户的易地扶贫搬迁实质是一种外力驱动下的空间巨变——由乡土性的空间转变为具有城市性特征的空间。"这种变动偏重物理空间——公共空间、居住空间、生计空间——的再造,而相对忽视搬迁群体的社会空间和主观空间。"(王寓凡、江立华,2020)因此,我们从受易地扶贫搬迁政策直接影响的公共空间、居住空间、生计空间选取自变量,在控制居住时长和个体特征的基础上,考察其对经济、生活、心理的影响(见图1)。

在社会层面,相比于原址,安置地的公共空间已基本城市化。据以往研究,社会生活环境的改善对流动人口具有正面影响,所以有 H1:搬迁户认为其所拥有的公共服务(指交通、医疗、教育条件)改善程度越高,其社会融合水平越高。

在社区层面,易地扶贫不仅改变了搬迁户的居住环境,也改变了其社交环境。客观居住条件的改善可以提高人的生活满意度,继而使之更加适应新的环境;而与迁入地居民交往越频繁,也更容易建立新的社会

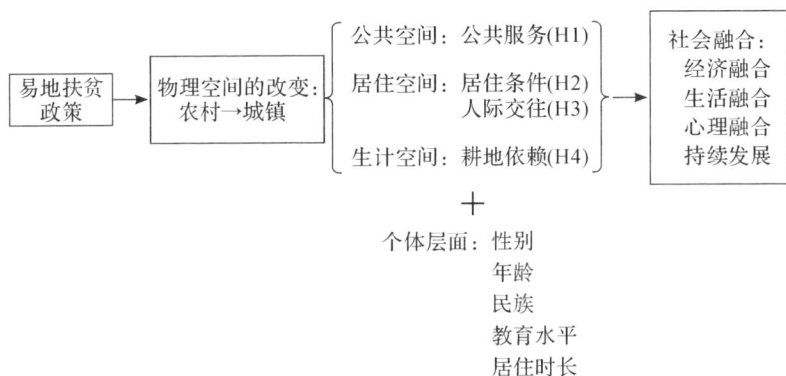

图 1 研究框架

关系网络,继而建立新的身份认同,所以有 H2:搬迁户认为其居住条件(指住房条件、水电燃料设施)改善程度越高,搬迁户的社会融合水平越高。H3:与安置地居民的社交频率越高,搬迁户的社会融合水平越高。

在家庭生计方面,搬迁后的搬迁户虽居住在城市,但其生计资本结构未必随之城市化。据实地采访得知,不少搬迁户仍在坚持耕种。甚至对于某些搬迁家庭来说,耕地不仅是基本的生产资料,还是一种生活方式。因此,考察搬迁户对耕地的依赖程度与其社会融合度的关系很有必要。"耕地依赖"包括客观持有的耕地面积和实际使用频率两个方面。

H4:搬迁户对耕地的依赖度越高,搬迁户的社会融合水平越低。

据以往研究,性别、年龄、民族、教育水平等个体特征也会影响流动人口的融合水平。因此,我们也将考察个体层面的因素对社会融合度的影响。

各变量的具体定义与描述见表 1。

表 1　自变量定义及描述

变量		统计方法
公共服务	安置地的交通条件	按十分制量表打分绝对值统计： 非常满意＝10，非常不满意＝1
	安置地的医疗条件	
	安置地的教育条件	
居住条件	住房改善度	按十分制量表打分绝对值统计： 改善程度高＝10，改善程度低＝1
	水电燃料条件改善度	
社交频率	在安置地的社交频率	按十分制量表打分绝对值统计： 频率高＝10，频率低＝1
耕地依赖	原村现存的耕地面积	以亩为单位
	返回原村耕种频率	按十分制量表打分绝对值统计： 经常返回＝10，完全不返回＝1
性别		男性＝1，女性＝2
年龄		按实际年龄统计
民族		汉族＝1，少数民族＝2
居住时长		小于等于1年＝1，1年到2年＝2，2年到3年＝3，3年以上＝4
教育水平		没有教育经历＝1，私塾、扫盲班＝2，小学＝3，初中＝4，职业高中＝5，普通高中＝6，中专＝7，技术学校＝8，成人教育大专＝9，大专＝10，成人教育本科＝11，普通大学本科＝12，研究生及以上＝13

(二)测量指标

如上文所述,社会融合是一个综合概念。易地扶贫搬迁的核心旨在使贫困户能够在迁入地良性可持续发展。因此,在选取指标时,我们仅保留了以往研究常设的经济、生活、心理三个维度,单独设立了"持续发展"这一维度以刻画移民在安置地的后续发展能力(如获得工作的机会等)。具体测量指标的选择上,我们既参考了国内流动人口融合研究,如在测量"身份认同"部分时参考了学者唐丹(2015)的量表,又结合当地短距离搬迁的现状增删了部分内容。测量指标包含主观和客观双重标准,更能体现当地移民生计水平、生活状况、心理适应、主观期望等社会融合程度情况。各变量定义及描述如表 2 所示。

表 2　社会融合的定义及描述

变量	测量指标		统计方法
经济融合	收入		按照(个人收入＋家庭年收入)统计
	恩格尔系数		按(1－恩格尔系数值)统计
生活适应	饮食习惯		按十分制量表打分绝对值统计：完全适应＝10,完全不适应＝1
	消费习惯		
	人际关系		
心理融合	身份认同	社会融合心理量表（八项目版）①	完全同意＝5,比较同意＝4,一般＝3,比较不同意＝2,完全不同意＝1
	心理适应	生活满意度	按十分制量表打分绝对值统计：完全满意＝10,完全不满意＝1
		居住安全感	按十分制量表打分绝对值统计：感到很安全＝10,感到不安全＝1
		城市归属感	按十分制量表打分绝对值统计：充满归属感＝10,缺乏归属感＝1
持续发展	对未来生活的期望		按十分制量表打分绝对值统计：十分乐观＝10,十分不乐观＝1
	安置地未来发展的关注		按十分制量表打分绝对值统计：非常关注＝10,完全不关注＝1
	搬迁对获得工作的帮助		按十分制量表打分绝对值统计：非常有帮助＝10,完全没帮助＝1

（三）数据来源

本文的调研点包括安置点社区和迁入地城区（见表 3）。中心村所在的新州镇位于黄平县中西部,为黄平县政府所在地,是全县政治、经济、文化、交通中心;旧州镇则位于黄平县西北部,既是贵州省商品粮食生产基地之一,也是且兰古国风景旅游区所在地,冷水河、槐花安置点即

---

① 量表详细内容见:唐丹.流动人口社会融合心理测量方法与数据的使用——基于 2013 年流动人口动态监测[J].人口与经济,2015(5):25-30.

在此镇。调研点分布于黄平县的不同位置,具有不同的经济、社会、人口状况,能够较好地代表搬迁居民和原住民的总体状况。

调查方法运用结构性问卷与半结构采访相结合的方法,于 2018 年 8 月入户调查了黄平县 3 个集中安置小区内的搬迁户和县下辖的旧州镇、新州镇的原居民。搬迁户的样本是通过在安置小区内逐户访问获取;安置地居民的样本则根据每个小区根据总户数之比计算抽样比例,确定随机抽取户数。最终获得搬迁户有效问卷 107 份,安置地居民有效问卷 371 份。详细分布情况见表 3。其中,搬迁户样本男女比为 1.89,平均年龄为 40 岁(样本年龄均大于 18 岁)。

表 3　样本分布情况

调研点	样本类型	样本采集地	有效问卷数
旧州镇	搬迁户	槐花安置小区	17
		冷水河安置小区	65
	原居民	乐源社区	180
新州镇	搬迁户	中心村安置小区	25
	原居民	四屏、飞云和文星社区	191

首先,我们针对数据集中少量的缺失数据,利用显著相关的回归模型,采用回归填补法进行了填补。这种补全数据的方法针对本次调研中数据属于随机丢失的情况,复原准确度高,对数据集的方差影响较小,实际操作时也选择了模型预测度超过 80% 的预测模型,最大限度地减少了由数据增补带来的偏差。

在进行回归分析前,我们先对数据进行了 Z-score 标准化,以避免各维度不同单位、题目数量带来的影响。我们先将各维度的指标进行加总,得到各维度的原始值,再对各维度的数据进行标准化处理,公式如下:

$$A_i = \frac{X_i - \mu}{\delta}。$$

其中,X_i 代表数据集合中的第 i 个数据,μ 代表该集合中所有数据的平均值,δ 代表该集合中所有数据的标准差,A_i 代表原数据经标准化处理后的结果。

最后,将上述所有维度的标准化得分合成为社会融合度总得分,利用如下公式计算:

$$Y_i = \sum_{j=1}^{3} A_j。$$

其中,Y_i 即为所有受访者的总体社会融合度,为第 i 个受访者的社会融合度。我们没有赋予三个维度权重区别,直接加总得到最终结果。

四、实证分析

(一)贵州省黄平县基本情况及其易地搬迁模式

黄平县位于贵州省东南部,地处黔中丘原到黔东低山丘陵的过渡地带,地势较高,多山脉,有着丰富的矿产资源、生物资源和水资源。县辖8镇3乡[①],截至 2019 年末,户籍人口 39.03 万人,其中苗族、亻革家人等少数民族占 68.5%。在该县的产业结构中,第一产业占 30.94%,第二产业占 18.35%,第三产业占 50.71%。[②] 2020 年 3 月,黄平县正式退出贫困县序列。

目前,全县移民安置点有 5 个[③],共计 4850 套安置房,搬迁 5179 户,安置 22994 人。搬迁模式为整村整组搬迁,各户通过抽签选取入住的集中安置地。除槐花安置小区计划采用"先搬人后引产业"的产业园区安置模式,其余安置点均为普通小区。

---

① 分别为新州镇、旧州镇、重安镇、谷陇镇、平溪镇、浪洞镇、上塘镇、野洞河镇、纸房乡、一碗水乡、翁坪乡。

② 数据来源:《黄平县 2019 年国民经济和社会发展统计公报》,黄平县政府网(http://www.qdnhp.gov.cnxxgkjcgktjxxtjnb/202007/t20200713_61585616.html),2020 年 7 月 13 日。

③ 我们实地调研的时候仅 3 个安置点修建完成,因此只获取了 3 个安置点的样本数据。

(二)社会融合现状

为了比较各个维度间的关系,我们先对除经济融合外的三个维度的变量得分进行了百分制的换算,以避免不同指标计量单位的影响(见表4)。

表 4 社会融合各变量得分情况($N=107$)

变量		最小值	最大值	均值	标准差
经济融合	恩格尔系数	0.23	0.96	0.46	0.18
	个人年收入	593.27	120000.00	14866.71	15831.93
生活适应	饮食习惯	10.00	100.00	45.33	33.45
	消费习惯	10.00	100.00	53.19	23.36
	人际关系	10.00	100.00	59.80	31.02
心理融合	身份认同	26.00	100.00	66.57	13.74
	心理适应	30.00	70.00	67.77	15.14
持续发展	未来期望	10.00	100.00	65.33	2.63
	发展关注	10.00	50.00	34.75	1.31
	工作帮助	10.00	100.00	49.29	2.51

1.经济融合

搬迁户的平均家庭恩格尔系数为 0.46,平均个人年收入为 14866.71元。为了更加清楚地了解搬迁户在当地的经济水平,我们对比了搬迁户和安置地居民的收入情况。从整体来看,搬迁户家庭和安置地居民家庭的平均收入差异仍然很大,后者是前者的 2 倍。再进一步比较搬迁户和安置地居民家庭年收入分布曲线(见图 2、图 3)可知,搬迁户家庭年收入处于黄平县原居民收入水平的下游。

结合实地访问我们发现,搬迁户在搬迁初期普遍存在经济压力增大的情况。从收入来源角度看,搬迁户的收入主要依靠种地或短期务工,收入来源单一且不稳定。部分搬迁户离开农村便失去了生产资料,同时在新环境下的工作没有落实,城市生活的饮食成本还大大增加。此外,在走访中我们还发现,黄平县搬迁户家庭经济来源多依靠男性单方收

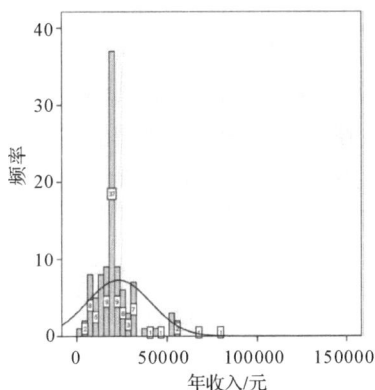

图 2　搬迁户家庭年收入正态分布曲线

注：平均值＝23293.85，标准差＝17602.127，个案数＝107。

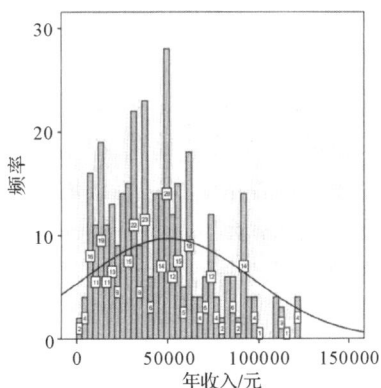

图 3　安置地居民家庭年收入正态分布曲线

注：平均值＝50119.95，标准差＝45763.093；个案数＝370。

入，且绝大多数搬迁户都是多子女（未成年）家庭，因而经济抗压能力较弱。

2.生活适应

在生活适应部分，搬迁户在各指标上的平均分均小于 60 分，分数由高到低依次是：人际关系（与安置地居民）、消费习惯、饮食习惯（$\bar{x}$ 分别为 59.80、53.19、45.33）。按照普遍的评分标准，搬迁户的生活适应情况不乐观。另外，相较于其他维度，生活适应指标的标准差最大（$\bar{\sigma} \geqslant$

23.36），说明搬迁户的生活适应情况差异最大。

作为一项县级范围内的搬迁，搬迁户的饮食习惯在理论上不会有大的改变。搬迁户饮食习惯适应的得分偏低（$\overline{x}=45.33$）的原因并不在于饮食文化上的变化，而在于小农经济下的饮食习惯的瓦解带来的经济负担。后文将结合回归结果分析影响生活适应的相关因素。

3.心理融合

心理融合包括心理适应[①]和身份认同，与生活适应的指标一样，我们将其换算成了百分制。相较于其他维度，心理融合的平均得分最高。其中，心理适应（$\overline{x}=67.77$）与身份认同（$\overline{x}=66.57$）的平均得分均超过了及格线，且后者的得分比前者更分散（$\overline{\sigma}$:15.14＞13.74）。可见，虽然易地扶贫是一种"人为"城市化的搬迁，但这种被动城市化对于搬迁户的心理影响并不是很强烈，除了可能存在部分搬迁户对农村生活的怀念，大多数搬迁户可以在心理上接受居住地的迁移。

4.持续发展

据表4可知，相较于其他维度，持续发展的平均得分和离散程度均最低，这表明搬迁户整体的持续发展能力低。其中，未来期望、工作帮助、发展关注平均得分依次降低（$\overline{x}$:65.33；49.29；34.75）。这表明，在主观上，搬迁户们对安置地生活充满乐观期望，但客观上，搬迁户并未从安置地中收获满意的就业帮助，在行为上，搬迁户也表现出对当地未来发展的不关注、不了解。

黄平县的安置点分为依托产业园区的社区和普通社区两种模式。据当时实地走访发现，黄平县唯一依托产业园区的安置点——槐花安置小区——基本处于产业空巢状态，但搬迁户已经入住。在采访中，绝大多数搬迁户不知道政府提供了就业培训，也不知道应当如何获取这部分信息。参与过就业培训的人则表示虽然能学习一些技能，但这些技能对于找工作的帮助不大。搬迁户人力资本水平本就相对较低，因而更难有大批适合的岗位供搬迁户就业。

5.各维度间的相关性分析

从表5的相关性分析结果上看，生活适应、心理融合和持续发展三

---

① 心理适应包括生活满意度、居住安全感、城市归属感。

者间的相关性显著($p<0.01$),而经济融合与其他几个维度并无显著关联。与朱力(2002)的分层递进理论[①]不同,我们的研究结果显示,搬迁户的心理融合、生活适应、经济融合和持续发展得分呈现出梯次降低的趋势,且经济融合具有相对独立性。究其原因,我们认为与易地扶贫搬迁为短距离的乡镇间迁移有关。一方面,本文的心理融合是按照被访者对"身份、安全感和归属感"的主观评价来测量的。这也说明,与以往研究中的研究对象——大城市农民工——相比,易地扶贫搬迁户们所面临的身份、心理上的挑战更少,易地扶贫搬迁群体在客观经济、生活上的融入远要比内心接受新的居住地更艰难。另一方面,经济融合的相对独立性也表明,"安居"与"乐业"之间并无直接关联。要想切实提高搬迁户的经济水平,仅靠改善其居住环境是不够的,还需落实配套的就业支持措施。

表5　社会融合各维度相关性($N=107$)

项目	经济融合	生活适应	心理融合	持续发展
经济融合	1.000 0.000			
生活适应	0.154 0.113	1.000 0.000		
心理融合	0.091 0.350	0.494** 0.000	1.000 0.000	
持续发展	−0.010 0.916	0.433** 0.000	0.479** 0.000	1.000 0.000

注:** 表示 $p<0.01$。

[①]　朱力认为,社会融合中的多个维度存在递进关系:经济层面、社会层面和心理层面三个依次递进,相互影响。经济适应是立足新环境的基础;社会结构融合是进一步要求,反映融入新环境生活的广度;心理适应属精神层面,反映参与新环境生活的深度。只有心理和文化的适应,才是流动人口完全融入城市社会的标志。详见:朱力.论农民工阶层的城市适应[J].江海学刊,2002(6):82-88,206.

(三)影响搬迁户社会融合的因素

1. 相关性检验

基于数据类型,本文选择了 Spearman 相关分析,以检验各变量与社会融合的关系。据表 6,与前人研究不同,本文中,相较于公共空间、居住空间、生计空间的变量,从整体来看,搬迁户的个人信息的变量——性别、年龄、民族、教育程度与其社会融合度并未呈现出显著相关性。这说明易地扶贫搬迁户的融合度受环境因素而非个人因素的影响更大。具体的变量间关系分析将放在回归部分,在此便不赘述。

表 6 自变量与社会融合的相关性分析($N=107$)

变量	社会融合	经济融合	生活适应	心理融合	持续发展
公共服务	0.451**	0.087	0.386**	0.509**	0.420**
	0.000	0.374	0.000	0.000	0.000
居住条件	0.386**	−0.001	0.204*	0.523**	0.383**
	0.007	0.995	0.035	0.000	0.000
社交频率	0.431**	0.139	0.626**	0.341**	0.325**
	0.000	0.155	0.000	0.000	0.001
土地依赖	0.215*	0.040	0.624**	0.095	0.105
	0.026	0.685	0.000	0.329	0.282
居住时长	−0.029	0.294**	−0.004	−0.192*	−0.279**
	0.771	0.002	0.963	0.048	0.004
性别	−0.094	−0.067	0.077	−0.065	−0.141
	0.335	0.491	0.433	0.509	0.146
年龄	−0.180	−0.284**	−0.098	−0.022	−0.118
	0.063	0.003	0.314	0.823	0.227
民族	−0.022	−0.043	−0.105	0.034	−0.039
	0.821	0.663	0.282	0.725	0.690
教育水平	0.050*	0.016	0.192*	−0.073	0.048
	0.610	0.866	0.047	0.456	0.626

注:* 表示 $p<0.05$,** 表示 $p<0.01$。

2. 回归分析

为了清晰地反映易地扶贫政策带来的空间变动是如何影响搬迁户的社会融合的,本文采取逐步回归,建立 logit 多因子的线性模型,对

107 个有效样本进行了分析。模型 1(Prob＞chi2＝0.0000)、模型 2(Prob＞chi2＝0.0013)、模型 3(Prob＞chi2＝0.0000)、模型 4(Prob＞chi2＝0.0014)和模型 5(Prob＞chi2＝0.0000)均通过了 LR 卡方检验,统计显著性高,说明建立的回归模型合理(见表 7)。

表 7　影响社会融合因素的回归分析(N＝107)

变量	模型 1 社会融合	模型 2 经济融合	模型 3 生活适应	模型 4 心理融合	模型 5 持续发展
公共服务	0.454* (2.35)			0.697*** (3.64)	0.699*** (3.52)
居住条件	0.660*** (3.38)		0.622*** (3.43)	1.030*** (4.36)	0.420* (2.34)
社交频率	0.684*** (3.70)	0.355* (2.14)	2.222*** (8.55)	0.586** (2.98)	0.402** (2.29)
土地依赖	0.680* (2.54)		3.656*** (9.12)	0.594* (2.12)	
居住时长		0.562** (3.26)			−0.431* (−2.35)
性别				0.161*** (4.22)	
教育水平	−0.517* (−2.11)		−2.289*** (−7.19)		
_cons	−5.524*** (−5.37)	−4.849*** (−4.81)	−7.411*** (−9.24)	2.943*** (3.67)	−5.128*** (−5.06)

注:括号内为 t 值。* 表示 $p<0.05$,** 表示 $p<0.01$,*** 表示 $p<0.001$。

第一,良好的公共服务①会提高搬迁户的社会融合度,尤其对搬迁户的心理融合、持续发展有显著的积极意义($p<0.001$)。我们实际走访的发现也验证了这一结果。那些交通更便利的、离县中心区更近的安置点的搬迁户在自述过程中更少用"我们农村人跟城市人不同"等说法否定自我身份。他们认为"晚饭散步就能去城里转一圈","娃娃读书方便一点",这些象征着城市人身份的日常影响了他们自我身份的界定,也使他们对生活越过越好更有信心。为了了解搬迁户在当地享有的公共

① 公共服务指标表示搬迁户对其享有的交通、医疗、教育资源水平的主观评价。

服务水平,我们比较了搬迁户与安置地居民对其享有的公共服务水平的评价(见表8)。整体来看,除医疗条件外,搬迁户在交通、教育上的评价均低于安置地原居民的评分。其中,教育条件的评分在搬迁户与安置地原居民间差距最大。这说明,搬迁户与安置地原居民享有的公共服务仍有差距。在走访中我们发现,大部分搬迁户的搬迁就是为了子女获取更好的教育资源。因此,解决搬迁户的教育问题至关重要,这不仅有助于其积极地融入安置地,还有利于其未来持续发展。

表 8　搬迁户与安置地居民享有的公共服务水平

公共服务	样本类型	均值	标准差	N
交通条件	搬迁户	7.11	2.410	107
	原居民	7.40	1.899	371
教育条件	搬迁户	7.14	2.174	107
	原居民	7.60	1.773	371
医疗条件	搬迁户	7.31	2.178	107
	原居民	7.05	2.168	371

第二,易地扶贫政策给搬迁户们带来的最直接的改变就是居住空间的变化,而回归结果显示,相较于公共服务和土地依赖程度,居住空间维度的变量(居住条件、社交频率)对其社会融合度的影响最显著($p <$ 0.001)。

如表7所示,居住条件[①]主要影响了搬迁户的心理融合[②]和生活适应[③]方面。在搬迁户看来,居住在楼房而不是瓦房是他们由农村人到城市人的身份转变最直接的标志。在采访时,许多搬迁户都会列举住房环境的改善来表达自己生活得更安全、舒适。但从自种蔬菜、柴火烧饭、山泉取水转变为市场采购、燃气加热、统一供水,这种居住环境变化带来的生活方式转变仍使绝大多数搬迁户感到不习惯。甚至在走访中,我们发现仍有搬迁户坚持在安置地小区的公共区域烧柴煮大锅饭,而不愿采用

① 居住条件包括住房改善度、水电燃料条件改善度。
② 心理融合包括身份认同、归属感和安全感。
③ 生活适应包括消费习惯、饮食习惯、人际关系。

方便但成本更高的现代烹饪工具。这种行为再次印证上文"搬迁户在客观经济、生活上的融入远要比内心接受新的居住地更艰难"的结论。

为了准确描述搬迁户的居住环境,我们比较了搬迁户与安置地原居民对居住条件的评价,发现搬迁户的各项居住评价仍低于安置地原居民(见表9)。主要原因是:①客观上,搬迁户与原居民所享受的居住条件存在差异。如:冷水镇安置地小区修建时并未安置统一天然气管道,需要小区居民自费修建管道;部分小区由于地势偏远,线路不完善,还时常出现停水停电问题。②据采访得知,搬迁户认为其在农村所用水质本身较好并且不存在供给问题(山区泉水),生活燃料多使用柴。而搬迁至新居后,城市水质本身相对较差,统一供水供电常出现问题。这种落差造成搬迁户对新居基础设施条件评分更低。

表 9　移民和安置地居民的居住条件

公共服务	样本类型	均值	标准差	N
水质	搬迁户	6.41	2.410	107
	原居民	7.20	2.099	371
水供应稳定性	搬迁户	5.72	2.616	107
	原居民	7.72	2.091	371
燃料供应	搬迁户	7.09	2.424	107
	原居民	8.53	1.696	371
电力供应	移民	6.21	2.282	107
	原居民	7.31	2.178	107

第三,社交频率对于搬迁户的生活适应方面影响最为显著($p<0.001$,回归系数为 2.222)。由表 4 可知,人际关系①水平并不乐观($\bar{x}=59.80$),这是因为一方面安置地居民楼的居住结构丧失了旧的门户敞开式的社交环境,另一方面黄平县的搬迁模式采取抽签安置的方式,这便打破了搬迁户旧的人际关系网。不少搬迁户表示搬过来后鲜少与邻里互动,"周围住的人都不是原来村子里的人,一回家都各自关上门,哪里

_____

① 生活适应的其中一个指标。

找得到人聊天"。在实地调查中我们发现,不同安置点小区的一楼设置会影响小区内部的社交行为,继而可能影响搬迁户对于搬迁政策对自身生活影响的认知。如一楼为商户(如棋牌室、副食店、小餐馆)的冷水河安置小区,无论白天或傍晚均可见聚众拉家常的搬迁户们,而一楼为住户的中心村安置点,即使在夜晚乘凉期间也鲜少有人群聚集。因为即使搬迁户离开了农村,口头传播在他们信息获取渠道中仍占一个相当大的比重,而口头传播所依赖的又是熟人社会关系网络。这种有商户的住宅场景就更有利于搬迁户聚集并建立社会关系。并且,在搬迁户心中,这种基于社会背景相似性产生的情感信任往往大于对于基层政府的权威信任,所以他们更倾向于从其他搬迁户口中了解搬迁后的相关补贴政策,并参考他人的态度来判断自身是否从搬迁政策中获利。例如在采访中,当询问到搬迁后的相关政策时,被访者会使用"我是听他们①跟我说的"、"我也不清楚搬过来了还有没有低保补贴,但是听他们说……"等说法进行论证。

除了生活适应、心理融合、持续发展,社交频率对经济融合也有显著的影响。这是因为社交频率(问卷测量的是非强制性的自愿来往)与个人的社交能力往往有较强的相关性,而在当今社会,信息获取与社交能力本身是具有经济效益的。整体而言,相较于其他维度,居住空间的变量对于搬迁户的融合影响更显著,交往行为对社会融合的影响又强于居住环境的影响。

第四,土地依赖对于搬迁户的生活适应、心理融合有显著积极影响,回归系数分别为 $3.656(p<0.001)$、$0.594(p<0.05)$。本文的土地依赖测量了搬迁户持有的耕地亩数以及耕地的使用频率,土地依赖度越高表示搬迁户越大限度地保持小农生产习惯。与 H4 不同的是,搬迁户较高的土地依赖度并没有妨碍其融入安置地生活,反而促进了社会融合过程。由上文可知,搬迁户饮食习惯适应的得分普遍偏低($\bar{x}=45.33$)。因为从农村到城市意味着生活方式的重大转变——从自种蔬菜、柴火烧饭、山泉取水转变为市场采购、燃气加热、统一供水。这种转变同时伴随着个人生活成本的大幅增加。所以几乎绝大多数仍享有耕地的搬迁户

---

① 此处的"他们"指其他搬迁户。

都会继续耕种,以减少其在安置地生活的饮食成本。此外,维持耕种的生产习惯除了能让搬迁户拥有一张生活的安全网,还能给搬迁户提供心灵寄托——消除无所事事的空虚感。在采访中,不少搬迁户表示搬迁只是为了下一代的教育,如果只有自己一个人,他们宁愿在村里种地养老。这也说明,耕地这一生产资料对于搬迁户的重大意义。

第五,在个人层面上,性别对搬迁户心理融合呈现出较强的正向影响($p < 0.001$),女性搬迁群体的融合度要高于男性搬迁群体 0.161 个单位。这与搬迁户"男主外女主内"的家庭分工模式不无关系。对于大多数女性搬迁户来说,无论在农村还是城市,她们的主要任务都只是在家做家务、带小孩。所以虽然搬迁到城市居住,但她们实际上并没有改变之前的生活模式。此外,由于在家时间更长,女性搬迁户也更容易与邻里建立社交关系。

与此同时,搬迁户的教育水平呈现了对生活适应的显著的消极影响(回归系数为-2.289,$p < 0.001$)。居住时间对提高搬迁户的经济水平(收入与恩格尔系数)有积极影响(回归系数为 0.562,$p < 0.01$),但对持续发展——未来期望、发展关注、工作帮助——体现出消极影响(回归系数为-0.431,$p < 0.05$)。这可能如张文宏、雷开春(2008)提出的移居地"城市魅力"效应解释:城市具有相对公平的竞争环境、相对规范的制度环境以及更大的发展空间。搬迁初期,这种安置地魅力使人对未来发展持乐观积极态度,但居住时间变长后,高成本的安置地生活和现实的就业情况会逐渐降低人们对于未来的期待。

五、研究结论与建议

通过上述分析,本文给出如下结论与建议。

第一,易地搬迁户的心理融合、生活适应、经济融合和持续发展水平呈现出梯次降低的趋势,且经济融合具有相对独立性。这表明,易地搬迁群体在客观的经济、生活上的融入远要比主观的心理、身份转换更艰难。但在实地调查中我们发现,搬迁至新的安置地并未解决搬迁户的就业问题,甚至部分易地搬迁户在搬迁后面临经济负担的加重。而就业培训因缺乏后续措施流于形式,实际效果不明显。稳定的工作和收入来源是易地搬迁户在安置地长期生活下去最根本的基础。在促进易地搬迁户就业的具体实践中,政府需要深化地方经济结构性改革,在鼓励、培育地方企业发展的同时,应多引入区域外企业与资本,增加本地的就业总量;要结合搬迁户的实际情况,针对性地设置就业培训,降低参培门槛,完善培训的后续管理和就业帮扶工作。

第二,公共服务对易地搬迁户的心理融合、持续发展都有显著的正向影响。在易地扶贫搬迁的过程中,政府所提供的公共服务对于融合起着至关重要的作用,它不仅包括基础设施等相关实体上的公共服务,比如提供便利的公共交通、较高水平的医疗保障、较丰富的教育资源,还包括社会平等意识的营造。因此,政府应当尽快促进易地搬迁户与安置地原居民的社会公共资源平等化,尤其需要对于困难搬迁户儿童的就学进行妥善安排。

第三,居住空间对于易地搬迁户的融合意义重大。对于刚刚经历空间转换的易地搬迁户而言,迁入社区不仅是一个供其居住的物理空间,而且还是其拓展关系网络的社交空间、接触信息的重要载体。实证结果也显示,社区环境对于易地搬迁户的心理、生活融合具有十分显著的作用,切实改善易地搬迁户的居住环境能满足搬迁户对于易地扶贫政策的预期。因此,必须重视社区的融合载体功能。要在努力契合易地搬迁户搬迁预期的实践中,合理规划安置小区选址,完善安置小区的配套设施建设;建立系统的社区治理体系,制订社区自治章程和社区服务清单,引导搬迁户参与社区建设;利用信息的熟人传播模式,加强政府的政策宣传与沟通力度,做好搬迁群众的心理安抚和舆论宣传工作。

第四,农户耕地依赖性对易地搬迁户的生活适应也有显著的正向影响。这意味着,政府在具体实施易地扶贫搬迁过程中需要注重循序渐进,可以因地制宜地采取空闲宅基地拆旧复垦的方式,不仅盘活农村的闲置土地资源,还能保障有耕种需求的搬迁户拥有一定的生产资料。

总之,"分散搬迁、集中安置"的易地扶贫所带来的社会融合问题是一个全景式的融合问题,它涉及搬迁户与搬迁户的相互融合、搬迁户与安置区原居民在人、事、物、环境方面的融合。因此,要真正实现易地搬迁户"搬得出、稳得住、能致富",还需因地制宜,做好搬迁后续的就业、教育、社区建设、拆旧复垦等系统配套工作。

参考文献

[1] Park R E. Human Migration and the Marginal Man[J]. The American Journal of Sociology, 1928(6):881-893.

[2] Tang S, Feng J. Cohort Differences in the Urban Settlement Intentions of Rural Migrants: A Case Study in Jiangsu Province, China [J]. Habitat International, 2015(49):357-365.

[3] Zheng S, Song Z, Sun W. Do Affordable Housing Programs Facilitate Migrants' Social Integration in Chinese Cities? [J]. Cities, 2020(96):10-24.

[4] 陈杰,郝前进. 快速城市化进程中的居住隔离——来自上海的实证研究[J]. 学术月刊,2014(5):17-28.

[5] 嘎日达,黄匡时. 西方社会融合概念探析及其启发[J]. 理论视野, 2008(1):47-49.

[6] 刘琳. 影响流动人口定居意愿的居住因素分析:居住隔离抑或社区社会资本? [J]. 河海大学学报(哲学社会科学版),2019(1):87-96,108.

[7] 刘琪. 子女人力资本对流动人口创业的影响[J]. 华南农业大学学报(社会科学版),2019(6):96-110.

[8] 刘涛,韦长传,仝德. 人力资本、社会支持与流动人口社会融入——以北京市为例[J]. 人口与发展,2020(2):11-22.

[9] 任远,乔楠. 城市流动人口社会融合的过程、测量及影响因素[J]. 人口研究,2010(2):11-20.

[10] 唐丹. 流动人口社会融合心理测量方法与数据的使用——基于2013年流动人口动态监测[J]. 人口与经济,2015(5):25-30.

[11] 田明,李辰,赖德胜. 户籍制度改革与农业转移人口落户——悖论及解释[J]. 人口与经济,2019(6):1-13.

[12] 童星,马西恒. "敦睦他者"与"化整为零"——城市新移民的社区融合[J]. 社会科学研究,2008(1):77-83.

[13] 王桂新,罗恩立. 上海市外来农民工社会融合现状调查研究[J]. 华东理工大学学报(社会科学版),2007(3):97-104.

[14] 王寓凡,江立华. 空间再造与易地搬迁贫困户的社会适应——基

于江西省 X 县的调查[J].社会科学研究,2020(1):125-131.

[15] 王子成,郭沐蓉,邓江年.保障性住房能促进流动人口城市融入吗?[J].经济体制改革,2020(1):176-181.

[16] 杨菊华.从隔离、选择融入到融合:流动人口社会融入问题的理论思考[J].人口研究,2009(1):17-29.

[17] 杨菊华.中国流动人口的社会融入研究[J].中国社会科学,2015(2):61-79,203-204.

[18] 张光辉.新型城镇化、户籍制度改革与农民工市民化研究[J].产经评论,2019(5):108-123.

[19] 张文宏,雷开春.城市新移民社会融合的结构、现状与影响因素分析[J].社会学研究,2008(5):117-141,244-245.

[20] 周皓.流动人口社会融合的测量及理论思考[J].人口研究,2012(3):27-37.

[21] 周建华,周倩.高房价背景下农民工留城定居意愿及其政策含义[J].经济体制改革,2014(1):77-81.

[22] 周文,赵方,杨飞,李鲁.土地流转、户籍制度改革与中国城市化:理论与模拟[J].经济研究,2017(6):183-197.

[23] 朱力.论农民工阶层的城市适应[J].江海学刊,2002(6):82-88,206.

推进共同富裕：重点、难题与破解①

一、引言

中国已成为世界经济总量第二的国家，人均国民生产总值已进入中等收入水平国家的行列。同时，中国已打赢脱贫攻坚战，总体上进入全面小康社会，并且开启向第二个百年奋斗目标的新征程。在这一新的发展阶段，重视共同富裕，走共同富裕发展道路，不仅是社会主义的本质要求和基本特征，而且对巩固拓展脱贫攻坚成果，化解社会主要矛盾，应对国际复杂多变形势，避免进入"中等收入陷阱"，具有重要的战略意义。20 世纪 70 年代后，在世界经济飞速发展的同时，收入与财富分配问题愈加严重。以美国为例，80 年代后期，前 1% 最富裕的群体拥有全美近40% 的净资产和 50% 的金融资产，享受这段时期内金融资产增值红利的 2/3；同时，几乎不存在任何能使低收入群体向上流动至高收入群体的渠道（Piketty et al.，2019；Hoffmann et al.，2020）。

尽管中国目前已解决了绝对贫困问题，总体上已进入全面小康社会，但从共同富裕的特征和城乡、区域、阶层三个层面看，在收入分配、基础设施、公共保障、人居环境、精神文化等方面仍存在明显的不均衡和短板。从收入分配方面看，中国基尼系数常年高于 0.45（见表 1），处于较高水平，且近年始终没有出现明显的缩小趋势（罗楚亮等，2021）。另外，

---

① 本文作者为黄祖辉、叶海键、胡伟斌。本文内容发表于《中国人口科学》2021年第 6 期。

农村居民的人均年可支配收入不高,城乡居民收入差距比值徘徊在2.56。尽管中国拥有世界上最大的中等收入群体,达4亿人(国家统计局,2019),但占中国总人口的比重仍不到1/3,与中等收入群体占人口2/3的"橄榄形"结构还有很大距离。从社会流动方面看,21世纪以来,城乡社会流动性开始降低,财富的代际传递有所加强,机会不平等对收入分配的影响日趋凸显(任泽平,2021),低收入群体向上流动至高收入群体的难度不断增加。从社会结构方面看,中国发展的不平衡和短板明显,低收入群体主要是农民,发展短板的区域空间主要在农村。中国脱贫的对象基本是农村人口,尽管他们已经摆脱绝对贫困,但要达到中等收入水平还有很大差距。

表1 2019年世界主要经济体基尼系数

国　家	基尼系数	国　家	基尼系数
巴　西	0.60	英　国	0.36
中　国	0.47	意大利	0.35
美　国	0.45	法　国	0.33
印　度	0.39	德　国	0.33
俄罗斯	0.39	日　本	0.30

数据来源:世界银行(https://data.worldbank.org.cn/indicator/SI.POV.GINI)、CEIC数据库(https://www.ceicdata.com/zh-hans/china/resident-income-distribution/gini-coefficient)。

为了应对分配不均这一全球性难题,党的十九届五中全会将"推动共同富裕"列为"十四五"时期的重大任务,并且将浙江作为建设高质量共同富裕的示范区。习近平总书记指出,要扎实推进共同富裕,确保"脚踏实地、久久为功",并进一步指出,"促进共同富裕,最艰巨最繁重的任务仍然在农村"。① 要从高质量发展入手,正确处理"公平与效率"之间的关系,完善初次分配、再次分配、三次分配的制度体系,逐步扩大中等收入群体比重,增加低收入群体收入,形成中间大、两头小的收入分配结构,促进人的全面发展。推进农民农村共同富裕,要巩固拓展脱贫攻坚

---

① 习近平总书记在2021年8月17日在中央财经委员会第十次会议上的讲话(https://www.ccps.gov.cntpxw202110/t20211018_150915.shtml)。

成果,加强对易返贫致贫人口的监测、干预。全面推进乡村振兴,加快农业产业化,盘活农村资产,增加农民财产性收入。加强农村基础设施和公共服务体系建设,改善农村人居环境,使更多农村居民勤劳致富。

目前,中国居民收入差距仍较为明显,城乡一体公共保障体系没有完全建成,农民农村发展相对滞后,实现共同富裕还存在不少难点,其中使广大低收入群体转变为中等收入群体是关键。为此,本文围绕共同富裕的基本内涵、认识偏差与相关经验启示,针对推进中国共同富裕发展实践将面临的主要难点问题展开分析与讨论,并就推进共同富裕发展提出相关建议。

二、共同富裕的基本内涵、认识偏差与相关经验启示

(一)共同富裕的基本内涵

2021年的中央财经委员会第十次会议强调,共同富裕是全体人民的富裕,是人民群众物质生活和精神生活都富裕。刘培林等(2021)从政治、经济和社会三个层面将共同富裕定义为:国强民共富的社会主义社会契约、人民共创共享日益丰富的物质财富和精神成果、中等收入阶层在数量上占主体的和谐而稳定的社会结构、新时代的美好愿景。因此,共同富裕不仅要解决收入分配问题,而且要保障人民生活,拓展精神文化,解决阶层固化,缩小群体性消费差距,尤其是事关人力资本形成和发展的领域,如基础教育和医疗健康等(刘尚希,2021),是物质与文化全方位的"富裕"。

本文认为,从追求国民"总体富裕"逐渐转向全体人民"共享富裕",共同富裕的内涵有了进一步的拓展。一是共同富裕对象的拓展。由贫困群体向全体人民延伸,由消除贫困群体的绝对贫困向缓解全社会的相对贫困过渡。二是共同富裕内涵的拓展。从改革开放初期的物质财富增长向经济繁荣、生活繁荣、精神富裕方面拓展,更多地与人民生活、民生保障联系在一起。同时,新阶段共同富裕的推进与实现,将与解决人民日益增长的美好生活需要和发展不平衡不充分之间的社会主要矛盾

的路径相结合,成为实现现代化中国的重要指标。

(二)共同富裕的认识偏差

全面推进共同富裕,基础是分配制度的改革和完善。分配制度的改革触及不同利益主体和收入群体的根本利益,同时又与经济社会发展密切相关,是真正进入深水区的改革。因此,对于共同富裕的理解和认识,社会上也存在不同的看法,其中不乏认识方面的偏差。

1.将共同富裕理解为"劫富济贫",认为共同富裕应注重"消除"或减少富人,简单将其理解为通过国民收入三次分配的手段,降低高收入群体的收入,增加低收入群体的收入

这种认识偏差本质上源于对国民收入三次分配的错误认知。事实上,新阶段中国实现共同富裕的初次分配是致力于提高低收入群体的收入水平和扩大中等收入群体的规模。前者是基础,后者是目的,也就是说,在做大国民收入"蛋糕"的同时,只有不断提高低收入群体的收入,才能有效实现扩大中等收入群体规模的目的。二次分配要注重政府公共资源安排的公平性和广覆盖及公共资源公平配置基础上的空间效率,如基础设施、公共服务配置的空间效率,实现公共资源对城乡人口的高效覆盖。三次分配在现阶段是要着重"引导"与"激励"。也就是要在不断完善国民收入分配制度的同时,重视社会帮扶,营造社会帮扶良好氛围,引导先富带后富,激励高收入群体帮扶低收入群体。显然,"劫富济贫"的认识既背离国民收入三次分配的合理内核,也无法达到共同富裕的发展目标,最终只会破坏营商环境和就业环境,削弱经济社会发展的动力与活力,同时也不利于低收入群体持续增收。现实中,真正需要思考的收入分配不公问题是如何消除非竞争性垄断,缩小行业收入差距过大,以及如何抑制制度性腐败,防止非法收入常态化等问题。

2.将共同富裕理解为"重切蛋糕",忽视"做大蛋糕"和"切好蛋糕"的内在关系,简单将实现共同富裕的路径理解为重切国民收入这块"蛋糕"

这种认识偏差从根本上讲,是对共同富裕过程中效率与公平的关系认识不到位。"做大蛋糕"和"切好蛋糕"的关系,实质上就是效率与公平

的关系,"做大蛋糕"偏向效率,"切好蛋糕"偏向公平。总体而言,在经济社会发展的过程中,应在做大国民财富"蛋糕"的同时,切好"蛋糕"。切好国民财富这块"蛋糕",不仅涉及政府、企业、居民在国民收入这块"蛋糕"分配中的关系,也涉及国民收入中居民收入的分配结构。需形成共识的是,处理好效率与公平的关系应该重视二者在不同情境中的优先顺序差别。需遵循的基本原则是:经济发展以效率优先,同时重视公平问题;公共保障与公共服务以公平优先,同时注重效率问题。

3. 将共同富裕理解为"朝夕之功",错误理解共同富裕的目标和使命,将其看成是单纯的财富分配、可由政府推动"一蹴而就"的事

历史进程表明,任何事物发展都有其循序渐进的过程。改革开放以来,中国从"解决温饱"问题到"让一部分人先富起来",再到"消除绝对贫困","全面建成小康社会",最终致力于实现"共同富裕"和现代化,都是基于不同时期社会发展规律与阶段的选择。中国目前仍处于社会主义初级阶段,仍是世界上最大的发展中国家,发展不平衡不充分的问题依然存在,并且各地区推动共同富裕发展的基础和条件也不尽相同。因此,必须充分认识到中国实现共同富裕的艰巨性和长期性。中国现阶段的共同富裕不可能"一蹴而就",也不可能是"同时富裕"、"同步富裕",必须扎实做好相关制度的改革和政策调整,分阶段、分区域稳步推进。

4. 将共同富裕理解为"物质富裕",忽略了共同富裕的"精神富裕"方面,仅关注"物质生活"领域

如前所述,共同富裕不仅要解决地区、城乡、阶层收入分配过于悬殊问题,而且要丰富人民生活,拓展精神文化,是物质与精神文化全方位的"富裕"。中国社会的主要矛盾已经转化为人民日益增长的美好生活需要和发展不平衡不充分之间的矛盾,"美好生活需要"本身就是物质生活与精神生活的需要,是从物质文化拓展到民主、法治、公平、正义、安全、环境等更多领域的需要,这意味着,在推进共同富裕的进程中,只有丰富人民物质生活和精神生活的共同富裕,才能满足人民日益增长的美好生活需要,才是高质量的共同富裕。

(三)共同富裕的相关经验启示

1. 德国的经验和做法

德国拥有庞大的中产阶级群体,其比例始终保持在总人口的50%左右。[①] 德国能够保持中等收入群体较高比重的原因是多方面的。一是构建稳定的收入渠道。德国的失业率常年低于欧洲其他国家,稳定保持在较低水平,且工作机会丰富,即便是55—64岁的中老年人也能够重新获得工作机会。除劳动报酬外,德国家庭还拥有较高的财产性收入,2020年德国私人家庭金融资产总增值达3000多亿欧元。[②] 二是打造均等的教育体系。德国义务教育很扎实,19世纪《初等义务教育法》的颁布意味着义务教育的全面落实。此外,德国教育体系强调"双元制教育",对普通教育和职业教育同等重视。"双元制教育"的目的在于实现教育机会的均等化,人人都享有充分发挥才能的机会。三是推行工资集体协商制度。以工会为重要的利益维护机构,通过工会与雇主协会相互协商确定最终工资水平,这种形式平衡了工人和雇主双方的利益关系。德国劳资谈判后的实际工资增长率为2.4%[③],高于欧盟的整体水平。四是完善社会保障制度。德国是第一个建立社会保障制度和现代社会保障体系的国家,其中养老保险、医疗保险、失业保险在总社会保险中占绝大多数份额,几乎覆盖德国所有从业人员,相关保费由雇员和雇主共同缴纳(或完全由雇主缴纳),很大程度上保障了德国普通群体的基本生活质量。

2. 日本的经验和做法

为扭转第二次世界大战后国民收入增长长期与经济增长不协调的状况,日本主要采用提高居民收入、充实社会资本、引导产业结构高级化、培训人才和振兴科学技术等措施。这些措施的实施对缩小收入和阶层差距产生了重要影响。一是实施国民收入倍增计划。该计划采取公

---

① 数据来自科隆德国经济研究院(https://www.iwkoeln.de/)。

② 数据来自德国联邦银行(https://www.bundesbank.de/en/)。

③ 数据来自德国联邦银行(https://www.bundesbank.de/en/)。

共投资、调整产业结构、重视人才和科技等方式,使公共投资、民间投资和工业资本迅速增加,劳动力的素质得到普遍提高。20世纪70年代中期,日本劳动者报酬占GDP比重已超过55%①,并延续至今。二是提高农民收入。城乡收入差距悬殊同样是日本经济发展过程中面临的难题之一,在立法稳定农产品价格、加大对农业的补贴力度的同时,日本政府致力于推进农业机械化、现代化和农业结构升级。在这一过程中,日本特别重视推行农民转型,通过多种举措促进农民非农化流动后的切身利益。三是推行教育机会均等政策。与德国类似,日本在1960年推行全面九年义务教育制度,通过扩充学费减免制度、减轻学费负担及完善教育环境等途径,缓解家庭经济实力不足对子女接受教育的不利影响。日本重视教育的普及化和资源机会的均等化,赋予全体居民同等的教育和升学机会,打通了群体向上跃迁的渠道,扩充了日本的中产阶层。四是建立完善的社会保障制度。日本社会保障制度形式与种类丰富,尤其是保障金的设置,一方面以政府负担为主,另一方面兼顾不同阶层支付能力差异设定不同的社保金额。在就业保障方面,日本建立严格的就业预算保障制度,大力支持与促进就业相关的事业发展。

3.美国的经验和做法

收入差距问题是美国社会关注的重点,政府主要通过市场与政策的双重作用,调节收入分配关系。一是推动"第三次分配"。美国通过税收制度激励富裕阶层投身捐助等慈善事业,且积极引导"经营慈善"等理念,鼓励慈善事业进入教育、就业等关键领域。此外,美国通过积极立法监管慈善捐赠活动,明确慈善组织的相应义务和责任,杜绝慈善逃税、侵吞挪用善款的事件。二是支持欠发达地区发展。美国以立法形式将2/3的相对贫困县划入137个经济开发区②,并推出"消除贫困"政策,包括就业、乡村贷款、贫困学生扶助政策等。美国尤其重视欠发达地区的基

---

① 数据来自日本厚生劳动省的《收入再分配调查报告》(https://www.mhlw.go.jp/toukeilist96-1.html)。

② 参见美国《地区再开发法》(https://en.wikipedia.orgwikiArea_Redevelopment_Administration)、《联邦受援区和受援社区计划》(https://www.gao.gov/products/gao-06-727)。

础设施和公共服务,着力全国公路网、信息网络的建设和从小学、中学到州立大学的基础义务教育的普及。三是健全反歧视、反垄断政策。美国反歧视、反垄断立法起源于 19 世纪末,针对就业歧视问题成立专门的机构,对发生的就业歧视案件采取高额的处罚措施。此外,美国还专门启动对某些大型公司的反垄断调查,以保证完善的市场运营环境,形成垄断和竞争动态并存的格局,这种格局既带来相应的规模效益,又让具有创新能力的中小企业能够生存与发展。

4. 经验启示

一是建立稳定和多元的收入渠道。德国的经验表明,居民缩小收入差距应当多路并举,不仅要以就业为主确保收入来源,而且还要通过公共保障体系的建立确保收入来源的底线。对中国而言,在鼓励增加劳动性收入的同时,有必要通过搭建就业与创业平台、盘活闲置资产、壮大集体经济、探索资源生态保护与转化途径等方式,提升劳动者工资收入、经营性收入、资产性收入、股权性收入及资源性收入。二是完善政府转移支付、就业和社会保障制度。日本为弱势群体提供较为成熟的保障机制,进而促使中产阶层快速增长的经验,对中国而言,意味着加大对低收入群体的权益保护,需要进一步完善困难群体就业和民生需求的制度保障,推动城乡居民基本养老保险制度和最低生活保障制度并轨改革,探索个人、家庭、集体和各级政府按一定比例共同承担参保费的体制机制,鼓励有条件的地方加快先行先试。三是完善三次分配制度。美国等发达国家在推动公益捐赠等三次分配方面,始终体现着较高的执行力。目前中国的慈善捐赠远不及发达国家,需要在进一步发展过程中重视三次分配,不断完善相关制度和鼓励先富带后富,将其作为推动共同富裕发展的重要路径。

三、推进中国共同富裕发展的建议

中国新阶段的共同富裕是与经济社会现代化相对应的高水平高质量的共同富裕;不是封闭排他,而是开放包容;不是平均主义的均贫富,而是机会均等、先富带后富、共创共富、共建共享的共同富裕。具体而言,要充分体现"保障最底层、提低扩中层、激励较高层"的共富发展导向(刘培林等,2021)。在具体推进过程中要突出抓重点和破难题。

(一)明确"共富"发展核心重点和抓手

中国共同富裕发展过程中要关注四大重点。一是共同富裕发展的重点对象。要重点瞄准农村居民、城市低收入群体和外来农民工群体。二是共同富裕发展的重点内容。要着重解决收入分配、公共保障、居住环境和文化生活的"短板"问题。三是共同富裕发展的重点工作。要抓好稳底板、扬长板、补短板工作。"稳底板"就是要固本强基,不断增强风险防控和社会保障能力;"扬长板"就是要强化比较优势,持续推进经济社会创新发展和高质量发展;"补短板"就是要消解弱项,着重缩小城乡差距、区域差距和居民收入差距。四是共同富裕发展的重点领域。这一重点领域是农村。中国农村居民的人均年可支配收入较低,2020 年仅为 1.71 万元,城乡人均可支配收入比为 2.56(见表 2),这意味着中国绝大多数的中低收入群体在农村。此外,中国的公共保障、人居环境、基础设施尽管比过去已有较大改善,但城乡和区域之间仍存在明显的差距与不均衡,而农村依然是其中的短板。

表 2　城乡居民各项收入与消费指标之比

指标	2016 年	2017 年	2018 年	2019 年	2020 年
城乡人均可支配收入比	2.72	2.71	2.69	2.64	2.56
城乡人均可支配工资性收入比	4.11	4.04	3.97	3.88	3.78
城乡人均可支配经营净收入比	0.80	0.81	0.83	0.84	0.78
城乡人均可支配财产净收入比	12.03	11.90	11.78	11.65	11.04
城乡人均可支配转移净收入比	2.54	2.51	2.39	2.29	2.22
城乡人均消费支出比	2.28	2.23	2.15	2.11	1.97
城乡人均生活及服务消费支出比	2.31	2.29	2.23	2.19	2.05
城乡人均交通及通信消费支出比	2.33	2.20	2.06	2.00	1.89

续表

指标	2016 年	2017 年	2018 年	2019 年	2020 年
城乡人均教育及文化消费支出比	2.47	2.43	2.28	2.25	1.98
城乡人均医疗保健消费支出比	1.76	1.68	1.65	1.61	1.53

注:数据来自国家统计局,其中人均生活及服务消费包含食品、衣着、居住和其他生活消费(https://data.stats.gov.cn/easyquery.htm? cn=C01)。

1. 突出农业农村的优先发展

要将党的十九大提出的农业农村、教育、就业的优先发展方针在农业农村的发展中得到充分的体现和落实。具体而言,一是落实农业农村优先发展方针。必须在全面推进乡村振兴进程中落实农村农业"四个优先"的政策:优先考虑"三农"干部配备,增强"三农"发展领导力;优先满足"三农"发展要素配置,提高"三农"要素配置效率;优先保障"三农"资金投入,实现"三农"政策普惠;优先安排农村公共服务,补上"三农"公共体系"短板"。二是将教育与就业的优先发展重点放在农村。要重视加快农村人力资本积累与改善的教育优先。加强农村基础教育和职业教育,争取到 2035 年实现农村学龄人口高中与职业教育普及率达到 80%以上。要优化乡村教育空间布局。发挥数字化和互联网功能,推进城市优质教育资源向农村扩容,实现城乡教育资源共享。要重视农村劳动力的就业优先。完善城乡劳动力要素市场和用工制度,拓宽就业渠道,鼓励自主就业、受雇就业、合作就业、兼职就业等多种就业形态的发展,确保广大农民能实现充分就业和就业增收。

2. 突出脱贫攻坚成果的"三拓展"和"三衔接"

在"三拓展"中,一是能力拓展。通过教育赋能和改革赋权的途径,使贫困农户和小农在技能掌握、权利获得、社会融入、市场进入等方面的能力得到提升与拓展。二是就业拓展。通过能力拓展、平台建构、政策鼓励等措施配套,使贫困农户和小农具有更多的就业机会,直接参与国民收入的初次分配。三是帮扶拓展。在巩固完善政府主导型帮扶体系与体制的同时,拓展社会帮扶功能,推进政府帮扶主导体系向政府与社会帮扶并举体系的转变,提高社会三次分配的帮扶功能与共富效率。

在"三衔接"中,一是制度衔接。加快国家公共保障制度的城乡并轨,尽快建成脱贫人口、农村人口与城市人口相互衔接和一体化的国家公共保障制度,实现二次分配的城乡公平性。二是产业衔接。要总结政策性产业扶贫经验,推进政策性帮扶产业与市场的衔接,实现政府主导型产业向市场主导型产业的转型,以及产业增效与农民增收相协同的可持续发展。三是主体衔接。通过脱贫攻坚成果的"三拓展"、帮扶产业与市场的有效衔接,进一步完善产业发展和服务体系中不同主体的利益机制,增强新型主体及其组织对脱贫农户和小农的包容性与带动性,实现脱贫主体、小农与现代农业和乡村振兴的有效衔接。

3. 突出新型城市化对农民农村的"两带动一融合"

一是供给带动。在农民农村共富发展进程中,城市对农村供给带动的重要性,不仅应体现在城市对农村居民生活用品设施的供给,而且更应体现在城市的优势要素,如人才、技术、资本等要素对农村的供给带动,以形成城市要素与乡村要素的优势互补、城乡融合的互利共赢、农民农村共富发展的新格局。二是需求带动。随着城市化的发展,城市对乡村的需求已从以土地、劳动力、农产品为主的需求扩展到对乡村生态、历史文化和乡村民宿与休闲等方面的需求。这种需求的实现路径并不体现为乡村要素与物品进城的路径,而是体现为城市居民进乡的路径。我国总体上已到了城乡融合发展的阶段,城市对乡村需求的变化,加快了城乡融合,为乡村多维度、多元化发展提供了机遇,对乡村资源就地转化、产业兴旺、市场繁荣和农民就业空间的拓展已起到牵引带动作用,并且作用将愈来愈大。三是空间融合。在农民农村的共同富裕发展进程中,要高度重视国民财富初次、再次和三次分配在空间上的效率。城市化的本质是人口和非农产业在空间的集聚过程,因此,既要充分发挥城市空间对农村人口非农化、市民化和现代化的承载功能,推进农村人口向城市,尤其是向中小城市和乡镇的集聚,又要高度重视乡村人口在乡村空间相对集聚所产生的空间效应。因此,要着力改变中国乡村人口分布过于分散和非市场的分布状况,不断优化乡村村落、基础设施和公共服务的空间布局,有效推动城市优质公共服务向乡村延伸、易地搬迁与城市化相融,使广大乡村成为"三生融合"与公共服务有效覆盖相融合,宜居、宜业、宜游的乡村群,并且成为与大中小城市协调、与城市群相衔接的现代乡村。

(二)破解"共富"发展关键性难题

1.破解发展不平衡不充分难题

我国发展不平衡不充分问题的根源在于长期在经济社会发展中实施了城乡不平衡发展的方针与体制。这种不平衡发展的方针在体制上集中体现为偏向城市的城乡二元制度。这一制度对新中国在较短时期建立经济与国防基础,对改革开放进程中经济的高速增长,都具有贡献作用,但从共同富裕的视角和当前国际环境复杂多变的态势看,这种城乡不平衡发展的制度并不有利于共同富裕发展和以内循环为主的"双循环"战略的实施,必须尽快破解这一制度,尽快补上因发展不均衡带来的共同富裕发展的"短板"。

破解发展不平衡不充分难题的重点是:第一,坚定不移破解城乡基本公共保障不平衡的制度。一方面是解决城乡公共保障的融通、并轨问题;另一方面是解决城乡公共保障水平均等和中央统筹问题。第二,加快建立农业农村优先发展的体制机制。重点是围绕全面推进乡村振兴,从城乡资源配置、城市带动乡村、要素市场激活三个方面进行突破。此外,要重视农村集体经济制度的改革深化。中国农村集体经济组织具有集经济与社会双重功能于一体的特点,是中国农村经济社会和谐稳定发展不可或缺的组织。在实现农民农村共同富裕的过程中,必须发展壮大农村集体经济,充分发挥其保障农民财产权益、协调农户群体利益关系的作用。要通过农村集体经济制度和城乡公共保障制度的改革深化,不仅赋予与保障农民更多财产权益,而且推动农民生存权和发展权相分离,使农民承包土地和宅基地上的发展权能通过市场实现其价值。要不断完善村集体的组织功能与社区治理功能,着力营造共同富裕发展中的乡村共创、共建、共富和共享氛围。村集体尤其要助力发展村民能广泛参与的共富产业,推荐美丽乡村向共富乡村转变,为缓解发展不平衡不充分矛盾,实现农业发展、农村稳定、农民增收和共同富裕提供基层组织的有力支撑与保障。

2.破解乡村公共服务效率低下难题

探索共同富裕发展路径,关键需要厘清公平与效率的关系。公平性着重体现在城乡一体与平等的公共保障制度的建立,而效率则着重体现在以教育医疗为重点的公共服务在区域空间的优化配置。从乡村看,公共服务空间配置的效率并不高,已是乡村共同富裕发展的重要"短板"。主要原因是:第一,大多数农村地区的人口分布过于分散,许多自然村落或村民小组的常住人口低于百人,难以形成基本公共服务所需的人口规模与集聚效应。第二,农村整体交通等基础设施仍很薄弱,使公共服务难以有效延伸和惠及农村分散的人口。因此,一定要高度重视再次分配公平基础上的效率。国民收入再分配的重点是公共品,必须在坚持公平优先原则的同时,高度重视公共品公平配置基础上的效率,实现有效率的公平。为此,要从空间角度出发,对乡村和村庄进行全域与分类规划,优化中国乡村人口的空间分布,推进乡村人口由分散的自然分布向相对集聚的经济社会分布转型。要在人口相对集聚的基础上,实现以教育、医疗为重点的公共服务对乡村人口的有效覆盖。要通过城乡联动发力,按照保护特色村、改造城(镇)中(郊)村、减少自然村、重点建设中心村和乡村新社区的乡村群的建设思路,实现多种类型的易地搬迁、村落有机整合和示范带动及政策配套,破解中国乡村公共服务效率低下的难题。

3. 破解居民收入差距悬殊难题

中国居民收入分配所得不均衡问题可以概况为五个方面:①反映收入分配均衡水平的基尼系数过高,且没有呈现明显下降的趋势;②城乡居民收入差距尽管有所缩小,但仍然过大,收入比约为 2.6∶1;③居民收入中位数仅为收入平均数的 80% 左右(见图 1);④低收入群体占比仍较高,月收入低于 2000 元的群体占比超过 60%;⑤国民收入分配中居民收入占比不高,仍低于 50%。要破解这一难题,首先,必须下决心彻底消除城乡二元体制。其次,要把国家教育与就业优先发展的重点面向农村和农民。通过教育与就业的相辅相成,对农村人力资源进行开发和提升,使其逐步成为有竞争力的就业主体。最后,要高度重视初次分配效率基础上的公平性。在做大国民经济这块"蛋糕"的同时,持续增强农村劳动力的就业能力,增加其就业机会,实现广大农民在初次分配过程中的就业增收。从农村劳动力就业与增收关系的角度看,第一产业应致力于提高发展质量,同时通过减少农业劳动力数量的路径,提高农业劳动生产率,实现农业有效供给和农业劳动力的持续增收。农村转移劳动力就业与增收的重点应是:通过城乡融合新型城市化的加快发展和乡村休闲产业的发展,促进农村农业劳动力继续向第二、第三产业转移。此外,要重视先富带后富的制度设计与优化,做好国民收入的三次分配,现阶段应突出相关制度的建立与完善,以及与先富带后富的"引导"、"激励"相结合的推进思路。

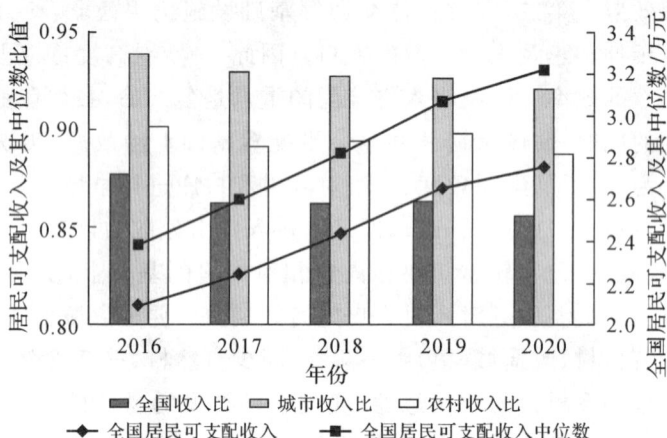

图 1　居民人均可支配收入、中位数与比值

注:数据来自国家统计局(http://www.gov.cn/guoqing/2020-03/09/content_5362699.htm)。

总之,新阶段中国共同富裕发展的侧重点将由追求"总体富裕"向全体人民的"共享富裕"转向,要将着力点放在缓解发展不平衡不充分社会主要矛盾,高度重视低收入群体向中等收入群体的转变,把农民农村的共富发展作为重中之重。新阶段中国共同富裕发展的宗旨是在做大国民收入"蛋糕"的同时,要切好"蛋糕";在经济发展中仍要以效率优先,同时重视公平问题;在公共保障和公共服务方面要以公平优先,同时注重效率问题。在调节国民收入分配、解决阶层收入差距问题的过程中,既要解决导致居民收入差距过大的体制机制问题,也要妥善处理居民收入差距悬殊、地区发展差距悬殊等问题所引发的经济社会问题,以实现"居民收入有保障、收入差距水平能缩小、居民收入与经济增长能同步"的共同富裕发展格局。

参考文献

[1] 刘培林等(2021):《共同富裕的内涵、实现路径与测度方法》,《管理世界》,第 8 期。

[2] 刘尚希(2021):《共同富裕的两个维度》,《北京日报》,8 月 2 日。

[3] 罗楚亮等(2021):《中国居民收入差距变动分析(2013—2018)》,《中国社会科学》,第 1 期。

[4] 国家统计局(2019):《中国拥有全球规模最大中等收入群体超过 4 亿人》,《人民日报》,1 月 21 日。

[5] 任泽平(2021):《中国收入分配报告 2021 最新白皮书》,财经 365 (www. caijing365. com),8 月 19 日。

[6] Hoffmann F. , Lee D. S. , Lemieux T. (2020), "Growing Income Inequality in the United States and Other Advanced Economies". The Journal of Economic Perspectives. 34(4):52-78.

[7] Piketty T. , Yang L. , Zucman G. (2019), "Capital Accumulation, Private Property, and Rising Inequality in China, 1978—2015". American Economic Review. 109(7):2469-2496.

第三篇
土地制度与改革

农地产权结构和我国的家庭农业[①]

一、产权及其功能

产权不是指人与物之间的关系,而是指由物的存在及使用所引起的人们之间相互认可的行为关系。作为社会关系的财产,更多的是与权利、期望、义务和职责等相关。产权是界定人们如何受益及如何受损,因而谁必须向谁提供补偿以使他修正人们所采取的行动。由此,社会中盛行的产权制度可被描述为界定每个人在稀缺资源利用方面地位的一组经济和社会关系。

一个产权制度可被看作是一个社会制度结构的产物。制度规定了人们之间的行为,产权结构是社会规则的产物。然而,从经济学角度来看,产权却未必能独立存在。产权是号召集体支持某人索取收益的能力。就拥有经济意义的权利而言,其拥有者的权利应得到当局的认可(即一般要得到法律的保障),从而别人能同意接受权利拥有者的利益。因此,某一资源的产权就包括了排除他人从这一资源获取收益的可能性,因此产权的价值和效果与维护自己主张的意愿紧密相关。

从法律的角度来看,一个高效的产权体系应该有三个特性:一是普遍性,即所有的资源都应被某个人所占有或所能占有,除了一些多得足

---

① 本文作者为黄祖辉、陈欣欣。本文内容发表在《农业经济问题》1998 年第 5 期,被中国人民大学期刊复印资料《农业经济》1998 年第 7 期全文转载。本文为国家自然科学基金项目"交易费用、组织控制与我国农业组织的创新"(79470079)的专题研究报告。

够每个人为所欲为地消费也不至于减少别人消费的资源以外；二是排他性，即能排除他人享有自己的私有产权；三是可转让性，即能通过产权的转让使资源从低效率的用途转到高效率的用途。产权涉及好几个权利，这些权利可被分别拥有，它们合起来就代表一个"权利束"。我们可以把"权利束"概括为以下几个方面：占有权、使用权、收益权、转让权、安全权等。"权利束"通常可分为这三个主要部分：使用资源的权利（即使用权）、从资源中获得收益的权利（即剩余索取权）和永久性改变资源的权利（即资源的所有权）。使用权一般包括改变资源物质属性的权利和破坏资源的权利，而所有权则包括了出售资源和分割资源的权利。

所有权和产权紧密相关。所有权意指对财产的控制权。如果这样来理解，那么资源的所有权就涉及多个法律实体。从经济学角度看，如果我们注重资源如何被使用以及它们的潜在利益如何被释放出来，那么资源的所有权就是核心。如果收益权即剩余索取权能和使用权挂钩，那么就能出现有效使用资源的激励。因而，强有力的激励要求使用权和收益权的联合。

产权一般可分为四类：私有产权、国有产权、共有（或社团集体）产权和非实在的产权。经济学家们在对共有产权和非实在的产权（自由进入）的认识上一直存有争议。在非实在的产权中，不存在所有权，也没有建立法律上的或经济上的权利。在这种情况下，可能会出现"共有的悲剧"。但是，共有产权对所有权有一定的约束规则，布罗姆利就用一些实例说明了在一些情形下共有产权的适用性。

在共有产权的情形下，管理群（使用权的共同所有者们）有权排除非成员，非成员有义务服从这一排除。管理群的成员进而拥有关于使用和保持其所有物的权利与义务。然而，在自由进入的情形下是没有产权的。自由进入，就缺少了确定的所有者，没有能被排除享有这些资源的经济利益。因而自由进入根本不同于共有产权。

许多经济学家都认为私有产权是最好的产权安排。我们可以用德姆塞茨的话来引证其观点。"如果单个人拥有土地，他将试图使它的现期价值最大化……我们都知道这意味着他将考虑他所能想到的在他死后的供给和需求……实际上，私有土地的所有者就像一个中间商所扮演的角色，他的财富依赖于他对现在和未来的竞争性权利如何做出充分的考虑。但是,对于共有产权而言就没有中间商。现在这一代在决定土地被耕作的集约度时将给予一个不经济的较大权重的考虑。"诺思的很多著作都研究了私有产权的动力因素,认为"当存在资源的共有产权时,就缺少获取先进技术和知识的激励。相反,排他性的产权向所有者提供了提高效率和生产率的直接的激励,即提供了获取先进技术和知识的激励"。

这种关于私有产权优越性的观点遭到了布罗姆利等人的反驳。他们认为现实中可以找到很多实例来证明土地的私有产权安排并未保障对资源的合理利用,他们也给出了共有产权长期被成功运用的一些实例。因而,他们认为私有产权所具有的理论上的高效率并不意味着产权安排将必然向完全私人所有演进,因为现实中,产权安排不是无偿制定或无偿实施的;同时,私有产权的高效率产生于一个尊重个人自由选择的完全市场体系。但在实际中,决定产权结构的因素并非只有市场,还有政策偏好和自然资源因素等。

在现实中,私有产权经常受到制约,如国家或当地政府都可对私有产权的各项内容加以限制。其所有权也经常被加以限定,以至于实施者有可能被排除享有相关权利的某些特定内容。"这种通过国家或别的权力机构做出的限制可以是正式的,也可以是非正式的,如通过习俗、传统、宗教和道德约束、教育及公众舆论来实施。因而,严格来说,私有产权也是有条件的,并受政府行为限制的。"

对产权的界定有赖于产权社会中的功能。正如非吕博滕和配杰威齐所强调的,界定的产权越完整,越能提高效率,因为一个清晰的权利减少了不确定性。相互交换明确界定了产权的资源将得到最经济的利用。产权的交易或部分的转让都要求订立合约。这些合约可能是正式的或非正式的,但完全的转让至少是在一个合约下发生的。对部分的转让而言,合约包括了对收入分配和资源使用条件的规定。建立一个合约是需要成本的。张五常把交易费用视为产权结构的一面镜子。因为交易费用涉及所有权交换的费用,所以也能鉴别产权的有效性。如果交易费用减少,那么产权就可能升值,先前不能发生的交换也就有可能发生。

总而言之,基于产权结构的制度安排,在影响人们(或组织)的行为方式方面,起着很重要的作用。产权结构通过提供与资源分配、构成、收入的分配等相关的激励和约束,使社会得以形成。某一项产权的安排是否合理的关键并不取决于其所有权形式,而在于产权("产权束")界定的清晰性,或者说,产权的实现形式,尤其是当其中的一些权利能被分别拥有时。而且,在选择制度结构时,产权结构及其交换与实施,以及随之发生的交易费用和收益(及其分配)也应当被考虑在内。

二、我国农地产权结构的演化

1949年前,我国的农村和亚洲其他国家的农村较为相似:独立的家庭农场占据着统治地位。在20世纪50年代初期,我国政府实施了土地改革计划,土地被无偿没收,分发给无地的农民。1955年冬到1956年,在全国范围内建立了合作社,而后又建立了人民公社,在此制度下,分配方式采取了工分的形式。一个农户的收入取决于家庭成员所挣得的工分数和每个工分的平均值,后者反过来又取决于一个集体总的净产量。在这一体制下激励问题相当突出。尽管所得的工分数与所付出的努力有一定的联系,但每个工分值却取决于整个集体的净产出,这就意味着即使单个劳动者的努力是完全非生产性的,他的工分也只减少一点点,因此一个人的努力和工分值之间的关联很小。甚至连社员(通常是领导)都拥有监督和管理农民及其努力程度的能力与职责,监督劳动力的成本相当高,大约有10%~20%的时间用于监督。显而易见,这种剩余的分配提供给农民的激励水平很低。

我国农业和农村经济的实质性改革始于1978年末。这次改革的中心是把一种新的责任引入到农地经营中来。在家庭联产承包责任制下,农地的所有权被集体拥有,即由村集体所有。农地产权的变化表明了两种权利的分离,被称为"双层经营"体制。所有村民都有权拥有一块土地,并有义务将产品按定购价出售给国家。这次改革的效果,也就是随着新产权的建立而改变的激励机制清晰化,农民的劳动报酬与其劳动投入或劳动贡献大小直接联系起来了,因而极大地调动了农民的生产积极性,从而解放了长期被压抑的农业劳动生产力,使我国农业获得了奇迹般的增长,农村面貌发生了巨大的变化。计量研究表明,在该时期,农业增长量中大约有 3/4 是由于实行了家庭联产承包责任制而取得的,其余是农产品相对价格提高的结果。农业的这种超高速增长,在新中国成立以来的经济发展史上是空前的。

三、目前我国农地产权结构及其对家庭农业发展的影响

改革前我国的农地产权结构中,使用权、收益权和所有权都由村集体拥有。与这一产权结构相比,新的体制通过把权利重新分配给农户家庭,给农民提供了激励和约束。监督劳动的成本就在家庭里被内部化了。即使农户家庭仍然有很多义务,但还是能产生较高的效率和较多的产量。

然而,这些安排仍需完善。最近在我国的东南沿海经济发达地区,已发现了现存制度结构的缺陷。这个地区的耕地较少(如浙江省的人均耕地仅为 0.033 公顷),非农产值在农村 GDP 中的比重较高(有些地区非农产值达到 60%～70%)。这些地区农民的收入并非主要来自农业生产,改革以来,乡镇企业的产值以年均 30% 的速度增长,这在我国经济转型时期是一个很普遍的现象。非农产业的发展导致了这些地区的农户对农业经营的兴趣减弱,尤其是对粮食这种低利润作物的种植。经济发达地区农户的这种行为,被认为是 20 世纪 90 年代初期粮食产量下降和徘徊不前的一个主要原因。

对农业经营缺少兴趣的主要原因是家庭农场所拥有的面积太小,以致和非农部门、乡镇企业相比不能获得平均的收入水平。从小规模农业中获得的利润有时少得难以吸引农户。尽管粮食已提了几次价,但这通常被生产资料价格的上涨所抵消,所以效果还是微乎其微。因而,农民不会把精力投放在农地经营上,尤其是粮食生产上。那么为何农地没有分配给那些最有动力和最有能力种好土地的人呢? 我们可以从与产权结构相关的几个问题中找到其原因。

一方面,农地有好几种功能,如用于农产品的生产、生态系统的平衡,并用作农户赖以生存的基础,除了这些重要方面以外,值得一提的是农地可以是农民的一个安全网、保险带,这是土地使用权所拥有的非正

式功能。这一关系多半是源于土地是农民的"命脉"这一强大的根深蒂固的传统。按照这一传统的非正式制度,如果农民放弃土地(或土地的使用权),他们将冒很大的风险。除了传统的、文化的限制之外,现实中也存在加强农地这种地位的很重要的原因。我国的多数农民还未能享受到像城市居民那么多的福利。因而传统和现实的因素一起发生着作用。农民放弃这种权利在某种程度上就放弃了一种社会保障,放弃了规避乡镇企业风险的安全网。

另一方面,农地的不同产权之间的关系仍然是含糊不清的。所有权和使用权目前已经分离了。根据我国的《土地法》,农村土地应该由村集体组织(即一个共同体)所有。然而在实际中,一些地区的这种组织徒有虚名,因而出现了土地所有权和使用权不受村集体控制的现象。转让土地和出售土地的权利在法律上由村所有,同时农户在长期合约下拥有土地的使用权。在很多地区,谁在这一方面拥有权利仍不清楚。在有些情形下,村集体的决定权由单个人(如村领导者)来掌握,他的行为经常不代表所有集体成员的利益。即使在一些集体组织较健全的地区,我们仍可发现农地的真正所有者并未享受到法律所规定的所有权。在现实中,当地政府对所有权和土地使用权进行干涉是很普遍的,如农民仍被要求种植粮食,尤其是在粮食供给短缺的情形下。国家或当地政府对农地提供的补贴或定价也被控制着,进而产生了农地产权的不确定性。使用权和所有权的交易费用往往很高,交易中所获得的利润也不能释放出来,因而既不存在土地的使用权市场,也没有土地的所有权市场。

为了维持一个适于家庭农场的有潜力的激励机制,为了发展农业生产,进一步改革农地产权制度势在必行。近年来,我国已出现了一些所有权仍然属于村集体的新的制度安排,但其土地使用权已变为可交易的权利。如今,一些地区的土地使用权发生了改变,实现了所有权、承包权和使用权的三权分离。其结果表现为:使用权仍由农民所有,但是承包权可以被转让出去(或在一定年限内售卖出去)。村和拥有使用权的家庭之间签订的合约控制了土地的所有权,而这些有使用权的农户和那些拥有承包权的农户之间签订的合约控制了土地的收益权。政府通过以定购价收购农产品以及部分控制土地的承包和这种承包价格,拥有了部分土地收益权。

对不同权利实行分离的主要依据是试图建立一个能在农业生产的不同阶段上都具有有效激励机制的制度结构。新体制的中心内容是对集体和签约的农民形成双重的补偿,通过使用权的可交易性得到一个更有弹性的体制。如果能形成一种在村集体、拥有使用权的家庭和那些转让承包权的家庭之间提供分配收入的报酬体系,使得剩余索取者仍拥有有效使用资源的激励,那么释放所有权交易中的可能所得便能吸引各方的兴趣。当然,作为农地所有者的集体,在现实中对农地的处置比农民有更多的权利,因为农民还是不准随意转让使用权的。在不同地区,土地使用权的转让市场很不规范,还处于发育之中。如果这种市场能继续完善,那么将有可能出现更好的家庭农场结构。同主要收入来自乡镇企业的兼业农民相比,较大的家庭农场将有可能从农业经营中获得其全部或大部分的收入,因而会有更高的积极性去有效利用土地,从而将会产生较高的产量和劳动生产率。

四、结论和建议

首先,20世纪70年代末的改革改变了农地产权,重新引入了家庭农场。在新的制度结构基础上产生的机制在80年代我国农业总产量迅速增长的过程中发挥了重要的作用。农民成了农业经营收入的所有者,这不是通过平均分配的工分,而是作为剩余索取者,通过经营过程中的努力所获得的,收入也比以前高得多。农业的发展是我国经济全面发展必不可少的一部分,因而,农地制度的创新成为我国改革成功的重要环节。

其次,土地的私人所有,即改变现行的土地所有权,并非土地有效利用的必要条件。即使在很多西方国家,很大一部分土地也是通过租借或出租得到有效利用;在不少亚洲国家,土地普遍地以股份合约和租赁方式被利用。因为一些长期的投资,如灌溉和排水设施的投资,最好能由土地的所有者来提供,在我国,由于大部分的农地为灌溉农地,所以土地适于由集体所有。很多与灌溉利用有关的决定也都适于由集体做出,因为集体对处于灌溉地域的农地的使用拥有部分的控制权。至于投资款项,可通过农民和村集体之间的补偿体系得以解决:农民向集体交付部分的收入,由集体对农业统一进行投资,从而把这部分款项返还给每个农民。当然,也有一些地方未能有效地建立这种补偿体系。所以对农民来说,选举出坚决维护村集体利益的村级领导班子是极为重要的。

再次,尽管目前所有权、使用权和承包经营权这三者的分离是富有成效的,但还是存在着许多缺点和矛盾,最明显的就是产权结构不清晰。近几年制度变革得如此之快,使得产权还未被完全清晰地加以界定,在使用权交易中出现了一些不确定性,进而产生较高的交易费用。同时使用权由村集体分配也并不可行,需要建立使用权市场来加以完善,以有利于使用权的转让,此外,转让费用的收取制度也应该加以规范。

最后,土地的使用权也需要清晰化。如前所述,对农民来说,农业生产仍然是一种主要的社会保障形式。但对我国经济的全面发展来说,如把农业生产和土地的使用权用于农户保障,这时的产权结构是低效率的。当土地连有效的农业经营都不能进行时,产权结构近乎无效率。在一些经济发达的地区,如浙江省的部分县市,一些农民的大部分收入都来自非农部门,从而对农业经营就缺少兴趣,甚至普遍地出现土地使用权价格为负价格的现象——富裕的家庭付钱给其他的农民来耕种他们的承包地。显然,此时的承包权不可能是最佳的。因而,就有必要采用一些办法(如发展当地的福利体系、医疗保障体系等)来改变把土地的使用权用作社会保障工具的这种动机。

基于以上的结论,我们特提出如下建议:

第一,为了我国农业的持续发展,就必须加强农民个人和村集体的激励机制。最重要的一个要求是降低农地使用权交易中的交易费用。换句话说,这些使用权必须清晰。对生产时期、生产条件、农地的继承和投资计划等的规定也必须清晰。同时也需要建立由一个以上的村所组成的当地市场。如果村集体能更自由地决定土地的使用,那么它也能改进土地分配的效率。

第二,改善农民的福利体系。只要在这方面的不确定性继续存在,很多农民就会把土地用作一种社会保障,使用土地的产权就和社会安全的产权掺合在一起了。当它导致农地分散存在,甚至不进行有效的农业经营时,似乎也就没有什么效率可言了。

第三,在农地经营中,劳动力投入和管理投入的质量与单个劳动者努力情况的监督问题之间具有很大的依赖性。农地经营就是以此为特征的一项活动。因而,使得收益权和资源(即作为剩余索取者的劳动和管理)使用权相关联的产权才是有效率的。20 世纪 70 年代末,我国农业的改革使得农地产权结构朝这个方向迈进了很多,但现在仍需更多的努力。减少土地使用权转让中的交易费用可通过更清晰的产权和明确的制度体系(即更清晰地界定有关土地使用和改变的制度结构)来实现。对成功的制度变迁来说,促进农业劳动力的转移也是同样重要的。因此,对我国农村来说,建立一个更好的社会安全体系和促进农村经济的健康发展是相当重要的。

论农户家庭承包制
与土地适度规模经营①

一、科学认识农业的家庭承包经营制度

(一)农村巨变的关键所在

我国的经济体制改革是从农村起步的,20多年来的改革实践表明,农村的改革不仅解决了长期以来困扰农村的诸多问题,而且也推动了整个经济体制的改革进程和国民经济的快速发展。农村的历史巨变,归根结底靠的是广大农民群众的积极性和创造性,而农民群众的积极性和创造性则主要源于合理的制度安排。农村改革从1978年开始启动,涉及农业经营与管理体制、流通与价格体制以及所有制结构、产业结构等方方面面的改革,其中,最有决定性意义,并且已被实践证明是成功的改革,是废除高度集中的人民公社体制,实行家庭承包经营。改革以来的我国农业经营体制经历了从包干到组、联产计酬到包干到户、联产承包,进而分户承包、家庭经营的过程。这一过程既是人们从集体经营到家庭经营的思想解放过程,又是对农业家庭经营和土地产权制度改革的探索过程。农业家庭承包经营之所以为广大农民所接受,关键在于这种经营方式能将农民从生产的参与者转变为生产的主人翁,能将劳动的努力程

---

① 本文作者为黄祖辉。本文内容发表在《浙江社会科学》1999年第4期,被中国人民大学期刊复印资料《社会主义经济理论与实践》1999年第8期全文转载。

度与劳动的效果直接挂钩,体现权、责、利的统一。这就彻底改变了原先的生产"大呼隆"、分配"大锅饭"、干好干坏全由他人说了算的农业生产经营格局,大大调动了农民的生产积极性和自主性,使农业生产很快走出停滞的困境,农业的劳动生产率和效率大大提高。农业的家庭承包经营不仅推动了农业的发展,而且启动了农村的市场化改革进程,推动了非农产业的蓬勃发展。在家庭承包经营下,农民生产的农产品,除了满足自己的需求和一部分上缴国家或集体外,剩余的可以自行销售,这激发了农民发展商品经济的积极性,促成了农产品市场的形成和农产品购销体制的改革。不仅如此,由于有了支配自己劳动与时间的自主性,农民的生产活动范围与空间大大拓宽,除了在承包土地上从事农业生产外,还可从事农业的多种经营和非农产业活动,进而带来乡镇企业的异军突起,农业劳动力"离土不离乡"、"进厂不进城"的转移,农村小城镇的兴起以及整个农村经济社会结构的变化。这一切均表明,没有农村家庭联产承包责任制的推行和它的联动效应,就不可能有如今农村经济社会乃至整个国民经济的巨变。

(二)中国特色的农业制度安排

从新制度经济学的角度看,我国的农业家庭联产承包责任制体现了制度的创新。制度包括规则、惯例、法律、组织、产权,乃至于文化与习惯,它是人类行为的指南,是激励与约束的源泉。制度是一种生产要素,它的科学设计与安排,能够产生巨大的绩效,反之,则会导致低效率和冲突。农业的家庭联产承包责任制之所以能产生巨大的绩效,关键是家庭组织在内部控制、人事协调、剩余索取等方面,比其他组织形式更具优势,并且这种制度形式最适合农业生产的自身特点和规律,可以使农户根据市场、气候、环境和农作物生长情况及时做出决策,保证生产顺利进行,也有利于农户自主安排剩余劳动和剩余劳动时间,同时能够有效地解决农业劳动的控制问题和剩余索取问题,形成理想的自我激励与约束机制。因此,无论是发展中国家还是发达国家,农业普遍以家庭经营为基础并非偶然,它实质是制度安排的必然选择。

与一般的发展中国家或发达国家不同,我国的农业家庭经营制度具有鲜明的中国特色,它体现为土地集体所有制基础上的家庭承包经营,这在全世界是罕见的。从这一意义上讲，我国农业家庭经营能否具有长久的生命力，关键在于家庭经营制度与土地公有制度能否有效结合，也就是说，取决于我国土地集体所有制的实现形式，取决于能否探索和建立一种非私有化的、能与农业的家庭经营有机结合的土地制度。农业双层经营体制的构想，为这种结合提供了空间，而土地的"两权分离"乃至"三权分离"，为这种结合提供了具体的途径。所有权仍归集体所有，承包权、使用权通过合约关系归农民所有，这种产权形式与家庭经营的结合，形成了具有中国特色的农业家庭经营制度，即家庭承包。由于这种制度能较好地处理土地所有者、承包者与经营者的权、责、利关系，同时简便易行，具有广泛的适用性，因而既确立了家庭经营在农业中的基础地位和主体地位，又保持了土地的公有制性质，在很大程度上满足了农业发展的需要。从改革和经济转型的角度看，我国的农业家庭经营制度是既稳妥又有效的转型安排，是当今世界农业经营制度的伟大创新，这一点，已为我国农业、农村的改革与发展实践所印证。

（三）长期稳定与完善发展

农业的家庭承包经营制度长期不变，是党中央作为一项农村基本制度与政策，多次强调与重申的。十五届三中全会《关于农业和农村工作若干重大问题的决定》，将家庭承包经营制作为构建适应社会主义市场经济要求的农村经济体制的组成部分，明确其是集体经济组织内部的一个经营层次，要长期稳定。稳定农业家庭承包经营制的关键是稳定土地承包关系，为此，针对第一轮土地承包期已经到期的情况，中央又出台了土地承包期再延长30年的政策，充分表明了长期稳定农业家庭承包经营制的决心。

为什么要长期稳定农业的家庭承包经营制？一是因为这一制度适合我国农业、农村的实际，既能为广大农民所接受，又符合建立社会主义市场经济体制的方向。如果动摇了这一制度，不仅农民不会接受，农村不能稳定，而且20多年的改革成果也有可能毁于一旦。二是这一制度的长期稳定，直接关系到我国的农业家庭经营制度能否长期存在下去。这是因为我国的农业家庭经营本质上是农户家庭经营与土地家庭承包这两种制度的融合，因此，如果动摇了土地的家庭承包制度，则农业的家庭经营要么走向土地私有条件下家庭经营,要么走向消亡或变成有名无实的形式,这显然违背改革的初衷。三是实践中一些同志确实存在认识上的误区,至今仍把家庭承包经营排除在集体经济之外,没有认识到把集体的土地承包到户,实行双层经营,本身就是农村集体经济最有效的实现形式。在这种思想指导下,一些地方出现了不尊重农民意愿、收回农民承包地、多留机动地,或者高价发包、高价出让的现象,挫伤了农民的积极性,损害了农民的利益,阻碍了农业的发展。可见,长期稳定我国的农业家庭承包经营制度,绝非一般的口号,而具有重要的现实意义。

但是,长期稳定农业的家庭承包经营制度并非意味着这一制度是一成不变的,在不改变土地家庭承包经营制度本质的前提下,在充分尊重农民意愿和利益的前提下,根据农业、农村经济的发展要求,不断对土地制度进行创新,应该看成是对土地家庭承包经营制度的完善与发展。

土地家庭承包经营制度的进一步完善符合事物发展的规律,是我国农业、农村经济进一步发展的要求,具有内在的必然性。从实践来看,土地承包期再延长30年的政策已定,但如何贯彻落实这一政策,抓紧制定确保农村土地承包关系长期稳定的法律法规,赋予农民长期而有保障的土地使用权,就显得极为紧迫。在一些地区,土地家庭承包基础上的使用权流转和转让已具有一定的普遍性,但如何从理论上思考这种现象,如何重新认识长期归属农民的承包权的含义,并且制定相应的政策与规则,已不容回避。此外,在一些经济相对发达、人多地少的地区,土地的适度规模经营对于这些地区农业的进一步发展已显得必要,但如何通过土地家庭承包经营制度的不断完善来推进土地的适度规模经营,进而推进农业现代化的进程,仍是一个极为重要的课题。总之,土地的家庭承包经营制度是一项适合我国农业、农村长期发展的制度,应该长期存在,但与此同时,这一制度需要随着我国农业、农村经济的发展和改革的深化,不断地充实和丰富它的内涵,使之不断地完善和发展。只有这样,我国的家庭承包经营制度才会具有长久的活力和生命力,才能真正地持久稳定。

二、土地规模经营的本质和机理

（一）农业、农村的发展与挑战

土地规模经营现象能在人多地少的沿海地区出现，绝非偶然，它与这些地区的经济改革与发展进程密切相关。从浙江省的实践来看，主要源于以下几方面。

一是乡镇企业异军突起，农业劳动力转移迅速。在公有制为主体、多种所有制经济共同发展方针指引下，农村第二、第三产业获得迅速发展，形成了"多轮驱动、多业并举"的格局。乡镇工业总产值占全省工业总产值的比重，由 20 世纪 80 年代中期的"三分天下有其一"，90 年代初期的"三分天下有其二"，一直发展到现在的"五分天下有其四"。乡镇企业的发展，加快了农村工业化的进程，促进了农业劳动力的转移和结构的优化。全省从事非农产业的劳动力从 1978 年的 164 万人增加到 1997 年的 993 万人，农村农业与非农业劳动力的比例从 1978 年的 89∶11 转变为 1997 年的 52.7∶47.3，在经济发达的乡村，非农产业劳动力的比重，甚至达到了 80%～90%。

二是专业市场发展迅猛，小城镇建设步伐加快。浙江省的资源配置很大程度上依赖市场，这促进了农村专业市场的形成与发展。目前全省已形成各类专业市场 4488 个，其中农村市场 3322 个，农副产品市场 835 个。1997 年全省各类市场总成交额达 2798 亿元，其中成交额超亿元的市场有 391 个，超 10 亿元的市场有 57 个，义乌中国小商品城、绍兴中国轻纺城成交额多年雄居"全国十大市场"前茅。农村专业市场的发展，不仅促进了农村第二、第三产业的发展，而且也推动了小城镇的建设与发展。全省目前已有 965 个建制镇，涌现出一批如温州龙港镇、绍兴柯桥镇、义乌稠城镇那样的颇具特色的农民城，一大批小城镇已成为第二、第三产业聚集和农业劳动力转移的中心，成为新的经济成长点。

三是农民收入剧增，收入构成多元化。1978 年至 1997 年期间，浙江省农民人均纯收入增加 21 倍，扣除物价上涨因素，年均递增率约为

11.65%。全省已有 56.8%,即 50 个县(市、区)通过了省级小康县考核验收,小康乡、小康村大量涌现。而贫困人口则从 1990 年的 270 万人降到 1996 年的 53 万人。农民收入增长的一个重要特征是收入构成多元化,收入来源从主要依靠农业,转为主要依靠非农产业。1980 年农民人均来自非农业部门的收入只占 26.78%,而 1997 年上升为 66.34%。

非农产业的发展、农业劳动力的转移、农民收入的提高以及小城镇的发展,既促进了农业的发展,又对农业的进一步发展提出了挑战。面对非农产业的诱人收入和就业机会,农业一度出现了不景气的局面。年轻力壮的、有务工技艺和经商头脑的农民纷纷跳出农门,留在田里的是非主力部队。过去被农民世世代代视为主业的农业,在一些地区竟成了农民的"副业",原本稀缺的耕地,竟然出现了"闲置"、"只种不收"或"广种薄收"的现象,而一部分愿意多种一些土地的农民,却难以如愿。然而,机遇总是与挑战并存。在农业面临进一步发展挑战的同时,机遇已经出现。通过承包土地的转让与重组,实行土地的适度规模经营,是这些地区农业走出上述困境的一个重要途径,也是农业面临的一个新机遇。

(二)土地要素流动与重组的机理

经济发达地区农户土地规模经营的基本动因是小规模的土地经营在非农产业发展下的比较利益下降,而一部分农民脱离农业,从事非农产业的事实,为土地流转、重组,从而为规模化经营提供了可能。

在竞争性市场经济环境下,比较利益原则或机会成本是资源和生产要素流动与配置的指挥棒。所谓比较利益,指的是一定的生产要素投入不同的领域分别为投入者带来的利益或福利的比较。生产要素所有者在现实中普遍存在将要素投入能带来尽可能大利益领域的激励。比如,许多农业劳动力之所以愿意从农业转移到非农产业,是因为存在在非农产业就业比在农业就业收入高的预期。又如,在现行价格关系既定情况下,小规模的耕地用于种植粮食所产生的经济效益往往不如用于种植蔬菜等非粮食作物的经济效益高。因此,如果没有其他因素的影响,如粮食定购任务的制约或者粮食价格的上涨,农民往往更愿意种植其他的作物,而不是粮食。只要市场是充分竞争的,在比较利益和机会成本(一种要素配置于某一领域而放弃了可配置于其他领域的代价或收益)的引导下,通过要素的不断流动和资源的重组,要素所有者最终获得的是社会的平均利益。但由于要素所有者的素质差异、技术与价格的变动以及非经济或者垄断因素的存在,现实中的平均利益分布现象往往是暂时的或相对的,而差别利益或比较利益的问题则始终存在。影响平均利益形成的因素常常也是解决比较利益问题的途径,但在市场经济环境中,利益驱动下的要素流动与重组是更为普遍和有效的缓和比较利益矛盾的途径。本文所讨论的农户土地规模经营现象,就具有这样的机理。

在传统的计划体制下,农业由集体统一经营,农民作为集体成员的组成部分参与农业生产,农民的收入由集体的统一评工计分来决定,不具有自行配置生产要素的权利,农民被完全束缚在土地上,不能根据比较利益或机会成本的原则来安排自己的劳动时间或流动到更适合的就业领域。家庭承包责任制的推行,使农民在很大程度上具有了自行配置生产要素、安排劳动时间、选择合适就业领域的权利。在比较利益原则导向下,一部分劳动力和劳动时间配置于非农产业,而非农产业的发展及其高于农业的悬殊收入,使从事小规模农业,尤其是从事小规模粮食生产的比较利益急剧下降,从事粮食生产的农民积极性由此受到影响。尽管国家对粮食这一关系国计民生的特殊商品极为重视,但在比较利益已起作用的大环境下,稳定粮食生产已不能单靠简单的行政命令,出路只能在于解决比较利益问题。政府补贴、以工建农,或者提高粮食价格,尽管也是可考虑的选择,但都具有一定的局限性。我国从事农业的劳动力多,要靠政府补贴来解决农业比较利益低的问题,既有政府财力承受力的问题,又有具体操作实施的困难。乡镇企业以工建农是一条曾经发挥作用的途径,但这一途径毕竟缺乏长久的内在动力,只能看成是我国乡镇企业对社区农民的一种感情,是一种奉献。随着乡镇企业向现代企业的发展和市场竞争的加剧,企业将首先考虑自身的生存和发展,而不是将自己的收益补贴于农业。至于通过价格机制来解决农业比较利益问题,则更有局限性。因为存在消费品的比价关系,农产品价格的上升在短期内会对农民有利,但供求关系和价格机制最终仍会使初级农产品处于相对价格的下游,况且,关系国计民生的粮食价格的过大幅度上升,也会导致消费者的不满,进而影响社会的稳定。在市场经济条件下,解决农业生产比较利益过低问题的根本出路是生产要素的重组和优化配置,这包括科技进步以及土地、劳力、资本的重新配置。在农业劳动力转移和非农产业发展基础上,通过土地使用权的流转和集中,实行农户土地的适度规模经营,可以使农民通过土地经营规模的适当扩大,提高劳动生产率和经营收益,以获得相应的比较利益。因此,如果说农户家庭承包经营制度的推行解决的是农业生产经营者最基本的动力问题,那么,土地适度规模经营的推行解决的是农业生产经营者进一步发展的动力问题,而这一切,都是农业生产持续发展的制度因素。

三、土地规模经营与农户家庭承包制的辩证统一

(一)土地规模经营与农户家庭承包制并不对立

如前所述,我国农村出现的土地规模经营现象,是在农业的家庭经营和土地的家庭承包基础上,在部分农业劳动力转向非农产业和非农产业发展的条件下,为了解决小规模农业经营比较利益低下问题,实现农业进一步发展而形成的农业经营格局。这种格局能进一步调动从事农业劳动者的积极性,不仅符合现代农业的发展特点,而且与农业的家庭承包经营制度不矛盾。这是因为,土地的家庭承包经营制度的核心内涵不仅仅是土地所有权与使用权的分离,即农民通过承包合约,拥有土地的使用权,而且事实上还具有土地所有权的分割(或分享)的性质。农民之所以对土地拥有使用权,是因为拥有土地的承包权,在现实中,这种权利并不是一般意义的承租权,而是一种受到国家政策保护、长期拥有、不能随意被剥夺的优先权,它依然体现了土地的集体所有制性质,即只有社区集体内的农民拥有这种优先权,而外来农民尽管可以通过转包享有土地的使用权,但却不拥有这种长期(如 30 年)不变的承包权(也即优先权)。从这一意义上讲,土地承包权是土地所有权在乡村集体与承包农户间的一种分割。乡村集体经济拥有的是国家法律框架内的土地最终处置权和一部分剩余索取权(如农民上缴的土地承包费),社区集体内的农户则拥有不得被随意剥夺的土地承包权和使用权以及一部分剩余索

取权(完成国家与集体的额定任务后,剩下的归自己)。如果承包户自己经营土地,则土地承包权和使用权合一,从而土地家庭承包经营制体现的是所有权与使用权的"两权分离"。但是,由于上述承包权具有土地使用优先权和土地所有权分割的性质,在实际中,土地承包者可以将使用权再次转让,并获得转让收益,或者说,即使承包者事实上已转向非农产业就业而不再从事农业生产,只要他不愿意放弃承包权,土地所有者——集体就不能剥夺或随意收回他的承包权利,这时候就出现了土地的"三权分离",即最终所有权仍归集体所有,承包权(或部分所有权)归社区集体成员的农民所有,使用权归实际的经营者所有。我国土地家庭承包责任制从体现"两权分离"到体现"三权分离"的过程,不是土地的私有化过程或对土地家庭承包制度的否定,而是土地集体所有制实现形式的发展和土地家庭承包责任制的完善,它不仅可以体现为土地的"两权分离",而且也可为土地的"三权分离"提供空间,不仅可以适应小规模的土地经营,而且也可以容纳土地流转和相对集中基础上的适度规模经营。

(二)土地规模经营与双层经营体制的完善

中国特色的农业家庭经营,不仅体现在农业家庭经营与土地公有制的结合,而且体现在这种家庭经营是农业双层经营体制的一个组成部分,是改革后的农业集体经济的基础。建立在农户家庭承包经营基础上的农业双层经营体制的必要性,一是在于土地集体所有的本质要求。没有乡村集体经济组织这一层次行使土地的所有权,处理土地的发包和承包期的管理,以及承包款的收缴等,土地的集体所有性质就会丧失。二是在于农户家庭经营的发展要求。家庭经营尽管有自我激励和自我约束的独特功能,但超越家庭能力的规模化生产,需要依赖外部的力量。这就要求乡村集体经济组织发挥作用,如管理好社区集体资产,组织好生产服务和集体资源开发,协调好农户与农户、农户与集体的利益关系,不断壮大社区集体经济实力,增强为农户服务的功能。

农户家庭承包经营基础上的土地适度规模经营,对集体的上述功能提出了需求,尤其是产前、产后的技术、信息、加工、储藏、营销等服务,产中的机械、排灌等服务,以及投入的支持、受灾后的补救等,这就使集体经营这一层次有"事"可做,并在做"事"的过程中不断发展壮大,从而使得家庭承包经营基础上的农业双层经营体制得以完善,而这种路径的农业双层经营体制完善,并不影响农民的利益,不会削弱家庭经营的基础或回归到"大呼隆"的所谓集体经济模式,相反,会消除农民头脑中怕变的思想顾虑,会促进专业化分工,巩固农业的家庭承包经营制度。

(三)坚持家庭经营,尊重农民意愿和权益

在具备条件的地方推行土地适度规模经营,而不动摇家庭经营的基础,不侵犯农民的权益,关键在于坚持家庭经营模式,尊重农民意愿和权益。

由于农业的家庭经营具有独特的制度功能和普遍的适应性,在土地的规模经营过程中,坚持家庭经营的模式,至关重要。为此,首先要消除认识上的误区,即认为家庭经营只能适应传统的小规模农业经营,而不适应现代的、大规模的农业经营,因此,要推行土地规模经营,就要用集体经营或其他组织形式来取代家庭经营,这种认识和行为是非常有害的。集体经营尽管从表面上看可以容纳大规模的经营,但在农业中,这种经营模式的组织成本和劳动控制成本很高,如果没有非常有效、易操作的制度安排和管理,极易导致"大锅饭"、"搭便车"的低效率现象。现实中尽管存在集体直接经营农业的成功例子,但大多隐含着非常规的条件,如强有力的集体经济补贴、具有权威的能人管理等,因而不具有普遍的推广意义。相反,在家庭经营基础上,只要建立完善的农业社会化服务体系,就可以容纳不同规模的农业经营,这是已为实践所普遍证明了的现代农业经营模式。

由于我国的农业家庭经营与公有土地的家庭承包融为一体,因此,要坚持土地规模经营中的家庭经营,还必须处理好家庭经营与土地家庭承包责任制的关系,其核心是处理好土地流转、集中与土地家庭承包责任制的关系。要认识我国的土地承包权具有所有权分割的性质,认识我国的土地家庭承包制度不仅可以体现土地的"两权分离",而且也能容纳土地的"三权分离"。在这个认识的基础上,土地使用权的流转,既可以由土地所有者——集体,通过土地的承包来实施,又可以由土地承包者——农民,在承包期限内,按照规范的程序,以转包、倒包或者入股等

形式来实施。前者可以看成是土地使用权的一级流转,后者可以看成是土地使用权的二级流转。二级流转也可以由土地所有者——集体来代理,但这种代理要以尊重承包农民的权益为前提,要坚持农民自愿和有偿流转的原则,不得以任何理由强制农户转让。为了使土地流转和规模经营能健康发展,有必要从产权角度进一步明确农户土地承包权的性质,使之成为受法律保护的权利。

总之,只要在土地适度规模经营的过程中,按照产权可分原理,进一步明确与创新我国农村土地集体所有制的产权制度,并且坚持条件,坚持农户的家庭经营,坚持尊重农民的权益,土地的适度规模经营就能与土地的家庭承包制度形成有机的统一,从而既推动农业的不断发展,又使我国农村的基本制度——土地家庭承包经营制度在实践中不断完善,更具生命力。

参考文献

[1]国务院研究室课题组:"沿海地区推进农业规模经营的基本思路",《经济研究参考》1995 年第 161 期.

[2]李炳坤等:"沿海地区推进农业规模经营的基本思路",《农业经济文稿》1995 年第 8 期.

[3]许行贯:"经济发达地区稳定发展粮食生产的重要途径",《粮田适度规模经营在浙江》,农业出版社,1995 年.

非公共利益性质的征地行为
与土地发展权补偿[①]

　　土地发展权是因限制土地发展而形成的,若无限制,则无土地发展权一说。对土地发展的限制一般有两种类型:第一种类型是城市规划中的分区控制,这是常见的限制;第二种类型不属于分区控制,比如为了保护耕地限制农地转化为商业用地,为保护生态将某一范围内的土地统统划入保护区限制开发。在很多国家,法律赋予政府分区控制的权力,通过分区控制保护健康、增进福利、增强安全、提升城市环境品质,此种权力即警察权,警察权的行使是出于纯粹的公共利益目的,防止土地不当使用带来外部负效应,造成相邻土地损害,因而并不对被限制发展土地的所有者(使用者)给予补偿。第二种类型的土地一般在土地规划、保护区规划的实施中加以限制,在我国实施多年的基本农田保护区规划即是此种类型。对于这种情况,当把土地规划成农业用地、生态保护区时,已经构成了特别牺牲要件,所以应予补偿(边泰明,1997)。

　　本文所要讨论的既非分区控制下的土地发展限制,也非第二种类型的土地发展限制,而是存在于城市规划区内的征地行为对土地发展权侵害问题。尽管土地发展权方面的研究已经有很多,但是本文所要讨论的问题是我国的一种独特现象,迄今为止还没有文献涉及。

　　本文的结构如下:首先描述我国城市规划区内征地行为对土地发展权侵害的现状,然后分析土地发展权得不到补偿与土地配置效率、土地

---

　　①　本文作者为黄祖辉、汪晖。本文内容发表在《经济研究》2002 年第 5 期。本文研究得到浙江省社科基金 2000 年重大招标项目"城市化进程中的土地制度改革研究"的资助。

开发时机和征地效率之间的关系,讨论非公共利益性质征地行为的理论根源,最后给出城市规划区内土地发展权补偿的可选方案。

一、非公共利益性质的征地行为对土地发展的限制

我国《宪法》、《土地管理法》都规定土地征用是出于公共利益的目的,但是由于法规的相互矛盾,城市规划区内集体土地转为商业用地都需经过征用,其中多数征用行为并不具有公共利益性质,比如住宅、娱乐场所、厂房等不动产的开发,明显具有高营利性质并只对个人或者营利性公司有利。所以,在我国城市规划区范围内的土地征用行为,我们可以区分为两种:公共利益性质的征地行为和非公共利益性质的征地行为。被征用的土地属于集体所有,其中既包含农地,也包含非农地,如村庄、农村道路、废弃地、池塘等。随着城市用地的扩张,城市设施可及的地区,农民一般已经从中获利,比如在我国城乡接合部有大量的农民房出租、简易厂房出租、零售商店等。

公共利益性质的征地行为和非公共利益性质的征地行为都限制了土地发展。所不同的是,两者限制发展权的目的和侵害的程度不同。在分区控制的假定下,土地的用途、开发密度已事先确定,比如最佳用途为住宅的土地在分区控制中已经被规划为具有公共利益性质和非营利性质的污水处理厂,则对这块土地实施的征用行为本身没有侵犯土地发展权,侵犯土地发展权的是分区控制规划。由于分区控制是政府行使警察权,因而无须补偿限制土地发展的损失。换言之,集体土地所有者要求的补偿只能限定于当前用途和利用强度下的土地收益。假定被征用土地的当前用途是农业,农业用途下的土地价值为:

$$V(t) = \int_0^\infty f(t) e^{-rt} dt \tag{1-1}$$

(1-1)式中,$V(t)$为土地价值,$f(t)$为土地净收益,r为贴现率,t为时间。

特别牺牲说是各国普遍采用的征地补偿原则(陈泉生,1994),按照这一理念,某块农地的征用补偿标准应与其市场价值相当,但分区控制

的存在,让该土地市场价值的确定仅限于农用地价值 $V(t)$。当然,由于价值衡量不对称现象的存在(Kahneman, et al., 1991),人们对于失去的土地的评价往往要高于在市场上购买同等数量土地所愿意支付的价格,因此在各国征地实践中对此类土地的补偿经常有超过农地价值的现象。不过即便如此,补偿的基础仍然是当前用途下的市场价值。

现在我们看一下非公共利益性质的征地行为对土地发展权的侵犯。为了简化分析,本文假定:

①被征用的土地为农地,当前用途的土地净收益是 $f(t)$。

②在分区控制中农地被规划为住宅,作为住宅用地的土地净收益为 $g(t)$。

③该土地最佳用途为商业,如果用于商业用途,产生的土地净收益为 $h(t)$。

④ $h(t) > g(t) > f(t) > 0$。

在没有分区控制下,自由价格机制导致不同用途的相互竞争,"价高者得"的结果使该土地导向最高层次和最佳用途,按照假定,最佳用途是商业,则此时该土地的价值是作为商业用地产生的土地净收益 $h(t)$ 的贴现值之和:

$$C(t) = \int_0^\infty h(t) \mathrm{e}^{-rt} \mathrm{d}t \tag{1-2}$$

但是,如果该土地真的用于商业,可能会带来外部负效应,比如嘈杂的人流影响附近居民的生活,进而导致附近住宅价值的下降。此时,政府行使分区控制这一警察权,即该土地只能用于住宅,用于住宅产生的土地净收益为 $g(t)$,则该土地的价值为:

$$R(t) = \int_0^\infty g(t) \mathrm{e}^{-rt} \mathrm{d}t \tag{1-3}$$

这样,分区控制导致土地所有者损失的土地收益贴现值为:

$$\Delta V_1 = \int_0^\infty [h(t) - g(t)] \mathrm{e}^{-rt} \mathrm{d}t \tag{1-4}$$

土地所有者的损失 ΔV_1 即为图1斜线阴影部分的面积。

现在来考虑非公共利益性质的征地行为的影响。按照我国《宪法》

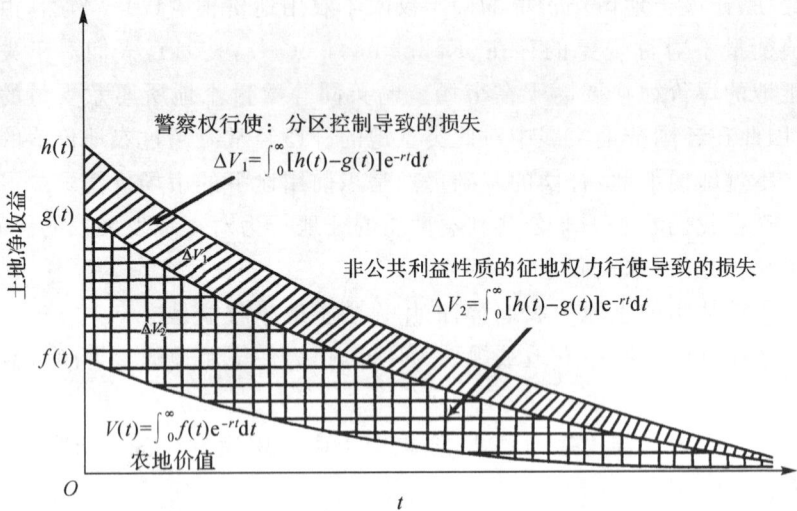

图1 分区控制、非公共利益性质的征地行为对土地发展权的损害

和《土地管理法》规定,城市规划区内所有农村集体土地必须先征为国有方可进行房地产开发。多数地区的程序是这样:房地产公司向国家计划委员会提出用地申请,国家计划委员会批准后下达用地计划书,城市规划部门根据用地计划书,依照城市规划提出选址意见,然后由土地管理部门征用土地后进行初步的开发,即"三通一平"或"七通一平",将"生地"开发成"熟地",然后划拨或出让给房地产公司,由房地产公司开发销售。但是现在很多城市的土地,由土地管理部门征用并开发成"熟地"后直接出让给房地产公司。

在现行法律框架下,显然集体土地所有者无权将自己的土地向收益更高的城市土地用途转换,土地发展权被剥夺了。不仅如此,非公共利益性质的征地行为对土地发展权的剥夺并无丝毫的补偿。在《土地管理法》对征地补偿的规定中并没有区分公共利益性质的征地补偿和非公共利益的征地补偿,该法第四十七条规定,征用土地的补偿费用由土地补偿费、安置补助费以及地上附着物和青苗的补偿费三大块组成。以耕地为例,征用土地补偿费一般按照该耕地被征前三年平均年产值6~10倍计算。很多地方规定一个补偿上限,比如水稻田每亩1500元,棉田每亩1300元,菜地每亩2500元。安置补助费按照该耕地被征用前三年平均年产值的 4～6 倍计算,最高不得超过 15 倍。土地补偿费和安置补助费的总和不得超过土地被征用前三年平均年产值的 30 倍。地上附着物和青苗的补偿费按照地上附着物和青苗的实际价值计算。至于非耕地的土地补偿费,很多地方按照耕地补偿标准的一半计算。

从《土地管理法》规定的征地补偿方法和标准中可以看出,补偿标准的计算是基于农业用途的土地收益,至于对非农业土地的补偿办法更是简单地处理为农用地标准的一半。在此情形下,集体土地所有者能获得的补偿仅仅限于基于农业用途的土地价值,根据假设,分区控制下该土地的最佳用途为住宅,因此征地行为限制农地发展给农民带来的损失为:

$$\Delta V_2 = \int_0^\infty \left[g(t) - f(t) \right] \mathrm{e}^{-rt} \mathrm{d}t \tag{1-5}$$

土地所有者的损失 ΔV_2 即为图 1 网格阴影部分的面积。

上述分析可见,非公共利益性质的征地活动剥夺了集体土地所有者的土地发展权,集体土地使用者遭受双重损失,损失总额为 $\Delta V_1 + \Delta V_2$。其中,ΔV_1 这一部分的损失,如前所述,是政府行使警察权,即分区控制的结果,是无须补偿的;而 ΔV_2 是非公共利益性质的征地行为本身造成的,对这一部分如果不加以公平补偿,不符合社会正义原则。

二、土地配置效率、开发时机与征地效率

在我国,非公共利益性质的征地行为剥夺了集体土地所有者的土地发展权,给集体所有者带来了损失,用地单位和政府则分享了这部分土地增值收益。我国房地产行业的高回报率部分是由此引起的。非公共利益性质的征地行为除了不符合社会正义原则以外,从社会的角度来看,也降低了土地配置效率,错失了土地开发时机。另外较低的征地成本也带来了较高的交易费用和延迟成本。

(一)土地配置效率

投资者自然偏向以较低的征地补偿费用取得土地,但是,以较低的

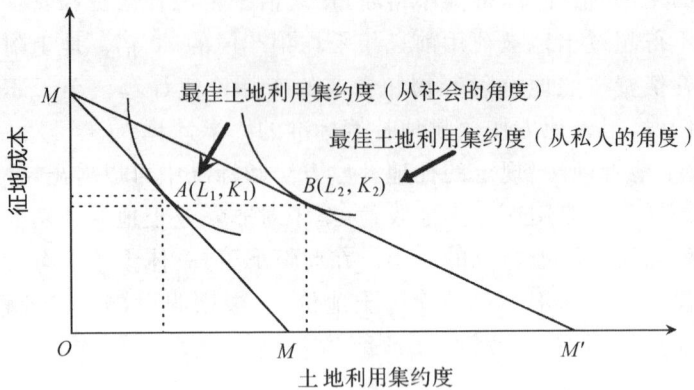

图 2　征地成本与土地利用集约度

征地赔偿费取得土地并不一定导致较高层次和最佳用途的土地利用,反而可能造成土地利用的低效率,从而带来社会成本。图 2 显示了要素相对价格变动后,要素最优组合的变动。从社会的角度来看,土地价值本来应该是 $R(t)$,其技术替代率较之投资者要高,最优的投资组合应该导向更集约利用土地,在图中显示为 A 点,此时资本投入量为 K_1,土地投入量为 L_1。但是对投资者而言,以低于潜在价值 $R(t)$ 的征地成本取得土地,使得土地的边际技术替代率下降,从而被导向土地替代型的利用方式,即粗放利用土地,在图中显示为 B 点,此时资本投入量为 K_2,土地投入量为 L_2。这样就产生了社会成本问题,损失了土地配置效率。

我国城郊大量存在的低度利用的现象就是一个很好的例子。

(二)土地开发时机

征地成本过低带来的另一个问题是延迟土地开发,即所谓"征而不用"、"征而迟用"现象。

投资者追求的是利润最大化,在不考虑资金不足导致延误开发时机的情况下,"征而不用"、"征而迟用"是投资者等待最佳开发时机的结果。假定在时间 t 点上投资者将土地开发后出售,获得地价 $R(t)$,随着时间的推移地价呈减速上涨,投资者支付的征地费为 V,在"征而不用"的情况下,投资者除了要支付征地费外,还须承担征地费的利息支出,假定利率为 i。这样,投资者选择在时间 t 上开发获得的净利润现值为：

$$P = R(t)e^{-rt} - V - \int_0^t Vre^{-rt}dt \tag{2-1}$$

利润最大化的一阶条件为：

$$R'(t)e^{-rt} - rR(t)e^{-rt} - Vie^{-rt} = 0 \tag{2-2}$$

整理后得：

$$\frac{R'(t)}{R(t)} = r + \frac{Vi}{R(t)} \tag{2-3}$$

式(2-3)表明，当地价上涨率$\frac{R'(t)}{R(t)}$等于贴现率r加上征地费利息与低价之比$\frac{Vi}{R(t)}$的时候，土地开发时机最佳。按照假定地价呈减速上涨，因此$\frac{R'(t)}{R(t)}$越大，土地最佳开发时机越早。征地费V是事先给定的，不依时间变化而变化，V越大，则$\frac{R'(t)}{R(t)}$越大，土地开发越早，反之，则会延迟土地开发。

可见征地补偿费越低，则土地开发的等候成本越低，土地开发被延迟。"征而不用"、"征而迟用"并非用地单位浪费土地，而是追求利润最大化的必然结果。但是，从社会的角度来看，在土地资源非常稀缺的情况下，"征而不用"、"征而迟用"确实是一种浪费。如果给予土地发展权补偿，将有助于加速土地开发。

(三)征地效率：延迟成本和交易费用

现行征地制度剥夺集体土地所有者土地发展权还会给投资者带来的征地效率的损失，即延迟成本和交易费用。由于土地发展权被剥夺，征地补偿标准过低，容易引起农民的抗争，征地单位和农户往往陷入无休止的讨价还价，这就会引起延迟成本问题(高源平,1992)，延迟成本包括对工程进度的影响、高额利息、最佳市场时机的丧失等。与此同时，长时间的谈判产生的谈判成本，加上谈判破裂后征地单位借助法律强制征地、农户不断上访以及法律诉讼,构成了征地过程中的交易费用。特别是较大的开发项目,征用的土地面积大,涉及的村庄和农户数量较多,交易费用和延迟成本对土地开发有很大的影响。图3给出了征地补偿标准与延迟成本、交易费用之间的关系:当征地补偿标准位于较低的 B 点时,延迟成本和交易费用很高,对应于 C 点;反之,当征地补偿标准位于较高的 A 点时,对应的交易费用和延迟成本较低,位于 D 点。

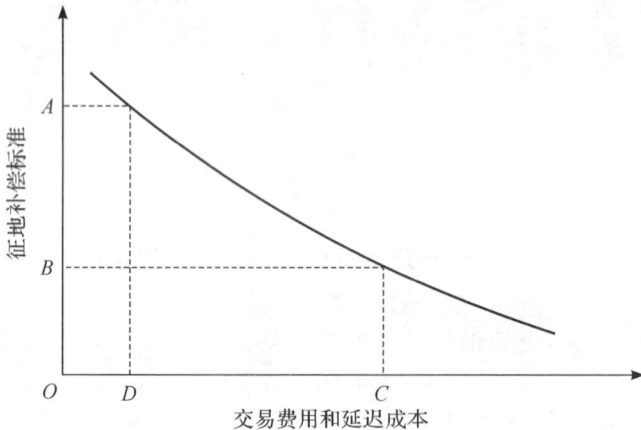

图 3　征地补偿标准与交易费用、延迟成本的关系

因此,仅仅用取得土地的直接费用支出来衡量开发者的征地效率是不够的,必须权衡征地补偿费用与交易费用、延迟成本,取得一个平衡点,才有可能产生较高的征地效率。

本部分在基于农业用途的土地价值被足额补偿的假定下,分析了农民的土地发展权被限制且得不到相应补偿给土地配置效率、土地开发时机以及征地效率带来的影响,通过分析可知这些影响都是负面的。

三、涨价归公与土地发展权限制

现行土地征用制度形成于计划经济时代,与当时实行的重工业优先发展战略有关。由于当时资本稀缺的资源禀赋状况与重工业资本密集的特征相矛盾,政府便人为压低利率、汇率、工资,以及生活必需品、能源和原材料价格,以扭曲的要素价格通过计划手段推动重工业优先发展,土地价格自然也被人为压低。1953年12月颁布的《国家建设征用土地办法》是1949年以后最早的农村土地征用政策,其征用补偿办法和内容,与当前的没有多大差别。

如果说重工业优先发展的赶超战略导致早期对农民土地发展权的无偿剥夺的话,为何直到今日,这一现象还没有得到纠正呢?"涨价归公"思想是根源,国内学者对此已有很多讨论,认为农村土地转换用途带来的增值收益理应收归国有,理由是社会、经济发展导致土地自然增值,所以应该由社会共同占有这部分增值收益。

"涨价归公"源自孙中山先生平均地权的理念。孙中山由于受到乔治·亨利学说的影响,认为土地增值收益是社会进步带来的,土地所有者并无贡献,因此主张把因社会进步带来的土地增值收益收归国有。迄今为止只有极少数人反对农地转换用途带来的增值收益应收归国有。周其仁(2001)认为,错误的"涨价归公"理念来自"各种资源的市值是由其成本决定"的错误观念,指出权利本身就有价。

即便按照"涨价归公"的理念来对照非公共利益性质征地行为对土地发展权的无偿剥夺,也是不合理的。因为一方面,"涨价归公"不等于涨价完全归公,任何国家或地区实行土地增值税税率都不可能是100%,但是现行征地制度对农民土地发展权的限制是不提供任何补偿的;另一方面,涨价事实上并未完全归公,土地从农业用途向其他城市土地用途转换中的增值收益被政府和用地单位(如房地产开发商)分享了,既然房地产开发商并非集体土地所有者,也能分享集体土地增值收益,为何作为土地所有者之一的农民却分文不得呢?更令人奇怪的是,征用可能已经转换为商业、工业用地的非耕地,农民得到的补偿在很多地区竟然只有农用地补偿的一半!

由此可见,非公共利益性质的征地行为无偿剥夺农民的土地发展权是毫无道理的。

四、土地发展权补偿的途径

解决这个问题的办法可以有两个:第一个办法是,严格将征地范围限定于公共利益目的,非公共利益性质的用地交易,交由市场机制来加以处理,让用地者自己跟农民通过谈判达成交易,为了符合城市土地国有的法律规定,可以在土地交易手续办理过程中转变土地所有权性质;如果一定要坚持"涨价归公",可以参照土地增值税条例,将部分土地增值收益收归国有。第二个办法是,在不改变现行有关土地征用的法律框架的情况下,区别公共利益目的和非公共利益目的两种不同性质的征地行为,设定土地发展权,修改土地征用办法,对于非公共利益性质的征地项目,在补偿内容中增加土地发展权补偿一项。土地发展权补偿价格由独立的土地估价机构来测算。

参考文献

[1]边泰明,1997:《限制发展土地之补偿策略与财产权配置》,《土地经济年刊》,台湾地政研究所编印.

[2]陈泉生,1994:《论土地征用之补偿》,《法律科学》第 5 期.

[3]贾宪威,1995:《征地补偿费的经济分析》,《四川农业大学学报》第 3 期.

[4]林毅夫、蔡昉、李周,1994:《中国的奇迹:发展战略与经济改革》,上海三联出版社.

[5]汪晖,2002:《城乡接合部的土地征用:征用权与征地补偿》,《中国农村经济》第 2 期.

[6]许坚,1996:《论我国两种性质的征地补偿标准》,《中国土地科学》第 10 卷增刊.

[7]严星、黄安,2001:《大陆与港澳台地区土地征用法律法规比较研究》,收于《中国大陆与港澳台地区土地法律比较研究》,林增杰等编著,天津大学出版社.

[8]张小铁,1996:《市场经济与征地制度》,《中国土地科学》第 1 期.

[9]周其仁,2001:《放弃农地的代价》,《21 世纪经济报道》8 月 31 日.

［10］Anderson，J E，1993，Land Development，Externality，and Pigouvian Taxes，*Journal of Urban Economics*，(1)．

［11］Bahl，Roy W，1968，A Land Speculation Model：The Role of the Property Tax as A Constraint to Urban Sprawl．*Journal of Regional Science*，(2)．

［12］Belwett，R A and Lane，J I，1988，Development Rights and the Differential Assessment of Agricultural Land，*American Journal of Economics and Sociology*，(2)．

［13］Kahneman，D Knetsch，J L and Thaler，R H，1991，Anomalies—The Endowment Effect，Loss Aversion，and Status Quo Bias，Journal of Economic Perspectives，(1)．

农村土地流转:现状、问题及对策^①

——兼论土地流转对现代农业发展的影响

一、引言

长期以来,农村土地的生产剩余为广大农民提供了最基本的生活保障,农村土地的制度与政策也被视为稳定农村社会的重要基础。然而,随着国家工业化和城市化进程的深入推进,以分散经营为主要特点的家庭承包责任制,已经越来越无法适应以市场化、规模化、信息化等为主要特征的现代农业的发展要求。自 20 世纪 80 年代末期以来,全国各地自发地开展了一系列土地流转的创新实践,其目的都是解决家庭分散经营引发的生产低效率问题。2003 年 3 月,《农村土地承包法》颁布实施,其中相关的条款为此后的土地流转实践提供了必要的法律基础。2005 年 3 月颁布的《农村土地承包经营权流转管理办法》又为近年来的土地流转管理工作提供了具体的指导办法。而令人遗憾的是,2007 年颁布的《物权法》没有就土地流转制度做出更加符合现状的规定,相关的条款基本上与《农村土地承包法》的内容保持了一致。

伴随着土地流转创新实践的开展和相关制度与政策的实施,学术界对土地流转问题也给予了很多的关注。一方面,王景新列举了自 1987

① 本文作者为黄祖辉、王朋。本文内容发表在《浙江大学学报(人文社会科学院)》2008 年第 2 期。本文研究得到教育部重大攻关项目"我国土地制度与社会经济协调发展研究"(05ZJD00013)的资助。

年以来各地政府通过行政手段强制推行的土地流转改革试验[1]，常金海则总结了一些地区自发进行的土地流转创新探索的经验[2]，具体包括"两田制"、"反租倒包"、"土地信托"、"土地股份合作"等形式[3]。另一方面，党国英认为法律规定方面的缺陷导致了土地所有权不明晰，其结果是在农村社区内没有一个明晰的土地"所有集体"或其代理人可以得到"所有者"应该得到的收益权和完整的处置权[4]；张红宇从土地承包经营权的期限与土地政策执行的有效性等角度分析了土地使用权不稳定的原因[5]，并且土地使用权的不稳定在事实上破坏了有效农业投入和积累机制的形成[6]；林毅夫指出，土地的初次分配由社区成员身份决定的规定使得农民一旦选择离开农村社区进入城市定居，就会永久丧失一切土地权利[7]。法律还规定农民不能长时间荒弃土地，这也违背了农民根据市场情况做出是否耕作的选择权利。这些政策规定都在一定程度上破坏了土地财产权的完整性。除了土地产权这一核心问题以外，制约土地流转的因素还有很多。此外，一些学者还指出农村经济市场化程度不高也影响了土地流转的效率。[8]

通过对现行政策与研究成果的整理和归纳，可以发现：首先，目前还没有相关学术成果就《农村土地承包法》和《农村土地承包经营权流转管理办法》实施以来农村土地流转实践发生的新变化做出系统梳理；其次，许多学者在强调土地产权结构缺陷会制约土地流转的同时，往往忽略了其他一些影响因素，如中介服务组织、农民意愿、农村社会保障制度等；最后，土地流转在发展现代农业过程中的基础性作用已经得到广大学者的认同，但是对于土地流转现状无法适应现代农业发展要求的内在原因，学术界还没有形成统一的认识。因此，重新梳理当前农村土地流转的现状、特点及问题，对于进一步创新农村土地制度和推进现代农业的发展都具有理论与现实意义。

二、实地调查与样本描述

2007年1月至3月，调查组先后四次赴浙江省各地开展农户的问卷调查与访谈。调查范围涉及浙江省的8个市（地级市）、18个县（市、

区)、38 个乡(镇)和 56 个行政村(社区)。调查组共发放了调查问卷 324
份,回收有效问卷 320 份,同时还获得了 8 个典型案例。

(一)地区分布情况

表 1 显示了调查样本的地区分布情况。从地域类型来看,调查样本
覆盖了浙北杭嘉湖平原的传统农业产区、浙东南的丘陵农业产区以及浙
西南的山林地区;从区域经济发展水平来看,调查样本覆盖了浙东经济
较发达的甬、绍、温等地区,浙中经济发展水平处于中游的金华等地区以
及浙西南经济欠发达的衢州和丽水等地区。

从样本的地区分布比例来看,除了丽水市以外,其他 7 个地区的调
查都涉及了 2 个或 2 个以上的县(市、区),而且各个地区的样本占总数
的比例基本上都为 5%~20%,总体上分布均匀。因此,无论从地域类
型的广泛性和地区经济发展水平的层次性来看,还是就地区分布的均匀
程度而言,调查样本在浙江省范围内都具有较强的代表性,相关数据分
析的结果可以反映浙江省的基本情况。

表 1　调查样本的地区分布情况

市(地级市)	县(市、区)	样本数	比例(%)
杭州	萧山	44	13.8
	余杭	8	2.5
	临安	12	3.8
宁波	象山	22	6.9
	宁海	34	10.6
	镇海	1	0.3
	余姚	8	2.5
绍兴	诸暨	35	10.9
	新昌	12	3.8
金华	浦江	5	1.6
	永康	23	7.2

市(地级市)	县(市、区)	样本数	比例(%)
衢州	龙游	5	1.6
	江山	37	11.6
嘉兴	平湖	16	5.0
	海盐	12	3.8
温州	苍南	5	1.6
	乐清	7	2.2
丽水	缙云	34	10.6
合计		320	100.0

(二)个体特征情况

从总体上来看,被调查农户的个体特征差异较大,其中既有年纪较长、无依无靠的单身老人,也有未婚独居、自立门户的青年,既有受过高中以上教育、自主创业的新型农民,也有目不识丁、一辈子从事土地耕作的传统农民。

具体来看,被调查者以男性居多,并且相对集中在 41—50 岁这个年龄段,其中年龄最大的已经 75 岁,最小的只有 20 岁。大部分被调查者都接受了 6～8 年的教育,即小学学历以上、高中学历以下的被调查者占总样本数的 45.0%,其次是受教育年数在 3～5 年和 9～11 年的样本,即上了小学但小学没有上完和上了高中但高中没有毕业的被调查者,分别占了 20.6% 和 16.6%。只有 5.0% 的被调查者拥有高中以上的学历,这应该说是产生新型农民的主要群体。被调查者的婚姻状况分布情况也没有出现异常现象,除了一部分年纪较轻、还未结婚的青年农民以外,大部分人都已经结婚,当然也有少部分人因为各种原因而处于离婚状态,但是只占总数的 6.3%(见表 2)。

表 2　调查样本的个体特征情况

指标	选项	样本数	比例(%)
性别	男	260	81.3
	女	60	18.7
	合计	320	100.0
年龄	20—30 岁	36	11.3
	31—40 岁	72	22.5
	41—50 岁	115	35.9
	51—60 岁	72	22.5
	61—70 岁	22	6.9
	70 岁以上	3	0.9
	合计	320	100.0
受教育年数	2 年以下	40	12.5
	3～5 年	66	20.6
	6～8 年	145	45.0
	9～11 年	53	16.6
	12 年以上	16	5.0
	合计	320	100.0
婚姻状况	未婚	23	7.2
	已婚	274	85.6
	寡居	3	0.94
	离婚	20	6.3
	合计	320	100.0

(三)家庭基本情况

家庭人口情况是一个家庭的重要基础,并且决定着家庭劳动力的构成情况及家庭的消费水平与构成,家庭劳动力的数量和就业能力又决定着家庭的收入水平,家庭收入水平反过来影响家庭人口及劳动力的生活质量及各方面的发展。因此,家庭人口数、家庭劳动力数和家庭收入水平等三项指标是考察农户家庭基本情况的重要依据。被调查农户家庭的平均人口数为 3.73 个,其中大部分家庭的人口都为 3～5 人,这类家庭的比例占总数的 85％以上。当然,调查组也发现了 2 人以下的家庭和 7 人以上的家庭,但都只有 1～2 个特例,不属于普遍现象。被调查农户家庭的平均劳动力为 2.47 个,其中绝大部分家庭的劳动力为 2～3 个,占总数的 80％以上。在所有被调查者的家庭中,劳动力最多是 7 个,最少的则没有劳动力。另外,一半以上的被调查者的家庭收入水平处于所在村庄的平均水平,而家庭收入属于最低 10％的家庭和最高 10％的家庭数量都不多,分别占总数的 8％和 7％。

三、农村土地流转的新特点

据统计,截至 2006 年 6 月底,浙江省已有 189.8 万户农户流出土地 355.1 万亩,分别占家庭承包经营总户数的 20.0％和家庭承包经营土地总面积的 17.9％。其中,实现 10 亩以上规模经营的土地面积为 246.3 万亩,占土地流转总面积的 69.3％。[①] 结合调查所得的资料和数据,我们将近年来浙江省农村土地流转的新特点总结为四个方面。

(一)土地流转方式趋于多元化

浙江省在土地流转工作方面很少采取行政指令式的统一推进,而是在充分尊重各地农业发展实际情况的基础上,依靠广大农民和各级地方政府的实践经验,指导各地根据各自的特点灵活安排土地流转的方式。因此,近几年浙江省的农村土地流转方式呈现出多元化的特点。本次调查显示,出租、互换、转让等传统的土地流转方式各占 15.3％、14.1％和 11.3％,而委托第三方经营、反租倒包和土地股份合作等土地流转方式已经在一些地区陆续出现并推广开来(见表 3)。

---

① 数据来源:《浙江省农经统计资料简要本(2006 年)》。

表 3   土地的流转方式

流转方式	样本数	比例(%)
出租	49	15.3
互换	45	14.1
转让	36	11.3
委托第三方经营	21	6.6
反租倒包	13	4.1
土地股份合作	22	6.9
其他方式	134	41.9
合计	320	100.0

值得注意的是,除了上述流转方式以外,还有高达41.9%的被调查者通过其他未列出的方式进行了土地流转,包括土地信托和土地季节性流转等。例如,浙江省建德市的几家茶厂将分散在农户手中的半荒芜状态的低产茶地集中起来,并与茶农商定,春茶归农户自行采摘收获,夏秋茶则由茶厂统一进行机械化采摘收获,从而实现了茶地的季节性流转。另外,浙江省龙游县的一些农民自己只耕种一季晚稻,而将早稻的耕地使用权流转给种粮大户F,该大户则以优惠的低价为这些散户提供用于晚稻的耕种机、育秧机和收割机,双方实现了耕地的季节性流转,提高了土地经营的效益。

(二)土地流转过程趋于市场化

浙江省农村土地流转呈现出的一个重要特点是流转过程的市场化,这不仅是农业现代化发展的要求,而且也是土地流转"效率"与"公平"协调统一的要求。土地流转过程的市场化,主要体现为运用价格机制、流转合约等市场机制,将农户分散经营的土地集中流转给以企业化、市场化运作方式为主导的工商企业和农业龙头企业。例如,在杭州市余杭区径山镇,先后有浙江森禾种业有限公司、浙江蓝天生态农业开发有限公司、杭州径盛花卉有限公司等一批农业龙头企业投资开发农业,它们直接参与并推进了土地流转的各项工作,大大提高了土地流转的效率和农业生产的效益。

调查数据显示,95％以上的被调查者都不认为浙江省的农业家庭经营者素质还能够适应未来农业现代化和市场化的发展需要,并且有27％以上的被调查者认为农业经营者的这种适应能力已经完全不存在,还有13％的被调查者对此存在疑虑或无法做出判断。这也从侧面印证了企业通过市场机制参与土地流转的必然趋势,并且客观上弥补了农户分散经营的缺陷。

(三)土地流转工作趋于规范化

土地流转过程的市场化特点,要求地方政府和村集体提高土地流转项目的宣传、协调以及合同签订工作的规范化程度。以流转合同为例,从 2003 年开始,浙江省引导流转农户补签合同 18.3 万份,涉及 9.1 万户农户和 45.8 万亩土地,逐步使土地流转合同的签订工作走向规范化。

如图 1 所示,27％的农户表示在流出土地和流入土地时都签订了正式的书面合同,尽管这一比例并不是很高,但是较早期已经有很大的提升。另外,有 31％的农户表示在土地流转过程中没有签订任何形式的合同,主要是一些散户间的自发性流转和偏远地区的非规模化流转。实践过程中,浙江省绍兴县王坛镇南岸村的规范化土地流转工作经验值得借鉴。该村通过公开委托流转土地的信息,本着公平、公正的原则选定了流入的单位(大户)——浙江萧山弘阳农场,并与其签订合作建立蔬菜出口基地的合作协议,发展高效生态农业。在统一协调农场与散户签订流转合同的过程中,该村集体力求明确流转期限、流转价格、流转双方的权利和义务以及争议的协调处理办法等事项,促进了土地流转工作的规范化,从而保障了农民的利益。

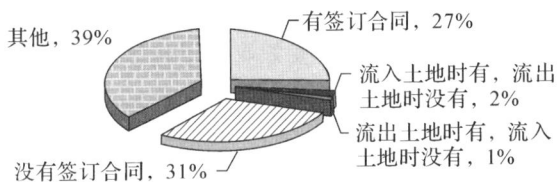

其他,39%　　有签订合同,27%

流入土地时,流出土地时没有,2%

流出土地时有,流入土地时没有,1%

没有签订合同,31%

图 1　农户土地流转合同的签订情况

（四）土地流转价格趋于合理化

土地流转方式的多元化、过程的市场化以及工作的规范化，促使了土地流转价格趋于合理化。早期，分散经营的农户没有很高的认识水平和谈判能力，获得的土地流转价格往往偏低。随着农民认识水平和地方政府、村集体的协调能力不断提高，土地流转价格合理化的趋势越来越明显。例如，浙江森禾种业有限公司在浙江省余杭区径山镇进行土地流转的过程中，流出土地的绿景村和求是村的经济联合社与该公司签订了具有规避粮食价格波动等风险的保障性土地流转合同。合同规定，农户获得的土地流转租金包括固定租金和浮动租金两部分。固定租金为350元/（年·亩）（并且今后每五年固定递增10%），浮动租金是指当年的粮食价格超过基准价格（水稻梗谷为55元/公斤）的那部分差价。同样，在绍兴县南岸村的土地委托流转过程中，该村集体与土地流入方签订的流转价格随着市场粮价变化而变化的保障性合同，即每亩每年的土地流转费用以330市斤的粳米市场价格计算。

根据流入土地的企业经营效益和粮食价格的变化情况而决定的土地流转价格，比起一次性商定的固定流转价格显得更加合理，能够保障农民更加长远的土地收益。不仅如此，在余杭区的案例中，流转合同中还规定一部分土地流转出去的农民可以就近到农业龙头企业工作，从而获取工资收入，这对于提高农民收入和实现农村劳动力的转移具有更加积极的意义。

四、农村土地流转的新问题

尽管依托着沿海城市工业和服务业的迅速发展，类似浙江省这样的东部省份的农村土地流转已经呈现出了一些新的特点，但是现行的土地流转制度与政策仍然存在许多不尽如人意的地方，难以适应现代农业的发展要求。

（一）虚化的土地流转利益主体难以适应现代农业市场化的要求

我国农村的土地产权主体或其代理人模糊不清，使得土地流转的利益主体被虚化，进而难以适应现代农业市场化的发展要求。一方面，农村土地的权属边界①比较模糊。法律规定，目前农村的土地归社区"集体"所有，社区的居民按户承包土地，土地的经营权可以自由流转。其中，土地归"集体"所有的主体对象或其代理人往往不很明确，现实情况是社区经济合作组织、居民自治组织、党支部等都有可能成为土地的所有权主体，这就容易造成土地权属边界的模糊，从而产生权利的纷争。另一方面，即使认为土地归"集体"所有的表述对于土地权属边界的规定是明确的，土地的权益边界②也会由于地方政府、社区集体组织、村民小组甚至是地方家族势力等方面的影响而变得模糊，而土地权属边界的模糊往往又成为各方主体争夺利益的借口。调查显示，只有 17% 的农民认为土地的所有权应该归国家或集体所有，大部分人都选择了与自身利益更加紧密的生产小组，只有 8% 的农民认为土地产权应该归家庭或个人所有。

一个相关的案例表明，模糊的产权及其利益主体的虚化已给土地流转和农业的市场化发展带来了很大负面影响。在浙江省长兴县虹星桥镇的 A 村，一家农业龙头企业要求流转成片的土地进行规模生产，但当地村民及所在的生产小组与村委会之间就土地的所有权及其收益分配问题产生了纠纷。村民认为一切收益都应该归生产小组所有，再分配给生产小组中的成员，村委会则认为一切收益都应该归村集体所有，再分配给全村所有的居民，这种纷争最终导致了这项土地流转项目的搁置。

---

① 权属边界是指一项财产在多个层级上的权利归属主体之间的界线。

② 权益边界是指建立在权属边界基础上的权利收益归属主体之间的界线。一般情况下，权属边界确定后，权益边界即被自然确定，但也不排除外力通过非法或变向非法的手段打破权益边界，侵害权利主体的利益。

(二)分散的土地流转形式难以适应现代农业规模化的要求

农业的规模化经营是进行土地流转的主要目的,也是实现现代农业发展的重要途径。尽管当前的土地流转方式已经呈现出了多元化的特点,但是调查显示,80%以上的土地流转都发生在小规模分散经营的农户之间,他们往往由于土地经营效益低下(18.7%)、家庭劳动力不足(18.7%)、太辛苦(22.8%)以及长期在外工作(16.6%)等被动的原因,自发地将土地流转给还未面临相同问题的亲戚、朋友或邻居(见表4)。

表4还显示,以土地规模经营为目的的土地流入户只有6.3%,认为土地经营还有一定效益和家庭还有剩余劳动力的分别占27.2%、10.3%,可见,目前流入土地户主要以散户为主。这种"散户—散户"的自发性土地流转速度慢、规模小,不同于以规模生产经营为主要目的、将大量分散的土地集中流转给大户①的流转方式。很显然,散户间的自发性土地流转在适应农业规模化的发展要求方面并不具备优势。

表4 农户流出和流入土地的原因

原因	频次	频率(%)
土地经营效益低	60	18.7
劳动力不够	60	18.7
太辛苦	73	22.8
长期在外工作	53	16.6
土地太分散	7	2.2
土地流出的收益高	15	4.7
随大流	15	4.7
由于政府做思想工作	18	5.6
被强迫	25	7.8
其他	113	35.3

---

① 本文中提到"大户"是指包括专业大户、专业合作社和农业龙头企业等在内的所有土地规模经营主体。

原因	频次	频率（%）
土地经营有一定的效益	87	27.2
土地规模经营效益高	20	6.3
劳动力过剩	33	10.3
随大流	24	7.5
由于政府做思想工作	12	3.8
被强迫	4	1.3
其他	92	28.8

（三）无序的土地流转中介组织难以适应现代农业信息化的要求

土地流转供求信息的高效与准确提供不仅对于推进土地流转意义十分重大，而且本身也是农业信息化的内在要求。正如前文所述，散户之间的土地自发性流转无法实现土地大规模、高效率地聚集，需要寻求"散户—大户"的土地流转路径。由于散户与大户之间在生产经营规模、效益和理念等方面存在很大差异，两者的土地需求与供给信息很容易出现不对称，由此会引发较高的土地流转交易成本，使得"散户—大户"的土地流转路径很难有效形成。一方面，分散经营的农户不可能为了出租或转让几亩土地而主动寻找需要土地的陌生的大户；另一方面，大户对土地的需求通常数量比较大且要求连接成片，因此它们也不可能主动与每个农户进行谈判。

现实的情况是，不少地方政府虽然在土地流转中介服务组织方面做了许多探索，但是其运作过程往往缺乏秩序，成效也不很显著。例如，绍兴县于 2001 年开始探索建立的三级（县、镇、村）土地信托服务中心，因为其管理和动作效率低下等因素而搁置。因此，目前大部分地区还缺乏有序的土地流转中介服务组织，一个直接的后果就是土地流转的半径受到限制。调查显示，只有 33% 的农户知道土地可以在任意农户范围内进行流转，分别有 12%、5% 的农户以为土地只被允许在本村内和本村民小组内部流转，甚至还有 3% 的农户以为土地流转是根本不被允许的。由此可见,土地流转主体之间的信息不很对称,无序的土地流转中介服务组织是土地供求双方信息流动受阻的重要原因。

(四)落后的社会保障体系影响了土地流转主体的积极性

我国的社会保障体系还没能覆盖所有的农村地区,无法为那些将土地流转出去的散户提供充分的社会保障。因此,当土地流转的费用(租金)低于农户的预期时,深受"土地是养老保障"这一传统观念影响的农户,尤其是普通的小规模经营散户,就有可能放弃土地流转的计划。调查显示,农户继续保留土地承包权的主要原因已经不是可以从中获取较好的生活保障,有33.8%的人认为放弃了土地也没有什么好处或得不到其他保障。而有高达47.8%的农户认为,如果政府能够提供适当的养老保障,就愿意放弃承包地,还有农户向政府提出了一次性补偿费和一定的就业机会等条件,分别占总样本数的41.6%和29.4%(见表5)。

表5 农户保留或者放弃土地承包权的原因或条件

指标	选项	频次	频率(%)
保留土地承包权的原因	可以获得较高的收入	70	21.9
	可以保障基本的生活	197	61.7
	放弃了也没有好处	108	33.8
	没人愿意要土地	36	11.3
	没有交易土地的途径	50	15.6
	其他	10	3.1
放弃土地承包权的条件	政府提供养老保障	153	47.8
	土地没有收益了	43	13.4
	土地可以交易	71	22.2
	政府给予一次性补偿	133	41.6
	政府安排就业机会	94	29.4
	有相对稳定的收入	33	10.3
	家里没人想干农活了	24	7.5
	其他	9	2.8

2005 年，一家农业龙头公司要求在安吉县梅溪镇章湾村的一个湖岛上流转 200 亩水面，用于养殖特种水产品。该土地流转项目将涉及 7 个村小组和 100 多户农户。通过村干部的入户走访，了解到有近 10％的纯农户因为担心日后的生活保障问题而拒绝配合，理由是没有其他非农就业收入，政府也没有给予任何保障。最终，该公司因为无法实现连片水面的流转而放弃了这个项目。这种情况在经济欠发达的村庄更容易发生，那些地区的农民通常以纯农户居多，他们的非农收入比重比较低，非农就业机会很少，因而对于流出土地后可能出现的基本生活保障问题的担心会更多。

五、结论与对策

对现阶段农村土地流转现状、特点和问题的分析表明，要加快现代农业的发展步伐，就迫切需要对我国的农村土地流转制度与政策进行深入的改革与创新。为此，我们提出以下四点结论与对策。

（一）完善农村土地产权关系，明确土地流转利益主体

目前，我国的农村已经在事实上形成了"三权分离"的局面，即土地归社区"集体"所有（所有权），农民按户承包（承包权），土地经营权可以自由流转（经营权）。显然，土地经营权是由承包权派生出来的，土地经营权与承包权的分割是在农户将承包期内的土地使用权限让渡给他人时发生的。农村土地"三权分离"的现状决定了农民拥有的土地承包权已经不再是一种债权，而是一种具有物权属性的财产权利。从某种角度来看，土地承包权还具有将土地所有权在社区"集体"与农户之间进行分割的功能[9]，因而具有了一部分土地所有权的性质。因此，必须以"三权分离"作为未来我国农村土地产权制度改革的基本点，确保农民对土地长期甚至永久的承包权，明确土地承包权的物权属性，使广大农民成为真正的土地流转利益主体。

(二)完善农村土地治权结构,保障土地流转合法利益

我国农村土地的经济功能在市场机制作用下得到充分发挥时,其资源、环境、生态、政治等方面的功能容易被忽视甚至遭到恶意损害,土地治权结构的意义就在于为土地产权关系的实施和保护提供制度保障,形成一种以治理土地财产权利关系为核心内容的制度集合。因此,必须要以对"三权分离"的土地产权关系的维护与实现为出发点,以土地流转(让渡)的产权属性、功能属性①、供求关系等三个维度为土地治权结构建构的基础,建立"政府—中介组织—集体—农户"四位一体的农村土地治权结构,从而有效地处理农村土地流转中的各种权益关系,保障农民实现土地流转的合法权益。

(三)完善土地流转中介组织,促进土地高效有序集中

我国农村土地在生产、经营等方面的私人利益属性与资源、政治等方面的公共利益属性,要求必须建立一个土地国家宏观调控与土地微观市场化运作相结合的土地流转机制。换言之,就是要在现有的"三权分离"现状和与此相适应的土地治权结构下,充分发挥市场机制在土地流转中的作用。因此,需要进一步完善中介服务组织,形成"土地流出—中介服务组织—土地流入"的土地流转机制[10],建立一个组织健全、运作高效、服务周全的土地流转中介体系与服务网络,为土地流转的供求双方提供交易信息,实现土地流转从"散户—散户"的分散性自发流转向"散户—中介服务组织—大户"的有序化、市场化、组织化流转的转变,为土地的规模经营提供快速、高效的土地流转与聚集机制。

(四)消除土地社会保障功能,推进土地完全自由流转

要在全国范围内建立中央政府和地方政府相配合、覆盖全部农村地区的社会保障体制,由中央制定全国统一的、覆盖全体公民的、能满足公民最基本需要的最低生活保障、医疗保障和养老保障等制度,并为全体

---

① 土地的功能包括经济功能、环境功能、生态功能、政治功能、文化功能等。

公民开设国内统一的可以流动的个人账户,这部分资金全部由中央财政来承担。同时,地方政府应根据当地的实际情况,进一步建立和完善符合自身区域经济与社会发展条件的社会保障制度。在一些已经基本解决农村居民基本社会保障问题的地区,要借助经济发展的优势,加快推进土地流转制度改革的步伐。对于那些还没有条件解决农村居民基本社会保障问题的地区,要进一步探索"土地换社保"的具体方法与政策,逐步消除土地的社会保障功能,从而彻底解除各参与主体对土地完全自由流转的思想顾虑。

参考文献

[1] 王景新.中国农村土地制度的世纪变革[M].北京:中国经济出版社,2001.

[2] 常金海,刘建军.当前农地流转中存在的主要问题及成因分析——以潍坊市为例[J].理论学刊,2005,(1):57-59.

[3] 钱忠好.中国农村土地制度变迁和创新研究[M].北京:社会科学文献出版社,2004.

[4] 党国英.当前中国农村土地制度改革的现状与问题[J].华中师范大学学报(人文社会科学版),2005,(7):8-18.

[5] 张红宇.中国农村的土地制度变迁[M].北京:中国农业出版社,2002.

[6] 徐汉明.农民土地产权制度安排的缺陷分析[J].江汉论坛,2005,(1):54-55.

[7] 林毅夫.农村现代化与城市发展[J].领导决策信息,2001,(9):22-22.

[8] 吴雨才,叶依广.农村土地制度改革与农村经济发展[J].农村经济,2005,(8):21-23.

[9] 黄祖辉.论农户家庭承包制与土地适度规模经营[J].浙江社会科学,1999,(4):6-11.

[10] 黄祖辉.农地股份合作制:土地使用权流转中的制度创新[J].浙江社会科学,2001,(5):41-43.

我国农地产权制度的变迁历史：
农地供求关系视角的分析①

一、问题的提出

农地是一种相对固定的（物理属性）基础性生产要素（经济属性），农地制度对于一个国家和社会的政治稳定具有不可替代的作用（政治属性）。因此，对于这个关乎国计民生的重大问题，历朝历代的统治阶级都给予了足够的重视，并且将其视为社会发展或革命运动最重要的内容之一。回顾五千多年的华夏文明史，可以发现几乎每一次的社会变革都是以农地产权制度改革为出发点或者与之密切相关（钱忠好，2002），而每一次农地产权制度的改革又都深刻地影响着我国经济、政治、文化和社会结构的发展变化，因此，可以说我国农地产权制度的变迁历史就是我国社会变革的历史。在社会主义市场经济全面发展的历史背景下，我国的农地产权制度也逐渐被纳入"市场"的范围内进行重新设计（Tan et al.,2007），因此，从农地供求关系的视角考察农地产权制度的变迁历史，对于未来构建一个既满足国家农地产权稳定政策的需

① 本文作者为黄祖辉、王朋。本文内容发表于《甘肃社会科学》2009 年第 3 期。本文研究得到教育部重大课题攻关项目"我国土地制度与社会经济协调发展研究"（05ZJD00013）的支持。

求①,又符合自由市场经济发展规律的现代农地产权制度,具有十分重要的意义。

二、农地"兼并"与"反兼并"的历史: "公权"与"私权"的循环博弈

(一)我国古代农地"公权"与"私权"的无序博弈

从部落联盟共同耕作的原始社会末期开始,我国古代的农地产权制度伴随着"普天之下,莫非王土"的皇权专制体制("公权"制度)与农地私有制("私权"制度)的斗争(靳相木,2007),经历了长达五千多年的农地"兼并"与"反兼并"的变革历史。因此,农地制度变迁的历史循环过程可以总结为"农地私有—地主'兼并'农地—地主剥削农民—农村社会动荡(往往伴随着社会变革)—国家公权强制收回农地的'反兼并'行为—农地私有",这个过程也可以简化为"农地私有—农地国有—农地私有"。农地产权在国家和个人之间不断循环的变迁,实质上是农地公权与私权循环博弈的过程(熊惠平,2006)。无论是我国古代的井田制、名田制、王田制、占田制、均田制和租佃制,还是太平天国运动时期的"土地绝对平均分配"思想、辛亥革命时期的"土地国有,平均地权"思想和新民主主义革命时期的"农民土地所有制"思想,都可以被视为这种循环过程中的一个环节。更为重要的是,由于我国古代改朝换代的频率非常高,这也使得农地"公权"与"私权"制度的博弈显得非常无序,因而无法形成一种有效的农地产权优势要素的积累机制。

(二)近代我国农地"公权"与"私权"的有序博弈

新中国成立以来,尽管农地产权制度的变迁还没有摆脱农地"公权"

---

① 2008年10月,党的十七届三中全会明确指出,"要赋予农民更加充分而有保障的土地承包经营权","现有土地承包关系要保持稳定并长久不变"。笔者认为,这是党和国家要求稳定农地产权关系的政策表达。

与"私权"制度的博弈循环,但是整个过程显得比较有序,因而积累了许多农地产权制度创新的经验。第一,新民主主义革命时期,明确了"耕者有其田"的农地政策(王景新,2001),建立了农民土地所有制,农民阶段千百年来的平均主义倾向以地权的形式得到了最大限度的实现,同时也开始了新一轮的农地"公权"与"私权"的循环博弈。第二,"合作互助"时期①,为了克服小农经济分散经营的劣势,从1953年开始在农村地区出现的互助组和合作社等农业合作生产组织形式,逐渐成为新的农地制度实施的载体,农地制度也由此走向了新的"公权"制度形式。第三,人民公社时期,为了进一步发挥合作经营的积极作用和适应国家对工业化原始资本积累的需求,以人民公社体制为支撑的农地公权制度正式产生。到人民公社后期,农地公权制度的弊端越来越明显,社会各界对于再次回归农地"私权"制度的呼声也越来越高。

(三)农地"公权"与"私权"循环博弈的供求关系分析

从农地供求关系的角度来看,这种循环博弈的过程可以由图1表示,其中,横轴 PRF 表示农地产权,纵轴表示农地产权价格,D 表示农地需求曲线。处于完全"私权"状态下的农地供给曲线可以由 S_0 来表示,在这种情况下,农地产权被视为一种可以自由交易的"特殊商品",并与农地需求曲线 D 构成了一个近似于"完全竞争市场"条件下的农地产权供求模型。根据自由竞争市场理论,农地产权的价格在农地供给量与农地需求量的调节下,会达到一种平衡状态(点 M)。然而,正如前文所述,这种供求平衡状态的持续时间可能会非常短暂,因为很快就由于"地主兼并农地、地主剥削农民"等现象的出现而被国家公权力强制停止(Chen et al.,2007),并推出某种形式的农地"公权"制度。

S_1 表示的就是农地处于完全"公权"状态下的供给价格曲线,在这种情况下,农地产权全部归于国家所有,农地产权的供给只取决于行政决策者的意志,而不受任何价格变化的影响。在国家意志与农地市场需求的调节下,农地产权的价格也会达到另一种平衡(点 N)。然而,由于经营效率的低下、农民"私有"经营农地的强烈期望,这种"暂时性"平衡

---

① 这里是指从1953年开始,到人民公社出现时为止。

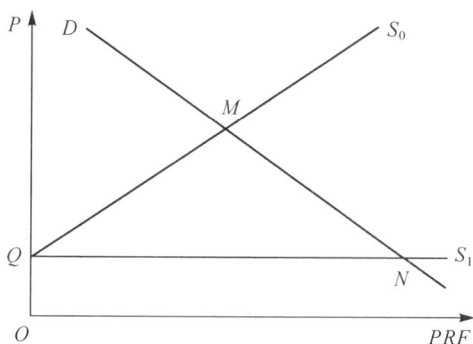

图 1　农地"公权"与"私权"循环博弈的供求关系图

的农地"公权"制度在改朝换代或国家决策者更替的过程中又会被强制停止,并再次推出某种形式的农地"私权"制度。如此往复,从农地产权供给价格弹性的角度来看,农地"公权"与"私权"的循环博弈,实际上就是农地产权供给曲线 S_0 和 S_1 循环变换的过程。

三、农地农户家庭承包责任制:
从"公权"与"私权"的博弈到"两权"分离的过渡

20 世纪 80 年代初确立的农地农户家庭承包责任制是在农民自发实践的基础上,由国家自上而下推行的一项农地制度。这项制度极大地促进了农民的生产积极性,改变了农业生产力极度落后的状况,并创造性地实现了农地制度变迁由"公权"与"私权"的循环博弈阶段到产权分离阶段的过渡,因而成为我国农地制度变革历史上的一个重要的里程碑。

(一)农地"公权"与"私权"博弈循环的瓦解过程

笔者认为,农地农户家庭承包责任制的确立过程就是农地"公权"与"私权"博弈循环的瓦解过程。

1.人民公社体制下的农地"公权"制度被打破

采用指令性的计划行政体系的人民公社制度,不仅把农民的农地等生产资料收归集体,还将农民所有的公共生产活动和私人生活时间与空间都完全纳入其中(衣爱东、姜法竹,2005)。人民公社体制下的农民对农地不再拥有"私权",农业生产资料和农民生活自由只是被高度地、机械地集中起来。此后,农地"公权"制度带来的劳动激励机制的缺失、劳动监督成本过高和收益分配的不合理性,使人民公社制度存在的根本缺陷逐步显现出来。

2."要不要联产"和"农业生产责任制"等问题被深入讨论

关于"要不要联产"的讨论,深刻地触动了人民公社时期平均主义的分配思想(王景新,2001),因为这与传统的社会主义观念格格不入。关于"农业生产责任制"的讨论,使"包干到户"的思想被普遍接受,人们对于农地制度改革的关注焦点也从"谁应该是农地产权的拥有者以及是否符合最高政治理念"转移到了"如何在相关主体之间合理分配农地产权及收益"上来,从而顺利跳出了农地"公权"与"私权"的循环博弈过程,进入了产权分离的新阶段。

3."集体公有农民私营"的农地农户家庭承包责任制被确立

在农地农户家庭承包责任制被正式确立之前,当农民自发地在排他性的农地公有产权边界内选择家庭承包经营(林毅夫,2001)这一相对受限的"私权"决策时,国家采取了默认的态度。经过进一步的酝酿,"包干到户"的农地产权改革思想最终以家庭联产承包责任制的形式定格下来。

(二)农地"两权"分离的现实作用与长远意义

农地农户家庭承包责任制实现了农地的"两权"分离,即农地所有权归"集体",农地承包经营权归农户所有,并采取了"保证国家的,留足集体的,剩下全是自己的"的分配政策,由此形成了农户家庭私有财产的积累机制、生产经营的自主决策责任机制和农民个人时间、空间的自由支配机制。家庭承包责任制包含的"按序逐级"分配政策,在很大程度上解决了"如何在相关主体之间合理分割农地产权及收益"的问题。首先,"保证国家的"对当时还以农业为主要收入的中央政府来说,具有稳定政权的重要作用。其次,"留足集体的"对于农村社区的管理主体来说,具有延续其"农地所有者"身份的有益功能。最后,"剩下全是自己的"对于曾经极度缺乏生产积极性和财产积累机制的农民来说,是一种极大的鼓励。从长远来看,以家庭承包责任制为基础的农地"两权"分离的尝试,对于后来农地产权的进一步分割具有十分深远的意义。

(三)农地"两权"分离的供求关系分析

从农地供给价格弹性的角度来看,农地制度从"公权"与"私权"的循环博弈到"两权"分离的过程可以由图2表示。其中,PRF 轴上 OA 对应的区间表示农地经营权,AB 对应的区间表示农地承包权,BC 对应的区间表示农地所有权。S_2 表示农地家庭承包责任制实施以后的农地产权供给,当农户开始拥有经营承包地的自主权时,农地经营权的供给就出现了正向的价格弹性。然而,正如前文所述,由于农地承包权和经营权被发包方(村级集体)、承包方(农民)等相关利益主体视为同一权利束(承包经营权)进行管理与经营,农地经营权的价格弹性变化就受到了追求稳定承包权的政策约束,因而 QA_2 的斜率非常小,甚至可以视为与 QA_1 重合的平行线。

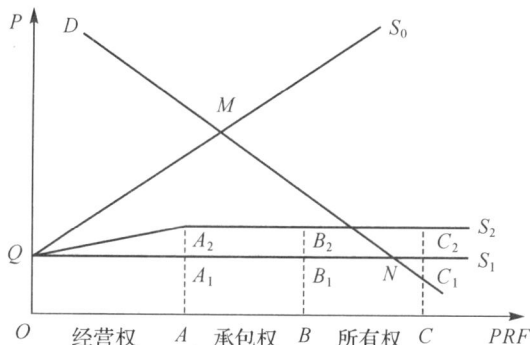

图2　农地"两权"分离的供求关系

尽管如此,稳定农地承包权政策约束下的农地经营权价格弹性的出现,使得农地承包经营权从农地产权中剥离出来,出现了农地所有权和农地承包经营权"两权"分离的现象。在这种情况下,所有权归"集体"所有的政策实际上是在延续国家公权力对农地的控制,而承包经营权归"农户"所有的政策则是国家公权力对农地"私权"诉求的妥协(Huang et al. ,2007)。至此,农地的供给就由 S_0 和 S_1 的循环变换过程演进为 S_2 的"两权"分离模式。

四、农地经营权流转:
从"两权"分离到"三权"分离的过渡

(一)农地"两权"分离结构的瓦解过程

在过去的 20 多年时间里,随着国家城市化、工业化进程的深入推进,家庭承包责任制带来的农业生产小规模化和农村劳动力向第二、第三产业转移导致的农业经营主体老弱化与副业化,已经越来越不适应现代农业市场化和全球化的竞争需要,进而阻碍了农业生产的发展和农民收入的提高。一方面,越来越多的农村青壮年进入城市从事第二、第三产业的劳动,农村的老年人逐渐成为农业经营的主体,其中一部分农户会自发地将农地经营权流转给其他愿意继续经营农地的农户;另一方面,一些专业大户为了进一步扩大农业生产规模,就会主动要求从其他散户那里取得更多的农地经营权。因此,在经济比较发达的农村地区,就会自发地出现一些以弥补当前农地产权结构缺陷为目的的农地流转模式,例如两田制、反租倒包、农地信托等。尽管这些新的模式在实际运作过程中出现了一些问题,也并没有取得具有推广意义的成功经验,但是这些自下而上的改革模式也预示了家庭承包责任制下农地产权结构相对不稳定的事实。

(二)农地"三权"分离结构的形成过程

农户自发进行各种农地经营权流转实践的结果是,一部分农地承包户不再经营农地,而另一部分专业大户则拥有了远远超过社区成员平均水平的农地经营权,这就在事实上造成了农地承包经营权分离为承包权与经营权,从而实现了农地"两权"分离(所有权和承包经营权)向"三权"分离(所有权、承包权和经营权)的过渡。与此同时,被实践经验不断推动着的一系列农地产权政策调整,正在将我国农地"三权"分离的形态逐步明确化和法制化(钱忠好,2004)。根据目前我国的相关法规[①],当前的农地制度实行的是"农地归社区'集体'所有,社区的居民按户承包农地,农地的经营权(即使用权)可以自由流转"的产权政策,这就是我国农地所有权、承包权和经营权"三权"分离的现状(黄祖辉,2001)。其中,农地所有权和经营权属于相对"静态"的产权,一旦拥有了之后在一定时期内对其拥有绝对的占有权或处置权,而由于农地经营权流转而剥离出来的农地承包权则属于相对"动态"的产权,即使长期"占有"也只有在"发包方"发包农地时才能体现,在此之前只是名义上的"拥有"且不能进行处置。由农户在本社区天然的、固定的成员身份所决定的农地承包权是农地区别于一般物品产权属性的、容易导致其他两种权利进一步模糊化的权利(林毅夫,2001)。

(三)农地"三权"分离的供求关系分析

从农地供给价格弹性的角度来看,农地制度从"两权"分离阶段到"三权"分离阶段转变的过程可以由图 3 表示,S_3 表示农地经营权流转政策实施以后的农地产权供给价格。当政府大力倡导农户自由流转农地经营权时,农地经营权供给的价格弹性变得越来越大,尤其是在政府提出农地承包经营关系"长久不变"的政策以后,农地经营权供给(QA_3)的斜率开始接近于"完全竞争市场"条件下 S_0 的斜率。与此同时,全国各地农地承包权流转的各项试验,也促使了农地承包权的供给(A_3B_3)出现了一定的价格弹性。

笔者以为,"长久不变"并不等于"永久不变",尽管两者已经非常接近,但是还是存在本质的区别。从图 3 中我们可以推测,农地承包经营关系"永久不变"的后果可能是 S_3 向 S_0 的无限逼近,并出现一种新的农地"私权"形式,进而回到最初讨论的农地"公权"与"私权"博弈的循环。而农地承包经营关系"长久不变"的政策,可以在稳定农地所有权的政策约束上,实现 S_3 上 QA_3B_3 的斜率无限接近于 S_3 的斜率,甚至与

①　《土地管理法》、《农村土地承包法》、《物权法》以及党的十七届三中全会《决定》等相关规定。

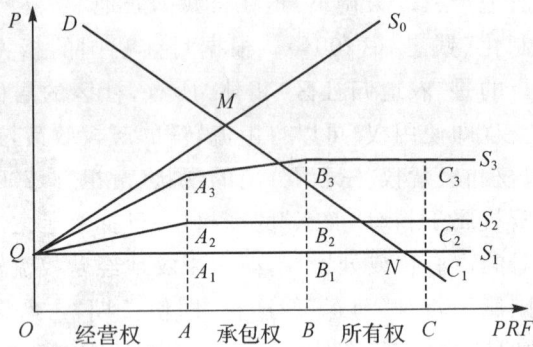

图 3 农地"三权"分离的供求关系

之重合,而同时又能保持 B_3C_3 水平不变的状况,从而避免进入新的农地"公权"与"私权"博弈循环。

五、结论与启示

我国的农地制度变革历史经历了"公权"与"私权"的循环博弈、"两权"分离和"三权"分离三个阶段。实践表明,不适应当前社会和经济发展状况的农地产权结构,终究会被新的农地产权创新模式所取代(张红宇,2002)。当前,在农地"三权"分离的基础上,农地经营权由散户向大户的集中流转已经逐渐形成了"集体所有,家庭承包,大户经营"的农地产权结构,由此带来的农业规模生产效率的提高也对早期相对低效率的家庭承包分散经营制度造成了巨大的冲击。

作为规模农地经营权拥有者的生产大户,为了能够进一步降低与农地承包户进行谈判以获取更多农地经营权的成本,会尝试各种新的谈判方式和流转程序(徐汉明,2005),实践过程中就表现为各种农地经营权流转的创新模式。我国农村地区分布的广泛性以及大户对于降低获取农地经营权成本的意愿的绝对性,必然会使得这种创新的力量源源不断地挑战目前存在缺陷的农地产权结构。由此可以推断,生产大户达到一定的经济规模并在社区内获得一定的经济地位后,其中的突出代表以及越来越多支持它们的政策供给者最终会向政策供给部门提出彻底消除农地经营权流转谈判成本的政策需求,也就是要求政府允许散户通过一定的形式将农地承包权"让渡"给大户,使其拥有更加稳定的农地产权。

据此,在保持农地承包关系"长久不变"的政策需求背景下,决策部门应当做到以下三点:一是要进一步创新农地经营权的流转制度。可以考虑在现有的各种农地经营权流转模式基础上,进一步完善各类中介服务组织,构建"农地流出——中介服务组织——农地流入"的农地经营权流转机制(黄祖辉等,2008),并最终形成农地经营权的自由交易市场。二是要努力推动农地承包权的自由流转。农地承包权的长期化、股份化、物权化是实现这一目标的几个方向,决策部门需要出台一系列更加具体的操作办法,为农地承包权的流转开辟道路,这也是实现农地经营权完全自由交易的重要推动力。三是严格限制农地所有权的重构。要保证农地产权关系的稳定,必须坚守住农地所有权"不允许买卖"这一基本底线,否则,农民的土地权益极有可能在农地所有权的重构过程中受到损害。

参考文献

[1] Chen Zhigang, Qu Futian, Wang Qing. The Impact of Changes of Property Rights on Farmland Use: An Empirical Study of China during Transition [J]. Chinese Journal of Population, Resources and Environment, 2007(1):26-32.

[2] Huang Haixiao, Gay Miller, Bruce J Sherrick, Miguel I Gómez. Factors Influencing Illinois Farmland Values[J]. American Agricultural Economics,2006(2): 458-470.

[3] Tan Rong, Qu Futian. Intergenerational Efficiency of Farmland Conversion and Farmland Resource Loss in China[J]. China Population, Resources and Environment, 2007(3): 28-34.

[4] 党国英.当前中国农村土地制度改革的现状与问题[J].华中师范大学学报(人文社会科学版),2005(7):8-18.

[5] 黄祖辉.论农户家庭承包制与土地适度规模经营[J].浙江社会科学,1999(4): 6-11.

[6] 黄祖辉.农地股份合作制:土地使用权流转中的制度创新[J].浙江社会科学,2001(5): 41-43.

[7] 黄祖辉,王朋.农村土地流转:现状、问题及对策——兼论土地流转对现代农业发展的影响[J].浙江大学学报(人文社会科学版),2008(2):38-47.

[8] 靳相木.农村土地集体所有制的历史方位[J].农业经济问题,2007(1):10-15.

[9] 林毅夫.农村现代化与城市发展[J].领导决策信息,2001(9):22-22.

[10] 钱忠好.农村土地承包经营权产权残缺与市场流转困境:理论与政策分析[J].管理世界,2002(6):35-45.

[11] 钱忠好.农地承包经营权市场流转:理论与实证分析——基于农户层面的经济分析[J].经济研究,2003(1):83-91.

[12] 钱忠好.中国农村土地制度变迁和创新研究[M].北京:社会科学文献出版社,2004.

[13] 田传浩,贾生华.农地制度对土地使用权配置影响的实证分析——基于苏、浙、鲁1083个农户调查[J].中国农村经济,2003(10):112-119.

[14] 王景新.中国农村土地制度的世纪变革[M].北京:中国经济出版社,2001.

[15] 熊惠平."穷人经济学"的公私权博弈:农地权的分析范式[J].西安财经学院学报,2006(4):25-27.

[16] 衣爱东,姜法竹.我国农地制度的变迁与发展趋势分析[J].农场经济管理,2005(6):32-34.

[17] 张红宇.中国农村的土地制度变迁[M].北京:中国农业出版社,2002.

中国社会保障制度对经济增长、土地制度及城市化的影响^①

中国的社会保障问题一直是社会各界普遍关注的热点。对于当前我国社会保障制度存在的不足及缺失,学术界已经进行了长期而深入的研究。我认为,研究中国社会保障问题的重点应抓住这一问题中的"中国特色",即我国的社会保障是城乡二元社会结构下的社会保障。之所以称之为"中国特色",是因为世界上几乎没有国家呈现出与中国相类似的城乡二元社会结构。这种二元社会结构对中国近30年的经济高速增长起到了决定性的作用,但同时也成了中国经济社会进一步转型与发展的阻碍因素。城乡二元的社会保障制度是城乡二元社会结构问题的核心所在,破解城乡二元社会结构,首先必须破解城乡二元的社会保障制度。

面对我国社会保障制度的城乡二元结构,我们既要肯定国家在改善农村和农民的社会保障状况方面所做出的努力,但同时也要清醒地认识到,现有的改进,还不足以从根本上解决这一问题。社会保障制度的改革已迫在眉睫,但却错综复杂,它的变革不是孤立的,而是与许多其他的政策、法规或制度有着密切的关联和互动。本文仅就中国经济增长的"三农"代价、农村土地制度与社会保障制度、社会保障制度与城市化进程、社会保障制度破解的难题,谈些看法,供研究者和决策部门参考。

---

① 本文作者为黄祖辉,为本人 2009 年在"纪念改革开放 30 周年:社会保障与社会发展论坛(杭州)"上的发言整理稿。

一、中国的经济增长与"三农"贡献及代价

认识中国 30 年的变革,尤其是高速的经济增长速度,对于认识中国的社保制度特点有重要意义。中国经济 1978—2008 年的平均增长速度高达 9.78%,成因是多方面的,其中,现行社保制度以及与其关系密切的"三农"对这种增长做出了重要贡献。总的说来,中国经济增长的主要成因可以归结为两点。

(一)渐进式改革:中国改革的独特模式

与东欧和苏联的改革不同,我国的经济与体制改革走的是一条渐进式的改革道路,即改革从农村到城市,从微观到宏观。就经济体制与政治体制关系而言,我国的经济体制改革相对放开,走市场化的道路,而政治体制的改革则相对稳健,始终保持党和政府对经济社会的控制力。这一独特的渐进式改革模式和进程,对于经济改革措施的出台和实施,对于集中力量办大事,进而推动经济增长有十分明显的作用。相比之下,那些走一步到位改革道路的国家和那些政治上相互制衡的国家,很多改革措施往往无法出台和实施,进而影响了经济的发展。但是随着经济社会的不断发展,我国渐进式的改革也有不少的局限性,主要表现为存在不少经济和社会的失衡与扭曲现象,体制漏洞比较多,经济社会的难点问题久拖不决,与城乡二元社会结构密切相关的社会保障制度问题,就是其中之一。

(二)四大红利贡献:土地、劳动、社保和环境

首先,在我国工业化、城市化的过程中,来自农村的土地是非常廉价的,土地非农化过程中存在明显的土地"剪刀差"。其次,我国目前每三个产业工人中就有两个是农民工,他们不仅劳动报酬非常低,而且大多不享受社保,以非常低的成本进入第二、第三产业。最后,由于我们在发展初期环境意识的薄弱,对资源环境的使用补偿意识不强,基本上忽略

了经济增长对环境所产生的不利影响。因此,对于企业和地方政府而言,长期以来我国经济增长的企业成本是非常低的,这种低成本的形成与渐进式的改革有关,与城乡二元的社会结构有关,其实质是农业、农村、农民的土地、劳动、社保以及环境对经济增长的四大要素红利贡献。上述四大要素对我国经济增长的贡献,本质上就是"三农"对中国经济高速增长的贡献。因此不少人认为,中国的发展,改革前的工业化靠的是农产品"剪刀差",改革后的工业化、城市化靠的是农村土地的"剪刀差"和农村劳动力工资与社保的"剪刀差",我国强劲的出口贸易主要也是靠农村劳动力工资与社保的"剪刀差"。所有这一切,都可以归结为是"三农"的贡献和代价。

"三农"对中国增长的贡献不仅仅是改革开放至今的 30 年,实际上可以追溯到新中国成立至今的 60 年,但是"三农"的贡献实际上也是一种代价,它导致了当前我国经济社会中的诸多不均衡和失衡,这些问题已经严重阻碍中国经济和社会的进一步发展。当前,我国的经济发展存在很多的困难,主要是来自两大因素的约束,一是资源的约束,二是人力资本的约束。考虑到土地、劳动、社保以及环境的状况,如果仍按照粗放式增长方式发展,则我国不能承受环境的压力。如果要转变经济增长方式,则我国目前的人力资源状况难以与之相适应,社会有可能面临空前的就业压力。从这一意义上讲,我们现在正处在两难境地,面临两难选择。

二、中国的农村土地制度与社保制度

如前所述,我国农村土地在过去 30 年的经济增长中发挥了巨大的红利效应,并且在未来的发展过程中仍将是至关重要的生产要素。我国现行土地制度与世界其他国家不一样,既非私有,又非国有。通过农村经济的改革,我国的农村土地制度由原来的农村社区集体所有、集体统一经营,转变成了集体所有、农户承包经营的土地制度。农村土地的所有权、承包权与经营权实现了分离,土地产权关系基本明确,但是对农民的土地赋权仍然不够、不完整,同时农民的土地产权在实践中缺乏交易性和保护性,常常受到侵害,即农村土地产权的治权机制相对薄弱和滞后。也就是说,即使农村土地制度在法律上不断完善,但是如果缺乏操作细则,或者有法不依、执法不严现象仍然普遍存在,土地产权的治权机制仍然滞后,农民的土地权益就仍然会受到侵害。

此外,由于我国农村土地还承担着广大农民基本生存保障的功能,农村土地要素的市场化进程明显滞后,土地配置往往扭曲,不能按照农业效率优化原则进行配置。基于上述分析,可以说,土地问题已经成为我国经济社会各种利益冲突和矛盾的焦点,无论是城市化、工业化,还是农民、农业发展,甚至于各级政府,都需要依靠土地资源的支撑。土地承担着广大农民基本生存保障的功能这一特点表明,我国现行农村土地制度状况是与现行社保制度密切相关的,换句话说,我国的农村土地制度与社保制度是处在互为制衡的状态。社保制度如果不能突破城乡二元社会结构,农村土地制度的进一步改革就难以实质性推进,而农村土地制度如果不能得到进一步的改革,则不仅会影响到社保体制的改革与完善,而且会对现代农业、农民就业、农民权益、城市化、工业化以及经济增长等产生不利影响,它们之间的关系如图 1 所示。

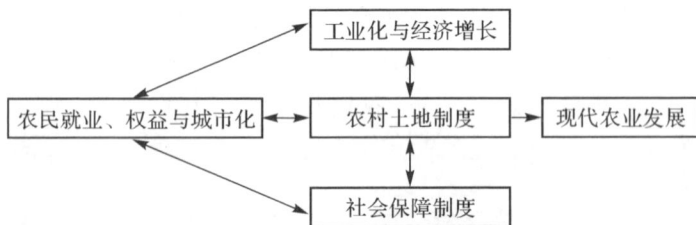

图 1　农村土地制度、社保制度等的相互关系

图 1 表明,农村土地问题已成为影响我国经济社会协调发展的关键。土地制度改革如果无法顺利开展,不仅会直接影响土地流转,进而影响我国农业的规模化经营和现代化进程,同时也会对农业和农村劳动力的转移问题、农民工问题、城市化问题产生不利影响,最终影响整个国民经济的转型和持续增长。现实中,我国的农村土地制度之所以改革缓慢,除了在认知上存在差异外,更重要的是与整个社保制度的状况有关。因为我国的农村土地在很大程度上承担着农民的社保功能,因此,如果不能从社保制度上取代土地对农民的社保功能,那么农村土地制度的改

革就会存在很大的风险。从这一意义上来讲,社保制度的改革更为关键,是势在必行。

进一步说,中国农民利益的核心是农民的生存权、财产权与发展权的实现。土地制度与农民的生存权、财产权以及发展权密切相关,从而与农民的利益密切相关。在中国,土地的功能不仅包括了生产功能、资产功能、生态功能和公益功能,而且还具有社会保障的功能。土地的多种功能应该成为中国农村土地产权制度设计及利益分配的基础。这里需要特别强调的是,中国农村土地承担的农民社会保障功能是既有利,又有弊。有利的方面显而易见,它就像是一个稳定器,比如粮食安全问题。在中国,13亿多人口的粮食消费,真正依赖于市场交易的并不多,因为中国农民占了人口非常大的比重,他们中的很多人的粮食是自己生产自己消费的。如果农民的粮食都要从市场获得,那意味着土地不再承担农民的生存保障功能,则我国的粮食安全风险就会增大。但是,弊端也是非常明显的,如果每户农民都有自留地,都进行自给性质的或者自我保障性的生产,那么土地(包括宅基地,承包地)的利用效率就很低,土地的规模化生产、现代农业的发展、农业劳动力的转移与城市化进程等都会受到制约。当前,大量的农民进入城市以后为什么不能真正成为市民? 一方面,这固然与城乡二元社会结构的存在有关,与整个社会保障制度没有完全覆盖农村居民有关,但另一方面,也与现行农村土地制度有关。它使得大多数农民不愿意放弃承包的土地,不愿意失去土地这一最后的生存保障,因而宁愿成为游离于城乡的"两栖"人口。

总之,我国农村的土地不单承担着生产功能,而且还承担着农民的社会保障功能,这是一种非常独特的制度安排。在这样的制度安排下,农民只要拥有土地,就能生存下去,进而缺乏对土地流动的激励。如果我们长时期不能解决或者解决不好全体公民的社会保障问题,农村土地制度的改革将难以有重要的进展和突破,农村土地低效率利用的状况也将难以得到根本的改变。

三、中国的社保制度与城市化进程

我国正进入城市化快速发展的重要时期,以浙江省为例,从 20 世纪 90 年代后期(1998 年)以来,浙江就开始实施城市化战略,取得了明显的进展。但是,在城市化进程中也遇到了一些亟待解决的问题,主要是要处理好城市扩张和农民利益的关系问题。这是因为,在我们的城市化进程中出现了一种以牺牲农民利益为代价的城市化偏向和新的"剪刀差"现象。具体来说,就是农村或者说农民的土地越来越少,不断被日益扩张的城市所占有。从表象上看,这一过程也确实带来了大量农民的进城和就业,但是,这些进城的农民绝大多数的社会保障问题却没有得到同步的解决,使得农民的身份转换明显滞后于就业转移。按照国际上的一般标准,稳定居住在城市若干月以上的人口就属于城市人口,但如果我国也简单以这一指标来衡量城市化的水平,则会出现我国城市化水平的高估现象。这是因为我国存在独特的城乡二元社会结构。也就是说,在城乡二元社会结构下,符合城市人口统计标准的人并不一定就是真正的市民,因为他们中的很多人很可能社会保障问题并没有得到解决。有些被征用了土地的农民成了失地农民,尽管他们可以进城就业,但一旦经济不景气,企业倒闭,这部分农民如果没有社会保障,就会没有退路。因此,有必要反思我们的城市化道路,在城乡二元结构没有消除的情况下,中国的城市化不应只是产业和人口的空间集聚,还需要解决从农村积聚到城市的人口的市民化问题,而市民化问题的核心内容就是社会保障问题。因此,如果不破解城乡二元社会结构,不解决好转移农村劳动力的社会保障问题,不建立公平公正的社会保障制度,这样的城市化水平越高,存在的问题就可能越多。

四、破解中国社保制度的体制难题

从宏观层面看,中国的土地制度改革仍然需要非常谨慎,原因一方面是对土地产权制度的改革仍存在不同的观点和主张,未能取得共识。有些人主张土地私有化,我认为土地私有化在中国实际上是行不通的。这是由土地的多种功能属性所决定的,因为土地具有公益性、生态性,私人产权对此是失灵的。另一方面是也有一些人认为没有大改革的必要,理由是我国现行土地制度是社会稳定的基础,如果没有社会保障制度的重大突破,中国土地制度改革的风险会很大。也就是说,如果国家赋予农民更多的土地权利,土地的交易固然会变得频繁,但同时风险也随之而来。因为很多农民可能为了短期的利益,会将土地的权益流转和交易给他人。如果经济社会稳定和繁荣的话,这是没有问题的,但是如果遇上经济波动和社会震荡,比如遇上世界性的经济危机,社会就会出现很大的问题。在西方发达国家,由于社会保障制度很健全,即使遇到经济困难时期,人民的基本生活不会有大的问题。但是如果中国碰到这样的情况,在社会保障没有完全覆盖农村居民的情况下,农村人口的生存就会面临问题,整个社会就会出现很大的危机。这恐怕是国家当前对土地制度改革采取谨慎态度的主要原因之一。

以上阐述进一步表明,尽快解决社保问题在中国已具有极其的重要性和紧迫性,社保问题已经成为中国进一步发展的一个瓶颈,其中,解决农民的社会保障问题是基本前提。当前解决农民社保问题的难点,与其说是财政上有困难,毋宁说是体制与制度上的问题。前些年我去了一次拉美国家,感触较深,回来后写了一篇关于重新认识拉美陷阱的文章,谈到了不同国家政府对公共品供给的选择次序问题。为什么不同国家的政府对公共品的供给存在次序上的差异?比如,在中国,各级政府往往首先考虑基础设施的投入,而那些拉美国家往往是先解决诸如社保这样的民生问题。恐怕政府体制,尤其是政府官员体制的差别是一个重要的原因。由于体制的差异,中国政府的官员晋升主要是上级提拔,而不是民众选举,对民众需求的压力相对小,因而在公共品供给或公共投资领域,更会优先考虑能体现政绩且能形象表达的工程,如基础设施项目,其次才可能是与民生更接近的项目,如公共保障问题的解决。就以国家对经济的刺激政策为例,基本建设等重大项目的投资仍然占了较大的比重,这些投资从短期看,对于刺激经济、拉动内需会有一定的作用,但从长期看,如果能加大对民生问题的解决力度,则不仅可以消除经济社会诸多领域的失衡和结构性的矛盾,而且还能起到持久地刺激消费和扩大内需的作用。基于这一认识,从体制机制上,尤其从政府体制和干部体制上进行改革,也应该成为推进我国社保体制改革与完善的重点任务。

"三权分置"与"长久不变"的政策协同逻辑与现实价值①

习近平总书记在党的十九大报告中提出要实施乡村振兴战略,并且就农村基本经营制度和土地制度方面给出了重要的指向,即巩固和完善农村基本经营制度,深化农村土地制度改革,完善承包地"三权"分置制度。保持土地承包关系稳定并长久不变,第二轮土地承包到期后再延长三十年。我国农村土地产权的"三权分置"、承包关系的"长久不变"及其政策协同,是对我国农业、农村、农民在新时代发展的重要制度安排,具有极其重要的理论意义和现实价值。

一、我国农村土地制度的变革与深刻内涵

新中国成立以来,我国农村土地制度经历了一系列的变革。从新中国成立初期的农户所有、农户独立经营,到 20 世纪 50 年代中期至 70 年代末期的集体所有、集体统一经营,一直到改革开放以来的集体所有、农户承包经营,我国探索了一条从实践出发、不断完善、循序渐进、逐渐清晰、具有明显中国特色的农村土地制度的演进与发展道路。观察新中国成立以来我国农村土地制度的变革轨迹,可以看出,土地的所有权和经营权,既可以融为一体,也可以相互分离。与改革开放以前的农村土地制度相比较的最大不同之处是,我国通过改革,实施了农村土地所有权

---

① 本文作者为黄祖辉。本文内容发表于《改革》2017 年第 10 期,被中国人民大学期刊复印资料《农业经济研究》2018 年第 3 期全文转载。

和经营权的"两权分离"制度,而这种"两权分离"制度的关键,是引入了"长期"和"长久"不变的独特的土地农户家庭承包经营制度,因而找到了一种既能坚持社会主义土地集体公有制性质不变,又能在具体经营制度上留有搞活空间,以适应社会主义初级阶段我国农业生产力不断发展的农村土地制度,因此可以说,我国当前的农村土地制度也是一种鲜明体现中国特色社会主义国情的土地制度。

改革开放以来,我国农村土地制度的改革首先促成了农业经营制度的变革。改革开放前,我国尝试了农村土地集体所有和集体统一经营,即"两权合一"的农业经营制度,但面对自然性、周期性、空间性特点极为明显,存在自然和市场双重风险的农业产业,这种"两权合一"农业集体经营制度显然难以形成高效率和低成本的劳动激励与约束机制。尽管这一农业经营制度在形式上很有气势,在名称上很有先进性,但在实质上却与农业产业的特性和农业生产力的发展水平不匹配,进而持续处于低效率的状态,以致始终未能解决好我国农产品的供给短缺问题和广大民众的温饱问题。

变革这一农业经营制度的标志是 1978 年的农村改革,改革在保持土地集体所有制性质不变的前提下,实施了集体和农户统分结合的农业双层经营,尤其是引入土地的农户家庭承包经营制度,并且明确农户拥有"长期不变"的土地承包经营权,使我国农业的经营制度由集体统一的经营制度转变成了农户家庭的经营制度。农业家庭经营的本质是自我雇佣、自我经营、自我分配,在劳动使用和控制方面具有独特的优势。新的农业经营制度在当时的"交给国家和集体一定份额①,剩余全归自己"和农户土地承包经营制度"长期"不变②以及农产品价格逐步放开等制度安排下,大大调动了农民从事农业生产的自主性和积极性,产生了巨大的制度效应,不仅大幅提高了农民的收入,而且很快改变了我国农产品,尤其是粮食供给不足的局面。我国粮食产量从 1979 年到 1984 年这

---

① 这一制度在 2006 年的国家农业税费制度改革后已不存在。2006 年起我国取消了农业税,从事农业生产的农户不仅不需要向国家交农业税,而且也可以不向集体交土地承包款,农户的所有农业产出都可以归自己所有。

② 实践中,第一轮的土地承包期为十五年,第二轮的承包期则为三十年,与此同时,土地承包期的政策也从改革初期的"长期不变"转变到 2008 年后的"长久不变"。

五年间,年均增长 4.9%,1984 年总产量突破了 8000 亿斤,创了当时我国粮食总产量的历史纪录,一举解决了我国粮食自给的问题。

改革开放以来,我国农村土地制度的改革更是体现了土地产权制度的变革。农业的家庭经营比集体经营有效率,其原因不仅在于家庭经营制度与农业产业特性具有天然的契合性,而且更在于我国农业集体统一的经营制度转变为家庭承包的经营制度背后的产权制度变革效率。产权制度是制度的一种类型,是与物有关的人和人的权利关系,产权是个权利束,并且具有可分性,主要包括对物的所有权、占有权、支配权、使用权、收益权和处置权等。有效的产权制度应该对行为主体具有激励与约束的功能,从改革开放以来我国农村土地产权制度的变革看,保持农村土地产权集体所有不变条件下的农业家庭承包经营制度的引入,实质上使得原先集农村集体组织于一身的土地产权束实现了分离,不仅实现了土地所有权和使用权从"两权合一"到"两权分离"的变革,而且还使农民在拥有承包土地使用权或经营权的同时,获得了相应的收益权和处置权,并且这种权利还被政策法律确定是"不能随意被剥夺",要保持"长期不变"直至"长久不变"的权利,这就使农民对这种制度获得了相对稳定的预期。很显然,这样的土地产权制度安排与家庭经营制度的结合,无疑对土地承包农户从事农业、增加农产品市场供给会产生极大的激励,尤其在农产品市场供给相对短缺的卖方市场环境下,这种制度安排的作用几乎可以发挥到极致。

随着 20 世纪 80 年我国农村工业化的兴起和城市化的发展,大量的农业劳动力进入非农产业就业。在这一过程中,转移劳动力面临着就业选择和如何处置土地承包经营权的问题,办法主要是两个,一是选择兼业化经营,也就是通过家庭劳动力的内部分工,整个家庭既从事非农产业,又兼顾农业经营。二是流转土地经营权,也就是将土地承包经营权再分解为承包权和经营权这两种权利,农户保留自己的土地承包权,然后通过一定的机制与方式,把土地经营权流转给那些愿意从事农业的经营主体。农户土地经营权的流转使我国农村土地的"两权分离"变成了"三权分置",即所有权归集体,承包权归农户,经营权归农业经营者,并且可以进行市场化交易。农村土地产权从"两权分离"到"三权分置"的演化,是我国农村土地产权制度的又一创新,它意味着农民不仅拥有"长久不变"的土地承包经营权,而且还拥有其土地经营权(或使用权)的市场出让权或处置权。

二、"三权分置"和"长久不变"的理论与现实价值

我国农村土地产权从"两权合一"到"两权分离",再到"三权分置"的演化,具有重要的理论意义和现实价值。从理论角度看,这种演化表明了公有产权也可以有多种组合方式和表达形式,产权的可分性具有极大的运用空间,产权制度与具体的安排对人类社会发展具有普遍的价值和实践适用性,能为探索、完善和建立中国特色社会主义制度提供理论支撑与现实选项。我国农村土地产权从"两权合一"到"两权分离",再到"三权分置"的变革过程,不仅可以拓宽人们对农村集体所有制和集体产权制度的认识视野,而且也为我国农村集体公有制的有效实现找到了可行的路径。从现实价值看,这种演化不仅没有改变农村土地社区集体所有的本质属性,而且还有助于农户承包土地配置效率的提高和农户土地承包权益的有效实现,同时,这种演化还有助于我国农村劳动力的分工分业深化,有助于土地、劳动力这一基本生产要素的空间配置优化,为现代农业三大体系,即产业体系、生产体系、经营体系的建构,为农业三次产业的融合发展、多功能发展、多类型规模经营、多元化服务形成以及各类农业经营主体、产业组织和经营方式的空间融合、集聚发展与联合发展,提供要素支撑和空间保障,促进工业化、城市化和农业现代化的协调发展。

党的十九大报告在对加快完善社会主义市场经济体制的阐述中,明确"经济体制改革必须以完善产权制度和要素市场化配置为重点",这对农村土地而言,意味着土地产权制度的完善和土地作为基本生产要素的市场化配置,必将成为农村土地制度进一步深化改革的重点。深化改革的重点将是如何进一步巩固和完善农村基本经营制度,完善土地产权"三权"分置制度和保持土地承包关系稳定并长久不变,换言之,就是要在土地产权"三权分置"和土地承包关系"长久不变"的农村土地制度架构下,通过理论创新、改革配套和政策协同,赋予我国农村土地产权"三

权分置"和土地承包权"长久不变"更为科学的制度内涵、更为完善的法律保障、更为有效的发展空间,使农村土地真正成为广大农民的财产权益、集体经济的制度基础和中国特色社会主义市场经济的基本生产要素。

三、"三权分置"与"长久不变"制度架构下的政策协同

巩固和完善我国土地产权"三权分置"和土地承包关系"长久不变"的制度安排,不仅需要理论创新和改革配套,而且需要政策协同,以优化"三权分置"中集体所有权与农户承包权的关系,处理好土地承包经营权流转与有偿退出的关系、土地承包关系"长久不变"与农户承包土地微调的关系,以及探索农民权益身份化向契约化转变的路径,等等。在我国农村土地产权"三权分置"和土地承包关系"长久不变"的制度架构下,尤其需通过政策协同,进一步处理好土地承包关系"长久不变"下的土地产权"三权分置"的关系。处理好"三权分置"的关系,不仅应明确土地集体所有权,稳定土地农户长久承包权,搞活土地经营使用权,而且需要进一步处理好土地集体所有权和农户承包权的权益关系。为此,为了充分体现农户对土地的承包经营权益,同时又体现集体对土地的所有权权益,可以考虑和探索引入集体土地混合拥有的思路,即集体和农户共同拥有集体土地,集体通过所有权体现这种拥有权,农户通过承包权体现这种拥有权,农户不仅可以有偿转让自己承包土地的经营权,而且也可以有偿转让自己的土地承包权,即有偿转让自己的土地拥有权,但这种转让的收益必须与集体做一定的切割,以体现集体对土地的所有权权益。集体不应仅仅是形式上的农村土地所有者,而应在农户承包土地的有效利用、用途管制、托管经营、流转交易、有偿退出、风险管理、抵押融资、股份化经营等方面发挥所有者的作用,如建立相关规制与平台、提供相关代理与中介、开展相关咨询与服务等。此外,完善土地产权的"三权分置"关系还应从农村发展的实际出发,因村制宜,政策协同,分类推进。对于具备相关条件的农村区域,如城乡一体社保体系已经建立、农业劳动力转移已经充分、社区公共服务能力已经具备、村集体股份合作经济改革

已经到位的地区,可以进一步推进有助于乡村治理体系完善的经社分离或股社(村股份合作社与村社区)分离运行的改革,推进有助于产权市场化的农民身份化权益向契约化权益转变的改革,推进有助于兼顾公平与效率关系的农户承包土地微调和固化——从确地转向确股的改革,以进一步完善农户土地承包经营权的权益结构和流转体系,激活市场化交易,同时,建立和完善土地所有者(集体)与土地承包者(农户)在土地使用、权益交易过程中的权责利配置机制,进一步探索农户土地承包权有偿退出和转让的政策机制、制度安排与实现路径。

总之,我国农村土地制度的变革历程表明,理论和实践相结合基础上的制度创新与循序推进,符合我国的国情和发展现实,是中国特色社会主义在实践中的生动体现。在农村土地产权"三权分置"和土地承包关系"长久不变"的农村土地制度框架下,还需不断创新现代产权理论及其政策协同机制,以进一步探索我国农村集体经济公有制的有效实现形式,并且不断完善这一制度体系,尤其是完善和深化土地产权"三权分置"中集体所有权与农户承包权的关系,使集体的土地所有权在法律明确的基础上体现更具体和能动的所有权权属,使农户的土地承包权在长久稳定和不变的基础上拥有更具体与更多样的权能,使土地的经营权在市场化搞活的基础上实现更优化的配置。与此同时,还应加快推进相关体系与制度的配套、改革深化和政策协同,如:建立与完善城乡并轨、城乡一体的社保制度;加快推进新型城市化进程中的农业转移人口的市民化;有序推进农村社区集体经济的股份合作制改革和经社分离或股社分离的改革;适时启动农民权益身份化向契约化转变的改革;同步推进农村宅基地制度和农民房产制度的改革;等等。

我国土地制度改革：
总体结论与政策思路[①]

一、总体研究结论

通过 2005—2009 年对"我国土地制度与社会经济协调发展研究"课题的系统深入研究,我们发现,我国的土地制度不仅已经成为我国经济社会协调发展过程中的最重大问题和最突出矛盾,而且还将在未来相当长的一段时期内与我国的农村经济发展、城市规划布局、国家宏观经济调控以及社会保障体系构建等关系国计民生的重点领域紧密联系在一起。也就是说,我国土地制度改革的成果既依赖于上述各个领域的制度和政策变革,又会深刻地影响着国家经济、社会、文化等诸多方面制度的革新。

(一)土地制度已经成为国家经济社会协调发展过程中的核心矛盾点

土地制度是农民利益的核心权益。农民利益的核心是农民的生存权、财产权与发展权的实现,而土地制度与农民生存权、财产权以及发展权密切相关,从而与农民利益密切相关。在我国,土地功能不仅具有生

---

① 本文作者为黄祖辉,选自本人 2005 年主持的教育部哲学社会科学重大课题攻关项目"我国土地制度与社会经济协调发展研究"(05JZD00013)成果的第七章内容。该项目研究成果已于 2010 年 5 月在经济科学出版社出版。

产功能,而且具有保障功能、资产功能、生态功能和公益功能。土地的功能属性应该成为我国农村土地制度设计与改革深化的出发点和依据,应该成为我国农村土地产权制度及其利益分配的基础。这里需要特别强调的是,我国农村土地承担农民社会保障功能既有利,又有弊。有利的方面显而易见,这就像是一个稳定器。比如粮食安全问题。在我国,13亿多人口的粮食消费,实际上真正依赖于市场交易的并不多,因为我国农民占了人口非常大的比重,他们中的很多人的粮食是自己生产、自己消费的。如果粮食完全市场化,都要通过市场交易获得,进而土地不再承担农民的保障功能,我国的粮食安全风险就会增大。但是,弊端也是非常明显的,如果每户农民都有自留地,都进行自给性质的生产,那么土地的规模化生产、现代农业的发展、农业劳动力的转移与城市化进程等都会受到制约。当前大量的农民进入城市以后为什么不能真正成为市民?一方面固然与城乡分割、没有完全覆盖农村居民的社保制度有关,另一方面也与现行农村土地制度有关。它使得大多数农民不愿意放弃承包的土地,不愿意失去土地这一最后的生存保障,因而宁愿成为游离于城乡的"两栖"人口。此外,由于农村土地不能市场化,土地(包括宅基地、承包地)的利用率就非常低。

(二)农村土地制度改革的进程依赖于国民社会保障体系的完备程度

我国现行的农村土地制度格局与现行社保制度密切相关,换句话说,我国的农村土地制度与社保制度是处在相互制衡的状态。专题组的实地调查显示,广大农民对于农村土地的"绝对"依赖性正在随着外部市场经济的发展和非农产业就业机会的增多而慢慢"松动",但是,我们仍然不能将这种"松动"视为一种全面改革土地制度的积极信号,反而应当特别关注这种表象背后可能暗藏的影响农村社会稳定的可能性。事实上,如果农村社会保障制度不能进一步完善,或者全民社保制度无法突破城乡二元社会结构,农村土地制度的进一步改革就难以推进,而农村土地制度如果不能进一步改革,则不仅会影响到社保体制的改革与完善,而且会对现代农业、农民就业、农民权益、城市化、工业化以及经济增长等产生不利影响。土地制度改革如果无法顺利开展,不仅会直接影响土地流转从而阻碍我国农业的规模化经营和现代化进程,同时也会对劳动力转移问题、农民工问题、城市化问题产生负面作用,最终影响国民经济的增长。为什么我国农村土地制度难以得到根本性的变革?原因是多方面的,其中一个重要原因与城乡二元的社保制度有关,我国土地在很大程度上承担着广大农民社保的功能,因此,如果不能突破城乡二元的社保制度,用社保制度取代土地对农民的社保功能,那么土地制度改革的风险就很大。从这一意义上来讲,若要推进农村土地制度改革,社保制度的改革必须先行或者与土地制度改革同步。

(三)城乡土地要素配置市场的发育程度已经严重脱节

土地在我国过去30年的经济高速增长中发挥了巨大的红利贡献效应,尽管土地红利现象难以持续,但土地在未来的发展阶段中仍将是至关重要的生产要素。我国现行农村土地制度与世界其他国家不一样,既不是完全私有,也不是完全国有,是一种在国家高度控制下的、农民长期承包经营基础上的农村社区集体所有的土地制度,这是一种非常独特的制度安排。通过农村改革,我国农村土地的所有权、承包权与经营权实现了分离,应该说,我国农村土地产权界定是基本明确的,但是缺乏操作性和保护性,即农村土地产权的治权机制相对薄弱和滞后。即便以后相关法律得到进一步规范,但是由于农村土地产权的治权机制相对滞后,农民的土地权益仍然可能受到侵害。从这个角度来说,土地的治权机制比土地的规范制度更加重要,而且也将直接影响农民对于农业投资、非农就业、家庭迁移模式等的选择。此外,由于我国农村土地还承担着广大农民基本生存保障的功能,农村土地要素的市场化进程也明显滞后,土地配置往往是扭曲的,并不是按照效率最优的原则来进行配置。土地问题实际上已经成为我国经济社会各种利益冲突和矛盾的焦点,无论是城市化、工业化,还是农民、农业发展,甚至于各级政府,都需要依靠土地资源。

(四)创新土地制度改革是推进社会经济发展的必由之路

我国土地制度,尤其是农村土地制度,对于社会变革和经济发展的意义与重要性已不容忽视,土地制度的变革既能成为社会变革和经济发展的动力源泉,也能成为经济社会协调发展与进步的重要障碍。在公权力高度统一的政治格局中和市场经济不断发展的形势下,过度分散或集中的土地产权制度都不可能轻易实现。也就是说,土地完全私有化和完全国有化分别可能带来的重新调整与配置的低效率、农产品生产和供应的低效率,将对目前的经济发展模式形成巨大冲击,它们都不是我国土地制度的理想选择模式,这也是当前我国土地制度出现"模糊空间"的重要原因之一。这一独特的现象对经济、政治、社会和文化等方面所产生的辩证影响(靳相木,2006),是形成当代中国独特的国家(政府)、产权和市场关系(既有别于传统计划经济体制,又有别于西方资本主义市场经济体制)的根本原因。因此,我国土地制度与社会经济协调发展的创新思路和实现方式,既无法简单地照搬西方资本主义国家的土地制度改革路径,也不能轻易重新尝试传统计划经济体制下的土地完全公有制度,必须在两者之间找到"交互点",开辟一条具有国家甚至地方特色的土地制度与社会经济协调发展的创新之路。

二、政策思路

(一)同步推进农村土地产权关系和治权结构的创新

通过对农村土地制度改革的历史经验总结和现实情况观察,我们发现,一方面试图在法律和制度层面上彻底改变"农村土地归集体所有"这一"模糊"表述,进而实现农村土地产权及其利益主体"明晰化"的思路,是一条"设计成本"最高的改革路径,而且这也不符合当前我国构建和谐社会和建设社会主义新农村的总体发展战略。另一方面,试图不通过农村土地产权制度的进一步创新,仅寄希望于在中央层面号召地方政府和广大农民充分发挥"创造力","采取多种形式"推进农村土地流转,从而促进农村土地市场的发展,则是一条尽管"实施成本"不很高,但仍不能根本解决当前农村土地制度问题的路径。

1.同步推进农业用地土地产权关系和治权结构的创新

我们建议要在党的十七大提出的"农户土地承包关系长久不变"的政策基础上,加快推进农地使用权的市场化和农地转用权的法制化的改革,让农户不仅拥有对农地的承包经营权,而且拥有完整的土地财产物权。与此同时,要允许地方政府采用更加灵活的农村土地流转操作办法,从产权层面、政策层面和法律层面上丰富"农村土地承包经营权"的内涵,要同步推进农村土地产权关系和治权结构的更新(黄祖辉,2008)。具体来说,就是要将土地转让权、入股权、抵押权、继承权等权利纳入到农户土地承包与经营权中,使得农户土地承包经营权在流转实践过程中具有"物权"的性质,并且具有与所在村集体共享所有权的性质,从而赋予农民以更加广泛和更具经济价值的土地财产权利。

2.同步推进宅基地产权关系和治权结构的创新

第一,要对物权法中的有关规定做出修改,明确农民对于建在宅基地上的住房应该享有同市民私宅同样的财产权利,核发房地产权证,允许自主买卖和银行抵押。超过规定面积的应加重土地占用税。第二,明确农户宅基地指标可以在镇域或县域范围内有偿折价和异地置换使用,凡是符合"一户一宅"新建住宅条件的农民可以带宅基地指标到相关部门办理异地建房手续,有条件的农户也可带宅基地指标到县城或中心镇换购一套经济适用房。政府要把这些进城农民的住房建设纳入当地经济适用房的建设规划,这样做既能节约和集约利用土地,又能促进有条件的农民到城镇安居乐业,真正减少农村人口,减少农村建设用地,减少农民无效建房投资,推动城镇化的健康发展。第三,抓紧改革农村宅基地使用制度。要对"一户一宅"无偿使用、无限期分配宅基地的政策做一历史性了结。明确今后一律不再安排无偿的宅基地,同时放开农民住宅的自由买卖和抵押,使农民获得对房产完整的财产权利。

3.同步推进非农建设用地产权关系和治权结构的创新

在非农建设用地制度改革方面,要抓紧制定农民集体所有的非农建设用地市场化开发利用的政策和法规。在服从政府村镇建设规划和依法办理农地转用审批手续的前提下,要允许农民集体经济组织在村镇范围内、市场化开发利用非农建设用地,发展农村第二、第三产业和集体物业经济,并明确集体所有土地上的所有房产设施都可以核发与国有土地上的房产设施一样的权证,一样可以抵押和买卖。特别是在城中村和城郊村,应允许其利用村庄建设用地建设多层、高层的民工公寓,这既有利于解决农民工在城镇安居的问题,又可以为失地农民创造物业管理的就业机会。

(二)努力保持传统农户和现代农业经营主体之间的土地权益平衡

通过对农村土地流转及规模经营现状的实地调查,我们发现,尽管一些经济发达地区的农村居民已经不再完全依赖于建立在土地基础上的农业经营成果,但是绝大多数农民对于目前拥有的这份土地权利是十分珍惜的。随着农村工业化进程的深入推进和城镇第二、第三产业的迅速发展,土地从分散经营的小户向规模经营的大户流转的趋势越来越明显,在此过程中,以规模经营大户、农民专业合作社、农业龙头企业等为代表的一大批现代农业经营主体已经出现,并且必然成为未来我国农业经济发展的新型经营主体和"主力军"。作为土地流出主体和土地流入主体,当土地流转行为发生时,上述两类经营主体之间必然存在土地利益的再分配问题。因此,党的十七大提出的"农户土地承包关系长久不变"的政策不仅要为传统农户的土地权益提供保障,同时还要特别重视各类现代农业经营主体的土地权益保护问题,并且在两者之间取得一种平衡。

不仅如此,还应该出台一系列鼓励现代农业经营主体流入土地、保障土地使用权益的配套政策。比如,建立跨社区的土地使用权流转交易市场,允许和鼓励农户按照自愿、依法、有偿的原则转让土地使用权,促进农地向专业大户和种田能手集中,使规模经营的家庭农庄逐步成为现代农业的生产主体。也可以采取土地入股、组建股份合作社和股份公司的形式,推动农业的规模化经营,推进现代农业的发展。同时,要强化政府对农地流转和转用的依法管理,促进农地市场化流转,确保农地农用。此外,还要对承包农地的常年性抛荒进行依法处罚,促使长期不经营农地的农户把农地流转出去。

（三）积极转变政府公权力在土地规划、征收、审批等过程中的角色

通过对各项土地征收和审批制度的比较与分析,我们发现,在相对单一的政治结构和土地产权主体缺失的情况下,"农地制度"、"征地制度"和"供地制度"三者之间存在着"天然"的矛盾,这也是"农地非农化"过程无法达成"公平、公开、公正"的目标,进而导致经济粗放式增长和社会非理性发展的根本。尽管从土地规划、利用和管理的有效性等角度来看,以多级政府土地审批权限结构为基础的城市政府代表制具有一定的合理性,但是严重缺乏监督机制的农地非农化过程,使得农民的土地权益大量流失和城市居民的用地成本急剧上升,同时还导致了土地监管部门的腐败行为广泛存在。因此,政府必须缩小其在农地非农化过程中的权力范围,逐渐从"裁判员"的角色向"监督员"的角色转变。

具体来说,就是要积极培育土地一级市场主体,通过市场配置的方式决定土地的供给、需求和价格等,消除公权力过度干涉土地交易过程的行为。地方政府要退出直接的征地环节,由土地管理部门建立专门的征地机构和建设用地市场,建设用地买卖双方直接进入市场进行交易,涉及征收农地的必须按项目进行农地转用和征收的计划审批,征地补偿价格要落实区片综合价,在同一区域内不管什么用途,都要按相同的区片综合价定价。定价的基本原则是让农民共享农地转用增值的利益,提高对农民的补偿标准,为失地农民搞好基本养老保障。对所有征地,都要实行农民代表参与的公开招标出让。与此同时,要落实土地出让金收益主要用于农村的政策,使土地出让金收益成为农业、农村和农民发展的重要资金来源。要明确土地出让金收益应包括农业用地转为非农建设用地、工业用地的招标出让和工业用地转为商业用地的增值收益,明确规定"偏农"的分配比例,并且建立专项制度进行检查监督。总之,政府的主要职能应当转变为土地利用规划、土地确权登记、土地市场信息披露等,从而强化土地市场的监管力度,完善土地市场秩序,促进土地市场发育。

(四)严格规范城市土地利用规划的程序和监督机制

通过对城市土地利用效率的现状研究,我们认为城市土地制度改革的主要方向应该是规范城市土地利用规划的程序和监督机制,从而转变政府在城市土地产权关系和治权结构中的角色,提高城市土地利用的效率。这不仅是解决城市增量土地供应审批和存量土地运作管理等一系列问题的必经之路,也是优化政府土地行政管理机制、推进工业土地定价市场化改革、合理控制工业园区数量以及有效规划城市规模布局的根本手段。

因此,要在发挥市场机制作用的基础上,理顺土地行政管理机制。省级政府和城市政府之间进行合理的分工,中央政府和省级政府主要负责制定宏观范围的国民经济计划与土地利用总体规划,明确土地利用的区域和分区管制,城市政府主要负责城市规划的制定和管理。要协调好土地利用总体规划、国民经济和社会发展计划与城市规划之间的关系,国民经济计划安排、城市建设不能突破土地利用总体规划的总量、结构控制,充分体现土地利用总体规划对经济发展计划和城市规划的强力约束,广泛推行社会成本-社会效益分析技术,注重引入公众参与机制,以促进国民经济计划和土地利用水平的提高。

(五)充分发挥土地政策参与宏观调控的作用力

通过对土地政策参与宏观经济调控的可行性研究,我们认为在政治权力高度集中的国家制度和政府垄断土地资源的格局尚未出现"松动"之前,符合市场经济规律的土地一级市场很难"自然"地发展起来。因此,土地政策参与宏观调控的决策行为就不失为一种在上述制度约束下的"次优选择",并且很有可能在未来我国土地制度创新决策过程中扮演越来越重要的角色。无论是农村土地流转市场发展,还是农地非农化制度和城市土地利用政策的完善,都需要在现有的公权力和社会特权普遍盛行以及土地产权缺失制度下寻求"操作"层面的可行性与合理性。

当然,土地政策参与宏观调控并不意味着土地制度的完全公有制改革,而是要在土地要素市场化的基础上,通过土地的数量、结构、价格等因素优化土地资源配置和增强土地用途管制,实现土地政策参与宏观调控,从而促进农村土地市场和城市房地产市场等的有序发展,进而增强政府对宏观经济总量失衡的矫正能力和效力。

具体来说,基于数量的土地宏观调控的实质是政府直接决定土地资源配置的方案,属于最具有行政性、命令性,效力也最为强劲的调控方式。其中,土地用途管制政策是基于数量的土地宏观调控的主要政策手段,而土地利用总体规划、土地利用年度计划和土地征收政策是实施土地用途管制的基本政策工具。基于价格的土地宏观调控的实质是通过经济诱因、市场性的激励因素来引导土地需求变动,间接达到影响和促使土地资源配置格局发生变动的政策目标。基于价格的土地宏观调控政策体系主要包括新增建设用地有偿使用费、土地出让金、土地税收等政策手段。基于可转让配额的土地宏观调控,就是试图将土地用途管制(新增建设用地配额管理)和市场机制(允许配额转让)结合在一起的土地宏观调控方式。可以预期的是,若承认各地区均有权按同一标准分配取得一定额度的新增建设用地指标,各地区既可以把自己的配额转化为实际的新增建设用地,也可以将其配额拿到建设用地指标市场上有偿转让给其他地区。

第四篇
政策解读与趋势

明天的农业：激励、制度、基础设施和创新^①

——国际农业经济学家协会第 24 届会议综述

以"明天的农业：激励、制度、基础设施和创新"为主题的国际农业经济学家协会（IAAE）第 24 届会议于 2000 年 8 月 13—18 日在德国首都柏林召开。来自 100 多个国家（地区）以及世界银行和联合国粮农组织等国际组织的近千名农经学者、政府官员参加了这三年一届的盛会。中国农业经济学会会长杨雍哲等我国学者参加了会议。会议产生了以德国波恩大学发展研究中心主任约阿希姆·冯·布劳恩教授为现任主席的新一届 IAAE 理事会。140 多篇大会论文和 30 多场专题报告会，反映了近年来国际农业经济学界的最新研究成果和学术动态。现就本次会议普遍关注的主要农业经济问题及其研究方法与成果概述如下。

一、全球化与生物技术：风险和机遇

K.安德森（澳大利亚阿德莱德大学）探讨了转基因作物及其贸易政策对食品安全、世界农产品贸易和全球经济福利的影响问题。在概述近年来世界主要国家（地区）的转基因作物生产和贸易政策之后，其研究采用 GTAP 模型，分四种不同的政策情景，包括西欧国家（地区）是否实施反转基因作物贸易政策和消费者反应行为，模拟分析了转基因玉米和大

---

① 本文作者为陆文聪、黄祖辉。本文内容发表于《中国农村观察》2001 年第 6 期。本文为 2000 年在德国柏林召开的国际农业经济学家协会第 24 届会议的综述。

豆对世界农产品产量、价格、贸易以及全球经济福利的影响。结果表明，各国(地区)不同的转基因作物贸易政策和消费者反应，将显著地改变全球转基因作物生产的潜在分布与规模以及全球经济福利。M. 斯梅尔(墨西哥国际玉米和小麦改良中心)探讨了作物遗传资源保护与利用的经济激励问题。他认为，社会福利函数和私人目标函数的差异，决定各国(地区)作物遗传资源的保护与利用程度。经济激励问题涉及遗传资源对作物生产的效率、稳定性和经济效益的影响。现代小麦和水稻品种的遗传结构没有加重生产的不稳定性。人地密度、地区生产潜力和市场化影响着传统作物品种的种植与遗传资源的保护。K. 莱辛格(瑞士巴塞尔大学)从发展中国家(地区)经济发展面临的水资源短缺、人口增长、粮食单产增长率下降等现实问题出发，探讨了农业生物技术在发展中国家农业发展中的作用和潜在风险。他认为，生物技术与基因工程将有助于确保现有单产潜力和提高单产与生产率，但同时也存在"技术-固有"与"技术-超越"风险和"非行为"风险。广泛应用农业生物技术、改善生产设施和实行有效的农业政策，将是发展中国家(地区)提高农业生产率的有力手段。S. 马基(美国俄亥俄州立大学)从微观层次上探讨了采用农业生物技术的风险问题及降低风险的策略。他认为，农场的生物技术风险表现为生产风险和产品营销风险。生产风险来自较高的转基因作物的种子成本，营销风险涉及消费者对转基因食品安全性的担心以及一些国家(地区)实行反转基因产品贸易政策可能引起的转基因产品出口下降和价格的无常变化。实行转基因产品标贴政策和改善市场贸易条件，不仅对扩大转基因产品市场和消除消费者担心具有重要意义，而且将有助于降低农场的种植风险。

二、贸易自由化与市场一体化：
WTO、竞争力、食品安全性和市场效率

H. 宾斯万格(世界银行)讨论了全球农产品贸易壁垒、WTO 谈判与发展中国家(地区)利益问题。他认为，农产品贸易增长在发展中国家(地区)农村经济发展和消除贫困过程中起十分重要的作用。发展中国

家(地区)农村经济不能实现持续增长的主要原因在于农产品贸易份额小,且增长幅度低于一般贸易增长。发达国家(地区)的农业保护政策导致了发展中国家(地区)大量的经济福利损失。全球化经济中的核心问题是能否充分地减少贸易壁垒,以至于发展中国家(地区)的消除贫困战略能基于农产品贸易增长、农村经济增长和非农就业。为此,发展中国家(地区)除了继续推进农业政策改革,关键问题是在新一轮 WTO 谈判中如何突破发达国家(地区)的农业贸易限制,减少生产者补贴,扩大市场准入。WTO、FAO 和世界银行等国际组织可为发展中国家(地区)提供多方面的帮助,例如,建立世界贸易论坛,提供贸易信息和农业技术援助,向发达国家(地区)倡导大市场准入,在多边贸易谈判中帮助发展中国家(地区)建立国家(地区)联盟。W. 安蓬萨(美国北卡罗莱纳农工州立大学)分析了北美自由贸易协定对美国与墨西哥农产品贸易的影响。他认为,在自由贸易的条件下,美国增加对墨西哥的直接投资,将有助于增加两国农产品贸易。资本成本(利率)和劳动成本(工资率)的高低是影响国外直接投资的决定因素。H. 扬森(荷兰农业经济研究所)以哥斯达黎加为例,通过构建"多产品多区域局部均衡模型",分析了 WTO 农业协定对该国农业发展的影响。他认为,此类模型是研究全球贸易自由化与农业政策对某国(地区)农业发展影响的一种有效方法。N. 于尔基(芬兰农业经济研究所)以 1961—1997 年数据为基础,利用非约束计量经济模型,研究了东盟与欧盟的农产品贸易关系。研究结果显示,东盟向欧盟出口价格的相对变化将显著地影响欧盟的进口需求,欧盟进口需求变化呈现弱收入反应。G. 秋(美国俄亥俄州立大学)根据 1974—1990年 10 个发达国家(地区)的双边农产品贸易数据,研究了各国(地区)汇率变动对农业贸易增长的效应,他认为实际汇率变动对农业贸易增长有显著的负面影响。K. 陈(加拿大阿尔伯塔大学)根据实证研究发现,日本在进口小麦过程中存在贸易歧视问题。日本偏好进口澳大利亚软小麦和加拿大红春小麦,但歧视美国硬红小麦。L. 雷(台湾大学)认为,在缺少适当措施避免汇率风险的情况下,我国台湾通过美国期货市场购买玉米,将不可避免地给台湾造成经济损失。M. 费曼(加拿大阿尔伯塔大学)利用对韩国 8 家小麦加工企业的 33 位企业管理人员的调查数据,建立了 Multinormal Logit 模型,探讨了韩国小麦市场偏好问题。结果显示,韩国小麦加工企业偏好澳大利亚硬小麦和美国软小麦。C.方(美国爱荷华州立大学)根据以 1996 年数据为基础建立的政策分析矩阵(PAM),评估了我国主要农产品的国际比较优势和农业保护水平。他认为,我国的劳动集约的农产品仍具有国际比较优势,但土地集约的农产品已丧失竞争力。粮食(小麦、玉米和高粱)和油料作物(油菜籽和大豆)的社会收益已经低于水果、蔬菜、烟叶、糖料、水稻与棉花。油菜籽具有较高的国家保护水平。

S.马尔科姆(美国特拉华大学)认为,食品卫生安全问题已是全球农产品贸易一体化进程中的关键问题,并已成为非贸易壁垒的重要推动力。T.来奥伊德(英国诺丁汉大学)以市场整合理论为基础,探讨了疯牛病(BSE)引起的"食品恐慌"对 20 世纪 90 年代英国牛肉价格的影响,认为人们对 BSE 的担心已改变了英国牛肉的需求函数,牛肉价格也已呈现出长期性的下降趋势,但零售价格、批发价格和生产者价格的变化程度却不同。零售价格下降的幅度小于生产者价格,说明了人们对食品安全问题的关注扩大了不同阶段的"营销边际"。C.德尔加多(国际食品政策研究所)利用对肯尼亚 712 户奶牛饲养家庭的调查数据和借助于 GIS 获得的有关农村基础设施如距离市场和道路类型等数据,分别构建牛奶市场价格运输滞后函数和 Heckman-Iterative-Selection 模型,研究了肯尼亚牛奶生产布局与市场区位的关系问题。研究结果显示,农村基础设施尤其是农村道路类型和农户距离市场远近,直接影响肯尼亚牛奶生产布局和饲养户市场参与程度,并进一步影响牛奶市场价格的形成。W.马斯特斯(美国普渡大学)利用有关全球气候变化的最新数据,实证分析了气候变化对热带国家(地区)宏观经济与农业增长的影响。研究结果显示,自 20 世纪 60 年代以来,热带国家(地区)农业快速增长与贸易自由化政策和贸易规模扩大有关,但与气候变化没有直接相关关系。J.洛格(德国基尔大学)探讨了赞比亚农业自由化政策对该国粮食市场一体化的影响,认为交易费用(运输成本和信息成本)和市场不确性是影响赞比亚粮食市场一体化的主要因素。贸易自由化政策诱发了粮食市场的不确定性,并对该国粮食市场发展具有负面影响。Z.吴(英国贝尔法斯特女王大学)探讨了 20 世纪 80 年代后期以来中国粮食流通制度改革是否符合以市场为导向的政策目标,以 1987—1992 年主要粮食作物的月份价格数据为基础构建的市场整合模型,表明了中国粮食市场至今尚未完全一体化,认为中国实行强制性的粮食定额政策导致生产者与粮食市场分离。虽然国有粮食企业在国内粮食贸易中占主导地位,但市场价格在非定购粮食贸易仍起主导作用。A. 赫德贝里(瑞典农业大学)认为,农民合作组织在瑞典牛奶市场占主导地位的情况下,政府干预牛奶市场,将降低本国牛奶市场效率,削弱农民合作组织的市场影响力。P. 吴(台湾大学)采用 Aids 模型等式系统研究了台湾家庭对市场物品和环境物品的需求情况。结果显示,台湾家庭的食品消费支出比例基本与恩格尔规律一致,大约 3%～6% 的家庭支出用于对环境物品的消费和环境质量的改善。随着人均收入的提高,家庭对环境物品的消费支出也增加。

三、发展中国家(地区)粮食安全、贫困问题与援助

U. 戴宁格尔(世界银行)认为,印度政府旨在保证粮食安全而采取的粮食政策(包括价格支持、增加国家储备和减少私人贸易),导致了粮食流通的非有效性,具有较高的政策与制度成本。为保证粮食安全,印度政府应该改善粮食公共分配制度,创造私人参与粮食市场的政策与制度环境。H. 约翰内斯(挪威农业大学)利用 Censored 回归模型,研究了影响埃塞俄比亚农户食品自给水平的主要因素。研究结果发现,人口压力(人地比)是埃塞俄比亚食品安全的决定因素,耕牛与农户食品自给水平呈现出正相关关系,市场准入条件包括距离市场和交通条件也显著影响农户粮食生产的自给趋向。C. 巴赫(爱尔兰 Frinity 学院)以 GTAP 模型数据为基础构建 CGE 模型,用于评价不同发展援助战略在解决发展中国家(地区)食供给安全与饥饿问题中的影响效应,认为如果接受国(地区)缺乏必要的政策措施,改变现有食品分配制度,那么以减少发展中国家(地区)饥饿为目标的援助仅具有"边际效应"。C. 宁诺(国际食品政策研究所)以孟加拉国 1998 年洪水后国内食品供求形势与援助情况为例提出,在自由贸易体制下,全球食品援助计划在一个国家(地区)食品供给安全中所起的作用很小,全球食品援助仅能暂时改善食品在食

品短缺家庭之间的分配。M.特吕布拉德(美国农业部)认为,应该重新评估现有全球粮食安全与食品援助政策。在过去的20年里全球食品援助的数量已明显减少,现有全球食品援助机制已不能解决发展中国家(地区)的饥饿问题。在低收入食品净进口国家(地区)建立食品进口保障体系,应视为新的全球食品安全政策。食品进口保障体系的建立,将有助于低收入国家(地区)食品市场的稳定和成本效益的提高。K.尼南(印度社会与经济变化研究所)通过对贫困化指数的时间序列分析,探讨了印度经济自由化政策对消除农村贫困的作用,认为自1969年以来印度农村人口的贫困化程度出现了显著的下降趋势,但这种趋势在1992—1994年已明显减弱,且呈现出地区多样化的态势。实行农业增长政策和改革补贴食品供给制度,被视为减少印度农村贫困人口的有效措施。

四、经济转型国家(地区)和欧盟农业: 政策改革、结构调整与制度创新

K.马库尔斯(美国加利福尼亚大学)比较分析了东欧、东亚和独联体等不同经济转型国家(地区)的经济政策改革对农业运行的影响,认为政策改革的主要贡献在于提高了农业生产率。贸易自由化和市场化政策诱发的农产品相对价格的变化,是解释不同经济转型国家(地区)具有不同的农业运行特征的核心因素。生产要素所有权的重新分配及其诱发的生产组织的有效重构,是农业生产力提高的主要条件。宏观经济自由化和食品安全政策影响了农业劳动力的机会成本与就业流动。S.坦格曼(德国哥廷根大学)利用局部与一般均衡模型相结合的方法,研究了欧盟东扩后农业政策的可能变化对中欧国家(地区)经济与农业发展的影响。研究结果显示,欧盟东扩将提高欧盟的农业保护水平,增加农业补贴,并对将宏观经济产生巨大的回波效应,从而进一步影响农业市场的发展。因实行共同农业政策,处于净进口国(地区)地位的中欧国家(地区)将受到经济上的损失;相反,净出口国(地区)将获益。对中欧国家(地区)经济和欧盟财政起决定作用的因素是,是否对新入盟的中欧

国家(地区)也实行直接的农业补贴政策。G. 腓立比迪斯(英国纽卡斯尔大学)通过构建计算机一般均衡模型(CGE),实证估计了欧盟实行农业共同政策的国(地区)内经济成本。结果表明,实行农业共同政策的国(地区)内经济成本大约占欧盟 GDP 的 0.44%～0.73%。政策成本的高低与各成员的农产品消费偏好和产业集中度有关,不同的成员承担的政策成本也各不相同,如英国的政策成本约占本国 GDP 的 0.82%～1.28%。欧盟根据"2000 年议程"实行的农业政策改革,对政策成本的影响将是负面或者至少是中性的。A. 巴尔曼(德国柏林洪堡大学)通过对 1993—1996 年原东德农业劳动力转移与生产率增长的动态分析,展示了德国统一后原东德农业结构转换的基本特征:农场数量增加,农业劳动力数量减少,农业合作社组织形式多样化。G. 韦伯(德国中东欧农业发展研究所)基于局部均衡模型的农业政策模拟结果也表明,对即将加入欧盟的中欧国家(地区)实行欧盟共同农业政策,将提高欧盟的农业保护水平,并具有较高的农业结构变动与经济福利效应。牛奶和牛肉价格提高对消费者福利产生的负面影响,可由肉猪、肉蛋和禽类价格下降来补偿。农业政策调整从农产品价格支持转向对农民的直接补贴,将减弱消费者福利的负面效应。农民收入的提高将取决于欧盟的农业财政预算。A. 努奇福勒(意大利卡塔尼亚大学)根据欧盟国家农业土地利用模型的模拟结果,预测了欧盟农业土地利用的未来变化趋势,认为至 2020 年,大约有 20%的欧盟现有农业土地将被用于林业和城市发展。A. 桑古(比利时鲁汶大学)利用 1989—1996 年世界 20 多个经济转型国家(地区)的数据,通过建立计量模型,实证研究了国(地区)外官方发展援助在转型国家(地区)经济增长中的作用。研究结果表明,国(地区)外援助与受援国(地区)的经济增长呈现显著的正相关性,但增长效应却有明显的滞后,且与受援国(地区)经济自由化政策有关。E. 埃尔哈雷克(斯洛伐克卢布尔雅那大学)认为,由于斯洛伐克处于食品净进口国地位和欧盟对主要农产品实行生产限额政策,加入欧盟将可能使该国农业萎缩,尤其是牛奶和牛肉生产。对此,斯洛伐克政府应该尽早建立与欧盟可比的农业制度和政策体系。

五、农业可持续发展:环境效应与资源管理制度

G. 诺顿(美国弗吉尼亚理工大学)探讨了"精确农业"发展对环境的影响问题,认为信息技术的发展已对发达国家(地区)的农场管理发生了革命性变化。农业中广泛采用"信息集约"技术,已经成为"精确农业"的基本特征。"精确农业"有助于进一步发挥自然灾害预警系统的作用,但"精确农业"的环境效应与不同的种植作物、区域环境条件和特定的农业技术有关,强调通过公共投资政策的改革,加快发展"精确农业"。M. 科门(荷兰瓦格宁根农业大学)以农业政策分析模型为基础,研究了荷兰奶牛生产限额提高的环境效应(N 排放)。研究结果显示,在保持 N 排放不变的情况下,提高奶牛生产定额将增加农民的经济福利。N 排放影子价格的提高,将导致荷兰奶牛业集约化程度的下降。L. 尤西(芬兰赫尔辛基大学)的仿真模拟与敏感性分析结果显示,减少价格支持和生产者补贴、实施化肥税等农业环境政策,可减少现代农业的负面环境效应,提高环境质量。T. 费曼(加拿大阿尔伯塔大学)认为,世界食品生产力提高是工业投入物大量使用的结果,而人们在研究农业生产率与效益时却忽视其对环境的影响,因此,有必要开展农业环境敏感性分析,研究农业生产中工业投入物使用的环境效应。A. 维尔辛克(加拿大圭尔夫大学)以 1983—1998 年加拿大安大略省的随机调查数据为基础,分析了减少农药使用量的消费者支付意愿。结果显示,在 1983—1998 年,与农药使用量变化有关的外部成本已降低到平均每户 305 加元。V. 甘地(印度管理研究所)通过对印度三个地区的实际调查,研究了印度农民使用农药的环境意识。结果显示,印度农民对农药的环境危害意识,仅局限于直接的人畜环境,他们尚未意识到农药对水、空气等产生的负面影响,以及农产品农药残留对人们健康的危害。

M. 阿皮亚(西班牙巴亚多利德大学)探讨了水资源市场对提高水资源配置效率的作用。在此,效用函数被用于描述农民对水价变化的行为反应。研究结果显示,在水价变化时农民对水资源的需求也呈现出相应的变化。R. 阿米蒂奇(南非纳塔尔大学)通过对南非水资源利用与转移

状况的聚类分析,探讨了水权市场交易问题,认为目前南非水资源市场的交易成本大于交易收益。E.伊格莱西亚斯(西班牙马德里大学)以西班牙2个灌溉农业区为例,探讨了干旱对西班牙灌溉农业发展的影响,认为水资源稀缺程度不直接影响农民收入和农产品价格,但干旱将直接影响农民的收入。建立有效的水库管理制度对提高农民收入和实现农业增长具有重要意义。L.库永(美国弗吉尼亚大学)针对人们对农药使用增加引起的健康与环境问题的关注,提出了在农业生产中实行"一体化病虫害管理"(IPM)设想,以减少农药使用,降低对自然环境的危害。

六、农业研发:投资政策、知识产权和产业化

J.奥尔斯顿(美国加利福尼亚大学)认为,农业研发投资具有巨大的经济效益,但问题是如何正确估计。农业研发的项目投资及其对生产率增长贡献,以及因实施时间和地点不同造成的不同的农业研发成本,影响农业研发投资回报率的估计。现有大量实证研究一般都高估了农业研发的投资回报率。农业研发项目的决定以及何时和由谁实施,决定着农业研发诱导的生产率增长。以美国小麦品种科研为例,时间滞后模型的实证分析表明,传统的生产率估计方法低估了农业研发的长期投资回报,高估了农业研发的短期效益。M.恰姆(德国波恩大学)通过对肯尼亚农民种植转基因甜薯的经济效益评价,探讨了农业生物技术对半自给农业的影响。结果表明,非洲农民将是农业生物技术的受益者。但是,发达国家(地区)私人企业拥有的农业生物技术专利权,将是发展中国家(地区)推广与应用转基因技术的主要障碍。国际社会应该建立公正、合理的农业生物技术专利权制度和农业研发政策。D.比格曼(荷兰国家农业研究国际服务中心)认为,发展中国家(地区)加强知识产权立法,将影响农业研究机构开展农业研发活动的方向。农业全球化和研发资金不足,将加快农业研发的商业化和全球合作,并逐步改变农业研究机构的作用。

C.普雷(美国罗格斯大学)探讨了亚洲发展中国家(地区)私人农业

研发政策问题,认为 20 世纪 80 年代中期以来,亚洲一些发展中国家(地区)农业研发迅速发展的主要原因是经济结构调整中减少了对农业研发投资的政策性限制,尤其是允许私人和境外公司参与农业研发。知识产权保护和税收制度改革对农业研发的影响虽然较小,但也是重要的影响因素。W. 赫夫曼(美国爱荷华州立大学)以 1984—1995 年 7 个欧盟国家的数据资料为基础,通过构建计量经济模型,实证了经济激励与制度创新对私人农业研发投资的重要性。D. 希梅尔芬尼(美国罗格斯大学)认为,农业生物技术产业与"生命科学"公司融合,以及食品企业与饲料企业联系程度的提升,已成为学术界讨论的热点问题。采用仿真计量模型的实证研究结果表明,产业联合将影响农业生物技术研究与发展的规模和方向,并进一步影响农业生物技术产业的市场结构和组织形式。C. 纳尔罗德(美国农业部)探讨了政府或公共投资在农业生物技术革命中的作用,认为与"绿色革命"不同,政府在农业生物技术革命中作用将主要是提供辅助性服务,加速农业生物技术的推广。R. 汤斯坦德(世界银行)在通过对南非不同产业的研发投资回报率进行实证研究后认为,南非畜牧业研发的投资回报率几近为零,农业研发基金应该向高回报率的产业倾斜。

七、农业生产率与技术效率

M. 罗斯格兰特(国际食品政策研究所)利用"国际农产品与贸易政策分析模型"(IMPACT)分析了农业研发与技术和世界食品市场发展的关系。研究结果显示,农业技术、政策、投资、环境与人类行为之间复杂的交互作用影响着世界食品市场变化。在世界食品价格下降的情况下,如果私人和公共组织正确地投资于农业研发与有效地管理灌溉设施,未来全球食品的有效需求能够充分地得到满足。但不同国家和地区的未来的食品安全与农产品贸易状况将各具特殊性。农作物单产提高是影响未来全球食品市场尤其价格变化的决定因素,全球和各国(地区)农业政策与投资决策将直接影响农业生产率增长。今后 25 年内中国和印度的耕地面积减少,单产提高将可能使这两个国家减少食品消费增加幅度,减小全球食品价格上升幅度,但食品净进口将增加。C. 梅津(日本神户大学)利用 Malmquist 指数计算了 1971—1990 年菲律宾水稻生产的全要素生产率和技术效率变化及其地区差异。菲律宾水稻生产率在 20 世纪 70 年代初期为负增长,此后为正增长,但在 80 年代后期又呈现出负增长。他认为,水稻生产率正增长与新品种推广有关,集约化水平提高导致生产率负增长。较高水稻生产率的区域特征是灌溉设施投资大、人口增长率高、耕作农机化程度高和有利的农业气候条件。J. 皮耶斯(英国伦敦大学)以匈牙利 1985—1991 年 117 家农场的生产技术数据建立了 Translog 动态前沿生产函数,量化了经济转换时期匈牙利农业的生产技术效率。K. 苏哈里－扬托(印尼中央统计局)分别采用 Malmquist 指数和前沿生产函数,分析了 1961—1996 年 18 个亚洲国家(地区)的农业全要素生产率的变化趋势,认为大量增加的要素投入已经成为亚洲农业增长的主要推动力。由于农业技术停滞和技术效率缺乏,在观察期内 9 个亚洲国家(地区)却经历了农业生产率的负增长。I. 阿基贝芬(尼日利亚联邦技术大学)以农户样本调查数据建立的动态前沿生产函数为基础,探讨了尼日利亚小规模传统农业的技术效率及其决定因素,认为农民的教育水平与生产经验和农场规模是尼日利亚农业技术效率决定因素。

八、人力资本投资、农民收入与劳动力流动

W. 赫夫曼(美国爱荷华州立大学)以跨时期农业家庭模型(AHM)为理论基础,探讨了人力资本投资与农业发展的关系,认为国家(地区)公共资源分配结构与制度影响农村教育投资。在开放经济条件下,增加农村人力资本投入和加快教育发展,将加速农村人口的流动,提高农民的长期经济收入和生活水平。提高农业劳动生产率的关键在于劳动技能的专业化与分工合作,高效农业来自农民的知识创新。M. 默维森(荷兰瓦格宁根大学)探讨了在欧盟农业中价格与生产风险不断增大的情况下,实行农民收入保险的可行性。在此,以 Monto-Calo 仿真模型为分析工具,研究了收入保险成本与产品价格和产量变化的关系,提出了几种

不同的农民收入保险的方案。L.库尔卡洛娃(美国爱荷华州立大学)采用农业家庭模型(AHM)研究后认为,虽然俄罗斯、乌克兰和其他苏联国家近年来农业增长加快,但农民收入的不稳定性提高。T.沃尔德哈纳(荷兰瓦格宁根农业大学)探讨了埃塞俄比亚农村经济发展中的劳动力流动问题。以农户观察数据为基础估计的农户生产函数与劳动力供求函数显示,农业中可变资本投入的增加将提高对农业劳动力的需求,非农收入对雇佣劳动力需求起着显著的正面影响作用,非农劳动力供给反应与工资率有关。提高非农劳动报酬(工资率)、农村劳动力流动性,增加雇佣劳动力需求和促进农业商业化,应成为促进非农劳动力就业的政策工具。Y.诺德(美国加利福尼亚大学)认为,由于发展中国家(地区)的农业家庭的生产活动和收入来源已经呈现出明显的多样性,研究外部环境对农村经济发展的影响,应该采用如CGE模型等"多产业"分析方法。在此,他以墨西哥3个村级经济的CGE模型为例,评估了农产品价格下降和货币贬值对农村经济发展的影响。R.格茨(西班牙赫罗纳大学)探讨了在风险条件下农民的优化行为问题。以瑞士农民数据为基础的实证研究结果显示,降低税率可以作为稳定和提高农民收入的政策工具。即使风险环境下,税率降低也不会扭曲农民的优化生产决策。

九、农业制度与组织创新

B.洛马尔(美国加利福尼亚大学)探讨了中国农村土地制度与劳动力流动的关系问题,认为农村劳动力向非农产业流动将决定中国未来的经济发展。阻碍农村劳动力转移的主要因素是农村土地制度。在一些地区,剥夺农民土地的现象阻碍了农民寻求非农就业。以农户数据建立的劳动力市场实证模型显示,现有土地政策降低了农户参与劳动力市场的积极性,阻碍了农村劳动力进入非农劳动力市场。如果中国农民有土地使用权的制度保障,则会有更多的农业家庭(约10%)将寻求非农就业。K.大冢(日本京都大学)以非洲国家为例,探讨了人口压力、土地所有权与森林资源管理的关系问题,认为在人口不断增加的情况下,土地和森林资源所有权的个体化,将有利于增加农民对边际土地的投资,提高土地集约化水平,增加农业出产,减少贫困,同时也有助于加强对边际地区的森林资源的管理。K. 米滕茨魏(挪威农业经济研究所)以政治经济学模型为基础,探讨了挪威农业制度结构变化和政府决策偏好与农民经济福利的关系问题,认为挪威"基本农业协议"虽然授予了农民与政府开展有关价格和补贴问题谈判的合法权利,但不同的谈判机制对同一农民利益集团可能有不同的经济福利后果。利益集团的偏好和不同的经济福利预期将导致农业制度结构的变化。E. 马丁(国际食品政策研究所)探讨了市场中介组织对提高粮食市场效率的作用,认为市场中介佣金制度能优化市场参与者行为,可显著提高粮食市场效率。M. 哈尼施(德国柏林洪堡大学)以寻租理论为基础探讨了保加利亚农业改革失败的原因。他认为,由于保加利亚农业所有权的保护程度低,土地所有者为降低农业风险,采取农业自给自足的策略,是保加利亚 20 世纪 90 年代农业改革失败的主要原因。P. 鲍尔(瑞士联邦技术研究院)探讨了劳动与资金集约度都较高的中等规模农场在瑞士农业结构中占主导地位的原因,认为瑞士农场规模扩大受阻与土地所有权结构有关。相对于大农场,具有高比例自有土地的中等规模农场可获得较多的政府财政补贴,减少土地租金支出,降低收入风险。T. 贝格尔(德国波恩大学)建立了 Spatial Mulit-Agent 模型,用于评价农业组织与制度变化对农场生产、消费、投资和产品销售等方面的影响。以智利农场数据为基础的实证分析表明,该模型是一种适宜于农业微观组织的政策分析工具。

重塑农业对社会的贡献

——国际农业经济学家协会第 25 届会议综述[①]

以"重塑农业对社会的贡献"为主题的第 25 届国际农业经济学家协会(IAAE)大会于 2003 年 8 月 16—22 日在南非德班国际会议中心召开。三年一届的 IAAE 大会是世界农经学界的学术盛会,来自世界 75 个国家(地区)共 735 名学者参加了本届大会,其中,我国学者分别来自中国科学院、中国农科院、农业部农研中心、浙江大学、中国农业大学和南京农业大学等单位。130 多篇大会论文和 40 多场专题报告,基本上反映了当前全球农经学术研究的最新成果。本文将综述本届 IAAE 大会涉及贫困与减贫战略、农业效率与制度创新、食品质量安全与食品供给安全[②]、农业资源与环境保护等四大议题的主要学术观点,并就未来几年全球农经学界可能涉及的前沿课题提出看法。

一、贫困与减贫战略

贫困问题尤其是有效的减贫战略,是本届大会的中心议题之一。目前主要集中在发展中国家(地区)的全世界农村贫困人口的数量已三倍于城市贫困人口,而且贫困化程度更高(A. 扬弗里等)。B. 加德纳等人指出,农村贫困问题是十分复杂、多因的社会现象。就许多发展中国家

[①] 本文作者为陆文聪、黄祖辉、马述忠。本文内容发表于《中国农村经济》2004 年第 1 期。

[②] 为区别 food safety 和 food security 的中文翻译,本文将其分别译为"食品质量安全"和"食品供给安全"。

（地区）来说，政治与宏观经济环境不稳定，土地所有权制度不完善，缺乏农业市场竞争与技术诱导机制，以及非农就业机会少，是许多发展中国家（地区）的农民收入难以提高乃至降低和贫困加剧的关键原因。同时，IAAE 前任主席、华盛顿食品政策研究所所长 J. 约阿希姆·冯·布劳恩教授强调指出，近年来全球和各国（地区）农业结构变化过程中出现的不断扩大的收入差距和分配不公，不仅威胁农业与农村经济增长，而且将可能形成新的全球性政治冲突。因此，我们应该重新思考农业增长与收入分配之间的关系。开放的农业市场与贸易政策、以市场为导向的全球农业福利再分配体系，是解决全球农业收入不公问题的有效方法。全球应该协调一致，修正经济合作与发展组织（OECD）国家实行贸易保护政策和发展中国家（地区）的市场干预政策。对许多发展中国家（地区）来说，还应该改革不合理的土地所有权制度，增加对农业生物与信息技术的投资，以解决在土地、资源和技术获取上的差异诱发的农民收入不公平问题。

值得注意的是，许多学者（T. 山野等、C. 多诺万等、R. 黄等）对一些发展中国家（地区）进行实证研究后指出，一些非洲和亚洲国家（地区）的农业家庭劳动力尤其是主要男性劳动力的疾病和死亡，不仅缩短了这些国家（地区）的人口预期寿命，制约农业增长，而且已成为农民低收入和家庭贫困的主要原因之一。有迹象显示，一些非洲国家（地区）已经开始陷入了"疾病（特别是艾滋病）蔓延—短预期寿命—低人力资本投资—低农业增长"的恶性循环。对此，许多学者呼吁有关国家（地区）和国际组织高度重视"疾病贫困化"问题，制定特别援助计划，优先帮助疾病农户稳定农业生产，避免倾家荡产，同时建立与本国（地区）经济能力相适应的农村疾病防治体系和社会保障体系，以降低疾病诱发的贫困化的程度。

在减贫战略方面，C. 巴雷特认为，人们还应该科学地认识和区分"短期贫困"与"长期贫困"对政策决策的重要现实意义。"长期贫困"应成为人们首先关注的焦点，这种贫困的消除需要特殊的政府干预和有效的减贫政策以及援助，而"短期贫困"只要解决了影响收入的关键问题，在短期内就可以消除。C. 锡特尔等人的实证研究表明，在贫困地区提高农业集约化水平尤其是采用优良品种，是实现农业增长、减少贫困的有效途径。此外,通过发展非农产业,培育农村劳动力市场,使贫困劳动力逐步向非农产业转换或向城市转移,可以减少贫困农业人口的数量,增加他们的农业收入,对降低贫困化程度也有显著的效果。S.姆博戈认为,在农业中审慎地开展生物技术创新,可以有效地改变贫困农民的社会经济地位。政府加大对农业研发和农村基础设施等公共物品的投资,发展出口型农业,也应成为各国(地区)实施减贫战略的重要路径。A.博加尔指出,在一些非洲国家(地区),贫困问题的产生通常与农民家庭缺少土地、耕牛和人力资本等资产有密切的关系。稳定这些贫困农户的家庭收入和消费水平,可以通过适当的小规模经商或发展家庭多种经营来实现。

在各国(地区)政府加大减贫工作力度的同时,有关国际组织也应把减贫援助列入自己的工作重点(A.扬弗里等)。过去较长时间内,FAO和世界银行等组织实施反贫困工作没有产生应有的效果,其原因主要在于国际组织对发展中国家(地区)的减贫援助工作缺乏必要的协调,减贫战略重点及措施各不相同,且尚未充分重视农村经济发展在减贫中的作用。S.马克斯韦尔指出,全球减贫计划必须灵活地适应各国(地区)的实际情况,优先培育受援国家或地区的"能力"、"公民的职责和权力"、"机会"、"政治支持"和"知识"等五方面的创造力,构筑能促进农业增长的市场制度,实现农业与农村经济的多样化发展和农业劳动力的有效就业。

二、农业效率与制度创新

农业效率问题是历届 IAAE 大会的重点议题。本届大会着重探讨了农场(农户)规模、农业制度和市场政策对农业增效的重要性。S.范等人指出,亚洲国家(地区)的小规模农场(农户)虽然具有较高的土地生产率,但经济上却是贫穷的。这种观点在某种程度上破灭了 20 世纪 90年代学术界曾对小农效率所抱的那种"小的是美丽的"幻想。要摆脱"有效却贫穷"的小农陷阱,真正增加农民收入,就必须扩大农场(农户)的土地经营规模,极力提高劳动生产率。另有不少学者认为,对现有土地制度和服务于小农生产的公共制度(尤其是在信贷、营销与技术方面)进行市场化改革,是提高农业效率的必要条件。一些实证研究成果也显示,近年来许多发展中国家(地区)实行的农业土地市场化改革或发展的农业土地租赁市场,已对农业增效、农民增收发挥了重要作用,因为经营通过市场购买或租赁的土地比经营继承或由政府分配的土地,有更高的经营效率,能给农民带来更多的土地收益。对中国等一些国家来说,政府应该进一步完善农业土地租赁市场,降低市场交易成本,使更多的农民能够参与土地市场。针对 20 世纪 90 年代以来东欧经济转型后国家农场结构出现的变化趋势,德国著名学者 U. 科斯特教授认为,农场外部的非正式制度似乎比农场本身规模效益和内部交易成本更有影响力。然而,大农场规模的进一步扩大,并不意味着它们在市场经济条件下具有较强的"比较优势",而是受农场外部"规则、传统、习惯、规范、信仰"等非正式制度因素影响的结果。

面对经济全球化和农业全球化进程的不断加快,尤其是消费者对农产品质量安全问题的日益关注,农业的经营环境尤其是市场环境更趋复杂和不稳定。对此,P. 黑泽尔认为,只有那些能对市场变化做出及时反应的农民才能把握市场与发展机遇,那些不能适应市场变化的小农场可能面临更严重的生存危机。在现有全球农产品贸易体系与政策下,与发达国家(地区)相比,发展中国家(地区)的小规模农场(农户)在农产品出口或国(地区)内市场销售中已面临更加不公平的市场竞争环境。一些国家(地区)农场的生存能力,也随着持续缩小的经营规模和经营者受艾滋病等疾病威胁而日益弱化。但是,在许多发达国家(地区),近年来农业与食品产业中电子商务的快速发展,在使农场和农业企业的交易费用不断下降、提高农业效率的同时,却减少了对低技能农业劳动力的需求(G. 施卢特)。

针对上述情况,许多学者还指出,政府、非政府组织和私人部门必须共同努力,制定防范农业风险政策,重构农业市场组织,改善市场准入条件,增加非农就业机会,加强对基础设施、卫生、教育和其他人力资本等方面的公共投资,为小农场的未来生存与发展创造有利的外部环境。劳动力相对丰富的国家,还应重视农业多样化经营,提高劳动集约化水平,开发高附加值产品(L. 拉特鲁夫等)。

三、食品质量安全与食品供给安全

　　食品质量安全（food safety）和食品供给安全（food security）是两个不同的议题，但两者也有一定的联系。美国学者 J. 金西强调指出，如今人们强调食品质量安全的重要性，并非忽视了食品供给安全问题，两者对人类健康有共同的影响。她认为，食品质量安全问题涉及从生产、加工到销售的整个食物供给链。S. 延等人的实证研究表明，美国消费者对农产品质量安全问题的日益关注，集中表现在对食品中农药和抗生素的残留及其对健康的影响的关注上。非安全食品对健康产生的影响，具有长期的时间滞后效应，以至于人们较难觉察到慢性疾病与消费非安全食品的内在联系。不同性别、年龄、受教育程度、收入水平、民族和人种以及信息来源不同的美国消费者，具有不同程度的食品质量安全意识。例如，女性消费者比男性消费者更加关注食品的安全性，尤其是农药残留问题。在美国，消费者希望政府能保证市场上的食品质量安全，且愿为此提供一定的金钱代价。

　　关于消费者食品质量安全意识与传媒和信息传播的关系问题，斯温嫩等人认为，由于在食品市场上存在信息不对称及由此产生的信息处理成本，大部分消费者不能完全了解甚至忽视食品的安全性。正常的媒体传播，可使消费者更加关注食品质量安全问题。然而，信息传播范围的扩大在增强消费者相关产品消费风险意识的同时，也将影响对这种产品的需求。在许多情况下，错误的消息往往源自地方或小报媒体，媒体应该对有关食品质量安全的信息传播承担社会责任。

　　G. 阿纳尼亚和 R. 尼斯蒂克认为，食品是一种"诚信物品"。在消费者难以完全了解食品安全性的情况下，政府实施的严格的食品质量安全规章在某种程度上成为食品安全信息的"替代物"，成了消费者认可食品质量安全的依据。另外，W. 赫夫曼等人的实证分析结果表明，欧盟等高收入国家（地区）的消费者之所以拒绝转基因食品，是因为在经历多年疯牛病威胁之后，许多非政府组织传播了大量有关转基因食品的负面信息，致使消费者对转基因技术及转基因食品产生了普遍的怀疑，因而更加偏好绿色生态食品。许多学者指出,富裕国家(地区)消费者对食品安全性的日益关心,已使之演变成新一轮 WTO 谈判的焦点,并正成为新的全球贸易冲突的根源。

食品供给安全问题是全球面临的重大问题之一。发展中国家(地区)尤其是非洲和南亚国家(地区)的食品供给安全问题具有普遍性与长期性,而在发达国家(地区),这个问题仅仅是少数人面临的一种暂时性供给不足。不少学者认为,发展中国家(地区)发生粮食与食品供给短缺,是农业制度与政策缺陷、技术创新能力薄弱、缺少公共投资、自然灾害、社会冲突、农业与食品系统设施落后,以及经济发展停滞和人口高速增长等因素综合作用的结果(E. 莉莲等;Z. 阿莱穆等;E. 伊马德等)。对于发达国家(地区),例如美国,M. 勒布朗等人认为,其原因在于少数人因失业或家庭破裂而收入减少,政府的收入转移支付计划虽为这些贫困者提供了一定的收入保障,但并不能永久地保证他们远离贫困。因此,恢复经济增长对保证发达国家(地区)贫困家庭的食品供给安全有重要的意义。对那些受职业培训少或受教育程度低的贫困家庭尤其是单亲妇女家庭,以促进就业和增加收入为目标的政府政策与计划,虽然能改善他们的食品供给状况,但持续地减少贫困和保证食品供给的关键仍是设法提高他们的劳动报酬。

美国学者 J. 金西提出的食品供给安全的新定义,引起了大多数与会者的特别关注。她指出,在人们日益关注食品质量安全的今天,有必要对传统的、以保障供给为目标的食品供给安全的定义做进一步的拓展。新的定义还应该包含食物在生产、加工和销售等环节中的卫生安全,并涉及没有受到任何生物恐怖分子故意污染致使消费者生病、死亡或给食品供给系统造成的混乱。这种对食品供给安全的新注,也将使经济学家、政策制定者的研究工作或决策工作更具挑战性。

四、农业资源与环境保护

各国(地区)学者对农业资源与环境问题的探讨,主要集中在农业系统可持续性、农业多功能性、土地和水资源保护以及贸易自由化的环境效应等方面。D.布罗姆利认为,农业可持续性是人们寻求对农业自然资源与环境保护的最佳思维,而并非在无限的未来寻求有关消费和福利最大化的路径或过程。针对撒哈拉以南非洲国家(地区)的农业可持续发展问题,S.埃胡伊和 J.彭德认为,适用于全部撒哈拉以南非洲国家(地区)的农业可持续发展战略,将可能是一种失败的战略。人们应该对该地区的不同区域,提出不同的农业可持续发展战略。但是,好的区域发展战略应包含一些共同的要素,其中包括和平与安全的保证、宏观经济环境的稳定、市场激励的供给、市场制度的健全以及对物质、人力、自然资源、社会资本等方面进行适当比例的公共和私人投资,而各区域战略的不同之处则在于依据不同的区域比较优势设计不同的投资规模与结构。

农业的多功能性应该成为各国(地区)政府制定农业支持政策的理论基础。W.埃迪热和 B.莱曼认为,农业是一种为社会提供从基本需求到农村景观等多种福利和效应的经济活动。它不仅具有环境功能,而且具有在农村发展、就业、食品质量与供给安全等多方面的非环境功能。农业的环境效应,既有对农村景观的正面效应,也有对生态系统尤其对土地和水资源的负面影响。因此,为实现农业自然资源的社会优化配置,必须实现农业外部效应的内部化。应该按照土地或自然资源的边际外部收益对土地或自然资源的所有者进行补偿,同时,农民也要承担饲养家畜和使用化学物品等导致空气和水污染或者资源破坏而产生的外部成本。农业外部效应的内部化,不会诱发农业土地市场的扭曲。另外,有学者认为,人们也应该充分意识到保护农村生态景观与生物群落对农业多功能性的重要性,政府应制定和实施生态景观与生物群落保护计划,并补偿农民付出的保护成本(M.卡普弗)。

在土地资源保护问题方面,不少学者将其与人口和土地所有权问题结合起来进行分析。例如,彭德等人认为,发展中国家(地区)不断加大的人口压力将进一步加剧土地退化和减少农业产出,因此,努力降低人口压力对提高农业生产率和减缓土地退化具有"双赢"效果。U.帕斯夸尔等人的研究,实证了有关土地退化的新马尔萨斯主义"人口压力假说"的正确性。随着"人地比"的提高,不断增加开发林地面积的劳动投入,将会进一步加剧土地退化。此外,他们认为,如果农业劳动的产出弹性大于劳动与土地质量的替代弹性,发生在墨西哥的"休耕危机"是可以避免的。在贫困的发展中国家(地区),土地所有权的不安全和环保技术的缺乏已成为制约农业土地可持续利用的主要因素(B. 希弗罗)。

关于水资源保护问题,一些学者认为,应当建立市场化的水资源分配机制,创造水资源有效利用和保护的制度性条件(B. 康拉迪)。在许多国家(地区)尤其是发展中国家(地区),农业灌溉用水的低价格,不仅鼓励了水资源的非有效利用,同时也产生一些环境问题(M. 舒尔)。在欧盟等一些发达国家(地区),水价政策往往与农业政策交织在一起,并已成为实现水资源有效管理的关键因素。P. 梅哈斯认为,农业灌溉者是水价变化的灵敏反应者,不同的水价可以显著地影响灌溉量和农民收入。但在干旱年份,水资源存量是影响农业用水的主要因素,定价变化对减少灌溉用水量的作用十分有限。

有关全球化和贸易自由化的环境效应,美国学者 R. 洛佩斯认为农业贸易自由化程度的提高,将有助于发展中国家(地区)增加农业效益和减少农村贫困,同时也可能导致公共环境资源的不合理配置,从而产生"反环境"结果。但是,在全球市场一体化的背景下,全球贸易中实行由发达国家(地区)主导制定,实际上也是以保护其国(地区)内市场为目标的产品质量与环境标准,虽然严重影响了发展中国家(地区)对发达国家(地区)的出口,但也有助于加强对农药和化肥的管理,减少农业增长对环境造成的影响。虽然全球化有助于减少农村精英阶层和贫困农民影响政府决策的差异,但如果没有国际组织施加巨大的压力,明确地把社会参与、透明度和民主化作为目标,政府也不可能真正地实施有利于环境保护、减贫、农业增长的财政支出和政策。因此,需要改变国际组织的援助结构,增加对公共和半公共物品的投资,取消对私人物品的投资。

总之,正如 IAAE 候任主席戴维·科尔曼教授指出的那样,随着世界各国(地区)农业占 GDP 比例的相对下降以及发展中国家(地区)快速的农村城市化,农业不仅包括传统的农业本身,而且也包括农业投入部门和整个食品供给链。发达国家(地区)和发展中国家(地区)的政府农业部门都已清楚地认识到以传统农业为基础的农业政策的局限性,关注着由社会需求强烈推动的农村、环境和食品等领域正在发生的变化,并相应地对政府预算结构进行有利于农业与农村发展的调整。因此,重塑农业对社会的贡献,将不仅为经济全球化进程中各国(地区)农业与农村社会经济的发展提供有利的政策和财政支持,也为世界农经学术研究开启了具有前瞻性的"新议程"。

根据本届 IAAE 大会给我们的启示,笔者认为,以下十个问题将有可能成为未来几年各国(地区)学者和跨境研究机构优先关注的农经方面的前沿性研究课题:①小农场(农户)与经济全球化;②农业多样化及农村经济发展与农民收入;③食品安全、全球贸易与 WTO;④农业增长、贸易与环境;⑤生物与信息技术对农业和食品系统的影响;⑥现代农产品物流体系与超市化;⑦贸易自由化与农业市场和粮食安全;⑧农业产业化、食品供给链与食品安全;⑨农业效率与制度创新和政策改革;⑩全球农业自然资源和环境保护与地区(国家)激励机制。

中国农业经济管理学科研究评述①

——"十五"回顾与"十一五"研究态势

一、导言

任何学科发展都有两个基本职能,一是人才培养,二是科学研究。本文探讨中国农业经济管理学科发展中的科学研究问题,试图通过对有关文献的检索、数据的整理与分析,对该学科"十五"期间的研究情况予以简要的总结与评价,并就该学科的研究趋势与"十一五"研究的重点领域,提出个人的见解。

鉴于中国的改革与转型特点,鉴于中国至今仍拥有9亿多农村人口和存在突出的"三农"问题,农业经济管理学科在中国,尤其是改革开放以来的中国,一直被赋予极为重要的历史使命,进而在国内众多学科中具有相对重要的地位,尤其是它的研究态势,改革开放以来始终是兴旺不衰,成果丰硕,并且这种态势至少还会保持相当长的时期。

中国的农业经济管理学科是一个典型的经济学与管理学相互结合的学科,并且是一个在研究发展中与社会学、法学、人口学和相关自然科学等学科相互交叉、融合得比较好的学科。就研究对象和领域而言,中

①　本文作者为黄祖辉。本文内容收录于《农业经济管理理论文集:农业经济管理学科前沿发展战略学术研讨会论文集》(黄祖辉、杨列勋、陈随军主编,科学出版社,2005年)。在本文的形成过程中,浙江大学中国农村发展研究院的马述忠博士和方志伟先生协助检索了有关文献资料,国家自然基金委员会管理学科部和农业部软科学委员会办公室提供了有关资料。

国的农业经济管理学科似乎有些名不副实①,它的研究领域大大超出该学科名称所给定的范围。中国的农业经济管理学科是以"三农"问题作为基本的研究对象,紧紧围绕农民、农业和农村发展中出现的重点、热点、难点问题开展理论与实践的研究。基于此,本文所讨论的农业经济管理学科及其研究问题并不是从狭义的农业经济管理角度,而是从广义的农业经济管理的角度来展开讨论。

考察中国农业经济管理学科的研究状况与发展态势,可以从不同的层面切入。一是检索相关文献资料,如中国人民大学期刊复印资料的《农业经济导刊》、《中国农村经济》和《农业经济问题》等刊物上的文章,国家部委制定的相关研究规划等;二是检索相关立项课题。为了比较客观地反映中国农业经济管理学科的研究状况与发展态势,同时有助于提出"十一五"期间国家在该学科研究领域的立项重点,本文在上述两种检索的基础上,重点对国家自然科学基金、国家社会科学基金和农业部软科学基金在"十五"期间所立项目中与广义农业经济管理学科研究领域密切相关的项目,进行了整理、分类和分析,试图根据这些基本数据,并且从国家的层面,来反映中国农业经济管理学科的研究情况。

二、"十五"期间中国农业经济管理学科研究的简要回顾与分析

(一)相关项目数与支持力度

"十五"期间,中国人文社会科学研究在舆论上和经费上都得到了国家进一步的重视与加强,就农业经济管理学科而言,这种重视与加强一方面体现在国家对"三农"问题的高度重视,已把它提到了重中之重的高度,另一方面主要体现在该领域立项项目数的增加与项目支持力度的不

---

① 从这一意义上讲,前几年将中国的农业经济管理学科改为农林经济管理学科的举动,大有商榷之必要,这种改变不仅加剧了中国农业经济管理学科的"名不副实",弱化了该学科的地位,而且也不利于吸引学生从事这门专业的学习与研究。

断加大。以国家自然科学基金、国家社会科学基金和农业部软科学基金为例,1999 年至 2003 年期间,这三种基金中的农业经济管理类课题立项数,除了农业部软科学基金招标项目 2003 年比 1999 年有所减少外(但 2002 年为 27 项,2004 年为 29 项),国家自然科学基金、国家社会科学基金中的农业经济管理类课题立项数都有了不同程度的增加,分别增加 92.3％和 16.3％(见表 1)。

表 1　农业经济管理类课题在三类基金中的立项数

年份	国家自然科学基金	国家社会科学基金	农业部软科学基金	合计数
1999	13	98	25	136
2000	12	96	22	130
2001	16	99	25	140
2002	22	113	27	162
2003	25	114	18	157

就支持力度而言:国家自然科学基金管理学科部的面上项目支持力度已由"九五"期间的 7 万元左右,提高到目前的 14 万元左右;国家社会科学基金的一般项目支持力度由"九五"期间的 3 万元左右,提高到目前的 7 万元左右;农业部软科学基金项目的支持力度则不是很大,一般为 1.5 万~2.0 万元。除此之外,各类国家基金和国家部委还专门设置重点研究项目或重大公开招标项目,其支持力度都要大于一般项目。如农业部在 2003 年 8 月对"十一五"期间农业和农村经济发展的 12 个重大问题的前期研究课题进行社会公开招标,平均支持力度为 3 万元。又如,国家发展和改革委员会 2003 年首次向社会对"十一五"规划前期研究课题进行公开招标,最后确定了 56 个中标课题,平均支持力度在 5 万元左右,其中,与农业经济管理学科研究领域密切相关的课题达 19 个。

(二)三种基金项目的分类和分析

鉴于农业经济管理学科的研究项目涉及领域较广,为了便于分析,我们对国家自然科学基金、国家社会科学基金和农业部软科学基金自 1999 年以来的农业经济管理类的立项项目进行了粗线条的分类。除了从理论研究与应用研究、宏观研究与微观研究的角度对研究项目进行分类外,还将所有的农业经济管理类项目大体分为五大类领域和相应的子类研究领域①。在上述分类基础上,进行了简单的统计分析,分析情况如下。

首先,从这三种基金项目中农业经济管理类项目的汇总情况看。1999 年至 2003 年,三种基金中与农业经济管理有关的研究项目共有725 项(见表 2),其中应用类研究项目和宏观类研究项目占多数。从五大分类角度看,第 5 类研究领域,即农村经济与社会发展领域的研究项目最多,达 242 项,占 33.4%;次多的是第 3 类研究领域,即农业环境与可持续发展领域的研究项目,达 193 项,占 26.6%;然后是第 1 类研究领域,即农业生产与贸易领域的研究项目,达 141 项,占 19.4%;第 2 类(企业管理与组织制度)和第 4 类(农民收入与社会保障)研究领域的项目相对少些,分别为 81 项和 68 项。

表 2　三种基金项目中农业经济管理类项目汇总

类别	1999 年	2000 年	2001 年	2002 年	2003 年	合计
第 1 类	23	31	26	38	23	141
第 2 类	16	15	13	16	21	81
第 3 类	44	42	34	37	36	193
第 4 类	12	6	15	19	16	68

①　这五大类领域和相应的子类研究领域以及相应的符号标识是:

第 1 类:农业生产与贸易。主要包括:(1)农业产业化;(2)农业结构调整;(3)农业技术进步;(4)生物技术;(5)农业生产;(6)食品安全问题;(7)农产品贸易与营销。

第 2 类:企业管理与组织制度。主要包括:(1)农业组织理论与实践;(2)乡镇企业管理;(3)农地流转与土地制度;(4)农村财政与金融。

第 3 类:农业环境与可持续发展。主要包括:(1)农业减灾与防灾;(2)水资源开发与利用;(3)农业环境与保护;(4)农业可持续发展。

第 4 类:农民收入与社会保障。主要包括:(1)农民收入与税费负担;(2)农村社会保障问题;(3)反贫困问题。

第 5 类:农村经济与社会发展。主要包括:(1)城镇建设与发展;(2)农业劳动力转移;(3)村民自治与乡镇管理;(4)其他。

续表

类别	1999 年	2000 年	2001 年	2002 年	2003 年	合计
第 5 类	41	36	52	52	61	242
合计	136	130	140	162	157	725
应用研究	80	84	80	115	83	442
理论研究	56	46	60	47	74	283
宏观研究	86	96	90	112	95	479
微观研究	50	34	50	50	62	246

其次,分别从三种基金项目的农业经济管理类项目立项情况看。国家自然科学基金管理学科部的农业经济管理类立项项目偏重应用研究,同时宏观研究项目略多于微观研究项目(见附录 1)。从领域分类看,偏重第 1 类和第 2 类,即农业生产与贸易类、企业管理与组织制度类问题的研究(见附录 1.6)。国家社会科学基金的农业经济管理类立项项目中,理论研究与应用研究大体相当,但明显偏重宏观类问题的研究(见附录 2),从领域分类看,主要侧重于第 3 类和第 5 类,即农业环境与可持续发展类、农村经济与社会发展类问题的研究(见附录 2.6)。农业部软科学基金的立项项目基本上都是应用性研究,同时宏观研究略多于微观研究(见附录 3),从领域分类看,近五年来偏重第 1 类、第 2 类和第 5 类问题的研究,即农业生产与贸易类、企业管理与组织制度类、农村经济与社会发展类问题的研究(见附录 3.6)。

最后,进一步细分,从上述农业经济管理类项目的子类研究领域看①。国家自然科学基金中立项比较多的子领域是:农产品贸易与营销(15);农村财政与金融(12);农业技术进步(7);乡镇企业管理(6);农业可持续发展(6)(见附录 1.1 至 1.5)。国家社会科学基金中立项比较多的子领域是:农业环境与保护(87);村民自治与乡镇管理(55)和农业可持续发展(49);城镇建设与发展(31);农民收入与税费负担(23);水资源开发与利用(22);农产品贸易与营销(21);乡镇企业管理(20);农村社会保障问题(20)(见附录 2.1 至 2.5)。在农业部软科学基金的立项项目

———————————

①　以下括号内数字为相关项目数。

中,立项比较多的子领域是:农产品贸易与营销(21);农村财政与金融(12);农业生产(9);农民收入与税费负担(9);农业产业化(7);农业技术进步(7);乡镇企业管理(7)(见附录3.1至3.5)。

如果按三种基金的子类研究领域的项目加以汇总,除了第5类的其他类项目外,立项数排在前11的子领域分别是:农业环境与保护(91);村民自治与乡镇管理(58);农业可持续发展(58);农产品贸易与营销(57);城镇建设与发展(37);农民收入与税费负担(35);农村财政与金融(31);水资源开发与利用(27);农业产业化(25);农村社会保障问题(22);农业结构调整(21)。由于国家社会科学基金资助项目总量大,因此,尽管它的支持力度不是很大,但它的立项导向,基本决定了上述研究项目子领域的排序。

(三)进一步的分析与评价

相关文献的检索,尤其是对上述三种基金项目的分析,可以说明,"十五"期间中国农经学科的研究工作,前期主要是围绕党的十五届三中全会制定的农业、农村现代化发展战略,结合党的十五届五中全会关于继续加强农业基础地位的战略部署,探索实现中国农业和农村现代化以及产业化发展的规律及实现途径,并针对中国加入 WTO 和农业全球化的历史机遇与挑战,探索中国农业战略性结构调整的方向、途径与政策。结合农业劳动力流动和农村社会经济协调发展的规律,探索农村工业发展和城市化相互协调,寻求提高农民收入、改善农村社会经济环境和农村居民生活质量的可行途径。同时,针对中国正在实施的西部大开发战略,探索西部开发与农业可持续发展道路。此外,继续关注扶贫理论和实践的研究。"十五"后期的农经研究则更多围绕党的十六大和十六届三中全会提出的有关战略思想,加大了对全面建成小康社会、统筹城乡经济社会发展、增加农民收入以及完善农产品市场体系、农产品质量安全、农民组织化等问题的研究。这些研究对我国"十五"期间农业与农村经济的发展,以及政府决策与政策制定产生了积极的作用。

尽管上述三种基金对农业经济管理类课题的立项各有侧重,但也具有一些共同特点。一是都比较贴近中国改革与发展的实践,如有关中国加入 WTO 与应对策略的研究、环境问题与可持续发展研究等;二是都比较偏重问题与政策导向;三是微观管理以及方法论方面的研究相对不足,经济学角度的研究多于管理学角度的研究。

从上述项目的承担者以及检索到的有关研究文献看,高校教师是上述研究项目的主要承担者。比较而言,高校教师在这一领域当中的研究与一些专业性的研究机构相比,更注重理论与宏观政策方面的研究,较少从微观主体的行为分析上入手,因而成果在一定的程度上与具体的应用还存在距离。而专业性的研究机构与人员往往更务实,更偏重对策性的研究,但有时往往缺乏理论与方法的支持。因而,从总体上来说,农业经济管理学科的研究工作还有待更为科学的分析。

三、"十一五"期间中国农业经济管理学科 的研究态势和重点领域

(一)研究态势与特点

从全球来看,随着近年来各国农业发展的自然、社会、政治、经济、技术环境不断发生的变化,尤其是经济全球化、农业自由化与一体化进程的加快,国外农业经济管理学科的研究也已出现了一些新的变化。在研究内容上,呈现出经济学与管理学同政治学、社会学、人口学、信息学、自然科学等多学科的不同程度的交叉;在研究空间上,表现出研究问题的国际化,已不只局限于一国农业经济问题的研究;在研究方法上,已完全突破以定性方法为主的传统农业经济研究方法,广泛采用以现代数理经济学和计算机技术为基础的计量经济模型与分析方法;在研究成果上,在重视理论与方法创新的同时,非常强调研究成果的科学性和实际应用价值。

从国内看,随着中国加入 WTO 和全面建成小康社会目标以及进一步完善社会主义市场经济体制方针的提出,中国农业与农村经济发展将面临一些新的特点。一是农业全球化进程与市场化程度从而竞争程度将进一步提高。二是经济与社会和环境的协调、城市与乡村的协调、地区之间的协调将会愈来愈受到政府的关注。三是改革将向纵深发展,土

地、金融、财税、政府等方面的改革将进一步深化和有所突破。四是农业微观管理和产业组织将进一步与现代市场经济接轨。基于这些变化与特点,中国农业经济管理学科的研究不仅需要适应这些变化,而且要有新的突破和超前性。

(二)若干重点领域

针对近年来国外农业经济管理学科的研究态势和中国农业、农村经济社会的发展态势,可以考虑的中国农业经济管理学科在"十一五"期间的重点研究领域是:①经济全球化背景下农产品竞争与农业竞争力提升;②贸易自由化趋势与我国以及区域粮食安全体系构建;③农业产业化经营与农民组织发展;④农村税费制度改革与公共财政体制;⑤农村基层组织的民主化建设及农民民主意识的培育;⑥农村土地制度再创新与制度安排;⑦城市化与农民市民化;⑧农民增收的途径与长期战略;⑨农业科技进步与政策选择;⑩区域经济结构与协调发展;⑪农业与农村经济发展与环境协调;⑫农民阶层分化与农村社会问题;⑬农村社会保障问题与制度设计;⑭金融改革与农村金融制度创新;⑮农村社区公共产品投资与管理;等等。

附录

附录1　国家自然科学基金中的农业经济管理类项目

项目	1999年	2000年	2001年	2002年	2003年	合计
项目数	13	12	16	22	25	88
应用研究	11	11	13	20	22	77
理论研究	2	1	3	2	3	11
宏观研究	9	7	11	13	11	51
微观研究	4	5	5	9	14	37

附录 1.1　第 1 类:农业生产与贸易

年份	（1）	（2）	（3）	（4）	（5）	（6）	（7）	合计
1999	0	0	2	0	0	0	2	4
2000	0	0	0	0	0	0	5	5
2001	1	2	2	0	0	0	1	6
2002	1	1	2	1	0	1	2	8
2003	0	0	1	1	0	1	5	8
1999—2003	2	3	7	2	0	2	15	31

附录 1.2　第 2 类:企业管理与组织制度

年份	（1）	（2）	（3）	（4）	合计
1999	0	2	0	2	4
2000	0	2	0	2	4
2001	1	0	1	1	3
2002	1	1	1	2	5
2003	2	1	2	5	10
1999—2003	4	6	4	12	26

附录 1.3　第 3 类:农业环境与可持续发展

年份	（1）	（2）	（3）	（4）	合计
1999	0	0	2	1	3
2000	0	1	1	1	3
2001	0	1	0	0	1
2002	2	1	0	2	5
2003	0	1	1	2	4
1999—2003	2	4	4	6	16

附录 1.4 第 4 类:农民收入与社会保障

年份	(1)	(2)	(3)	合计
1999	0	0	0	0
2000	0	0	0	0
2001	0	0	0	0
2002	1	0	0	1
2003	2	0	0	2
1999—2003	3	0	0	3

附录 1.5 第 5 类:农村经济与社会发展

年份	(1)	(2)	(3)	(4)	合计
1999	0	0	0	2	2
2000	0	0	0	0	0
2001	1	0	1	4	6
2002	0	0	1	2	3
2003	0	1	0	0	1
1999—2003	1	1	2	8	12

附录 1.6 按五大类领域的项目统计

类别	1999 年	2000 年	2001 年	2002 年	2003 年	合计
第 1 类	4	5	6	8	8	31
第 2 类	4	4	3	5	10	26
第 3 类	3	3	1	5	4	16
第 4 类	0	0	0	1	2	3
第 5 类	2	0	6	3	1	12
合计	13	12	16	22	25	88

附录 2　国家社会科学基金中农业经济管理类项目

类别	1999 年	2000 年	2001 年	2002 年	2003 年	合计
A	7	1	4	2	0	14
B	6	4	4	1	3	18
C	7	3	2	1	2	15
D	15	11	11	12	25	74
E	34	44	40	57	36	211
F	2	3	2	9	3	19
G	8	6	10	13	21	58
H	0	3	7	6	5	21
I	0	0	0	0	1	1
J	9	12	8	4	8	41
K	1	2	1	0	0	4
L	5	4	4	7	7	27
M	1	0	0	0	0	1
N	1	0	0	0	0	1
O	1	0	0	0	0	1
P	1	2	2	1	1	7
Q	0	0	2	0	2	4
R	0	1	2	0	0	3
项目数	98	96	99	113	114	520
应用研究	44	51	42	68	43	248
理论研究	54	45	57	45	71	272
宏观研究	63	74	67	86	73	363
微观研究	35	22	32	27	41	157

注:表中有关符号分别表示为:(A)马克思主义·科学社会主义,(B)党史·党建,(C)哲学,(D)经济理论,(E)应用经济,(F)政治学,(G)社会学,(H)法学,(I)国际问题研究,(J)中国历史,(K)世界历史,(L)民族问题研究,(M)宗教学,(N)中国文学,(O)新闻学与传播学,(P)人口学,(Q)统计学,(R)体育学。此外,国家社会科学基金中学科分类还涉及考古学、外国文学、语言学、图书馆·情报与文献学等,但这些学科的立项项目中没有与农业经济管理相关的立项项目。

附录 2.1　第 1 类:农业生产与贸易

年份	(1)	(2)	(3)	(4)	(5)	(6)	(7)	合计
1999	7	0	0	0	0	0	2	9
2000	1	9	3	0	1	0	2	16
2001	0	2	2	1	2	0	0	7
2002	1	0	0	1	1	0	11	14
2003	0	1	0	1	1	1	6	10
1999—2003	9	12	5	3	5	1	21	56

附录 2.2　第 2 类:企业管理与组织制度

年份	(1)	(2)	(3)	(4)	合计
1999	0	4	1	2	7
2000	2	2	0	2	6
2001	1	1	1	1	4
2002	2	1	2	1	6
2003	2	1	1	1	5
1999—2003	7	9	5	7	28

附录 2.3　第 3 类:农业环境与可持续发展

年份	(1)	(2)	(3)	(4)	合计
1999	6	2	20	11	39
2000	1	7	18	11	37
2001	4	0	21	8	33
2002	1	4	12	15	32
2003	3	9	16	4	32
1999—2003	15	22	87	49	173

附录 2.4　第 4 类:农民收入与社会保障

年份	(1)	(2)	(3)	合计
1999	3	1	4	8
2000	1	1	1	3
2001	6	7	0	13
2002	8	4	2	14
2003	5	7	1	13
1999—2003	23	20	8	51

附录 2.5　第 5 类:农村经济与社会发展

年份	(1)	(2)	(3)	(4)	合计
1999	7	2	14	12	35
2000	2	3	9	20	34
2001	9	5	13	15	42
2002	6	4	14	23	47
2003	7	1	5	41	54
1999—2003	31	15	55	111	212

附录 2.6　按五大类领域的项目统计

类别	1999 年	2000 年	2001 年	2002 年	2003 年	合计
第 1 类	9	16	7	14	10	56
第 2 类	7	6	4	6	5	28
第 3 类	39	37	33	32	32	173
第 4 类	8	3	13	14	13	51
第 5 类	35	34	42	47	54	212
合计	98	96	99	113	114	520

附录 3　农业部软科学基金中的农业经济管理类项目

类别	1999 年	2000 年	2001 年	2002 年	2003 年	合计
项目数	25	22	25	27	18	117
应用研究	25	22	25	27	18	117
理论研究	0	0	0	0	0	0
宏观研究	14	15	12	13	11	65
微观研究	11	7	13	14	7	52

附录 3.1　第 1 类:农业生产与贸易

年份	(1)	(2)	(3)	(4)	(5)	(6)	(7)	合计
1999	2	2	2	0	2	1	1	10
2000	1	1	1	0	3	0	4	10
2001	2	3	3	0	3	1	1	13
2002	2	0	1	0	0	2	11	16
2003	0	0	0	0	1	0	4	5
1999—2003	7	6	7	0	9	4	21	54

附录 3.2　第 2 类:企业管理与组织制度

年份	(1)	(2)	(3)	(4)	合计
1999	1	2	1	1	5
2000	2	1	0	2	5
2001	0	1	1	4	6
2002	2	1	0	2	5
2003	1	2	0	3	6
1999—2003	6	7	2	12	27

附录 3.3　第 3 类:农业环境与可持续发展

年份	(1)	(2)	(3)	(4)	合计
1999	0	1	0	1	2
2000	0	0	0	2	2
2001	0	0	0	0	0
2002	0	0	0	0	0
2003	0	0	0	0	0
1999—2003	0	1	0	3	4

附录 3.4　第 4 类:农民收入与社会保障

年份	(1)	(2)	(3)	合计
1999	3	0	1	4
2000	1	1	1	3
2001	1	1	0	2
2002	4	0	0	4
2003	0	0	1	1
1999—2003	9	2	3	14

附录 3.5　第 5 类:农村经济与社会发展

年份	(1)	(2)	(3)	(4)	合计
1999	1	1	0	2	4
2000	1	0	0	1	2
2001	1	2	0	1	4
2002	0	0	1	1	2
2003	2	0	0	4	6
1999—2003	5	3	1	9	18

附录 3.6　按五大类领域的项目统计

类别	1999 年	2000 年	2001 年	2002 年	2003 年	合计
第 1 类	10	10	13	16	5	54
第 2 类	5	5	6	5	6	27
第 3 类	2	2	0	0	0	4
第 4 类	4	3	2	4	1	14
第 5 类	4	2	4	2	6	18
合计	25	22	25	27	18	117

全球化进程中的农业经济与政策问题①

——国际农业经济学家协会第 26 届会议综述

2006 年 8 月 12—18 日,国际农业经济学家协会(IAAE)第 26 届大会在澳大利亚昆士兰黄金海岸国际会展中心召开。本届大会的主题为"农业经济对重大政策问题的贡献"。来自世界 78 个国家和地区的 993 名学者正式注册参加了这次三年一届的世界农经学界的学术盛会。中国与会学者分别来自中国科学院、中国农业科学院、浙江大学等单位,中国农业经济学会会长段应碧参加了本届大会。本届大会共有 590 多篇论文入选,大会分为四大主题,即自然灾害经济,全球化下的农产品贸易和营销,风险、食品安全和健康,欠发达地区的转型。会议分为全体大会、特邀专题、投稿论文、专题讨论和海报等多种类型,同时交叉进行。现就本届大会所涉及的主要议题和观点综述如下。

一、全球化下的自然灾害经济问题

自然灾害对经济的影响是本届 IAAE 大会关注的一个新议题。随着社会和经济的发展,自然灾害对可持续发展的影响日渐加大。尤其是全球变暖趋势的进一步加剧,天气和气候极端事件的频繁发生,对社会和经济造成的损失在逐渐加大。过去几十年中,自然灾害所造成的经济影响呈明显扩大的趋势。而且,在发展中国家(地区),尤其是在最不发

---

① 本文作者为黄祖辉、朱允伟。本文内容发表在《中国农村经济》2007 年第 1 期。

达国家(地区),遭受这些灾害的影响更多,这进一步提升了这些国家(地区)的脆弱性,导致社会和经济倒退,有时甚至倒退几十年。因气候变化或其他自然因素所造成的灾害,受打击最大的是世界上最贫穷的人。然而,从全球来看,很少有实际行动去帮助世界上最穷的 20 多亿人口处理干旱、洪水及其他自然灾害事件。由于穷人大多数居住在易发生干旱、洪水等自然灾害和自然资源、基础设施缺乏的地区,他们几乎没有对灾害的"缓冲器",灾害一旦发生,往往导致大量的死亡,特别是儿童的死亡。过去十年来,自然灾害平均每年夺去了近 8 万人的生命,受灾人口超过了 2 亿,并造成年均近 700 亿美元的损失。

尽管自然灾害无法避免,但是,把灾害评估与早期预警相结合,并采取预防和减轻灾害的措施,就能够避免灾害成为灾难,人类社会可以采取行动来大大减轻灾害所造成的人员伤亡和对社会、经济的破坏。干旱是当今世界自然灾害中的"灰姑娘"(cinderella disaster),还没有得到人们的足够重视。因此,需要敦促全球共同努力,建立灾害监测和早期预警系统,改善道路和通信等基础设施,使其服务于包括富人和穷人在内的整个世界。同时,应增加对抗旱和抗虫害作物科研方面的投资。为了减轻自然灾害对贫穷人口群体的影响,发展政策和灾害管理应该相互支持。面对自然灾害对粮食安全(food security)的挑战,在易受灾地区,促进灾后恢复的措施应成为粮食安全政策和经济战略的一个有机组成部分。为此,需要对风险信息分析、土地使用计划、基础设施升级、多样化的风险转移机制等灾害风险管理措施予以应有的重视。

二、全球化下的农产品贸易和营销问题

全球化和农产品贸易问题是历届 IAAE 大会所关注的重要议题,本届大会的着重点集中在全球化对农业的影响、多哈议程与农产品贸易、农产品供应链等方面。全球化导致了食品体系的转型,这主要体现在三个方面,即发展中国家(地区)食品进口增加、食品供应链垂直一体化以及国(地区)内生产体系商品化和多样化。特定的国家或地区在全球化过程中是获益还是受损,则取决于它们在农业转型过程中所处的位置以

及它们所能适应的程度。全球化推动了世界食品生产、加工和贸易结构的重大调整，在一些发展中国家（地区），无论是大企业还是农户或当地的种子公司，都深度融入了全球的供应链系统。随着超市供应链在全球的整合，食品的生产、销售以及全球食品贸易的模式都发生了巨大的变化，这种变化影响着世界各地的农业部门，促进了订单农业的推广。按照订单农业的要求，生产者必须按严格的时间表组织运输，并执行买方制定的严格的质量、卫生和外观标准。随着农业生产向低成本国家（地区）的快速转移，澳大利亚等农产品生产成本高的发达国家（地区）正面临着高质量、低价格的进口农产品的压力，其迫使这些发达国家（地区）的农民生产更高质量的产品，同时进一步提高自动化水平和采用生物技术，以降低生产成本。

WTO农业谈判问题引起了许多与会学者的关注。尽管存在一些政治方面的困难，多哈回合农业谈判迟早会恢复，因为减少农业保护和补贴符合包括工业化国家（地区）与发展中国家（地区）在内的大多数国家（地区）的利益。虽然要求所有工业化国家（地区）完全取消对农业的保护可能过于理想化，但有两条建议还是可行的：一是欧盟提出的为最贫穷国家（地区）的农产品进入富裕国家（地区）提供全面、自由的市场准入。国际食物政策研究所最近的一项研究表明，这一措施将为最不发达国家（地区）带来显著的收益。二是减少可能被用作贸易保护战略的"敏感和特殊产品"的数量。对"多哈"议程和农业贸易改革中经济分析作用的研究表明，近年来在数据、模型和分析技术方面的进展已大大提高了人们精确评价贸易改革效果的能力。随着理论和方法的新发展，数量经济分析在评价贸易政策，至少在评价农业保护措施的效果、服务业贸易壁垒与改革、改革对提高生产率的影响等方面还有很大的改进潜力。

农产品全球供应链也是与会学者关注的热点问题。一方面，进入全球供应链的农民，在决策时对境内和境外市场信号变得越来越敏感。随着农产品价值链的全球化，农民将面临更大的成本和质量压力，因为买方可在不同国家（地区），甚至是在不同大陆之间选择供应方。另一方面，大型跨境超市供应链的形成，推动了世界各国（地区）的贸易自由化，这不仅有利于消费者，也意味着可向农民支付更高的采购价格。对发展中国家（地区）和转型国家（地区）农产品价值链中的全球化、私有化与垂直协调问题的研究表明,在发展中国家(地区)和转型国家(地区),食品和农产品价值链在过去数十年里经历了巨大的变化。企业和产权被私有化,市场自由化,经济与全球食品链已经融为一体。自由化与私有化最初是由国家(地区)控制的垂直一体化(state-controlled vertical integration)的崩溃所引起的。然而,近年来私人的垂直协调体系(private vertical coordination system)已出现,并得到了快速的发展。

三、全球化下的食品安全和健康问题

食品安全(food safety)问题是最近几届 IAAE 大会越来越重视的议题。过去十年来,食品与健康之间的联系受到了广泛关注,人们纷纷追求健康食品和新的食品规制。与此同时,世界各国(地区)之间的饮食和食品体系变得越来越相近。随着食品风险、风险控制的成本和收益以及相关信息在不同国家(地区)的分摊或分享,食品安全成了一种"全球公共产品"。然而,相比之下,在食品安全上的投资却显得不足。在印度,收入增长、城市化、日益扩大的关心食品质量和安全的国(地区)内消费者群体,以及快速增长的农产品出口,是食品安全关注度越来越高的重要推动力。然而,仍有不少因素阻碍了有效的食品安全体系的发展,这些因素包括政府的限制性销售条例、薄弱的食品安全政策和规制体系、食品安全标准的实施不力、政府管理机构的低效率、较差的市场基础设施以及农业支持和服务的不充分,等等。此外,小农生产结构也进一步限制了农民不断达到境内和境外食品安全的要求,以及《实施动植物卫生检疫措施的协议》(SPS)要求的能力。为此,需要加强立法,增强执法能力,促进优良的农产品种植、加工方法和卫生检疫制度的采用,鼓励更大的集体行动以及有针对性的投资等。而实施这些措施,需要政府和私人部门共同努力。

微量营养素的失调已经影响到全球数十亿人口,造成了严重的健康问题。作为一种新的基于农业的解决途径,生物强化(biofortification),即培育微量营养素含量更高的农作物,已经被提了出来。然而,由于生物强化作物还在开发之中,对其经济影响及更广泛的后果人们知之甚少。影响生物强化前景的因素有两类：一类是功效，这取决于农作物中微量营养素的含量、加工后微量营养素的保持力和生物的可获得性等；另一类是覆盖面，这取决于农民对生物强化作物的采用程度和消费者的接受程度。印度和其他发展中国家（地区）的研究表明，生物强化作物能低成本地减轻微量营养素失调的问题。然而，微量营养素失调问题的广度和复杂性要求有多样化的解决途径，所以，尽管生物强化作物有良好的发展前景，但它只应作为一种补充手段而不是现有措施的"替代品"。

也有许多学者对肥胖问题进行了研究。目前，全球的肥胖人数已超过了饥饿人数，而且肥胖人数越来越多，营养不良者则在不断减少，肥胖已逐渐成为全球性的健康问题。对此，可通过食品相对价格变动来控制人们对高能量食物的摄入，鼓励人们多消费那些低能量、高营养的健康食品。对美国人和日本人生活方式的比较研究表明，日本很少有人称得上超重，而美国则有 2/3 的成年人超重，其中很大的原因是两国人民生活方式的不同。比如：日本拥有和使用汽车的综合成本远高于美国，其城市建立在高效的公共交通和步行基础上，所以，日本人每天步行的距离远多于美国人；日本的食品远比美国的贵，日本平均每个家庭在食品上的支出要占收入的 1/4，而美国是 14%，所以，日本消费者更注重食品质量。肥胖和超重会带来严重的慢性病风险，而调整国内政策可以减少肥胖，例如提高开车成本，发展公共交通以增加人们的步行运动，削减农业补贴，提高食品价格以减少人们对食品的消费从而减少肥胖，等等。

四、全球化下的欠发达地区转型问题

欠发达地区的转型和发展是各国（地区）农经学者长期以来持续关注的问题。农业增长在经济发展过程中起到了重要作用。来自工业化国家（地区）和正在快速发展中的国家（地区）的证据显示，农业是非农部门增长和全面经济福利提高的发动机。起源于农业的经济增长在削减贫困和饥饿方面有特别重大的影响。农业就业和收入的增加刺激了对非农产品和服务的需求，也提高了非农产业的收入。贸易自由化和全球化为发展中国家（地区）提供了新的机遇与挑战。农业转型进展良好的国家(地区)和已实现现代化的国家(地区)的发展经验表明,它们受益于它们融入了全球化的趋势中。对农村基础设施、农业技术以及市场制度方面的投资,使得它们对全球市场的信号反应更加敏感。在某种意义上讲,这种转型是"亲穷人"的(pro-poor)。然而,这一转变过程也绝不是没有摩擦的。公共政策需要注意地区之间和社会内部的差异,特别是小农参与商品化市场的前景。处于转型过程低端的国家(地区),因为它们低生产率的农业体系在越来越一体化的全球食品体系中不具有竞争力,趋向于失败。这些国家(地区),其中的多数,粮食安全没有保障,要实现农业转型,它们正面临着令人生畏的物质上的、基础设施上的和制度上的障碍。对于拥有高比例农村人口、在非农部门几乎没有就业机会的低收入国家(地区),如果农业不能成为增长的发动机,那出路在哪呢?

近二十年来,虽然一些贫穷国家(地区)的制度环境有了改善,然而,多数表现不佳的国家(地区)依旧保持了世界上最差的地方政府治理。一些最贫穷的国家(地区),虽然在微观经济管理方面有了相当的改进,但在跨区域农产品贸易政策、运输基础设施方面的进展却非常有限。为此,增强农村居民发展能力,进一步改善制度环境是至关重要的。对中国温州鞋业集群形成过程的研究也表明,不利的初始发展环境虽是一种制约,但也往往孕育着发展机会。对于转型经济来说,创造一个能够充分发挥企业家创新能力的良好环境,从某种意义上来讲,或者在一定时期中,要比构建一个完善的产权制度、法律体系和金融体系更为重要。

除了制度之外,技术、非农就业和市场准入对欠发达地区转型来说也具有重要意义。面对有限的土地资源和不断增加的人口压力,要保障持续的粮食供给,出路在于通过土地节约型技术的开发和扩散来不断提高土地生产率。对全球化进程中农产品市场转型对穷人非农就业的影响研究表明,农村穷人正在被逐渐排斥在非农经济之外。

IAAE大会作为各国(地区)学者探讨全球农业经济和农村发展问题的重要舞台,涉及的内容非常广泛。本届大会除了以上四个主题外,与会代表还讨论了大量的其他相关议题。综合起来,笔者认为,其中,"多哈"回合谈判、生物能源、水资源管理、农产品全球供应链管理、环境产品以及健康问题等,将可能成为未来几年各国(地区)农经学者关注与研究的重点。IAAE第27届大会将于2009年在中国举行。这将是中国首次举办 IAAE 大会,世界对中国奇迹般的改革和发展极度关注,可以预见,包括中国农业和农村经济发展在内的中国经济改革与发展问题,也必将成为 2009 年 IAAE 大会的重要议题。

互联世界中的农业

——国际农业经济学家协会第 29 届会议综述[①]

2015 年 8 月 9 日至 14 日,以"互联世界中的农业"为主题的国际农业经济学家协会(IAAE)第 29 届大会在意大利米兰召开。来自世界 80 多个国家和地区的逾 1250 名学者、政府官员与国际机构的代表等参加了这次三年一届的世界农经学界的学术盛会。中国与会学者有约 70 人,为历次 IAAE 大会参会人数最多的一次,分别来自中国科学院、中国农业科学院、浙江大学、中国人民大学、南京农业大学、西北农林大学等单位。会议包括全体大会、特邀专题、投稿论文、研讨会等多种类型,同时交叉进行。本届大会共有 420 篇论文口头展示和 200 篇论文海报展示,举办了 98 场研讨会、15 场特邀专题和 7 场全体大会。大会可分为五大主题,即信息通信技术与农业、用行为经济学来应对农业和资源经济学在 21 世纪面临的挑战、食物安全与营养、气候变化与农业、全球农业结构和农地利用变化。现就本届大会普遍关注的主要议题和观点综述如下。

一、信息通信技术与农业

信息与通信技术(information communication technology,ICT)的发展及其对农业的影响是本届 IAAE 大会关注的一个新议题。科技的

---

① 本文作者为卞伟、叶春辉、黄祖辉。本文内容发表于《农业经济问题》2015 年第 12 期。

日新月异改变着世界,信息与通信技术的快速发展重塑了经济和农业。互联网作为我们时代最典型的技术之一,极大降低了信息成本、交易成本及厂商、个人和政府之间协调的成本,重新定义了我们的经济、社会和政治格局。但互联网是否影响公司生产力、个人就业机会和政府责任性以及如何影响并非显而易见,尤其是在发展中国家(地区)。与会专家认为,对企业而言,互联网提高了现有工艺的生产力,并使新的生产工艺成为可能,从而促进增长。它促进了新的更密集的交易,提高了资本的质量。对个人而言,更重要的是对弱势群体而言,互联网开放了就业机会和投入(如金融产品)的获取途径,尤其是在发展中国家(地区)。它对劳动力市场有显著的影响,影响到人力资本的回报。通过利用规模经济,互联网企业创造了能提升消费者福利水平的新的、更便宜的服务。而对于政府而言,互联网影响了治理的核心方面,它既能帮助提高政府的能力,从而更方便和低成本地提供服务给全体市民,又能增强政府的责任感。互联网虽并未改变发展的基本"配方",但却提高了不改革的机会成本,并可以通过提高互补品的质量而成为发展的催化剂。因此,为最大化利用互联网的价值,发展中国家(地区)应保证互联网的普及性、实惠性、开放性和安全性,加强数字经济的模拟基础,并改善全球合作以解决跨边界问题。

除互联网外,很多学者将关注的目光聚焦在手机的发展上。15年前,世界上只有4.8亿部手机(人口数约为60亿);而今天,世界上有66亿部手机(人口数约为70亿)。过去15年间手机的普及,尤其是在发展中国家(地区)手机持有范围的迅速扩张,提供给了这些国家(地区)一个向农民提供信息、产品和服务的独特途径。在农业领域,ICT既能提供更好地接触价格信息和改良技术的途径,又能促进学习。但能否对这些机会善加利用,既取决于连通性,也取决于提供的内容以及这些内容是否以易理解和有用的形式提供。虽然ICT的成本在迅速降低,但部分最贫困地区的连通性仍有必要加以改善。与此同时,改善内容也至关重要,尤其是在手机普及率较高的地区。由于农业信息多为公共产品,所以政府需要加大投资以尽可能提供最好的信息,包括价格、生产技术甚至农艺信息等。另外,我们需要创新的途径将公共部门和私人部门联合起来,以保证这两个部门被作为一个整体来寻求解决方案。与会学者认为,很多发展中国家(地区)的基础设施投资仍处于低水平,但手机持有率的迅速攀升却为贫穷农民——尤其是那些很难从报纸、广播、固定电话等途径获取信息的农民——提供了新型农业推广系统的可能。手机降低了农民获取信息的成本,优化了获取农业技术信息的途径,提高了农民的科技素质,改善了农民对投入产出价值链的管理。ICT 在农业领域具有克服市场失灵的潜力,但有效地进行政策干预是一个巨大的挑战。同时,ICT 的发展,尤其是发展中国家(地区)ICT 的发展,将提供一条快速、便捷的信息通道,将准确、全面的天气预报、自然灾害预警、农业技术等信息送达农民,指导农民生产,对保障作物产量和粮食安全具有重要意义。

二、用行为经济学来应对农业和资源经济学在 21 世纪面临的挑战

对行为经济学的关注和探讨也是本届 IAAE 大会的一个新议题。标准经济学理论假定人的思考和行为是目标理性的、追求自身效用最大化的,即传统的"经济人"的概念。但这种抽象的"经济人"模型越来越无法充分解释现实的经济现象(与非经济因素相结合的经济现象)。作为经济学的重要分支,行为经济学试图将心理学的研究成果融入标准经济学理论,它认为人的行为还关注和追求公平、互惠与社会地位等许多其他方面。对于农业、资源和环境在 21 世纪面临的挑战,许多学者认为可以尝试利用行为经济学来应对。他们认为经济学研究中对实验室实验的使用,以及它随后在该领域被作为探索真实决策者如何应对信息、诱因和制度之工具的部署,给我们如何模拟互动以及如何设计政策带来了一场革命——经济学的"行为革命"(behavioral revolution)。应对新世纪的挑战需要我们更好地理解人类的行为,因为土地、劳动力和粮食市场变得更加不稳定、不可预测、全球化与动态,全球和地方的公产继续受到威胁,水资源继续限制农业的可能性,信息技术已经渗透进大部分的农业领域。通过总结回顾理论和实验之间进行丰富"对话"的历史,可以发现,实验在发展经济学和资源环境经济学领域的应用早已有之,通过

随机干预实验来测试政策或项目的影响与接受度的方法已在全球范围实施。例如,世界银行单在非洲就有 67 个正在进行的项目涉及随机评估(Banerjee & Duflo 2009)。在公共池塘资源的案例中,模型、田野调查和实验室实验之间的互动提供了对问题与解决方案特别丰富的见解,值得特别关注。因此,农业、资源和环境经济学家们似乎应该在他们的教学、研究与政策设计中大胆接受并运用实验。

越来越多的文献开始论证行为因素对个人食品消费的重要性。然而,当要解决饥饿、营养和肥胖问题时,食品政策往往被设计为瞄准总体水平的变化。这样的政策忽视了行为工具或效果以及它们潜在的对消费者的异质性影响。消费者经常且可预见地发生与经济学分析的标准假设相反的行为,以致他们会做出阻碍他们达成理性预期目标的决定。这种矛盾在消费者的食物决策及这些决策对他们健康的影响方面扮演着非常重要的角色。例如,消费者可能因为分心或迫于时间压力而在购买食品时运用经验法则(rules of thumb)做出不理性的决策。由于消费者的食物决策通常较少认知性涉入,设计为需要高度认知思想的食品政策(如脂肪税)便影响很弱。因此,行为经济学的工具已经成为有效政策工具的重要组成部分,而传统的政策工具由于忽视了个体行为的影响,可能无法达成目标,甚至适得其反。深入彻底地理解行为经济学对于制定有效的食品政策十分有必要。其他学者则关注使用保险合同来消除风险的行为,这些风险造成并维持了发展中国家(地区)许多农村家庭贫穷的状况。尽管行为经济学实验发现了大量有关人们面临风险和不确定性时如何决策的见解,但这些关于农业保险需求之见解的内涵却未被充分开发。通过最近两个测量农户行为背离期望效用理论预测结果之程度的田野实验,学者们发现相当数量的农民对保险合同中无担保的基准风险预测过度敏感,这导致他们偏离期望效用行为。事实上,保险费通常是确定的和不可避免的,而收益却是未知的和随机的。依照行为经济学的研究结果更精心地设计指数保险合同,可以大幅度促进对合同的理解和接受,并最终促进更好的发展。

三、食物安全和营养问题

食物安全和营养问题(food security and nutrition)是历届 IAAE 大会所关注的重要议题之一。饮食营养的转变与经济发展的其他方面紧密相连,包括农业转型、城市化、人口变迁和流行病学的转变(由传染病向非传染性疾病转变)等。随着时间的推移,饮食模式由普遍的营养不足,尤其是对儿童和妇女而言,转变为能量摄入过剩以及不断上升的肥胖率和健康食品的持续不足。与饮食有关的疾病依然是所有地区早逝和残疾的最主要原因。相关学者通过将 100 余个国家(地区)30 多年的饮食数据与范围广泛的其他证据相结合,利用普雷斯顿曲线(Preston Curve)的方法,描绘了营养转变的特征及其与农业生产和食品环境变化的关联。有学者指出,印度一直是全球营养不良率的最大贡献国。尽管在该国有大量研究食物安全的文献,但与之相伴随的饮食结构的变化却没有得到较好的研究和理解。根据贝内特法则(Bennett's Law),当人们渐渐富裕后,他们便由简单的以淀粉、植物为主的饮食转换为更多样的食物摄入,包括一系列的蔬菜、水果、奶制品,尤其是肉类。随着经济发展,印度人的饮食结构对油和糖类的依赖性提高,且更加多样化。但尽管膳食质量得到了改善,这种改善却与水果、蔬菜、畜产品等产量的迅速增长不相当。另外,杂粮、豆类、蔬菜和水果等摄入量的减少,肉类制品和盐等摄入量的增加,以及快速城市化带来的体力活动水平的下滑导致了肥胖、致动脉粥样硬化性血脂异常、亚临床炎症、冠心病等一系列与饮食相关的非传染性疾病(diet-related non-communicable diseases,DR-NCDs)水平的逐步上升。因此,为能给孕妇、儿童和成人提供均衡膳食,防止 DR-NCDs 在印度的进一步蔓延,多部门协作的预防措施是十分有必要的。

而对于食物安全(food safety)而言,全球的共识性定义来源于 1996年世界粮食首脑会议:所有人在任何时候都能在物质上和经济上获得足够、安全与富有营养的食物以满足其健康而积极生活的膳食需要。而食物安全测量在过去的半个多世纪里也不断变化和进步。可得性、准入性、利用率和稳定性(availability, access, utilization, and stability)是目前被广为认可的食物安全四大支柱。与会学者根据 fao 的定义提出了一套与规模、时间、途径和结果(scale, time, access, and outcomes)有关的食物安全测量原理,并讨论了符合这些原理的数据挑战和它们之间在目前广泛应用的食物安全措施范围内的权衡,指出这些措施有不同的目标和受众。有关学者认为,关于发展弹性概念性和测量结果的最新研究进展可以一种满足所有四个指标的方式应用于食物安全测量,并利用肯尼亚北部 5 年的纵向家庭数据进行实证研究证实了其可行性。这项新举措仍然是一项进行中的工作,它在给定的规模上对于打破国家(地区)层面典型个人或家庭面板数据之可得性的现有限制是可行的。这是一个开发强有力的、公认的食物安全测量措施的好机会,同时也是一个通过运用加以改良的诊断、推理、预测和定位措施来改进食物安全规划的机会。

四、气候变化与农业

全球性的气候变化及其与农业的互动是近年来各国(地区)农经学者持续关注的热点问题之一。以气候变暖为主要特征的全球气候变化对自然、经济和人类生活产生了重大影响。2013 年发布的 IPCC 第五次评估报告显示:1880 年到 2012 年,全球平均地上气温上升了 $0.65 \sim 1.06\,℃$;最近 30 年,每 10 年的温度都高于 1850 年以后的任何一个 10 年。报告指出,全球变暖受到人类活动影响的可能性"极高"(IPCC 按照发生概率区分使用了对可能性的表述:"高"的发生概率在 60% 以上,"非常高"在 90% 以上,"极高"在 95% 以上)。由于气候始终是影响农业生产的重要决定性因素,农业生产已受到气候变化的巨大影响,这直接影响到全球食品安全和粮食供应,特别是极端气候事件的增多使得农业生产波动性加剧,甚至造成严重的农业灾害。

与会学者分析了温室气体排放的经济学原因及气候变化对农业部门的影响,并综合考虑适时性、技术可得性、全球合作以及最重要的剩余碳排放及其对经济和政策决策之影响的严密性,聚焦政策选择和优化设计,如制定长远战略使农业生产与气候变化相适应、寻求全球合作、转变生产方式、创新农业科技等。同时,为保证温室气体排放的相对稳定性以适应不可避免的气候变化的影响,投资决策的规模和方向需要适当转变,由此产生的商机和经济发展机会不容忽视。相关学者回顾了识别推动农业增产的主要气候变量的统计研究,强调了气候极端值的重要性,同时考虑了随气温升高而增强的臭氧污染的作用。未来的生产预测将利用可预见的气候变量的变化来模拟,并与近期气候变化趋势已经对农业产出造成的影响进行比较。最终,产量的变化将转化为用过去和现在的气候冲击识别的价格使用弹性的变化。由于气候变化情况下产出有可预见的明显下降,农户可从价格上涨中获益来抵消产量不足的损失。在寻求促进气候变化的环节和农业领域的适应性举措上,与会学者普遍认为生态服务补偿(payments for environmental services,PES)是一种有潜力的政策工具。生态服务补偿将环境的外部性和非市场价值转化为提供生态服务的当地行为主体的真实经济激励,可以有效调整经济发展与环境保护主体之间的利益关系。PES并不能无条件适用于任一环境问题的解决,而是被用来解决一些特定的问题:那些在生态系统管理者看来具有很强的外部性而导致生态系统管理不善的问题。由于生态服务具有明确的空间性,缺乏空间差异的补偿必然导致效益损失。PES立足于受益者支付而不是污染者支付,所以当生态服务的提供者是贫穷且边缘化的土地拥有者或强有力的行为者团体时显得更具吸引力。认真设计PES以实现有效性并符合成本收益是十分重要的。

五、全球农业结构和农业土地利用变化

全球农业结构和农业土地利用变化作为本届大会的中心议题之一,各国(地区)学者的探讨主要着眼于从全球视角探索土地政策、变化的农地所有制和价值链开发之间的动态关系,并选取了中国、巴西和非洲三个地区进行重点研究。人们通常认为农业土地利用变化缓慢,所以,尽管土地在经济发展和结构转型中扮演了至关重要的角色,对农用地演变的关注却略显不足。然而,在过去的几十年间,农用地的全球分布已经发生了巨大变化。通过系统性地分析农用地全球分布的模式和变化趋势,可以发现,发达国家(地区)的农用地面积在缩小,土地制约的发展中国家(地区)的农用地面积则保持相对稳定,而在南美洲、东南亚、撒哈拉以南非洲等地土地丰富的国家(地区),农用地面积则迅速扩大。而从人均角度来看则是相当不同的变化路径:在更加富裕和商业化的农业系统中平均农场规模扩大,而在相对贫穷和商业化不足的系统中,平均规模则通常缩小或保持不变。这些变化是多种因素综合作用的结果,包括资源禀赋(土地水资源可利用量等)、人口因素(特别是最不发达国家或地区人口的快速增长)、经济激励措施(包括增加贸易机会)和制度因素(尤其是政府对农业、基础设施建设和环境保护的政策)。

在中国,小规模的农户生产经营方式正发生革命性的转型。近年来,大中型农场(成千上万公顷)在中国许多地区迅速崛起的新兴趋势不容忽视,中国正在发生一场无声的革命,中国农业正由以小规模农户为主的系统转变为多种类型规模经营、生产力更高、以拥有相对更高家庭收入的全职农民为特征的模式。土地流转市场的体制创新(通过建立土地流转服务中心激活土地租赁市场)、激励和加快土地整理以促进规模化经营的配套政策支持,以及农业机械化服务是以上转型的主要驱动力。中国农地经营模式的转型将对中国农业生产竞争力、食物安全和全球农产品贸易产生重要的影响。对于巴西,有关学者则利用1970年以来的农业普查数据展示了该国农业用地结构和生产方式的演变。基于20世纪70年代盛行的相同的结构模式,巴西农业用地不断向巴西东北部和亚马孙雨林地区扩张。农场的数量和不同规模农场的分布保持了相对稳定。而且,尽管巴西国内不同区域间差异显著,农场的平均规模却在近40年间也保持了相对稳定。根据农场规模分类测量的农业产量和生产率显示,中等规模的农场实际上是巴西一些重要地区的主导模式,即使是对最重要的出口商品而言亦是如此。尽管平均生产率有差异,小型农场依然和中大型农场同生共存,"双型"农业依然存在,并且在时间上十分稳定。而撒哈拉以南非洲正经历农田所有权和使用权的重大变化,这既是该地区正在经历的经济转型的原因,也是其结果。5~100公顷规模类别的新兴投资农场迅速崛起,代表了2000年以来非洲农场结构的革命性变化。在非洲的大多数国家(地区),大多数中等规模农场的拥有者都是来自城市的专业人员或农村精英,其中许多人也是公共部门的雇员。"投资农民"数量的上升对区域的影响是多种多样的,很难一概而论。许多投资者是农场活力、技术变革和非洲农业商业化的源泉。然而,在人口密集地区,投资农场的增长可能取代小规模农业社区农用地扩张的潜力。"投资农民"往往主导农场游说团体,向有利于他们的方向影响农业政策和公共支出中对农业的分配。六个国家(加纳、肯尼亚、马拉维、卢旺达、坦桑尼亚和赞比亚)的人口统计和健康调查数据显示,城市家庭投身农业的比例迅速攀升,约 10% 的城市家庭拥有了10%～35% 的总农业用地。在超过 20 公顷的国有农场股份中,城市家庭占有了不成比例的大份额。农地所有权的快速变化,也推动着农业技术(如机械化)和农业价值链的相关变化。然而,目前收集撒哈拉以南非洲国家(地区)农业数据的制度体系和方法系统性地缺失了这个领域最具活力的部分:新兴农民。而这需要新的抽样和数据收集方法来补充。消除这个信息盲点对了解农业领域发生的事情和原因,以及小农发展战略的可行性,非常重要。

除了以上几个主题外,本届 IAAE 大会也将目光投向了其他重要的相关议题,与会代表在这个全球性的舞台上进行了充分的思维对话,内容涉及价值链、贸易、家庭福利、生物燃料、性别、教育等多个方面。综合起来,笔者认为,土地市场和农地制度改革、小农户与技术创新、食品营养和健康、农业信息化、实验室实验在经济研究中的应用等将可能成为未来几年农业经济学者关注和研究的前沿问题。

实现两大战略目标
解决两大关键问题^①

——解读 2020 年中央一号文件

　　2020 年的中央一号文件与 2019 年的中央一号文件的共同点，即都围绕国家农业农村重大发展战略，突出需要解决的关键问题而谋篇布局，充分体现了中央对农业农村发展形势和工作重点的准确把握及政策的连续性与针对性。这两年的中央一号文件都是将打赢脱贫攻坚战放在首位，体现了脱贫攻坚战在我国三大攻坚战中的重要性和当前我国农业农村发展的重中之重地位。此外，文件围绕乡村振兴战略的实施和农业农村发展关键问题的解决，进行具体部署和施策。同时，除了中央一号文件外，这两年农业农村部紧密结合中央一号文件的精神，发布贯彻落实中央一号文件精神的农业农村部的一号文件，这两个一号文件相互联系、相互配套，既对我国农业农村的发展具有整体方向上的引领性，又对各地在贯彻落实时具有操作上的指导性。

　　概括起来看，今年的中央一号文件包括五大部分，涵盖了二十七个要点，文件内容和精神集中体现了两个"两"，也就是：实现两大战略目标，一是脱贫攻坚收官，二是全面建成小康社会；解决两大关键问题，一是保障重要农产品有效供给和促进农民持续增收，二是加强农村基层治理和保持农村社会和谐稳定。

---

　　① 本文作者为黄祖辉。本文内容发表于《农村工作通讯》2020 年第 4 期。

一、实现两大战略目标

（一）脱贫攻坚收官

2020年的中央一号文件强调，今年是全面打赢脱贫攻坚战的收官之年，脱贫攻坚最后堡垒必须攻克。该部分内容包含了五个要点：全面完成脱贫任务；巩固脱贫成果，防止返贫；做好考核验收和宣传工作；保持脱贫攻坚政策总体稳定；研究接续推进减贫工作。针对这五个方面的工作任务，文件进一步强调，要坚持精准扶贫，以更加有力的举措、更加精细的工作，尤其要在普遍实现"两不愁"基础上，全面解决"三保障"和饮水安全问题，确保剩余贫困人口如期脱贫。要健全监测预警机制，加强对不稳定脱贫户、边缘户的动态监测，将返贫人口和新发生贫困人口及时纳入帮扶，要为巩固脱贫成果提供制度保障。针对当前我国出现的突发性新型冠状病毒疫情及其影响，考虑到贫困地区的脆弱性，有效应对疫情防控，消除疫情不利影响，防止返贫，应成为今年扶贫工作的一项重点任务。此外，一方面要总结脱贫工作经验，保持政策稳定性和持续性，另一方面更要着眼未来。文件针对脱贫攻坚任务完成后，我国扶贫工作重心将转向消除相对贫困，扶贫工作方式将由集中作战转向常态推进的变化，提出要研究建立消除相对贫困的长效机制，加强解决相对贫困问题的顶层设计，推动减贫战略和工作体系平稳转型，并与实施乡村振兴战略有机衔接的要求。

（二）全面建成小康社会

2020年也是全面建成小康社会目标的实现之年，因此，除了脱贫攻坚这一重大战略目标必须实现外，还必须实现第一个百年奋斗目标，即全面建成小康社会。全面建成小康社会要求社会公共体系建成与全面覆盖，因此，中央一号文件特别指出，实现这一战略目标，我国"三农"领域还有农村基础设施和公共服务两大短板必须补上。该部分内容包括了八个要点：加大农村公共基础设施建设力度；提高农村供水保障水平；扎实搞好农村人居环境整治；提高农村教育质量；加强农村基层医疗卫生服务；加强农村社会保障；改善乡村公共文化服务；治理农村生态环境突出问题。概括起来，农村公共基础设施需要补上的短板主要包括：村庄道路通达；贫困村寨电网覆盖与升级；饮水安全与供给保障；人居环境进一步改善（主要指厕所、垃圾、污水、污染的问题整治与解决）。而农村公共服务需要补上的短板涉及教育、医疗、社保和文化领域，重点在于：一是加强农村各类型教育，优化布局，提高质量。二是消除医疗服务空白点，强化乡村医疗队伍和能力建设，扩大乡村公共医疗服务范围。三是提高乡村医保和低保水平，进一步完善对特殊群体的关爱、护理和养老体系。四是推进公共文化服务向乡村延伸，传承与弘扬乡村优秀传统文化和遗产。

二、解决两大关键问题

2020 年，除了要实现两大战略目标，我国农业农村还要解决好两大关键问题，一是保障重要农产品有效供给和促进农民持续增收，二是加强农村基层治理和保持农村社会和谐稳定。这两大关键问题，既与脱贫攻坚和全面小康有关，也是当前我国农业农村发展和乡村振兴的关键。

（一）保障重要农产品有效供给和促进农民持续增收

中央一号文件在这方面主要突出了五个方面的要点：稳定粮食生产；加快恢复生猪生产；加强现代农业设施建设；发展富民乡村产业；稳定农民工就业。

应清醒地认识到，对于当前动荡多变的国际环境和 14 亿多人口的我国国情，确保粮食安全始终是治国理政的头等大事。因此，粮食生产稳字当头，即稳政策、稳面积、稳产量是势在必行。要做到这一点，文件不仅明确了各级政府在这方面的责任和粮食进出口导向，而且针对不同的粮食品类，提出了有关补贴、支持、奖励、保险等政策的完善和优化措施，同时还提出了针对粮食主产区的结构优化、耕地调剂、农田建设、管理服务等支持举措。

针对生猪产业由环境整治和非洲猪瘟疫影响带来的生猪供给不足问题,文件提出要采取综合性措施,确保 2020 年底前生猪产能基本恢复到正常年份水平的任务要求。相关措施针对性很强,力度也大,涉及方方面面,包括:强化政府保障供给责任;加强防疫和市场监管;打通环评、用地、信贷等瓶颈;优化产销空间与结构;引导优化肉类消费结构;等等。

保障重要农产品有效供给,必须加强现代农业设施建设。文件提出了一系列针对性的举措,主要包括:提早谋划实施一批现代农业投资重大项目;加快推进重点地区高标准农田和重点水利工程建设;启动和鼓励企业参与农产品仓储保鲜冷链物流设施建设工程;依托现有资源建设农业农村大数据中心;加快各种现代信息技术在农业领域的应用;等等。

发展富民乡村产业既是保障农产品有效供给的重要基础,又是促进农民持续增收的重要抓手。为此,文件提出了相应的政策措施,如:打造各具特色、工商资本参与、农民能分享利益的农业全产业链;加快各种类型现代农业产业园建设;培育各种类型新型农业经营主体和产业化联合体;通过多渠道将小农融入农业产业链;通过绿色、有机、地理标志、可追溯和品牌化,增加农产品安全、高质、有效供给;支持供销、邮政、快递等企业在乡村发挥电商、物流功能;等等。

在国际贸易冲突不断、国内产业转型和疫情防控形势下,稳定我国近 3 亿农民的就业,既关系到农民收入,又关系社会稳定,为此,文件将稳定农民工就业作为一个重要关键问题予以强调,提出了一系列强有力的政策,包括涉企减税降费、失业保险稳岗返还、技能提升补贴标准提高、失业政策享受、工资支付保障、各类技能培训、公益性就业岗位设置、创业补贴等政策。

(二)加强农村基层治理和保持农村社会和谐稳定

中央一号文件在这方面主要涉及四个方面的要点。一是充分发挥党组织领导作用;二是健全乡村治理工作体系;三是化解乡村矛盾纠纷;四是深入推进平安乡村建设。

农村基层党组织是党在农村全部工作和战斗力的基础,它在农业农村各项事业的发展中起着领导群众、组织群众、带领群众、动员群众、教育群众、团结群众的作用。为此,文件强调农村基层党组织要在这些方面充分发挥作用,同时,也强调了农村基层党组织的相关制度建设,包括:落实村党组书记县级党委备案管理制度;建立村"两委"成员县级联审常态化机制;严格村党组书记监督管理制度;建立多元主体参与、有效衔接的村务监督机制;健全干部培养、选配、派驻制度和激励村干部干事创业的机制;等等。

健全乡村治理工作体系是乡村有效治理的基础。文件明确了乡村各个层级在治理体系中的不同功能,县级是"一线指挥部",乡镇是为农服务中心,行政村是基本治理单元,强调要服务重心下移,相关资源下沉,多种治理功能融合,提高乡村治理效能。同时,要注重发挥家庭、家教、家风在乡村治理中的重要作用,并且推广乡村治理创新性典型案例经验。

确保农村社会和谐稳定,一是建立有效乡村治理体系,二是善于调处化解乡村矛盾纠纷。文件强调,要坚持和发展新时代浙江"枫桥经验",这一经验的核心是通过完善的治理体系,把基层各种矛盾纠纷,如土地承包、征地拆迁、农民工工资、环境污染等方面矛盾,在萌芽中化解,在基层中调处。此外,文件还强调了相关制度建立的重要性,如畅通农民群众诉求表达渠道、推行上级领导定期下基层接访制度、开展"一村一法律顾问"等形式多样的法律服务、对易引发社会稳定风险的重大决策事项进行前期风险评估等。

加强农村基层治理和保持农村社会和谐稳定的一个重要抓手是建设平安乡村。文件对此做了具体部署:一是推动扫黑除恶专项斗争向纵深推进;二是依法管理农村宗教事务;三是加强农村社会治安网格化管理和服务;四是开展农村假冒伪劣食品和农资整治行动;五是全面排查整治农村各类安全隐患。

三、强化相关保障措施

实现两大战略目标,解决两大关键问题,需要强化相关保障措施。在中央一号文件中,这些保障措施集中体现为投入、用地、人才、科技、改革五个方面。一是优先保障"三农"投入。强调要确保财政投入与补上全面小康"三农"领域突出短板相适应。二是破解乡村发展用地难题。提出将农业设施用地纳入农地管理;对于符合国土空间规划,通过村庄整治、土地整理等方式节余的农村集体建设用地,确定一定比例,优先用于乡村产业发展。三是推动人才下乡。强调要畅通各类人才下乡渠道,并且要有组织地动员城市科研人员、工程师、规划师、建筑师、教师、医生下乡服务。四是强化科技支撑作用。继续强调要加强农业关键核心技术攻关,部署一批重大科技项目,抢占科技制高点。五是抓好农村重点改革任务。研究制定二轮承包土地延包的具体办法;制定农村集体经营性建设用地入市配套制度;深化农村宅基地制度改革试点;全面推开农村集体产权制度改革试点;继续深化供销合作社综合改革;加快推进农垦、国有林区林场、集体林权制度、草原承包经营制度、农业水价等改革;深化农业综合行政执法改革;等等。

与上述五个方面的保障措施相匹配,今年的中央一号文件还提出了值得关注与期待、正在抓紧研究和行将出台的四个重要配套性文件。一是脱贫攻坚与实施乡村振兴战略有机衔接的意见;二是调整完善土地出让收入使用范围和进一步提高农业农村投入比例的意见;三是支持农村三次产业融合发展用地的政策意见;四是推进乡村人才振兴的意见。这些措施与政策的出台,必将对全面小康社会建设短板的补上、农业农村关键问题的解决和乡村振兴战略的全面推进,起到极其重要的作用。

新时代深入践行
"绿水青山就是金山银山"发展理念①

　　2020 年是习近平总书记提出"绿水青山就是金山银山"理念的十五周年。十五年来,该理念不仅深入人心,而且已经成为我国生态文明建设和绿色发展的思想统领与行动指南。为了深入认识和深化践行"绿水青山就是金山银山"理念,本文首先阐释了该理念的科学内涵、三大精髓及其时代意义。其次,以浙江为例,阐明了浙江省践行"绿水青山就是金山银山"理念的行动轨迹、发展模式与最新进展。最后,从进一步深化"绿水青山就是金山银山"理念认识、把握其发展思路,进一步拓宽"绿水青山就是金山银山"发展视野、做大"绿水青山"经济,进一步创新"绿水青山就是金山银山"转化制度、激活绿色发展新动能的角度,对新时代深化"绿水青山就是金山银山"理念的践行进行了深入探讨。

一、"绿水青山就是金山银山"理念与精髓

(一)"绿水青山就是金山银山"理念的提出与深化

　　"绿水青山就是金山银山"理念,即 2005 年 8 月 15 日,时任浙江省委书记习近平在考察浙江安吉余村时提出的科学论断与理念。在党的十九大报告中,习近平总书记在阐述"坚持人与自然和谐共生",指出"建

---

　　①　本文作者为黄祖辉、蔡日旋、崔柳、傅琳琳。本文内容发表在《浙江农业科学》2020 年第 12 期。

设生态文明是中华民族永续发展的千年大计"的同时,进一步强调,"必须树立和践行绿水青山就是金山银山的理念"。"绿水青山就是金山银山"理念的形成与习近平长期在地方工作的经历和实践探索密不可分,从陕西的梁家河到河北的正定,又从福建到浙江一直到上海,整整 38 年的历程,在中国的西部、中部和东部的山川平原大地上都留下了习书记的足迹。这种多区域、多层级,并且跨越不同发展时代的基层与地方工作的历练和实践探索,是"绿水青山就是金山银山"理念的重要源泉。

2020 年 3 月 29 日至 4 月 1 日,习近平总书记在浙江考察时再次去了安吉余村,充分肯定了安吉的发展道路,指出"路子选对了就要坚持走下去"。总书记再次强调,"实践证明,经济发展不能以破坏生态为代价,生态本身就是经济,保护生态就是发展生产力"。这一论述深刻阐明了生态效益和经济效益、生态优先和绿色发展是互为依存、相互统一的关系,充分表明善待生态、敬畏生态、保护生态,实质上就是善待和保护人类本身,是绿色发展和高质量发展之必须,是实现人民美好生活的必由之路。十五年来,"绿水青山就是金山银山"理念已被写入党章,已成为习近平新时代中国特色社会主义思想的重要组成部分。"绿水青山就是金山银山"理念不仅体现了生态文明与生态优先的思想,而且也体现了绿色发展和可持续发展的信念,是新时代中国经济社会转型发展和现代化发展的行动统领。"绿水青山就是金山银山"理念本质上还涵盖了创新、协调、绿色、开放、共享的新发展理念,坚持"绿水青山就是金山银山"理念就是坚持新发展理念。

(二)"绿水青山就是金山银山"理念的内涵与精髓

"绿水青山就是金山银山"理念博大精深,具有丰富的内涵。"绿水青山"并不单纯是指山水资源,还包括冰天雪地、海浪沙滩、蓝天碧云、清新空气、适宜气候等自然生态范畴,是对优良自然生态资源的形象概括。而"金山银山"不仅是指"绿水青山"本身的价值,更指"绿水青山"转化成经济与社会的价值。"绿水青山就是金山银山"理念体现了三个相互关联的科学内涵:一是强调了作为"金山银山"的自然生态的重要性;二是揭示了保护生态与发展经济的统一性,保护生态就是保护生产力,就是发展经济;三是蕴含了生态优势向经济优势转化的可行性与必要性,这为具有资源生态优势的欠发达地区的发展指明了方向。如果将"绿水青山就是金山银山"理念的内涵做进一步的拓展与引申，那么可以认为，除了优良的自然生态，悠久的人文生态也是"金山银山"，也可以转化为"金山银山"。

"绿水青山就是金山银山"理念还可以抽象为三大思维，这是该理念的精髓。一是底线思维。生态环境不能作为发展的代价，尤其在温饱问题已经解决的发展阶段，绝不能以牺牲环境来谋求发展。二是发展思维。底线思维并不排斥发展，而是追求高质量发展。生态环境本身就是财富，是"金山银山"，是绿色发展、高质量发展的源泉。在美好生活已成为广大民众普遍追求的新阶段，坚持底线思维就是为了实现更好的发展。三是转化思维。"绿水青山就是金山银山"理念内涵了转化思维。正如习近平总书记曾经指出的，要使"绿水青山"成为"金山银山"，关键是要做好"转化"这篇文章，也就是做好将资源生态优势转化为经济社会发展优势这篇文章，使"绿水青山"真正转化为"金山银山"。

为了使广大干部群众更好认识和把握"绿水青山就是金山银山"理念，习近平总书记还结合经济社会发展的不同阶段，阐述人们对"绿水青山"和"金山银山"相互关系认识的三个阶段变化。大体是，在温饱问题还没有解决的第一阶段，人们往往会用"绿水青山"去换"金山银山"，也就是为了生存会牺牲环境。到了温饱问题解决后的第二阶段，人们的认识会转变为既要"绿水青山"，又要"金山银山"，此时处理好环境保护和经济发展的关系就尤为重要。而到了小康社会和生活富裕的第三阶段，越来越多的人会认为"绿水青山"本身就是"金山银山"。习近平总书记有关人类对生态及其与经济发展关系认识变化的三阶段阐述，既辩证又通俗地揭示了人类社会发展进程中生态环境与经济发展关系的演变特征和规律。在第一阶段，经济发展难免会以环境牺牲为代价；到了第二阶段，经济发展就不宜再以环境牺牲为代价，必须处理好环境保护与经济发展的关系；到了第三阶段，环境保护与经济发展实际上是相互统一的，经济效益与生态效益是相互融合的。当前，我国环境保护与经济发展的关系，总体上已处在第二阶段向第三阶段的转变过程中，其中相对发达的地区已进入第三阶段，因此，"绿水青山就是金山银山"理念对我国经济社会发展具有普遍的统领性、适用性和极其重要的践行价值。

二、"绿水青山就是金山银山"理念的浙江践行与发展

(一)浙江践行"绿水青山就是金山银山"理念的行动轨迹

浙江是习近平总书记"绿水青山就是金山银山"理念的发源地,该理念为浙江走什么样的发展路子、追求什么样的发展明确了方向。十五年来,浙江始终坚持"绿水青山就是金山银山"理念不动摇,践行"绿水青山就是金山银山"理念重实效。从"千村示范、万村整治"到"高效生态、绿色发展";从"美丽乡村"到"美丽经济";从"绿色浙江"到"诗画浙江";从实施"811"环境整治行动和循环经济"991行动计划"到实施转型升级"组合拳"("三改一拆"、"五水共治"、全域土地整治);从2014年湖州成为"全国首个地市级生态文明先行示范区",到杭州、湖州、丽水入选"第一批国家生态文明先行示范区",再到2020年浙江成为全国首个生态省,无不体现了浙江对"绿水青山就是金山银山"理念的坚定践行和共识所在。浙江践行"绿水青山就是金山银山"理念的行动轨迹表明,浙江干部群众对"绿水青山就是金山银山"关系的认识和把握,总体上已到了习近平总书记所说的第三阶段。

(二)浙江践行"绿水青山就是金山银山"理念的三种模式

十五年来,浙江在践行"绿水青山就是金山银山"理念的过程中,逐步探索并形成了三种各具特色的绿色发展模式。一是城乡融合的绿色提升模式;二是优势后发的绿色跨越模式;三是治理倒逼的绿色重振模式。城乡融合的绿色提升模式主要集中在杭嘉湖和宁绍地区。这些地区生态环境和经济发展基础相对好,城乡经济融合程度高,创新发展能力比较强,这些年绿色发展呈现了量质提升的良好势头。优势后发的绿色跨越模式集中体现在浙江西南的丽水、衢州地区。这些地区是浙江丘陵与山区的代表性地区,也是浙江传统的欠发达地区,但是这些地区资源生态环境基础好,森林覆盖率高,过去曾发生生存性的生态环境破坏。

随着温饱问题的解决和大量劳动力外出务工,生态环境恢复很快,加之基础设施的不断改善,这些年生态后发优势凸显,呈现了强劲的绿色跨越发展态势。治理倒逼的绿色重振模式主要集中在浙江金华、台州、温州等乡村工业比较发达的地区。改革开放以来,这些地区个私民营经济相对活跃,经济发展较快,但产业发展相对粗放,以相对低端化的劳动密集型加工制造业为主,并且生态环境损伤比较明显。在践行"绿水青山就是金山银山"理念、推进绿色发展的过程中,浙江对类似产业"动大手术",以壮士断腕式的力度,高强度实施环境整治,倒逼产业结构转型,取得了显著效果,这些年来,这些地区已经呈现了绿色再现和重振的发展势头。

(三)浙江践行"绿水青山就是金山银山"理念的发展格局

在"绿水青山就是金山银山"理念的践行发展中,浙江根据自身区域经济和资源禀赋多样性的特点,以实现高质量乡村振兴为目标,正在逐步形成全域绿色发展的新格局。一是以省会城市杭州为核心的中心区块,充分发挥区域中心城市和丰富旅游资源高度融合的独特优势,致力打造世界级的长三角"两山"经济发展高地和浙江绿色发展的龙头。二是以丽水、衢州、金华为核心的浙西南丘陵山区,充分发挥自然生态资源禀赋丰裕的独特优势,潜心打造集高效生态农业、休闲旅游养生、田园生态城镇于一体的长三角丘陵山区绿色发展胜地和国内同类地区的示范区。三是以宁波、舟山、温州、台州为核心的浙江沿海地区,充分发挥陆海相连的资源环境优势和中小企业、民营经济的发展活力,着力打造具有"陆海发展联动、一二三产联动、转型升级联动"特色的我国东部沿海绿色发展长廊。四是以嘉兴、湖州、绍兴为代表的水网平原地区,充分发挥江南山水相依、鱼米之乡、城乡融洽的特色优势,同时紧密连接和依托上海和杭州,作为长三角一体化发展的核心区块,全力打造具有典型江南景观与文化传统、城乡高度融合的我国江南水网平原地带绿色发展区块和美丽乡村升级版。

(四)浙江践行"绿水青山就是金山银山"理念的升级版

2017年6月,浙江省第十四次党代会进一步提出,要将整个浙江作为"大花园"来建设,使浙江山水与城乡融为一体、自然与文化相得益彰,推出了推进全域有机更新、打造"千万工程"升级版、建设诗画浙江"大花园"的战略决策部署,让习近平总书记的"绿水青山就是金山银山"理念和生态文明思想在浙江大地生根开花。建设诗画浙江"大花园"的目的,就是要全方位实现绿色发展,推动高质量发展,让绿色成为浙江高质量发展的普遍形态,让绿色经济成为浙江经济的新增长点,让绿色发展成为浙江全省人民的自觉行动,让浙江的绿色发展成为中国现代化发展的重要窗口。诗画浙江"大花园"建设将充分体现"五个高"。一是高质量建设"诗画浙江"。具体体现为"四个坚持":坚持保护为先;坚持攻坚为重;坚持美丽为基;坚持文化为魂。二是高水平发展绿色产业。具体体现为"四个一批":打造一批生态产业平台;培育一批生态龙头企业;建设一批生态产业项目;提升一批优质生态产品品牌。三是高标准推进全域旅游。重点是依托山水资源,发掘人文资源,打造以水为纽带的四条黄金旅游线路和以山为依托的十大名山公园。四是高起点打造现代交通。加快建设大型国际客运枢纽;加快建设 2 万公里美丽经济交通走廊;加快建设 1 万公里骑行绿道网。五是高品质创造美好生活。主要体现为"五个养",即做到:青山碧海"养眼";蓝天清风"养肺";净水美食"养胃";崇文尚学"养脑";诗意栖居"养心"。

三、新时代深化"绿水青山就是金山银山"理念践行

当前,我国正在从实现第一个百年奋斗目标走向继续实现第二个百年奋斗目标的新时代,要实现中华民族复兴和现代化的第二个百年奋斗目标,必须坚持中国特色的社会主义道路,必须深化改革开放,解决发展不平衡不充分问题,必须深入践行习近平总书记的"绿水青山就是金山银山"理念,把中国的绿水青山做得更美,金山银山做得更大,以满足 14 亿多中国人民日益增长的美好生活需要。

（一）进一步深化"绿水青山就是金山银山"理念认识，把握其发展思路

"绿水青山就是金山银山"理念博大精深，需要在践行中不断深化认识，以科学把握"绿水青山就是金山银山"理念的践行与发展思路。重点是把握四条发展思路。

一是把握底线思维与发展思维相统一的发展思路。"绿水青山就是金山银山"理念是底线思维与发展思维的统一。一方面，不坚守生态环境养护的底线思维，"绿水青山"就难以永续化，"金山银山"就会失去本源；另一方面，如果生态环境只养护不转化，"绿水青山"也难以成为具有经济意义和市场价值的"金山银山"。因此，必须对生态环境既养护又转化，也就是既坚守底线思维，又坚持发展思维，才能实现"绿水青山就是金山银山"的愿望。

二是把握自然生态与人文生态相交融的发展思路。从广义生态看，人类社会不仅存在自然生态，而且存在人文生态。人类生存与发展的物质基础是自然生态，精神基础则是人文生态。中国具有五千年悠久文明史，既有文化传承价值，又有现实需求价值，是百姓日益增长的美好生活需要的重要组成部分。因此，在践行"绿水青山就是金山银山"理念实践中，要将中国悠久和优秀的人文生态纳入"绿水青山"范畴，既做好保护和传承文章，又做好转化和弘扬文章，使自然生态和人文生态相交融、共转化，产生"金山银山"的叠加效应。

三是把握政府主导、市场运行、社会参与相协调的发展思路。坚持和践行"绿水青山就是金山银山"理念的根本目的是推进生态文明与绿色发展，这一过程涉及具有公共意义的生态文明行为制度和生态环境养护制度的安排与资源投入，政府主导具有必然性和合理性，但在生态文明和绿色发展的推进中，单纯依靠政府主导是不够的，还必须充分发挥市场运行和社会参与在"绿水青山就是金山银山"转化、资源配置以及"绿水青山就是金山银山"共创、共建、共治、共享中的作用，形成"政府有为、市场有效、社会参与"的"绿水青山就是金山银山"发展治理体系。

四是把握生态产业化和产业生态化相结合的发展思路。建立在"绿水青山"基础上的"金山银山"，其载体必定是绿色发展的产业，要做大、

做优、做强这类产业,不能局限于资源生态本身,必须着眼于生态产业化和产业生态化相结合,体现产业融合、功能多样、城乡联动的产业体系建构。首先从当地"绿水青山"的特点出发,实现生态产业化和相关产业的融合发展。其次是在生态产业化的同时重视产业生态化,也就是注重关联产业的生态功能挖掘,既体现产业融合,又体现功能多样和业态多样。最后是形成城乡联动的绿色产业链,使美丽乡村成为美丽经济,让美丽经济拉动城乡消费需求。

(二)进一步拓宽"绿水青山就是金山银山"发展视野,做大"绿水青山"经济

一是做好"绿水青山"转化文章。要使"绿水青山"成为"金山银山",一方面要立足"绿水青山"这一资源本底,通过生态产业化的理念,做好直接转化这篇文章,另一方面,要跳出"绿水青山"资源与空间的局限,通过产业生态化的理念,发挥"绿水青山"溢出效应与带动效应,做好间接转化这篇文章,做大"绿水青山"业态,做优、做强绿色经济,使"绿水青山"产生更大、更好、更优的"金山银山"效应。要拓宽"绿水青山"转化为"金山银山"的路径,既要重视政府购买生态养护与服务的转化路径,又要重视市场交易生态产品与服务的转化路径,还要重视社会参与的转化路径,如建立生态基金和鼓励自愿支付绿色消费等。

二是发展"绿水青山"两类产业。一类是"绿水青山"的内生性产业。这类产业内生于"绿水青山",是以"绿水青山"为本底的产业或经济活动,如生态农业、生态旅游、生态养生等产业。另一类是"绿水青山"的外生性产业。这类产业外生于"绿水青山",但与"绿水青山"是紧密关联的产业,如相关的服务业、物流业、地产业、金融业和田园生态城镇的发展等。要做大做强"绿水青山"业态,发展"绿水青山"外生性产业极为重要。

三是活化"绿水青山"经营理念。生态产业化和产业生态化是活化"绿水青山"经营的一种理念。"绿水青山"难以移动,将"绿水青山"从"产地"市场转变为"销地"市场,也是一种"绿水青山"的经营理念。通过生态认证、地理标志认证、碳汇交易等制度转化"绿水青山"价值,又是一种"绿水青山"的经营理念。此外,将生态化、绿色化与品牌化相结合,提

升"绿水青山"附加值以及倡导绿色消费,都是活化"绿水青山"的经营理念。

(三)进一步创新"绿水青山就是金山银山"转化制度,激活绿色发展新动能

一是创新"绿水青山"养护制度。要建立补偿养护、规制养护、赋权养护相结合的生态养护制度。补偿养护以政府或社会购买生态服务为主,重点是建立多元化、多渠道、差异化的资源生态养护与补偿制度,创新政府资源生态养护补偿的支付方式,增强产业扶持型、技术支持型和人才培训型的转移支付。同时,高度重视社会组织和个人在资源生态养护与补偿体系中的作用,如建立生态基金,将筹集的资金用于各类资源生态养护的补偿或绿色产业与技术的支持。规制养护侧重于生态法治体系完善。赋权养护是通过生态管理权与使用权的赋权,以使受权主体产生生态管护行为的激励。

二是创新"绿水青山"产权制度。进一步深化农村土地和林权产权制度的改革,探索集体和农民混合所有的产权改革思路。同时,推进其他资源生态产权制度的改革,如"三变"改革、股份合作改革等。对于那些难以或不宜确权到人或户的"绿水青山"资源,可探索分权化和地方化的改革思路,将资源生态产权或配额,确权到相应的地方或地方联盟,同时,建立和完善相关资源生态的规章制度,既防止对资源生态产权主体的侵权行为,又避免产权拥有者和使用者对资源生态产权滥用所导致的负外部性。

三是创新"绿水青山"交易制度。市场交易制度是"绿水青山"转化成"金山银山"的最重要的制度。在解决资源权属和权能问题的基础上,亟须建立资源生态产权和生态配额的市场交易体系与制度。要在建立和完善各类土地(农地、林地、草地、山地)产权市场交易体系的同时,探索建立其他资源生态产权交易体系和市场,如水权交易体系和市场、碳汇交易体系和市场、森林覆盖率配额交易体系和市场、生态标志认证体系和标志产品交易体系与市场。

四是创新绿色发展引导机制。应建立和完善多维度的绿色发展激励与约束引导机制,进一步强化生态环境问责制度。将生态环境治理约

束、企业进入门槛约束、产业转型升级约束、社会消费行为约束以及绿色发展考核约束这五个方面的约束制度化,形成多方位约束合力与绿色发展激励相兼容的体制机制,营造"绿水青山"持续高效转化与绿色发展的良好环境,以促成:企业发展动能转换,追求绿色发展;政府评价导向转换,致力绿色导向;民众消费行为转换,崇尚绿色消费。

五是创新绿色发展共享机制。"绿水青山就是金山银山"理念也是共享发展的理念。因此,不仅要引导、鼓励、支持企业、社会团体和广大民众积极融入"绿水青山"转化与绿色发展的进程,而且还要建立"绿水青山"转化与绿色发展的"共创、共享、共富"相融机制,使"绿水青山"转化成绿色发展的"金山银山"为普通民众共享,尤其是能为"绿水青山"区域的普通民众共享。为此,在"绿水青山"转化与绿色发展的过程中,应重视资源生态产权制度与管理制度以及相关政策设计的益贫性和公平性,推进资源资产化、资产股份化、股份合作化改革。要用好政府产业政策和公共政策的杠杆,促使绿色发展对普通民众具有包容性。要引导企业和农民合作组织带动小农发展,实现小农户、贫困群体与绿色发展的有机衔接和共富发展。

参考文献

[1] 黄祖辉."两山"思想体现生态文明发展精髓[N].中国教育报,2017-09-17(005).

[2] 黄祖辉."绿水青山"转换为"金山银山"的机制与路径[J].浙江经济,2017(8).

[3] 习近平.决胜全面建成小康社会夺取新时代中国特色社会主义伟大胜利[R].党的十九大报告,2017-10-18.

[4] 习近平.推动我国生态文明建设迈上新台阶[J].求是,2019(3).

[5] 习近平.之江新语[M].杭州:浙江人民出版社,2007.

[6] 袁家军.深入践行习近平生态文明思想,加快建设"诗画浙江"大花园[J].求是,2018(9).

以新发展理念引领农业高质量发展①

——解读 2021 年中央一号文件

　　农业的高质量发展是现代农业的本质,是用现代物质条件装备农业,用现代科学技术改造农业,用现代产业体系提升农业,用现代经营形式推进农业,用现代发展理念引领农业,用现代职业农民发展农业,同时体现高水平土地产出率、资源利用率、劳动生产率和市场竞争力的农业发展过程。我国农业正处在传统农业向现代农业、数量增长向质量提升的转型发展中。面向 2035 年,我国将要实现基本现代化,在这一过程中,尤为关键的是要实现农业的高质量发展和基本现代化。新中国成立以来,尤其是改革开放以来,我国农业的发展取得了巨大成就,不仅解决了世界上人口最多国家的百姓吃饱饭这一基本民生问题,而且还满足了 14 亿多中国人从温饱到全面小康的食物需求。然而,与世界上一些发达国家的农业相比,对照高质量农业的基本特征,我国农业还存在不少差距与问题。主要表现在:用现代物质条件装备农业还不充分,自主性的关键性农业技术支撑仍显不足,现代农业的产业体系和经营主体还没有完全形成,新发展理念对农业的引领还不牢固,土地产出率、资源利用率、劳动生产率和市场竞争力在不同程度上都还存在明显落差。针对我国农业高质量发展存在的问题与不足,既要针对发展差距和问题本质,着眼现代化发展目标,又要立足我国基本国情,把握道路特色,用创新、协调、绿色、开放、共享的新发展理念来引领我国农业的高质量发展和现代化进程。

---

　　①　本文作者为黄祖辉。本文内容发表于《农村工作通讯》2021 年第 5 期。

一、以创新发展理念驱动农业高质量发展

高质量农业一定是创新驱动的农业。我国农业的高质量发展需要两大创新驱动。

一是技术创新驱动。技术支撑是农业高质量发展的关键。要把握高质量农业技术的新特点，从全产业农业和农业技术链的视角出发，瞄准主要技术瓶颈，增加科技投入，创新科技创新转化模式。要重点加强国家农业产业科技创新中心、农业高新技术产业示范区、农业科技园区等重要创新平台以及现代农业产业技术体系的建设，着重对现代农业关键领域的生物技术、信息技术、设施技术、智能技术等核心技术以及技术的集成，进行攻关和突破，以占领现代农业科技的制高点。

二是改革创新驱动。如果说技术创新是农业高质量发展的硬实力，那么改革创新则是农业高质量发展的软实力。实践中，制约我国农业高质量发展的因素不仅与技术有关，而且更与体制机制有关。它既包括与技术创新有关的体制机制，如知识产权制度、技术研发与推广制度等，也包括与产业高效、有序运行有关的体制机制。改革开放以来，我国农业的发展制度已从单一的国家计划调控和集体统一经营的制度向政府与市场相结合、集体所有与农民经营相结合的制度转变，但仍不是很成熟和完善，需要通过改革创新予以优化。从微观层面看，还是要进一步巩固和完善农村基本经营制度，重点是通过农村集体经济与产权制度的深化改革，建立农民市场主体与集体社区主体融合发展的体制机制。从宏观层面看，重点是通过政府职能转变和产权制度的联动改革，激活市场、主体和要素，发挥市场和行业组织在要素配置中的重要作用，建立"政府有为、市场有效、行业有能"的产业运行调控制度。

二、以协调发展理念把握农业高质量发展

高质量农业一定是协调发展的农业，我国农业高质量发展尤其需重

视三大方面的协调。

一是现代农业三大体系的协调,即产业体系、生产体系、经营体系的协调。现代农业产业体系是现代农业体系的产业构成,它不单纯是第一产业的农业产业体系,而是"接二连三"和全产业链的农业产业体系。现代农业生产体系是现代农业体系的生产基础,包含现代农业的要素投入和科技支撑,体现高效率机械化、水利化、信息化、智能化的配置,多类型规模化生产与多元化服务体系的协调。现代农业经营体系是指现代农业体系的经营主体及其制度特征,是以农户、合作社、企业为基本经营主体,家庭经营、合作经营和公司经营有机结合的制度体系。

二是产业结构与就业结构的协调,体现为农业 GDP 比重与农业劳动力比重的比值关系。该指标是衡量产业发展协调性的重要指标,它的重要性在于能反映部门劳动生产率和产业发展效率。高质量的农业或者说现代化的农业,农业 GDP 比重与劳动力比重往往是大体相当,甚至前者要大于后者。我国目前的情况是,尽管已有近 3 亿的农业劳动力转向非农产业就业,但农业 GDP 比重仍然远远低于农业劳动力比重,两者的比值在 0.3 左右,远远偏离 1。

三是政府调控与市场运作的协调。经济活动中政府"有形手"和市场"无形手"的相互协调,对于农业高质量发展至关重要。政府应主要侧重于公共性领域的主体性与主导性作用,但在产业发展中应重点体现顶层设计、政策引导、改革推动、示范带动的作用,要让市场更好发挥资源配置和对主体激励的作用。需要特别强调的是,实践中市场能否在资源配置中起决定性作用,政府和市场"两只手"能否真正协调,关键还在于政府。政府不仅要定位好自己"有形手"的作用范围,进行自身职能转变的改革,而且还要为市场"无形手"赖以发挥作用的制度基础,即产权制度的改革与完善,提供制度供给。

三、以绿色发展理念牵引农业高质量发展

绿色发展本质上是生态优先的发展,是生态与经济和谐统一、互为促进的发展。农业具有自然再生产和经济再生产的双重属性,以绿色发

展理念牵引农业高质量发展,具有内在必然性和必要性。以绿色发展理念牵引农业高质量发展,必须深入践行习近平同志"绿水青山就是金山银山"的发展理念,深刻认识该理念所蕴含的底线思维、发展思维和转化思维的辩证逻辑,通过科学转化的路径,实现农业的高质量发展。

首先,把握底线思维、发展思维和转化思维的辩证统一关系。把握底线思维就是坚持生态优先,就是不能牺牲生态来获得发展。把握发展思维就是坚持绿色发展,就是坚持底线思维为前提的高质量发展,两者是辩证的统一。把握转化思维是实现生态优先和绿色发展的必然,包括两个方面,一方面是转化资源生态优势为绿色发展优势,另一方面是转化非生态优先行为为生态优先行为,进而实现生态高效、绿色发展的农业高质量发展。

其次,重视生态产业化、产业生态化相结合的转化路径选择。生态产业化是直接转化路径,主要针对通过生态标志与安全、生态资源价值评估和产权制度安排,可以实现资源资产化、股份化、产业化和市场化,进而实现资源生态价值的生态资源,如种质资源、生态标志产品,以及山水林草使用权等。产业生态化是间接转化路径,主要针对难以通过生态产业化路径实现其价值的生态资源,如空气、气候、森林、海洋、湖泊等资源,通过关联性产业的嵌入发展,如有机生态种养业、农业休闲旅游业等,实现产业发展的生态溢价和价值转化。

最后,强化减量化、低排放和再利用相结合的转化制度安排。以绿色发展理念牵引农业高质量发展,不仅要体现资源生态优势的转化价值,而且也要改变农业发展中的非生态优先行为。要强化底线意识,在技术和制度上解决化肥农药合理施用、农残处理、养殖排放等问题,鼓励减量化、低排放和循环农业的发展。要完善生态优先、绿色发展的激励约束机制,将政府生态治理约束、主体生产行为约束、社会消费行为约束和绿色发展评价制度化,营造农业高质量发展良好环境,促成:主体发展动能转换,追求绿色发展;政府评价导向转换,致力绿色导向;民众消费行为转换,崇尚绿色消费。

四、以开放发展理念加快农业高质量发展

高质量农业也是开放发展的农业。只有开放发展,才能更好配置要素资源,发挥区域农业的比较优势;才能增强主体竞争意识,形成农业高质量发展的动力;才能引进与借鉴他人先进技术和经验,加快我国高质量农业的发展。对于世界人口最多的农业大国而言,我国农业的开放发展需要建立在以内循环为主、内循环与外循环相结合的双循环战略基础上。实施以内循环为主的双循环农业开放战略,就是要在确保粮食、生猪等主要农产品国家安全和农业关键核心技术自主性的同时,不断增强农产品的国际竞争力,更好融入全球化农业体系,这不仅有助于降低国际环境复杂多变下我国农业开放的风险,而且有利于我国开放战略的主动性、稳定性和持续性。

以开放发展理念加快我国农业高质量发展,还需重视国内区域农业的开放发展。我国幅员辽阔,不同地区农业资源禀赋差异大,各具比较优势,要实现区域各具特色、优势互补、空间优化的农业高质量发展,必须实行区域农业的开放发展。区域农业开放发展的关键是强化中央政府宏观统筹功能,弱化区域行政壁垒,发挥市场配置区域资源作用,建立国内统一、区域协调的农产品市场体系。在农业高质量发展中,当前尤其要避免地方政府在招商引资、项目扶持、主体培育中的过度介入和地方本位,进而扭曲市场和主体行为,引发地区发展同质化过度竞争、产品产能过剩和效率低下的现象。

五、以共享发展理念实现农业高质量发展

高质量农业在我国还必须是包容与共享发展的农业。这不仅源于共享发展是中国特色社会主义的价值取向和追求目标,而且也源于我国小农数量庞大且长期存在的基本国情。以共享发展理念实现农业高质量发展的关键是要推动小农融入现代农业发展进程,实现小农户与现代

农业发展的有机衔接。小农融入现代农业发展进程要拓宽现代农业视野，现代农业不仅仅是第一产业的农业，也是"接二连三"、功能多样、全产业链的农业。从长远看，小农的基本出路，一是进入劳动密集型的第一产业农业，二是非农化的路径，小农的非农化既可以通过城市化实现，也可以在现代农业进程中实现。从全产业链和多功能的农业看，农业休闲、农产品加工、储运和贸易等产业领域，都是适宜小农进入的产业领域。

以共享发展理念实现农业高质量发展，还要重视小农户与现代农业发展有效衔接的路径选择和机制建立。从衔接路径角度看，农业组织化、电商化、品牌化、平台化的发展及其对小农的包容与带动，是小农有效融入、有机衔接现代农业的基本路径。从衔接机制角度看，核心是利益共享机制的建立。为此，要用好政府产业政策和公共政策的杠杆，农业政策既要注重发展效率，又要重视政策的益贫性和公平性以及对小农的惠及与带动。要深化政府农业项目投入和集体农业资源投入的资源资产化、资产股份化、股份合作化改革，激活小农参与农业高质量发展，同时在农业高质量发展中获得多种来源渠道的收益，形成共创、共建、共享的农业高质量发展格局。

图书在版编目(CIP)数据

黄祖辉文集. 第一卷,农业经济与政策 / 黄祖辉编著
. —杭州:浙江大学出版社,2022.6

ISBN 978-7-308-22679-0

Ⅰ.①黄⋯ Ⅱ.①黄⋯ Ⅲ.①农业经济—中国—文集
②农业政策—中国—文集 Ⅳ.①F3—53

中国版本图书馆 CIP 数据核字(2022)第 088462 号